תלמוד בבלי

— מהדורת נאה —

יבמות חלק א

Steinsaltz Center

KOREN

Please note that the number ranges that appear at the bottom of each daf of the Vilna pages indicate the corresponding pages of the Koren Talmud Bavli translation and commentary.

תלמוד בבלי

הוצאת קורן ירושלים

— מהדורת נאה —

מסכת יבמות
דף ב. עד דף יז.

COMMENTARY BY

Rabbi Adin Even-Israel Steinsaltz

EDITOR-IN-CHIEF

Rabbi Dr Tzvi Hersh Weinreb

EXECUTIVE EDITOR

Rabbi Joshua Schreier

•

STEINSALTZ CENTER

KOREN PUBLISHERS JERUSALEM

חֲמֵשׁ*

אעֶשְׂרֵה נָשִׁים פּוֹטְרוֹת צָרוֹתֵיהֶן וְצָרוֹת צָרוֹתֵיהֶן מִן הַחֲלִיצָה וּמִן הַיִּבּוּם, עַד סוֹף הָעוֹלָם. וְאֵלּוּ הֵן: בִּתּוֹ, וּבַת בִּתּוֹ, וּבַת בְּנוֹ. בַּת אִשְׁתּוֹ, וּבַת בְּנָהּ, וּבַת בִּתָּהּ. חֲמוֹתוֹ, וְאֵם חֲמוֹתוֹ וְאֵם חָמִיו. אֲחוֹתוֹ מֵאִמּוֹ, וַאֲחוֹת אִמּוֹ, וַאֲחוֹת אִשְׁתּוֹ, וְאֵשֶׁת אָחִיו מֵאִמּוֹ, וְאֵשֶׁת

רש"י

חֲמֵשׁ עֶשְׂרֵה נָשִׁים פּוֹטְרוֹת צָרוֹתֵיהֶן. כִּדְתָנֵי [סֵיפָא]: שֶׁאִם הָיְתָה אַחַת מֵהֶן נְשׂוּאָה לְאָחִיו, וְלוֹ אִשָּׁה אַחֶרֶת, וּמֵת בְּלֹא בָּנִים – שְׁתֵּיהֶן פְּטוּרוֹת. וְטַעְמָא יָלֵיף בַּגְּמָרָא. וְצָרוֹת צָרוֹתֵיהֶן עַד סוֹף הָעוֹלָם. בְּמַתְנִי' מְפָרֵשׁ. חֲמוֹתוֹ. שֶׁמֵּת בַּעְלָהּ, וּנְשָׂאָהּ אָחִיו וּמֵת בְּלֹא בָּנִים. וְאֵם חֲמוֹתוֹ וְאֵם חָמִיו. שְׁתֵּיהֶן אֲסוּרוֹת לוֹ מִשּׁוּם עֶרְוָה, כְּדִכְתִיב (ויקרא יח) "עֶרְוַת אִשָּׁה וּבִתָּהּ לֹא תְגַלֵּה, אֶת בַּת בְּנָהּ וְאֶת בַּת בִּתָּהּ", וְיֵשׁ בִּכְלַל זֶה חֲמוֹתוֹ וְאֵם חֲמוֹתוֹ וְאֵם חָמִיו, כִּדְמְפָרֵשׁ (וְאָזֵיל) בְּ"אֵלּוּ הֵן הַנִּשְׂרָפִין" (סנהדרין ד' עה.). וּבִתּוֹ (וּבַת בִּתּוֹ וּבַת בְּנוֹ) דְּהָכָא – בְּבִתּוֹ מֵאֲנוּסָתוֹ קָמַיְירִי, וְכֵן בַּת בִּתּוֹ וּבַת בְּנוֹ. דְּאִילּוּ בִּתּוֹ מֵאִשְׁתּוֹ – הַיְינוּ בַּת אִשְׁתּוֹ, דְּכֵיוָן דִּכְתִיב (שם) "אִשָּׁה וּבִתָּהּ" – לָא שְׁנָא מִמֶּנּוּ, לָא שְׁנָא מֵאִישׁ אַחֵר. אֲבָל בִּתּוֹ מֵאֲנוּסָתוֹ לָא יָלְפָא לֵיהּ מֵהָכָא, דְּאִשָּׁה – ע"י קִדּוּשִׁין מַשְׁמַע, שֶׁהוּא אִישׁוּת, וּמִקְּרָא אַחֲרִינָא נָפְקָא, כִּדְמְפָרֵשׁ בַּגְּמָרָא. אֲחוֹתוֹ מֵאִמּוֹ. שֶׁנִּשֵּׂאת לְאָחִיו מֵאָבִיו, וּמֵת. וְכֵן אֲחוֹת אִמּוֹ שֶׁנְּשָׂאָהּ אָחִיו מֵאָבִיו. שֶׁאֵין חִיּוּב יִבּוּם אֶלָּא בְּאָחִיו מִן הָאָב, דִּכְתִיב (דברים כה) "כִּי יֵשְׁבוּ אַחִים יַחְדָּו", ◉וְיָלְפִינַן "אַחֲוָה" "אַחֲוָה" מִבְּנֵי יַעֲקֹב: מַה לְּהַלָּן מִן הָאָב אַע"פ שֶׁאֵין מִן הָאֵם – ה"נ ל"ש. וְאֵשֶׁת אָחִיו מֵאִמּוֹ. שֶׁמֵּת וּנְשָׂאָהּ אָחִיו מֵאָבִיו, שֶׁהָיְתָה נָכְרִית אֶצְלוֹ, וּמֵת בְּלֹא בָּנִים, וְנָפְלָה לִפְנֵי יָבָם זֶה לְיִיבּוּם – אֲסוּרָה לוֹ, לְפִי שֶׁהָיְתָה אֵשֶׁת אָחִיו מֵאִמּוֹ תְּחִלָּה, וַאֲסוּרָה לוֹ עוֹלָמִית, דִּכְתִיב (ויקרא יח) "עֶרְוַת אֵשֶׁת אָחִיךָ", וְדָרְשִׁינַן לָהּ בְּפֶ' "הַבָּא עַל יְבִמְתּוֹ" (לקמן ד' נה.): אָחִיךָ – בֵּין מִן הָאָב בֵּין מִן הָאֵם. וְאֵשֶׁת

תוספות

חמש עשרה נשים פוטרות. אר"י: דלא מצי למינקט "עריות" כדקתני בסיפא: אחת מכל העריות האלו, שש עריות חמורות מאלו (לקמן ד' יג.). משום דאמרינן בגמ' (לקמן ד' ג:): מנינא אתא למעוטי צרת סוטה, וצרת איילונית, וממאנת, ומחזיר גרושתו. ואי הוה תני "עריות" הוה משמע דלמעוטי עריות דלא קא חשיב קאתיא).

עד סוף העולם. הכא לא שייך למיפרך: כיון דתנא "עד סוף העולם", "צרות צרותיהן" ל"ל? כדפריך ב"הכותב" (כתובות ד' פג.): כיון דתנא "עד סוף העולם", "פירות פירותיהן" ל"ל? דהתם ודאי ב"הכותב" לא היה צריך לכתוב שניהם, אבל הכא – אורחיה דתנא למיתני לא זו אף זו. וא"ת: וכיון דתני "צרות צרותיהן", "עד סוף העולם" למה לי? דהכי דייק בתמורה פרק "אלו קדשים" (ד' יז:*): כיון דתנא "ולד ולדן", "עד סוף העולם" ל"ל? ואר"י: דהתם, כיון דאשמועינן דולד ולדן קרב שלמים – ממילא שמעינן דה"ה עד סוף העולם, כיון דלא חיים לשמא יגדל מהם עדרים, כדחיים התם ר"א. אבל הכא, ס"ד דצרות צרותיהן אסירי טפי, (לא) משום דמ"לצרור" דרשינן להו, ו"לצרור" משמע תרתי, שני רישי"ן. ואפי' לרב אשי, דנפקא ליה צרת צרה מסברא, לקמן בפירקין (ד' יג.) – מ"מ איצטריך לתנא לאשמועינן, דלא תיסק אדעתין למימר דמ"לצרור" נפקן. ועוד: אמרי' דלרב אשי נמי צרת צרה נפקא מ"לצרור", דהא בגמ' קתני בהדיא בשמעתין (לקמן דף ג:): צרות צרותיהן מנין – ת"ל "לצרור" ולא לצור. ולקמן (ד' יג.) דקא בעי מנה"מ – לא אצרות צרותיהן קאמר, דבהדיא דריש להו בברייתא מ"לצרור", אלא על "אפי' הן מאה" דמתניתין קאי, ואמר רב יהודה דכולהו משתמעי מ"לצרור", ורב אשי סבר דמ"לצרור" לא משמע אלא תרי, ואפילו הן מאה – מסברא נפקי. דצרתה מ"ט אסורה כל כך שאוסרת גם צרתה – דבמקום ערוה קיימא, צרת צרתה נמי תאסור צרה אחרת דבמקום ערוה קיימא.

בתו. פי' בקונטרס: בתו מאנוסתו, דאי מנשואתו – היינו בת אשתו, דלא גרעה מפני שהיא בתו. ולפי זה, הא דקאמר בגמ' (לקמן דף ט:): רב יהודה מתרגם מחמותו ואילך. הא דתני ר' חייא בכולן אני קורא בהן: האסורה לזה מותרת לזה. אבל שיתא בבי דרישא – לא, משום דבתו כיון דבאונסין קא משכחת לה ובנשואין לא משכחת לה – בנשואין קמיירי, באונסין לא קמיירי. לא כמו שפירש בקונטרס דאמתניתין קאי הא דקאמר בנשואין קמיירי ולא באונסין – דא"כ היינו בת אשתו, וכדאמר נמי לקמן (ד' י.): מאי אמו? אילימא נשואת אביו – היינו אשת אביו. ועוד: דבהדיא אמר בגמרא בתו הואיל ואתי מדרשא חביבא ליה, והיינו בתו מאנוסתו. ועוד, לאביי דאמר דרבי חייא אכולה מתניתין קאי – ע"כ איירי באונסין. אלא יש לפרש: בנשואין קמיירי ר' חייא, דהכי משמע מילתיה דרבי חייא: בכולן אני מוצא בהם בהיתר וברגילות האסורה לזה מותרת לזה, אבל מתניתין – איירי שפיר באונסין ג). ונראה לר"י: דליכא למימר דמתניתין דקתני בתו איירי באונסין ולא בנשואין, דא"כ – מאי קאמר בגמרא כיון דבתו בנשואין לא משכחת לה, אפי' משכחת לה בנשואין – לא מצי קאי אכולהו בבי דמתני' דאיירי באונסין! אלא אר"י: דהך בתו איירי בין מאונסין בין מן הנשואין.

אשת אחיו מאמו. משמע הכא דבאשת אחיו מאמו ◉יש בה כרת, דבחייבי לאוין סבר תנא דמתני' דחולצת, כדתנן בפ"ב (לקמן ד' כ.): איסור מצוה ואיסור קדושה חולצת ולא מתייבמת, ובהדיא תניא בגמרא: מה אחות אשתו מיוחדת – שהיא ערוה וחייבין על זדונה כרת כו'. והקשה רבינו שמואל: דבת"כ משמע שאין בה כרת, דקתני התם: "ואיש אשר יקח את אשת אחיו" – באשת אחיו מאביו הכתוב מדבר, אתה אומר באשת אחיו מאביו, או אינו אלא באשת אחיו מאמו? והדין נותן: הואיל ואסר אחות אביו ואחות אמו, ואסר אשת אחיו, מה אחות אביו ואחות אמו – בין מן האב בין מן האם וכו', ת"ל "נדה היא", מה נדה יש לה היתר ויש לה איסור – אף אשת אח יש לה היתר ויש לה איסור, וזו היא אשת אחיו מאביו שיש לה איסור ויש לה היתר. אם יש לה בנים – אסורה, אין לה בנים – מותרת. משמע דאתא למעוטי אשת אחיו מאמו דאין בה כרת! ודוחק לומר ולפרש דדרשא דת"כ לא אתא למעוטי אשת אחיו מאמו, אלא אתא למימר דאיכא כרת אף באשת אחיו מאביו באין לה בנים בחיי בעלה, אע"ג דיש לה היתר לאחר מיתה, דמה נדה אע"ג שיש לה היתר לאחר מכאן, בשעת איסורה – בכרת, אף אשת אח כן. דאין הלשון משמע כלל כן. ועוד: דבירושלמי דפרק "כלל גדול" קאמר דאחותו יצאת לחלק, ודודתו יצאת לידון בערירי. והדר פריך מאשת אח למה יצאת? ומשני: לידון בערירי. והדר קאמר ר' יוסי: דודתו לצורך יצאתה, למעט אשת אחיו מאמו. דמה דודתו – באשת אחי אביו מאביו, כדיליף התם ערות דודו מ"דודו או בן דודו" דאיירי באחי אביו [מאביו] – אף אשת אחיו באחיו מאביו. ובתר הכי דריש לה מ"נדה היא" כמו בת"כ. משמע בהדיא דלמעט אשת אחיו מאמו אתא! ותירץ ה"ר משה: דלא אתא למעוטי אלא מערירי, דכתיב בההוא קרא. אבל כרת – יש בה. והא דבעי למילף מאחות אב ואחות אם, דבין מן האב בין מן האם, אע"ג דבאחות אב ואחות אם לא כתיב ערירי – אהקישא דר' יונה דָּרֵיש "הבא על יבמתו" (ג"ז שם:) סמיך, דמהקישא דאשת אחיו מן האב נקיש כל העריות לחומרא, ולא נקיש לאשת אחיו מאמו לקולא, דממעט מ"נדה היא". ולא יתכן פירוש זה לרש"י, שאומר* דכל כרת – הוא וזרעו נכרת, דהיינו דאיכא בין כרת למיתה בידי שמים, אלא לריב"א, שאומר דאין נכרת הוא וזרעו אלא בעריות, דכתיב בהו "ערירי". וחילוק יש בין מיתה לכרת, כדאמר בירושלמי (פ"ב דבכורים): דכרת בן נ', ומפיק ליה מדכתיב "אל תכריתו את שבט... הקהתי" (במדבר ד) ועבודתם עד נ', ומיתה היא בס' כמתי מדבר, דכתיב (שם יד) "יתמו ושם ימותו". וחולק על הש"ס שלנו, דבמ"ק (ד' כח. ושם) אמרינן: מנ' ועד ס' – זו היא מיתת כרת! ונוכל לומר לפי התלמוד שלנו דמיתה בידי שמים – אחר ס', וקודם – זמן כרת. ג) וא"ת: לפי' ריב"א דדריש "הבא על יבמתו" (לקמן נה.), מאי פריך: "ערירי" דכתיב בדודתו למה לי? כיון דמכרת לא שמעי' ערירי! ואי משום דמאשת אח שמעי' "ערירי" – בכל העריות, אם כן ה"ל לאקשויי א"ערירי" דאשת אח – למה לי? דכתיב לבסוף! ואר"י: משום דבההיא שמעתא לעיל יליף כל העריות מנדה להעראה, להכי פריך: "ערירי" דכתיב בדודתו למה לי? ליליף הא נמי מנדה, דכתיב גבי אשת אחיו "נדה היא"*.

ואחות אשתו. אין להקשות: דנדה תאסר ליבם, אע"פ שמטהרה אח"כ, כמו אחות אשתו שאין מתייבמת אפי' מתה אשתו אחרי כן! דלא דמי: דאחות אשה ושאר עריות האיסור עומד על היבם טפי משאר בני אדם. אבל נדה – לכ"ע אסירא. ואפילו בנדתה משמע בפסחים ס"פ "אלו דברים" (ד' עב:): דבת ייבום היא, דקאמר ר' יוחנן: אשתו נדה, בעל – פטור. יבמתו נדה, בָּעַל – חייב. ופריך עלה: מאי שנא יבמתו – דקעביד מצוה כו'. ד) משמע דקני לה. ועוד נראה לחלק: דאחות אשה, אע"פ שמתה אשתו אחרי כן – שוב לא תזקק לייבום. כיון שנפטרה שעה אחת, משום שנאמר "דרכיה דרכי נועם" (משלי ג) כדאמר ב"יש מותרות" (לקמן ד' פז:). ואפי' היכא דלא מידחיא מהאי ביתא לגמרי, כגון שיש אחים אחרים – אסורה לזה שמתה אשתו, כדאמר בפ' "ד' אחין" (לקמן דף כז:): כל יבמה שאין אני קורא בה בשעת נפילה "יבמה יבא עליה" – הרי היא כאשת אח שיש לה בנים, ואסורה, דאין זה דרכי נועם אם יש לה להזדקק לזה שנפטרה הימנו. אבל נדה – דרכי נועם היא, דלבעלה נמי צריכה להמתין עד שתטהר. וגבי קטן לקמן בפרק "ב"ש" (ד' קיא:) דקאמר *רבה בלאו הכי נמי לא מלית אמרת, מי איכא מידי דהשתא אסורה ליה ובתר הכי שריא ליה! והא אמר רב כו' – התם נמי אין זה דרכי נועם אם צריכה להמתין עד שיגדיל. אבל מה שממתנת מחמת שהוא קטן ואינו ראוי לביאה – הוי שפיר דרכי נועם, דאינו מחמת איסורא, והוי כאילו הלך יבם למדינת הים.

או

ואין זה רק גלויי מלתא בעלמא ג) דודאי משמע בכל ענין: ג) ותמה בירושלמי זקן שאכל חלב מי מודיעו שחייב כרת פירוש משום שכבר עבר חמשים ומשני דמית פתאום וכו' ומאי פריך לימא שבניו יהיו נכרתים לפירוש הקונטרס דכרת הוי כמו ערירי אבל לפירוש דפרישית ניחא ויש לדחות דמיירי התם באין לו בנים או שיש לו בנים גדולים ד) שאין מתים בעון אביהם לפי שאין אוחזים מעשה אבותיהם בידיהם ותו לא חזי להוליד. ועוד יש להביא [ראיה] מדאמרינן במו"ק כי הוינא בן חמשים עבידנא יומא טבא לרבנן דאמינא נפיקנא מכרת ופריך התם נהי דנפק מכרת דשני מכרת דיומי מי נפק. פירוש ימות פתאום. ותימה לפירוש הקונטרס אמאי לא פריך מכרת דבני מי נפק. ויש לדחות כדפרישית. דמיירי בשאין לו בנים או שיש לו בנים גדולים שאין אוחזין מעשה אבותיהם בידיהם: ד) א"נ כיון שיש לה היתר ע"י טבילה מקרי יבמה יבא עליה אבל הני אין להם היתר:

א) עי' בתוס' במו"ק כח: ד"ה בלע המות שכתבו כן בשם הרב ר' יעקב מאורליינש. ב) עי' בהקדמת התוי"ט לסדר נשים. ג) עי' סנהדרין דף ע"ז ע"א. ד) עי' בשבת דף כה בתוס' ד"ה כרת שתלט כן.

תוספות ישנים

חמש עשרה נשים פוטרות צרותיהן. יש מקשים אמאי מתחיל סדר נשים ביבמות דהא אתחולי פורענותא לא מתחלינן ואדרבה היה לנו להתחיל קדושין וכתובות וגיטין ואח"כ יבמות. ונראה משום דכתיב והיה אמונת עתך חוסן ישועות ואמרו עתך זה סדר מועד חוסן זה סדר נשים וא"כ סדר נשים הוא בתר סדר מועד דמסיים במסכת מועד קטן א) דהוי פורענותא לכך התחיל סדר נשים במסכת יבמות ומסמיך פורענותא לפורענותא כדאמרינן פרק השותפין דמסמיך מלכים דסופיה פורענות לירמיה דכוליה פורענות. ב) אי נמי מפרש תחלה איזו אשה אסורה ואיזו אשה מותרת והדר מפרש כולהו מילי דנשים. ועוד י"ל משום דהיא מצוה ראשונה שאירעה בנשים כדכתיב בתמר בא אל אשת אחיך ויבם אותה: **א)** ועוד י"ל משום דבעי למתני לקמן שש עריות חמורות מאלו קרי להו נשים א"נ לא מצי למתני עריות משום דאי הוה תני עריות לא הוה ידעינן למעוטי דרב ורב אסי דאיכא למימר דהאי דלא תני להו משום דלאו עריות נינהו לכך תנא חמש עשרה נשים: **ב)** א"נ לקמן רוצה לומר הכי בנשואין קמיירי כלומר במקום דשייך נשואין קמיירי אבל במקום דלא שייך רק אונסין לא קמיירי ובתו שייכא בנשואין וא"כ קמיירי בה מתני' וא"ת מנא לן הא דפריש בין ממנו בין מאחר דלמא דווקא אשה ובתה אבל לא בתו ואין לומר דנפקא ליה מכל שכן דהא אמרינן בפ"ב אין עונשין מן הדין גבי אחותו דלא ילפינן בת אביו ובת אמו מכ"ש דבת אביו או בת אמו. וי"ל שאני (הכא) [התם] דכתיב מולדת בית או מולדת חוץ ומתרגמינן בת אביך דילידא מן אבוך מן אתתא אחרינא או בת אמך דאיתלידא מגבר אוחרן. משמע דקרא לא מיירי רק בבת אביו או בת אמו לחוד אבל הכא לא כתיב מעוטא וא"כ שפיר נפקא לן בתו מאשתו מכ"ש דבת אשתו שאינה בתו

עין משפט נר מצוה

א א מיי' פ"ו מהל' יבום הלכה יד סמג עשין נא טוש"ע אה"ע סימן קעג סעיף א

מסורת הש"ס

[עי' תו' מ"ק כח: ד"ה בלע]

ס"א אינו מהרש"ל

[ועי' תוס' ד"ה לא מיבעיא וכו']

[בשבת דף כה.]

[ועי' תוס' שבת כה. ד"ה כרת]

[לפנינו הגירסא רבא]

גליון הש"ס

רש"י ד"ה אחותו מאמו וכו' וילפינן. לקמן ד' יז ע"ב: **תוס'** ד"ה אשת אחיו מאמו וכו' יש בה כרת. עיין כריתות דף יד ע"ב תד"ה אשת אחיו:

עין משפט נר מצוה

ב א מיי' פ"ו מהל' יבום הלכה טז סמג עשין נא טוש"ע אה"ע סימן קעג סעיף יב:
ג ב מיי' שם הל' כא טוש"ע שם סעיף ז:
ד ג מיי' שם הלכה יד טוש"ע שם סעי' ח:
ה ד מיי' שם הלכה כב טוש"ע שם סעי' ז:

א ואשת אחיו שלא היה בעולמו, וכלתו. הרי אלו פוטרות צרותיהן וצרות צרותיהן מן החליצה ומן הייבום עד סוף העולם. *ב וכולן, אם מתו, או מיאנו, או נתגרשו, או שנמצאו אילונית – צרותיהן מותרות. ואי אתה יכול לומר בחמותו ובאם חמותו ובאם חמיו שנמצאו אילונית או שמיאנו. ג כיצד פוטרות צרותיהן? היתה בתו או אחת מכל העריות האלו נשואות לאחיו, ולו אשה אחרת, ומת – כשם שבתו פטורה כך צרתה פטורה. הלכה צרת בתו ונשאת לאחיו השני ולו אשה אחרת, ומת – כשם שצרת בתו פטורה כך צרת צרתה פטורה. אפילו הן מאה. כיצד אם מתו צרותיהן מותרות? היתה בתו או אחת מכל העריות האלו נשואות לאחיו, ולו אשה אחרת, מתה בתו או נתגרשה, ואח"כ מת אחיו – צרתה מותרת. *ד וכל היכולה למאן ולא מיאנה – צרתה חולצת ולא מתייבמת.§

גמ' מכדי, כולהו מאחות אשה ילפינן, ליתני אחות אשה ברישא! וכ"ת תנא חומרי חומרי נקט, ור"ש היא, דאמר שריפה חמורה – אי הכי, ליתני חמותו ברישא, דעיקר שריפה בחמותו כתיבא! ועוד: בתר חמותו ליתני כלתו, דבתר שריפה סקילה חמורה! אלא: בתו, *כיון דאתיא מדרשא – חביבא ליה כולהו

רש"י

ואשת אחיו שלא היה בעולמו. כגון ראובן שמת בלא בנים, ונולד לו אח לאחר מיתה ושמו לוי, ועמד שמעון וייבם אשתו, ולו אשה אחרת, ומת בלא בנים, ונפלו שתיהן לפני לוי – שתיהן פטורות. לפי שאשת ראובן שנשאת לשמעון אסורה ללוי וענוש כרת עליה, לפי שאשת אח בכרת, כשאר עריות שבפרשה, דכתיב בכולהו "כי כל אשר יעשה מכל התועבות האלה ונכרתו", ובמקום מצות יבום כשמת בלא בנים – שרייה רחמנא. ואשת אחיו שלא היה בעולמו, שמת קודם לידתו – לא שרא ליה, דכתיב "כי ישבו אחים יחדיו" – שהיתה להם ישיבה אחת בעולם. והלכך, משמת ראובן נאסרה על לוי איסור עולם כאשת אח שיש לה בנים. ואפילו עכשיו, שנפלה לפניו מכח נשואי אחיו שמעון שהיה בעולמו – אסורה לו בשביל ראובן, וכשם שהיא אסורה לו – כך צרתה, אשת שמעון האחרת, אסורה, דילפינן לקמן על כל העריות העומדות עליו בכרת שנפלו לפניו לייבום עם צרותיהן ששתיהן פטורות, ואם נשאן ענוש כרת, שמאחר שפטרן הכתוב עומדות עליו באיסור אשת אח שיש לו בנים. וכלתו. שמת בנו ונשא אחיו כלתו, אסורה לו לעולם, ואפילו לאחר מיתת בנו. וכולן שמתו. שמתה בתו קודם לאחיו או מיאנה. והיכי משכחת לה מיאון בבתו, והרי הוא קיים, ואין מיאון אלא ביתומה? משכחת לה כגון שאביה השיאה לאחד, ונתגרשה כשהיא קטנה, ושוב אין לאביה רשות בה, והלכה ונשאת לאחיו בעודה קטנה, ויצאה במיאון. ובפ' ב"ש (לקמן קט.) קרי לה יתומה בחיי האב. ואם נתגרשה מאחיו, או מיאנה באחיו, או נמצאת אילונית, שמקחו מקח טעות ולא הויא אשת אחיו, וכשמת אחיו הרי היא כמו שאינו אשתו, ומתייבמת צרתה. ואי אתה יכול לומר כו'. שכבר ילדו מאחר קודם שנישאו לאחיו, הלכך לאו אילונית היא. ומיאון נמי ליכא, שהרי גדולות הן, ואין ממאנת אלא יתומה קטנה, כדמפרש לקמן בפ' ב"ש. כשם שבתו פטורה. שהרי אסורה לו, ואין שם אח אלא הוא – כך צרתה פטורה, כדיליף בגמרא. הלכה צרת בתו ונשאת לאחיו השני. דהיכא דיש אח אחר ששתיהן מותרות לו – אינן פטורות, שהרי יש כאן מצות יבום, ומתייבמת האחת והשניה פטורה, דכתיב "את בית אחיו" (דברים כה) – בית אחד הוא בונה, ולא שתים. ואם ייבם האחד את צרת בתו, ולו אשה אחרת, ומת בלא בנים, וחזרו ונפלו לפניו. כשם שצרת בתו פטורה. שנאסרה עליו משעת נפילת אחיו הראשון, שנפלה עם בתו לפניו, ופטרתה בתו הימנו, והרי היא עליו כאשת אח שיש לו בנים, ואסורה לו עולמית. כך צרת צרתה. אשת אחיו השני האחרת פטורה, שזו פוטרתה. וטעמא יליף בגמרא מ"לצרור" (ויקרא יח), שצרת ערוה פוטרת צרתה. ואפי' הם ק'. אחים, והלכה צרת צרתה של בתו ונתייבמה לאחיו השלישי, ולו אשה אחרת, ומת בלא בנים – שתיהן נאסרות על זה. וכן לעולם. צרתה מותרת. להתייבם לו, שהרי בשעת זיקת ייבום אינה צרתה. וכל היכולה למאן. כגון שהערוה קטנה ויכולה למאן ולא מיאנה, ומת אחיו – הואיל וקידושיה אינה אלא מדרבנן, וזיקת נפילתה מדרבנן, אינה פוטרת צרתה מן החליצה. ולהתייבם אסורה, כדמפרש טעמא בגמרא: שנראית צרת ערוה. גמ' מכדי כולהו. עריות, מה שפטורות מן הייבום. מאחות אשה ילפינן. לקמן בשמעתין. ור"ש היא. דאמר בפ' "ד' מיתות" (סנהדרין מט:): שריפה חמורה, ולהכי תנא רישא בתו ובת בתו, כולהו עד אם חמיו בשריפה. בחמותו כתיב. "ואיש אשר יקח את אשה ואת אמה זמה היא באש ישרפו" (ויקרא כ). כלתו בסקילה. בפ' "ד' מיתות" (שם דף נג.). וכל שאר עריות דמתני' אינן במיתת בית דין אלא בכרת. כיון דאתיא מדרשא. ליאסר עליו, חביבא ליה לתנא, ואקדמה ברישא. ולקמן מפרשי לה.

תוספות

או שנמצאו אילונית. דאילונית קדושי טעות הן, ולא היתה אשת אחיו, ותימה: [דאמרינן] (לקמן ד' סא:): קטן וקטנה לא חולצין ולא מייבמין כו', קטנה – שמא תמצא אילונית. ואמאי? תתייבם ממה נפשך: דאם אינה אילונית – שפיר מייבם, ואם היא אילונית – נמי שרי, דלא היתה אשת אחיו! ואר"ת: דההיא בקבלה עלויה. וכה"ג משני בריש "בן סורר" (סנהדרין סט:)א). וה"ר אברהם מבורגויילה תירץ: בנמצאת אילונית בחיי האח והקפיד. אבל לאחר מיתה, דלמא אם היה קיים – לא היה מקפיד. ולא נהירא, דבהדיא קתני בתוספתא (פ"א): נמצאו אילונית, בין בחיי הבעל בין לאחר מיתה – צרותיהן מותרות. ובגמ'* אפרש בע"ה למאן דשרי צרת בתו אילונית אפי' בהכיר בה, מאי חידוש השמיענו בתוספתא בין מחיים בין אחר מיתה. וא"ת: דהכא משמע דאילונית לא בעי גט [אפי' מדרבנן], דאי בעיא – היתה צרתה חולצת ולא מתייבמת, כדתנן במתני': כל שיכולה למאן ולא מיאנה כו'. ובכתובות בפרק "אלמנה" (דף ק:) תנן: הממאנת והשניה והאילונית אין להם כתובה, משמע: הא גיטא – בעיא! דהכי דייק ב"המדיר" (כתובות דף עג. ושם). וי"ל: דהתם נקט האי לישנא משום דלא מצי למנקט אינן צריכין גט משום שניה דקתני בהדייהו. תדע, דע"כ ממאנת לא בעיא גיטא. א"נ ב"המדיר" לא דייק הכי אלא משום דברישא קתני אינה מקודשת ובסיפא – תלא שלא בכתובה, והא דתנן ב"השולח" (גיטין דף מו: ושם): המוציא אשתו משום אילונית לא יחזיר. ומפרש: משום קלקולא, דשמא תנשא לאחר ויהיה לה בנים ויאמר כו', ונמצא גט בטל ובניה ממזרים. דמשמע בעיא גט! אר"י: דהתם – במוציאה משום ספק אילונית שאין הסימנים ניכרים יפה. תדע, דקתני סיפא: נשאת לאחר והיו לה בנים, ואילו ודאי אילונית – אין לה רפואה, דב"הערל" (לקמן עט:) פליגי ר"ע ור"א בסריס חמה, אם חולץ וחולצין לאשתו, שיש לו רפואה. ובאילונית לא אשכחן דפליגי, אף על גב דבקידשה על תנאי וכנסה סתם איכא למ"ד ב"המדיר" (כתובות עב:) דבעיא גט – היינו דוקא בשאר מומין, דאיכא דמחיל. אבל אילונית – שום אדם אין מוחל. ואפי' לאביי דמפרש טעמא משום דאין אדם בועל בעילת זנות – היינו בשאר מומין, דמסיק אדעתיה, ודעתו אפי' יהיו בה מומין בועל לשם קדושין. אבל אילונית, דלא שכיח – לא מסיק אדעתיה, ומשום חשש אילונית לא יהא בועל לשם קדושין.

ואי אתה יכול לומר בחמותו שמיאנה. וא"ת: משכחת לה מיאון בקידושי טעות, דתנא דבי ר' ישמעאל: אפי' בנה מורכב על כתיפה – ממאנת והולכת לה! ותירץ ריב"ן: דמתני' איירי בקטנות. ועוד אמר ר"י: דבקדושי טעות מצי למימר דאפי' מיאון אינה צריכה, ולא הוה מצי למיתני בסיפא כל שיכולה למאן כו'. וממאנת דר' ישמעאל לאו דוקא, דאפי' לא מיאנה – לאו אשתו היא. ואם ערוה היא – צרתה מותרת. מיהו, בפרק "בא סימן" (נדה נב. ושם) משמע דבקדושי קטנות [נמי] איירי ר' ישמעאל, גבי בתו של ר' ישמעאל שבאת למאן בבית המדרש ובנה מורכב על כתיפה, ורבתה בכיה בבית המדרש, ואמרו: דבר שאמר אותו צדיק יכשל בו זרעו! ונמנו וגמרו: עד מתי הבת ממאנת – עד שתביא ב' שערות. ומשום ר' ישמעאל קאמר דנמנו, דליכא למימר משום דר' יהודה נמנו, דאמר: עד שירבה השחור על הלבן – דהא מודה רבי יהודה בנבעלת, דאינה יכולה למאן, והא דפריך בפרק "נושאין על האנוסה" (לקמן ק: ושם) וממאנת מי קא ילדה? ומשני: בקדושי טעות כר' ישמעאל. הא דשביק קידושי קטנות דאיירי בהו – לאו משום דמודי ר' ישמעאל בקידושי קטנות, אלא משום דההיא סוגיא אליבא דשמואל, ושמואל לא סבר לה כרבי ישמעאל בקדושי קטנות, כדמוכח בפרק "מי שמת" (ב"ב קנו: ושם) אבל בקדושי טעות – סבר כוותיה, כדאמר ב"המדיר" (כתובות עד. ושם): קידש על תנאי ובעלה – אינה צריכה הימנו גט, והיינו כרבי ישמעאל. וצריך לומר מתני' לא כרבי ישמעאל. והא דקאמר בגמרא (דף ט.) בפלוגתא לא קמיירי – היינו דוקא אמינא דט"ו נשים.

דלבתר שריפה סקילה חמורה. בחנם נקט הכי, דאפילו היתה סקילה קלה בכל ד' מיתות בית דין ה"ל למיתני כלתו בתר חמותו, דבכל הנך ליכא מיתה אלא כרת למודיה. בתו כיון דאתיא מדרשא חביבא ליה. היינו בתו מאנוסתו כדפי' בקונטרס. אבל בתו מנשואתו – מ"ערות אשה ובתה" נפקא, דלא גרע מבת אשתו. וא"ת: והיכי נפקא? והא אין מזהירין מן הדין, כדאמר לקמן בפ"ב (דף כב:) גבי "אחותך בת אביך (היא) או בת אמך" דלריך למכתב "אחותך היא" לחייב על אחותו בת אביו ובת אמו, לומר שאין מזהירין מן הדין! ואר"י: דלא דמי, דהתם לא איירי קרא אלא באחותו שאינה מן האב ומן האם, "דבת אביך או בת אמך" משמע מן האב שלא מן האם ומן האם שלא מן האב, וכדמפרש קרא בהדיא "מולדת בית או מולדת חוץ" (ויקרא יח) דמתרגמינן דילידא

תוספות ישנים

וכולן אם מתו. הך מתני' הו"ל לא זו אף זו לא זו מתו דבדין הוא לצרותיהן מותרות דאין הערוה קיימת בשעת יבום אלא אפילו מיאנו דאיתא הערוה קמן מ"מ צרותיהן מותרות ול"מ מיאנו דכמו שלא נשאת משולם לו דמי דהמיאון קא עקר קדושי קמאי ופשיטא לצרותיהן מותרות אלא אפילו נתגרשו דעשה מעשה קדושין גמורים אפ"ה צרותיהן מותרות ול"מ נתגרשו דבשעה שמת לא היתה ערוה עמו בתורת אישות לפי שעשה מעשה לעקור קדושי' אלא אפילו נמצאת אילונית דבשעה שמת היתה הערוה עמו בתורת אישות לפי שלא עשו מעשה לעקור הקדושין אלא הם בסוף כמו שהם בתחלה אפ"ה צרותיהן מותרות משום דהוי כמי שלא היתה אשתו: א) וה"ר ר' יעקב מקורביל מפרש דמאי אמרת דלמא איילונית היא וא"כ לא היתה אשת אחיו. לפי שאילו היה יודע שהיא איילונית לא קדשה. כמו כן נמי אם היה יודע בבירור שימות כשהיא קטנה לא יקפיד בזמן מועט כ"כ אם היא איילונית. ועוד י"ל דהא דאמרינן קטנה אינה מתייבמת שמא תמצא איילונית הייט לפטור צרתה להגשא לשוק דשמא תמצא איילונית ונמצא שיש לו לייבם הצרה לפי שהצרה זקוקה לו והייט כי הכא: ליתני לאחות אשה ברישא. וקשה הא דאמרי' פ' ד' מיתות כל מקום ששנו חכמים דרך מנין אין מוקדם ומאוחר והלכך מאי קשיא ליה הכא ליתני אחות אשה כו'. ואית דמתרלי דכי אמרי' אין מוקדם ומאוחר ה"מ היכא דקא חשיב המנין לגבי מעשה כגון ז' סמנים וקאמר דכל מקום דאמר דרך מנין אין מוקדם ומאוחר חוץ מז' סמנים וסדר יומא כדקאמר התם. וא"נ י"ל דנהי דאמרינן אין מוקדם ומאוחר שאם עשה מהמאוחר מוקדם לא קפדינן בה. מיהו מ"מ צריך לתת טעם בדבר למה הקדים המאוחר והכא נמי נהי דאין מוקדם מיהו מ"מ כיון דמן הדין הוה ליה למתני' לאחות אשה ברישא צריך לתת טעם למה לא הקדימה ומש"ה קא מיבעיא ליה דליתני לאחות אשה ברישא:

מסורת הש"ס

קדושין מד: [לקמן יב. ל.]

[לקמן יב. ד"ה תני שהיו]

[לקמן קז:]

ב"ב קח: [נדרים ג. נזיר ב: ב"ק יח: זבחים מח. בכורות יג. לקמן ל. לב. ר"ה יב.]

ו א מיי' פ"א מהל' יבום הלכה יט:

תורה אור

כּוּלְּהוּ נַמִי מִדְּרָשָׁא אָתוּ! נְהִי דִּלְעִנְיַן יִיבּוּם אָתְיָין מִדְּרָשָׁא, עִיקַּר אִיסּוּרַיְיהוּ בְּהֶדְיָא כְּתִיב בְּהוּ, בִּתּוֹ — עִיקַּר אִיסּוּרָא מִדְּרָשָׁא. *דַּאֲמַר רָבָא: אָמַר לִי רַב יִצְחָק בַּר אַבְדִּימִי: אָתְיָא °"הֵנָּה" °"הֵנָּה", אָתְיָא °"זִמָּה" °"זִמָּה". הַשְׁתָּא דְּאָמְרַתְּ כָּל מִלְּתָא דְּאָתְיָא מִדְּרָשָׁא חֲבִיבָא לֵיהּ, לִיתְנֵי לַאֲחוֹת אִשָּׁה לְבַסּוֹף! אַיְּידֵי דְּאַיְירֵי בְּאִיסּוּר אַחֲוָותָא תָּנָא אֲחוֹת אִשְׁתּוֹ. וְלִיתְנְיַיא לְהַאי בָּבָא לְבַסּוֹף! אֶלָּא: תַּנָּא קוּרְבֵי קוּרְבֵי נָקַט; תָּנָא בִּתּוֹ וּבַת בִּתּוֹ וּבַת בְּנוֹ דִּקְרוֹבֵי עַצְמוֹ, וְאַיְּידֵי דְּתָנָא שְׁלֹשָׁה דּוֹרוֹת לְמַטָּה דִּידֵיהּ, תָּנָא נַמִי שְׁלֹשָׁה דּוֹרוֹת לְמַטָּה דִּידָהּ. וְאַיְּידֵי דְּתָנָא *שְׁלֹשָׁה דּוֹרוֹת לְמַטָּה דִּידָהּ — תָּנָא שְׁלֹשָׁה דּוֹרוֹת לְמַעְלָה דִּידָהּ. וְתָנָא אֲחוֹתוֹ וַאֲחוֹת אִמּוֹ דִּקְרוֹבֵי עַצְמוֹ, וְאַיְּידֵי דְּאַיְירֵי בְּאִיסּוּר אַחֲוָה — תָּנָא אֲחוֹת אִשְׁתּוֹ. וּבְדִין הוּא דְּלִיקַדְּמָהּ לְכַלָּתוֹ מִקַּמֵּי אֵשֶׁת אָחִיו שֶׁלֹּא הָיָה בְּעוֹלָמוֹ, דְּלָא מִשּׁוּם קוּרְבָא הוּא דַּאֲסִירָא, אֶלָּא אַיְּידֵי דְּאַיְירֵי בְּאִיסּוּר אַחֲוָה — תָּנָא אֵשֶׁת אָחִיו שֶׁלֹּא הָיָה בְּעוֹלָמוֹ, וַהֲדַר תָּנָא כַּלָּתוֹ. וּמַאי אִירְיָא דְּתָנָא "פּוֹטְרוֹת", לִיתְנֵי "אוֹסְרוֹת"! אִי תָּנָא אוֹסְרוֹת הֲוָה אָמֵינָא: אָסוּר לְיַיבֵּם, אֲבָל מִיחֲלַץ חָלְצָה, קמ"ל. וְלִיתְנֵי אֲסוּרָה לַחֲלוֹץ! מַאי קָעָבֵיד? אַלְמָה לָא? °אִם אַתָּה אוֹמֵר חוֹלֶצֶת — מִתְיַיבֶּמֶת! כֵּיוָן דִּבְמָקוֹם מִצְוָה הוּא דַּאֲסִירָה צָרָה, וְשֶׁלֹּא בִּמְקוֹם מִצְוָה שַׁרְיָא, מִשּׁוּם הָכִי תָּנֵי "פּוֹטְרוֹת". וּמַאי אִירְיָא דְּתָנֵי "מִן הַחֲלִיצָה וּמִן הַיִּיבּוּם", לִיתְנֵי "מִן הַיִּיבּוּם" לְחוּדֵיהּ! אִי תָּנָא מִן הַיִּיבּוּם הֲוָה אָמֵינָא: מִיחֲלַץ חָלְצָה, יַבּוּמֵי לָא מְיַיבְּמָה, קמ"ל: *אכָּל הָעוֹלֶה לְיִיבּוּם עוֹלֶה לַחֲלִיצָה וְכָל שֶׁאֵינוֹ עוֹלֶה לְיִיבּוּם — אֵינוֹ עוֹלֶה לַחֲלִיצָה. וְלִיתְנֵי מִן הַיִּיבּוּם וּמִן הַחֲלִיצָה, א"נ מִן הַחֲלִיצָה לְחוּדָהּ! אַבָּא שָׁאוּל הִיא, דְּאָמַר: *מִצְוַת חֲלִיצָה קוֹדֶמֶת לְמִצְוַת יִיבּוּם. מִנְיָנָא דְּרֵישָׁא לְמַעוּטֵי מַאי, וּמִנְיָנָא דְּסֵיפָא לְמַעוּטֵי מַאי?
לְמַעוּטֵי

ויקרא יח
שם שם
שם שם
שם כ

רש"י

כולהו נמי. לענין פטור ייבום מדרשא אתיין, מאחות אשה. עיקר איסורייהו. שאסורים משום ערוה בכל מקום – בהדיא כתיב בהו. אבל בתו מאנוסתו דאיירי בה במתני', עיקר איסורה מדרשא אתיא. אתיא "הנה" "הנה". לאיסורא, אתיא "זמה" "זמה" לשריפה. דבתו מאשתו, וכן בת בתו ובת בנו, ילפא מ"ערות אשה ובתה לא תגלה", והרי בתו מאשתו בכלל בת אשתו. אבל בתו מאנוסתו – לא משתמעא, דכתיב "ערות אשה" ולשון אישות – דעל ידי קידושין משמע. וגלי רחמנא בבת בתו ובת בנו מאנוסתו בהאי קרא "ערות בת בנך או בת בתך", והכא לשון אישות לא כתיב. ואכתי בתו לא כתיב הכא, וילפינן גז"ש: כתיב הכא בקרא דאנוסה "כי ערותך הנה", וכתיב בקרא אחרינא דאישות "שארה הנה", מה התם בתו כבת בתו – אף כאן בתו כבת בתו. אתיא "זמה" "זמה". לשריפה, כתיב הכא בבתו מאשתו "זמה היא", וכתיב בשריפה "זמה היא באש ישרפו", מה התם שריפה – אף כאן שריפה. ובתו מאנוסתו הא ילפינן מ"הנה" "הנה" מבת אשתו. ליתני אחות אשה לבסוף. דכולהו מינה ילפי' לענין פטור ייבום, לקמן. להאי בבא. כל איסור [אחוותא] ליתני לבסוף, ויקדים כלתו לאחותו, כי היכי דתיהוי אחות אשה לבסוף. קורבי קורבי. הנך דקריב ליה טפי נקט ברישא. דקרובי עצמו. ואין בכולן קרובות כאלו. למטה דידה. דאשתו. ואע"ג דהנך לאו משום קורבה דידיה אסירן ליה. למעלה דידה. חמותו. ולמעלה דידיה לא מצי למיתני מידי, דהא אמו לא אתיא לייבום, שהרי אסורה לאחיו מאביו משום אשת אביו: ותני אחותו ואחות אמו דקרובי עצמו. טפי מכלתו. דכלתו לאו קרובתו היא, אלא מכח קידושי בנו אסורה עליו. ובדין הוא דליקדמה לכלתו. מקמי אשת אחיו שלא היה בעולמו. דלאו משום קורבא הוא דאסורא. כלומר: וכיון דקרובין נקט [ברישא], לכלתו ואשת אחיו שלא היה בעולמו ואשת אחיו מאמו – לאו משום קורבה דידיה הוא דאסירן ליה, בדין הוא דליתני כלתו מקמי אשת אחיו שלא היה בעולמו, ומקמי אשת אחיו מאמו נמי משום דכלתו חמירא טפי מינייהו, והוה ליה למנקט תומרי, כיון דלא מצי למינקט קורבי. מאי אירייא דקתני פוטרות. דמשמע פטורות הן, ואי בעי – מייבם. ליתני אסורות. דהא ודאי אסורות הן, מאחר שאינן זקוקות לייבום וקיימי באיסור אשת אח. ה"א אוסרות. לייבום. וחליצה לא משתמעא מהכא, שאין איסור בחליצה. והוה אמינא: מיחלץ חלצי על כרחו, שאין אשת אח בלא בנים נפטרת בלא חליצה. מאי קעביד. והלכך לא שייך לשון איסור בחליצה, אלא לשון פטור. אלמה לא. שייך [לשון] איסור, הא ודאי שייך, שאם אתה אומר חולצת – אתי למימר מתייבמת. כיון דבמקום מצות יבום הוא דאסירה. צרת הבת, וכדמפרש במתני', דמשעקרה הכתוב מזיקת ייבום – קיימא ליה באשת אח שיש לו בנים. שלא במקום מצוה שריא. כגון נכרי שנעשה חתנו, ולו אשה אחרת, ומת – מותרת אשתו לחמיו, כדתנן לקמן (דף יג.) גבי שש עריות חמורות מאלו, במתני'. משום הכי תנא פוטרות. דאי תנא אוסרות – משמע שהערוה אוסרתה עליו ליקח, [וק"ו] שלא במקום מצוה. אבל פוטרות – משמע איסורא משום צרתה של בת, אלא הבת פוטרתה מייבום, ואיסורא שכיב עלה מאילא, דהויא באיסור אשת אח שיש לה בנים. ומשום אשת אח הוא דמיתסר – שלא במקום מצוה, דליכא איסור אשת אח עלה, שריא. וליתני מן הייבום לחודיה. דהא עיקר מצוה היא, וחליצה מאילא משתמע. ה"א מיחלץ חלצה. שלא להפקיע מצות ייבום, אבל יבומי – לא, משום גזירת הכתוב ד"לצרור". קמ"ל מתני', הואיל ופטרה הבת מזיקת יבום – פטורה מן החליצה; דכל העולה לזיקת ייבום עולה לזיקת חליצה, וכל שאין עולה לזיקת ייבום – פטורה מן החליצה.° וכל היכא דאמרינן חולצת ולא מתייבמת – משום ספקא הוא. וניתני ייבום ברישא. דהוא עיקר, דהא כתיב "אם לא יחפוץ האיש לקחת... וחלצה" (דברים כה), הא אם חפץ לייבם – מייבם, *אלמא: מצות ייבום ברישא. אבא שאול היא. בפ' "החולץ" (לקמן לט:), אבא שאול אומר: הכונס יבמתו לשום נוי ולשום אישות – כאילו פוגע בערוה, וקרוב בעיני להיות הולד ממזר. מניינא דרישא. דמשמע: ט"ו ותו לא. מניינא דסיפא. הרי אלו פוטרות, דמשמע: אלו ותו לא.

דרב

*) [וע' תוס' חגיגה יא: ד"ה לאמר וכו' ותוס' כתובות נ. ד"ה אמר ותוס' ב"ב פז. ד"ה מי כאן ותוס' מנחות נג. ד"ה רב חסדא ותוס' חולין קו. ד"ה איכא]
**) [וע"ש תוס' מנחות נג. ד"ה הכל סומכין]

תוספות

דילידה מן אבוך מן איתתא אוחרת או מן אמך מן גבר אוחרא. ואע"ג דדרשינן (לקמן כג.) "מולדת בית" וגו': בין שאומרים לאביך קיים, בין שאומרים לאביך הוצא – מ"מ אין מקרא יוצא מידי פשוטו. ואם היא בת שניהם – מק"ו הוא דילפת. אבל בכלל אשה ובתה הוי שפיר בת שהיא בת אשתו, כדאשכחן בפ' "ד' מיתות" (סנהדרין נג.). דאמו שהיא אשת אביו. הויא בכלל אשת אביו. ובת אשתו, היכא דנכנסה לחופה ולא נבעלה – נראה לר"י דחייב על בתה, אע"ג ד"ערות אשה ובתה לא תגלה" כתיב, דמשמע ביאה, דסברא הוא דאין תלוי בביאה, דהא לא מיחייב על בת אנוסתו, אלמא בקידושין תליא מלתא. ואין סברא לומר דבתרוייהו תליא מלתא, והא דלא מיחייב על בת אנוסתו, כמו שפי' בקונטרס – משום ד"אשה ובתה" כתיב, דמשמע לשון אישות, מדלא כתב "אם ובת". ומיהו, בהדיא בריש "נושאין על האנוסה" (לקמן ד' נז.) מפרש הש"ס טעמא אחרינא: דעריות "שאר" כתיב בהו, בנשואין איכא שאר, באונסין – ליכא שאר. **דאמר** רבא אמר לי רב יצחק בר אבדימי. יש מגיהין רב, משום דרב יצחק בר אבדימי היה רבו של רב, כדאמר בפרק "כל הבשר" (חולין דף קי. ושם): איכא תנא דמתנייה לרב כחל, אמר ליה לרב יצחק בר אבדימי. ובפ' "כירה" (שבת מ: ושם): א"ר יצחק בר אבדימי, פעם אחת נכנסתי אחר רבי לבית המרחץ כו'. ולא היה רבא בימיו, דביום שמת רב יהודה נולד רבא, בפ' בתרא דקידושין (ד' עב:). ואר"ת: דע"כ גרסי' הכא רבא, שהיה בר פלוגתיה דאביי, ואמר בפ' "הנשרפין" (סנהדרין עו.) בתו מאנוסתו מנלן? אמר אביי: ק"ו, על בת בתו ענש – על בתו לא כ"ש? רבא אמר רב יצחק בר אבדימי כו'. וצ"ל דתרי יצחק בר אבדימי היו*). **מקמי** אשת אחיו שלא היה בעולמו. וה"ה מקמי אשת אחיו מאמו. ודלא מנייהו נקט, דתרוייהו לאו קרובי עצמו נינהו אלא ע"י קידושין. וכלתו שהיא אשת בנו קרובה מנייהו טפי. אבל אין לומר דוקא לגבי אשת אחיו שלא היה בעולמו כלתו קרובה טפי, לפי שלא היה בעולמו, אבל לגבי אשת אחיו מאמו – לא, דהאשת בנו איפלג דרא, כדאשכחן לענין עדות בב"ב (ד' קכח.), דאפי' מאן דמכשר באבא דאבא – פסיל בן אחיו. דע"כ לענין עריות אשת בנו קרובה טפי מאשת אח, שהבן כרעיה דאבוה הוא, דקחשיב בתו ובת בתו קרובי עצמו טפי מאחותו. **מאי** אירייא דתנא פוטרות. פי', דמשמע: אבל אי בעי מייבם – ליתני: אסורות לייבם. **אבל** מיחלץ חלצה קמ"ל. אע"ג דמסיפא שמעינן דרישא לא בעיא חליצה, דקתני בסיפא: כל היכולה למאן כו' – מ"מ ניחא ליה נמי לאשמועינן ברישא גופיה**). **כיון** דבמקום מצוה הוא דאסירה צרה. ואי הוה תני אסורות הוה משמע כל שכן שלא במקום מצוה, כיון דאיסור צרה מחמת ערוה קאתי, מש"ה קתני פוטרות, דהשתא במקום מצוה הוא דאסור, משום דממילא קאי באיסור אשת אח. **דמצות** חליצה קודמת. השתא דקתני תרוייהו, ושונה חליצה ברישא, משמע דחליצה קודמת. אבל אי לא הוה תני אלא חליצה לחודה – לא הוה משמע מידי.
למעוטי

תוספות ישנים

אמר רבא אתיא הנה הנה לאיסורא. בבתו מאנוסתו מבתו מנשואתו ובקרא דערות אשה ובתה לא תגלה את בת בנה ואת בת בתה כתיב אישות ולשון אישות ע"י קדושין משמע. וא"כ (ס"ל) [היינו] נשואין. וקשה לאישות משמע שיש בה ביאה וא"כ נכנסה לחופה ולא נבעלה לא יהא בה איסור וזה לא יתכן. לכן נ"ל משום דגבי אשה כתיב שאר דכתיב א) שארה הנה ואין שאר אלא מן הנשואין אבל בלא ביאה שפיר קרויה שאר כיון שיש בה נשואין. הלכך מרבינן שפיר נכנסה לחופה ולא נבעלה כיון שיהיה יורש אותה משום קרא דשארו אע"ג דלא נבעלה דנשואין קורבה הן ומקרו שאר: **ואתיא** זמה זמה בתו מנשואתו מחמותו לשריפה ובתו מאנוסתו לשריפה מבתו מנשואתו מהנה הנה: ואין להקשות א"כ הול"ל ואתיא הנה הנה. וי"ל דיליף בתו מאנוסתו מבתו מנשואתו מה להלן הנה וזמה עמו אף כאן הנה וזמה עמו: **אי** תנא אוסרות הוה אמינא מחלץ חלצה. וא"ת היכי מצי למימר כן דלמא הוה תני אוסרות מן החליצה ומן הייבום. וי"ל דרוצה לומר ולתני אוסרות לבד והדר פריך ולתני אוסרות לחלוץ וקאמר לחלוץ מאי קעביד הלא לא שייך איסור בחליצ' [והדר] קאמר אלמה לא שייך בה שפיר איסור שאם אתה אומר חולצת מתייבמת וקאמר כיון דבמקום מצוה אסירא צרה היכא שהערוה נשאת לאחין ושלא במקום מצוה כגון שנשאת לאדם מן השוק שאינו אחיו צרתה שריא מש"ה תני פוטרת דאי תניא אוסרות משמע שאיסור ערוה שומדת לעולם על צרה והוה אסרינן [גם] שלא במקום מצוה דאמרינן השתא במקום מצוה אסירא שלא במקום מצוה לא כ"ש אבל השתא דתני פוטרות משמע שהערוה פוטרת הצרה ממצות יבום ועושה אותה כמאן דליכא מצוה ואסירא כאשת אחיו שלא במקום מצוה אבל היכא דליכא יבום לא עביד ערוה מידי ושריא צרה. ואם תקשי היאך תוכל לומר דאי היה תני אוסרות דאפילו שלא במקום מצוה נמי אסירי הא תני במתני' מן החליצה ומן הייבום אלמא דלא מיירי אלא במקום מצוה אלא ב) כלפי' הקונטרס דילפינן לה מכ"ש קמ"ל הא דתני פוטרות דמשמע שבשביל הערוה אין הצרה נאסרת כלל שלא במקום מצוה: וא"ת אפילו תנא מן הייבום לחודיה הוה ידענא דאינה חולצת מדתני פוטרות כדאמר לעיל וי"ל דה"פ לעיל אי תנא אוסרות הוה אמינא אוסרות לייבם. אבל מחלץ חלצה בעל כרחה קמ"ל פוטרות דאינן חולצות והכא ה"פ הוה אמינא מחלץ חלצה אם היא רוצה קמ"ל כל העולה וכו' דאינה חולצת מן התורה דהכי משמע קרא דאם לא יחפוץ וגו' ובאו הזקנים אבל אם אינו יכול ליבם אין לב"ד לעסוק בזה אפי' אם היא רוצה. וכל היכא דקאמר חולצת ולא מתייבמת מיירי מדרבנן דמעטם ספק אין לפוטרה בלא חליצה: **ולתני** מן הייבום ומן החליצה א"נ מן החליצה לחודה וקשה דהא אדרבה פסק ליה השתא דיבום הוי עיקר ואי גרים ליה יש ליישבו א"נ מן החליצה לחודה ומינה שמעינן דפטורה מיבום דאי לא מפטרא מיבום לא מפטרא מחליצה דכל העולה ליבום עולה לחליצה ומשני אבא שאול היא ולהכי תנא מן החליצה ומן הייבום להודיעך דמצות חליצה קודמת למצות יבום: **מניינא** דסיפא ורישא

א) ע"ש דשארה קאי על בתה ולאמם כתוב לקמן (נ"ז) ד"ה ערוה איתא כיון דכתיב שאר בקרא והיינו דכתיב בריש פרשה אל כל שאר בשרו וגו'. ב) נראה דצ"ל הכא כבר פירש הקונטרס דהוי ילפינן לה מכ"ש וכו'.

מסורת הש"ס

חגיגה יא: סנהדרין נג. עה: פז: כריתות ה.

[לקמן נג. סוטה ב. סנהדרין ג: נדה ל.]

[לקמן כ. לו. מח. מד.]

לקמן לט: קט.

[לקמן ד' כז.]

גליון הש"ס

גמ' אם אתה אומר חולצת מתייבמת. לקמן דף לא ע"א קידושין דף ס ע"ב: **רש"י** ד"ה ה"א מיחלץ חלצה וכו' וכל היכא דאמרי'. עי' לקמן ד' כח ע"א ונע"ק:

ז א מיי' פ"ו מהל' טומאת צרעת הל"ה ופ"ו מהל' יבום הלכה י:

[וע' תוס' כתובות מ: ד"ה חמשה ותוס' קידושין טז: ד"ה והא ותוס' סוטה כו. ד"ה תנא ותוס' גיטין נ: ד"ה אין ותוס' ב"ק לה. ד"ה חמשה ועוד שם: ד"ה שלשה ותוס' מנחות יח: ד"ה מניין]

תורה אור

למעוטי דרב *ודרב אסי. לרב ולרב אסי למעוטי מאי? אי סבירא להו דהדדי – חדא למעוטי צרת ממאנת, וחדא: למעוטי צרת מחזיר גרושתו. ואי לא סבירא להו דהדדי – חדא למעוטי דחבריה, וחדא למעוטי או צרת ממאנת או צרת מחזיר גרושתו. לרב ולרב אסי ליתנינהו! °לפי שאינה בצרת צרה. מנה"מ? דת"ר: °"אשה אל אחותה לא תקח לצרור (ויקרא יח) לגלות ערותה עליה בחייה". "עליה" מה ת"ל? לפי שנאמר °"יבמה יבא עליה" (דברים כה) שומע אני אפי' באחת מכל עריות האמורות בתורה הכתוב מדבר, נאמר כאן "עליה" ונאמר להלן "עליה", מה להלן במקום מצוה – אף כאן במקום מצוה, ואמר רחמנא "לא תקח". ואין לי אלא היא, צרתה מנין? ת"ל "לצרור"[א]. *ואין לי אלא צרתה, צרת צרתה מניין? ת"ל "לצרור" ולא "לצור". ואין לי אלא אחות אשה, שאר עריות מניין? אמרת: מה אחות אשה מיוחדת – שהיא ערוה, וחייבין על זדונה כרת ועל שגגתה חטאת, ואסורה ליבם, אף כל שהיא ערוה, וחייבין על זדונה כרת ועל שגגתה חטאת – אסורה ליבם. ואין לי אלא הן, צרותיהן מניין? אמרת" מה אחות אשה מיוחדת – שהיא ערוה וחייבין על זדונה כרת ועל שגגתה חטאת, ואסורה ליבם, וצרתה אסורה – אף כל שהיא ערוה וחייבין על זדונה כרת ועל שגגתה חטאת ואסורה ליבם צרתה אסורה. מכאן אמרו חכמים: חמש עשרה נשים פוטרות צרותיהן וצרות צרותיהן מן החליצה ומן הייבום עד סוף העולם. יכול שאני מרבה אף שש עריות *חמורות מאלו שיהו צרותיהם אסורות! אמרת: מה אחות אשתו מיוחדת, שהיא ערוה, וחייבין על זדונה כרת ועל שגגתה חטאת, ואפשר לינשא לאחים ואסורה ליבם – וצרתה אסורה, אף כל שהיא ערוה, וחייבין על זדונה כרת ועל שגגתה חטאת ואפשר לינשא לאחים ואסורה ליבם – צרתה אסורה. יצאו שש עריות חמורות מאלו, הואיל דאי אפשר לינשא לאחים – צרותיהן מותרות, שאין צרה אלא מאח. אזהרה שמענו, עונש מניין? אמר קרא °"כי כל (איש) אשר יעשה מכל (ויקרא יח) התועבות וגו'". טעמא דכתב רחמנא "עליה", הא לאו הכי ה"א אחות אשה מייבמת, מאי טעמא? [א]דאמרינן: אתי עשה ודחי לא תעשה, אימר דאמרינן אתי עשה ודחי לא תעשה – לא תעשה גרידא, °לא תעשה שיש בו כרת מי דחי? ותו: לא תעשה גרידא מנלן דדחי – דכתיב

רש"י

דרב ודרב אסי. דאמר רב: צרת סוטה אסורה, שאם זינתה אשתו ולו אשה אחרת, ומת בלא בנים – שתיהן פטורות. ורב אסי אמר: צרת איילונית אסורה, שאם היה נשוי איילונית ואשה אחרת, ומת בלא בנים – שתיהן פטורות. ותרוייהו בפירקין (דף יא.). צרת ממאנת. הרי שהיה לאחיו יתומה קטנה ואשה אחרת, ומת, ומיאנה הקטנה ביבם זה – היא וצרתה אסורה לו. ומתני' אשמעי' דאף ע"ג דאסירא עליה – לא מיפטרה מחליצה. דהך איסורא מדרבנן היא, °כדאיתא בפירקין: גזירה משום צרת בתו ממאנת. מחזיר גרושתו. אחיו שגירש אחת משתי נשיו, ונשאת לאחר, ועבר והחזירה לאחר מיתת בעלה, ומת בלא בנים – °שתיהן אסורות א] להתייבם. ואשמועינן מיעוטא דמתני' דחליצה בעיא. ליתנינהו. לסוטה ואיילונית בהדי הנך דמתני', הואיל ופוטרות צרותיהן: לפי שאינן בצרת צרה. דכל הנך דמתני' איכא למיתני הלכה צרתה ונשאת לאחיו השני כו' – שהרי אינה ערוה אלא לזה, אבל לאחיו השני ראויות הן. ואם ייבם אפי' את הצרה ולו אשה אחרת, ומת, ונפלו לפני זה – פטורה אף הנכרית, מפני שהיא צרת צרתה של בתו. אבל בסוטה ואיילונית ליכא למיתני הלכה צרתה ונשאת לאחיו השני, דהא על כל האחין היא אסורה, ושהאיסור בא לה מכח קידושי בעלה הראשון, וכולן שוין בהן. מנה"מ. דערוה וצרתה וצרת צרתה לעולם פטורות. עליה מה תלמוד לומר. לכתוב "לגלות ערותה בחייה", ותשמע נמי שבחיי אשתו נאסרת עליו אחותה, ולאחר מיתה מותרת. שומע אני. אפי' נפלה לפניו לייבום אחת מן העריות – תתייבם: לצרור. צרות הרבה משמע, מדלא כתיב "לצור". זדונה כרת. בפרשת עריות (ויקרא יח) כתיב בתר כולהו "ונכרתו הנפשות העושות", וכל שזדונו כרת – שגגתו חטאת, כדיליף בפירקין (דף ט.). ט"ו נשים. תו ליכא עריות בכרת, חוץ משש עריות של משנתינו שאין בהם צד ייבום לעולם. יכול שאני מרבה כו'. שנשואות לאחרים, שיהו צרותיהן אסורות לינשא לזה. שאין צרה אלא מאח. הואיל ופטרה הכתוב מזיקתו – הרי היא עליו באיסור אשת אח שיש לה בנים, שהיא בכרת, דכתיב "ערות אשת אחיך", אבל בעלמא – לא רמי' איסור אשת אח עלה, ושריא ליה. עונש מניין. אם ייבם ערוה או צרתה. ה"א אחות אשה מייבמת. מייבם. מאי טעמא. והלא בכרת קאי עלה. דאתי עשה. דייבום. ודחי את לא תעשה. דמקרא ילפינן דאתי עשה ודחי ל"ת, כדמפרש ואזיל. לא

[לקמן יא. יב.]

לקמן יג.

לקמן יג.

תוספות

למעוטי דרב ודרב אסי. וא"ת: לימעט תרווייהו ממנינא דרישא, דכיון דתנן ט"ו נשים ליכא למימר שייר, וממעטי כולהו מדלא קתני להו, כדאמר בפ"ק דקדושין (דף טז:) וכ"ת תנא ושייר – והא ארבעה קתני! *וי"ל: דהכא לא מצי למיתנינהו, כדמסיק, לפי שאינן בצרת צרה, וליכא למעוטי מדלא קתני להו, אלא מייתורא דמתני'. וטעמא דרב אסי ודפליג עליה אפרש לקמן (א) בע"ה.

לפי שאינן בצרת צרה. וא"ת: דמשכחת לה צרת צרה לענין בועל, שנשאת לאחיו (ב) ולו אשה אחרת ומת בלא בנים, דפוטרת צרתה מן הבועל. דלענין בועל נמי טומאה בה כמו לענין בעל, ואם הלכה הצרה ונשאת לאחיו השני, ולו אשה אחרת, ומת, כשם שהיא פטורה °כך צרתה פטורה! וי"ל: דכיון דלגבי בעל לא משכחת צרת צרה אין לנו להחמיר בטומאה דגבי בועל יותר מטומאה דגבי הבעל. ועוד אר"י: דדוקא בטומאה דכתיב גבי בעל הוי כעריות, דכתיב בלשון לאו "לא יוכל בעלה וגו'" (דברים כד), אבל בבועל לא כתיב לאו, אלא "ונסתרה והיא נטמאה" (במדב' ה). והא דפריך לקמן (ד' יא:) (ג): נבעלה טומאה כתיבה בה "ונסתרה והיא נטמאה", דמשמע דמהאי לחודיה דריש "טומאה" כתיב בה כעריות – מצית למימר דלמאי דמשני למיקס עלה בלאו לא סגי בההוא ד"ונסתרה והיא נטמאה".

מה אחות אשה מיוחדת כו'. וא"ת: מה לאחות אשה – שכן בידו לרבות, כדפריך בפ' "הבא על יבמתו" (לקמן דף נד. ושם)! וי"ל: דאהיקש דר' יונה דסוף שמעתין (דף ח.) סמיך. יכול שאני מרבה אף שש עריות חמורות מאלו. המ"ל: יכול שאני מרבה אף שלא במקום מצוה.

טעמא דכתב רחמנא "עליה" הא לאו הכי הוה אמינא אחות אשה מייבמת. ותימה לר"י דמנא ליה הא? נימא דאי לאו "עליה" נמי אחות אשה לא מתייבמת, דאין עשה דוחה לא תעשה שיש בו כרת, ואיצטריך "עליה" למיסר לאשמעינן דבעלמא דחי! דכה"ג אמר לקמן: טעמא דכתב רחמנא "את שבתותי תשמורו" הא לאו הכי – דחי. וכ"ת דאשומע אני דברייתא קפריך, דמשמע לישנא דאי לאו עליה ה"א דדחי – א"כ מאי משני רבא בסוף מסקנא ערוה גופיה לא צריכא קרא, דאין עשה דוחה ל"ת שיש בו כרת? אלא ע"כ שומע אני לאו דוקא, והכי קאמר (ד): אם ת"ל דדחי – הא כתיב "עליה". ומיהו, עיקרא לאו להכי אתא. ואר"י: דאי בעלמא אין עשה דוחה לא תעשה שיש בו כרת – לא ה"ל לתנא למדרש "עליה" לאיסורא, ולא יצטרך לגופיה, אלא לאשמעינן דבעלמא דחי. אלא ה"ל למידרש להיתירא: נאמר כאן "עליה" ונאמר להלן "עליה" מה להלן באחות אשה אף כאן באחות אשה, ואמר רחמנא "יבמה יבא עליה". דמסתבר טפי למדרש הכי ולאוקמי קרא לגופיה. אלא ודאי סבר האי תנא עשה דוחה לא תעשה שיש בו כרת, ולא צריך קרא להיתירא. ולהכי דריש ליה לגופיה לאיסורא. ורב אשי דפריך לקמן (דף ח:): ממאי דהאי "עליה" לאיסורא, דילמא להיתירא – ארבא, דמסיק דאין עשה דוחה ל"ת שיש בו כרת פריך, כמו שפי' ר"י ברבי מאיר. אבל כל כמה דס"ד דדחי – לא מצי למיפרך הכי. ורבא לא הוה צ"ל אלא להיתירא לא מצית אמרת, דא"כ לגלות ערותה דחדא היכי משכחת לה? כדמשני לקמן אקושיא דרב אשי. דעיקר דקדוק הש"ס הוא מכח דלא דריש להיתירא, אלא לפי דעתו של מקשה היה פשוט דעשה דוחה לא תעשה שיש בו כרת, השיב לו רבא האמת, דאינו כן.

לא תעשה שיש בו כרת מי דחי. וא"ת: ואמאי לא ילפינן דלידחי מעשה דייבום דדחי לא תעשה דכרת דאשת אח? וכ"ת דהיינו הא דקאמר לקמן (דף ז.) אלא איצטריך, סד"א תיתי אחות אשה במה מצינו מאשת אח, דא"כ היכי דחי עלה: מי דמי? התם חדא איסורא, הכא תרי איסורי. הא לא מפלגינן בשום מקום וילפינן מכלאים בציצית – אפי' תרי איסורי. היכי בעי למילף? ועוד: דלקמן, כי בעי למילף מפסח תמיד ומילה, לא פרכינן הכי. ועוד: דשביק הש"ס אשת אח דקאי בה, ולא מסיק לה אלא לבסוף. ועוד: דחדא איסורא מיהא נילף מאשת אח! אלא, על כרחך לקמן לאו בכל דוכתי בעי למילף מאשת אח קאתי, אלא דוקא אחות אשה. כדמסיק

תוספות ישנים

למעוטי דרב ודרב אסי וא"ת למה לי תני מנייני מחד מניינא ממעטינן כלהו דכיון דקתני מניינא לא שייר מידי. וי"ל דאצטריך יתור מניינא למעוטינהו דאי לאו הכי הוה אמינא דשמא מתני' סבירא כוותיה דרב ורב אסי והא דלא תני להו לפי שאינן שוות להנהו דמתני' לפי שאינן בצרת צרה כדאמרינן לקמן להכי אצטריך יתור דמתני' לאשמעינן ט"ו דמתני' פוטרות צרותיהן אבל דרב אסי ודרב אינם פוטרות: למעוטי צרת ממאנת דאמרינן לקמן דאסורה וטעמא גזרה משום צרת בתו הממאנת והא דאמרינן (לקמן) וכולן שמיאנו צרותיהן מותרות התם מיירי דמיאנה בבעל דאגלאי מלתא דלא הוה אשת אחיו אבל הכא איירי דמיאנה ביבם. וא"ת אמאי לא קאמר למעוטי דשמואל דקאמר לקמן צרת ממאנת אסורה כמו שהזכיר רב ורב אסי. וי"ל דמשו"ה לא הזכיר הכא שמואל משום דליכא למימר דשמואל סבר לה שפיר מעוטא דמתני' דאינה אסורה מחליצה ומיבום אלא מחלץ חלצה א) ואי נמי שמא ס"ל צרת ממאנת אסורה לייבם אבל לחלוץ לא קאמר אבל לעיל קאמר שפיר למעוטי דרב ורב אסי דכיון דאמר רב טומאה כתיבא בה כעריות (הוי) [הרי] אסורה מחליצה ומיבום וכן רב אסי דממעט איילונית מוציא הבכור אשר תלד א"כ חשיב ליה ערוה ופטורה מן החליצה ומן היבום וכן צרתה ולא מצי סבר כמתני' דממעט להו. להכי הזכיר בהדיא לעיל למעוטי דרב ודרב אסי והכא לא קאמר למעוטי דשמואל. דשמואל נמי מצי סבר כן דאינה פוטרת צרתה מחליצה ומיבום ממחלץ חלצה דטעמא דשמואל לא הוי מקרא אלא משום צרת בתו ממאנת: ואמר רחמנא לא תקח עליה. וקשה מאי חזית דהך דרשא דעליה דרשת לאיסורא ואמרת דאפילו במקום יבום אמר רחמנא לא תקח ואפוך אנא ואמינא דהאי עליה לאמר רחמנא גבי אחות אשה שרא ליה גבי יבמה דכתיב יבא עליה. ותי' הר"י משום דשקלא וטריא דהאי שמעתא דלקמן. דעשה דוחה לא תעשה. וקס"ד דלא מצינן חילוק בין לא תעשה גרידא ובין לא תעשה שיש בו כרת [illegible] לא אמרינן עשה דוחה לא תעשה שיש בו כרת וכיון דלא [illegible] לאיסורא אלא

הגהות הב"ח

(א) תוס' ד"ה למעוטי וכו' אפרש לקמן. נ"ב בד"ה מ' ע"א בד"ה הרי אומרי: (ב) ד"ה לפי וכו' שנשאת לאחיו של בועל ולו אשה אחרת וכו' נמי טומאה כתיב בה: (ג) בא"ד והא דפריך לקמן נ"ב בדף י"א וע"ש בתוס' בד"ה צרת סוטה: (ד) ד"ה טעמא וכו' והכי קאמר אפי' אם תמצי לומר:

הגהות הגר"א

[א] גמ' ואין לי אלא צרתה צרת צרתה מנין ת"ל לצרור ולא לצור. תא"מ (וכ"כ בספר היראה לר"י) וכתחו הרמב"ן דל"ג לה וח"ש רש"י לקמן יג ע"א מנה"מ דצרת צרה פטורה. ומ"ש רש"י כאן לצרור צרות הרבה משמע, שטויא לרב יהודה נקט. דלא כתבום [illegible] לעיל ב' א' סד"ה עד שתקחו בזה:

גליון הש"ס

גמ' לפי שאינה בצרת צרה. לקמן ד' יו"ד ע"ב: שם לא תעשה שיש בו כרת מי דחי. עיין תשובת רשד"ס חלק יו"ד סי' קלה: רש"י ד"ה צרת ממאנת וכו' כדאיתא בפירקין. דף יב ע"ב וע"ע: שם ד"ה מחזיר גרושתו וכו' שתיהן אסורות להתייבם. עי' לקמן דף יב ע"א ול"ע: תום' ד"ה לפי כו' כך צרתה פטורה. להלוה איתא בירושלמי ר"פ יו"ד דמשכחת לצרתה מותרת.

הגהות מהר"ב רנשבורג

א] רש"י ד"ה מחזיר גרושתו וכו' שתיהן אסורות להתייבם. נ"ב עי' תוס' רמב"ן והרשב"א דף יב ע"ב ולקמן דף יא ע"ב וצ"ע ודו"ק:

לאיסורא הוא דעבדינן ג"ש: שאין צרה אלא מאח. ואי ק"ל אמאי אצטריך למימר שאין צרה אלא מאח ולא סגי ליה בהואיל וא"א להנשא לאחין וכו'. דהא ודאי שמעינן מינה דאלו שש עריות חמורות הואיל ולא אפשר להנשא לאחין צרותיהן מותרות. ואפשר דהכי אצטריך דלאי לא הוה אמר אלא יצאו שש עריות כו' הוה אמינא הני שש עריות הוא דצרותיהן מותרות משום דלא אפשר להו למיהוי במקום מצוה כלל אבל הנך ט"ו הוה אמינא דהואיל והוו במקום מצוה [illegible] במקום מצוה [illegible]
א) נראה דל"ל והכי נמי ס"ל לשמואל דצרת ממאנת כו'. ב) נ"ל כדי לאשמעינן דאפילו אלא הט"ו אינן אסורות כו'.

דכתיב (דברים כב) "לא תלבש שעטנז גדלים תעשה לך", ואמר רבי אלעזר: *סמוכים מן התורה מנין – שנאמר (תהלים קיא) "סמוכים לעד לעולם עשוים באמת וישר". *ואמר רב ששת אמר ר' אלעזר משום רבי אלעזר בן עזריה: [א]מנין ליבמה שנפלה לפני מוכה שחין שאין חוסמין אותה – שנאמר (דברים כה) "לא תחסום שור בדישו" וסמיך ליה "כי ישבו אחים יחדיו". *ואמר רב יוסף: אפילו למאן דלא דריש סמוכים בעלמא – במשנה תורה דריש, דהא ר' יהודה בעלמא *לא דריש, ובמשנה תורה דריש. ובעלמא מנלן דלא דריש? דתניא, *בן עזאי אומר: נאמר (שמות כב) "מכשפה לא תחיה" ונאמר "כל שוכב עם בהמה מות יומת", סמכו ענין לו, מה שוכב עם בהמה בסקילה – [ב]אף מכשפה בסקילה. א"ל ר' יהודה: וכי מפני שסמכו ענין לו נוציא זה לסקילה? אלא אוב וידעוני בכלל מכשפים היו, ולמה יצאו – להקיש להם, ולומר לך: מה אוב וידעוני בסקילה – אף מכשפה בסקילה. ובמשנה תורה מנלן דדריש – דתנן: *[ג]נושא אדם אנוסת אביו ומפותת אביו, אנוסת בנו ומפותת בנו. רבי יהודה אוסר באנוסת אביו ומפותת אביו. ואמר רב גידל אמר רב: מ"ט דרבי יהודה – דכתיב (דברים כג) "לא יקח איש את אשת אביו ולא יגלה כנף אביו" *כנף שראה אביו לא יגלה. וממאי דבאנוסה כתיב – מעילויה דקרא, דכתיב (שם כב) "ונתן האיש השוכב עמה לאבי הנערה חמשים כסף" וסמיך ליה "לא יקח איש וגו'". ורבנן: אי הוה סמיך ליה – כדקאמרת, השתא דלא סמיך ליה (דכתיב "לא יקח איש את אשת אביו" בנתים) – בשומרת יבם הכתוב מדבר, *ולעבור עליו בשני לאוין. ובמשנה תורה מאי טעמא דדריש? איבעית אימא משום דמוכח, ואיבעית אימא משום דמופני. איבעית אימא משום דמוכח – דאם כן, לכתביה רחמנא גבי עריות. ואיבעית אימא משום דמופני, דאם כן, לכתוב רחמנא "לא יקח איש את אשת אביו", "לא יגלה כנף אביו" למה לי?

ש"מ

רש"י

לא תלבש שעטנז. וסמיך ליה "גדילים תעשה לך", ודרשינן סמוכין, ושרינן כלאים בציצית – אלמא אתי עשה ודחי לא תעשה. שאין חוסמין. אין (א) [סותמין] טענותיה לכופה להתייבם לו, אלא כופין אותו וחולץ. חוסמין – לישנא דקרא קא נקט, דיליף לה מ"לא תחסום". וסמיך ליה כו'. אלמא: דרשינן סמוכין. וגבי כלאים בציצית נמי דרשינן. במשנה תורה דריש. והאי סמוכים דכלאים בציצית – במשנה תורה הוא, ודרשינן: סמכו ענין לו. ענין הפרשה (ב), סמוכה פרשת מכשף אצל שוכב עם בהמה, דגבי הדדי כתיבי. מכשפה לא תחיה. בספר "ואלה שמות". מה שוכב עם בהמה בסקילה. דכתיב באשה הנרבעת לבהמה "דמיהם בם", וכל "דמיהם בם" בסקילה היא, דגמרינן (סנהדרין דף כג.) מאוב וידעוני, דכתיב בהו "ירגמו אותם דמיהם בם" (ויקרא כ): נוציא זה. מכשף: לסקילה. שהיא מיתה חמורה מכולן: בכלל מכשפה היו. שנאמר "לא תחיה". להקיש אליהן. שזו מדה בתורה: כל דבר שהיה בכלל ויצא מן הכלל ללמד – לא ללמד על עצמו יצא, אלא ללמד על הכלל כולו יצא. נושא אדם אנוסת אביו. שלא נאסרה עליו עולמית אלא אשת אביו, כדכתיב (ויקרא יח) "ערות אשת אביך", ו"אשת" משמע ע"י אישות דקדושין. אנוסת בנו. לאו כלתו היא, דאין כלה אלא מקודשת וראויה לחופה (ג): ה"ג. ורבנן אי הוה סמיך ליה כדקאמרת, השתא דלא סמיך ליה בשומרת יבם כו'. לא סמיך ליה, דכתיב "לא יקח איש את אשת אביו" בנתים. דמוכח. מוכח למדרשינהו אהדדי סמכינהו. לכתביה רחמנא. להאי "לא יגלה כנף אביו" לגבי עריות – אי לטפויי לאוי גבי אשת אב קאתי. לאפנויי

תוספות

כדמסיק טעמא הואיל ואישתרי – אישתרי. ולהכי קאמר תיתי אחות אשה מאשת אח, ולא קאמר תיתי מאשת אח, כדאמר בכל הני דלקמן: תיתי ממילה, תיתי מכיבוד אב, ואינו מזכיר אחות אשה, משום דלמילף בכל דוכתין קאתי. ואומר ר"י: דמאשת אח לא מצי למילף בעלמא דלידחי עשה לא תעשה שיש בו כרת, דשאני אשת אח דמצותו בכך, ואי אפשר בענין אחר לקיים מצות יבום, דאל"כ – בטלה מצות יבום. אבל מכלאים בציצית ילפי' שפיר בעלמא, דאי לא מקיימת מצות תכלת בפשתי' – מקיימת בצמר, ואפ"ה דחי. וכן "וגלח את כל שערו" דמצורע מיקיים בשער דהיתר, ד"כל שערו" קרינא ביה, כמו "כל מלאכה לא תעשו" דשבת, דלא קאי אלא אמלאכות דלא דחו שבת. א"נ: "כל שערו" ממש, ובנמרטו פאת ראשו וזקנו, וכן כל הני דמייתו – מיקיימי בדוכתא אחריתי.

דכתיב לא תלבש שעטנז וסמיך ליה גדילים וכו'. ואיפכא ליכא למימר, דבמקום גדילים לא תלבש שעטנז כדאמר בסמוך במקום "כי ישבו" "לא תחסום" – דא"כ לשתוק קרא מיניה וממילא ידעינן דלא דחי עשה דציצית לאו דכלאים. וגבי יבמה נמי בסמוך ליכא למידרש כי הכא, דבלאו קרא ה"א דחוסמין אותה, ולא יחלוץ לה על כרחו. הקשה ה"ר יעקב דאורלינ"ש: דליחייבו נשים בציצית, דאית לן למימר כל שישנו ב"לא תלבש שעטנז" ישנו ב"גדילים". אף ע"ג דלאו היקש הוא אלא סמוכים דתרי קראי נינהו – מ"מ דרשינן הכי בפ"ק דערכין (דף ג:) וב"התכלת" (מנחות מג.) דקאמר: הכל חייבין בציצית כהנים לוים וישראלים, ומסיק דכהנים איצטריך ליה, סד"א: הואיל ואישתרי גבייהו כלאים – בציצית נמי לא ליחייבו, קמ"ל: נהי דאישתרי בעידן עבודה, שלא בעידן עבוד' – לא אישתרי. דמשמע דאי אישתרי לגמרי – הוו מיפטרי בציצית, דהוה דרשינן: כל שאינו בלא תלבש שעטנז – אינו בגדילים, כ"ש שיש לנו לדרוש לחומרא ולחייב נשים בציצית! וי"ל: דהא דנשים פטורות בציצי' – היינו משום דיליף לה (קדושין לה.) רב אחא בר יעקב דמ"ע שהזמן גרמא נשים פטורות, דהוקשה כל התורה לתפילין, והקישא עדיף מסמוכים. ולמ"ד דתפילין לאו מ"ע שהזמן גרמא נינהו – אפשר דלדידיה נשים חייבות בציצית מסמוכין, דבלא"ה נמי לרבנן דר' *ישמעאל בפ' "התכלת" (מנחות מג. ושם) סבר נשים חייבות בציצית, דמחייבי ציצית בלילה, והוי שלא הזמן גרמא. וקשה: הא דדייק בפ' "התכלת" דרב יהודה סבר דציצית מ"ע שלא הזמן גרמא מדרמי תכלת לפורזומא דאינשי ביתיה, וממאי? דלמא אע"ג דסבר דהוי הזמן גרמא – מיחייב נשים מסמוכין! וי"ל: דעדיפא מינה משני ליה התם. ומיהו, קשה למאן דפטר נשים מציצית – ה"ל למיפטרינהו מכלאים, וע"כ נשים חייבות בכלאים, דאמר ספ"ק דבילה (דף יד:) כלאים למאי חזו? ושמא איכא שום ריבוי לענין כלאים*א). **וכי** מפני שסמכו ענין לו כו'. וא"ת: דלמא הכא הוא דלא דריש סמוכים משום ג"ש דדריש ר' יוסי הגלילי בפ' "ד' מיתות" (סנהדרין סז. ושם) דמפקא [מסמוכים] דדריש מ"לא תחיה כל נשמה" דבסייף! תדע, דאטו ר"ע דגמר התם דבסקילה מ"אם בהמה אם איש לא יחיה", מי נימא דלא סבר כרבנן דדרשי סמוכים בכל מקום? אלא איצטריך ע"כ משום ג"ש דמפקא מסמוכים! וי"ל: דהכא דייק מלישנא דר' יהודה, דקאמר "וכי מפני שסמכו", משמע דלא דריש סמוכים בעלמא. והא דדריש ר' יהודה סמוכים בפ"ב דקידושין (דף נג.) דקתני: יכול לא יחלקו בקדשי קדשים אבל יחלקו בקדשים קלים, ת"ל "איש כאחיו" וסמיך ליה "אם על תודה" וקאמר *התם: סיפרא מני – ר' יהודה! איכא למימר דהתם וי"ו מוסיף על ענין ראשון דריש, דכתיב "וזאת תורת זבח השלמים". א"נ: משום דמוכח דמדלא כתיב בפרשת ויקרא. א"נ: משום מופנה, ד"איש כאחיו" מיותר, דה"ל למיכתב "לכל בני אהרן תהיה" ותו לא. והא דקאמר במשנה תורה דריש א]ה"ה בעלמא, אלא דבמשנה תורה קים ליה דכולהו מוכח או מופנה, ולא חש להביא אלא אחד מהם. **וסמיך** ליה "לא יקח איש את אשת אביו". ורבנן לא דרשי, משום ד"לא יקח" מפסיק בין פרשת אונס ל"לא יגלה". **דא"כ** לכתביה גבי עריות. דאע"ג דאיצטריך למיכתביה הכא להיקישא ל"לא יבא ממזר", דמהכא דרשינן ממאי הוה ממזר, בין לר"ע בין לרבנן. בפרק "החולץ" (לקמן דף מט.) – התם נמי סמוכין נינהו, ודרשינן מטעם דמוכח או מופנה. וא"ת: גבי מכשפה נמי לדרוש ר' יהודה, דמוכחא מילתא מדלא כתיב "כל שוכב עם בהמה" גבי עריות! וי"ל: דלא שייך גבי עריות, דאין זנות לבהמה. א"נ: לא חשיב מוכח, כיון שהלמד נכתב במקומו. ומיהו, לענין מופנה לא איכפת לן בהי מינייהו. **אם** כן לכתוב רחמנא "לא יקח איש" וגו' "לא יגלה כנף אביו" למה לי. מדנקט לא יגלה בלא וי"ו – משמע דאכוליה קרא בעי למה לי, וקשה: דלמא מיבעי ליה לשומרת יבם, כדדרשי ליה רבנן לקמן: ואית דגרסי: "ולא יגלה כנף אביו" למה לי, ומפרש דאאביו קא בעי למה לי, דפשיטא ליה דלאביו קאי. אבל "לא יגלה" – מצי למימר דדרשי ליה לשומרת יבם כמו רבנן. וריב"ן פי': דשפיר גרס "לא יגלה" בלא וי"ו, ואכוליה קרא קבעי למה לי, דמשמע ליה להש"ס דלא מוקי ליה בשומרת יבם של אביו, כיון דבלאו הכי איכא איסור יבמה לשוק ואיסור דודתו, ולא מוקמינן ליה בלאוי יתירא היכא דאיכא למידרש. ובפ' "נושאין על האנוסה" (לקמן לז.) אמרי' נמי דלרבנן לא איצטריך לשומרת יבם אלא לעבור עליה בג' לאוין.

מכדי

מסורת הש"ס

ברכות י. [ע"ש] | [מכות כג.] | ברכות כא: | [פסחים כח:] | סנהדרין סז: | ברכות כא: לקמן לז. | לקמן מט. [לז.] | רש"ל מ"ז | [עיין תוספות חגיגה י: ד"ה לעבור] | [צ"ל שמעון]

עין משפט נר מצוה

ח א מיי' פ"ב מהל' יבום הלכה יד סמג עשין נא טוש"ע אה"ע סימן קסה סעיף ז [וברב אלפס פרק ז דכתובות דף קא:]:

ט ב מיי' פי"א מהל' עבודת כוכבים הל' טו סמג לאוין נה טוש"ע י"ד סימן קעט:

י ג מיי' פ"ב מהל' איסורי ביאה הל' יג:

תוספות ישנים

א) ועוד י"ל כיון דאיכא קרא דממעט להו בני ישראל ולא בנות [ישראל] וש"מ דאין להקשות [להדדי] דלימא כל שישנו בלא תלבש ישנו בגדילים וכן איפכא. משום דלאו בחד זימנא הוו תרווייהו חד הוי הזמן גרמא וחד אין הוי הזמן גרמא ואין להשוותם לא בחיובם ולא בפטורם. ולא דמי להא דאמרינן כל שישנו בבל תאכל חמץ ישנו בקום אכול מצה דבחד זימנא אתנהו ובכלהו [הוי] זמן גרמא: **אלא** אוב וידעוני בכלל מכשפים היו כו'. והקשה הר' יעקב מאורליינ"ש אמאי לא אמרינן אוב וידעוני הוה דבר שהיה בכלל ויצא מן הכלל דמכשפה לידון בדבר החדש בסקילה וא"כ אי אתה רשאי להחזירו לכללו עד שיחזירנו הכתוב לכללו בפירוש וא"כ איך קאמר שמלמד על הכלל לומר מה אוב וידעוני בסקילה אף מכשפה בסקילה [וי"ל] דלא דמי לאשם מצורע דעוקרו ממש מן כלל שאר אשמות להיות כל דמו קרב על גבי המזבח ויצא למתן בהונות שלא תמצא כלל דין זה בשאר אשמות אבל בכאן מיתה היתה לו ויצא לידון לתוספת מיתה. ועי"ל דלא הוי דבר חדש כיון דחנק אינה מפורשת אלא אתא לאשמעינן דלא תיסק אדעתין לומר דהוא בחנק כמו שאר מיתה סתם האמורה בתורה אלא אתא אוב וידעוני לגלויי דהויא בסקילה וי"ל דאין זה נקרא דבר החדש כיון שאינו סותר הכלל שאינו רק מוסיף מיתה חמורה. וכן פי' הקונטרס לקמן גבי אשם מצורע:

[ועין תוס' פסחים מג: ד"ה ס"ד אמינא ותוס' ערכין ג: ד"ה הני כהנים]

[צ"ל סתם]

הגהות מהר"ב רנשבורג

א] תוס' ד"ה וכי מפני שסמכו ענין לו וכו' ה"ה בעלמא אלא דבמשנה תורה וכו'. נ"ב אבל הרא"ן סי' לד דף יד ע"ד בסופו כתב דדוקא במשנה תורה דריש ולא בכל התורה וטעמא משום דכל התורה מפי הגבורה נאמרה ואין מוקדם ומאוחר אבל משה שסידר משנה תורה פרשה אחר פרשה לא סידר אלא להדרש עכ"ל:

הגהות הב"ח

(א) רש"י ד"ה שאין חוסמין אין כו'. נ"ב עיין במכות דף כג רש"י ע"א ד"ה אין חוסמין אין מגערין בה שלא תאמר אי אפשי בו עכ"ל: (ב) ד"ה סמכו וכו' דסמוכה פרשת: (ג) ד"ה אנוסת בנו וכו' לחופה הס"ד ואח"כ נ"ל ד"ה וסמיך ליה לא יקח איש וכו' ודרשינן סמוכין דבאנוסה משתעי ומפותה כאנוסה דשתיהן אינן בתור' אישות ומסקנא דמילתא דרב גידל בפרק נושאין על האנוסה הס"ד:

תורה אור

שְׁ"מ לְאַפְנוּיֵי. וְגַבֵּי צִיצִית נַמִּי, אִיבָּעֵית אֵימָא מִשּׁוּם דְּמוּכָח, וְאִיבָּעֵית אֵימָא מִשּׁוּם דְּמוּפְנֶה. אִיבָּעֵית אֵימָא מִשּׁוּם דְּמוּכָח – דְּא"כ לִכְתְּבֵיהּ רַחֲמָנָא גַּבֵּי פָּרָשַׁת צִיצִית, לְמַאי הִלְכְתָא כְּתָבֵיהּ הָכָא. וְאִיבָּעֵית אֵימָא מִשּׁוּם דְּמוּפְנֶה, מִכְּדִי כָּתַב °"וּבֶגֶד כִּלְאַיִם שַׁעַטְנֵז לֹא יַעֲלֶה עָלֶיךָ" (ויקרא יט), "לֹא תִלְבַּשׁ שַׁעַטְנֵז" ל"ל? ש"מ לְאַפְנוּיֵי. הָנֵי מִצְרַךְ צְרִיכִי; דְּאִי כָּתַב רַחֲמָנָא "לֹא יַעֲלֶה עָלֶיךָ" הֲוָה אָמִינָא: כָּל דֶּרֶךְ הַעֲלָאָה אָסַר רַחֲמָנָא, וַאֲפִילּוּ מוֹכְרֵי כְסוּת – כָּתַב רַחֲמָנָא "לֹא תִלְבַּשׁ שַׁעַטְנֵז" [א]דּוּמְיָא דִּלְבִישָׁה דְּאִית בֵּיהּ הֲנָאָה, וְאִי כָּתַב רַחֲמָנָא "לֹא תִלְבַּשׁ" ה"א: דַּוְקָא לְבִישָׁה דִּנְפִישׁ הֲנָיָיתֵהּ, אֲבָל הַעֲלָאָה לָא – [ב]כָּתַב רַחֲמָנָא "לֹא יַעֲלֶה עָלֶיךָ" – א"כ לִכְתּוֹב רַחֲמָנָא "לֹא תִלְבַּשׁ שַׁעַטְנֵז", "צֶמֶר וּפִשְׁתִּים" לָמָּה לִי? מִכְּדִי כָּתַב "וּבֶגֶד כִּלְאַיִם שַׁעַטְנֵז לֹא יַעֲלֶה עָלֶיךָ" *וְתָנָא דְּבֵי רַבִּי יִשְׁמָעֵאל: הוֹאִיל וְנֶאֶמְרוּ בַּתּוֹרָה סְתָם "בְּגָדִים" וּפָרַט לְךָ הַכָּתוּב בְּאֶחָד מֵהֶן "צֶמֶר וּפִשְׁתִּים" [ג]אַף כָּל צֶמֶר וּפִשְׁתִּים; צֶמֶר וּפִשְׁתִּים דִּכְתַב רַחֲמָנָא ל"ל? ש"מ לְאַפְנוּיֵי. וְאַכַּתִּי אִיצְטְרִיךְ, סד"א: הַעֲלָאָה הִיא, דְּלָא נְפִישׁ הֲנָאָתֵהּ, אֲבָל לְבִישָׁה דִּנְפִישׁ הֲנָיָיתֵהּ – כָּל תְּרֵי מִינֵי אָסַר רַחֲמָנָא, [ד]כָּתַב רַחֲמָנָא "צֶמֶר וּפִשְׁתִּים". א"כ לִשְׁתּוֹק קְרָא מִינֵּיהּ, וְתֵיתֵי "שַׁעַטְנֵז" "שַׁעַטְנֵז" מֵהַעֲלָאָה. וְתַנָּא דְּבֵי רַ' יִשְׁמָעֵאל, טַעֲמָא דִּכְתַב רַחֲמָנָא צֶמֶר וּפִשְׁתִּים, הָא לָאו הָכִי – כִּלְאַיִם בְּצִיצִית ה"א דְּאָסַר רַחֲמָנָא? וְהָכְתִיב °"וְעָשׂוּ לָהֶם צִיצִית עַל כַּנְפֵי בִגְדֵיהֶם" (במדבר טו), וְתָנָא דְּבֵי רַבִּי יִשְׁמָעֵאל: כָּל בְּגָדִים צֶמֶר וּפִשְׁתִּים הֵם, וְאָמַר רַחֲמָנָא: עֲבֵיד לֵיהּ תְּכֵלֶת, וּתְכֵלֶת עַמְרָא הוּא. וּמִמַּאי דִּתְכֵלֶת עַמְרָא הוּא? מִדְּשֵׁשׁ כִּיתָּנָא – תְּכֵלֶת עַמְרָא הוּא. אִיצְטְרִיךְ, סד"א כִּדְרָבָא. *דְּרָבָא רָמֵי: כְּתִיב "הַכָּנָף" – מִין כָּנָף, וּכְתִיב "צֶמֶר וּפִשְׁתִּים"! הָא כֵּיצַד? [ה]צֶמֶר וּפִשְׁתִּים פּוֹטְרִין בֵּין בְּמִינָן בֵּין שֶׁלֹּא בְּמִינָן, [ו]שְׁאָר מִינִין, בְּמִינָן פּוֹטְרִין, שֶׁלֹּא בְּמִינָן – אֵין פּוֹטְרִין. וְהָא תַּנָּא דְּבֵי רַבִּי יִשְׁמָעֵאל לֵית לֵיהּ דְּרָבָא! אִיצְטְרִיךְ, סד"א כִּי דִּיוּקָא דְּרָבָא "הַכָּנָף" – מִין כָּנָף, וְה"ק רַחֲמָנָא: עֲבֵיד לֵיהּ צֶמֶר לְצֶמֶר וּפִשְׁתִּים לְפִשְׁתִּים, וְכִי עֲבִידַת צֶמֶר לְצֶמֶר – צִבְעֵיהּ, אֲבָל צֶמֶר לְפִשְׁתִּים וּפִשְׁתִּים לְצֶמֶר – לָא, כָּתַב רַחֲמָנָא "צֶמֶר וּפִשְׁתִּים" דַּאֲפִילּוּ צֶמֶר לְפִשְׁתִּים, וּפִשְׁתִּים לְצֶמֶר.

תֵּינַח

רש"י

לְאַפְנוּיֵי. לַאֲנוּסָתוֹ שֶׁל אָבִיו, דְּיָלֵיף מִסְּמוּכִים דִּלְעֵיל. **לֹא תִלְבַּשׁ** שַׁעַטְנֵז לָמָּה לִי. שְׁמַע מִינָּהּ לְאַפְנוּיֵי וּלְמִדְרַשׁ סְמוּכִים. **וַאֲפִי'** מוֹכְרֵי כְּסוּת. שֶׁאֵין מִתְכַּוְּונִים לַהֲנָאַת חִימּוּם. **צֶמֶר וּפִשְׁתִּים** לָמָּה לִי. אִי לְאַשְׁמוּעִינַן דְּכִלְאַיִם צֶמֶר וּפִשְׁתִּים הוּא דְּקָאָסַר – לָא צָרִיךְ, דְּמִכְּדִי בְּכִלְאַיִם כְּתִיב "בֶּגֶד", וְתַנָּא דְּבֵי ר' יִשְׁמָעֵאל כו'. **בְּאֶחָד** מֵהֶם. גַּבֵּי נְגָעִים "בְּבֶגֶד צֶמֶר אוֹ בְּבֶגֶד פִּשְׁתִּים" (ויקרא יג). **וְאַכַּתִּי** אִיצְטְרִיךְ. לְמִכְתַּב צֶמֶר וּפִשְׁתִּים הָכָא גַּבֵּי לְבִישָׁה, וְאַע"ג דִּכְתִיב בֶּגֶד בְּהַעֲלָאָ' דְּמַשְׁמַע צֶמֶר וּפִשְׁתִּים, דְּס"ד כו'. **וְתַנָּא** דְּבֵי רַבִּי יִשְׁמָעֵאל. דְּיָלְפִינַן אַלִּיבֵּיהּ כִּלְאַיִם בְּצִיצִית מִדְּאִיַּיתַּר צֶמֶר וּפִשְׁתִּים לְמִיסְמְכֵיהּ "לִגְדִילִים תַּעֲשֶׂה לָּךְ". **טַעֲמָא** דִּכְתַב רַחֲמָנָא כו' כָּל בְּגָדִים צֶמֶר וּפִשְׁתִּים הֵם. וְהַאי "בִּגְדֵיהֶם" דְּצִיצִית מַשְׁמַע בֵּין שֶׁל צֶמֶר בֵּין שֶׁל פִּשְׁתִּים, וְאָמַר רַחֲמָנָא עֲבֵיד וּתְכֵלֶת נַמִּי לְפִשְׁתִּים. **וּתְכֵלֶת** עַמְרָא. מִדְּשֵׁשׁ כִּיתָּנָא, דִּכְתִי' (שמות לט) "מִכְנְסֵי בַד שֵׁשׁ מָשְׁזָר", וּבַד הַיְינוּ פִּשְׁתִּים, כִּדְמִפָרֵשׁ בְּ"בָא לוֹ כ"ג" בְּמַסֶּכֶת יוֹמָא (דף עא:): "בַּד" – דָּבָר הָעוֹלֶה בַּד בְּבַד; "תְּכֵלֶת" – עַמְרָא; וְכֵן שְׁאָר צְבָעִים הָאֲמוּרִים בְּבִגְדֵי כְהוּנָּה, אַרְגָּמָן וְתוֹלַעַת שָׁנִי; שֶׁאֵין בִּגְדֵי כְהוּנָּה אֶלָּא מִצֶּמֶר וּפִשְׁתִּים, דִּכְתִיב בְּסֵפֶר יְחֶזְקֵאל (מד) בְּיוה"כ "בִּגְדֵי פִשְׁתִּים יִלְבְּשׁוּ וְלֹא יַעֲלֶה עֲלֵיהֶם צֶמֶר", ש"מ שֶׁעֲבוֹדוֹת הַחִיצוֹנוֹת יֵשׁ בָּהֶם צֶמֶר עִם פִּשְׁתָּן וְלֹא מִין אַחֵר, וּמִדִּמְפָרֵשׁ קְרָא "שֵׁשׁ" בְּאֶחָד מִן הַמִּינִין, שְׁמַע מִינָּהּ שְׁאָר הַמִּינִין צֶמֶר הָיוּ. **סד"א כִּדְרָבָא.** אִי לָא כָּתַב רַחֲמָנָא צֶמֶר וּפִשְׁתִּים הֲוָה דָּרְשִׁי' "הַכָּנָף" – מִין כָּנָף, כְּרָבָא, לְמֵימַר דִּלְבֶגֶד פִּשְׁתִּים עֲשֵׂה פִּשְׁתָּן וּלְצֶמֶר עֲשֵׂה צֶמֶר וְלִבְעֵי' תְּכֵלֶת, אֲבָל כִּלְאַיִם לֹא, קמ"ל דְּרָשָׁא דִּסְמוּכִין דַּאֲפִילּוּ כִּלְאַיִם, וְהָכִי הָוֵי מַסְקָנָא דְּמִילְּתָא, אֶלָּא דְּקָא מְפָרֵשׁ וְאָזֵיל מִילְּתֵי' דְּרָבָא. **כְּתִיב** הַכָּנָף. עֲשֵׂה צִיצִית מִמִּין הַכָּנָף, וְאִם טַלִּית שֶׁל מֶשִׁי עֲשֵׂה צִיצִית שֶׁל מֶשִׁי, וּכְתִיב צֶמֶר וּפִשְׁתִּים גְּדִילִים תַּעֲשֶׂה לָּךְ, דְּמַשְׁמַע עֲשֵׂה צִיצִית מִצֶּמֶר וּפִשְׁתִּים. **וְהָא תַּנָּא** דְּבֵי ר' יִשְׁמָעֵאל לֵית לֵיהּ דְּרָבָא. דְּדָרֵישׁ "הַכָּנָף" מִין כָּנָף, דְּהָא לְתַנָּא דְּבֵי רַבִּי יִשְׁמָעֵאל טַלִּית שֶׁל שְׁאָר מִינִין אֵינָהּ חַיֶּיבֶת בְּצִיצִית, דְּהָא "בֶּגֶד" כְּתִיב, וְתַנָּא דְּבֵי רַבִּי יִשְׁמָעֵאל קָאָמַר כָּל בֶּגֶד צֶמֶר וּפִשְׁתִּים. **אִיצְטְרִיךְ.** צֶמֶר וּפִשְׁתִּים אַע"ג דְּלָא דָּרֵישׁ תַּנָּא דְּבֵי ר' יִשְׁמָעֵאל מִין כָּנָף לִשְׁאָר מִינִין. **סד"א.** לְגַבֵּי טַלִּית שֶׁל צֶמֶר וּפִשְׁתִּים דָּרֵישׁ כִּי דִּיוּקָא דְּרָבָא דְּדָרֵישׁ צִיצִית מִין כָּנָף. **וְהָכִי אָמַר רַחֲמָנָא כו'.** קמ"ל דְּרָשָׁא דִּסְמוּכִין לְמִישְׁרֵי כִּלְאַיִם בְּצִיצִית.

תֵּינַח

תוספות

מכדי כתיב ובגד כלאים וגו'. ההוא קרא דגדילים לא מלית לאייתורי ולמימר: מכדי כתיב פרשת ציצית – למאי הילכתא כתביה? דכולה איצטריך, כדדרשינן לקמן (דף ה:): "גדילים" – ארבעה, ודרשינן נמי על "ד' כנפות" ולא על ג' וה', "כסותך" ולא של אחרים, "אשר תכסה בה" *פרט לכסות סומא, ולמעט שאין מכסה רובו.

אבל לבישה כל תרי מיני אסר רחמנא. וא"ת: אפילו חד מינא ה"א דאסור, ובלבד שיהא שוע טווי ונוז! וי"ל: דשעטנז משמע נמי תערובות. **אם** כן לשתוק קרא מיניה ותיתי שעטנז שעטנז מהעלא'. וא"ת: בפ' "במה מדליקין" (שבת כז: ושם) קאמר רב פפא: אף כל צמר ופשתים דקאמר רבי ישמעאל – לאיתויי כלאים. וקאמר התם דהא דרב פפא בדותא היא, דכלאים צמר ופשתים בהדיא כתב בהו. ומאי קושיא? והא איצטריך אף כל לאפנויי צמר ופשתים, כדקאמר הכא! וי"ל: דבמסקנא דנפקא לן הפנאה לרבנן משעטנז, לר' ישמעאל נמי תיפוק מהתם, ותו לא איצטריך אף כל לאפנויי צמר ופשתים דכלאים.

ותנא דבי ר' ישמעאל וכו'. וא"ת: בלא תנא דבי ר' ישמעאל נמי יוכל לדקדק דבגדים משמע כל בגדים, דלכולהו אמר רחמנא עביד להו תכלת – אלמא בבגדי פשתן נמי שרי תכלת! וכ"ת: דה"א דלאו אכולהו אמר רחמנא דליעבד תכלת – השתא נמי נימא דאמר דוקא אמר רחמנא דליעבד תכלת, ולא אפשתים! וי"ל: דודאי אי לאו תנא דבי ר' ישמעאל ה"א (א) דשאר מיני אמר רחמנא דליעבד תכלת, ולא אפשתים, אבל לתנא דבי רבי ישמעאל דכל בגדים צמר ופשתים – משמע דאתרוייהו קאי, דאפי' נימא בעלמא דבגד הוי או צמר או פשתים – הכא "בגדיהם" כתב, דמשמע תרי. **ואמר** רחמנא עביד להו תכלת. וא"ת: והיכי משמע מהכא דשרי כלאים בציצית? נימא דעביד להו תכלת בלא שוע טווי ונוז! וי"ל: דחוטי ציצית בעינן שיהא שוע טווי ונוז, דדריש בספרי: "פתיל תכלת" – טווי ושזור, וה"ה שוע, דבעינן. ויליף התם לבן מתכלת. וסתם בגדים שלהן היו נמי שוע טווי, וגם נוזין פירוש "שזורים" כמו שפי' ר"ת לקמן (ד' ה: ד"ה עד) נוז שזורי, היינו שזורים בסוף הטלית, מקום הנחת ציצית, כדאמרינן בריש "המוצא תפילין" (עירובין צו:): ולמא אדעתא דשיפתא דגלימא עייפינהו. אבל קשיא: דאכתי נימא דאמר רחמנא לעביד להו תכלת בלא קשירה, דלא הוי כלאים, דתוכף תכיפה אחת אין חיבור. ובמנחות (דף לט.) דקדק דקשר עליון דאורייתא מדשרי רחמנא כלאים בציצית. ושמעתי בשם ר"י קלנו': דע"כ אמר רחמנא ליעביד להו תכלת בענין דהוי כלאים, דאי דוקא בלא כלאים – א"כ לישתוק קרא מ"יחדו", ומדאמר רחמנא עביד להו תכלת – ידעי דתוכף תכיפה אחת אינו חיבור. אלא ודאי בענין דהוי כלאים אמר רחמנא ליעביד תכלת, ולא שמעינן להו מהכא מידי אי תוכף תכיפה אחת חיבור אי לא, להכי איצטריך יחדו. א)

ותכלת עמרא הוא. לא היה צריך לכך, דבין הוא כיתנא ובין הוא עמרא יכול לדקדק דכלאים בציצית שרי, דאמר רחמנא לבגדיהם דהוו צמר ופשתים – ליעביד תכלת, שהוא או כיתנא או עמרא, שאין בבגדי כהונה אלא צמר ופשתים, מדכתב בהו "בגדיהם"! אלא האמת אומר. **מדשש** כיתנא תכלת עמרא. וליכא למימר דתכלת נמי כיתנא, אלא צבוע הוא תכלת. וארגמן ותולעת שני עמרא, דסברא הוא דכל הצבועים מין אחד הוא, מדלא חילק בהן אלא בצבע. **סלקא** דעתך אמינא כדרבא. לאו דוקא, דרבא איירי בתר דכתיב צמר ופשתים, והשתא איירי אי לא כתב צמר ופשתים. אלא כלומר, כדיוקא דרבא. וה"ק קרא: ועשו להם ציצית על כנפי בגדיהם, דלבגדיהם שהם צמר ופשתים עביד ציצית. אבל תכלת דבתר הכי – לא קאי אבגדים, אלא א"הכנף" מין כנף. והמקשה דפריך והא תנא דבי ר' ישמעאל – לית ליה דרבא, וסבור דכרבא ממש קאמר – היה יכול להקשות: והא רבא לבתר דכתיב צמר ופשתים קאמר. **והא** תנא דבי ר' ישמעאל לית ליה דרבא. דליכא למימר דמ"הכנף" מרבה שאר בגדים, כדאשכחן בפ' "במה מדליקין" (שבת כז. ושם) דמרבה שאר בגדים גבי שרלים מ"או בגד", *דהכנף לאו ריבויא הוא. **ואפילו** צמר לפשתים ופשתים לצמר. משמע הכא דתנא דבי ר' ישמעאל לית ליה דרבא. וקשה, דבפ' "במה מדליקין" (ג"ז שם) קאמר התלמוד: הדר ביה רבא מההיא, וסבר דאף כל לאתויי שרלים. וסבר שפיר כתנא דבי ר' ישמעאל! וצ"ל דסוגיא דהכא כר"נ בר יצחק דהתם, דקאי אף כל לאיתויי ציצית, א"כ הוי דלא כרבא. **דאפילו** צמר לפשתן ופשתן לצמר כו'. נראה דאפילו שני חוטין לבן של צמר שרי בפשתים, כדאמר במנחות, אף על גב דאפשר במינו, כדקאמר התם: מגו דתכלת פטרה לבן נמי פוטר, ולבן של

תוספות ישנים

ואפילו מוכרי כסות כו'. פירש הקונטרס שאין מתכוונים ול"נ דלר' יהודה קיימינן ואיהו קאמר דבר שאין מתכוין אסור על כן צריך לומר ואפילו מוכרי כסות בלא שום הנאה ויש דלא גרים ליה: **ואי** כתב רחמנא לא תלבש. להך צריכותא דלא יעלה אין המקשה צריך כלל דהא להפנאה דאמרי' לעיל היינו קרא דלא תלבש דמיניה דרשי' סמוכין אבל מקרא דלא יעלה לא איירי מידי דהא לית ליה מיניה סמוכין כלל אלא משום שפי' צריכותא דלא תלבש מפרש ואזיל למאי אצטריך לא יעלה: **ומדשש** כיתנא תכלת עמרא. פי' דכתיב ומכנסי בד שש משזר איזהו דבר העולה בד בבד הוי אומר זה כיתנא: תכלת עמרא א) וי"ל שמא הוא מין אחר דכתי' לא יעלה על הכהנים צמר בבאם אל החצר הפנימית. משמע אבל בחצר החיצונה יעלה עליהם צמר ומשמע דליכא תו מינים [אחרים] רק אותם דמפרש אותו הפסוק צמר ופשתים דכתיב פארי פשתים ילבשו ולא יעלה עליהם כו' ועוד י"ל דכתיב בבגדי כהונה בגדי אהרן ובגדי בניו וא"כ לא אית בהו רק צמר ופשתים דבגדים האמורי' בתורה [סתם] צמר ופשתים הם. וא"ת דלמא תכלת הוא פשתים צבוע. וי"ל דא"כ הול"ל שש לבן (וצמר) [ושש] צבוע. (והא דכתיב ארגמן ותולעת שני צ"ל ב) דצמר ופשתים ועל שם הצבעים יקראו): **א)** אבל מ"מ קשה דנוכל לומר דשמא יצטרך יחדו לשוע טווי ונוז אבל יש לומר כי המדקדק התם בפירוש רש"י ניחא הכא דה"פ התם ש"מ קשר העליון דאורייתא הלל"מ וה"פ דאי ס"ד לאו דאורייתא אמאי אצטריך כמה משניות וברייתות למשרי סדין בציצית אבל מן הסמוכין לא הוה קשה ג) ליה לאוקמא לכדרבא והשתא ניחא שפיר הא דקאמר הכא עביד להו תכלת וא"כ כלאים בציצית מותר דקשר העליון דאורייתא ואין צריך למדרש סמוכין כי הלל"מ הוא: **צמר** לפשתים ופשתים לצמר. וא"ת מנא לן הא דפשתים פוטרה לצמר התינח צמר לפשתים דכתיב ונתנו על ציצית הכנף פתיל תכלת ותכלת עמרא הוא וסברא הוא שאם יש לו בגד מפשתים שילבשנו ויניח בו תכלת כדקאמר קרא והיינו צמר לפשתים אבל פשתים לצמר מנין הלא יכול לעשות תכלת דהיינו צמר לצמר. וי"ל כדקאמרינן במנחות דלבן פוטר דמגו דתכלת פוטר לבן נמי פוטר אע"ג דבקרא כתוב תכלת כמו כן נימא מגו דצמר פוטר לפשתים ואע"ג דהוי כלאים כמו כן פוטר פשתים לצמר:

א) נראה דצ"ל אין להקשות דשמא הוא מין אחר די"ל דכתיב כו'. ב) נראה דצ"ל לצמר ופשתים הם ועל שם הצבעים יקראו כך. ג) נ"ל לא הוי קשה ליה דיש לאוקמא לכדרבא.

עין משפט נר מצוה

[נ"ל לרבות וכו' במנחות מג.]

יא א ב מיי' פ"י מהל' כלאים הל' יב ע"ז סמג לאוין רפג טוש"ע י"ד סי' שא סעי' א ו:

יב ג מיי' פ"ג מהל' ציצית הלכה ב:

יג ד מיי' פ"י מהל' כלאים הל' כח סמג לאוין רפג טוש"ע י"ד סי' רצח סעי' א:

יד ה מיי' פ"ג מהל' ציצית הלכה ה סמג עשין כו טוש"ע או"ח סימן ט סעי' ב:

טו ו מיי' שם (ופ"י מהל' כלאים) סמג עשין כו טוש"ע שם סעיף ג:

מסורת הש"ס

שבת דף כז: מנחות ד' לט:

שבת דף כז: נזיר דף נח. מנחות ד' לט:

הגהות הב"ח

(א) תוס' ד"ה ותנא וכו' ה"א דאשאר מיני אמר רחמנא:

גליון הש"ס

תוס' ד"ה והא תנא דבי ר"י כו' דהכנף לאו ריבויא הוא. עיין יומא דף עא ע"ב תד"ה ואימא עמרא.

תֵּינַח לְתַנָּא דְּבֵי רַבִּי יִשְׁמָעֵאל. דְּאִיסּוּר לֵיהּ "צֶמֶר וּפִשְׁתִּים", אֶלָּא לְרַבָּנַן, דְּלֵית לְהוּ כָּל בְּגָדִים צֶמֶר וּפִשְׁתִּים, וְהָא "צֶמֶר וּפִשְׁתִּים" לָא מִיַּיתַּר, מְנָא לְהוּ דְּאָתֵי עֲשֵׂה וְדוֹחֶה לֹא תַעֲשֶׂה? רֹאשׁוֹ מַה ת"ל. בִּמְצוֹרָע כְּתִיב. "יְגַלַּח אֶת כָּל שְׂעָרוֹ", הֲרֵי רֹאשׁוֹ בִּכְלָל, לָמָּה לִי דִּכְתִיב רֹאשׁוֹ? וְקָסָבַר הַאי תַּנָּא. דְּאִיצְטְרִיךְ לֵיהּ "רֹאשׁוֹ" לִדְחוֹת לָאו דְּ"לֹא תַקִּיפוּ", דְּהַקָּפַת כָּל הָרֹאשׁ שְׁמָהּ הַקָּפָה, וְלָא אָמְרִינַן "פְּאַת" כְּתַב רַחֲמָנָא. הִלְכָּךְ, אִי לָאו דְּרַבִּי קְרָא ה"א לָא לֵיקוּף. אַלְמָא אַשְׁמְעִינַן קְרָא דְּאָתֵי עֲשֵׂה וְדָחֵי לֹא תַעֲשֶׂה, וּמֵהָכָא נָפְקָא, הִלְכָּךְ אִיצְטְרִיךְ "עָלֶיהָ" לְמֵיסַר עֶרְוָה לְיִיבּוּם, דְּלָא תֵּימָא אָתֵי עֲשֵׂה דְּיִיבּוּם וְדָחֵי לָאו דַּאֲחוֹת אִשָּׁה. שֶׁאֵין שָׁוֶה בַּכֹּל. דְּנָשִׁים אֵינָן בְּלָאו דְּהַקָּפָה, בְּפ"ק דְּקִידּוּשִׁין (דף לה:). תֹּאמַר בְּלָאו דַּאֲחוֹת אִשָּׁה, שֶׁכְּשֵׁם שֶׁהוּא מוּזְהָר עָלֶיהָ כָּךְ הִיא מוּזְהֶרֶת עָלָיו, דִּכְתִיב "הַנְּפָשׁוֹת הָעוֹשׂוֹת" (ויקרא יח) – שְׁנֵיהֶם מַשְׁמַע. וּפְאַת זְקָנָם. בַּכֹּהֲנִים כְּתִיב. תַּלְמוּד לוֹמַר זְקָנוֹ. לְרַבּוֹת זְקַן כֹּהֵן מְצוֹרָע, דְּאָתֵי עֲשֵׂה וְדָחֵי לֹא תַעֲשֶׂה. *(וְאַע"ג דְּהַאי נַמִּי לָאו שֶׁאֵין שָׁוֶה בַּכֹּל – יָלְפִינַן מִינֵּיהּ דְּכָל לֹא תַעֲשֶׂה נַמִּי דָּחֵי, דְּאִם אֵינוֹ עִנְיָן לְלָאו שֶׁאֵין שָׁוֶה בַּכֹּל דְּאָתֵי עֲשֵׂה וְדָחֵי לֵיהּ, דְּהָא נָפְקָא לָן מֵ"רֹאשׁוֹ", תְּנֵהוּ עִנְיָן כו'). וְאַכַּתִּי אִיצְטְרִיךְ. לְגוּפֵיהּ, לְאַשְׁמוּעִינַן דְּלָאו דִּפְאַת זְקַן כֹּהֲנִים מִידְחֵי, דְּלָא נָפְקָא לָן מֵ"רֹאשׁוֹ", וְאַע"ג דְּאֵין שָׁוֶה בַּכֹּל הוּא. דְּסד"א: שָׁאנֵי לָאוֵי דְּכֹהֲנִים דְּחַמִּירֵי, שֶׁרִיבָּה בָּהֶן הַכָּתוּב מִצְוֹת רַבּוֹת, אֲבָל לָאו הַשָּׁוֶה בַּכֹּל מְנָלָן דְּדָחֵי? רֹאשׁוֹ מַה ת"ל. בְּ"רֹאשׁוֹ" דִּמְצוֹרָע נַמִּי קָאֵי. ת"ל רֹאשׁוֹ. אַלְמָא אָתֵי עֲשֵׂה וְדָחֵי ל"ת. וְאַע"ג דְּלָאו שֶׁאֵינוֹ שָׁוֶה בַּכֹּל הוּא, אִם אֵינוֹ עִנְיָן לְלָאו שֶׁאֵין שָׁוֶה בַּכֹּל, דְּהָא; נָפְקָא לָן מִ"זְּקָנוֹ" דְּאִידָּךְ תַּנָּא – תְּנֵהוּ עִנְיָן לְלָאו הַשָּׁוֶה בַּכֹּל. מִנָּזִיר. בְּנָזִיר עֲשֵׂה וְלֹא תַעֲשֶׂה אִיכָּא: "תַּעַר לֹא יַעֲבוֹר עַל רֹאשׁוֹ", "קָדוֹשׁ יִהְיֶה גַּדֵּל פֶּרַע". שֶׁכֵּן יֶשְׁנוֹ בִּשְׁאֵלָה. לִשְׁאוֹל לְחָכָם וְיַתִּיר לוֹ, הִלְכָּךְ אָתֵי עֲשֵׂה וְדָחֵי לֵיהּ. מִקְּרָא

תֵּינַח לְתַנָּא דְּבֵי ר' יִשְׁמָעֵאל, לְרַבָּנַן מְנָא לְהוּ? נָפְקָא לְהוּ מֵ"רֹאשׁוֹ". *דְּתַנְיָא: °"רֹאשׁוֹ" מַה תַּלְמוּד לוֹמַר? לְפִי שֶׁנֶּאֱמַר °"לֹא תַקִּיפוּ (אֶת) פְּאַת רֹאשְׁכֶם" שׁוֹמֵעַ אֲנִי אַף מְצוֹרָע כֵּן, תַּלְמוּד לוֹמַר "רֹאשׁוֹ", וְקָא סָבַר הַאי תַּנָּא: [א]הַקָּפַת כָּל הָרֹאשׁ שְׁמָהּ הַקָּפָה. אִיכָּא לְמִיפְרַךְ: מַה לְּלָאו דְּהַקָּפָה – שֶׁכֵּן לָאו שֶׁאֵין שָׁוֶה בַּכֹּל! אֶלָּא, אָתְיָא מִ"זְּקָנוֹ", *דְּתַנְיָא: °"זְקָנוֹ" מַה תַּלְמוּד לוֹמַר? לְפִי שֶׁנֶּאֱמַר °"וּפְאַת זְקָנָם לֹא יְגַלֵּחוּ" שׁוֹמֵעַ אֲנִי אַף כֹּהֵן מְצוֹרָע כֵּן – ת"ל "זְקָנוֹ". וְאִם אֵינוֹ עִנְיָן לְלָאו שֶׁאֵין שָׁוֶה בַּכֹּל – תְּנֵהוּ עִנְיָן לְלָאו הַשָּׁוֶה בַּכֹּל. וְאַכַּתִּי אִיצְטְרִיךְ, סד"א: שָׁאנֵי כֹּהֲנִים, *הוֹאִיל וְרִיבָּה בָּהֶן הַכָּתוּב מִצְוֹת יְתֵירוֹת, אֲפִילּוּ לָאו שֶׁאֵין שָׁוֶה בַּכֹּל לָא דָּחֵי – קמ"ל דְּדָחֵי? אֶלָּא: אָתְיָא מֵ"רֹאשׁוֹ" דְּהָהוּא תַּנָּא, *דְּתַנְיָא: "רֹאשׁוֹ" מַה ת"ל? לְפִי שֶׁנֶּאֱמַר °"תַּעַר לֹא יַעֲבוֹר עַל רֹאשׁוֹ" שׁוֹמֵעַ אֲנִי אַף *מְצוֹרָע וְנָזִיר כֵּן, ת"ל "רֹאשׁוֹ" – אִיכָּא לְמִיפְרַךְ: מַה לְּנָזִיר מְצוֹרָע – שֶׁכֵּן יֶשְׁנוֹ בִּשְׁאֵלָה. דְּאִי לָא תֵּימָא הָכִי, הָא דְּקַיְימָא לָן [ב]דְּאֵין עֲשֵׂה דּוֹחֶה לֹא תַעֲשֶׂה וַעֲשֵׂה – לִיגְמַר מִנָּזִיר! אֶלָּא, מִנָּזִיר מ"ט לָא גָּמְרִינַן, דְּאִיכָּא לְמִיפְרַךְ שֶׁכֵּן יֶשְׁנוֹ בִּשְׁאֵלָה – ה"נ אִיכָּא לְמִיפְרַךְ שֶׁכֵּן יֶשְׁנוֹ בִּשְׁאֵלָה. אֶלָּא לְעוֹלָם מִקְּרָא

תוספות

של פשתים נמי פוטר הצמר על(א) מגו, דמגו דלבן של צמר פוטר בפשתים, לבן של פשתים נמי פוטר בצמר. ודוקא במקום תכלת, אבל במקום שאין תכלת – אסור, כיון *דלא כשר במינו. דהא במנחות (דף מ.) אסר סדין בציצית משום קלא אילן, ופריך: ולא יהא אלא לבן? ומשני: משום דאפשר במינן, כדר"ל.

לרבנן מנא להו. המ"ל דלא סברי כר' יהודה, ולא בעי שיהא מוכח או מופנה. אלא ניחא ליה לשנויי אפילו אי סברי כר' יהודה. וא"ת: ומאן (ב) ניהו דפליג עליה דתנא דבי רבי ישמעאל – ר' שמעון בן אלעזר, והא רשב"א ואידך תנא דבי רבי ישמעאל דפ' "במה מדליקין" (שבת כז.) מודו דבלא ריבוי הוו סתם בגדים צמר ופשתים! ואר"י: דהיינו ההיא ברייתא דפ' "התכלת" (מנחות לט:) דאמר רב נחמן התם: השיראין פטורה מן הציצית. איתיביה רבא לרב נחמן: השיראין והכלך והסריקין כולן חייבין בציצית! ומשני: מדרבנן. אבל רבא, דפריך התם לרב נחמן לטעמא דמחייב – מדאורייתא, וסבר לה כי ההיא ברייתא, ולית ליה שינויא דרב נחמן דמשני התם מדרבנן.

מה ללאו דהקפה שכן אינו שוה בכל. בפ' "שני נזירין" (נזיר נח. ושם) מפרש דהאי תנא דמוקי "ראשו" לנזיר סבר דהקפת כל הראש לא שמה הקפה. ולהכי לא מצי לאוקמי כשאינו נזיר. והך תנא דמוקי "ראשו" ללאו גרידא סבר דשמה הקפה. ואיבעית אימא: דלכולי עלמא שמיה הקפה, ותנא מוקי לה לנזיר דהוי לא תעשה ועשה – משום דללאו גרידא לא איצטריך לאשמעינן דדחי, דמ"גדילים" נפקא. והאי תנא דמוקי לה לראשו גרידא סבר דמגדילים לא ילפינן, משום דאיצטריך לכדרבא לאשמועינן דלמר ופשתים פוטרים בשאר מינים, ולאו לדחות לאו דכלאים קאתי, ומ"ראשו" מסייע להאי תנא דעשה דחי לא תעשה בעלמא. וקשה: היכי יליף "מראשו"? דאיכא למיפרך כדפרכינן הכא: שכן לאו שאין שוה בכל. וע"כ פירכא גמורה היא, דאם לא כן – נילף מזקנו לידחי לא תעשה ועשה! וי"ל: דסוגיא דנזיר סברה דאפילו לא כתיב "ראשו" הוה מוקמינן "זקנו" בכהן, ד"זקנו" משמע בין כהן בין ישראל. אע"ג דראשו לא משמע בין נזיר ובין שאינו נזיר – משום דקרא איירי בסתם בני אדם, שאינן נזירים, ולהכי, כיון דכתיב "זקנו", דדחי לא תעשה ועשה, תו לא איצטריך "ראשו" ללאו שאין שוה בכל, ואם אינו ענין ללאו שאין שוה בכל – תנהו לענין שוה בכל. אבל סוגיא דשמעתין סברה ד"זקנו" לא הוה מוקמינן בכהנים אי לאו דכתיב "ראשו" ואיצטריך ראשו לגלויי אזקנו דאיירי בכהנים, ודחי לא תעשה ועשה, ולא מצי למילף מ"ראשו" מידי. א"נ: סוגיא דהכא סברה דאיצטריך ראשו לאשמועינן דהקפת כל הראש שמה הקפה, אבל ההיא ד"שני נזירים" (נזיר מ:) סוברת דמסברא ידעינן דשמה הקפה:

זקנו מה תלמוד לומר. וא"ת: והא איצטריך ראשו וזקנו לכלל ופרט וכלל, כדאמרי' בסוטה בפ' "היה מביא" (דף טז.): מה הפרט מפורש מקום כינוס שער כו'! ויש לומר: דההיא מילתא מצי למידרש מגבות עיניו.

ואכתי איצטריך סד"א שאני כהנים כו'. הוה מצי למימר דאיצטריך זקנו למידחי עשה ולא תעשה, דמראשו לא שמעינן אלא לאו גרידא, ומהכא לא מצי למילף בעלמא דליתי עשה ולידחי לא תעשה ועשה, דשאני הכא דהוי לאו ועשה שאין שוה בכל, כדאמרינן בפרק "שני נזירים" (נזיר דף נח:). וא"ת: ונלמוד מהכא דלידחי לאו ועשה שאין שוה בכל, וא"כ מאי פריך בפרק "אלו מציאות" (ב"מ ל. ושם) גבי "והתעלמת" – פעמים שאתה מתעלם, כהן והיא בבית הקברות פשיטא דאין עשה דוחה לא תעשה ועשה[א], והא לאו ועשה שאין שוה בכל! ואר"י: דהתם עיקר פירכא סמיך(ג) אמי דחינן איסורא מקמי ממונא. ועוד קשיא: דקאמר התם בסוף פירקין (דף לב.) יכול אמר לו אביו היטמא או אל תחזיר אבדה – יכול ישמע לו, ת"ל כו'! ופריך: תיפוק ליה דאין עשה דוחה לא תעשה ועשה! ומאי פריך? והא לאו ועשה דטומאה אינו שוה אלא בכהנים! ואר"י: דלא פריך אלא אמאי תחזיר אבדה, דלמה לי קרא להכי, דלאו ועשה שוה בכל הוא. ועוד קשה: דלקמן בפ"ב (דף כ.) גבי אלמנה לכ"ג דחולצת ולא מתייבמת, פריך: בשלמא מן הנשואין – לא אתי עשה ודחי לא תעשה ועשה, אלא מן האירוסין – ליתי עשה ולידחי ל"ת מן הנשואין – נמי, אמאי ניחא ליה? והא לאו ועשה שאין שוה בכל הוא! וכן שם גבי פלוגתא *דר' אחא ור' אלעזר (לקמן כא.) בביאת כ"ג באלמנה, קאמר: מן הנשואין – כ"ע לא פליגי דלא פטרה, דאין עשה דוחה ל"ת ועשה! ואר"י, דלא דמי: דלאו ועשה דגילוח הוה טפי אין שוה בכל, שאין שוה בכל נשים. אבל גבי אלמנה לכ"ג – האשה עושה איסורא כמו כהן הבא עליה, דקרי ביה "לא יקחו" "לא תקח", ולא מדחי ליה עשה דיבום אע"ג דאינו שוה אלא בכהנים. וי"מ: דמ"זקנו" לא ילפינן בעלמא אפילו אין שוה בכל, משום דעשה דמצורע עדיף משאר עשה, דגדול השלום, דע"י שיטהר מותר בתשמיש, כדאמרינן ב"שילוח הקן" (חולין ד' קמא.) דאי לאו "שלח תשלח" ה"א דמצורע דחי עשה דשילוח, משום דעדיף, דגדול השלום. ובשמעתין ה"ל למימר דלא ילפינן מעשה דמצורע משום דגדול השלום, אלא דבלאו הכי דחי שפיר. ועוד: דהכא דחי דאפילו עשה כי האי לא נגמר מהכא לידחי. ומיהו, לא יתיישב טעם זה אלא למאן דאסר במ"ק (דף ז:) מצורע בימי חלוטו בתשמיש המטה, אבל למאן דשרי – לא. **ליגמר** מנזיר. דדחי. וא"ת: אדרבה, נילף מכיבוד אב ואם דלא דחי לאו ועשה דהיטמא ואל תחזיר אבידה! וי"ל: דמה לכבוד אב ואם – שכן הכשר מצוה, כדלקמן. וא"ת: אכתי, אם באת ללמוד מכאן דדחי – א"כ איצטריך לן שפיר "והתעלמת" בפרק "אלו מציאות" (ב"מ ל. ושם) לכהן והיא בבית הקברות, דמתעלם, ומאחר דהתם לא דחי, אדרבה: נילף בעלמא דלא דחי! וי"ל: דהתם לא צריך קרא להכי, דפשיטא דלא דחי, כדקאמר התם: ותו מי דחינן איסורא מקמי ממונא: **שכן** ישנו בשאלה. וא"ת: וניגמר במה הצד מכהן ונזיר לידחי בעלמא עשה את לאו ועשה? ובפרק "ב' נזירים" (נזיר דף נח: ושם) בתר דקאמר וכהן ונזיר לא גמרינן מהדדי, קאמר: ובעלמא לא ילפינן מינייהו משום דאיכא למיפרך כדאמרן, פי': מה לנזיר שכן ישנו בשאלה, וכהן אינו שוה בכל. ותימה: דאמאי לא נגמר מינייהו במה הצד? וי"ל: דעל מה הצד פרכינן כל דהו, דאינו לא קולא ולא חומרא, ואיכא למיפרך: מה להצד השוה שבהן (ד) שיש בהן איסור גילוח, זה בראשו וזה בזקנו. ואית דלא גרסי כדאמרן, ומפרש דקאי איכא למפרך אהא דאמר בתר הכי אמר רב וכו', פי': (ה) ומפרש דאיכא למיפרך דאמר רב מיקל אדם כל גופו בתער, ומסיק כעין תער. וכיון דאיסור דידהו קל – אתי עשה ודחי להו. אבל קשיא: נילף מכהן ונזיר ומילה דדחיא צרעת, דהוי עשה ולא תעשה. כדאמר בפרק "ר' אליעזר אם לא הביא" (שבת קלב:)! ונראה דהוו כמו שני כתובים הבאים כאחד, דממילה וחד מהני איכא למילף נמצא חד דלא איצטריך. ועוד: אי ילפינן מינייהו למה לי קרא דכלאים בציצית ללאו גרידא? ותירוץ זה יש לדחות כמו שאפרש בסמוך. ובפרק "שני נזירים" היה יכול לומר כן כדפרישית, אלא דלא חש לדקדק ולהאריך [וע' היטיב תוס' נזיר נח: סד"ה הר"ף].

גדילים

תוספות ישנים

אלא לרבנן מנא להו. אית דגרסי אלא כי אצטריך קרא לכדרבא כלומר לעולם כדקאמרת דצמר ופשתים לא צריך א) דועשו להם ציצית חזי מינייה כלאים וכי אצטריך צמר ופשתים לכדרבא אצטריך וכו' דצמר ופשתים פוטרים וכו' וקא מקשי ליה היכי מצי למימר דסמוכין אתו לכדרבא דהא תנא דבי ר' ישמעאל לית ליה דרבא וקא מקשי כדוקייא דרבא והשתא קאמר כאידך גיסא דלא כדקאמרינן מעיקרא דסמוכין לכדרבא אתו דהא לא מצינן למימר אלא לעולם סמוכין ב) דלא מצי למשרי כלאים מועשו להם ציצית משום דאנא דייקנא כדרבא דדריש הכנף מין כנף וכו' אבל כלאים לא חזי מש"ה אצטריכו סמוכין דצמר ופשתים דכלאים שרי בציצית וא"ת אי לאו סמוכין הכנף למין כנף לא צריך דפשיטא דכלאים בציצית אסור דמסברא אין עשה דוחה ל"ת וכיון שכן דוקיא דרבא לא צריך קרא וי"ל דה"ק סד"א כדוקיא דרבא דבעינן מין כנף כלומר צמר לצמר הוא דבעיה בתכלת אבל לפשתים בעינן נמי ציצית לבן של פשתים ודלא יהא צבוע למראה אחר דמין כנף לגמרי בעינן קמ"ל סמוכין ולא דרשינן הכנף דודאי אליבא דתנא דבי ר' ישמעאל כיון דלא מחייב בציצית אלא בגד של צמר ופשתים ודאי אין לן למימר דלא דריש הכנף. והראב"ד גרים כהך גי' בתרא והגיה בספרו כך וזהו לשונו פי' לתנא דבי ר' ישמעאל האי צמר ופשתים לאו למישרא כלאים בציצית אתא דלא צריך אלא לאפוקי מדרבא דמרבה שאר מינים קמ"ל צמר ופשתים אין מידי אחרינא לא. ואקשינן והא תנא דבי ר' ישמעאל לית ליה דרבא כלומר רבא גופיה דמרבה שאר מינים מהכא מייתי להו משום דכתיב הכנף ולתנא דבי ר' ישמעאל כיון דאמר כל בגדים אינן אלא צמר ופשתים הכנף גופיה אינו אלא צמר ופשתים א"כ צמר ופשתים למעוטי שאר מינין לא צריך ע"כ. ומשמע נמי לדידיה דכי קאמר אלא סד"א כדוקייא דרבא מתפרש ג) כדפרשי' ליה אנן לעיל הדר. וקי"ל כר' ישמעאל דמן התורה לא מחייב בציצית אלא של צמר ופשתים ושאר מינים אינם חייבין אלא מדרבנן ומהכא משמע ד) מ"ש הרי"ף ז"ל שיכול אדם לעשות ציצית מפשתים דקאמר הכא כתב רחמנא צמר ופשתים דאפילו צמר לפשתים ופשתים לצמר. וא"ת מה קא בעי לרבנן מנא להו לימא דשמא רבנן יסברו דדרשינן סמוכין אף היכא דלא מוכח ולא מופנה. וי"ל דקא בעי הכא לר' יהודה דלא דרש סמוכין במשנה

עין משפט
נר מצוה

יח א מיי' פ"א מהל' ציצית הלכה י סמג עשין כו טוש"ע א"ח סימן יא סעיף יב:
יט ב מיי' פ"י מהל' כלאים הלכה ג סמג לאוין רפג טוש"ע י"ד סימן ש סעיף ב:
כ ג מיי' שם הלכה ב סמג שם טוש"ע שם סעיף א:
כא ד מיי' פ"ו מהל' ממרים הל' יב סמג עשין קיב טוש"ע יו"ד סימן רמ סעי' טו:

מִקְרָא קַמָּא: אִם כֵּן לֵימָא קְרָא "צִיצִית תַּעֲשֶׂה לְּךָ", "גְּדִילִים" לָמָּה לִי? ש"מ לְאַפְנוּיֵי.. הַאי לְשִׁיעוּרָא הוּא דַּאֲתָא: *[א]"גְּדִיל" — שְׁנַיִם, "גְּדִילִים" — אַרְבָּעָה, עֲשֵׂה גְּדִיל וּפוֹתְלֵהוּ מִתּוֹכוֹ! א"כ לֵימָא קְרָא "לֹא תִלְבַּשׁ שַׁעַטְנֵז", "צֶמֶר וּפִשְׁתִּים יַחְדָּו" ל"ל? ש"מ לְאַפְנוּיֵי. וְאַכַּתִּי מִיבָּעֵי לֵיהּ: [ב]לְתוֹכֵף שְׁתֵּי תְכִיפוֹת — חִיבּוּר, *וּתְכִיפָה אַחַת — אֵינוֹ חִיבּוּר! א"כ לִכְתּוֹב רַחֲמָנָא "לֹא תִלְבַּשׁ צֶמֶר וּפִשְׁתִּים יַחְדָּו", "שַׁעַטְנֵז" ל"ל? ש"מ לְאַפְנוּיֵי. וְאַכַּתִּי מִיבָּעֵי לֵיהּ: [ג]עַד שֶׁיְּהֵא שׁוּעַ טָווּי וְנוּז! אֶלָּא כּוּלָּהּ מִ"שַּׁעַטְנֵז" נָפְקָא. אַשְׁכַּחַן דְּאָתֵי עֲשֵׂה וְדָחֵי לֹא תַעֲשֶׂה גְּרֵידָא, לֹא תַעֲשֶׂה שֶׁיֵּשׁ בּוֹ כָּרֵת הֵיכָא אַשְׁכַּחַן דְּדָחֵי דְּאִיצְטְרִיךְ "עָלֶיהָ" לְמֵיסְרָה? וְכִי תֵּימָא נֵילַף מִמִּילָה — מַה לְּמִילָה שֶׁכֵּן נִכְרְתוּ עָלֶיהָ שְׁלֹשׁ עֶשְׂרֵה בְּרִיתוֹת, מִפֶּסַח — מַה לְּפֶסַח שֶׁכֵּן כָּרֵת, מִתָּמִיד — מַה לְּתָמִיד שֶׁכֵּן תָּדִיר. מֵחֲדָא לָא אָתְיָא תֵּיתֵי מִתַּרְתֵּי. מֵהֵי תֵּיתֵי? מִמִּילָה וּפֶסַח — שֶׁכֵּן כָּרֵת, מִפֶּסַח וְתָמִיד — שֶׁכֵּן צוֹרֶךְ גָּבוֹהַּ, מִמִּילָה וְתָמִיד — שֶׁכֵּן(א) יֶשְׁנוֹ לִפְנֵי הַדִּבּוּר. וְאַלִּיבָּא דְּמ"ד*[א] עוֹלָה שֶׁהִקְרִיבוּ יִשְׂרָאֵל בַּמִּדְבָּר עוֹלַת תָּמִיד הֲוָה. [חגיגה ו.] וּמִכּוּלְּהוּ נַמִי — שֶׁכֵּן יֶשְׁנָן לִפְנֵי הַדִּבּוּר. אֶלָּא אִיצְטְרִיךְ, סד"א תֵּיתֵי מִכִּבּוּד אָב וָאֵם, דְּתַנְיָא: [ד]יָכוֹל יְהֵא כִּבּוּד אָב וָאֵם דּוֹחֶה שַׁבָּת, ת"ל "אִישׁ אִמּוֹ וְאָבִיו תִּירָאוּ וְאֶת שַׁבְּתוֹתַי תִּשְׁמוֹרוּ" (ויקרא יט) — כּוּלְּכֶם חַיָּיבִין בִּכְבוֹדִי, מַאי לָאו דְּאָמַר לֵיהּ: "שְׁחוֹט לִי" "בַּשֵּׁל לִי", וְטַעְמָא — דִּכְתַב רַחֲמָנָא "אֶת שַׁבְּתוֹתַי תִּשְׁמוֹרוּ" הָא לָאו הָכִי — דָּחֵי! לָא לָאו

תורה אור

מִקְרָא קַמָּא. דִּכְלָאַיִם בְּצִיצִית. וּדְקָאָמְרַתְּ לְרַבָּנַן דְּלָא אִיצְטְרִיךְ לְהוּ "צֶמֶר וּפִשְׁתִּים" מְנָא לְהוּ דִּכְלָאַיִם בְּצִיצִית שָׁרֵי, דְּלֵיתֵי עֲשֵׂה וְדָחֵי לֹא תַעֲשֶׂה. **א"כ.** דְּלָאו לְאַפְנוּיֵי, לִכְתּוֹב צִיצִית כו'. **לְשִׁיעוּרָא אֲתָא.** לְמִנְיַן חוּטִין. **גְּדִיל שְׁנַיִם.** אִי אֶפְשָׁר לַעֲשׂוֹת גְּדִיל בְּפָחוֹת מִשְּׁנֵי חוּטִין. **גְּדִילִין אַרְבַּע.** חוּטִין, דְּמִיעוּט גְּדִילִין שְׁנַיִם, וּכְתִיב (במדבר טו) "וְנָתְנוּ עַל צִיצִת הַכָּנָף פְּתִיל", אָמְרָה תּוֹרָה עֲשֵׂה מֵהֶן אַרְבַּע חוּטִין גְּדִיל אֶחָד, דְּהָווּ לְהוּ ח' חוּטִין כְּשֶׁתּוֹחֲבָן בִּכְנַף הַבֶּגֶד. **וּפוֹתְלֵהוּ מִתּוֹכוֹ.** שֶׁיִּהְיוּ תְּלוּיִין פְּתִילִין, שֶׁלֹּא יַעֲשֶׂה כּוּלּוֹ גְּדִיל, אֶלָּא קְצָת גְּדִיל וּקְצָת עָנָף. **תְּכִיפָה.** פויינ"ט, שֶׁתּוֹחֵב תְּחִיבָה אַחַת בְּמַחַט וְחִיבֵּר כִּלְאַיִם בֶּגֶד צֶמֶר וּבֶגֶד פִּשְׁתִּים יַחַד — אֵינוֹ חִיבּוּר בְּפָחוֹת מִשְּׁתֵּי תְכִיפוֹת, לְהָכִי כְּתִיב "יַחְדָּיו", עַד שֶׁיִּתְחַבְּרִים יַחַד יָפֶה. **שׁוּעַ טָווּי וְנוּז.** מִן הַתּוֹרָה אֵינוֹ חַיָּיב עַד שֶׁיְּהֵא הַצֶּמֶר וְהַפִּשְׁתָּן מְתוּקָּן יַחַד הֵיטֵב בְּמַסְרֵק: **שׁוּעַ.** לְשׁוֹן "חָלָק", שֶׁמְּתַרְגְּמִינַן שְׁעִיעַ (בראשית כז). **נוּז.** אָרוּג. **כּוּלָּהּ מִשַּׁעַטְנֵז נָפְקָא.** דְּאִי לְאַפְנוּיֵי לְחוּד — נִכְתּוֹב לֹא תִלְבַּשׁ כִּלְאַיִם צֶמֶר וּפִשְׁתִּים, וּמִדְּאַפֵּיק רַחֲמָנָא בִּלְשׁוֹן שַׁעַטְנֵז — דְּרוֹשׁ בֵּיהּ נַמִי הָא. **מִמִּילָה.** שֶׁדּוֹחָה עֲשֵׂה שֶׁלָּהּ לֹא תַעֲשֶׂ' דְּשַׁבָּת, שֶׁיֵּשׁ בָּהּ כָּרֵת. **שְׁלֹשׁ עֶשְׂרֵ' בְּרִיתוֹת.** אֲמוּרִים בְּפָרָשַׁת מִילָה: **מִפֶּסַח.** שֶׁדּוֹחֶה שְׁחִיטָתוֹ אֶת הַשַּׁבָּת: **שֶׁכֵּן צוֹרֶךְ גָּבוֹהַּ.** לַמִּזְבֵּחַ, תֹּאמַר בַּעֲשֵׂ' דְּיִיבּוּם דְּלֵיכָּא כָּל הָנֵי. **מִילָה וְתָמִיד שֶׁכֵּן יֶשְׁנָן לִפְנֵי הַדִּבּוּר.** לִפְנֵי מַתַּן תּוֹרָה. **וְאַלִּיבָּא דְּמ"ד.** בְּמַסֶּ' חֲגִיגָה (ד' ו.). **עוֹלָה שֶׁהִקְרִיבוּ יִשְׂרָאֵל בַּמִּדְבָּר.** דִּכְתִיב (שמות כד) "וַיַּעֲלוּ עוֹלוֹת", עוֹלַת תָּמִיד הֲוָה. **סד"א.** אִי לָא כְּתִיב "עָלֶיהָ" לִדְרָשָׁא, תֵּיתֵי עֲשֵׂה וְדָחֵי לֹא תַעֲשֶׂ' שֶׁיֵּשׁ בּוֹ כָּרֵת מִכִּיבּוּד אָב וָאֵם. **כּוּלְּכֶם.** אַתָּה וְאָבִיךָ וְאִמְּךָ חַיָּיבִים בִּכְבוֹדִי. מֵ"אֲנִי ה'" דָּרֵישׁ לֵיהּ. **שְׁחוֹט לִי.** דַּהֲוֵי אַב מְלָאכָה שֶׁחַיָּיבִין עָלֶיהָ כָּרֵת. לָאו

גדילים ארבעה. במנחות (ד' מב.) אמר דבעי תמניא חוטין. ותימה: מנלן שכופל כל אחד ואחד לשנים? שמא יקשור כל אחד בראשו בטלית! ואי הוה מפרשינן עשה גדיל ופותלהו מתוכו, היינו: שעושה אותו כעין פתילה, וכופלין באמצע — הוה ניחא. אבל בקונט' פי': פותלהו מתוכו — היינו שני שלישי ענף, שלא יעשה הכל גדילים.

ואכתי מיבעי לי' לתוכף תכיפה אחת דאין חיבור. בלאו הכי מיבעי לי', דאי לאו "יחדו" ה"א דאסור ללבוש צמר ופשתים, אע"פ שאין מחוברים כלל זה עם זה.

עד שיהא שוע טווי ונוז. אין לפרש כמו שפי' ריב"ן: שוע וטווי יחד צמר ופשתים (ב) — דא"כ כלאים בציצית היכי משכחת להו? שהרי צריך שיהיו ד' חוטין של תכלת צמר לבדו בלא פשתן! אלא שוע — כל אחד לבדו. ונוז נמי, אר"ת: דאין לפרש דהיינו אריג, כדפי' בקונט', דמאי שנא שוע וטווי דהוי כל אחד לבדו, ונוז קאי אצמר ופשתים יחד? ועוד, דבנדה פרק "האשה" (ד' סא:) גבי האי מאן דרמי חוטא דכיתנא בגלימא דעמרא כו' — ופריך: ואימא או שוע או טווי או נוז? ולפי' הקונט' — בלא נוז אי אפשר שיהא כלאים. ואין לומר דהכי פריך: ואימא או שוע ונוז או טווי ונוז או נוז לחודיה — דא"כ, דבנוז לחודיה סגי, שוע וטווי דכתב רחמנא למה לי? אלא נראה לר"ת: דנוז היינו שזור, ונוז נמי כל אחד לבדו. ועל שעטנז של צמר לבד ושל פשתים לבד הזהיר הכתוב, שלא יעשה מהם בגד ביחד, ומ"יחדו" נפקא. והר' רבי יצחק הלבן הקשה לו מהא דתנן במס' כלאים (פ"ט מ"ח): אין חייבין משום כלאים אלא על טווי וארוג, שנאמר שעטנז שוע טווי ונוז. אלמא דנוז היינו ארוג! ואר"ת: דע"כ לאו למדרש כל שעטנז קאתי, מדלא קאמר אלא על שוע טווי וארוג, ולא מייתי שעטנז, אלא משום טווי (ג) ונוז לחודיה, אבל אריג — מ"יחדו" נפקא. **כולה** משעטנז נפקא. מדכתיב "שעטנז", ולא כתיב כלאים, שמעינן שוע וטווי ונוז. ומדלא כתיב שוע וטווי ונוז בהדיא שמעינן דלאפנויי קאתי, למידרש סמוכין. ואם תאמר: ודלמא לכדרבא לחוד קאתי, למדרש סמוכין דצמר ופשתים פוטרים אף שלא במינן, ומנלן דאתא למישרי כלאים? ויש לומר דהכי משמע: דלא תלבש שעטנז צמר ופשתים יחדו, גדילים תעשה לך מהם, והכי איתא בפ' "שני נזירים" (נזיר ד' נח. ושם). וא"ת: והיכי ילפינן בעלמא מהכא? שאני כלאים דהותרו מכללו אצל בגדי כהונה? ואר"י דהתם נמי משום דאתי עשה דבגדי כהונה ודחי לאו דכלאים, ואין זה הותר מכללו. ומיהו, אי לאו כלאים מבגדי כהונה לא הוה מצי למילף בעלמא, משום דמצותו בכך, ובענין אחר אי אפשר לקיים מצותו. כמו שפירשתי לעיל (ד) דלא ילפינן מאשת אח. ועוד, דצורך עבודה שאני. וא"ת: אדילפינן מכלאים בציצית דדחי, נילף משריפת קדשים דלא דחי, כדדרשינן פ' "כיצד צולין" (פסחים פג:) דאין שריפת קדשים דוחה יו"ט מ"והנותר ממנו עד בקר" (שמות יב) בא הכתוב ליתן בקר שני לשריפתו! וי"ל: דשאני התם דלא בטלה מצותו בכך, ויכול לשורפו אחר יו"ט. ומ"מ, אי לאו דבקר שני — לא הייתי מחלק, וה"א דדחי. ומיהו קשה: לקמן (דף ו:) גבי שריפת בת כהן קאמר: או אינו אלא בשבת, דהוה גמרינן מכלאים בציצית דלדחי, אי לאו "לא תבערו", אפי' לא תעשה שיש בו כרת, דמה לי חומרא רבה ומה לי חומרא זוטא, והתם, כיון דיכול להמתין עד למחר — נילף (ה) מיניה שריפת קדשים? וי"ל: דהתם נמי אי אפשר להמתין, שיש לה לידון מיד ולשרוף, שלא יענו הדין ושלא ישתכחו הדברים. וא"ת: ולמה לן קרא למילף מכלאים בציצית? נילף משריפת קדשים, מדאיצטריך התם לומר קרא דלא דחי, משום דיכול להמתין — מכלל דבעלמא דחי! ואר"י: דהתם איצטריך קרא, שלא תאמר דדחי משום דאפילו אוכל נפש שרי. ולמ"ד נדרים ונדבות אין קריבין בי"ט לא איצטריך הכא קרא, אלא אליבא דמ"ד קריבין. **ומכולהו** נמי שכן ישנן לפי הדיבור. וא"ת: ונילף משאר קרבנות דדחי שבת, כדדרשינן בפ' "כיצד צולין" (פסחים עז. ושם) *מ"במועדו", ואפי' עומר ושתי הלחם, כדדרשינן התם! ואר"י: דחשיבי (ו) התם כולהו תדיר, כיון דהוי בכל שנה, ואיכא למיפרך על מילה ושאר קרבנות שכן תדיר. ובש"ס לא חש לדקדק כל כך, דה"נ לא מסיק מידי למ"ד *עולה שהקריבו ישראל במדבר עולת ראייה הוה. **כולכם** חייבין בכבודי. מ"אני ה'" דסיפא דקרא קדריש. וא"ת: ומנלן דקאי טפי אשבתות מכבוד אב ואם? וכן בסמוך גבי מקדש? וי"ל: דכבוד הקב"ה הוי טפי בשמירת שבת מבשאר מצות, דמעיד על המקום שברא העולם. כדאמר בעירובין (דף סט:) ובחולין (דף ה.) דמחלל שבת ככופר במעשה בראשית. ועוד, "אני ה'" משמע דקאי א"מורא" דכתיב באב ואם ובמקדש, כלומר: מוראי למעלה ממוראכם, כדאמר במדרש: "והתקדשתם והייתם קדושים" יכול כמוני — ת"ל "כי קדוש אני" — קדושתי למעלה מקדושתכם. וא"ת: ולמה לי קרא בכבוד אב ואם דלא דחי שבת, דבלאו קרא נמי לא דחי, שהוא ואביו מוזהרין על השבת, כדאמר בפ"ק דקידושין (ד' לא.) גבי: אביו אומר השקיני ואמו אומרה השקיני — הנח כיבוד אמך ועשה כבוד אביך, שאתה ואמך חייבין בכבוד אביך. וכן: אביך אומר השקיני ומצוה לעשות — הנח כבוד אביך ועשה מצוה, שאתה ואביך חייבין לעשות מצוה! וי"ל: דמהכא ילפינן התם.

טעמא דכתב רחמנא "את שבתותי תשמורו", הא לאו הכי דחי. פירוש: דמהכא ילפינן דבעלמא דחי. דלא איצטריך הכא למכתב דלא דחי, דמהיכא תיתי? דמפסח ומילה ותמיד לא אתי, דמה לכבוד אב ואם שכן הכשר מצוה. ועוד, דאדרבה: נילף ממקדש והבערת בת כהן דלא דחי. והא דקתני יכול יהא כיבוד אב ואם דוחה שבת, דמשמע דאי לאו קרא ה"א דדחי — לאו דוקא, אלא כלומר: אפילו את"ל דדחי, הא כתיב "אני ה'" כדפי' לעיל גבי שומע אני. ואם תאמר: היכי מוכח מהכא דבעלמא דחי, ואיצטריך "עליה" למיסר, דהשתא קרא דהכא לא איצטריך לגופיה אלא לאשמועינן דבעלמא דחי, נימא "עליה" להיתירא, והשתא איצטריך קרא דהכא לגופיה, ולא נילף מעשה דייבוס! וי"ל: דאפי' נימא ד"עליה" להיתירא — לא איצטריך קרא דהכא, דלא מצינו למילף מעשה דייבוס, דמה לכבוד אב ואם — שכן הכשר מצוה. ועוד (ז), אדרבה: ממקדש והבערת בת כהן הוה ילפי' דלא דחי. ועוד: מייבוס ליכא למילף, דבשבת איכא סקילה. אע"ג דבעריות נמי איכא בחמותו וכלתו שריפה וסקילה, כי נימא "עליה" להיתירא לא נימא אלא באחות אשה ודכוות', דליכא סקילה ושריפה, דלא הוקשו להיתירא אלא לאיסורא. וכן סבר רבא לפר"י (לעיל ד' ג) וא"ת: אכתי, הא איצטריך לגופיה, דסד"א דהואיל והוקש כבודם לכבוד המקום לידחי

תוספות ישנים

קרא דכתיב ביה בהדיא בעי למנקט: **מה** לפסח שכן כרת שאם לא יעשה אותו בי"ד יתחייב כרת. אבל במילה לא יתחייב כרת אם לא מל בשמיני ומ"מ פריך למסקנא מה למילה ופסח שכן כרת שאם לא יעשה אותם לעולם יתחייב כרת דכתיב וערל זכר אשר לא ימול ונכרת מעמיו: **ת"ל** את שבתותי תשמרו ומקדשי תיראו אני ה' וא"כ ר"ל דאע"ג דאיש אמו ואביו תיראו ואת שבתותי תשמורו. וא"ת ואימא איפכא דאע"ג דאת שבתותי תשמורו איש אמו ואביו תיראו ויהיה כבוד דוחה את השבת. וכ"ת דכל היכא דאיכא לאקושי לקולא ולחומרא לחומרא מקשינן הא חומרא דאתי לידי קולא היא דדרשינן מיניה הא בעלמא דחי ולחומרא דידיה לא אצטריך. וכ"ת דאית לן למדרש טפי מרישיה לסיפיה ולא מסיפיה לרישא דהא הכא בסמוך גבי מקדש דריש מסיפיה לרישיה. וי"ל דהכא דריש ליה הכי משום דכתיב אני ה' דמשמע שיהיה מוראי למעלה ממוראכם כדאמרי' במדרש והתקדשת' והייתם קדושים יכול כמוני ת"ל אני ה' קדושתי למעלה מקדושתכם. טעמא דכתב רחמנא את שבתותי תשמורו הא לאו הכי דחי אין לפרש אם לא כתב ואת שבתותי דחי דאדרבה מסברא אית לן למימר דאין עשה דוחה ל"ת שיש בו כרת אלא ה"ק ואת שבתותי תשמורו מיותר להשמיענו הא בעלמא דחי דאי אמרינן בעלמא לא דחי לשתוק קרא משבתותי תשמורו ואנא ידענא דלא דחי מסברא אלא ודאי מייתר קרא לאשמעינן דבעלמא דחי. ואין להקשו' מאי שנא לעיל דאמרינן תיתי מפסח ומילה ולא אמרינן מדאצטריך והכא אמרינן מדאצטריך. וי"ל דשאני לעיל דפסח ומילה היתירא הוא וזה לא ידעינן מסברא אבל הכא דאתא קרא לאיסורא אין לומר נילף מיניה דא"כ לשתוק קרא מיניה דלעול' נימא מסברא דאין עשה דוחה ל"ת שיש בו כרת. וא"ת א"כ מאי האי דקאמר לעיל יכול יהא כבוד אב ואם דוחה שבת מנין לומר כן כיון דלא ידעינן קרא דאת שבתותי תשמורו הא לעולם בלא פסוק יש לנו

מסורת הש"ס

[מנחות לט:]

כלאים פ"ט מ"י שבת נד. מנחות לט.

נ"ל מבמועדיכם

[חגיגה ו.]

הגהות הב"ח

(א) גמ' ותמיד שכן ישנן לפני: (ב) תוס' ד"ה עד וכו' דא"כ כלאים: (ג) בא"ד אלא משום טווי לחודיה כצ"ל ותיבת ונוז נמחק: (ד) ד"ה כולה וכו' שפירשתי לעיל. נ"ב ריש דף ד': (ה) בא"ד עד למחר נילף משריפת קדשים וי"ל כצ"ל ותיבת מיניה נמחק: (ו) ד"ה ומכולהו וכו' ואר"י דחשיבי כולהו כצ"ל ותיבת התם נמחק: (ז) ד"ה טעמא וכו' ועוד דאדרבה וכו' ועוד למיבוס וכו' אע"ג דבעריות נמי בחמותו וכלתו איכא שריפה וכו':

הגהות הגר"א

[א] גמ' ואליבא דמ"ד עולה כו'. נ"ב ר"ל ב"ה דהן אוסרין הלכות (ולכן צ"ל דהברייתא דעליה אתיא כב"ש דאמרי עולה ראייה הוה דהא ב"ש מתירין הלכות):

גליון הש"ס

גמ' יכול יהא כבוד אב ואם. עי' כתובות ד' מ ע"א תוס' ד"ה אי אמרה: **תום'** ד"ה עולה וי"ל דש"ה דלא בטלה מצותו. עיין שבועות דף ג ע"א תד"ה ועל: **תום'** ד"ה טעמא כו'. לפר"י (לעיל דף ג). נ"ל לקמן ד' ח ע"א ד"ה רבא:

לומר דלא דחי. ופי' הר' יוסף קאטון א) דנימא הכי יכול יהא כבוד אב ואם דוחה את השבת דנימא עליה להיתירא מה להלן יבום אף כאן יבום. ונימא הכי נאמר כאן עליה ונאמר להלן עליה מה להלן ערוה אף כאן ערוה וקאמר רחמנא יבמה יבא עליה ונילף מיניה בעלמא ת"ל את שבתותי תשמורו וא"כ לא מצינו למימר עליה להיתירא דא"כ לשתוק קרא מעליה ואנן הוי ידעינן מאת שבתותי תשמורו דמשמע הא בעלמא דחי ומדאצטריך עליה ודאי דעליה לאיסורא:

א) נראה דצ"ל דהכי קאמר יכול יהא וכו'.

תורה אור

לָאו דִּמְחַמֵּר, וַאֲפִי' הָכִי לֹא דָּחֵי. אֶלָּא דְּקַיְימָא לָן דְּאָתֵי עֲשֵׂה וְדָחֵי לֹא תַעֲשֶׂה, לִיגְמַר מֵהָכָא דְּלָא לִידְחֵי! וְכ"ת: שָׁאנֵי לָאוֵי דְּשַׁבָּת דַּחֲמִירִי — וְהָא תַּנָּא בְּעָלְמָא קָאֵי וְלָא קָפָרֵיךְ! דְּתַנְיָא: *יָכוֹל אָמַר לוֹ אָבִיו: הִיטַּמֵּא! אוֹ שֶׁאָמַר לוֹ: אַל תַּחֲזִיר! יָכוֹל יִשְׁמַע לוֹ, ת"ל °"אִישׁ אִמּוֹ וְאָבִיו תִּירָאוּ וְאֶת שַׁבְּתוֹתַי תִּשְׁמוֹרוּ" (ויקרא יט) — *כּוּלְּכֶם חַיָּיבִין בִּכְבוֹדִי. אֶלָּא מִשּׁוּם דְּאִיכָּא לְמִיפְרַךְ: מַה לְּהָנָךְ — שֶׁכֵּן הֶכְשֵׁר מִצְוָה, אֶלָּא סד"א: תֵּיתֵי מִבִּנְיַן בֵּית הַמִּקְדָּשׁ. דְּתַנְיָא א*יָכוֹל יְהֵא בִּנְיַן בֵּית הַמִּקְדָּשׁ דּוֹחֶה שַׁבָּת, ת"ל °"אֶת שַׁבְּתוֹתַי תִּשְׁמוֹרוּ וּמִקְדָּשִׁי תִּירָאוּ" (שם) — כּוּלְּכֶם חַיָּיבִין בִּכְבוֹדִי. מַאי לָאו בְּבוֹנֶה וְסוֹתֵר, וְטַעֲמָא דִּכְתַב רַחֲמָנָא "אֶת שַׁבְּתוֹתַי תִּשְׁמוֹרוּ", הָא לָאו הָכִי — דָּחֵי! לָא, לָאו דִּמְחַמֵּר, וַאֲפִילּוּ הָכִי לָא דָּחֵי. וְאֶלָּא דְּקַיְימָא לָן דְּאָתֵי עֲשֵׂה וְדָחֵי ל"ת, לִיגְמַר מֵהָכָא דְּלָא דָּחֵי! וְכ"ת: שָׁאנֵי לָאוֵי דְּשַׁבָּת דַּחֲמִירִי — וְהָא תַּנָּא בְּעָלְמָא קָאֵי וְלָא קָא פָּרֵיךְ! דְּתַנְיָא: יָכוֹל אָמַר לוֹ אָבִיו: הִיטַּמֵּא! אוֹ שֶׁאָמַר לוֹ: אַל תַּחֲזִיר! יָכוֹל יִשְׁמַע לוֹ תַּלְמוּד לוֹמַר "אִישׁ אִמּוֹ וְאָבִיו תִּירָאוּ וגו'" — כּוּלְּכֶם חַיָּיבִים בִּכְבוֹדִי. אֶלָּא, מִשּׁוּם דְּאִיכָּא לְמִיפְרַךְ: מַה לְּהָנָךְ — שֶׁכֵּן הֶכְשֵׁר מִצְוָה. הֶכְשֵׁר מִצְוָה תֵּיפּוֹק לִי מֵהָתָם? אִין הָכִי נַמִי. "וְאֶת שַׁבְּתוֹתַי תִּשְׁמוֹרוּ וּמִקְדָּשִׁי תִּירָאוּ" לָמָּה לִי? מִיבָּעֵי לֵיהּ לְכִדְתַנְיָא: יָכוֹל יִתְיָירֵא אָדָם מִמִּקְדָּשׁ — תַּלְמוּד לוֹמַר "אֶת שַׁבְּתוֹתַי תִּשְׁמוֹרוּ וְאֶת מִקְדָּשִׁי תִּירָאוּ" — נֶאֶמְרָה שְׁמִירָה בְּשַׁבָּת וְנֶאֶמְרָה מוֹרָא בַּמִּקְדָּשׁ, מַה שְּׁמִירָה הָאֲמוּרָה בַּשַּׁבָּת לא

רש"י

לאו דמחמר. אחר בהמה, שהוא בלאו ד"לא תעשה כל מלאכה אתה ובהמתך" (שמות כ). ובהאי לאו ליכא כרת, דלא עביד מעשה בגופיה, וכמ"ד בפ' "מי שהחשיך" (שבת דף קנד.): המחמר אחר בהמתו בשבת פטור. **ואפ"ה לא דחי.** בתמיה. **וליגמר מהכא.** דלא דחי אפילו לאו גרידא. **וכי תימא שאני לאוי דשבת** דחמירי. דקי"ל (עירובין דף סט:): מחלל שבת כעובד עבודה זרה, ומשום הכי אפי' לאו גרידא לא דחי, ומינייהו לא גמרינן. **והא תנא בעלמא קאי ולא פריך.** והא אשכחן תנא בעלמא דיליף שאר לאוי, כגון לאו ד"לא יטמא" דכהן, ולאו ד"לא תוכל להתעלם", מלאו דשבת לחומרא, ולא פרכינן שאני לאוי דשבת דחמירי. [ב"מ לב.] **אמר לו אביו.** לכהן. **היטמא.** בבית הקברות להשיב אבידה, או שהיתה עומדת בחוץ ואמר לו אל תחזיר, יכול ישמע לו — ת"ל "איש אמו ואביו". וילפינן לאו דטומאה ולאו דהשבת אבדה מלאוי דשבת. **אלא.** לעולם דאמר ליה שחוט לי, בשל לי, ואפ"ה לא איצטריך "עליה", דאיכא למיפרך: מה להנך שחוט לי בשל לי — שכן הכשר מצוה בחילול שבת, בעקירת לא תעשה הוא מקיים עשה דכיבוד, וזהו הכשר קיומו, ואי אפשר לקיימו בלא עקירת לאו. הלכך, אי לא כתב "את שבתותי תשמורו" — ה"א לידחי. אבל ייבום — לא זה בלבד הכשר קיום העשה, שהרי יכול לחלוץ ולא יעקור לאו של ערוה, ולא איצטריך "עליה". **מאי לאו בבונה וסותר.** איצטריך למיסר, אף על גב דאב מלאכה הוא ואיכא כרת, אי לאו דאשמועינן ה"א אתי עשה ד"ועשו לי מקדש" ודחי לאו דשבת. **והא תנא בעלמא** (א) גמר. לאוי דטומאה והעלם אבדה מלאוי דשבת, ולא פריך. **תיפוק לי מהתם.** מ"איש אמו ואביו תיראו" דהכשר מצוה הוא, ולא דחי. למה ליה למיהדר למכתב הכא "את שבתותי תשמורו", אלא לאו דתילף מיניה דאפילו בלא הכשר מצוה, אי לא כתיב קרא בהדיא דלא דחי — אמרינן דדחי, אם כן איצטריך "עליה". **נאמר** שמירה בשבת ומורא במקדש. והקישן הכתוב בפסוק אחד. לא

תוספות

לידחי כדאמר בסוף "אלו מציאות" (ב"מ דף לב.), דה"א אי לאו קרא — לידחי ל"ת ועשה מהאי טעמא! וי"ל: דעשה ול"ת דקיל ה"א דלידחי, אבל ל"ת שיש בו כרת — לא ה"א דדחי (ב). ולהכי ל"ת ועשה ליכא למידק: הא בעלמא דחי, כדדייק, אלא תעשה שיש בו כרת, דדוקא ל"ת שיש בו כרת, דבלאו קרא ה"א דלא דחי — איכא למידק: הא בעלמא דחי. וא"ת: וכיון דהשתא בעי למימר דבעלמא דחי ל"ת שיש בו כרת — כ"ש דלידחי בעלמא ל"ת ועשה! וא"ל דה"נ, דא"כ ה"ל למיפרך אלא הא דקי"ל דאין עשה דוחה ל"ת ועשה — נגמר מהכא דדחי, כדפרי' לעיל (דף ה.)! וי"ל: דהשתא דילפינן דבעלמא דוחה ל"ת שיש בו כרת — ע"כ גרע מל"ת ועשה, דאי אפשר שידחה עשה ל"ת ועשה, דמאי אולמיה דהאי עשה מהאי עשה. והא דהוה בעי למימר בסוף "אלו מציאות" (ב"מ דף לב.) דעשה דכיבוד לידחי ל"ת ועשה — היינו משום דעדיף, דהוקש כבודם לכבוד המקום. וא"ת: אי בעלמא דחי — א"כ קרא דכלאים בציצית למה לי? ויש לומר: דאיצטריך לכדרבא. ולתנא דבי רבי ישמעאל נמי איצטריך, דלא נדרוש הכנף מין כנף דוקא למר ופשתים לפשתים. ועוד: ס"ד דלא לידחי עשה דציצית לאו דכלאים שאין שוה בנשים, למ"ד נשים פטורות מציצית. ולעיל דהוה בעי למילף מעשה דמצורע דלידחי עשה את ל"ת (ועשה), משמע דבעי למילף מהתם אפילו כלאים בציצית — ע"כ אכתי לא אסיק אדעתיה שיש חילוק בין שוה בכל, עד דפריך ליה. ובפ' "שני נזירים" (נזיר ד' נח. ושם) דיליף לגמרי בעלמא מראשו — איכא למימר סבר דנשים חייבות בציצית. וא"ת: "ראשו" למה לי? כיון דדחי אפילו לאו שיש בו כרת! וי"ל: דאיצטריך לאשמעינן דהקפת כל הראש שמה הקפה. ומפסח ומילה ותמיד לא קשיא מידי אמאי איצטריך קרא, כיון דבעלמא דחי — דס"ד למילף לענין שבת מכיבוד אב ואם דלא דחי, וה"א דבשבת לא דחי אע"ג דבעלמא דחי. **ניגמר** מהכא דלא דחי. משמע דאי איירי בשחיטה ובישול — ניחא. ותימה: דמנא ליה לתנא לאוקמי קרא בשחיטה ובישול לאשמועינן דבעלמא דחי? אדרבה, נוקמה בלאו דמחמר ונגמר מהכא דבעלמא לא דחי, אפילו לאו גרידא! וי"ל: דדייק תנא מדלא אשמועי' קרא בשאר דברים, דליכא אלא לאו גרידא, דלא הוה אתי למיטעי. וא"ת: והיכי נגמר מהכא דלא דחי, דלמא שאני הכא דהוי עשה ולא תעשה! דהא כתיב *("למען ינוח שורך וחמורך" (שמות כג) ומש"ה הוא דלא דחי, אבל לאו גרידא — לעולם נילף מכלאים בציצית דדחי? ואר"י: דעשה דכיבוד, הואיל ועדיף כולי האי, דהוקש כבודם לכבוד המקום — חשיב עשה דשבת כמאן דליתיה לגמרי, והוי כמאן דליכא אלא לאו גרידא. וכמו כן עשה דמקדש ועשה דבת כהן עדיפי מעשה דשבת, משום מורא ומשום כפרה דבת כהן. וא"ת: מנלן דלא דחי עשה דכיבוד אפי' לאו גרידא? דהא שבת וטומאה והשבת אבדה — כולהו עשה ולא תעשה נינהו! וי"ל: כיון דגלי לן קרא דלא אלימא לן טעמא דהוקש כבודם לכבוד המקום לידחי — א"כ אפילו לאו גרידא לא דחי, דמכלאים לא מצי גמיר, משום דכיבוד הוי הכשר מצוה. **והא** תנא בעלמא קאי ולא קפריך. קשה: דמשמע דאי איירי בשחיטה ובישול ניחא ליה, ואדרבה: כ"ש, דקשה טפי, דהיכי יליף דהיטמא ולא תחזיר, דליכא כרת, משבת דאיכא כרת וסקילה? דנהי דהתם לא דחי — הכא דחי, אע"ג דאיכא לאו ועשה, משום דהוקש כבודם! ויש לומר: כיון דגלי קרא דגרע מעשה דעלמא, דבעלמא דחי לאו שיש בו כרת והאי לא דחי — תו לא מהני טעמא דהוקש כבודם לכבוד המקום. **שכן** הכשר מצוה. פירוש בקונטרס: לעולם בשחוט לי בשל לי, והא בעלמא דחי — מ"מ לא נילף מהכא דלידחי עשה דייבום לאו דאחות אשה, משום דאיכא למיפרך: שכן הכשר מצוה — דאי אפשר לקיים הכיבוד בלא דחיית הלאו, אבל גבי ייבום — יכול לקיים המצוה בלא דחיית הלאו, דאפשר בחליצה. וקשה לר"י: דאין זה אפשר, דאי אסור לייבם משום כרת חליצה נמי לא בעי, דכל שאין עולה לייבום אין עולה לחליצה. ולקמן בפ"ב (דף כ. ושם) ילפי' מקרא. ועוד אמרי' בההיא שמעתא (דף כא.) דלא חשבינן גבי יבום אפשר לקיים שניהם ע"י חליצה, משום דחליצה במקום ייבום לאו מצוה היא. *(ועוד: דלקמן לפי האמת דאיכא קרא בכלאים — ל"ל קרא כיון דהכשר מצוה דוחה אפי' ל"ת שיש בו כרת) א). ועוד: דמסקינן דבשום מקום אין עשה דוחה ל"ת שיש בו כרת — משמע אפילו בהכשר מצוה. ולקמן דפריך הכשר מצוה תיפוק לי מהתם, דפי' הקונט': תיפוק לי מהתם — מכיבוד אב דלא דחי, אלא ודאי ההוא דמקדש אתא למימר הא בעלמא דחי — אפי' בלא הכשר מצוה. ואין זה דיוק, דדלמא לגופיה איצטריך, משום דמכיבוד ילפינן דבעלמא דחי, איצטריך למיכתב גבי מקדש דלא דחי. ומיהו, הא איכא למימר אף על גב דבעלמא דחי — גבי מקדש ה"א דלא דחי כמו בכיבוד, דבכל מילי דשבת ה"א דלא דחי, ולהכי איצטריך מילה ופסח ותמיד, וכן אומר מהרר"י. ונראה לר"י, וכן פירש רבינו חננאל: דבלאו דמחמר מוקי לה, ומהכא לא נילף בעלמא דלא לידחי לאו גרידא, דמה לכיבוד — שכן הכשר מצוה כשמחמר ומטמא ומניח מלהחזיר אבדה כדי להביא גוזלות לאביו, בשעת דחיית הלאו אין מאכילו ומלבישו. אבל בעלמא, דעביד גוף המצוה — ילפינן מכלאים בציצית דדחי. ואר"י: דכיבוד אב, אפי' עוסק בגוף מצוה לא דחי, דבכל ענין קא פסיק שלא ישמע לו. והיינו משום דברוב ענייני כיבוד רגילים להיות על ידי הכשר מצוה, קאמר רחמנא דלא דחי בכל ענין, והשתא לקמן פריך שפיר: הכשר מצוה תיפוק לי מהתם דלא דחי, ואם אינו ענין להכשר מצוה — תניהו ענין לגוף מצוה.

יכול

[נ"ל אני ה' כולכם כו']

[נ"ל וביום השביעי תשבות למען ינוח שורך וחמורך]

רש"ל מ"ז

עין משפט נר מצוה

כב א מיי' פ"א מהל' בית הבחירה הלכה יב:

תוספות ישנים

אלא לאו דמחמר. וא"ת למאי ס"ד למימר בשחוט לי ובשל לי מעיקרא יותר מבלאו דמחמר. וי"ל משום דכתיב שבתותי תשמורו דמשמע דבעיקר שמירה איירי והיינו במלאכה שבגופו דהיינו שחוט לי בשל לי אבל לאו דמחמר אינו אלא מלאכה בנחלתו: א) **חזו** היכא פריך למה לי עליה הא שמא בא לומר דאף מחלילה פטורה:

גליון הש"ס

גמ' יכול יהא בנין בית המקדש דוחה שבת. עיין שבועות דף טו ע"ב רש"י ד"ה אין בנין:

הגהות הב"ח

(א) רש"י ד"ה והא תנא בעלמא קאי ולא פריך. והא תנא בעלמא גמר לאוי וכו': (ב) תום' ד"ה (בדף הקודם) טעמא וכו' ה"א דדחי דלהכי אל"ת ועשה ליכא כו':

כג א מיי' פ"ז מהלכות בית הבחירה הל' א:
כד ב מיי' שם ה"ב:
כה ג מיי' שם הל' ז:
כו ד מיי' פי"א מהל' סנהדרין הלכה ב ופכ"ד מהל' שבת הל' ז:

תורה אור

לֹא מִשַּׁבָּת אַתָּה מִתְיָירֵא, אֶלָּא מִמִּי שֶׁהִזְהִיר עַל הַשַּׁבָּת. אַף מוֹרָא הָאֲמוּרָה בַּמִּקְדָּשׁ, [א]לֹא מִמִּקְדָּשׁ אַתָּה מִתְיָירֵא אֶלָּא מִמִּי שֶׁהִזְהִיר עַל הַמִּקְדָּשׁ. [ב]וְאֵי זוֹ הִיא מוֹרָא מִקְדָּשׁ? *לֹא יִכָּנֵס אָדָם בְּהַר הַבַּיִת בְּמַקְלוֹ, בְּמִנְעָלוֹ, בְּפוּנְדָּתוֹ, וּבְאָבָק שֶׁעַל גַּבֵּי רַגְלָיו, וְלֹא יַעֲשֶׂנּוּ קַפֶּנְדַּרְיָא, וּרְקִיקָה מִקַּל וָחוֹמֶר. וְאֵין לִי אֶלָּא בִּזְמַן שֶׁבֵּהַמ"ק קַיָּים, [ג]בִּזְמַן שֶׁאֵין בהמ"ק קַיָּים? מִנַּיִן ת"ל °"אֶת שַׁבְּתוֹתַי תִּשְׁמוֹרוּ וּמִקְדָּשִׁי תִּירָאוּ" (ויקרא יט), מַה שְּׁמִירָה הָאֲמוּרָה בַּשַּׁבָּת — לְעוֹלָם, אַף מוֹרָא הָאֲמוּרָה בַּמִּקְדָּשׁ — לְעוֹלָם. אֶלָּא סד"א: תֵּיתֵי מֵהַבְעָרָה, *דְּתָנָא דְּבֵי רַבִּי יִשְׁמָעֵאל: °"לֹא תְבַעֲרוּ אֵשׁ בְּכֹל מוֹשְׁבוֹתֵיכֶם" (שמות לה), מַה ת"ל? מַה ת"ל?! אִי לְרַבִּי יוֹסֵי — לְלָאו, אִי לְר' נָתָן — לְחַלֵּק! *דְּתַנְיָא: הַבְעָרָה לְלָאו יָצְתָה, דִּבְרֵי ר' יוֹסֵי. רַבִּי נָתָן אוֹמֵר: לְחַלֵּק. וְאָמַר רָבָא: תָּנָא — מוֹשָׁבוֹת קָא קַשְׁיָא לֵיהּ: "מוֹשָׁבוֹת" מַה ת"ל? מִכְּדֵי שַׁבָּת חוֹבַת הַגּוּף הִיא, וְחוֹבַת הַגּוּף נוֹהֶגֶת בֵּין בָּאָרֶץ בֵּין בְּח"ל, מוֹשָׁבוֹת דִּכְתַב רַחֲמָנָא בְּשַׁבָּת לָמָּה לִי? *מִשּׁוּם רַבִּי יִשְׁמָעֵאל אָמַר תַּלְמִיד אֶחָד: לְפִי שֶׁנֶּאֱמַר °"וְכִי יִהְיֶה בְאִישׁ חֵטְא מִשְׁפַּט מָוֶת וְהוּמָת" (דברים כא) *שׁוֹמֵעַ אֲנִי בֵּין בַּחוֹל בֵּין בַּשַּׁבָּת, וּמָה אֲנִי מְקַיֵּים °"מְחַלְלֶיהָ מוֹת יוּמָת" (שמות לא) — בִּשְׁאָר מְלָאכוֹת, חוּץ מִמִּיתַת ב"ד. אוֹ אֵינוֹ אֶלָּא אֲפִילּוּ מִיתַת ב"ד, וּמָה אֲנִי מְקַיֵּים "וְהוּמָת" — בַּחוֹל, וְלֹא בַשַּׁבָּת. אוֹ אֵינוֹ אֶלָּא אֲפִילּוּ בְּשַׁבָּת? ת"ל: "לֹא תְבַעֲרוּ אֵשׁ בְּכֹל מוֹשְׁבוֹתֵיכֶם" וּלְהַלָּן הוּא אוֹמֵר °"וְהָיוּ אֵלֶּה לָכֶם לְחֻקַּת מִשְׁפָּט לְדוֹרוֹתֵיכֶם בְּכֹל מוֹשְׁבוֹתֵיכֶם" (במדבר לה) מַה מּוֹשָׁבוֹת הָאֲמוּרִים לְהַלָּן בְּבֵ"ד — אַף מוֹשָׁבוֹת הָאֲמוּרִים כָּאן בְּבֵ"ד, [ד]וְאָמַר רַחֲמָנָא "לֹא תְבַעֲרוּ". מַאי לָאו רַבִּי נָתָן הִיא, דְּאָמַר לְחַלֵּק יָצְתָה, וְטַעְמָא דִּכְתַב רַחֲמָנָא "לֹא תְבַעֲרוּ", הָא לָאו הָכִי דָּחֵי! לָא, רַבִּי יוֹסֵי. וְתִיהֱוֵי נַמִּי ר' יוֹסֵי, אֵימַר דְּאָמַר רַבִּי יוֹסֵי הַבְעָרָה לְלָאו יָצְתָה — הַבְעָרָה גְּרֵידְתָּא, הַבְעָרָה דְּבֵ"ד בִּישּׁוּל פְּתִילָה הוּא, וְא"ר שֵׁשֶׁת: *מַה לִּי בִּישּׁוּל פְּתִילָה מַה לִּי בִּישּׁוּל סַמָּנִין! אָמַר רַב שִׁימִי בַּר אַשִׁי: הַאי תַּנָּא לָא מִשּׁוּם דְּאָתֵי עֲשֵׂה וְדָחֵי ל"ת, אֶלָּא מִשּׁוּם דְּמַיְיתֵי(א) מִק"ו, וְה"ק: מָה אֲנִי מְקַיֵּים "מְחַלְלֶיהָ מוֹת יוּמָת" בִּשְׁאָר מְלָאכוֹת, חוּץ מִמִּיתַת ב"ד, אֲבָל מִיתַת ב"ד — דָּחְיָא שַׁבָּת מִק"ו

וּמָה

רש"י

לֹא מִשַּׁבָּת אַתָּה מִתְיָירֵא. דְּלָא כְּתִיב בֵּיהּ מוֹרָא. **פּוּנְדָּתוֹ.** אַרְנָקִי שֶׁאוֹזֵר בּוֹ מָתְנָיו. **קַפֶּנְדַּרְיָא.** לְקַצֵּר הִילּוּכוֹ, שֶׁלֹּא לְהַקִּיף, וְיִכָּנֵס בְּפֶתַח זֶה וְיֵצֵא בְּשֶׁכְּנֶגְדּוֹ, וְלֹא לְשֵׁם עֲבוֹדָה אֶלָּא לַעֲשׂוֹת צְרָכָיו. **מק"ו.** מְפָרֵשׁ בִּבְרָכוֹת בְּפֶ' "הָרוֹאֶה" (דף סב:) מ"כִּי אֵין לָבֹא אֶל שַׁעַר הַמֶּלֶךְ בִּלְבוּשׁ שָׂק" שֶׁאֵינוֹ מָאוּס – ק"ו לָרוֹק, שֶׁהוּא מָאוּס לִפְנֵי הקב"ה. **מַה ת"ל.** וַהֲלֹא כְּבָר נֶאֱמַר "לֹא תַעֲשֶׂה כָל מְלָאכָה". **לְלָאו יָצְתָה.** לוֹמַר שֶׁאֵין חַיָּיבִין עָלֶיהָ כָּרֵת וּסְקִילָה, אֶלָּא לָאו בְּעָלְמָא. **לְחַלֵּק.** שֶׁלֹּא תֹּאמַר אֵינוֹ חַיָּיב סְקִילָה עַד שֶׁיְּחַלֵּל שַׁבָּת בְּכָל מְלָאכוֹת, לְכָךְ יָצְתָה הַבְעָרָה מִן הַכְּלָל לְחַלֵּק: מַה הַבְעָרָה מְיוּחֶדֶת שֶׁהִיא אַב מְלָאכָה וְחַיָּיב עָלֶיהָ כָּרֵת וּסְקִילָה בִּפְנֵי עַצְמָהּ – אַף כֹּל שֶׁהוּא אַב מְלָאכָה כו'. ה"ג: וְאָמַר רָבָא כו'. **מוֹשְׁבוֹתֵיכֶם.** בְּכָל מָקוֹם שֶׁאַתֶּם יוֹשְׁבִים, אֲפִילּוּ בְּחוּצָה לָאָרֶץ. **חוֹבַת הַגּוּף הִיא.** וְאֵינָהּ תְּלוּיָה בְּקַרְקַע, כְּכִלְאַיִם וְעָרְלָה וּתְרוּמוֹת וּמַעַשְׂרוֹת. **אוֹ אֵינוֹ כו'.** לְקַמָּן מְפָרֵשׁ. **וְהָיוּ אֵלֶּה לָכֶם.** גַּבֵּי מִיתַת ב"ד כְּתִיב, בְּפָרָשַׁת רוֹצְחִים. ה"ג: מַה מּוֹשָׁבוֹת הָאֲמוּרִים לְהַלָּן בְּמִיתַת ב"ד הַכָּתוּב מְדַבֵּר אַף כָּאן כו'. **מַאי לָאו ר' נָתָן הִיא.** דְּאָמַר הַבְעָרָה אַב מְלָאכָה הִיא, וּבְכָרֵת. וְאַפְּ"ה, אִי לָאו דְּאַשְׁמוּעִינַן – ה"א אָתֵי עֲשֵׂה דְּ"וְהוּמָת" וְדָחֵי לֵיהּ. **פְּתִילָה.** שֶׁל אֵבָר, מַתִּיךְ וְזוֹרְקָהּ לְתוֹךְ פִּיו וְיוֹרֶדֶת לְתוֹךְ מֵעָיו. וְהַאי בִּישּׁוּל גָּמוּר הוּא, וְאַב מְלָאכָה הוּא, דְּמִמִּשְׁכָּן יָלְפִינַן, וּבִישּׁוּל סַמָּנִין הָיָה בִּמְלֶאכֶת הַמִּשְׁכָּן לִצְבַּע תְּכֵלֶת וְתוֹלַעַת שָׁנִי. **אָמַר רַב שִׁימִי הַאי תַּנָּא.** דְּאִיצְטְרִיךְ, דְּנָסִיב לָהּ קְרָא לְמֵיסַר מִיתַת בֵּית דִּין בְּשַׁבָּת – לָאו מִשּׁוּם דְּאִי לָא דְּאַשְׁמוּעִינַן ה"א דָּחְיָא מִשּׁוּם טַעְמָא דַּעֲשֵׂה דָּחֵי, אֶלָּא מִשּׁוּם דַּהֲוָה מַיְיתֵי לֵיהּ בְּקַל וָחוֹמֶר דְּדָחֵי שַׁבָּת.

רְצִיחָה

תוספות

יכול יתיירא אדם מבית המקדש. גבי אביו לא הולרך לומר כן, דפשיטא שלא ישתחוה לו לשם אלהות. אבל גבי המקדש איצטריך, משום דהוי דבר שבקדושה. א"נ: גבי אביו שייך מורא שלא יכעיסנו, אבל במקדש – אין יכול למצוא אלא בדוחק, כמו שמפרש והולך.

מושבות דכתב רחמנא למה לי. והא דדרשינן בפ"ק דשבת (דף כ.): בכל מושבות אי אתה מבעיר, אבל אתה מבעיר במדורת בית המוקד – היינו משום דהוי ליה למכתב "מושבות" וכתיב "מושבותיכם". ומדלא כתיב "לא תבערו" (ב) לכם וכתב "מושבות" – משמע דאתא לכדהכא. ובסוף פ"ק דקידושין (דף לז: ושם) דקאמר "מושבות" דכתב רחמנא גבי שבת ל"ל, סד"א הואיל ובענין דמועדות כתיב, ליבעי בה קידוש ב"ד כמועדות – לא מ"דלא תבערו אש בכל מושבותיכם" קדריש, אלא מקרא אחרינא ד"אמור אל הכהנים" דכתיב "שבת היא לה' בכל מושבותיכם" דההוא קרא בענינא דמועד כתיב: (ג) **או אינו אלא אפילו בשבת.** משום מה לי חומרא רבה מה לי חומרא זוטא. הקשה ה"ר יהודה כהן: היכא בעי לאוקמי רבי ישמעאל כר' יוסי דאמר הבערה ללאו יצתה? והא בפ"ק דשבת (דף יב: ושם) אמר דרבי ישמעאל קרא והטה, ואמר: לכשיבנה בהמ"ק אביא חטאת שמנה, אלמא דהבערה יש כרת! ועוד קשה, דנהי נמי רבי יוסי היא – מ"מ אי לאו "לא תבערו" הוי אמינא דמיתת ב"ד נמי דחיא שבת, משום מה לי חומרא רבה כו', אע"ג דנטילת נשמה אב מלאכה הוא. וא"כ, כי כתב "לא תבערו" אצטריך נמי "עליה" באחות אשה דליכא סקילה, דלא נימא מה לי חומרא כו'! וי"ל: דבלא"ה פריך שפיר טפי. **טעמא** דכתב רחמנא לא תבערו הא לאו הכי דחי. בסמוך מוכח דלא בעי למימר השתא מדאיצטריך "לא תבערו" לאסור מכלל דבעלמא דחי. דמפרש דאי לאו "לא תבערו" ה"א דלידחי כמו בכלאים בציצית, דמה לי חומרא רבה ומה לי חומרא זוטא, ואיצטריך "לא תבערו" לגופיה. וא"ת: וכיון דלגופיה איצטריך, אדרבה: נילף מהכא דלא דחי, דלא אמרינן מה לי חומרא רבה מה לי כו'! וי"ל: דלא מצי למילף אלא לאו שיש בו מיתה כמו בשבת, דאיכא סקילה. אבל לאו שיש בו כרת גרידא – התם אמרינן מה לי חומרא רבה מה לי חומרא זוטא, וה"א דדחי לאו דכרת כמו אחות אשה, ולא לאו דמיתה כמו כלתו וחמותו, דלהכי לא הוה מקשינן להו אהדדי. א"נ: השתא נמי. מדאצטריך כדלעיל ואין חושש על "או אינו". וכל סוגיא זו לא אתיא כר"ש, דלר"ש איצטריך "לא תבערו" לאשמועינן דמקלקל בהבערה חייב, דמדאסר רחמנא הבערת שריפת בת כהן נפקא ליה בפרק "האורג" (שבת דף קו. ושם). אלא הך סוגיא אתיא כרבי יהודה דחשיב תיקון תקוני גברא, כמו מילה וקריעה על מת. ורבי יוסי ורבי נתן נמי דלא כר"ש, דלדידיה ליכא למידרש ללאו ולחלק כיון דאצטריך למקלקל בהבערה. ור"ש נפקא ליה לחלק מהיכא דנפקא ליה לשמואל בפ' "כלל גדול" (שם דף ע.). ועוד אר"י: דאי ללמוד על מקלקל בהבערה לחוד קאתי – הוה ליה לאשמועינן במקום שאין מצוה בהבערה. וא"ת: והיכי דרשינן ללאו או לחלק, כיון דאיצטריך "לא תבערו" למיתת ב"ד דלא דחי שבת! וי"ל: דדרשינן מדכתיב "הבערה", דאי למיתת ב"ד לחוד אתא – ה"ל למכתב "לא תעשו מלאכה בכל מושבותיכם". *וא"ת: נהי דהבערה דבישול פתילה לא דחיא שבת, דהוי הכשר מצוה – רציחה עצמה, כשנתבשלה הפתילה מאתמול, או חנק וסייף, תדחה שבת מטעם מה לי חומרא רבה מה לי חומרא זוטא? ומיהו, למאי דיליף מק"ו – ע"כ לא אתי "לא תבערו" אלא לרציחה עצמה, דהק"ו עצמו הוא על הרציחה, דעל הרציחה כתיב "מעם מזבחי תקחנו" ו"לא תבערו" אתא לאפוקי הק"ו. (וי"ל: כיון דגלי לן דלא אמרינן מה לי חומרא רבה מה לי חומרא זוטא בהכשר מצוה – ה"ה במצוה עצמה לא אמרינן. א"נ: (אפילו) הכשר מצוה נפקא לן מדלעיל, ואם אינו ענין לפתילה – תנהו ענין לרציחה עצמה, ע"כ). וי"ל: דבכל דוכתין משוינן מכשירי מצוה שאי אפשר לעשותה מע"ש כמצוה עצמה, כדתנן בפרק "רבי אליעזר דמילה" (שבת דף קל. ושם) אם לא הביא, ובפסחים פ' "אלו דברים" (דף סט:) כלל אמר רבי עקיבא כו' והכא בחי אפשר לעשות הפתילה מע"ש, מדאצטריך קרא למעוטי*.

לא רבי יוסי. ו"או אינו" דקאמר – משום דשבת עשה ול"ת, (וה"ק: או אינו אלא אפי' מיתת ב"ד). א"נ: משום דשאני לאוי דשבת, דחמירי (ד).

ומה

תוספות ישנים

וטעמא דכתב רחמנא לא תבערו הא לאו הכי דחי. פי' הא בעלמא דחי ואינו ר"ל דאי לא כתב לא תבערו ה"א דדחי. דזה אינו דודאי אי לא כתב שום קרא ה"א מסברא דלא דחי אלא ה"פ מדאצטריך לא תבערו מכלל דבעלמא דחי דאי בעלמא לא דחי. לשתוק מלא תבערו דלעולם ידעינן מסברא דלא דחי. אלא מדאצטריך לא תבערו מכלל דבעלמא דחי. וא"ת היכי לישתוק קרא מלא תבערו הא אצטריך לגופיה למימר דלחלק יצאת. וי"ל דממושבותיכם קא סמיך וה"ק טעמא דכתב רחמנא לא תבערו אש בכל מושבותיכם. וא"ת א"כ היכי מפיק מיניה ר' נתן לחלק הא אצטריך לומר מה להלן מיתת ב"ד אף כאן מיתת ב"ד *) וי"ל דא"כ לכתוב קרא לא תעשו אש בכל מושבותיכם ומדשני בלשון לא תבערו נפקא לן לחלק. אבל מ"מ קשה דהא אצטריך קרא דמושבותיכם למימר בכל מושבותיכם אי אתה מבעיר אבל אתה מבעיר בבית המוקד. י"ל דאי אתא לדרשא דהתם לכתוב קרא לא תבערו אש לכם. ואי לג"ש דהכא אתא לא לכתוב אלא מושבות מאי מושבותיכם ש"מ כולהו. וקשה להר"ס אימא מושבות להיתרא נאמר כאן מושבות ונאמר להלן מושבות מה להלן שבת אף כאן שבת וקאמר רחמנא והיו אלה לכם דליכא למימר כל היכא דאיכא לאקושי לקולא ולחומרא לחומרא מקשינן דטפי עדיף לאקושי לקולא דהוי חדוש בדידיה ואשמעינן חומרא בדוכתא אחריתי ואי מקשינן לחומרא לעולם לא הוי חדוש דלעולם מסברא יש לנו לומר לא דחי. ועוד דאי מקשינן לחומרא משמע קולא בדוכתא אחריתי דמשמע הא בעלמא דחי. ונ"ל דקים ליה דהכי נאמר הג"ש דמושבותיכם לאיסורא:

לא ר' יוסי היא וא"כ ל"ל עליה. וא"ת וכי מוקמת לה כר' יוסי להקשות למה לי עליה. וי"ל דהכי ר"ל פירושא לר' יוסי מאי ליעביד מעליה:

*) עי' כאן בתוס' ד"ה טעמא

מסורת הש"ס

ברכות נז.

סנהדרין לה:

שם: סב. שבת ע. לקמן לג

מכילתא פרשה ויקהל

[שבת קו. ע"ש]

[וע"ע תוס' שבת ע. ד"ה הבערה וכו' ומש"ש בלידו]

גליון

[וע' תוס' פסחים עה. ד"ה למעוטי]

הגהות הב"ח

(א) גמ' דמייתי ליה מק"ו וה"ק: (ב) תוס' ד"ה מושבות וכו' ומדלא כתיב לא תבערו בכל גבולככם וכתב מושבות וכו' כמועדות לא דמלא תבערו אש: (ג) ד"ה (או אינו אלא וכו' חומרא זוטא) תא"מ ונ"ב ס"א נמחק זה והא הקשה כו' שייך בסוף העמוד ולי נראה דלא למחקו אלא כל דבור זה שייך בסוף העמוד (ד) ד"ה לא ר' יוסי וכו' לשבת דחמירי נ"ב כאן שייך ד"ה או אינו כו' הכתוב למעלה:

גליון הש"ס

גמ' שומע אני בין בחול בין בשבת. ע' פסחים ד עה ע"א תד"ה למעוטי:

תורה אור

וּמָה עֲבוֹדָה שֶׁהִיא חֲמוּרָה וְדוֹחָה שַׁבָּת — רְצִיחָה דּוֹחָה אוֹתָהּ, שֶׁנֶּאֱמַר °"מֵעִם מִזְבְּחִי תִּקָּחֶנּוּ לָמוּת", (שמות כא) שַׁבָּת, שֶׁנִּדְחֵית מִפְּנֵי עֲבוֹדָה, אֵינוֹ דִּין שֶׁתְּהֵא רְצִיחָה דּוֹחָה אוֹתָהּ? וּמַאי "אוֹ אֵינוֹ" דְּקָאָמַר? הָ"ק: קְבוּרַת מֵת מִצְוָה תּוֹכִיחַ, שֶׁדּוֹחָה אֶת הָעֲבוֹדָה וְאֵין דּוֹחָה אֶת הַשַּׁבָּת. הֲדַר אֲמַר: קְבוּרַת מֵת מִצְוָה תִּדְחֶה שַׁבָּת מִק"ו; וּמָה עֲבוֹדָה שֶׁהִיא דּוֹחָה שַׁבָּת, קְבוּרַת מֵת מִצְוָה דּוֹחָה אוֹתָהּ, מִ"וְּלַאֲחוֹתוֹ", שַׁבָּת, שֶׁנִּדְחָה מִפְּנֵי עֲבוֹדָה, אֵינוֹ דִּין שֶׁתְּהֵא קְבוּרַת מֵת מִצְוָה דּוֹחָה אוֹתָהּ? ת"ל °"לֹא תְבַעֲרוּ". (שם לה) וּלְמַאי דְּסָלֵיק אַדַּעְתֵּיהּ מֵעִיקָּרָא דְּאָתֵי עֲשֵׂה וְדָחֵי ל"ת — מַאי "אוֹ אֵינוֹ" דְּקָאָמַר? ה"ק: מָה אֲנִי מְקַיֵּים °"מְחַלְלֶיהָ מוֹת יוּמָת" (שם לא) בִּשְׁאָר מְלָאכוֹת, חוּץ מִמִּיתַת ב"ד, אֲבָל מִיתַת ב"ד דָּחֵי שַׁבָּת, דְּאָתֵי עֲשֵׂה וְדָחֵי ל"ת. הֲדַר אֲמַר: אֵימַר דְּאָמְרִינַן דְּאָתֵי עֲשֵׂה וְדָחֵי לֹא תַעֲשֶׂה — לֹא תַעֲשֶׂה גְּרֵידָא, ל"ת שֶׁיֵּשׁ בּוֹ כָּרֵת — מִי שָׁמְעַתְּ לֵיהּ דְּדָחֵי? הֲדַר אֲמַר: אַטּוּ עֲשֵׂה (א) דּוֹחֶה אֶת ל"ת, °לָאו לֹא תַעֲשֶׂה חָמוּר מִינֵּיהּ, וְקָאָתֵי עֲשֵׂה וְדָחֵי לֵיהּ, מַה לִּי חוּמְרָא זוּטָא, וּמַה לִּי חוּמְרָא רַבָּה? ת"ל "לֹא תְבַעֲרוּ". אֶלָּא [אִיצְטְרִיךְ]: סד"א, תֶּיהֱוֵי הַאי אֵשֶׁת אָח דָּבָר שֶׁהָיָה בִּכְלָל וְיָצָא מִן הַכְּלָל לְלַמֵּד, לֹא לְלַמֵּד עַל עַצְמוֹ יָצָא אֶלָּא לְלַמֵּד עַל הַכְּלָל כּוּלּוֹ יָצָא. דְּתַנְיָא: *דָּבָר שֶׁהָיָה בִּכְלָל וְיָצָא מִן הַכְּלָל וכו' כֵּיצַד? °"וְהַנֶּפֶשׁ אֲשֶׁר תֹּאכַל בָּשָׂר מִזֶּבַח הַשְּׁלָמִים וְטוּמְאָתוֹ עָלָיו", (ויקרא ו) וַהֲלֹא שְׁלָמִים בִּכְלַל (ב) קָדָשִׁים הָיוּ, וְלָמָּה יָצְאוּ — לְהַקִּישׁ אֲלֵיהֶן, וְלוֹמַר לְךָ: מַה שְּׁלָמִים מְיוּחָדִים קָדְשֵׁי מִזְבֵּחַ — אַף כָּל קָדְשֵׁי מִזְבֵּחַ, יָצְאוּ קָדְשֵׁי בֶּדֶק הַבַּיִת. הָכָא נַמִי(ג): הָא אֵשֶׁת אָח בִּכְלַל כָּל הָעֲרָיוֹת הָיְתָה, וְלָמָּה יָצְתָה — לְהַקִּישׁ אֵלֶיהָ וְלוֹמַר לְךָ: מָה אֵשֶׁת אָח שַׁרְיָא — אַף כָּל עֲרָיוֹת נַמִי שַׁרְיָין. מִי דָּמֵי? הָתָם כְּלָל בְּאִיסּוּר וּפְרָט בְּאִיסּוּר. הָכָא — כְּלָל בְּאִיסּוּר וּפְרָט בְּהֶיתֵּר! הָא לָא דָּמֵי אֶלָּא לְדָבָר שֶׁהָיָה בִּכְלָל וְיָצָא לִידּוֹן בְּדָבָר הֶחָדָשׁ, שֶׁאִי אַתָּה יָכוֹל לְהַחֲזִירוֹ לִכְלָלוֹ עַד שֶׁיַּחֲזִירֶנּוּ לְךָ הַכָּתוּב בְּפֵירוּשׁ. דְּתַנְיָא: *דָּבָר שֶׁהָיָה בִּכְלָל וְיָצָא לִידּוֹן בְּדָבָר הֶחָדָשׁ אִי אַתָּה רַשַּׁאי לְהַחֲזִירוֹ לִכְלָלוֹ עַד שֶׁיַּחֲזִירֶנּוּ לְךָ הַכָּתוּב בְּפֵירוּשׁ. (שם יד) כֵּיצַד? °"וְשָׁחַט אֶת הַכֶּבֶשׂ בִּמְקוֹם אֲשֶׁר יִשְׁחַט אֶת הַחַטָּאת וְאֶת הָעוֹלָה בִּמְקוֹם הַקֹּדֶשׁ כִּי כַּחַטָּאת הָאָשָׁם הוּא לַכֹּהֵן" שֶׁאֵין ת"ל "כַּחַטָּאת הָאָשָׁם", וּמַה ת"ל "כַּחַטָּאת הָאָשָׁם" — אלְפִי שֶׁיָּצָא אֲשַׁם מְצוֹרָע לִידּוֹן בְּדָבָר הֶחָדָשׁ, בְּבֹהֶן יָד וּבֹהֶן רֶגֶל הַיְמָנִית, ביָכוֹל לֹא יְהֵא טָעוּן מַתַּן דָּמִים וְאֵימוּרִים לְגַבֵּי מִזְבֵּחַ

תַּלְמוּד

רש"י

רְצִיחָה דּוֹחָה אוֹתָהּ. שֶׁאִם הָיָה רוֹצֵחַ כֹּהֵן, וְרוֹצֶה לַעֲבוֹד עֲבוֹדָה – בֵּ"ד שׁוֹלְחִים וּמְבִיאִין אוֹתוֹ לָמוּת, אֶלָּא א"כ הָיָה עַל(ד) גַּגּוֹ שֶׁל מִזְבֵּחַ וַעֲבוֹדָה בְּיָדוֹ. שֶׁנֶּאֱמַר מֵעִם מִזְבְּחִי תִּקָּחֶנּוּ לָמוּת. וְלֹא מֵעַל מִזְבְּחִי. וּמַאי אוֹ אֵינוֹ דְּקָאָמַר. הוֹאִיל וּמִקַּל וָחוֹמֶר אָתְיָא דְּדָחְיָא, הֵיכִי מָצֵינוּ לְמֵימַר אוֹ אֵינוֹ אֶלָּא אֲפִי' מִיתַת ב"ד לָא דָּחְיָא? קְבוּרַת מֵת מִצְוָה דָּחְיָא עֲבוֹדָה. מִ"וּלְאַחוֹתוֹ" בְּפ"ק דִּמְגִילָּה (דף ג:), וְאֵינוֹ דּוֹחֶה אֶת הַשַּׁבָּת, אַף אֲנִי אָבִיא רְצִיחָה, דְּאַף עַל פִּי שֶׁדּוֹחָה עֲבוֹדָה – לֹא תִּדְחֶה שַׁבָּת. וְהַאי דַּהֲדַר אֲמַר אוֹ אֵינוֹ אֶלָּא אֲפִילּוּ בְּשַׁבָּת – הָכִי הֲדַר וַאֲמַר: קְבוּרַת מֵת מִצְוָה גּוּפָהּ תִּדְחֶה שַׁבָּת כו'. וּלְמַאי דְּסָלֵיק אַדַּעְתֵּיהּ לְמֵימַר מֵעִיקָּרָא. דְּהַאי דְּאִיצְטְרִיךְ לֵיהּ קְרָא מִשּׁוּם דְּאִי לָא כְּתָבֵיהּ – ה"א אָתֵי עֲשֵׂה וְדָחֵי לֹא תַעֲשֶׂה. מַאי אוֹ אֵינוֹ. הֵיכִי מָצֵי לְמֵימַר אוֹ אֵינוֹ, דְּלָא דָּחֵי, בְּמַאי תֵּיתֵי לָן דְּלֹא תִּדְחֶה? אֵימוּר דְּאָמְרִינַן כו'. הַיְינוּ דַּהֲדַר וַאֲמַר: אוֹ אֵינוֹ אֶלָּא אֲפִי' בְּמִיתַת ב"ד לָא תִּדְחֵי לָאו דְּשַׁבָּת, שֶׁהֲרֵי יֵשׁ בּוֹ כָּרֵת. הֲדַר אֲמַר אַטּוּ עֲשֵׂה דְּדָחֵי וכו'. הַיְינוּ דַּהֲדַר וַאֲמַר אוֹ אֵינוֹ אֶלָּא אֲפִילּוּ בְּשַׁבָּת. לָאו לֹא תַעֲשֶׂה חָמוּר מִינֵּיהּ. שֶׁהֲרֵי לוֹקִין עָלָיו. אֶלָּא סָלְקָא דַּעְתָּךְ. לְעֵיל קָאֵי, דְּאוֹקִימְנָא דְּהָא דְּאִיצְטְרִיךְ "לֹא תְבַעֲרוּ", מִשּׁוּם דְּאִי לָא כָּתַב רַחֲמָנָא – הֲוָה מַיְיתִינַן בְּק"ו, וְלָאו מִשּׁוּם דְּאָתֵי עֲשֵׂה וְדָחֵי ל"ת דְּכָרֵת, וְ"עָלֶיהָ" לָמָּה לִי? אֶלָּא סד"א כו'. שֶׁהָיָה בִּכְלָל. "כִּי כָּל אֲשֶׁר יַעֲשֶׂה מִכֹּל הַתּוֹעֵבוֹת הָאֵלֶּה וְנִכְרְתוּ" כָּלַל בְּכָל הָעֲרָיוֹת כָּרֵת. וְיָצָא מִן הַכְּלָל לְלַמֵּד. שֶׁאִם אֵין לָהּ בָּנִים – תִּתְיַבֵּם. בִּכְלַל כָּל הַקֳּדָשִׁים הָיוּ. (כריתות ב:) שֶׁכְּבָר כָּלַל כָּרֵת בְּכוּלָּן "כָּל אִישׁ אֲשֶׁר יִקְרַב מִכָּל זַרְעֲכֶם אֶל הַקֳּדָשִׁים אֲשֶׁר יַקְדִּישׁוּ" וגו'. (ויקרא ו) וְלָמָּה יָצְאוּ. בְּפָסוּק זֶה שֵׁנִי. יָצְאוּ קָדְשֵׁי בֶּדֶק הַבַּיִת. שֶׁאִם אֲכָלָן בְּטוּמְאַת הַגּוּף – פָּטוּר. לָמָּה יָצְתָה. "יְבָמָהּ יָבֹא עָלֶיהָ". מִי דָּמֵי הָתָם כְּלָל בְּאִיסּוּר וכו'. אִיכָּא לְמִיתְנֵי לָמָּה יָצְתָה. הָכָא פְּרָט בְּהֶיתֵּר וּכְלָל בְּאִיסּוּר. וְלָאו לְהַךְ דְּרָשָׁא דָּמֵי, דְּהָא בְּדָבָר הֶחָדָשׁ יָצָא לִידּוֹן. אֶלָּא. לְהַךְ דְּרָשָׁא: דָּבָר שֶׁהָיָה בַּכְּלָל וְיָצָא לִידּוֹן בְּדָבָר הֶחָדָשׁ. אִי אַתָּה יָכוֹל לְהַחֲזִירוֹ. וּלְהַשְׁווֹתוֹ לִכְלָלוֹ, וְלֹא לְהַשְׁווֹת כְּלָלוֹ לוֹ. עַד שֶׁיַּחֲזִירֶנּוּ לְךָ הַכָּתוּב. הִילְכָּךְ בְּלָאו "עָלֶיהָ" נַמִי לָא אָתֵי לָן שְׁאָר עֲרָיוֹת לְיִיבּוּם. (זבחים מט.) וְשָׁחַט אֶת הַכֶּבֶשׂ. בַּאֲשַׁם מְצוֹרָע כְּתִי'. כִּי כַּחַטָּאת הָאָשָׁם הוּא. כְּדִין הַחַטָּאת כָּךְ דִּין אָשָׁם זֶה. שֶׁאֵין ת"ל כַּחַטָּאת. דְּהָא אָשָׁם זֶה, אִם לִשְׁחִיטָה בַּצָּפוֹן – הֲלֹא כְּבָר נֶאֱמַר בּוֹ "וְשָׁחַט אֶת הַכֶּבֶשׂ בִּמְקוֹם אֲשֶׁר יִשְׁחַט אֶת הַחַטָּאת", וְאִם לְמַתַּן דָּמִים וַאֲכִילָתוֹ – הֲרֵי הוּא כְּכָל אֲשָׁמוֹת, בִּכְלַל "זֹאת תּוֹרַת הָאָשָׁם", בְּ"צַו אֶת אַהֲרֹן". לְפִי שֶׁיָּצָא אֲשַׁם מְצוֹרָע. מִכְּלַל שְׁאָר אֲשָׁמוֹת. לִידּוֹן בְּדָבָר הֶחָדָשׁ. שֶׁאֵינוֹ כִּשְׁאָר אֲשָׁמוֹת, בְּבֹהֶן יָד וּבְבֹהֶן רֶגֶל, וְהוֹאִיל וְיָצָא מִכְּלָלוֹ – יָכוֹל לֹא יְהֵא טָעוּן מַתַּן דָּמִים וְאֵימוּרִים לְגַבֵּי מִזְבֵּחַ, ת"ל כו'.

תְּרֵי

תוספות

ומה עבודה שהיא חמורה ודוחה שבת, רציחה דוחה אותה. הקשה הר"ר יעקב דאורלינ"ש: נימא דיו, מה רציחה אינו דוחה עבודה אלא בשב ואל תעשה – שבת נמי לא תדחה אלא בשב ואל תעשה! וי"ל: דאתיא כרבי טרפון, דאמר (ב"ק כה.): היכא דמיפרך ק"ו לא אמרינן דיו. והא דאמר ליה ר"ש לקיש לר' יוחנן בפ' "אחד דיני ממונות" (סנהדרין דף לה.): ותהא קבורת מת מצוה דוחה שבת מקל וחומר – לא משום דסבר כר"ט. אלא (ה) לא מסיק אדעתיה לחלק בין קום עשה לשב ואל תעשה, כי היכי דלא מסיק אדעתיה הש"ס בפ' "מי שמתו" (ברכות דף כ. ושם). ורבי יוחנן דלא מהדר ליה דיו – משום דמהדר ליה שפיר טפי: רציחה תוכיח, דאפילו לרבי טרפון ליכא ק"ו. ועוד נראה לומר, דהכא דיינין הכי: ומה עבודה דקילא – דחיא שבת, רציחה וקבורת מת מצוה דחמירא – לא כל שכן. ובמה הם חמורים – דעבודה נדחית מפניהם. ובפ' "כילד הרגל" (ב"ק דף כה. ושם) דאמרו רבנן לר"ט דיו, ולא דיינין: ומה שן ורגל דקילי חייבים ברשות הניזק נזק שלם, קרן לא כ"ש – משום דאי נעביד קל וחומר הכי איכא למפרך טובא דאיכא בשן ורגל וליכא בקרן, כגון יש הנאה להזיקן.

שנאמר מעם מזבחי. ואפי' אם אין שם כהן אחר ראוי לעבודה, שהעבודה נדחית. וא"ת: ודלמא התם לאו משום דרציחה דחיא עבודה, אלא משום דגברא הוא דלא חזי, כדאמרי' (ברכות דף לב:): כהן שהרג נפש – לא ישא את כפיו, שנאמר "ידיכם דמים מלאו" וכ"ש עבודה! וי"ל: דע"כ חזי, דאין מחלל עבודה, ד"מעם מזבחי", ולא מעל מזבחי, ולא ישא את כפיו – חומרא בעלמא הוא. ועוד: דוקא לא ישא את כפיו, לפי *שהרגו בידו, ואין קטיגור נעשה סניגור, וכדכתיב בההוא קרא "ובפרישכם כפיכם*)". [זבחים ב:]

תלמוד לומר לא תבערו. וא"ת: אמאי איצטריך בפרק "אחד דיני ממונות" (סנהדרין דף לו.) מזבחי המיוחד לי למילף דרציחה דוחה אפילו קרבן צבור, תיפוק ליה מדאיצטריך "לא תבערו" לאפוקי מק"ו – ש"מ דרציחה דוחה אפי' קרבן צבור דדחי שבת. דאי קרבן יחיד – א"כ ליכא קל וחומר! וי"ל: דאי לאו דכתיב "מזבחי" לא הוה מוקמינן קרא מסברא בקרבן צבור(ו) דכדי לדרוש "לא תבערו" לאפוקי מק"ו, אלא הוה מוקמינן קרא בקרבן יחיד, ו"לא תבערו" הוה דרשינן ע"כ לשום דרשא אחריתי. *א"נ: השתא דכתב "לא תבערו" הוה מוקמינן קרא בקרבן יחיד מק"ו דאביי, דאמר בפ' "אחד דיני ממונות" (שם דף לה:): השתא דאמרת אין רציחה דוחה שבת – אין רציחה דוחה עבודה מק"ו: ומה שבת שנדחית מפני עבודה אין רציחה דוחה אותה כו'. (נ"ל א"כ)

לפי שיצא אשם מצורע לידון בדבר החדש. מה שחטאת מצורע טעונה נסכים ושאר חטאות אין טעונות – לא חשיב דבר חדש, ואין קרוי דבר חדש אלא כשסותר כללו, כי הכא דשאר אשמות טעונות כל הדם לגבי מזבח, ואשם מצורע נותן ממנו לבהונות. וכגון אשת אח שנאסרו כל העריות וזו הותרה, שסותר כללו. אבל מה שחטאת מצורע טעונה נסכים – אין סותר את כללו. וא"ת: ולמ"ד בריש "איזהו מקומן" (זבחים דף מט:) דכללו גמר מיניה – יהיו כל אשמות טעונות מתן בהונות, וליליפו נמי כולהו עריות מאשת אח! וי"ל: דלא גמר מיניה אלא דבר דלא חדש בו, כגון שחיטת צפון לעכב. אבל לענין חידוש לא גמר מיניה, כדפרש"י התם, °דאם כן היה יוצא לידון בדבר החדש כיוצא בו ללמד על הכלל כולו – [ואין זה חידוש].

*) [וע"ע תוס' סנהדרין לה:]

ת"ל

עין משפט נר מצוה

כז א ב מיי' פ"ד מהל' מחוסרי כפרה הל' ב:

תוספות ישנים

מה לי חומרא רבה מה לי חומרא זוטא. תימה דהסברות הפוכות מלמעלה דלעיל אמרינן דאי לאו קרא אמרינן מסברא לא דחי והכא משמע איפכא. ועו"ק דא"כ מה קאמר לעיל היכא אשכחינן דדחי דאצטריך עליה למיסרה ושקיל וטרי *) אלא אצטריך לימא מדאצטריך עליה דאי לאו עליה ה"א דדחי דמה לי חומרא רבה מה לי חומרא זוטא. וזה לא קשה כ"כ דהאי משא ומתן אינו כי אם למאי דסליק אדעתין מעיקרא. אכן דוחק הוא דמ"מ משמע שהסברא מועלת וא"כ הדר קושיין לדוכתיה. וא"ר דה"פ ממאי דעליה לאיסורא דלמא עליה להיתירא ונילף מינה בעלמא דדחי ל"ת שיש בו כרת דהכי נימא נאמר כאן עליה ונאמר להלן עליה מה להלן ערוה אף כאן ערוה וקאמר רחמנא יבמה יבא עליה ומינה נילף בעלמא דמ"ל חומרא רבה מ"ל חומרא קולא או אמר [ת"ל] לא תבערו וא"כ נאמר ע"כ עליה לאיסורא דאי עליה להיתירא אמאי אצטריך עליה תיפוק לי מלא תבערו דמשמע הא בעלמא דחי אלא ודאי מדאצטריך עליה ש"מ לאיסורא הוא. וא"ת ואימא איפכא דודאי עליה להיתירא ולא תבערו לא אתא למימר הא לאו הכי דחי אלא לגופיה איצטריך דסד"א ניליף מעליה דדחי כתב רחמנא לא תבערו דלא דחי. וי"ל דאפי' עליה להיתירא לא אצטריך לא תבערו דהא אין לנו ללמוד הבערה שהיא מיתת ב"ד מאחות אשה ומאשת אח שאין בה רק איסור כרת. אבל השתא כי כתב לא תבערו ודאי אמרינן עליה לאיסורא דאי עליה להיתירא לא אצטריך דהא ניליף מלא תבערו דמשמע הא בעלמא דחי דודאי כל דבר שיש בו כרת נוכל למילף מכ"ש דמיתת ב"ד.

*) נ"ל הלא איצטריך למכתב עליה דאי לאו עליה כו'.

הגהות הב"ח

(א) גמ' אטו עשה דדוחה ל"ת: (ב) שם בכלל כל הקדשים היו: (ג) שם הכא נמי ה"א אשת אח בכלל: (ד) רש"י ד"ה רציחה וכו' היה על גבי מזבח ועבודה בידו שנאמר כצ"ל והד"א: (ה) תום' ד"ה ומה וכו' כר' טרפון אלא דלא מסיק: (ו) ד"ה תלמוד וכו' בקרבן צבור כדי כצ"ל ואות ד' נמחק:

גליון הש"ס

גמ' לאו ל"ת חמור מיניה. עיין רמב"ן פרשה יתרו בפסוק זכור את יום השבת: תום' ד"ה לפי כו' א"כ היה יוצא לידון בדבר החדש. עיין תשובת רשד"ם ח"א סימן לג:

כח א מיי' פ"ו מהל' קרבן פסח הל' ה:

תלמוד לומר "כי כחטאת האשם הוא", מה חטאת טעונה מתן דמים ואימורים לגבי מזבח – אף אשם טעון מתן דמים ואימורים לגבי מזבח. ואי לא אהדריה קרא ה"א: למאי דנפק נפק, ולמאי דלא נפק – לא נפק. ה"נ ה"א: אשת אח דאישתרא אישתראי, שאר עריות – לא. אלא סד"א: תיתי(א) במה מצינו מאשת אח; מה אשת אח מייבמה אף אחות אשה תתייבם. מי דמי? התם חד איסורא, הכא – תרי איסורי! מהו דתימא: הואיל ואישתרי – אישתרי. ומנא תימרא דאמרינן הואיל ואישתרי אישתרי? דתניא: *מצורע שחל שמיני שלו בערב הפסח וראה קרי בו ביום וטבל, אמרו חכמים: אע"פ שאין טבול יום אחר נכנס, זה – נכנס, מוטב שיבא עשה שיש בו כרת וידחה עשה שאין בו כרת. *ואמר ר' יוחנן: דבר תורה אפי' עשה לית ביה, שנאמר "ויעמוד יהושפט בקהל יהודה לפני החצר החדשה". מאי חצר החדשה? אמר *(ר' יוחנן): שחדשו בה דברים, ואמרו: טבול יום לא יכנס למחנה לויה. ואמר עולא: מה טעם – הואיל והותר לצרעתו הותר לקריו – מי דמי לדעולא? תינח

רש"י

תרי איסורי. אשת אח ואחות אשה. הואיל ואישתרי. איסור אשת אח שהיה עליה כשמת אחיו בלא בנים – אישתרי נמי איסור אחות אשה. שמיני שלו. שהוא יום הבאת קרבנותיו, וצריך לבא בהר הבית ולעמוד בשער נקנור ולהכניס ידיו לעזרה ליתן מן הדם לבהונות(ב). וראה קרי. להכי נקט קרי ולא טומאת שרץ ונבלה: דטמא שרץ, ואפי' טמא מת, נכנסין להר הבית, כדמפרש ב"אלו דברים" (פסחים דף סז.), שנאמר "ויקח משה את עצמות יוסף עמו". ושערי נקנור לא נתקדשו בקדושת עזרה, כדאמרינן ב"כילד צולין" (שם דף פה:), והרי הן כהר הבית, ויכול טמא מת ליכנס לשם. אבל בעל קרי – משתלח חוץ לשתי מחנות כזב, כדמפרש ב"אלו דברים": זב, וכל זב – לרבות בעל קרי. וטבל. לקריו. אע"פ. דטבול יום אחר דקרי אינו נכנס להר הבית, דכל טבול יום הרי הוא בטומאה עדיין לתרומה ולקדשים ולמקדש. זה. יבא להר הבית, ויכניס ידיו לבהונות, ויטהר לאכול פסחו לערב. שיבא עשה דפסח שיש בו כרת. דאם לא יכניס ידיו לבהונות לא יטהר לאכול פסחו לערב. וידחה עשה. ד"וישלחו מן המחנה" שאין בו כרת. שאין ענוש כרת אלא על ביאת עזרה, וזה לא יכנס לעזרה אלא לשערי ניקנור שלא נתקדשו, ויכניס ידיו לבהונות ויטהר מצרעתו. וישלח פסחו לעזרה לשחוט, ולערב יעריב שמשו ויטהר מקריו. ויעמוד יהושפט. אותו היום נטהרו ישראל מטומאה שבידיהם, כדברי הימים. למחנה לויה. להר הבית. ואמר עולא. במסכת זבחים (דף לב:), דאמר עולא: ביאה במקצת שמה ביאה, ואותיבניה מהא דקתני: זה נכנס ומכניס ידו לבהונות. ואי אמרת ביאה במקצת שמה ביאה, נהי נמי דנכנס להר הבית, משום דעשה שאין בו כרת הוא, לבהונות היכי מצי מעייל ידיה? אידי ואידי עשה שיש בו כרת הוא, דקיימא לן במנחות ב"הקומץ" רבה (דף כז:) מחוסר כפורים שנכנס למקדש ענוש כרת, ואין צריך לומר טבול יום ושאר כל הטמאים, ושני עולא: שאני מצורע הואיל והותרה לו ביאה במקצת לצרעתו, שהרי עדיין מחוסר כפורים הוא, ובכרת, והותרה לו מן התורה ביאה זו במקצת – הותר נמי לקריו. אלמא, הואיל ואישתראי חד איסורא – אישתראי נמי אידך דהוה גביה. תינח

תוספות

ת"ל כי כחטאת האשם הוא. והשתא לא צריך קרא ד"ושחט את הכבש" דכולה מילתא מיניה גמר מהיקשא, וברים "איזהו מקומן" (זבחים דף מט.) מוקי ליה לעכב.

למאי דנפק נפק. דהיינו מתן בהונות ושחיטת לפון שכתוב בהדיא. ולמאי דלא נפק, כגון מתן דמים ואימורים – לא נפק, ולא יהיה בו מתן דמים ואימורים עד שיכתב בהדיא. **וראה** קרי בו ביום וטבל. פירש בקונטרס: דלהכי נקט קרי, ולא טמא שרץ ונבלה, דטמא שרץ ואפי' טמא מת נכנסים במחנה לויה, כדאמר בפר' "אלו דברים" (פסחים דף סז.) דאפי' מת עצמו נכנס, שנאמר "ויקח משה את עצמות יוסף עמו" – עמו במחילתו. ואין נראה לר"י: דהא דאמר וידחה עשה שאין בו כרת – היינו עשה דרבנן. [כדמפרש ר' יוחנן. וטמא מת אין נכנס בחיל – נמי מדרבנן], כדתנן במסכת כלים (פ"א מ"ח): החיל מקודש הימנו, שאין גוים וטמאי מתים נכנסים לשם. עזרת נשים מקודשת הימנו – שאין טבול יום נכנס לשם. ובכל טבול יום איירי, בין דבעל קרי, בין דטמא מת, שרץ ונבילה, דקא איירי בהו התם לעיל! ואר"י: דנקט בעל קרי לרבותא, דאע"ג דאשתלח חוץ לב' מחנות – התירו לו חכמים ליכנס, דבמקום כרת לא העמידו דבריהם. וא"ת: בפ' "היה נוטל" (סוטה דף כ: ושם) דקתני גבי סוטה: והם אומרים הוליאוה הוליאוה שלא תטמא העזרה. ופריך מהא דאפילו מת עצמו שרי. ומאי קושיא? והא מדרבנן אסור! ותירץ ר"ת: שלא גזרו אלא שלא יכנס, אבל אם הוא כבר שם – לא גזרו עליו שילא, כיון דמדאורייתא שרי ליכנס שם. ודקדק מהא דאמרינן בפרק "הנשרפים" (סנהדרין דף פא:): כהן ששימש בטומאה – אחיו הכהנים מוליאין אותו חוץ לעזרה, ומפלעין מוחו בגיזרין. משמע דאין מוליאין אלא מחוץ לעזרה, שהוא מחנה שכינה, וממיתין אותו בעזרת נשים, כיון שכבר היה שם. ור"י מפרש, דבסוטה דייק מדקתני הוליאוה הוליאוה תרי זימני, דאי לאו דהוי איסור דאורייתא לא היו ממהרין כל כך. ואין להאריך כאן. **זה** נכנס. שהיה צריך לבא להר הבית לעמוד בשער נקנור, ולהכניס ידיו לעזרה וליתן לו מן הדם בבהונות. ושערי נקנור לא נתקדשו, כדאמרינן ב"כילד צולין" (פסחים דף פה: ושם) שכל השערים נתקדשו חוץ משערי נקנור, ששם מצורע עומד ומכניס ידיו לבהונות. וא"ת: למה נמנעו בשביל כך מלקדשם? יעמוד בעזרת נשים ויכניס ידיו לשער נקנור! ופירש ריב"ן: דאין זה "לפני ה'", דלא הוי באויר העזרה. ואין נראה: דאי הוה קדוש כקדושת העזרה – הוי שפיר "לפני ה'"! ואומר רבינו תם: דעשוי בשביל תקנת מצורעים, שיעמדו שם, שיגין עליהם השער בחמה מפני החמה ובגשמים מפני הגשמים. **מוטב** יבא עשה שיש בו כרת כו'. לאו מילתא דפסיקא היא, דיש מקומות שהעמידו דבריהם במקום כרת, כדאמרינן בפסחים בפרק "האשה" (דף לב.), אלא כאן לא היה נראה לחכמים להחמיר. **רבי** יוחנן אמר דבר תורה אפילו עשה אין בו. רבי יוחנן לא אתא לפלוגי אברייתא, דלאו תנא הוא, כדמוכח בפרק קמא דכתובות (דף ח.), דמשני ארב: תנא הוא ופליג, ולא בעי לשנויי הכי לר' יוחנן, אע"ג דיש לדחות דר' יוחנן (ג) כמתני' דכלים (פ"א מ"ח), דתנן: עזרת נשים מקודשת הימנו, שאין טבול יום נכנס לשם. אבל בהר הבית וחיל – שרי. והיינו מדרבנן, דאי מדאורייתא אסור ליכנס במחנה לויה, אם כן בהר הבית נמי ליתסר, דמפתח הר הבית עד שער נקנור מחנה לויה, כדתניא בתוספתא ובספרי. מכל מקום, אין נראה דפליגי ברייתא דהכא אמתני' דכלים. אלא רבי יוחנן לפרושי ברייתא אתא, דעשה דקתני – לאו דוקא. ולאו משום דסבר רבי יוחנן טבול יום דזב לאו כזב דמי, דהא רבא אית ליה דרבי יוחנן בסוף "האשה" (פסחים צב.), ורבא אית ליה בפ"ב דכריתות (דף י.) דמחוסר כפורים דזב כזב דמי! אלא דוקא לענין פסח הבא בטומאה דלא יאכלו ממנו זבין וזבות ונדות ויולדות קאמר, דכזב דמי – להכי מייתי לה בכריתות. אבל לענין ביאת מקדש – לאו כזב דמי. וניחא השתא ברים פ"ב דזבחים (דף יז:) מסיק לכ"ע דמחוסר כפורים דזב כזב דמי, ובפרק "ג' מינים" (נזיר דף מה.) מסיק דאפילו טבול יום דזב לאו כזב דמי! אלא ההיא דזבחים לענין פסח הבא בטומאה, וההיא דנזיר לענין ביאת מקדש. והא דמשמע בההיא סוגיא ד"ג' מינים" דאפילו נאמר טבול יום דזב לאו כזב דמי אסור ליכנס למחנה לויה, ומקרא דריש התם – אר"י: דהתם בזב בעל ג' ראיות, דאיכא תרתי" שהוא טבול יום ומחוסר כפורים. ואע"ג דבשמעתין נמי בראה קרי בו ביום, דהוי טבול יום ומחוסר כפורים, שרי מדאורייתא – היינו משום דאינו על טומאה אחת, אלא על טבול יום משום קריו ומחוסר כפורים משום צרעתו: [וע"ע תוספות זבחים לב: ד"ה ור"י]. **שחדשו** בה דברים ואמרו טבול יום אל יכנס למחנה לויה. וא"ת: מנא ליה שחדשו מטבול יום? דלמא חדשו מטמא מת עצמו! ויש לומר: דמשמע ליה שלא חדשו אלא על החלר, והחלר היינו עזרת נשים כדמוכח ביחזקאל (מד), ואילו טמא מת אסור אפי' בחיל. **ואמר** עולא מה טעם כו'. פירוש: כיון דביאה במקצת שמה ביאה מה טעם התירו חכמים להכניס ידיו לבהונות? ואם תאמר: וכיון דשמה ביאה, ואפילו הכי שרי מקצתו, משום דאי אפשר בענין אחר – א"כ כולו נמי לישתרי! וי"ל: דלא ניחא שידחה ביאת כולו, דכתיב בהדיא "ואל המקדש לא תבא". אבל ביאה במקצת – לא כתיב בהדיא, אלא מהיקשא גמר לה עולא התם: מה נגיעה במקצת שמה נגיעה – אף ביאה במקצת כו'. ועוד יש לומר: כיון דאפשר על ידי ביאה במקצת, אם יכנס כולו – חייב, מידי דהוה אהיה לו דרך קצרה ובא לו בארוכה.

מי

תוספות ישנים

הואיל והותר לצרעתו הותר לקריו. וא"ת א"כ מאי קאמר לעיל מוטב יבא עשה שיש בו כרת וידחה כו' לימא טעמא דהואיל והותר. וי"ל דלעיל לא יוכל לומר כן דמאי לימא הואיל והותר וכו'. משמע שהוא היה נאסר מקודם לכן ולעולם יכול המצורע ליכנס בשערי נקנור שהוא מחנה לויה אבל הכא [שייך] הואיל והותר דהא עד עתה נאסר להכנים ידו לבהונות:

הגהות הב"ח

(א) גמ' אלא סד"א תיתי אחות אשה במה מלינו מאשת אח: (ב) רש"י ד"ה שמיני שלו וכו' הדם לבהונות נ"ב ס"א שעומד שם המצורע ומכניס ידיו לבהונות שאעפ"י שמשתלח חוץ לג' מחנות בשמיני שלו הותר לבא בשתי מחנות אבל בעזרה אינו נכנס כדאיתא במס' מכות דף ח טמא יהיה לרבות טבול יום עוד טומאתו בו לרבות מחוסר כפורים ובטמא מקדש כתיב בפ' פרה אדומה וחוץ לעזרה אי אפשר שלא יפסל ביוצא והכנסת ידיו ביאה מקצת היא במצורע ולא שמה ביאה הלכך מזה עליו והוא עומד בשער נקנור: (ג) תום' ד"ה ר"י דר"י סבר כמתני':

מסורת הש"ס

פסחים לב. זבחים לב:

פסחים לב: הוריות ה. זבחים לב: ע"ש

[נ"ל רבי כ"א בזבחים]

גליון הש"ס

גמ' תיתי במה מלינו. עי' יומא דף מ ע"ב תד"ה מה במקום: **שם** במה מלינו מאשת אח. בתום' לעיל ג ע"ב ד"ה לא תעשה שיש בה כרת היה להם הגי' פה תיתי אחות אשה מאשת אח: **תום'** ד"ה רבי יוחנן אמר וכו' דרבי יוחנן כמתני' דכלים. וכן ראיה ממתני' פ"א מ"א דתמיד בא וישב לו אצל אחיו הכהנים:

תינח היכא דנשא המת. את אשה זו תחילה, ונעשית אשת האח על זה: **ואח"כ נשא חי.** את אחותה, וניתוספת איסור אחות אשה על יבמתו. וכשמת אחיו בלא בנים, ואישתראי איסור אשת אח המוקדם — אישתראי נמי אחות אשה המאוחר, כדעולא, דאמר: הואיל והותר לצרעתו, שהיא ראשונה — הותר לקריו, שהיא אחרונה. **אלא נשא החי.** אשתו תחילה, ועמדה עליו באיסור אחות אשה, ואח"כ נשאה אחיו המת וניתוסף איסור אשת אח, איסור אחות אשה קדים. ואף על גב דהותר איסור אחרון — עומד ראשון במקומו. **ואפי' נשא מת נמי.** בראשא, דקדים ליה איסור אשת אח — לא דמיא לדעולא, דהתם הרואה קרי בשמיני שלו — כבר היה מותר מאיסור הראשון קודם ראיית הקרי, משהאיר המזרח. והכא נמי, תינח היכא דנשא מת ומת תחילה, והותר איסור אשת אח, ואח"כ נשא חי את אחותה. **אלא נשא מת ולא מת.** עד שנשא חי את אחותה, הא לא איתחזאי כלל. ומי לא מודה עולא בכהאי גוונא, שאם ראה קרי בליל יום שמיני — שאין מכניס ידיו מחר לבהונות, משום קרי דמעכב עליה, הואיל ולא יצא מצרעתו לשעה הראויה להבאת קרבנותיו. דקודם שהותר מצרעתו — בא עליו קרי. הכי גרסינן: כי אילטריך "עליה" לנשא מת ומת ואח"כ נשא חי: **ואיבעית אימא.** אילטריך "עליה", דאי לא כתביה הוה אמינא: תיתי ייבום אחות אשה להתיר בהיקישא דר' יונה, דאמר רבי יונה: "כי כל אשר יעשה מכל התועבות האלה" — הוקשו כל העריות זו לזו. ולענין הערלה קנסיב ליה ר' יונה ב"הבא על יבמתו". הכי נמי ה"א: הוקשו כולן לאשת אח, ואע"ג דהכא חד איסורא והכא תרי איסורי — אין משיבין על ההיקש, להכי אילטריך "עליה". **מכדי כל העריות.** דמתני'. **איכא לאקושינהו לאשת אח.** להתיר ייבום. **ואיכא לאקושינהו לאחות אשה.** דאסירי לייבום, דפרט בה קרא "עליה". **מאי חזית דאקשת להו לאחות אשה.** כדקתני בריש פרקין: מה אחות אשה מיוחדת כו'. **משום צרתה.** משום דבעי למיתני צרתה מנין. **ולקחה לו לאשה ויבמה.** המ"ל ולקח אשה וייבם, וכתיב "ולקחה", משמע מיעוט: זו ולא אחרת. **וחד למישרי צרת ערוה שלא במקום מצוה.** מרבויא דקרא יתירא ד"ויבמה" דרשינן הכי: במקום "ויבמה" הוא דאמינא לך מיעוטא "ולקחה" דמיעט צרה; אבל שלא במקום יבום, כגון צרת בתו מנכרי — שריא: **מתני' נמי דיקא.** כרבא, דערוה פשיטא לן. **צרה נמי לא תיבעי.** "עליה" קרא לדרשא דאין עשה דוחה לא תעשה שיש בה כרת, דכתיב "לצרור", דמשמע: לא אחות אשה ולא צרתה, וכתיב כרת בסוף העריות. **למישרי צרה שלא במקום מצוה.** דאי לא כתיב "עליה", הוה ילפינן מ"לצרור" דצרת אחות אשה אסורה בכל מקום.

תורה אור

תינח היכא דנשא מת ואחר כך נשא חי, דמגו דאישתרי איסור אשת אח — אישתרי נמי איסור אחות אשה. אלא, נשא חי ואח"כ נשא מת, איסור אחות אשה קדים! ואפי' נשא מת נמי, תינח היכא דנשא מת ומת, ואח"כ נשא חי, דחזיא ליה דביני ביני. אלא, נשא מת ולא מת, ואחר כך נשא חי — לא איחזיא ליה כלל! מי לא מודי עולא שאם ראה קרי בליל שמיני — שאין מכנים ידיו לבהונות?! שלא יצא בשעה שהיא ראויה להביא בה קרבן! אלא: כי איצטריך "עליה" היכא *דנשא מת, ומת, ואח"כ נשא חי. ואי בעית אימא: אתיא בהיקישא מדרבי יונה. דאמר רבי יונה, ואיתימא רב הונא בריה דרב יהושע: אמר קרא °"כי כל אשר יעשה מכל התועבות האלה ונכרתו" *הוקשו כל העריות כולן לאשת אח; מה אשת אח שריא אף כל עריות נמי שריין — כתב רחמנא "עליה". אמר ליה רב אחא מדפתי לרבינא: מכדי, כל עריות איכא לאקושינהו לאשת אח ואיכא לאקושינהו לאחות אשה, מאי חזית דאקשת לאחות אשה — אקשינהו לאשת אח! איבעית אימא: *לקולא וחומרא — לחומרא מקשינן, איבעית אימא: הכא תרי איסורי והכא תרי איסורי, ותרי מתרי ילפינן; אבל הכא חדא איסורא — ותרי מחדא לא ילפינן. רבא אמר: ערוה(א) לא צריכא קרא, דאין עשה דוחה לא תעשה שיש בו כרת. כי איצטריך קרא — למיסר צרה. וערוה לא צריכא קרא?! והא(ב) תניא: אין לי אלא היא! משום צרתה. והא קתני: אין לי אלא הן! משום צרותיהן. ת"ש: רבי אומר, °"ולקח" "ולקחה" °"ויבם" "ויבמה", לאסור צרות ועריות! אימא: לאסור צרות של עריות. והא תרי קראי קנסיב ליה, מאי לאו: חד לערוה וחד לצרה! לא, אידי ואידי לצרה, חד למיסר צרה במקום מצוה, וחד למישרי צרה שלא במקום מצוה. מאי טעמא — "ויבם" "ויבמה", במקום ייבום הוא דאסירא צרה, שלא במקום ייבום — שריא צרה. אמר רב אשי: מתני' נמי דיקא: דקתני, חמש עשרה נשים פוטרות צרותיהן, ואילו "פטורות ופוטרות" — לא קתני, שמע מינה. ומאי שנא ערוה דלא צריכא קרא — דאין עשה דוחה לא תעשה שיש בו כרת — צרה נמי לא תיבעי קרא משום דאין עשה דוחה לא תעשה שיש בו כרת! א"ל רב אחא בר ביבי מר לרבינא: ה"ק משמיה דרבא, צרה נמי לא איצטריך קרא, כי איצטריך קרא למישרי

ויקרא יח

דברים כה

שם

[לקמן יג:]

נד: קדושין סז: כריתות ב:

[קדושין סח. ע"ז מו:]

מי לא מודה עולא בהא שאם ראה קרי בליל שמיני שאין מכנים ידיו לבהונות. ק"ק: דמנא ליה דמודה עולא בהא? וגם בפרק "כל הפסולים" (זבחים לג: ושם) דמהדר עולא למאן דפריך ליה מהך ברייתא: ומטונך, דמצורע הואיל והותר לצרעתו כו'. דמשמע: ומטונך ממשא שאתה בא להכביד עליו אביא ראייתי משם. ומה ראיה יש לו מן הברייתא? ונראה לרבינו יצחק דדייק עולא מדנקט ורואה קרי בו ביום, משמע: בו ביום, אבל בלילה — לא. שמע מינה דטעמא משום דהותר לצרעתו הותר נמי לקריו. ולהכי פשיטא ליה הכא דמודי עולא ברואה קרי בליל ח'.

תרי איסורי [מחד איסורא לא ילפינן]. (*אבל שלא במקום ייבום כגון צרת בתו ילפי'). וא"ת: ולרב אסי, אמאי פוטרת איילונית צרתה? והא חד איסורא הוא! וי"ל: דממה נפשך איהי אסירא, דילפי' מ"אשר תלד" — פרט לאיילונית. ולהכי צרתה נמי אסורה, וכן אשת אחיו שלא היה בעולמו. אבל קשיא: מאי טעמא דמאן דפליג אדרב אסי? וי"ל: דכיון דאיילונית לאו בת ייבום היא בשום מקום — חשיבא צרתה כצרת ערוה שלא במקום מצוה, דשריא. ולא דמיא איילונית לחייבי עשה, דילפינן בפרק שני (לקמן דף כ.)(ג) לחליצה. דאיילונית מיעטה הכתוב בהדיא, דלא הויא בכלל היתר אשת אח.

רבא אמר ערוה גופה לא צריכא קרא. וא"ת: והא לכל הפחות אילטריך(ד) לנשא מת ומת, ואח"כ נשא חי, דלא תימא הואיל ואישתרי — אשתרי! וי"ל: דרבא לית ליה דעולא, וסבר דביאה במקצת לא שמה ביאה. ועוד אר"י דיש לחלק: דגבי בעל קרי, דשם טומאה אחת היא, אמרי': הואיל ואשתרי אישתרי, דחד לאו הוא בבעל קרי ומצורע, אבל הכא, דשני שמות הן — לא אמרינן הואיל ואישתרי אישתרי. וא"ת: מאי טעמא לא צריכא קרא? וכי לית ליה לרבא היקישא דרבי יונה?! וי"ל: דקסבר דלענין איסורא הוא דאקשינהו רחמנא, דבהכי איירי קרא, ולא לענין היתירא.

כי איצטריך קרא למיסר צרה. ותימה: דהיכי טעי(ה) למימר דאיצטריך למיסר צרה טפי מן הערוה, כיון דצרה מ"לצרור" נפקא, ויש כרת בצרה כמו בערוה! ואומר רבינו יצחק: דהשתא נמי בעי למימר לאיסור צרה, ולמידק דשלא במקום מצוה שריא, כדמסיק רב אחא לבסוף. והא דקאמר נמי אין לי אלא היא משום צרתה — לא משום דצריך קרא לאיסור, אלא למידק היתירא שלא במקום מצוה. והא דפריך: מאי שנא ערוה דלא צריכא קרא כו' — גמרא טעי במילתיה דרבא, שלא פירש בהדיא למישרי שלא במקום מצוה אתא "עליה".

ואילו פטורות ופוטרות לא קתני. אע"ג דמסקינן דלאסור צרתה נמי לא צריך קרא — מ"מ תנא פוטרות, דהוצרך להשמיעו איסור צרה, שעדיין לא השמיעו בשום מקום. אבל איסור ערוה, דכבר נשנו כל העריות בפרק קמא דכריתות (דף ב.) (ו) — שלא איצטריך כאן להשמיעו דאסורה במקום מצוה, דפשיטא דאין עשה דוחה ל"ת שיש בו כרת.

מאי

למישרי

כי אצטריך קרא לנשא מת ומת ואח"כ נשא חי. וא"ת היכי מקרי אחות זקוקתו י"ל שאינה אלא מדרבנן אבל קשה היכא משכחת לה דפוטרת צרתה הלא כיון דלא נעשית אחות אשתו עד שמת אחיו א"כ לא היתה מעולם צרת ערוה שהרי כשנשא חי לא היתה צרת ערוה לייבם שעדיין לא נשא אחות אשתו. וי"ל דאה"נ דלערוה לבד קיימינן הכא דנפקא לן מקרא דעליה ומקרא דלצרור אם אתה רוצה למצוא צרה עמה משכחת לה בנשא חי ואח"כ מת אחיו שהיה נשוי אחות אשתו: **הוקשו** כל העריות לאשת אח. ומעתה אין להקשות הכא חד איסורא התם תרי איסורי דאין משיבין על ההיקש: **ת"ש** ר' אומר ולקח ולקחה. ונהי נמי דר' לית ליה עליה מ"מ סברא הוא דכי היכי דאצטריך קרא לדידיה כמו כן לדידן ואי לדידן לא צריכא קרא דעליה לדידיה נמי לא ליבעי קרא דולקחה: **צרה** נמי לא צריכא קרא. וא"ת א"כ הא ק"ל ת"ש ר' אומר ולקח ולקחה ויבם ויבמה כיון דלא אצטריך קרא לא לצרה ולא לערוה. וי"ל דנימא (לאסור) [דאתי להתיר] צרות כל עריות דוקא במקום יבום אבל שלא במקום יבום צרותיהן מותרות וכן לעיל צרותיהן מנין ר"ל צרותיהן דוקא במקום יבום אבל שלא במקום יבום צרותיהן מותרות מנין והקשה הר' יחיאל כיון דצרה לא צריכא תקשי לר' למה לי תרי קראי ולקחה ויבמה. ונראה לראב"י דחד אתי למיסר צרה במקום מצוה וחד למשרי שלא במקום מצוה דדוקא לרבנן דמפקי מלצרור צרות וכתיב בתריה ונכרתו א"כ לא צריכא קרא לצרה אבל ר' דמפיק לצרור כר' שמעון ולא כתיב בה כרת בהדיא אצטריך שפיר קרא למיסרא במקום מצוה ואע"ג דפרשתי בסמוך דנפיק לר' עונש מלצרור היינו כאשר נכתב ולקחה דמיניה שמעינן אזהרה בצרות כדאמרינן בסמוך כל היכא דאיכא תרין לקוחין וכו' ואז מדמינן צרות להדדי צרת ערוה לצרה בזיקה אבל אי לא כתב ולקחה לא שמעינן איסור בצרת ערוה במקום מצוה. כ"נ לראב"י:

הגהות הב"ח

מ' רבא אמר ערוה לא צריכא: (ב) שם תני אין לי אלא היא: ...ום' ד"ה תרי וכו' ...שני דחולצת לאיילונית ...ה: (ד) ד"ה רבא וכו' ...יך לנשא מת: ...ה כי וכו' דהיכי ...יבא למימר: (ו) ד"ה ... וכו' דכריתות לא איצטריך:

גליון הש"ס

...' ד"ה רבא אמר וכו' ...רבא לית ליה דעולא. ...ורי אבן מגילה ד' ג ...ב ד"ה מולאחותו:

כט א מיי' פ"ב מהל' איסורי ביאה ה"ט סמג לאוין קח טוש"ע אה"ע סימן טו סעי' כו:
ל ב מיי' וסמג וטוש"ע שם:
לא ג מיי' פ"א מהל' יבום הל' טו סמג עשין נא טוש"ע אה"ע סימן קסח סעיף א:
לב ד מיי' שם פ"ב הל' י סמג עשין שם טוש"ע שם סי' קסו ס"ז:
לג ה מיי' פי"ב מהלכות שגגות הלכה א:

לְמִישְׁרֵי צָרָה שֶׁלֹּא בִּמְקוֹם. מִצְוָה מַאי טַעְמָא? אָמַר קְרָא "עָלֶיהָ", בִּמְקוֹם "עָלֶיהָ" הוּא דַּאֲסִירָא, שֶׁלֹּא בִּמְקוֹם "עָלֶיהָ" — שַׁרְיָא. א"ל רָמִי בַּר חָמָא לְרָבָא: אֵימָא עֶרְוָה גּוּפֵיהּ שֶׁלֹּא בִּמְקוֹם מִצְוָה תִּישְׁתְּרֵי! וְלָאו קַל וָחוֹמֶר הוּא? בִּמְקוֹם מִצְוָה — אֲסִירָא, שֶׁלֹּא בִּמְקוֹם מִצְוָה — שַׁרְיָא?! אָמַר לֵיהּ: צָרָה תּוֹכִיחַ, דְּבִמְקוֹם מִצְוָה — אֲסִירָא, וְשֶׁלֹּא בִּמְקוֹם מִצְוָה — שַׁרְיָא! אָמַר לֵיהּ: עָלֶיךָ אָמַר קְרָא "בְּחַיֶּיהָ" — כָּל שֶׁבְּחַיֶּיהָ. הַאי "בְּחַיֶּיהָ" מִיבְּעֵי לֵיהּ [א]לְמַעוּטֵי לְאַחַר מִיתָהּ! הַהִיא °מִ"וְאִשָּׁה אֶל אֲחוֹתָהּ" נָפְקָא. (ויקרא יח) אִי מִ"וְאִשָּׁה אֶל אֲחוֹתָהּ" ה"א: נִתְגָּרְשָׁה שַׁרְיָא, ת"ל "בְּחַיֶּיהָ" — [ב]כָּל שֶׁבְּחַיֶּיהָ, דְּאַע"ג דְּנִתְגָּרְשָׁה — לָא. אֶלָּא אָמַר רַב הוּנָא בַּר תַּחֲלִיפָא מִשְּׁמֵיהּ דְּרָבָא: תְּרֵי קְרָאֵי כְּתִיבֵי: כְּתִיב "אִשָּׁה אֶל אֲחוֹתָהּ לֹא תִקָּח לִצְרוֹר" וּכְתִי' "לְגַלּוֹת עֶרְוָתָהּ", דַּחֲדָא מַשְׁמַע, הָא כֵּיצַד? בִּמְקוֹם מִצְוָה — שְׁתֵּיהֶן אֲסוּרוֹת, שֶׁלֹּא בִּמְקוֹם מִצְוָה — הִיא אֲסוּרָה וְצָרָתָהּ מוּתֶּרֶת. אֵיפוֹךְ אֲנָא: בִּמְקוֹם מִצְוָה — הִיא אֲסוּרָה וְצָרָתָהּ מוּתֶּרֶת, וְשֶׁלֹּא בִּמְקוֹם מִצְוָה — שְׁתֵּיהֶן אֲסוּרוֹת! א"כ, לֹא יֹאמַר "עָלֶיהָ". א"ל רַב אַשִׁי לְרַב כָּהֲנָא: מִמַּאי דְּהַאי "עָלֶיהָ" לְאִיסּוּרָא? דִּלְמָא לְהֶתֵּירָא, וְה"ק רַחֲמָנָא: "אִשָּׁה אֶל אֲחוֹתָהּ לֹא תִקָּח לִצְרוֹר" — לֹא הִיא וְלֹא צָרָתָהּ, שֶׁלֹּא בִּמְקוֹם "עָלֶיהָ", אֲבָל בִּמְקוֹם "עָלֶיהָ" שְׁתֵּיהֶן מוּתָּרוֹת! א"כ "לְגַלּוֹת עֶרְוָה" דַּחֲדָא הֵיכִי מַשְׁכַּחַת לָהּ? אִי בִּמְקוֹם מִצְוָה — שְׁתֵּיהֶן מוּתָּרוֹת, אִי שֶׁלֹּא בִּמְקוֹם מִצְוָה — שְׁתֵּיהֶן אֲסוּרוֹת. § גּוּפָא, רַבִּי אוֹמֵר: "וְלָקַח" "וּלְקָחָהּ" "וְיִבֵּם" "וְיִבְּמָהּ" — לֶאֱסוֹר צָרוֹת וַעֲרָיוֹת. מִידֵּי צָרוֹת כְּתִיבָא הָכָא? וְעוֹד: צָרוֹת — מִ"לִצְרוֹר" נָפְקָא! "לִצְרוֹר" מַפֵּיק לֵיהּ רַבִּי לְכִדְרַבִּי שִׁמְעוֹן. צָרָה *הָכָא כְּתִיב? ה"ק: א"כ לֵימָא קְרָא "וְלָקַח", מַאי "וּלְקָחָהּ" — כָּל הֵיכָא דְּאִיכָּא תְּרֵי לְקוּחִין, דְּאִי בָּעֵי נָסֵיב הַאי וְאִי בָּעֵי נָסֵיב הַאי — שַׁרְיָא, וְאִי לָא — תַּרְוַיְיהוּ אֲסִירָן. "וְיִבְּמָהּ", בִּמְקוֹם יִיבּוּם — הוּא דַּאֲסִירָא צָרָה, שֶׁלֹּא בִּמְקוֹם יִיבּוּם — שַׁרְיָא צָרָה. וְרַבָּנַן, הַאי "וּלְקָחָהּ" מַאי עָבְדֵי לֵיהּ? מִיבְּעֵי לְהוּ לְכִדְרַבִּי יוֹסֵי בַּר חֲנִינָא. *דְּאָמַר רַבִּי יוֹסֵי בַּר חֲנִינָא: "וּלְקָחָהּ", מְלַמֵּד [ג]שֶׁמְּגָרְשָׁהּ בְּגֵט וּמַחֲזִירָהּ. "וְיִבְּמָהּ" — [ד]עַל כָּרְחָהּ. וְרַבִּי? דְּרַבִּי יוֹסֵי בַּר חֲנִינָא מִ"לְאִשָּׁה" נָפְקָא. עַל כָּרְחָהּ מִ"יְבָמָהּ יָבֹא עָלֶיהָ" נָפְקָא. וְרַבִּי, הַאי "עָלֶיהָ" מַאי עָבֵיד לֵיהּ? מִיבְּעֵי לֵיהּ *לְכִדְתַנְיָא: *[ה]אֵין חַיָּיבִין ב"ד אֶלָּא עַל דָּבָר שֶׁזְּדוֹנוֹ כָּרֵת וְשִׁגְגָתוֹ חַטָּאת, וְכֵן הַמָּשִׁיחַ. וְלֹא

תורה אור

מַאי טַעְמָא. כְּלוֹמַר, הֵיכִי מִידַּרְשָׁא הֶיתֵּר מֵהָכָא. **בִּמְקוֹם עָלֶיהָ הוּא.** דִּכְתִיב "לִצְרוֹר" לְמֵיסַר צָרָה, וְלֹא בְּמָקוֹם אַחֵר. **אֵימָא עֶרְוָה גּוּפָהּ שֶׁלֹּא בִּמְקוֹם מִצְוָה תִּשְׁתְּרֵי.** מִדִּכְתִיב "עָלֶיהָ", דְּקָאֵי נַמִּי אַאֲחוֹת אִשָּׁה. **כָּל שֶׁבְּחַיֶּיהָ.** אִשְׁתְּךָ, לֹא תִּשָּׂא אֶת אֲחוֹתָהּ. **תְּרֵי קְרָאֵי כְּתִיבֵי.** מֵעִיקָּרָא כְּתִיב "לִצְרוֹר", דְּמַשְׁמַע לֹא הִיא וְלֹא צָרָתָהּ, וַהֲדַר כְּתִיב "לְגַלּוֹת עֶרְוָתָהּ", דְּמַשְׁמַע חֲדָא הוּא דַּאֲסִירָא. **בִּמְקוֹם מִצְוָה שְׁתֵּיהֶן אֲסוּרִין.** כִּדִכְתִיב "עָלֶיהָ", דְּמַשְׁמַע בִּמְקוֹם "עָלֶיהָ". **וְאֵיפוֹךְ אֲנָא בִּמְקוֹם מִצְוָה הִיא אֲסוּרָה וְצָרָתָהּ מוּתֶּרֶת.** דְּהָא "עָלֶיהָ" אַ"לְגַלּוֹת עֶרְוָתָהּ" סָמִיךְ, דְּמַשְׁמַע חֲדָא לְמִדְרַשׁ הָכִי: בִּמְקוֹ' עָלֶיהָ הוּא דְּלָא אָסִיר לָן אֶלָּא חֲדָא, וּקְרָא דְּ"לִצְרוֹר" — אַשֶּׁלֹּא בִּמְקוֹם מִצְוָה. **א"כ לֹא יֹאמַר עָלֶיהָ.** דִּבְלָא "עָלֶיהָ" נַמִּי, כִּי קָשׁוּ לָן קְרָאֵי אַהֲדָדֵי — מְשַׁנֵּינַן לְהוּ מִסְּבָרָא הָכִי: הֶיתֵּירָא — לְמִצְוָה, וְאִיסּוּרָא — שֶׁלֹּא בִּמְקוֹם מִצְוָה, הִלְכָּךְ "עָלֶיהָ" לְחַדּוּשֵׁי אֲתָא, לְמִדְרְשֵׁיהּ אַ"לִצְרוֹר", וּלְמֵיסַר צָרָה בִּמְקוֹם מִצְוָה כְּעֶרְוָה. **מִמַּאי דְּהַאי עָלֶיהָ לְאִיסּוּרָא.** אַצָּרָה וְלֹא לְעֶרְוָה? דִּלְמָא לְמִישְׁרֵי תַּרְוַיְיהוּ בִּמְקוֹם מִצְוָה אֲתָא, וְהָכִי מַשְׁמַע: "וְאִשָּׁה אֶל אֲחוֹתָהּ לֹא תִקָּח לִצְרוֹר" — לֹא הִיא וְלֹא צָרָה, וְאִם "עָלֶיהָ" דִּמְקוֹם מִצְוָה הִיא — אֲפִי' בְּחַיֶּיהָ יִתְקַיֵּים (כְּמוֹ) "יְבָמָהּ יָבֹא עָלֶיהָ" דְּיִיבּוּם. **לְכִדְרַ' שִׁמְעוֹן.** בְּפֶרֶק "ד' אַחִים" (לקמן דף כח:), ג' אַחִין, שְׁנַיִם מֵהֶם נְשׂוּאִין שְׁתֵּי אֲחָיוֹת, אוֹ אִשָּׁה וּבִתָּהּ, וּמֵתוּ, וְנָפְלוּ לִפְנֵי הַשְּׁלִישִׁי, הֲרֵי אֵלּוּ חוֹלְצוֹת וְלֹא מִתְיַיבְּמוֹ', לְפִי שֶׁשְּׁתֵּיהֶן זְקוּקוֹת לוֹ מִקִּדּוּשֵׁי שְׁנֵי אֶחָיו. וְזִיקָה הָוֵי כִּקְצָת קִדּוּשִׁין, וְאִי מְיַיבֵּם חֲדָא מִנַּיְיהוּ קָנָסֵיב אֲחוֹת זְקוּקָתוֹ בְּחַיֶּיהָ, וּזְקוּקָתוֹ הָוְיָא כְּאִשְׁתּוֹ. אֲבָל חֲלִיצָה בָּעֲיָא, דְּלָא אָתֵיס לְמֶיהֱוֵי כַּאֲחוֹת אִשָּׁה מַמָּשׁ לְהִפָּטֵר בְּלֹא כְלוּם, וְתַנְיָא בְּבָרַיְיתָא: רַבִּי שִׁמְעוֹן פּוֹטֵר בִּשְׁתֵּיהֶן מִן הַחֲלִיצָה וּמִן הַיִּיבּוּם, וְיָלֵיף טַעְמָא מִ"לִצְרוֹר", בְּשָׁעָה שֶׁנַּעֲשׂוּ צָרוֹת זוֹ לָזוֹ, כְּגוֹן הָכָא — דְּנַעֲשׂוּ הָאֲחָיוֹת צָרוֹת זוֹ לָזוֹ בְּזִיקָה — לֹא יְהֵא לְךָ לִיקּוּחִין אֲפִילּוּ בְּאַחַת מֵהֶן: **א"כ.** דְּהַאי "וּלְקָחָהּ" לְגוּפֵיהּ הוּא דַּאֲתָא, נֵימָא קְרָא "וְלָקַח", מַאי "וּלְקָחָהּ" דְּמַשְׁמַע דִּשְׁתַּיִם נָפְלוּ לוֹ מֵאֶחָיו, וְאָמַר רַחֲמָנָא "וּלְקָחָהּ" לְאַחַת וְלֹא לִשְׁתֵּיהֶן, אִי קָרֵינָא "וּלְקָחָהּ" בְּכָל חֲדָא מִינַּיְיהוּ — שָׁרְיָין כָּל חֲדָא מִינַּיְיהוּ, וְאִי לָא קָרֵינַן "וּלְקָחָהּ" בְּכָל חֲדָא מִנַּיְיהוּ, כְּגוֹן שֶׁהָאַחַת עֶרְוָה — תַּרְוַיְיהוּ אֲסוּרִין. וְצָרוֹת צָרוֹתֵיהֶן נַמִּי מֵהָכָא נָפְקָא, דְּמִשֶּׁנָּפְלָה לוֹ צָרַת עֶרְוָה מֵאָחִיו הָרִאשׁוֹן וְנִדְחֵית הָעֶרְוָה מִמֶּנּוּ — נֶאֶסְרָה עָלָיו עוֹלָמִית מִשּׁוּם אֵשֶׁת אָח, וּכְשֶׁנִּתְיַיבְּמָה לְאָחִיו הַשֵּׁנִי וְלוֹ אִשָּׁה אַחֶרֶת וּמֵת וְחָזְרָה וְנָפְלָה לִפְנֵי זֶה — לָא קָרֵינָא בָּהּ, בְּזוֹ שֶׁנֶּאֶסְרָה עָלָיו, "וּלְקָחָהּ", הִלְכָּךְ תַּרְוַיְיהוּ אֲסוּרִים. וְכֵן לְעוֹלָם. **מְלַמֵּד שֶׁמְּגָרְשָׁהּ בְּגֵט וּמַחֲזִירָהּ.** לְאַחַר שֶׁנְּשָׂאָהּ נַעֲשֵׂית כְּאִשְׁתּוֹ, וְאִם רָצָה לְגָרְשָׁהּ — מְגָרְשָׁהּ בְּגֵט, וְאֵינָהּ צְרִיכָה חֲלִיצָה. **וּמַחֲזִירָהּ.** אִם רָצָה לְהַחֲזִיר, וְלָא אָמְרִינַן: מִצְוָה רָמָא רַחֲמָנָא עֲלֵיהּ וַעֲבַדָהּ, וּמֵהַשְׁתָּא תֵּיקוּם עֲלֵיהּ בְּאִיסּוּר אֵשֶׁת אָח, לְהָכִי כְּתִיב "וּלְקָחָהּ לוֹ לְאִשָּׁה", דְּכֵיוָן שֶׁלְּקָחָהּ נַעֲשֵׂית כְּאִשְׁתּוֹ לְכָל דָּבָר. **בְּעַל כָּרְחָהּ.** שֶׁאִם בָּא עָלֶיהָ יָבָם, אֲפִילּוּ בְּעַל כָּרְחָהּ — קְנָאָהּ, וְיוֹרְשָׁהּ, וּמִטַּמֵּא לָהּ, וּלְכָל דָּבָר הִיא אִשְׁתּוֹ בְּכַךְ בִּיאָה. **אֵין חַיָּיבִין בֵּית דִּין.** לְהָבִיא פַּר עַל הֶעְלֵם דָּבָר. וְלֹא

למישרי צרה שלא במקום מצוה. וא"ת להנהו שינויי דלעיל דמצרכי קרא לערוה גופא, מנא להו למישרי צרה שלא במקום מצוה? וי"ל: דנפקא להו מהיכא דנפקא ליה לרבי.

מאי ולקחה כו'. מלינו למימר דמייתורא דה"א דרשי' תרין ליקוחין, כדדרשינן בפ"ב דקדושין (דף מא.): "ושלח" "ושלחה" — מלמד שהשליח עושה שליח. אבל בקונט' פי' ד"ולקחה" משמע דנפלו לו שתים, ואמר רחמנא "ולקחה" — לאחת ולא לשתיהן. וליכא להקשות לפירושו: דלמא להא גופא איצטריך, לכשנפלו לו שתי יבמות מבית אחד, שלא ייבם אלא אחת, מנא ליה למידרש כל היכא דאיכא תרין לקוחין כו'? דהא דרשינן לה ב"החולץ" (לקמן דף מד.) מ"את בית אחיו" — בית אחד הוא בונה ואינו בונה שתי בתים. וא"ת: ודלמא אתא קרא למימר שֶׁיְּיַבֵּם הצרה ולא הערוה? ולמ"ד ערוה (א) לא צריכא קרא — ניחא.

כל היכא **דאיכא** תרין לקוחין כו'. וא"ת: חייבי עשה נמי ליתסרי צרה, דליכא למימר דאי בעי האי נסיב ואי בעי האי נסיב! ועוד תימה: דהשתא ליכא צרת ערוה כרת, וא"כ תיבעי חליצה כמו חייבי עשה, דמרבינן להו מ"יבמתו" בפרק שני (לקמן כ.)! וי"ל דחייבי עשה דאיתרבו לחליצה, ואית בהו זיקה קצת — הוו בכלל "ולקחה". וא"כ צרת ערוה ע"כ לא בעיא חליצה, דאי בעיא הוי בכלל "ולקחה". ועוד "ולקחה" משמע לשון תפיסת קידושין, הלכך חייבי עשה דתפסי בהו קדושין הוו בכלל "ולקחה":

מלמד שמגרשה בגט ומחזירה. בפרק "החולץ" (לקמן דף לט.) אמרינן דאיצטריך, דס"ד מצוה דרמא רחמנא עליה עבדה, השתא תיקום עליה באיסור אשת אח. ותימה: דמשמע דלביאה שניה לא צריך קרא להתיר, ואמאי? והא מצוה דרמא רחמנא עליה עבדה מביאה ראשונה, דהא ביאה שניה לא דחיא חייבי לאוין כדאמר בפרק שני (לקמן כ: ושם)! וי"ל: דביאה שניה לא צריכא קרא, דסברא הוא דלא אמר רחמנא יבא עליה לגרשה אחר ביאה ראשונה, ומ"מ, ביאה שניה לא דחיא חייבי לאוין, דרשות היא וליכא עשה אלא בביאה ראשונה(א).

ויבמה בעל כרחה. הכא משמע דמה"א דריש לה. ותימה: דבפ"ק דקידושין (דף יד. ושם) משמע דדריש מה"א: ביאה גומר בה ואין כו'! דפריך התם: והא מיבעי ליה ויבמה על כרחה, א"כ לימא קרא ויבם! וי"ל דהתם הכי *פריך: א"כ, דלביאה גומרת בה גרידא אתא, נימא קרא "ויבם"! *וכענין זה יש לקמן בפרק "אלמנה" (דף סח: ושם) א"כ לימא קרא "והיא בקדשים לא תאכל". *וקשה: לקמן בפ"ב (דף יט:) דרשינן מ"יבמה": עדיין יבומין הראשונים עליה! וא"ר יצחק דדרשינן הני תלתא דרשות מ"יבם" "ויבם" "ויבמה" וכענין זה דריש "האיש מקדש" (קדושין דף מא.) דריש שלשה דרשות מ"ושלחה": שלח, ושלח, ושלחה.

אין חייבין **אלא על** דבר שזדונו כרת. למעוטי חייבי לאוין, ועל שגגתו חטאת למעוטי פסח ומילה דלית בהו חטאת, כדתנן בפ"ק דכריתות (דף ג.): ולא בעבודה זרה אלא על דבר שזדונו כרת, למעוטי מגפף ומנשק ושגגתו חטאת למעוטי דבר שאין בו מעשה.
מה

[נ"ל פירכין]

תוספות ישנים

איפוך אנא דסברא היא להחמיר יותר שלא במקום מצוה ועוד דלגלות ערותה דמשמע דקרא סמיך אעליה דהוי לשון יבום שהוא במקום מצוה וא"כ יש לנו לומר במקום מצוה היא אסורה וצרתה מותרת. וקרא אשה אל אחותה לא תקח דמשמע שתיהם אסורות נוקים שלא במקום מצוה. א"כ לא יאמר עליה מסברא כי פרכינן מרישיה דקרא לסיפיה דכתיב ואשה אל אחותה לא תקח דמשמע שתיהן אסורות. וכתב לגלות ערותה דמשמע ערותה דוקא ולאי משנינן מסברא במקום מצוה היא אסורה וצרתה מותרת ושלא במקום מצוה שתיהן אסורות וא"כ כשנאמר עליה בא לחדש דבר שאין לנו לומר מסברא והיינו במקום מצוה שתיהן אסורות שלא במקום מצוה היא אסורה וצרתה מותרת:
לצרור מפיק ליה רבי לכדר' שמעון. וא"ת כיון דר' לא מפיק צרות מלצרור ומפיק ליה לצרת ערוה בזיקה לכדר' שמעון א"כ אזהרה שמענו עונש מנין דה"נ אמרינן לעיל וקאמר ת"ל ונכרתו וא"כ השתא דלא מפקינן מלצרור צרות לא כתיב כרת גבייהו וא"כ עונש מנין וא"ל דליכא רק אזהרה דא"כ לא לפטרו מחליצה כמו דאמרינן לקמן דחייבי לאוין חולצות. וי"ל דכיון דמפיק מלצרור שום צרות כדקאמר לצרור כר' שמעון א"כ מיירי בצרת ערוה בזיקה מעתה בכל צרות נמי יש לנו להחשיבן ערוה להיות בכלל כרת דכתיב כי כל איש אשר יעשה מכל התועבות האלה ונכרתו:
א) ועוי"ל שאני התם דביאה ראשונה לא שריא רק על ידי דחיית הלאו אבל הכא דביאה ראשונה היתה בהיתר גמור א"כ לא נוח הכתוב ליקחנה ולהוציאה מיד לאחר ביאה:
[וכן פרש"י שם בקידושין להדיא והוכיח פירוש זה מברייתא דיבמות נז.]

הגהות הב"ח
(א) תוס' ד"ה מאי ולמ"ד ערוה גופה לריכא:

היכא כתיבא. יעב"ץ

כתובות פב: לקמן יט

נ"ל לכדתנן *הוריות ח. ע"ש

ולא בעבודה זרה, אלא על דבר שחייבין על זדונו כרת ושגגתו חטאת. *ותנן נמי: [א]כל מצוה שבתורה שחייבין על זדונו כרת ועל שגגתו חטאת — יחיד מביא כשבה או שעירה, נשיא מביא שעיר, משיח וב"ד מביאין פר. ובעבודה זרה — יחיד, נשיא ומשיח מביאין שעירה. *צבור מביאים פר ושעיר, פר לעולה ושעיר לחטאת. מה"מ? *דת"ר: °"ונודעה החטאת אשר חטאו עליה", רבי אומר: נאמר כאן "עליה" ונאמר להלן "עליה", מה להלן — דבר שחייבים על זדונו כרת ועל שגגתו חטאת, אף כאן — דבר שחייבין על זדונו כרת ועל שגגתו חטאת. אשכחן צבור, משיח מנלן? דכתיב במשיח °"לאשמת העם" — הרי משיח כצבור. יחיד ונשיא — אתיא "מצות" "מצות". ולא בעבודה זרה אלא על דבר שחייבין על זדונו כרת ועל שגגתו חטאת. צבור בעבודה זרה יליף "מעיני" "מעיני". יחיד, נשיא ומשיח — °מ"ואם נפש אחת", אחד יחיד ואחד נשיא ואחד משיח במשמע, *וי"ו מוסיף על ענין ראשון, וילמד תחתון מן העליון. ורבנן, האי סברא מנא להו? — נפקא להו *מדמקרי ליה ר' יהושע לבריה: °"תורה אחת יהיה לכם לעושה בשגגה... °והנפש אשר תעשה ביד רמה" הוקשה כל התורה כולה לעבודה זרה, מה עבודה זרה — דבר שחייבין על זדונו כרת ועל שגגתו חטאת, אף כל דבר שחייבין על זדונו כרת ועל שגגתו חטאת. אשכחן יחיד ונשיא ומשיח, בין בעבודה זרה ובין בשאר מצות, צבור בעבודה זרה מנין? אמר קרא "ואם נפש", וילמד עליון מתחתון. אלא צבור בשאר מצות מנלן? יליף "מעיני" "מעיני". ורבי, האי "תורה אחת" מאי עביד ליה? מיבעי ליה לכדתניא: *לפי שמצינו שחלק הכתוב בין יחידים למרובים, [ב]יחידים — בסקילה, לפיכך ממונן פלט, מרובין — בסייף, לפיכך ממונן אבד. יכול נחלוק בקרבנותיהן? תלמוד לומר "תורה אחת יהיה לכם". *מתקיף לה רב חלקיה מהגרוניא: טעמא דכתב רחמנא "תורה אחת יהיה לכם", הא לאו הכי — ה"א נחלק, מאי לייתו? לייתו פר — צבור בשאר מצות הוא דמייתו, כשבה — יחיד בשאר מצות הוא דמייתי, שעיר — נשיא בשאר מצות הוא דמייתי, פר לעולה ושעיר לחטאת — צבור בעבודה זרה הוא דמייתו. ואלא מאי, שעירה — יחיד נמי היינו קרבנו! איצטריך, ס"ד אמינא: הואיל וצבור בהוראה מייתו פר לעולה ושעיר לחטאת — אינהו נמי ניתו איפכא. א"נ: *צריך ואין לו תקנה, קמ"ל. א"ל לוי לרבי: מאי איריא דתני ט"ו? ליתני ט"ז! א"ל: *כמדומה לי שאין לו מוח בקדקדו. מאי דעתך — אמו אנוסת אביו? אמו אנוסת אביו פלוגתא דרבי יהודה ורבנן היא, ובפלוגתא לא קא מיירי. ולא? והרי איסור מצוה ואיסור קדושה, דפליגי רבי עקיבא ורבנן, וקתני! בפרקין קא אמרינן, והא *בית שמאי מתירין את הצרות לאחין ובית הלל אוסרין! *בית שמאי במקום בית הלל — אינה משנה. והרי אשת אחיו שלא היה בעולמו, דפליגי

רש"י

ולא בעבודה זרה. אין חייבין צבור להביא פר לעולה ושעיר לחטאת. אלא על דבר שחייבין על זדונו כרת ועל שגגתו חטאת. כגון זיבוח וקיטור ונסוך והשתחוואה, אבל מחבק ומנשק — לא. והך דרשא מ"עליה" נפקא, כדמפרש ואזיל. ונאמר להלן "עליה". בחייה, שהוא מופנה לדרשא. לאשמת העם. כלומר אשמתו כאשמת צבור. [ולא בעבודה זרה]. קרבן עבודה זרה בפרשת "שלח לך": "וכי תשגו". מעיני מעיני. מפר העלם דבר. ואם נפש אחת. התם כתיב, בפרשת "שלח לך". מעליון. מצבור, והתם ילפינן להו מפר העלם. תורה אחת. לענין קרבן כתיב (א) בפר עבודה זרה, תורה — כל התורה במשמע, הוקשה כל התורה לענין קרבן לעבודה זרה. מה עבודה זרה (ב) על דבר שזדונו כרת ושגגתו חטאת. כדכתיב התם "והנפש אשר תעשה ביד רמה ונכרתה", אלמא כולה פרשתא בדבר שזדונו כרת ושגגתו חטאת מישתעי. אשכחן יחיד ונשיא ומשיח. בהך היקישא לא משמע אלא הני דכתיב "והנפש", ואלו לבדן במשמע, שהן יחידין, דהני קראי כתיבי בפרשת "ואם נפש אחת" בעבודה זרה. אמר קרא. גבי יחיד ונשיא ומשיח. ואם נפש. וי"ו מוסיף על ענין ראשון. וילמד עליון מתחתון. צבור מיחידים. יליף מעיני מעיני. שאר מצות מעבודה זרה. מרובים. עיר הנדחת. יכול נחלק בקרבנותיהם. אם עבדו בני עיר אחת עבודה זרה בשוגג — יהו חלוקים בקרבנם, שלא יביא כל אחד קרבנו שעיר כיחיד. ת"ל כו'. אין חלוקים מתורת יחיד אלא רוב ישראל או כולן, כדכתיב "ואם מעיני העדה" (במדבר טו), אבל בני עיר אחת — יחידים הם. בהוראה. היינו העלם דבר, שהורו ב"ד שהעבודה זרה מותרת ועשו צבור על פיהם. א"נ. אפי' לא משכחת לה קרבן לחלק, נימא: צריכים הני מרובים חילוק בין יחיד וליכא, הלכך אין להם כפרה, קמ"ל. אמו אנוסת אביו. שנשאה אחיו מאביו אחרי כן ומת בלא בנים, ונפלה לפני בנה לייבום. בפלוגתא דר' יהודה ורבנן. כדאמרי' לעיל (דף ד.): ורבי יהודה אוסר באנוסת אביו. ולר' יהודה לא משכחת לה אם נופלת לפני בנה לייבום אלא לרבנן, ובאנוסה. ולהכי לא תנא לה, דבפלוגתא לא קא מיירי. והרי איסור מצוה ואיסור קדושה. לקמן בפרק "כיצד" כו' (דף כ.) כל שאיסורו איסור ערוה — לא חולצת ולא מתייבמת. איסור מצוה — כגון שניות מד"ס כדמפרש לקמן בפ"ב (כא.), או איסור קדושה — כגון שנפלה לפניו ממזרת או נתינה, שהיא בלאו, חולצת ולא מתייבמת. חולצת — דלא אלים איסור לאו בלא כרת לאפקועי ייבום לגמרי, ולא מתייבמת — דהא אסורה ליה. ופליג ר"ע, דאמר בפ' "החולץ" (לקמן דף מט.) חייבי לאוין כחייבי כריתות, דקתני: איזהו ממזר — כל שאר בשר שהוא ב"לא יבא", דיש ממזר מחייבי לאוין. ולר"ע אלים לאו למיפטרה בזולא כלום כערוה גמור'. את הצרות. צרת ערוה מתייבמת.

תוספות

מה להלן דבר שחייבין על זדונו כרת ושגגתו חטאת. אגב שיטפיה נקט לישנא דמתני' דהוריות (דף ח.) דאייתי לעיל, דשגגתו חטאת לא קיס ליה באחות אשה אלא מהכא.

בעבודה זרה אתיא "מעיני" "מעיני". לא מצינו למימר אתיא "מצות", "מצות" ד"כל מצות" דכתיב בעבודה זרה אילטריך לכדדרשי בספרי: "כל מצות" — זו עבודה זרה ששקולה כנגד כל המצות.

וילמד תחתון מעליון. וא"ת: תיפוק לי דכתיב התם כרת בהדיא, כדדרשי רבנן בסמוך! וי"ל: דלר' ההוא כרת במברך את השם, דהכי כתיב "את ה' הוא מגדף ונכרתה", ובפ' "מי שהיה טמא" (פסחים דף צג:) אית לי' לרבי מגדף היינו מברך את השם.

ורבנן האי סברא מנא להו. וא"ת: כולה מילתא תיפוק לי מ"עליה" דג"ש ניתנה לידרש לכל מילי! וי"ל: ד"עליה" דכתיב גבי אחות אשה וגבי חטאת לא מופנה, וההוא דיבום מופנה. ור"ת אומר: דאפילו מופנה הויא דאחות אשה, כיון דההוא דחטאת לאו מופנה — שבקינן ליה למופנה מצד אחד ודרשינן ממופנה משני לצדדין, כדאמרינן ב"המפלת" (נדה דף כב: ושם).

מה עבודה זרה דבר שחייבים על זדונה כרת. וא"ת, ואימא: מה עבודה זרה שחייבים על זדונה סקילה? וי"ל: דלא גמרינן אלא מה דכתיב בההוא קרא, דלא כתיב התם אלא כרת. דקסבר: מגדף היינו עובד עבודה זרה, וה"נ לרבנן דלא גמרי מה עבודה זרה שיש בה לאו וכרת, ולא בעו לאו, כיון דלא כתיב בההוא פרשה. תדע, דבפרק בתרא דמכות (ד' יג: ושם) ממעט פסח ומילה משום דבעינן דומיא דעבודה זרה, דאמר רחמנא לא תעביד — והני קום עשה נינהו ולא ממעט להו, משום דלית בהו לאו כמו בעבודה זרה. ומיהו, לרבי דנפקא ליה חטאת מ"עליה" בעי לאו וכרת כמו באחות אשה. ואתי שפיר, דבשבועות (דף יג.) דריש רבי דפורק עול ומפר ברית ומגלה פנים אית בהו כרת, ולא חשיב להו בהדי ששה ושלשים כריתות — משום דלא אשכחן בהו לאו*.

*ורבנן לית להו כרת בפורק עול ומפר *ברית ומגלה פנים, אלא מוקמי ג' כריתות בעבודה זרה בסוף פרק "ארבע מיתות" (סנהדרין דף סד:). ע"כ גליון.

מאי לייתו לייתו פר כו'. קסבר דכיון שחלקם מכל חייבי מיתות ב"ד, דממונן פלט — חלקינן להו מכל מתכפרים. וקשיא: דליתו כבש או איל, ואפי' איכא שום מתכפר דמייתי — מ"מ הוה ליה לאקשויי.

והרי איסור מצוה ואיסור קדושה דפליגי ר"ע ורבנן. בכל דוכתי פשיטא ליה להתלמוד דחייבי לאוין לר"ע, דאמר אין קידושין תופסין בחייבי לאוין — לאו בני חליצה וייבום נינהו כמו חייבי כריתות, הכא וב"הערל" (לקמן דף עט:) גבי פצוע דכא וכרות שפכה, ובפרק "ד' מיתות" (סנהדרין דף נג:) ותימה לר"י: דאמאי לא אמרינן נמי לר"ע דליתי עשה ולידחי לא תעשה?

בתו

תוספות ישנים

מאי נחלוק דמשמע קרבן משונה לייתי פר לצבור בשאר מצות הוא דמייתי. וא"ת ולימא לייתי כבש או איל דליתיה באינך וי"ל דאין לנו לבדות מדעתנו קרבן חדש. וא"ת א"כ למה לו להאריך כדקאמר לייתי פר כו' הו"ל למפרך מאי נחלוק אי לייתי קרבן דאיתיה במקום אחר אין זה נחלוק ואי מייתי קרבן דליתיה בשום מקום אין לנו לבדות מדעתנו וצ"ע:

הגהות הב"ח

(א) רש"י ד"ה תורה וכו' כתיב בפרשת עבודה זרה: (ב) ד"ה מה עבודה זרה דבר כצ"ל ותיבת על נמחק:

עין משפט נר מצוה

לד א מיי' פ"א מהל' שגגות הל' א ב ד:
לה ב מיי' פ"ד מהלכות ע"ז הלכה ו:

מסורת הש"ס

הוריות ט.
ל וב"ד מביאים כו' כן תא במשנה דהוריות ט.]
ויקרא ד
הוריות דף ח.
שם
במדבר טו
פסחים ה. קידושין יד: מ נה. שבועות י. זבחים . חולין עח. כריתות כב.]
שם
שם
הוריות ח.
שם
[ברכות טו: וש"נ]
[מנחות פט:]
מן יג. [ודף כז. עדיות פ"ד מ"ח]
[ברכות לו: ביצה יא:]
שבת סח: [הוריות ח.]
[וע"ע תוס' יומא פו.]
גליון
עיין מהרש"א

דִּפְלִיגֵי ר"ש וְרַבָּנַן, וְקָתָנֵי! בְּנוֹלָד וּלְבַסּוֹף יִיבֵּם לָא פָּלֵיג ר"ש. וְהָאֲמַר *רַ' אוֹשַׁעְיָא: חָלוּק הָיָה ר"ש אַף בָּרִאשׁוֹנָה! הָא אִיתּוֹתַב רַ' אוֹשַׁעְיָא. *וְהָאֲמַר רַב יְהוּדָה אֲמַר רַב, וְכֵן תָּנֵי רַ' חִיָּיא: בְּכוּלָּן אֲנִי קוֹרֵא בָּהֶן הָאֲסוּרָה לָזֶה מוּתֶּרֶת לָזֶה, וְהָאֲסוּרָה לָזֶה מוּתֶּרֶת לָזֶה, וַאֲחוֹתָהּ שֶׁהִיא יְבִמְתָּהּ חוֹלֶצֶת אוֹ מִתְיַיבֶּמֶת. וְרַב יְהוּדָה מְתַרְגֵּם מֵחֲמוֹתוֹ וְאֵילָךְ, אֲבָל שִׁיתָּא בָּבֵי דְּרֵישָׁא — לָא, מ"ט? כֵּיוָן דְּבִתּוֹ, בְּאוֹנְסִין מַשְׁכַּחַת (א) בְּנִשּׂוּאִין לָא מַשְׁכַּחַת לָהּ, בְּנִשּׂוּאִין קָמַיְירֵי בְּאוֹנְסִין — לָא קָא מַיְירֵי. וְאַבַּיֵּי מְתַרְגֵּם אַף בִּתּוֹ מֵאֲנוּסָתוֹ, כֵּיוָן דְּאַשְׁכּוּחֵי מַשְׁכַּחַת לָהּ, אִי בָּעֲיָא מִן הָאוֹנְסִין — תֶּהֱוֵי. [אִי בָּעֲיָא מִן הַנְּשׂוּאִין — תֶּהֱוֵי], אֲבָל אֵשֶׁת אָחִיו שֶׁלֹּא הָיָה בְּעוֹלָמוֹ — לָא, מַאי טַעֲמָא? כֵּיוָן דְּלר"ש הוּא דְּמַשְׁכַּחַת לָהּ לְרַבָּנַן לָא מַשְׁכַּחַת לָהּ — בִּפְלוּגְתָּא לָא קָא מַיְירֵי. וְרַב סָפְרָא מְתַרְגֵּם אַף אֵשֶׁת אָחִיו שֶׁלֹּא הָיָה בְּעוֹלָמוֹ, וּמַשְׁכַּחַת לָהּ בְּשִׁיתָּא אַחִים, וְאַלִּיבָּא דְּרַ' שִׁמְעוֹן וְסִימָנֵיךְ

רַבִּי שִׁמְעוֹן פָּלֵיג בְּאֵשֶׁת אָחִיו שֶׁלֹּא הָיָה בָּעוֹלָם בְּפֶ' שֵׁנִי (לקמן דף יח:) וּמַצְרִיךְ לֵיהּ חֲלִיצָה, וְאַפ"ה קָתָנֵי לָהּ בְּמַתְנִי' דִּפְטוּרָה: וּמְשַׁנֵּי. בְּנוֹלַד וּלְבַסּוֹף יִיבֵּם לָא פָּלֵיג ר"ש. הֵיכָא דְּמֵת רְאוּבֵן בְּלֹא בָּנִים, וְעַד שֶׁלֹּא יִבְּמָהּ שִׁמְעוֹן נוֹלַד לֵוִי אֲחִיהֶם וְעוֹדָהּ זְקוּקָה לְיַבֵּם, וְהָיְתָה לוֹ אֲסוּרָה בִּנְפִילָה זוֹ מִשּׁוּם אֵשֶׁת אָחִיו שֶׁלֹּא הָיָה בְּעוֹלָמוֹ, וְיִבְּמָהּ שִׁמְעוֹן וּמֵת בְּלֹא בָּנִים – מוֹדֶה ר"ש שֶׁאֲסוּרָה לְלֵוִי, הוֹאִיל וְנֶאֶסְרָה עָלָיו שָׁעָה אַחַת בִּנְפִילָה רִאשׁוֹנָה. וְכִי פָּלֵיג ר"ש – דְּיִיבֵּם שִׁמְעוֹן אֶת אֵשֶׁת רְאוּבֵן, וְאח"כ נוֹלַד לֵוִי, וּמֵת שִׁמְעוֹן – דְּהָתָם שָׁרֵי לֵיהּ ר"ש לְיַיבּוּמֵי, דְּלָא נָפְלָה לְפָנָיו מִכֹּחַ רְאוּבֵן אָחִיו שֶׁמֵּת כְּבָר וְלֹא נֶאֶסְרָה עָלָיו כְּלוּם, שֶׁכְּשֶׁנָּפְלָה לְפָנָיו – מִכֹּחַ שִׁמְעוֹן שֶׁהָיָה בְּעוֹלָמוֹ נָפְלָה. [לקמן יח:] וְהָאֲמַר ר' אוֹשַׁעְיָא. בְּפֶ' שֵׁנִי (לקמן יח:). חָלוּק הָיָה ר"ש אַף בָּרִאשׁוֹנָה. [לקמן כח:] בְּנוֹלַד וּלְבַסּוֹף יִיבֵּם. וְהָאֲמַר רַב יְהוּדָה אֲמַר רַב. בְּפֶרֶק "ד' אַחִין", דִּתְנַן: ד' אַחִין, שְׁנַיִם נָשְׂאוּ שְׁתֵּי אֲחָיוֹת, וּמֵתוּ הַנְּשׂוּאִין אֶת הָאֲחָיוֹת – הֲרֵי אֵלּוּ חוֹלְצוֹת וְלֹא מִתְיַיבְּמוֹת. לְפִי שֶׁשְּׁתֵּיהֶן זְקוּקוֹת לָזֶה וּשְׁתֵּיהֶן זְקוּקוֹת לָזֶה, וְאִי נָסֵיב הַאי – קָא פָּגַע בַּאֲחוֹת זְקוּקָתוֹ, וְדָמְיָא לַאֲחוֹת אִשָּׁה בְּחַיֶּיהָ. וְקָתָנֵי הָתָם: הָיְתָה אַחַת מֵהֶן אֲסוּרָה עַל הָאֶחָד אִיסּוּר עֶרְוָה, כְּגוֹן שֶׁהָיְתָה חֲמוֹתוֹ אוֹ כַּלָּתוֹ, אָסוּר בָּהּ וּמוּתָּר בַּאֲחוֹתָהּ, דְּלָאו אֲחוֹת זְקוּקָתוֹ הִיא. מִשּׁוּם דְּהָךְ עֶרְוָה הִיא וְלָא זְקוּקָה לֵיהּ, דְּרַחֲמָנָא פְּטָרָהּ מִינֵּיהּ מִדְּדָרְשַׁת "עָלֶיהָ" "עָלֶיהָ", וְהַשֵּׁנִי אָסוּר בִּשְׁתֵּיהֶן. הָיְתָה הַשְּׁנִיָּה אֲסוּרָה עַל הַשֵּׁנִי אִיסּוּר עֶרְוָה, כְּגוֹן שֶׁהָיְתָה חֲמוֹתוֹ – הָאֲסוּרָה לָזֶה מוּתֶּרֶת לָזֶה. כְּגוֹן, רָחֵל וְלֵאָה שְׁתֵּי אֲחָיוֹת, וְנָפְלוּ לִפְנֵי לֵוִי וִיהוּדָה, רָחֵל חֲמוֹתוֹ שֶׁל לֵוִי וְלֵאָה חֲמוֹתוֹ שֶׁל יְהוּדָה, רָחֵל אֲסוּרָה לְלֵוִי וּמוּתֶּרֶת לִיהוּדָה, דְּלָאו אֲחוֹת זְקוּקָתוֹ הִיא, דְּלֵאָה לָא זְקוּקָה לֵיהּ, דְּהָא חֲמוֹתוֹ הִיא, וְלֵאָה אֲסוּרָה לִיהוּדָה וּמוּתֶּרֶת לְלֵוִי (ג), וְאֵינָהּ אֲחוֹת זְקוּקָתוֹ, דְּרָחֵל לָא זְקוּקָה לֵיהּ דְּהָא חֲמוֹתוֹ הִיא. וְקָתָנֵי הָתָם: זוֹ הִיא שֶׁאָמְרוּ אֲחוֹתָהּ כְּשֶׁהִיא יְבִמְתָּהּ אוֹ חוֹלֶצֶת אוֹ מִתְיַיבֶּמֶת. שְׁתֵּי אֲחָיוֹת שֶׁהֵן יְבָמוֹת זוֹ לָזוֹ, שֶׁנִּשְּׂאוּ לִשְׁנֵי אַחִין וְנָפְלוּ לִפְנֵי שְׁנֵי אַחִים – אוֹ חוֹלְצוֹת אוֹ מִתְיַיבְּמוֹת, רְאוּיוֹת לַחֲלִיצָה אוֹ לְיִיבּוּם, וּכְגוֹן שֶׁהָיְתָה כָּל אַחַת אֲסוּרָה עַל הָאֶחָד אִיסּוּר עֶרְוָה, כִּדְפָרֵישִׁית. וְקָאָמַר רַב יְהוּדָה: בְּכוּלָּן, ט"ו עֲרָיוֹת, אֲנִי קוֹרֵא בָּהֶם מִשְׁנָה זוֹ הָאֲסוּרָה לָזֶה מוּתֶּרֶת לָזֶה כו', כְּלוֹמַר: אֶפְשָׁר לְהִתְקַיֵּים, וּמַשְׁכַּחַת בְּכוּלָּן שֶׁיְּהוּ ב' אֲחָיוֹת נוֹפְלוֹת לִפְנֵי ב' אַחִים, וְזוֹ אֲסוּרָה לָזֶה מִשּׁוּם בִּתּוֹ וְזוֹ אֲסוּרָה לָזֶה מִשּׁוּם בִּתּוֹ, וְכֵן בַּת בִּתּוֹ וְכֵן כּוּלָּן, וּתְהֵא הָאֲסוּרָה לָזֶה מוּתֶּרֶת לָזֶה וְהָאֲסוּרָה לָזֶה מוּתֶּרֶת לָזֶה וְיִתְיַיבְּמוּ שְׁתֵּיהֶן אע"פ שֶׁהֵן שְׁתֵּי אֲחָיוֹת, וְלָא אָמְרִינַן אֲחוֹת זְקוּקָתוֹ הִיא. בִּתּוֹ – לָא מַשְׁכַּחַת לָהּ אֶלָּא בִּתּוֹ מֵאֲנוּסָתוֹ, שֶׁאִי אֶפְשָׁר לְבִתּוֹ שֶׁל רְאוּבֵן וּבִתּוֹ שֶׁל שִׁמְעוֹן לִהְיוֹת אֲחָיוֹת מִן הָאֵם, שֶׁהֲרֵי אֵשֶׁת רְאוּבֵן שֶׁיָּלְדָה לוֹ בַּת וְגֵירְשָׁהּ – לֹא נִישֵּׂאת שׁוּב לְשִׁמְעוֹן, שֶׁגְּרוּשַׁת אָחִיו הִיא. אֶלָּא הָכִי מַשְׁכַּחַת לָהּ: רְאוּבֵן אָנַס אִשָּׁה וְיָלְדָה לוֹ בַּת, וְחָזַר שִׁמְעוֹן וְאָנַס אֶת אֲנוּסַת אָחִיו, שֶׁמּוּתֶּרֶת לוֹ, דְּלֹא אָסְרָה תּוֹרָה אֶלָּא אֵשֶׁת אָח עַל יְדֵי קִידּוּשִׁין, וְחָזְרָה וְיָלְדָה לוֹ בַּת לְשִׁמְעוֹן, הֲרֵי בַּת רְאוּבֵן וּבַת שִׁמְעוֹן אֲחָיוֹת מִן הָאֵם, וְנִישְּׂאוּ לְלֵוִי וִיהוּדָה אֲחֵי אֲבִיהֶן, וּמֵתוּ, וְנָפְלוּ לִפְנֵי רְאוּבֵן וְשִׁמְעוֹן – בַּת שִׁמְעוֹן מִתְיַיבֶּמֶת לִרְאוּבֵן, דְּלָאו אֲחוֹת זְקוּקָתוֹ הִיא, וּבַת רְאוּבֵן לְשִׁמְעוֹן. וְכֵן בַּת בִּתּוֹ שֶׁל רְאוּבֵן וּבַת בִּתּוֹ שֶׁל שִׁמְעוֹן שֶׁהָיוּ אֲחָיוֹת מִן הָאָב, וְנִישְּׂאוּ לְלֵוִי וִיהוּדָה. וְכֵן בַּת בְּנוֹ שֶׁל רְאוּבֵן [וְכֵן בַּת בְּנוֹ שֶׁל] שִׁמְעוֹן שֶׁהָיוּ אֲחָיוֹת מִן הָאֵם. וְכֵן בַּת אִשְׁתּוֹ שֶׁל רְאוּבֵן וּבַת אִשְׁתּוֹ שֶׁל שִׁמְעוֹן שֶׁהָיוּ אֲחָיוֹת מִן הָאָב, כְּגוֹן: נַחְשׁוֹן שֶׁנָּשָׂא ב' נָשִׁים וְיָלְדוּ לוֹ ב' בָּנוֹת, וּמֵת נַחְשׁוֹן וְנִישְּׂאוּ ב' נָשָׁיו לִרְאוּבֵן וְשִׁמְעוֹן וּב' בְּנוֹתָיו לְלֵוִי וִיהוּדָה, וּמֵתוּ לֵוִי וִיהוּדָה – בַּת אֵשֶׁת שִׁמְעוֹן תִּתְיַיבֵּם לִרְאוּבֵן, וַאֲחוֹתָהּ לְשִׁמְעוֹן. וְכֵן בַּת בִּתָּהּ שֶׁל אֵשֶׁת רְאוּבֵן וּבַת בִּתָּהּ שֶׁל אֵשֶׁת שִׁמְעוֹן שֶׁהָיוּ אֲחָיוֹת מִן הָאָב, וְכֵן בַּת בְּנָהּ שֶׁל אֵשֶׁת זֶה וְשֶׁל אֵשֶׁת זֶה שֶׁהָיוּ אֲחָיוֹת מִן הָאֵם, וְכֵן חֲמוֹתוֹ שֶׁל רְאוּבֵן וַחֲמוֹתוֹ שֶׁל שִׁמְעוֹן שֶׁהָיוּ אֲחָיוֹת, וְכֵן אֵם חֲמוֹתוֹ וְכֵן אֵם חָמִיו, וְכֵן אֲחוֹתוֹ שֶׁל רְאוּבֵן מֵאִמּוֹ וַאֲחוֹת שִׁמְעוֹן מֵאִמּוֹ הָיוּ אֲחָיוֹת מִן הָאָב, וְנָפְלוּ לִפְנֵיהֶם מִלֵּוִי וִיהוּדָה, כְּגוֹן: רְאוּבֵן וְלֵוִי בְּנֵי יַעֲקֹב מֵרָחֵל הָיוּ, וְלָהּ בַּת מִנַּחְשׁוֹן, וְכֵן שִׁמְעוֹן וִיהוּדָה בְּנֵי יַעֲקֹב מִבִּלְהָה, וְגַם לָהּ הָיָה בַּת מִנַּחְשׁוֹן. וְנָשָׂא לֵוִי בַּת בִּלְהָה מִנַּחְשׁוֹן, וִיהוּדָה נָשָׂא בַּת רָחֵל מִנַּחְשׁוֹן, וְהֵן שְׁתֵּי אֲחָיוֹת. וּמֵתוּ לֵוִי וִיהוּדָה, וְנָפְלוּ לִפְנֵי רְאוּבֵן וְשִׁמְעוֹן. בַּת בִּלְהָה אֵשֶׁת לֵוִי אֲחוֹת שִׁמְעוֹן מֵאִמּוֹ וַאֲסוּרָה לוֹ – מִתְיַיבֶּמֶת לִרְאוּבֵן, וּבַת רָחֵל אֵשֶׁת יְהוּדָה אֲחוֹת רְאוּבֵן מֵאִמּוֹ – [וַאֲסוּרָה לוֹ] וּמוּתֶּרֶת לְשִׁמְעוֹן. וְכֵן אֲחוֹת אִמּוֹ שֶׁל רְאוּבֵן וַאֲחוֹת אִמּוֹ שֶׁל שִׁמְעוֹן הָיוּ אֲחָיוֹת מִן הָאָב, כְּגוֹן: כָּלֵב שֶׁנָּשָׂא שְׁתֵּי נָשִׁים *חֶלְאָה וְנַעֲרָה (דה"א ד), [ו"ג מחלה ונועה] וְיָלְדוּ לוֹ שְׁתֵּי בָּנוֹת וּמֵת. וְנָשָׂא יַחְלְאֵל לְאַחַר מִיתָתוֹ אֶת שְׁתֵּי נָשָׁיו, וְיָלְדוּ לוֹ שְׁתֵּי בָּנוֹת, וְנָשָׂא יַעֲקֹב אֶת שְׁתֵּי בְּנוֹת יַחְלְאֵל זוֹ לְאַחַר מִיתַת אֲחוֹתָהּ. וְיָלְדָה לוֹ בַּת חֶלְאָה מִיַּחְלְאֵל אֶת רְאוּבֵן, וּבַת נַעֲרָה מִיַּחְלְאֵל אֶת שִׁמְעוֹן. וְלֵוִי בֶּן יַעֲקֹב מֵאִשָּׁה אַחֶרֶת נָשָׂא אֶת בַּת כָּלֵב מֵחֶלְאָה, שֶׁהִיא אֲחוֹת אִמּוֹ שֶׁל רְאוּבֵן מִן הָאֵם, וִיהוּדָה נָשָׂא אֶת בַּת כָּלֵב מִנַּעֲרָה שֶׁהִיא אֲחוֹת אִמּוֹ שֶׁל שִׁמְעוֹן מִן הָאֵם, וּמֵתוּ לֵוִי וִיהוּדָה – אֵשֶׁת לֵוִי אֲחוֹת אֵם רְאוּבֵן מוּתֶּרֶת לְשִׁמְעוֹן, שֶׁהִיא בַּת כָּלֵב מֵחֶלְאָה, וְאֵם שִׁמְעוֹן הָיְתָה בַּת יַחְלְאֵל מִנַּעֲרָה, וְאֵשֶׁת יְהוּדָה אֲחוֹת אֵם שִׁמְעוֹן – מוּתֶּרֶת לִרְאוּבֵן. וְכֵן אֵשֶׁת אָחִיו מֵאִמּוֹ, כְּגוֹן: יַעֲקֹב שֶׁנָּשָׂא בִּלְהָה וְלָהּ נַפְתָּלִי מֵאִישׁ אַחֵר, וְהוֹלִיד מִמֶּנָּה רְאוּבֵן וְלֵוִי. וְעוֹד נָשָׂא זִלְפָּה, וְלָהּ יִשָּׂשכָר מֵאִישׁ אַחֵר, וְיָלְדָה לְיַעֲקֹב שִׁמְעוֹן וִיהוּדָה, וְנָשְׂאוּ נַפְתָּלִי וְיִשָּׂשכָר שְׁתֵּי אֲחָיוֹת, וּמֵתוּ, וְעָמַד לֵוִי וְנָשָׂא אֵשֶׁת יִשָּׂשכָר בֶּן זִלְפָּה שֶׁלֹּא הָיָה קָרוֹב לוֹ, וִיהוּדָה נָשָׂא אֵשֶׁת נַפְתָּלִי בֶּן בִּלְהָה, שֶׁהֲרֵי נָכְרִית אֶצְלוֹ, וּמֵתוּ בְּלֹא בָּנִים, וְנָפְלוּ לִפְנֵי רְאוּבֵן וְשִׁמְעוֹן. אֵשֶׁת לֵוִי אֲסוּרָה לְשִׁמְעוֹן מִפְּנֵי יִשָּׂשכָר בַּעְלָהּ שֶׁהָיָה אָחִיו מֵאִמּוֹ, וּמוּתֶּרֶת לִרְאוּבֵן, וְאֵשֶׁת יְהוּדָה אֲסוּרָה לִרְאוּבֵן מִפְּנֵי נַפְתָּלִי בַּעְלָהּ הָרִאשׁוֹן, שֶׁהָיָה אָחִיו מֵאִמּוֹ, וּמוּתֶּרֶת לְשִׁמְעוֹן. וְכֵן אֲחוֹת אִשְׁתּוֹ. [כְּגוֹן] נַפְתָּלִי שֶׁהָיוּ לוֹ שְׁתֵּי נָשִׁים עָדָה וְצִלָּה, וְיָלְדָה לוֹ עָדָה אֶת דִּינָה, וְצִלָּה יָלְדָה אֶת נַעֲמָה, וּמֵת, וְנִישְּׂאוּ נָשָׁיו לְאַחֵר, וְיָלְדוּ שְׁתֵּי בָּנוֹת, וְנָשְׂאוּ רְאוּבֵן וְשִׁמְעוֹן אֶת הַבָּנוֹת הָאַחֲרוֹנוֹת: רְאוּבֵן נָשָׂא אֶת בַּת עָדָה, וְשִׁמְעוֹן בַּת צִלָּה, וְלֵוִי וִיהוּדָה נָשְׂאוּ אֶת שְׁתֵּי בְּנוֹת נַפְתָּלִי, לֵוִי דִּינָה בַּת עָדָה וִיהוּדָה נַעֲמָה בַּת צִלָּה, וּמֵתוּ בְּלֹא בָּנִים, וְנָפְלוּ אֲחָיוֹת הַלָּלוּ לִפְנֵי רְאוּבֵן וְשִׁמְעוֹן, וְנִמְצֵאת אֵשֶׁת לֵוִי אֲחוֹת אִשְׁתּוֹ שֶׁל רְאוּבֵן מוּתֶּרֶת לְשִׁמְעוֹן, וְאֵשֶׁת יְהוּדָה אֲחוֹת אִשְׁתּוֹ שֶׁל שִׁמְעוֹן מוּתֶּרֶת לִרְאוּבֵן. **אֵשֶׁת אָחִיו שֶׁלֹּא הָיָה בָּעוֹלָם.** לָא מַשְׁכַּחַת לָהּ אֶלָּא אַלִּיבָּא דר"ש דְּשָׁרֵי בְּיִיבֵּם וּלְבַסּוֹף נוֹלַד, וְסִימָנֵיךְ: מֵת נוֹלַד וְיִיבֵּם, מֵת נוֹלַד וְיִיבֵּם. כְּגוֹן: רְאוּבֵן וְשִׁמְעוֹן וְלֵוִי וִיהוּדָה בְּנֵי יַעֲקֹב, וְנָשְׂאוּ רְאוּבֵן וְשִׁמְעוֹן שְׁתֵּי אֲחָיוֹת, וּמֵת רְאוּבֵן בְּלֹא בָּנִים וְנוֹלַד יִשָּׂשכָר לְיַעֲקֹב, וּמְצָאָהּ לִיבִמְתּוֹ זְקוּקָה לְיִיבּוּם – אֲסוּרָה לוֹ מִשּׁוּם אֵשֶׁת אָחִיו שֶׁלֹּא הָיָה בְּעוֹלָמוֹ, וְיִבְּמָהּ לֵוִי, וּמֵת שִׁמְעוֹן אַחֲרֵי כֵן, וְנוֹלַד זְבוּלוּן, וּמְצָאָהּ עָלָיו בְּאִיסּוּר, וְיִבְּמָהּ יְהוּדָה, וּמֵתוּ לֵוִי וִיהוּדָה, וְנָפְלוּ אֲחָיוֹת הַלָּלוּ לִפְנֵי יִשָּׂשכָר וּזְבוּלוּן – אֵשֶׁת לֵוִי אֲסוּרָה לְיִשָּׂשכָר, מִפְּנֵי שֶׁבָּא וּמְצָאָהּ בְּאִיסּוּר נְפִילַת רְאוּבֵן שֶׁהָיָה אָחִיו שֶׁלֹּא הָיָה בְּעוֹלָמוֹ, וּמוּתֶּרֶת לִזְבוּלוּן שֶׁבָּא וּמְצָאָהּ בְּהֵיתֵּר, דִּכְשֶׁנּוֹלַד זְבוּלוּן כְּבָר נִתְיַיבְּמָה זוֹ לְלֵוִי. וּדְיִיבֵּם וּלְבַסּוֹף נוֹלַד שָׁרֵי רַבִּי שִׁמְעוֹן. וְאֵשֶׁת יְהוּדָה אֲסוּרָה לִזְבוּלוּן, מִפְּנֵי שֶׁבָּא וּמְצָאָהּ בְּאִיסּוּר נְפִילַת נִישּׂוּאֵי שִׁמְעוֹן אָחִיו שֶׁלֹּא הָיָה בָּעוֹלָם, וּמוּתֶּרֶת לְיִשָּׂשכָר שֶׁרָאָה שִׁמְעוֹן וִיהוּדָה; כַּלָּתוֹ – כְּגוֹן בֶּן רְאוּבֵן וּבֶן שִׁמְעוֹן נָשְׂאוּ שְׁתֵּי אֲחָיוֹת וּמֵתוּ, וְנָשְׂאוּ לֵוִי וִיהוּדָה אֲחֵי רְאוּבֵן וְשִׁמְעוֹן וּמֵתוּ בְּלֹא בָּנִים – כַּלָּתוֹ שֶׁל זֶה מוּתֶּרֶת לָזֶה, וְשֶׁל זֶה מוּתֶּרֶת לָזֶה, וְנִמְצְאוּ שְׁתֵּי אֲחָיוֹת מִתְיַיבְּמוֹת. וְרַב יְהוּדָה מְתַרְגֵּם. לְהָא דְּרַב מֵחֲמוֹתוֹ וְאֵילָךְ. אֲבָל שֵׁשׁ עֲרָיוֹת דְּבָבָא דְּרֵישָׁא – לָא תָּנֵי בּוֹ אֲנִי קוֹרֵא בָּהֶן. וְאַף עַל גַּב דִּבְכוּלְּהוּ מַשְׁכַּחַתְּ לָהּ. כֵּיוָן דְּבִתּוֹ. לָא מִיתוֹקְמָה אֶלָּא בְּבַת אֲנוּסָה, וְכִדְפָרְשִׁינַן: בְּאוֹנְסִין – לָא קָא מַיְירֵי מַתְנִיתִין. וְאַיְּידֵי דְּלָא תָּנֵי בִּתּוֹ, לָא תָּנֵי לְהוּ לְכוּלְּהוּ עֲרָיוֹת מִשּׁוּם צַד בִּתּוֹ. וְסִימָנֵיךְ

בתו מאנוסתו. נ"ל דשניהם אנוסות, דאי אנסה ראובן, ושמעון נשאה – א"כ לשמעון אסירי תרווייהו, אחת משום בתו ואחת משום בת אשתו. **באונסין** לא קמיירי. דבכולן אני קורא בהן – משמע ברגיל להיות. **משכחת** לה בשיתא אחים. בפ' "ארבעה אחין" (לקמן ד' כח.) פריך: בחמשה נמי משכחת להו! לעולס

תוספות ישנים

והאמר ר' אושעיא חלוק היה ר' שמעון אף בראשונה. וא"ת ולישני דמיירי בתר אחא ומית ולא יבס אי נמי בתרי ולא מית דבהא מודה ר' אושעיא דר' שמעון מודה בהא כדקאמר לקמן וי"ל דהא לא מצינן למימר דהא בפ"ב מפרש כילד אשת אחיו שלא היה בעולמו ולא מיירי בכי האי גוונא:

הגהות הב"ח

(א) גמ' משכחת לה בנשואין: (ב) רש"י ד"ה והאמר רב יהודה וכו' ומותרת ללוי דאינה אחות:

וְסִימָנֵיךְ: מֵת נוֹלָד וְיִבֵּם, מֵת נוֹלָד וְיִבֵּם. (א) אֶלָּא, לְרַבִּי — הָנֵי כְּלָלֵי לֵית לֵיהּ. רַב אַדָּא קַרְחִינָא קַמֵּיהּ דְּרַב כָּהֲנָא אֲמַר מִשְּׁמֵיהּ דְּרָבָא: לְעוֹלָם אִית לֵיהּ לְרַבִּי הָנֵי כְּלָלֵי, וְהָכִי קָא"ל: אִמּוֹ אֲנוּסַת אָבִיו — בַּחֲדָא מַשְׁכַּחַתְּ לָהּ, בְּתַרְתֵּי — לָא קָמַשְׁכַּחַתְּ לָהּ. אִי יַעֲקֹב ב' אֲחָיוֹת אָנַס, אֲחוֹתָהּ שֶׁהִיא יְבִמְתָּהּ — מַשְׁכַּחַתְּ לָהּ, הָאֲסוּרָה לָזֶה מוּתֶּרֶת לָזֶה — לָא מַשְׁכַּחַתְּ (ב), וְאִי ב' נָכְרִיּוֹת אָנַס — הָאֲסוּרָה לָזֶה מוּתֶּרֶת לָזֶה מַשְׁכַּחַתְּ לָהּ, אֲחוֹתָהּ שֶׁהִיא יְבִמְתָּהּ — לָא מַשְׁכַּחַתְּ לָהּ. רַב אַשִׁי אֲמַר: לְעוֹלָם לֵית לֵיהּ לְרַבִּי הָנֵי כְּלָלֵי, וּבִפְלוּגְתָּא קָמַיְירֵי. וּמַאי "כִּמְדוּמֶה אֲנִי שֶׁאֵין לוֹ מוֹחַ בְּקָדְקֳדוֹ" דְּקָאָמַר לֵיהּ — ה"ק לֵיהּ: מ"ט לָא דָּיְיקַתְּ מתני'? דְּמתני' רַ' יְהוּדָה הִיא, [דְּאָסַר בַּאֲנוּסַת אָבִיו]. דְּקָתָנֵי: *שֵׁשׁ עֲרָיוֹת חֲמוּרוֹת מֵאֵלּוּ מִפְּנֵי שֶׁהֵן נְשׂוּאוֹת לַאֲחֵרִים צָרוֹתֵיהֶן מוּתָּרוֹת: אִמּוֹ, וְאֵשֶׁת אָבִיו, וַאֲחוֹת אָבִיו. מַאי אִמּוֹ? אִילֵימָא נְשׂוּאַת אָבִיו — הַיְינוּ אֵשֶׁת אָבִיו! אֶלָּא לָאו — אֲנוּסַת אָבִיו, וְקָתָנֵי: מִפְּנֵי שֶׁהֵן נְשׂוּאוֹת לַאֲחֵרִים, לַאֲחֵרִים — אִין, לְאַחִין — לָא. מַאן שָׁמְעַתְּ לֵיהּ דְּאִית לֵיהּ הַאי סְבָרָא — רַ' יְהוּדָה, דְּאָסַר בַּאֲנוּסַת אָבִיו, מִשּׁוּם הָכִי לָא תָּנֵי לֵיהּ. א"ל רָבִינָא לְרַב אַשִׁי: לְרַ' יְהוּדָה נַמִי מַשְׁכַּחַתְּ לָהּ. *דְּאִי עָבַר וְנָסֵיב! *"דְּאִי" לָא קָתָנֵי. א"ל רַב אַשִׁי לְרַב כָּהֲנָא: בְּלָא "דְּאִי" נַמִי מַשְׁכַּחַתְּ לָהּ: יַעֲקֹב אָנַס כַּלָּתוֹ וְהוֹלִיד מִמֶּנָּה בֵּן, וּמֵת [רְאוּבֵן] בְּלֹא בָנִים, וְנָפְלָה לָהּ קַמֵּי בְּרָהּ, וּמִיגּוֹ דְּאִיהִי אֲסִירָה — צָרָתָהּ נַמִי אֲסִירָה. א"ל[א]: בַּאֲחָוְתָהּ דְּהֶתֵּירָא — קָמַיְירֵי, בַּאֲחָוְתָהּ דְּאִיסּוּרָא — לָא קָמַיְירֵי. וְאַף עַל פִּי כֵן *בְּדָקָהּ לֵוִי בְּמתני', דְּתָנֵי לֵוִי: אִמּוֹ, פְּעָמִים פּוֹטֶרֶת צָרָתָהּ וּפְעָמִים אֵינָהּ פּוֹטֶרֶת צָרָתָהּ. כֵּיצַד? הָיְתָה אִמּוֹ נְשׂוּאַת אָבִיו, וְנִשֵּׂאת לְאָחִיו מֵאָבִיו וּמֵת — זוֹ הִיא אִמּוֹ שֶׁאֵין פּוֹטֶרֶת צָרָתָהּ, הָיְתָה

רש"י

וסימניך מת נולד וייבם כו'. כדפי', אלמא מדתני רבי חייא בכולן אני קורא בהן, ואפילו באשת אחיו שלא היה בעולם – אלמא תנא דמתני' תני פלוגתא, דהא רבי חייא אמתני' קאי. לרבי לית ליה הני כללי. דר' חייא, הלכך לא מוקמי מתני' בפלוגתא, אלא בנולד ולבסוף ייבם לדברי הכל. אמו אנוסת אביו בחדא משכחת לה. להכי לא נקט לה במתני', שאי אתה קורא בה האסורה לזה מותרת לזה, ואחותה כשהיא יבמתה מתייבמת, שיהו ב' אחיות נופלות להתייבם ותהא זו אסורה לזה משום אמו, וכן זו על זה, ומותרת לשני. אלא חדא משכחת לה: או האסורה לזה מותרת לזה, או אחותה כשהיא יבמתה. אי יעקב שתי אחיות אנס. וילדה לו האחת לוי והאחת יהודה, ונשא ראובן אנוסת אביו, אמו של לוי, ושמעון נשא אנוסת אביו, אמו של יהודה. אחותה כשהיא יבמתה. נופלת לייבום לפני לוי ויהודה בניה, משכחת לה. האסורה לזה מותרת לזה לא משכחת לה. לפי ששתיהן אסורות על שניהם: אמו של לוי אסורה לו משום אמו, ואחותה משום אחות האם, וכן ליהודה. ושתיהן פטורות מן החליצה ומן הייבום. ואי שתי נכריות אנס. וילדו לו ב' בנים, ונשאום ב' בנים מאשה אחרת, ונפלו לפני בניהם – האסורה לזה מותרת לזה משכחת לה, אבל לאו אחיות נינהו. ועיקר מילתיה דרבי חייא משום ייבום שתי אחיות נקט: ה"ג. רב אשי אמר לעולם לית ליה לר' הני כללי, ובפלוגתא קא מיירי. כלומר: לא תימא דהא דלא תני אמו אנוסת אביו משום דלא משכחת [בה] הני כללי, דלרבי ל"ל הני כללי. ולא תימא להכי שבקיה דלא מיירי בפלוגתא, דבפלוגתא ודאי קמיירי, ומאי אין לו מוח דקאמר ליה – ה"ק ליה כו'. דאסר באנוסת אביו. ולא משכחת לה שתפול אם לפני בנה לייבום מאחיו ומאביו. דאי עבר ונסיב. את אנוסת אביו, ונפלה לייבום לפני בנה, וליתני. בלא דאי נמי משכחת. שלא עבר זה המת בנישואיה. אנס כלתו. ועבר על דת: ואע"פ דמהדר ליה רבי ללוי: כמדומה אני שאין לו מוח בקדקדו. בדקה לוי במתני'. הגיהה והוסיפה לאמו אנוסת אביו במשנתו. היתה אמו נשואת אביו ונשאת לאחיו מאביו ומת. לא תפסי קדושין בה, שהרי אשת אב בכרת, ואמרינן לקמן: אין קדושין תופסין בחייבי כריתות דברי הכל. הלכך, כשמת רשע זה לא נפלה זו לייבום לפני בנה, דלאו אשת אח הואי, ואינה פוטרת צרתה. היתה

תוספות

לעולם לית ליה לרבי הני כללי ובפלוגתא קמיירי. וא"ת: ליתני אשת איש שפוטרת צרתה, כגון דאמר לה הר"ז גיטך ע"מ שלא תנשאי לפלוני, דפליגי ב"המגרש" (גיטין דף פב.) ר"א ורבנן, דלר"א הוי גט ואסורה לפלוני, ואם נשאת לאחיו ומת פוטרת צרתה, ואע"ג דאסורה לכל אדם, אפי' לרבי אליעזר מדרבנן, עד שימות המגרש או הפלוני, דחיישינן שמא תנשא לו לאחר שתתאלמן או תתגרש מזה, ונמצאו בניה ממזרים. כדחיישינן ב"המגרש" (שם דף פד.) ע"מ שלא תבעלי לפלוני שמא תבעל לו אחר שתתאלמן או אחר שתתגרש, ובעודה תחתיו ליכא למיחש יותר מאבא ואביך – מ"מ לוי דקתני נמי "דאי", כדאמרינן לקמן – קשה, דליתני נמי להך! ולמאן דנפקא ליה מאחות אשה – ניחא, דלא דמי הך לאחות אשה. דע"מ שלא תנשאי שריא ליה בזנות, וע"מ שלא תבעלי – יכולה היא להתקדש לו, ולא דמיא לאחות אשה. ובע"מ שלא תנשאי ולא תבעלי נמי, אי חשיב שיור כמו ב"חוץ מפלוני" – א"כ שריא ליה כי נשאת לאחיו קודם. ואפי' אי לא חשיב שיור – מ"מ לא דמי לאחות אשה, דהתם בשעת נפילה הוי אחות אשתו, אבל הכא, בשעת נפילה אינה אשת איש עד שתבעל לו. ואפי' תחשבנה אשת איש כיון שמטעם אשת איש אסורה ליבעל לו – מ"מ לא דמי, כיון שאם תבעל ליבם שנאסרה עליו – הויא אשת איש, ולא היתה אשת אחיו מעולם, הלכך לא פטרה צרתה. ומיהו, למאן דנפקא ליה מ"ולקחה" כל היכא דאיכא תרי ליקוחין – קשה! וי"ל, אע"ג דלוי תני "דאי", ובפלוגתא קמיירי – לא קמיירי אלא בפלוגתא דס"ל לתנא דמתני' כוותיה. תדע, דלא תני לוי חייבי לאוין, אע"ג דלר"ע לאו בני חליצה וייבום נינהו. ומאן דמוסיף לעיל אשת אחיו שלא היה בעולמו, ומשכחת לה כר"ש, אע"ג דשמא תנא דמתני' לא סבר לה כר"ש – היינו משום דבכולן אני קורא בהן – משמע ליה דקאי אכולהו, אבל אי מודו רבנן לר"א בקידושין, דמספקא ליה לאביי מדקאמר בריש "המגרש" (שם דף פב: ושם) דאם איתא לר' אבא קשיא: ליתני אשת איש, דמשכחת לה אפילו לרבנן, כגון שבא ראובן וקדשה חוץ משמעון, ובא שמעון וקדשה סתם, ומת שמעון [ונפלה לפני לוי אחיו]. וצרת צרה נמי משכחת לה, כגון שקדשה ראובן חוץ משני אחין! וי"ל: דלא קרינא לגביה אשת המת, דכבר נאסרה [עליו לפני קדושי אחים] משום אשת [אח], ולא חשיב ערוה במקום מצוה. ומיהו, אי אשת שני מתים דאורייתא, כדמשמע ב"המגרש" (שם דף פב: ושם) ליתני הכא אשת ב' מתים, כגון שבא ראובן וקדשה חוץ משמעון ולוי אחיו, ובא שמעון וקדשה סתם ומת כו', או בענין שאמר ר' יוחנן בפ' "האומר" (קדושין דף ס.) דאפילו הן ק' – תופסין, ומשכחת בהן נמי צרת צרה! ומיהו, בפ"ג (לקמן לא: ושם ד"ה מדרבנן) ובפ"ב (לקמן יח. ושם) משמע דאשת שני מתים גזירה דרבנן, ושם אפרש. ובירושלמי בריש "המגרש" פריך לה: מתיב ר' חנינא בשם רבי פנחס: ליתני ט"ז נשים כר"א! ומשני: תמן התורה אסרה עליו (ג), הכא – הוא אסרה עליו. ופי' רבינו יצחק: תמן התורה אסרה עליו, ומשנשאה המת אין לה היתר להתייבם כשימות, מפני שאין איסור שבה תלוי בשום אדם, אלא בתורה שאסרה עליו. אבל אשת איש האיסור תלוי במגרש שאם ירצה – יתירנה ליבם קודם שימות אחיו שנשאה, ולהכי לא תני להו, דלא דמו להו, לפי שביד המגרש להתירה*. דקתני שש עריות חמורות מאלו כו'. ותימה: דמאי ס"ד דהנהו. דלעיל דלא דייקי מסיפא? וממ"נ, כיון דתני לה גבי שש ערוות – לא אפשר למיתנייה ברישא! וי"ל: דקשיא ליה ללוי, דה"ל למיתני ברישא ט"ז ובסיפא לא הוה ליה למיתני אלא ה', ואע"ג דאתי כרבי יהודה – ה"ל למיתני ששה עשרה, דאי עבר ונסיב, ודאי לא קא מיירי. לרבי יהודה נמי משכחת לה דאי עבר ונסיב. תימה: דבלא "דאי עבר ונסיב" נמי משכחת לה (ד) שקידש ולא בעל, דאפילו אביי דאמר בפרק בתרא דקידושין (דף עח.), גבי אלמנה לכ"ג: קידש לוקה – היינו משום דכתיב "לא יקח", אבל הכא "לא יגלה" כתיב! וי"ל: דשמא אסור לקדש מדרבנן שמא יבעול, ואפילו יהא מותר לקדשה – חשיב "דאי" מטעם שאסור לבוא עליה. וא"ת: אפילו ע"י "דאי", היכי משכחת לה? הא ר' יהודה סבר כר"ע בפרק "ד' מיתות" (סנהדרין דף נג.) דאמר: אין קדושין תופסין בחייבי לאוין! וי"ל: דלא סבר לה התלמוד כברייתא דהתם, אלא כמתני' דפליג עלה. ועוד, דעל כרחך מתני' דהכא לא סברה בהא כרבי יהודה, דהא קתני בפ"ב (לקמן דף כ.): איסור מצוה ואיסור קדושה – חולצת ולא מתייבמת. ואי אין קדושין תופסין בחייבי לאוין – חליצה נמי לא תיבעי. וא"ת: בחייבי לאוין דשאר, מנלן דלא סבר מתני' כרבי יהודה? דאיסור מצוה ואיסור קדושה מפרש לקמן כגון אלמנה לכ"ג גרושה וחלוצה לכהן הדיוט ממזרת ונתינה לישראל. ואר"י: דע"כ מתני'

מסורת הש"ס

לקמן יג.

[לקמן עח.]

[גירסת הערוך בערך פתק פתקה]

[ועי' תוס' גיטין בד"ה אפילו לא]

[פסחים קה. מנחות נב.]

הגהות הב"ח

(א) גמ' מת נולד ויבם לר' כל"ל ותיבת אלא נמחק: (ב) שם מותרת לזה לא משכחת לה ואי ב': (ג) תוס' ד"ה לעולם וכו' אסרה עליו ברם הכא הוא: (ד) ד"ה לר' יהודה וכו' משכחת לה כגון שקידש:

הגהות מהר"ב רנשבורג

א] גמ' באחותה דהיתירא קמיירי באחותה דאיסורא לא קמיירי כל"ל:

היתה אמו אנוסת אביו, ונשאת לאחיו מאביו ומת – זו היא אמו שפוטרת צרתה. ואע"פ ששנו חכמים במשנתנו "חמש עשרה", יש לנו להוסיף שש עשרה, כגון זו. א"ל ר"ל לרבי יוחנן: ללוי דאמר "דאי" נמי קתני, לתני: החולץ ליבמתו וחזר וקדשה ומת בלא בנים, דמגו דאיהי אסורה – צרתה נמי אסירא! א"ל: °לפי שאינה בצרת צרה. ולימא ליה: חייבי לאוין היא, וחייבי לאוין בני חליצה ויבום נינהו? לדבריו קאמר ליה: לדידי חייבי לאוין הם, וחייבי לאוין בני חליצה ויבום נינהו, אלא לדידך חייבי כריתות נינהו, לפי שאינן בצרת צרה. איתמר, החולץ ליבמתו וחזר וקדשה. *אמר ר"ל: הוא אין חייב על החלוצה כרת, והאחין חייבין על החלוצה כרת. על הצרה – בין הוא ובין האחים חייבין על הצרה כרת. *ורבי יוחנן אמר: אבין הוא ובין האחין אינן חייבין לא על החלוצה כרת ולא על הצרה כרת. מ"ט דר"ל? אמר קרא °"אשר לא יבנה" [דברים כה] *כיון שלא בנה – שוב לא יבנה. איהו הוא דקאי ב"לא יבנה", אבל אחיו – כדקיימי קיימי, ועלה דידה הוא דקאי ב"לא יבנה", הא צרה – כדקיימי קיימי. ורבי יוחנן: מי איכא מידי דמעיקרא, אי בעי האי חליץ ואי בעי האי חליץ, ואי בעי (א) להאי חליץ ואי בעי להאי חליץ, והשתא קאי עלה בכרת? אלא: איהו שליחותא דאחים קעביד, איהי שליחותא דצרה קעבדה. איתיביה ר' יוחנן לר"ל: החולץ ליבמתו וחזר וקדשה, ומת – צריכה חליצה מן האחין. בשלמא לדידי דאמינא חייבי לאוין נינהו, היינו דצריכה חליצה מן האחין. אלא לדידך, אמאי צריכה חליצה? ולטעמיך, אימא סיפא: עמד אחד מן האחין וקדשה – אין לה עליו כלום. ואי חייבי לאוין נינהו – אמאי אין לה עליו כלום? אמר רב ששת: סיפא אתאן לר"ע, דאמר: *אין קידושין תופסין בחייבי לאוין. וליתני: לדברי ר"ע אין(ב) לו עליו כלום! קשיא

רש"י

היתה אמו אנוסת אביו ונשאת לאחיו מאביו. קידושין תופסין בה. ואפילו לר' יהודה הקידושין תופסין בחייבי לאוין, וכשמת – נמלא' לרתה ערוה, ופטורה. ללוי דאמר דאי נמי קתני. דהא מתני' רבי יהודה (ג), ודייק לה לוי: אמו אנוסת אביו. וחזר וקדשה. וקידושין תופסין לו בה, דאינה עליו אלא בלאו, דכתיב "אשר לא יבנה את בית אחיו" – כיון שלא בנה שוב לא יבנה. ומת בלא בנים. ולו אשה אחרת. דמיגו דהיא אסורה לאחים. דקיימא עלייהו בכרת לר"ל, דאמר לקמן בשמעתין: האחין של חולץ חייבין על החלוצה כרת, לרתה נמי אסורה. לפי שאינה בצרת צרה. דליכא למיתני בה הלכה לרתה ונשאת לאחד מן האחין – דהא לכולהו אסירא, דכל עריות דמתני' על האחד מהם ערוה ועל שאר אחין מותרות, ומלי למיתני בה "הלכה לרתה ונשאת לאחיו השני". אבל הכא כולהו אחין אסירי בתרוייהו. ולימא ליה. רבי יוחנן לר"ל: חייבי לאוין נינהו האחין על חלוצה זו, שחזרה ונפלה לפניהם, ולא קיימא עלייהו בכרת. דהא איהו פליג עליה דר"ש בן לקיש לקמן, ואמר: בין שאר האחים בין החולץ אין חייבין על החלוצה כרת ולא על הלרה כרת. וחייבי לאוין בני חליצה ויבום נינהו. כלומר, וזקוקה היא להתייבם, ואין איסור לאו פוטרת מן החליצה, דהא מאחות אשה ילפינן שהיא ערוה וחייבין על זדונה כרת, והלכך לא מלי למיתנייה במתני'. על הצרה. אם היתה לה לרה, ונפטרה בחליצתה של זו, דכתיב "בית חלוץ הנעל" – בית אחד הוא חולץ, ואין חולץ שני בתים (ד). ואותה לרה חמורה לעמוד על כולן באיסור אשת אח בכרת שנפטרה מהן, כדמפרש טעמא. כדקיימי קיימי. באיסור אשת אח. ור' יוחנן. אמר לך: מי איכא מידי דמעיקרא אי בעי האי את חליץ ואי בעי האי את חליץ, שהרשות ביד כולן. ולענין לרתה נמי, (ה) מעיקרא – אי בעי להאי חליץ ואי בעי להאי חליץ, והשתא, משום דחליץ חד לחדא, קאי על לרה בכרת, וכן אחיו על כולהו בכרת. האי שליחותא דידהו עבד. דמעיקרא היה הרשות ביד כולן. וכן היא, שליחותא דלרה עבדה. וכי היכי דהוא עלה בלא יבנה, כן על לרתה בלא יבנה, וכן האחים על שתיהם. אמאי צריכה חליצה. נהי נמי דקידושין תפסי בה, דאיהו לא קאי עלה בכרת, מיהו כשמת – תיפטר ותלא מן האחים משום ערוה, הואיל ובכרת היא עלייהו. עמד אחד מן האחין וקדשה. שלא קדשה החולץ, אלא אחד מן האחין. אין לה עליו כלום. דאין קידושין תופסין לו בה, ואינה לריכה הימנו גט, דאין קידושין תופסין בחייבי כריתות. סיפא אתאן לרבי עקיבא. ורישא רבנן. ומיהו, חייבי לאוין הוא דברי הכל. קשיא

תוספות

מתני' סבר דאפי' בחייבי לאוין דשאר קידושין תופסין, מדקתני שש עריות ולא קתני ח' עריות גרושתו וחלולתו, דאם היו יכולות לינשא לאחיו היו פוטרות לרותיהן כחייבי כריתות, כיון דאין קידושין תופסין. אלא ודאי קידושין תופסין בהו, ולהכי לא שייך למיתנינהו, דאפי' היו יכולות לינשא לאחיו – לא היו פוטרות לרותיהן. ועוד יש לדקדק: מדנקט אנוסת אביו שהיא אמו, ולא נקט אנוסת אביו סתם. וא"ת: כיון דמתני' סבר כרבי יהודה דאסר באנוסת אביו, א"כ ע"כ סבר נמי דאין קידושין תופסין בחייבי לאוין, דהא בהא תליא, כדמוכח בסוף "החולץ" (לקמן דף מט. ושם) דמפרש טעמא דר"ע דאמר: יש ממזר מחייבי לאוין, משום דסבר לה כרבי יהודה דמוקי "לא יגלה" באנוסת אביו, וסמיך ליה "לא יבא ממזר", וא"כ למתני' נמי הוי ממזר, וכל היכא דהוי ממזר – אין קידושין תופסין, כדמוכח בכמה דוכתי! וי"ל: דאע"ג דמתני' מוקמה לקרא באנוסת אביו מ"מ לא הוי ממזר, כמו לרבי יהושע דמוקי "לא יגלה" בשומרת יבם של אביו – אפ"ה סבר דלא הוי ממזר אלא מחייבי מיתות ב"ד, ודרשינן מ"לא יקח" דהוי חייבי מיתות ב"ד עד "לא יגלה" דהוי חייבי כריתות הוי ממזר, ולא חייבי כריתות. וה"נ לתנא דמתני' מ"לא יקח" עד "לא יגלה" שהוא חייבי לאוין – הוי ממזר, ולא חייבי לאוין בכלל.

לפי (ו) שאינן בצרת צרה. הקשה הר"ר משה כהן: לר"ש איתא בלרת לרה, כגון שנולדו אחים להן אחר שחלץ ליבמתו וקדשה, דלא קיימין עלה ב"לא יבנה" כדאמרינן לקמן בסמוך, ולוי מיירי בפלוגתא, כיון דקתני אנוסת אביו גבי שש עריות בסיפא, דהיינו כרבי יהודה! וי"ל: דבפלוגתא דלא סבר לה – לא קמיירי. כדפי' לעיל. ולוי לא סבר כר"ש באשת אחיו שלא היה בעולמו.

החולץ ליבמתו וחזר וקדשה. וליכא למימר דנקט וחזר וקדשה לאשמועינן דהוא אינו חייב על החלוצה כרת, אבל לאו איכא – לפי שקדשה, דאמרינן בקידושין (דף עח.): מודים במחזיר *גרושתו, שאם קידש ולא בעל – שאין לוקה, דרך בנין בית אסרה תורה. אלא נקט קדשה משום דאם מת פליגי רבי יוחנן ור"ל אם זקוקה ליבם לאחיו אי לאו. ולא נקט וחזר ובא עליה – דבהא לא פליגי רבי יוחנן ור"ל, דלכולי עלמא אינו חייב על החלוצה כרת. וה"ה דהוה מלי למנקט וחזר ובא עליה אחד מן האחין. **איהו** הוא דקאי בלא יבנה. אי לא הוה כתיב "לא יבנה" הוה אמינא דאפילו הוא על החלוצה בכרת, והשתא אייתר "לא יבנה" לנתקה מכרת ללאו, אבל אחין ולרה – כדקיימי קיימי, ולא קאי לא יבנה עלייהו. ותימה: דב"החולץ" (לקמן דף מד. ושם) משמע דלא אייתר קרא דלא יבנה אלא איצטריך דלא לחלוץ לחדא ולייבם לחדא. דהתם פריך אמתני' דמי שהיה נשוי ב' נשים כו' ולייבם לתרוייהו! אמר קרא "בית אחיו" – בית אחד הוא בונה, ואינו בונה שתי בתים. וליחלוץ לתרוייהו! אמר קרא "בית חלוץ" – בית אחד הוא חולץ כו'. וליחלוץ לחדא ולייבם לחדא! אמר קרא "אשר לא יבנה וכו'". ולייבם לחדא ולחלוץ לחדא! אמר קרא "אם לא יחפוץ", הא אם חפץ – מייבם, וכל שאינו עולה לייבום אינו עולה לחליצה. ומיהו, איכא ספרים דלא גרסינן להו. ואף לספרים דגרסינן איכא למימר דכי משני בתר הכי הא חפץ מייבם, וכל שאין עולה לייבוס כו' – תו לא איצטריך "לא יבנה" דלא ליחלוץ לחדא ולייבם לחדא, דכיון דאין עולה לחליצה, דאין חולץ שתי בתים – אינו עולה נמי לייבוס. והשתא אייתר "לא יבנה" לנתק מכרת ללאו. ובפ' "ד' אחין" (לקמן דף לב.) דקאמר אי דמייבם והדר חליץ – ה"נ, אלא דלמא חליץ ברישא והדר מייבם, וקם ליה ב"לא יבנה" – התם היינו אליבא דרבי יוחנן, דמוקי לא יבנה נמי אלרה, אבל לר"ל קם ליה בכרת. **וליתני** לר"ע אין לו עליו כלום. תימה: דבפרק "המדיר" (כתובות דף עה:) איכא כי האי גוונא, דתנן: היו בה מומים ועודה בבית אביה – האב לריך להביא ראיה, נכנסה לרשות הבעל – הבעל לריך להביא ראיה, ומסיק בגמרא דרישא ר' יהושע וסיפא ר"ג, ולא פריך ולימא לדברי ר"ג נאמנת ועל הבעל להביא ראיה, ולא הוה לריך למיתני תרי בבי!

מאן

עין משפט נר מצוה

לו א מיי' פ"א מהל' יבום הלכה כב טוש"ע אה"ע סי' קסב סעיף ב:

תוספות ישנים

החולץ ליבמתו וחזר וקדשה למאי נקט וחזר וקדשה. ונראה דלרבותא נקטיה דאע"ג דקדשה והוו האחין באין מכחו ובדידיה ליכא אלא לאו בעלמא מ"מ אמר ריש לקיש דאיכא בדידהו כרת: **סיפא** אתאן לר' עקיבא דאמר אין קדושין תופסין בחייבי לאוין. ותימה דנקט א' מן האחים ה"ה דה"מ למימר הוא עצמו דהא בדידיה נמי איכא לאו ושמא דה"נ דקאמר כן דמן האחים ר"ל אחי המת:

תוספות חד מקמאי

איתמר החולץ ליבמתו וחזר וקדשה אר"ל הוא אינו חייב כרת על החלוצ' והאחין חייבין עליה כרת ובין הוא ובין אחיו חייבין על צרתה כרת ור"י אמר בין הוא ובין אחיו אין חייבין על חלוצה ולא על הצרה כרת והלכתא כר"י דאיתמר הבא על יבמתו וחזר ובא הוא או אחד מאחיו [על צרתה] רב אחא ורבינא חד אמר בעשה וחד אמר בכרת מ"ד בעשה כר"י מ"ד בכרת כר"ל וקיימא לן דכל היכא דפליגי רב אחא ורבינא רב אחא לחומרא ורבינא לקולא והלכתא כרבינא לקולא וק"ל דר"י ור"ל הלכה כר"י הלכך הלכתא כותיה דר"י ואע"ג דרב אשי סבר כר"ל וכן פסק הרב בפרק החולץ:

ס"א חלולתו

הגהות הב"ח

(א) גמ' ואי בעי להאי חליץ ואי בעי להאי חליץ והשתא קאי: (ב) שם לדברי ר"ע אין לה עליו: (ג) רש"י ד"ה ללוי וכו' ר' יהודה היא ובדיק: (ד) ד"ה על הצרה וכו' אותה צרה חמורה הימנה לעמוד וכו' משנפטרה מהן: (ה) ד"ה ור' יוחנן וכו' דמעיקרא אי בעי להאי חליץ ואי בעי להאי חליץ: (ו) תום' ד"ה לפי שאינה בצרת וכו' כגון שנולדו לו אחין אחר:

מסורת הש"ס

[לקמן נג.]

[לקמן מ: נג.]

[לקמן לב.]

[לקמן נב: סט. לב: כתובות כט: קידושין סד. סח. סוטה יח: סנהדרין נג. תמורה כט:]

גליון הש"ס

גמ' לפי שאינה בצרת צרה. לעיל דף ג ע"ב:

קַשְׁיָא. רַב אַשִׁי סָבַר לָהּ כְּרֵישׁ לָקִישׁ, וּמְתָרֵץ לָהּ כְּרַ' שִׁמְעוֹן. רָבִינָא סָבַר לָהּ כְּרַ' יוֹחָנָן, וּמְתָרֵץ כְּרַבָּנַן. רַב אַשִׁי סָבַר לָהּ כְּרֵישׁ לָקִישׁ וּמְתָרֵץ לָהּ כְּרַ' שִׁמְעוֹן: הַחוֹלֵץ לִיבִמְתּוֹ וְחָזַר וְקִדְּשָׁהּ צְרִיכָה חֲלִיצָה מִן הָאַחִין. מַאן אַחִין — אַחִין הַיְלוּדִים, כְּמַאן — כְּר"ש. עָמַד אֶחָד מִן הַנּוֹלָדִים וְקִדְּשָׁהּ — אֵין לָהּ עָלָיו כְּלוּם, כְּמַאן — כְּר"ל. רָבִינָא סָבַר לָהּ כְּרַבִּי יוֹחָנָן וּמְתָרֵץ לָהּ אַלִּיבָּא דְּרַבָּנַן: הַחוֹלֵץ לִיבִמְתּוֹ וְחָזַר וְקִדְּשָׁהּ צְרִיכָה חֲלִיצָה מִן הָאַחִין, מַאן אַחִין — אַחִין הַנּוֹלָדִים, כְּמַאן — כְּרַ' יוֹחָנָן. עָמַד אֶחָד מִן הַיְלוּדִים וְקִדְּשָׁהּ — אֵין לָהּ עָלָיו כְּלוּם, כְּמַאן — כְּרַבָּנַן. אִיתְּמַר, הַבָּא עַל יְבָמָה, וּבָא אֶחָד מִן הָאַחִין עַל צָרָתָהּ. פְּלִיגִי בָּהּ רַב אַחָא וְרָבִינָא, חַד אָמַר: בְּכָרֵת; [א]וְחַד אָמַר: בַּעֲשֵׂה. מ"ד בְּכָרֵת — כְּרֵישׁ לָקִישׁ, וּמ"ד בַּעֲשֵׂה — כְּרַ' יוֹחָנָן. אָמַר רַב יְהוּדָה אָמַר רַב: *[ב]צָרַת סוֹטָה — אֲסוּרָה, (א)טוּמְאָה כְּתִיב בָּהּ, כַּעֲרָיוֹת. מְתִיב רַב חִסְדָּא: *רַבִּי שִׁמְעוֹן אוֹמֵר: בִּיאָתָהּ אוֹ חֲלִיצָתָהּ מֵאָחִיו שֶׁל רִאשׁוֹן פּוֹטֶרֶת צָרָתָהּ! [אָמַר לָךְ רַב]: אָמִינָא לָךְ אֲנָא סוֹטָה דְּאוֹרַיְיתָא, וְאַתְּ אָמְרַתְּ לִי סוֹטָה דְּרַבָּנַן?! וּדְקָאָרֵי לָהּ מַאי קָאָרֵי לָהּ! קָסָבַר: *כָּל דְּתַקּוּן רַבָּנַן — כְּעֵין דְּאוֹרַיְיתָא תַּקּוּן. מְתִיב רַב אַשִׁי: *נִכְנְסָה עִמּוֹ לְסֵתֶר וְשָׁהֲתָה עִמּוֹ כְּדֵי טוּמְאָה — [ג]אֲסוּרָה לְבֵיתָהּ, וַאֲסוּרָה לֶאֱכוֹל בִּתְרוּמָה. [ד]וְאִם מֵת — חוֹלֶצֶת וְלֹא

[לעיל ג.] לקמן פז: [פסחים לג: וש"נ] סוטה ב. [פ"ק דסוטה דף ה:]

קַשְׁיָא. לְרַב שֵׁשֶׁת דְּשַׁנְּיָא הָכִי. רַב אַשִׁי סָבַר לָהּ כְּרֵישׁ לָקִישׁ. דְּאָמַר בְּכָרֵת, וְסֵיפָא נִיחָא. וּמְתָרֵץ לָהּ. לְרֵישָׁא דִּבְרַיְיתָא דְּקָתָנֵי צָרִיךְ חֲלִיצָה — בְּאַחִים שֶׁנּוֹלְדוּ לְאַחַר חֲלִיצָה וְקִדּוּשִׁין שֶׁל שֵׁנִי, וּכְרַ' שִׁמְעוֹן, דְּאָמַר: יִיבֵּם וּלְבַסּוֹף נוֹלַד לָא מְהַנְיָא נְפִילָתָהּ מִן הָרִאשׁוֹן לְמֶהֱוֵי עֲלָהּ אֵשֶׁת אָחִיו שֶׁלֹּא הָיָה בְּעוֹלָמוֹ, הִלְכָּךְ זִיקַת הַהִיא נְפִילָה לָא אָסְרָה לָהּ עֲלֵיהּ דְּהַאי, הוֹאִיל וּכְשֶׁנּוֹלַד (ב) כְּבָר קִדְּשָׁהּ זֶה. רָבִינָא סָבַר לָהּ כְּרַבִּי יוֹחָנָן. דְּאָמַר: חַיָּיבֵי לָאוִין נִינְהוּ, וְרֵישָׁא נִיחָא. וּמְתָרֵץ לְסֵיפָא דְּקָתָנֵי אֵין לָהּ עָלָיו כְּלוּם — בְּאַחִין שֶׁנּוֹלְדוּ לְאַחַר מִכָּאן, וּכְרַבָּנַן דְּאָמְרִי אֵשֶׁת אָחִיו שֶׁלֹּא הָיָה בְּעוֹלָמוֹ הִיא, וְלָא תִּקְשֵׁי רֵישָׁא לְסֵיפָא. הַיְלוּדִים. שֶׁנּוֹלְדוּ אַחַר קִדּוּשִׁין שֶׁל זֶה, וְלָא אִיתַּסְרָא עֲלַיְיהוּ בַּחֲלִיצָתוֹ, דְּהָא זִיקָה קַמַּיְיתָא לָא (ג) רָמְאֵי קַמַּיְיהוּ לְיַיבּוּמֵי. וּמִשּׁוּם אֵשֶׁת אָחִיו שֶׁלֹּא הָיָה בְּעוֹלָמוֹ — לָא מִיתַּסְרָא, כְּר"ש, דְּאָמַר יִיבֵּם וּלְבַסּוֹף נוֹלַד שַׁרְיָא. עָמַד אֶחָד מִן הַנּוֹלָדִים. שֶׁהָיוּ בִּשְׁעַת חֲלִיצָה רִאשׁוֹנָה. אֵין לָהּ עָלָיו כְּלוּם. כְּר"ל, דְּאָמַר הָאַחִין חַיָּיבִין עַל הַחֲלוּצָה כָּרֵת. עָמַד אֶחָד מִן הַיְלוּדִים. אַחַר חֲלִיצָה, אוֹ אֲפִילּוּ אַחַר קִדּוּשִׁין, וּכְשֶׁמֵּת זֶה הַחוֹלֵץ קִדְּשָׁהּ אוֹתוֹ יָלוּד, אֵין לָהּ עָלָיו כְּלוּם. וְלָאו מִשּׁוּם חֲלִיצָה, אֶלָּא מִשּׁוּם דַּהֲוָיָא אֵשֶׁת אָחִיו שֶׁלֹּא הָיָה בְּעוֹלָמוֹ מִנְּפִילָה רִאשׁוֹנָה. כְּמַאן כְּרַבָּנַן. דְּאָמְרִי: אֲפִילּוּ יִיבֵּם וּלְבַסּוֹף נוֹלַד אֲסִירָא. בַּעֲשֵׂה. בַּיִת אֶחָד הוּא בּוֹנֶה, וְאֵין בּוֹנֶה ב' בָּתִּים, וְלָאו הַבָּא מִכְּלַל עֲשֵׂה — עֲשֵׂה. מ"ד בַּעֲשֵׂה כְּרַבִּי יוֹחָנָן. דְּאָמַר אִיהוּ שְׁלִיחוּתָא דְּאַחִין קָעָבֵיד, וְכִי הֵיכִי דִּלְדִידֵיהּ הָוְיָא צָרָה בַּעֲשֵׂה — לְאַחִים נַמִי הָוְיָא בַּעֲשֵׂה. וּמ"ד בְּכָרֵת כְּר"ל. דְּאָמַר לָאו שְׁלִיחוּת דְּאַחִים קָעָבֵיד. הִלְכָּךְ, הוּא נִיהוּ דְּקָאֵי עֲלָהּ בַּעֲשֵׂה, אֲבָל אַחִים כִּדְקָיְימִי קָיְימִי — בְּאִיסּוּר אֵשֶׁת אָח. צָרַת סוֹטָה אֲסוּרָה. הָיָה נָשׂוּי ב' נָשִׁים וְזִינְּתָה הָאַחַת תַּחְתָּיו, וְיֵשׁ עֵדִים, וּמֵת בְּלֹא בָּנִים — הִיא וְצָרָתָהּ פְּטוּרוֹת אַף מִן הַחֲלִיצָה. מַאי טַעְמָא — טוּמְאָה כְּתִיב בָּהּ, "וְנִסְתְּרָה וְהִיא נִטְמָאָה" (במדבר ה). כַּעֲרָיוֹת. דִּכְתִיב "אַל תִּטַּמְּאוּ בְּכָל אֵלֶּה" (ויקרא יח). בִּיאָתָהּ אוֹ חֲלִיצָתָהּ וכו'. הָאִשָּׁה שֶׁהָלַךְ בַּעְלָהּ לִמְדִינַת הַיָּם, וּבָאוּ וְאָמְרוּ לָהּ: מֵת בַּעְלֵיךְ, וְנִשֵּׂאת, וְאַחַר כָּךְ בָּא בַּעְלָהּ — תֵּצֵא מִזֶּה וּמִזֶּה. מֵתוּ — אָחִיו שֶׁל זֶה וְאָחִיו שֶׁל זֶה חוֹלְצִין וְלֹא מְיַיבְּמִין. רַבִּי שִׁמְעוֹן אוֹמֵר: בִּיאָתָהּ אוֹ חֲלִיצָתָהּ מֵאָחִיו שֶׁל רִאשׁוֹן פּוֹטֶרֶת הִיא לְכַתְּחִלָּה אֶת צָרָתָהּ, שֶׁהֲרֵי הִיא כִּשְׁאָר נָשִׁים לְגַבֵּי יָבָם, דְּלָא קְנָסוּהָ רַבָּנַן מִיַּבֵּם, דְּוַדַּאי שַׁרְיָא לֵיהּ, שֶׁאֲנוּסָה הָיְתָה, (ד) שֶׁשָּׁמְעָה שֶׁמֵּת. אַלְמָא: נִבְעֲלָה תַּחַת בַּעְלָהּ — שַׁרְיָא צָרָתָהּ לְיַיבֵּם. וַאֲפִילּוּ רַבָּנַן לָא פְּלִיגִי אַר"ש אֶלָּא בְּדִידָהּ, אֲבָל בְּצָרָתָהּ — מוֹדוּ. סוֹטָה דְּאוֹרַיְיתָא. שֶׁזִּינְּתָה, וְהַתּוֹרָה אָסְרָה בָּהּ. וְאַתְּ אָמְרַתְּ לִי סוֹטָה דְּרַבָּנַן. דְּהָא מִדְּאוֹרַיְיתָא שַׁרְיָא, שֶׁנִּיסֵּאת ע"פ ב"ד בְּעֵד אֶחָד, וַאֲנוּסָה הִיא וְרַחֲמָנָא שַׁרְיָא, דִּכְתִיב (במדבר ה) "וְעֵד אֵין בָּהּ", תְּרֵי אֶלָּא אֶחָד, וְהִיא לֹא נִתְפָּסָה אֲסוּרָה, הָא נִתְפָּסָה מוּתֶּרֶת, וְרַבָּנַן הוּא דִּגְזַרוּ בָּהּ כִּי הֵיכִי דְּתֵידוּק שַׁפִּיר שֶׁמֵּת בַּעְלָהּ עַד שֶׁלֹּא תִּנָּשֵׂא. וּדְקָאָרֵי לָהּ מַאי קָאָרֵי לָהּ. הָא לֹא אָמַר רַב אֶלָּא בְּסוֹטָה דְּאוֹרַיְיתָא, דִּכְתִיב בָּהּ טוּמְאָה. קָסָבַר. הַאי דְּפָרֵיךְ: כָּל דְּתַקּוּן רַבָּנַן כְּעֵין דְּאוֹרַיְיתָא תַּקּוּן, וְאִי סוֹטָה דְּאוֹרַיְיתָא הִיא וְצָרָתָהּ אֲסוּרָה — הָכִי נַמִי הֲווּ אָסְרֵי רַבָּנַן צָרָה מִיַּיבּוּם, וּמַצְרְכִי לָהּ חֲלִיצָה. נִכְנְסָה עִמּוֹ. הַמְקַנֵּא לְאִשְׁתּוֹ, וְאָמַר לָהּ: אַל תִּסָּתְרִי עִם אִישׁ פְּלוֹנִי. לְבֵיתָהּ. לְבַעְלָהּ, שֶׁמָּא זִינְּתָה. שֶׁרַגְלַיִם לַדָּבָר, שֶׁהֲרֵי קִינֵּא לָהּ וְנִסְתְּרָה. וְאִם כֹּהֶנֶת הִיא — אֲסוּרָה בִּתְרוּמָה, כִּדְיָלֵיף בְּמַסֶּכֶת סוֹטָה (דף כח.): "נִטְמָאָה" "נִטְמָאָה" "וְנִטְמָאָה", ג' פְּעָמִים: אֶחָד לַבַּעַל, וְאֶחָד לַבּוֹעֵל, וְאֶחָד לִתְרוּמָה. וְלֹא

מאן אחין אחין הנולדים. אומר ר"י דנולדים קרי לאותן העתידין להולד. בלשון הש"ס, כדאמרינן בפרק "ד' נדרים" (נדרים ל:) למימרא דנולדים העתידים משמע? ובספ"ק דגיטין (דף יג: ושם) קאמר: אלא מעתה הקנה לנולדים דלא הוו בשעת מתן מעות, ה"נ כו'. **צריכה** חליצה מן האחין. (ה) מתייבמת אינה, מאחר דאסירה לבעלה, דהשתא במותר לה אסורה — באסור לה לא כ"ש. **כמאן** כרבנן. הוה מצי לאוקומי כר"ש. כגון שנולד קודם שקדשה. אלא ניחא ליה לאוקמי כרבנן, ונולד אפילו אחר שקדשה. **חד** אמר בעשה. כן גירסת הקונטרס. ופי' בקונטרס משום דדרשינן: בית אחד הוא בונה ואינו בונה שתי בתים, ולאו הבא מכלל עשה — עשה. וקשה: כיון דאיצטריך קרא לגופיה, שלא ייבם את שתיהן, מנלן דאתיא קרא א) לנתקו מכלל כרת ללאו? ואמר ר"ת, דגרסינן חד אמר בלאו. וכן פר"ת, דכשייבם אחת קאי אצרה ב"לא יבנה", דקרינא בצרה כיון שלא בנאה — שוב לא יבנה אותה. וכן האחים לא קיימא עלה אלא בלאו לרבי יוחנן. וגרסינן שפיר: וחזר ובא הוא או אחד מן האחין על צרתה. אבל לפ"ה דגרסינן בעשה ב) — לא פליגי אלא באחין, אבל איהו — לכ"ע בעשה*. **צרת** סוטה אסורה. לאו דוקא אסורה, דאף מחליצה פטורה, כדפירש בקונטרס. ודוקא סוטה ודאי, אבל סוטה — ספק בעי חליצה, כדמייתי בסמוך. ו"קרא דונסתרה והיא נטמאה" — בנבעלה ודאי איירי, כדמסיק לקמן. אבל סוטה ספק לא כתב בה טומאה. וא"ת: והא תנן נכנסה עמו לבית הסתר אסורה לביתה ואסורה לתרומה, ודרשינן בפרק "כשם" (סוטה דף כח. ושם): שלשה פעמים "ונטמאה" כתיב, אחד לבעל ואחד לבועל ואחד לתרומה! וי"ל: דלא אסרה הכתוב אלא משום ספק, שמא נבעלה ונטמאה, ולעולם לא כתיב טומאה אלא על הודאי נבעלה. וא"ת: כיון שלא (ו) נכתב שם טומאה אלא על הודאי — אמאי אסורה לביתה ולתרומה? וי"ל: דעשה ספק כודאי כדאמר בפרק "כשם" (ג"ז שם): אם נטמאה למה שותה, ואם לא נטמאה — למה נשקית? מגיד לך הכתוב שהספק אסורה כודאי. ולהכי ספק סוטה בעיא חליצה, דדוקא להחמיר עשה הכתוב ספק כודאי, ולא להקל לפטרה בלא חליצה. (ז) ולמאי דפרישית לעיל (דף ג: ד"ה "לפי") דלמסקנא דשמעתין טומאה כעריות כתיב בה, דאמר רב, היינו במקום לאו — ניחא, דההוא טומאה לא כתיבא אלא על ודאי נבעלה. אבל מ"מ קשה: כיון דסוטה ודאי חשיב לה רב כערוה, א"כ סוטה ספק הוה לה ליחשב כספק ערוה, וא"כ היכי פריך *ותתייבם ייבומי?. **רבי** שמעון אומר ביאתה או חליצתה כו'. וא"ת: ואמאי לא מקשה מת"ק, דאמר אחיו של זה ואחיו של זה חולצין, ולרב לא בעינן חליצה! וי"ל: דהא אתי ליה שפיר דחולצת, דמדאורייתא בעיא חליצה, דסוטה דרבנן היא. ולא פריך מר' שמעון אלא משום דכל דתקון רבנן כעין דאורייתא תקון, והיה לנו לאוסרה להתייבם. וא"ת: ודלמא ר' שמעון לא קאמר אלא דבדיעבד פוטרת צרתה, אבל לכתחלה לא? ואמר ר"י דבדיעבד מודה ת"ק, דלא אשכחן דפליגי. והא דלא נקט אחיו של ראשון רצה חולץ רצה מייבם, דמשמע לכתחלה — אמר ר"י: דמילתא אגב אורחיה קמ"ל, דאע"ג דאיכא צרה דשייך בה ייבום טפי — אפ"ה ביאתה או חליצה שלה פוטרת לכתחילה צרתה. דס"ד דלא פטרה, דנראה כאשתו דשני. וא"ת: לרב חסדא, שרוצה לדקדק דסוטה דאורייתא שריא, תקשי ליה מתני' דפרק קמא דסוטה (דף ב. ודף ו. ושם) דמייתי בסמוך, דספק סוטה אינה מתייבמת! וי"ל: דהוה אמינא דהא דקתני שאין מתייבמת — היינו מדרבנן. אע"ג דהתם מוכח דאסירא מדאורייתא — מכל מקום מכח משנה עצמה אין להוכיח עליו כלום. ועוד אמר רבי יצחק: דדוקא לרב פריך, דמשוי ליה כערוה לסוטה דאורייתא, ופטורה אף מן החליצה, ולכך, בסוטה דרבנן סברא היא דיש לאוסרה להתייבם. אבל בההיא דסוטה, דספק סוטה חולצת — אין תימה אם נאמר דבסוטה דרבנן אפילו מתייבמת. ועוד פירש רבינו יצחק: דלרבי שמעון אסורה להתייבם לכתחלה, מדקתני סיפא: ואין הולד ממזר. דאי שרי לייבם לכתחלה — פשיטא דאין הולד ממזר. ועוד: בירושלמי קורא לההיא דרבי שמעון חליצה פסולה, ואם היתה מותרת להתייבם — חליצה כשרה היא. ופריך מהא דקאמר ר"ש דפוטרת צרתה, דכיון דאמר בסוטה דאורייתא דלאו בת חליצה וייבום היא — בסוטה דרבנן אין לחליצה להועיל לפטור צרתה. וכ"ת: ממה נפשך תועיל, דאם חשיבא כסוטה גמורה צרתה נמי לא בעי חליצה, ואי לא חשיבא כסוטה — א"כ שפיר פטרה צרתה, דמסתבר ליה להש"ס דכיון דדמיא לסוטה דאורייתא חליצתה כמאן דליתא, ואין לה לפטור צרתה.

לרבות

לז א מיי' פ"א מהל' יבום הלכה יב טוש"ע אה"ע סימן קסב סעי' א:
לח ב מיי' פ"ו מהלכות יבום הלכה יט טוש"ע אה"ע סימן קעג סעיף יא:
לט ג מיי' פ"א מהל' סוטה הלכה ח ומיי' פכ"ד מהל' אישות הל' כד טוש"ע אה"ע סימן קטו סעיף ח:
מ ד מיי' פ"ו מהל' יבום הלכה יט:

תוספות ישנים

א) וע"ק מאי האי דמספקא ליה בקדושין אי ר' ישבב טעמא דנפשיה קאמר ואפילו חייבי עשה או לאפוקי מר' סימאי קאתי תפסוט דטעמא דנפשיה קאמר מדאמרינן לקמן פ' ר"ג אין לאחר ביאה כלום בשתי יבמות ומוקים לה כר' עקיבא דאמר אין קדושין תופסין וכו' ואי סבר ר' עקיבא קדושין תופסין בחייבי עשה אמאי אין לאחר בואה כלום הלא ליכא רק עשה דבית א' הוא בונה כדפ"ה הכא: **ב)** וא"ת א"כ לא הוצרך קרא לר' יוחנן דבית א' בונה ואינו בונה ב' בתים דמלא יבנה נפקא דאינו בונה צרתה. וי"ל דסד"א דמייבם לא מייבמה אבל מחלץ חלצה להכי איצטריך לא יבנה א) דאפילו מחלץ נמי לא חלצה. ועי"ל דר' יוחנן סבר דאצטריך בית א' הוא בונה לייתר קרא דלא יבנה לנתוקה מכרת דאשת אח ולאוקמי אלאו. ומ"ד בכרת כריש לקיש כדפרי' דסבר דלא מיירי מן הצרה. עוד פי' ר"ס מ"ד בכרת כריש לקיש משום שיש לנו לעשות פטור לצרה בביאת חברתה כמו פטור לצרה בחליצת חברתה והיכא דמפטרה הצרה בחליצת [חבירתה] אמרינן לעיל דהוי בכרת כמו כן אמרינן הכא דמיפטרה בביאת חברתה דחליצה ויבום א' הם:

א) נ"ל להכי אילטריך בית אחד הוא בונה וכו' דאפילו מחלץ לא חללה.

תוספות חד מקמאי

תניא החולץ ליבמתו וחזר וקדשה ומת צריכה חליצה מן האחים הנולדים א) אבל לא מן הילודים כרבנן דאמרי אפלו כנם ולבסוף נולד אסורה משום אשת אחיו שלא היה בעולמו עמד אחד מן האחים וקדשה צריכה חליצה מן האחים עמד אחד מן הילודים וקדשה אין לו עליו כלום ואפי' ילוד לאחר שקדשה החולץ כרבנן דאסרי אפי' כנס ולבסוף נולד: אמר רב יהודה אמר רב צרת סוטה אסורה טומאה כתיב בה כעריות פירוש דאפי' חליצה לא בעיא ממאי מדפרכינן בריש מכלתין ולרב אסי ליתנהו ואם היתה צריכה [חליצה] אליבא דרב מאי קושיא והא

קתני במתניתין פטורות מן החליצה ועוד דהא אותבוה רב יוסף מהא דתנן נכנסה עמו לחורבה ושהתה כדי טומאה אסורה לביתה ובתרומה ואם מת חולצת ולא מתייבמת ש"מ דאליבא דרב אינה חולצת מיהו רב יוסף ס"ל דצריכה חליצה אפי' סוטה ודאית כיון דאילו איתיה לבעל בעיא גט השתא נמי תבעי חליצה והכי שמעינן ליה לרב יוסף בפ"ק דסוטה ורב יוסף לא שני ליה בין סוטה ודאית לספק סוטה דתרוייהו טומאה כתיב בהו וכיון דסוטה ספק בעיא חליצה משום דאילו איתיה לבעל בעיא גיטא הכי נמי בסוטה ודאית ובעיא חליצה וקי"ל דסוטה ודאית לא בעיא חליצה טומאה כתיב בה כעריות אבל גבי ספק סוטה לא כתיב בה טומאה ובעיא חליצה והוא

א) גירסת רבינו הוא כגירסת תוס' דגרסי מאן אחין אחין הנולדים.

הגהות הב"ח

(א) גמ' צרת סוטה אסורה מ"ט טומאה: (ב) רש"י ד"ה ומתרץ וכו' וכשנולד זה כבר: (ג) ד"ה הילודים וכו' לא רמאי קמייהו: (ד) ד"ה ביאתה וכו' שאנוסה היתה שמעה שמת: (ה) תוס' ד"ה צריכה וכו' מתייבמת: (ו) ד"ה צרת וכו' ואת"ל כיון שלא נכתב שם טומאה: (ז) בא"ד ולא להקל לפטרה בלא חליצה ומיהו קשה היכי פריך בפ"ק דסוטה תתייבם ספק סוטה ולמאי דפרישית לעיל דלמסקנא דשמעתין טומאה

גליון הש"ס

גמ' ודקארי לה מאי קארי לה. כתובות עז ע"א וש"נ:

ולא מתייבמת! [אמר לך רב]: אמינא לך אנא סוטה ודאי. ואמרת לי את סוטה ספק! ומ"ש סוטה ודאי (מ"ט), משום דכתיב בה טומאה — סוטה ספק נמי טומאה כתיבא בה! דתניא: *ר' יוסי בן כיפר אומר משום רבי אלעזר: המחזיר גרושתו מן הנישואין — אסורה, מן האירוסין — מותרת, משום שנאמר °"אחרי אשר הטמאה", אוחכ"א: אחת זו ואחת זו — אסורה. אלא מה אני מקיים "אחרי הטמאה" — לרבות סוטה שנסתרה. בומאי נסתרה — נבעלה, ואמאי קרי ליה נסתרה — *לישנא מעליא נקט. נבעלה, טומאה בהדיא כתיב בה °"ונסתרה והיא נטמאה"! — גלמיקם עלה בלאו. ור' יוסי בן כיפר לאו בסוטה לית ליה[א], ואפי' זנאי נמי מאי. טעמא — הויה ואישות כתיב בה. בעא מיניה רב יהודה מרב ששת: המחזיר גרושתו משניסת, ומת, צרתה מהו? אליבא דרבי יוסי בן כיפר לא תיבעי לך, כיון דאמר ר' יוסי בן כיפר טומאה במחזיר גרושתו הוא דכתיבא — צרתה כמותה. ואי משום דכתיב בה °"תועבה היא", *ד"היא תועבה ואין בניה תועבין — הא צרתה תועבה. כי תיבעי לך — אליבא דרבנן, אע"ג דאמור רבנן טומאה בסוטה הוא דכתיב — *אין מקרא יוצא מידי פשוטו, או: דלמא, כיון דאיעקר — איעקר? איכא דאמרי: אליבא דרבנן לא תיבעי לך, כיון דאיתעקר — איעקר. כי תיבעי לך — אליבא דרבי יוסי בן כיפר, מאי? אע"ג דאמר ר' יוסי בן כיפר טומאה במחזיר גרושתו הוא דכתיבא — מיעט רחמנא(א) "היא תועבה" ואין צרתה תועבה, או: דלמא, היא תועבה ואין בניה תועבין, הא צרתה — תועבה! א"ל, תניתוה: *ההיתה אחת כשרה ואחת פסולה, אם היה חולץ — חולץ לפסולה, ואם היה מייבם — מייבם לכשרה. מאי כשרה ומאי פסולה? אילימא כשרה — כשרה לעלמא, פסולה — פסולה לעלמא, כיון דלדידיה חזיא מאי נפקא ליה מינה? אלא לאו: כשרה — כשרה ליה, פסולה — פסולה ליה. ומאי ניהו — מחזיר גרושתו. וקתני: ואם היה מייבם — מייבם לכשרה! לא, לעולם כשרה — כשרה לעלמא, פסולה — פסולה לעלמא. ודקאמרת כיון דלדידיה חזיא מאי נפקא ליה מינה — משום דרב יוסף. *דאמר רב יוסף, כאן שנה רבי: לא ישפוך אדם מי בורו ואחרים צריכים להם. ת"ש: המחזיר גרושתו משנשאת — היא וצרתה חולצת היא. *וצרתה ס"ד?! [אלא] אימא: או היא או צרתה. ולאו תרוצי קמתרצת לה? תריץ הכי: והיא חולצת, צרתה — או חולצת או מתייבמת. אמר רבי חייא בר אבא, רבי יוחנן בעי: המחזיר גרושתו משניסת, צרתה מהו? אמר ליה רבי אמי: ותיבעי לך היא גופה! היא גופה לא קמיבעיא לי, •דאמרינן: *קל וחומר: במותר לה (ג) אסורה, באסור לה — לא כל שכן?! כי קא מיבעיא לי — צרתה מאי? מי אלים ק"ו למידחי צרה, או לא? רב נחמן בר יצחק מתני הכי: אמר ר' חייא בר אבא, בעי ר' יוחנן: המחזיר גרושתו משניסת מהו? א"ל ר' אמי: ותיבעי לך צרתה? צרתה לא קמיבעיא לי, דלא אלים קל וחומר למידחי צרה. אלא, כי קמיבעיא לי — היא גופה מאי, מי אלים קל וחומר במקום מצוה, או לא?

אמר

ולא מתייבמת. טעמא מפרש בפ"ק דסוטה. [קתני מיהא] חולצת, קשיא לרב. מן הנשואין. משניסת לאחר, ומת או גירשה. אסורה לחזור. לראשון. מן האירוסין. שנתארסה לאחר ומת, מותרת לחזור לראשון. הוטמאה. ונבעלה. אחת זו ואחת זו אסורה. דכתיב "והיתה לאיש אחר", והויה היינו קידושין, וכתיב "לא יוכל בעלה הראשון אשר שלחה" וגו'. ורבי יוסי. דמוקי כולה קרא במחזיר גרושתו. לאו בסוטה. המזנה תחת בעלה לית ליה, ואפילו פשיטא לן דזנאי. מ"ט הויה ואישות כתיב בה. באותה (ג) הנאסרה לבעלה יש בה הויה, דכתיב "והיתה לאיש אחר", אישות דכתיב "או כי ימות האיש האחרון, לא יוכל בעלה הראשון", משניסת לאחר על ידי קידושין ואישות, וכגון דגירשה הראשון, הוא דקאי קמא ב"לא יוכל", אבל מזנה תחתיו — לא. צרתה מהו. להתייבם צרתה כמותה, וגמיר טומאה מעריות. ואי משום דכתיב בה "תועבה היא". דמשמע מיעוטא: "היא" ולא צרתה, איכא למידרש מיעוטא אבניה, דאין בתה הימנו פסולה לכהונה (ד). היתה אחת כשרה. מי שנפלו לפניו שתי יבמות מאח אחד, ביאתה או חליצתה של אחת מהן פוטרת צרתה. היתה אחת כשרה ואחת פסולה וכו'. כשרה לעלמא. מיוחסת וכשרה לכהונה. פסולה לעלמא. כגון שהיתה גרושה או חלוצה מבעל אחר, ופסולה לכהונה. כיון דלדידיה חזיא. דהוא ישראל. מאי נפקא ליה מינה. הי דליבעי לחלוץ, ואי בעי לייבם — הי דליבעי לייבם. פסולה פסולה ליה. וכשרה (ה) לעלמא לכל העולם. ומאי ניהו — כגון שהחזיר אחיו גרושתו ולו אשה אחרת ומת, דהוי הגרושה פסולה לזה שאינה ראויה לאחיו. ואשמועינן דאע"ג דכתיב בה טומאה — צרתה כשרה, דכתיב "היא תועבה". דאי שאר חייבי לאוין, כגון אלמנה לכ"ג וגרושה לכהן הדיוט — מאי אתא לאשמעינן? פסולה לעלמא. לכהונה. כאן שנה רבי. במשנה זו, דקתני חולץ לפסולה, למדנו רבי: לא ישפוך אדם מי בורו אע"פ שאין צריך להם, ואחרים צריכים להם, כגון הכא, מכיון דיכול לחלוץ לפסולה ותפטר הכשרה — לא יחלוץ לכשרה ויפסלנה לכהונה. והא דרב יוסף בפ' "החולץ" (לקמן מד.) עלה דהא משנה. היא וצרתה ס"ד. חליצה לתרווייהו למה לי? צרתה מהו. לייבום. במותר לה. (ו) בעלה, זה שמת נאסרה תחלה כשנשאת לשני, וחזר הראשון והחזירה באיסור, ולמחר מת. באסור לה. כגון יבמה, לא כ"ש. מי אלים ק"ו. האי ק"ו דאמרן: במותר לה נאסרה.

א"ל

לרבות סוטה שנסתרה. וא"ת: והיכי מפקי רבנן קרא מפשטיה? דפשטיה דקרא במחזיר גרושתו כתיב! וי"ל: דלא מסתבר להו למיקרי טומאה לנישואי גרושה, כיון דבעילתה היתר היא. מאי נסתרה נבעלה. וא"ת וכיון דלא כתיב לאו בסוטה ספק, אמאי אמר בסוטה (דף ז.) •דאם בא עליה בעלה בדרך לוקה? *וי"ל: דלחומרא עשה הכתוב ספק כודאי, כדפרישית לעיל. הויה ואישו' כתיב בה. פי' בקונטרס: דההוא ענינא במחזיר גרושתו כתיב. ותימה: דפשיטא דבמחזיר גרושתו איירי קרא, ואפילו רבנן לא פליגי! ונראה לרשב"א לפרש: דהויה ואישות כתיב בה, פירוש: או"הוטמאה" דכתיב "לא יוכל בעלה הראשון אשר שלחה לשוב לקחתה להיות לו לאשה אחרי אשר הוטמאה" — אלמא במחזיר גרושתו איירי, ד"אחרי אשר הוטמאה" — א"להיות לו לאשה" קאי, דבסוטה לא שייך הויה ואישות, שהרי לא גירשה מעולם. צרתה מהו. היא גופה לא מיבעי ליה, דלר' יוסי בן כיפר — ודאי פטורה מן החליצה ומן הייבום, דטומאה כתיב בה כעריות. ולרבנן נמי, היא גופה פשיטא דחולצת ולא מתייבמת. דאפי' אם תמצא לומר כיון דאיתעקר איתעקר — אינה מתייבמת מק"ו: דהשתא במותר לה נאסרה, באסור לה לא כ"ש?! ואת"ל נמי דאין מקרא יוצא מידי פשוטו — אין לפוטרה מן החליצה, כיון דעיקר קרא דטומאה בסוטה כתיב ולא במחזיר גרושתו, משום דלא מסתברא למיקרי טומאה נישואי גרושה, כדפרישית לעיל. וכן משמע לקמן דקאמר: אלא או היא או צרתה חולצת, ובעי למיפשט דלרבנן אין מקרא יוצא מידי פשוטו, ואפילו הכי אין פוטרתה מחליצה, כדפרישית. אבל צרתה בעי לר' יוסי בן כיפר אם פטורה מן החליצה, או אפילו מתייבמת. ולרבנן בעי אי מתייבמת, דפשיטא(ז) ליה דלא אלים קל וחומר למידחי צרה. או חולצת ולא מתייבמת משום דאין מקרא יוצא מידי פשוטו. אמר ליה תניתוה. למיפשט בעיא קמייתא הוא דאתא. דלאיכא דאמרי דפשיטא ליה לרבנן כיון דאיתעקר איתעקר — איכא למימר דאתיא •כרבנן. או היא או צרתה. אע"ג דחליצה פסולה צריך לחזור [על כל האחין]* — היינו דוקא כגון חלץ לאחיות, דלא נפטרו צרות. וכן חלץ לבעלת הגט לא נפטרה צרה, דהורע הזיקה וקלשה לה. אבל בשאר דוכתי, דאע"ג דאסורה להתייבם, כיון שהזיקה •שלימה — פוטרת. לאו תרוצי קא מתרצת לה תריץ הכי. תימה: במאי מתרץ לה? דאע"ג דבעי למימר או היא או צרתה — שייך למיתני שפיר היא וצרתה, כמו *הלך ועשה בה מאמר. ובפ' "נערה" בנדרים (דף סו:) דקתני: אביה ובעלה מפירין נדריה, איצטריך למתני סיפא: הפר האב ולא הפר הבעל, ולא הפר האב, אין מופר, דלא תימא אביה ובעלה — אביה או בעלה קאמר. מי אלים ק"ו למידחי לצרה. לאוסרה לייבום קא מיבעיא ליה. דלפוטרה מן החליצה לא מהני קל וחומר אפילו להיא

עין משפט
נר מצוה

מא א מיי' פי"א מהל' גירושין הלכ' יב סמג לאוין פב טוש"ע אה"ע סי' י סעיף א:
מב ב ג מיי' שם הלכ' יד סמג עשין מח:
מג ד מיי' פט"ו מהל' אסורי ביאה הלכה ב סמג לאוין קיז:
[ועי' תוס' סוטה כח. ד"ה מה ת"ל]
מד ה מיי' פ"א מהלכו' יבום הלכה י סמג עשין נא טוש"ע אה"ע סימן קסא סעיף ב:
מה ו מיי' שם פ"ו הלכה יג סמג שם טוש"ע אה"ע סימן קעל סעיף ב:

תוספות חד מקמאי

והא דתנינן מה אני מקיים אשר הוטמאה לרבות סוטה שנסתרה מאי נסתרה נבעלה ולישנא מעליא נקט: תנן שתי יבמות הבאות מבית אחד היתה אחת כשרה וא' פסולה אם היה חולץ חולץ לפסולה ואם היה מיבם מיבם לכשרה לא מבעיא אם פסולה לו וכשרה לעלמא כגון מחזיר גרושתו משנשא' שמיבם לכשירה שהיא כשרה לו וחולץ לפסולה שהיא הגרושה שאסורה לו מק"ו אם נאסרה במותר לה באסור לה מבעיא אלא אפילו שתיהן כשירות לו כגון שהוא ישראל והאחת גרושה שהיא פסולה לכהן חולץ לפסולה ולא לכשרה משום דרב יוסף דאמר כאן שנה ר' לא ישפוך אדם מי בורו ואחרים צריכים לו:

הגהות הב"ח

(א) גמ' מיעט רחמנא היא היא תועבה: (ב) שם במותר לה נאסרה באסור לה: (ג) רש"י ד"ה מ"ט הויה וכו' באותה אשה הנאסרה: (ד) ד"ה ואי משום וכו' לכהונה הס"ד ואח"כ נ"ל ד"ה אין מקרא יוצא מידי פשוטו. דהא כתיב גבי מחזיר גרושתו וכיון דכתיב בה טומאה צרתה כמותה או דלמא כיון דאיעקר איעקר דכיון דדרשינן להאי אחרי אשר הוטמאה לסוטה איעקר ליה ממחזיר גרושתו ולא כתיב בה טומאה ולא הוי צרתה אסורה לייבם הס"ד: (ה) ד"ה פסולה וכו' וכשרה לכל העולם כצ"ל ותיבת לעלמא נמחק: (ו) ד"ה במותר לה כגון בעלה: (ז) תוס' ד"ה צרתה וכו' דפשיטא להו דלא אליס

[לקמן כ: ועי' היטב שם ומנוה להסביר]

מסורת הש"ס

לקמן פח.

כתובות יג. [ודף סה: ברכות יא: פסחים ג. יומא עה. לקמן קג. גיטין עו: פ: ב"מ לא: סנהדרין כז. תמורה ל.]

קידושין עז. [לקמן מד: נדה ט.]

[שבת סג. לקמן כד.]

הגהות הגר"א

[א] גמ' ואפילו זנאי נמי. נ"ב גרסת הגאון אבל הבא על הגרושה ואפילו זנאי מותרת לבעלה מ"ט הויה כו'. הגהות מרדכי ועי' רי"ף (ועמ"ש רבינו באה"ע ר"ס יו"ד):

גליון הש"ס

גמ' דאמרי' ק"ו כו'. עיין לקמן פד ע"ב תד"ה שייר פלוע דכא: תום' ד"ה מאי וכו' דאם בא וכו' לוקה. עיין לקמן סט ע"א תד"ה כי תהיה: ד"ה א"ל וכו' כרבנן. עי' לקמן לה ע"ב תד"ה כ"ע לא פליגי: ד"ה או היא וכו' שלימה פוטרת. עי' לקמן כו ע"ב תד"ה וחליצה פסולה:

לקמן יב. מד. נג

[לקמן קטו.]

[סוטה ו.]

תורה אור

אָמַר לֵיהּ: תְּנֵיתוּהָ, הָיְתָה אַחַת כְּשֵׁרָה וְאַחַת פְּסוּלָה, אִם הָיָה חוֹלֵץ – חוֹלֵץ לַפְּסוּלָה, וְאִם הָיָה מְיַיבֵּם – מְיַיבֵּם לַכְּשֵׁרָה. מַאי כְּשֵׁרָה וּמַאי פְּסוּלָה? אִילֵימָא כְּשֵׁרָה – כְּשֵׁרָה לְעָלְמָא, פְּסוּלָה – פְּסוּלָה לְעָלְמָא, כֵּיוָן דִּלְדִידֵיהּ חַזְיָא מַאי נָפְקָא לֵיהּ מִינַּהּ? אֶלָּא לָאו: כְּשֵׁרָה – כְּשֵׁרָה לֵיהּ, פְּסוּלָה – פְּסוּלָה לֵיהּ, וּמַאי נִיהוּ – מַחֲזִיר גְּרוּשָׁתוֹ, וְקָתָנֵי: אִם הָיָה מְיַיבֵּם – מְיַיבֵּם לַכְּשֵׁרָה! לָא, כְּשֵׁרָה לְעָלְמָא, פְּסוּלָה לְעָלְמָא. וּדְקָאָמְרַתְּ: כֵּיוָן דִּלְדִידֵיהּ חַזְיָא מַאי נָפְקָא לֵיהּ מִינַּהּ – מִשּׁוּם דְּרַב יוֹסֵף. דְּאָמַר רַב יוֹסֵף: *כָּאן שָׁנָה רַבִּי לֹא יִשְׁפּוֹךְ אָדָם מֵי בּוֹרוֹ וַאֲחֵרִים צְרִיכִים לָהֶם. ת"ש: הַמַּחֲזִיר גְּרוּשָׁתוֹ מִשֶּׁנִּיסֵּת – הִיא וְצָרָתָהּ חוֹלֶצֶת. הִיא וְצָרָתָהּ ס"ד? אֶלָּא אֵימָא: אוֹ הִיא אוֹ צָרָתָהּ. וְלָאו תֵּרוּצֵי קָא מְתָרְצַתְּ לָהּ? תְּרֵיץ הָכִי: הִיא חוֹלֶצֶת, צָרָתָהּ – אוֹ חוֹלֶצֶת אוֹ מִתְיַיבֶּמֶת. אָמַר רַב לִילִי בַּר מָמָל אָמַר מָר עוּקְבָא אָמַר שְׁמוּאֵל: אצָרַת מְמָאֶנֶת אֲסוּרָה. לְמַאן? אִילֵימָא לָאַחִים – הַשְׁתָּא הִיא גּוּפָהּ שַׁרְיָא, דְּאָמַר שְׁמוּאֵל: *במֵיאֲנָה בָּזֶה מוּתֶּרֶת בָּזֶה, צָרָתָהּ מִיבַּעְיָא? (לקמן קז:) אֶלָּא לְדִידֵיהּ, וּמַאי שְׁנָא מְמָאֶנֶת דְּשַׁרְיָא לְאַחִין – דְּלָא עָבְדָא בְּהוּ מַעֲשֶׂה, צָרָה נַמִי לָא עָבְדָא בְּהוּ מַעֲשֶׂה! גְּזֵירָה מִשּׁוּם צָרַת בִּתּוֹ מְמָאֶנֶת. וְצָרַת בִּתּוֹ מְמָאֶנֶת מִי אֲסִירָא? וְהָתְנַן: וְכוּלָּן, אִם מֵתוּ אוֹ מֵיאֲנוּ(א) צָרוֹתֵיהֶן מוּתָּרוֹת! דְּמֵיאֲנָה בְּמַאן? אִילֵימָא דְּמֵיאֲנָה בְּבַעַל – הַיְינוּ גְּרוּשָׁה, אֶלָּא לָאו בְּיָבָם! לָא, לְעוֹלָם בְּבַעַל, וּתְרֵי גַּוְונֵי גֵּירוּשִׁין, ומ"ש כִּי מֵיאֲנָה בְּבַעַל, דְּעָקְרִינְהוּ לְנִשּׂוּאִין, כִּי מֵיאֲנָה בְּיָבָם נַמִי נִשּׂוּאִין קַמָּאֵי קָא עָקְרָא! מִשּׁוּם *דְּתָנֵי רָמִי בַּר יְחֶזְקֵאל. דְּתָנֵי רָמִי בַּר יְחֶזְקֵאל: גמֵיאֲנָה בְּבַעַל – מוּתֶּרֶת לְאָבִיו, בְּיָבָם – אֲסוּרָה לְאָבִיו. אַלְמָא: מִשְּׁעַת נְפִילָה נִרְאֵית כְּכַלָּתוֹ, ה"נ – מִשְּׁעַת נְפִילָה נִרְאֵית כְּצָרַת בִּתּוֹ. *אָמַר רַב אַסִי: צָרַת אַיְלוֹנִית אֲסוּרָה, שֶׁנֶּאֱמַר °"וְהָיָה הַבְּכוֹר *אֲשֶׁר תֵּלֵד" – (דברים כה) דפְּרָט לְאַיְלוֹנִית שֶׁאֵינָהּ יוֹלֶדֶת. מְתִיב רַב שֵׁשֶׁת: *שְׁלֹשָׁה אַחִין נְשׂוּאִין שָׁלֹשׁ נָשִׁים נָכְרִיּוֹת, וּמֵת אֶחָד מֵהֶם, וְעָשָׂה בָּהּ שֵׁנִי מַאֲמָר וּמֵת – הֲרֵי אֵלּוּ חוֹלְצוֹת וְלֹא מִתְיַיבְּמוֹת, שֶׁנֶּאֱמַר °"וּמֵת אַחַד מֵהֶם יְבָמָהּ יָבֹא עָלֶיהָ" (שם) – מִי שֶׁעָלֶיהָ זִיקַת יָבָם אֶחָד, וְלֹא זִיקַת שְׁנֵי יְבָמִין. וְקָתָנֵי עֲלָהּ, *אָמַר רַב יוֹסֵף: זוֹ הִיא צָרַת אֵשֶׁת אָח מֵאָב, שֶׁאִיסּוּר נְפִילָה גָּרַם לָהּ, שֶׁלֹּא מָצִינוּ בְּכָל הַתּוֹרָה כּוּלָּהּ כְּגוֹן זֹאת. "זוֹ הִיא" לְמַעוּטֵי מַאי? לָאו לְמַעוּטֵי צָרַת אַיְלוֹנִית דְּשַׁרְיָא? לָא, לְמַעוּטֵי צָרַת אַיְלוֹנִית דַּאֲסִירָא, וּמַאי "זוֹ הִיא" – זוֹ הִיא דְּאִיסּוּר נְפִילָה גָּרַם לָהּ – צָרָתָהּ בָּעְיָא חֲלִיצָה, אַיְלוֹנִית – אֲפִילּוּ חֲלִיצָה לָא בָּעְיָא. מ"ט? הָא – דְּאוֹרַיְיתָא, הָא – דְּרַבָּנַן. תְּנַן: וְכוּלָּן, אִם מֵתוּ אוֹ מֵיאֲנוּ אוֹ נִתְגָּרְשׁוּ אוֹ שֶׁנִּמְצְאוּ אַיְלוֹנִית – צָרוֹתֵיהֶן מוּתָּרוֹת! לָא קַשְׁיָא: כָּאן שֶׁהִכִּיר בָּהּ, כָּאן – שֶׁלֹּא הִכִּיר בָּהּ. דַּיְקָא נַמִי, דְּקָתָנֵי: שֶׁנִּמְצְאוּ, וְלֹא קָתָנֵי שֶׁהָיוּ. שְׁמַע מִינָּהּ. אָמַר רָבָא:
הִלְכְתָא

רש"י

א"ל תניתוה. אפרווייהו לישני מהדר, דקתני: אחת כשרה ואחת פסולה, אלמא היא אסורה וצרתה מותרת. צרת ממאנת. נפלו לפניו ב' יבמות מאח אחד, גדולה וקטנה, ומיאנה בו הקטנה – צרתה אסורה. למאן אסורה. אילימא אף לשאר אחין, השתא היא גופה מותרת לזה. אלא לדידיה. ליבם שמיאנה בו אסורה, דמיאון עקר ליה לזיקה, וקאי עליה באשת אח. וא"ת: מיאון נישואין קמאי עקר, והרי היא נכרית אצלו ומותרת לו! גזירה דרבנן היא, הואיל ולא מיאנה בראשון, ומכח נישואין (ב) נפלה להתייבם – נראית כאשת אחיו. והכי אמרי' לקמן: משעת נפילה נראית ככלתו כו'. והא דשמואל – בפ' ב"ש (לקמן דף קז:). משום צרת בתו ממאנת. דאתי למישרי צרת בתו קטנה שנפלה לו לייבום ומיאנה בו, דאמרינן: נישואין קמאי קא עקרא, ואין זו צרת ערוה. וה"ד מיאון בבתו, הואיל והוא קיים, דאין מיאון אלא ביתומה שלא קיבל אביה קידושיה? משכחת לה ביתומה בחיי האב, כדתנן בפרק ב"ש: קטנה שהשיאה אביה ונתגרשה – הרי היא יתומה בחיי האב, דפקע (ג) לה זכותיה מינה מששייכתה מרשותו. ואם הלכה ונשאת לאחי אביה – יכולה למאן בייבם בחיי אביה. מיאנה בבעל. קטנה יתומה נכרית שמיאנה בבעל – מותרת לחמיה, לפי שעקרתה לקדושין, והרי היא כמפותה, ולא כלתו היא. ביבם אסורה לאביו. דכיון דאהנו נישואין קמאי לזקקה ליבם – נראית כאשתו גמורה, ונראית כלתו של זה. ה"נ. בבתו ממאנת. משעת נפילה. שנפלה בתו לפניו לייבום, והוצרכה למאן בו – נראית כאשת אחיו, ונראית צרתה צרת הבת. צרת אילונית. הרי שהיה נשוי ב' נשים, והא' אילונית. אילונית = דוכרניתא דלא ילדה, לשון איל זכר מן הצאן (ד). ומת בלא בנים. שתיהן אסורות להתייבם, ופטורות מן החליצה. שנאמר והיה הבכור אשר תלד בראויה לילד פרט לאילונית. וכיון דפטורה קיימא עליה באשת אח, וצרתה צרת ערוה. ואע"ג דהאי "והיה הבכור אשר תלד" מיתוקם במכילתין לקמן (דף כד.) בגדול האחים, ומהכא נפקא לן מצוה בגדול לייבם – מ"מ דרשינן הך פרט לאילונית מ"אשר תלד", דקרא יתירא הוא, כיון דהבכור ביבם גופיה משתעי. מאמר. קידושי יבמה. הרי אלו. שתי נשים. חולצות. דאילו כנסה הוה פקעה זיקה קמייתא, ולא הוה עלה אלא זיקת נשואי האחרון, אבל מאמר – לא מפקע זיקה, והויא עלה קצת זיקת ראשון וקצת זיקת האחרון. דכתיב ומת אחד מהם. ולא זו שמתו ב' בעליה וזיקת שניהם עליה, ושתיהן אסורות מדרבנן. וקרא אסמכתא בעלמא. כדמפרש בפ' "ד' אחין". ובחליצה דחדא לא מיפטרא אידך, דלאו מבית אחד קאתו, הואיל ולא כנסה. ואי לא עבד בה מאמר – לא הואי עלה אלא זיקת ראשון. והוו להו שתי יבמות הבאות מב' בתים, ושתיהן מתייבמות. שאיסור נפילה גרם לה. שנפלה ב' פעמים מזיקה אחת. שלא מצינו בכל התורה. שתאסר, אלא מדרבנן הוא דמיתסרא. שאין כאן איסור ערוה, ואסורה צרתה (ה). הא דאורייתא. "תלד" – למעוטי צרת אילונית דאסירא, ואפילו חליצה לא בעיא. והא דרבנן. כדמפרש טעמא בפ' "ד' אחין", וקאסרי לה על השלישי. כאן שהכיר בה. דרב אסי בשהכיר בה כשנשאה שהיא אילונית, ואין כאן מקח טעות, והרי היא אשתו. וצרתה הויא צרת אילונית, ורחמנא פטרה מ"אשר תלד". ומתני' בשלא הכיר בה כשנשאה שתהא אילונית, ומקחו מקח טעות, ולאו אשתו היא. לפיכך צרתה מותרת, דלאו צרת אילונית היא. שנמצאו. לאחר נישואין.
הלכתא

תוספות

להיא גופה, כדאמרינן פ"ק דסוטה (דף ו. וש"נ) דספק סוטה חולצת ולא מתייבמת משום ק"ו. **מי** אמרינן ק"ו במקום מצוה כו'. וא"ת: תפשוט מפ"ק דסוטה (דף ב.) דקתני: חולצת ולא מתייבמת, ומפרש בגמ' *משום ק"ו! וי"ל: דאיכא התם טעמא אחרינא, כדמפרש התם. **צרתה** נמי לא עבדה ביה מעשה. תימה: נהי דלא עבדה ביה מעשה, מ"מ כיון דהממאנת אסורה ליה – הוי צרתה כצרת ערוה, והיכי מדמה לה לממאנת דשריא לאחין. **אלא** לאו ביבם וקתני צרותיהן מותרות. שהמיאון עוקר לנישואין קמאי. תימה: למאי דס"ד השתא תקשה ליה סיפא, דקתני: כל שיכולה למאן ולא מיאנה – צרתה חולצת ולא מתייבמת, ואם איתא דעקרה נישואין קמאי – תמאן השתא ותתייבם צרתה, דהכי פריך עלה לקמן! וי"ל: דלמאי דסלקא דעתך השתא מצי למימר דמתני' בדליתא קמן שתמאן, או בגדולה. ולקמן דפריך עלה, משום דבעי לאוקמי מתני' אפילו היא קטנה ואיתה קמן. **מאי** לאו למעוטי צרת אילונית דשריא. וא"ת: אמאי לא פריך מינה לעיל, למאן דאסר צרת מחזיר גרושתו, ולימא ליה: מאי לאו למעוטי צרת מחזיר גרושתו דשרי? וי"ל: דלא משמע ליה למעוטי מזו היא אלא כיוצא בה, דאילונית דמיא לאשת שני מתים, דזו וזו מותרות לבעליהן. אבל מחזיר גרושתו – נאסרה לבעלה. **תני** שהיו. וא"ת: לרבא, דשרי צרת בתו אילונית אפי' הכיר בה – מה חידוש הוא לשנות בתוספתא: וכולן שנמצאו אילונית, בין בחיי הבעל בין לאחר מיתה? בשלמא לרב אסי – איצטריך לאשמועינן בחיי בעל, דסד"א הואיל ובחייו נמצאת אילונית – דלמא קיבלה. וי"ל: דס"ד למיסרה כשנמצאת אחר מיתה משום דבשעת נפילה נראית כצרת בתו, כדאסר לעיל צרת בתו ממאנת. וא"ת: מ"ש אילונית ממאנת! ויש לומר: דהתם מיתסרא מיאון, הכא לא מיתסרא מידי. א"נ: ממאנת אין לה קול, ובשעת מיאון נראית כצרת בתו, אבל אילונית – יש לה קול, וידוע שלא היתה צרת בתו. וא"ת: מאי פריך הכא לרבא מדקתני שנמצאו? נימא דנקט נמצאו לרבותא! וי"ל: דבהכיר בה איכא רבותא טפי, להכי משני: תני שהיו.
שלם

עין משפט נר מצוה

מו א מיי' פ"ו מהל' יבום הלכה כב טוש"ע אה"ע סימן קעג סעי' ז:

מז ב ג מיי' פי"א מהל' גירושין הלכה עז יז סמג עשין נ טוש"ע אה"ע סימן קנה סעיף יא וסימן קעג סעיף יד:

מח ד מיי' פ"ו מהלכות יבום הלכה ח סמג עשין נא טוש"ע אה"ע סימן קעב סעיף א.

תוספות ישנים

מיאנה בזה מותרת בזה. כלומר באחיו לפי שהמיאון עוקר הזיקה. וא"ת אף לאותן שמיאנה נמי תשתרי שהמיאון יעקור הקדושין מאחיו ראשון ותהיה כמו נכרית בעלמא. וי"ל דטעמא משום דמשעת נפילה נראית כאשת אח דמכיון שנצטרך לה ליאה ממנו ע"י מיאון נראית כאשת אחיו כדאמרינן לקמן מיאנה ביבם אסורה לאביו משום דמשעת נפילה נראית ככלתו. בבעל מותרת לאביו שהמיאון עקר הקדושין ונמצא שלא היתה משולם כלתו ולא נחשבת כ"א כמפותת בנו: **מאי** לאו למעוטי צרת אילונית דשריא. אבל א"ל צרת סוטה וצרת מחזיר גרושתו דאין לנו למעט אלא דכוותה כהך שאסורה משום אשת אח מאב ולא משום ערוה אחרת. וא"ת דלמא אתא למעוטי צרת ממאנת א) שלא היתה משולם אשת אחיו ואינה אסורה רק משום גזרה משום צרת בתו ממאנת:

א) חסר כאן ונראה דצ"ל צרת ממאנת וי"ל דממאנת נמי לא הוה ערוה דכוותה דכיון דמיאנה נמצא שלא היתה כו'.

תוספות חד מקמאי

והלכתא צרת ממאנת [מותרת אפילו לזה] שמיאנה בו ולא גזרינן משום בתו ממאנת שאסורה משום דבשעת נפילה נראית כצרת בתו והממאנת עצמה אסורה לזה שמיאנה בו ומותרת לאחיו כשמואל דאמר מיאנה לזה מותרת לזה: גרסינן בנדה פרק בנות כותים קטן וקטנה לא חולצין ולא מייבמין קטן שמא [ימצא] סריס קטנה שמא תמצא אילונית ואקשינן כי תמצא אילונית מאי הוי והא מקח טעות הוא ואין כאן אסור אשת אח ואפי' גט לא בעיא דהא תנן וכולן אם נמצאו אילונית צרותיהן מותרות להתייבם ואם אילונית היתה צריכה גט מספק אמאי מותרת להתייבם ודלמא צרת ערוה היא אלא לאו ש"מ דאילונית לא בעיא גט ועוד תניא בפ' הזורק כל עריות שאמרו צרותיהן מותרות הלכו הצרות האלו ונישאו ונמצאו אילונית תצא מזה ומזה שמא כיון דנמצאו העריות אילונית לאו צרת ערוה היא כלל ומותרת להתייבם ותנן נמי התם הכונס יבמתו והלכה צרתה ונשאת לאחר ונמצאת אילונית תצא מזה ומזה וכל הדרכים האלו בה. אמר רבא צרת בתו אילונית אפי' הכיר בה מותרת כל אילונית שלא הכיר בה בעלה בשעת קידושין צריכה גט מספק שמא יקפיד בה הבעל שמא לא יקפיד ואין לה כתובה דאוקי' ממונא בחזקת מריה וזו היא ששנינו הממאנת והשניה והאילונית אין להן כתובה משמע הא גט בעיא כדדייקינן בפ' המדיר כנסה סתם אין לה כתובה כתובה הוא דלא בעיא הא גט בעיא. והכי נמי איכא למימר גבי אילונית כתובה הוא דלית לה הא גט בעיא ועוד דקתני אילונית דומיא דשניה מה שניה צריכה גט אף אילונית שלא הכיר בה צריכה גט או מדרבנן או משום ספק שמא לא יקפיד הבעל בשעת קדושין ואע"פ שמקפיד עתה שנודע לו שהיא אילונית וכיון דצריכה גט אמרינן התם שמא תמצא אילונית והוא אשת אחיו שלא במקום מצוה. ומתני' דהכא ודפרק הזורק לא קשה לרבא כלל דהא ס"ל לרבא דאפילו צרת בתו אילונית דהכיר בה בשעת קדושין ונשואין צרתה מותרת להתייבם אבל לרב אשי צרת אילונית שהכיר בה אפי' אשה בעלמא שאינה ערוה אסורה להתייבם ואזלא לעלמא בלא חליצה ומתני' דהכא ודפרק הזורק דאמר צרותיהן מותרות להתייבם דוקא נמצאו לאחר קדושין מפני שהוא מקח טעות א) ולרבה ודאי כיון שמותרת להתייבם כשנמצאו אילונית אין כאן קדושין כלל וא"כ קשיא ההיא דפ' בנות כותיים דאמר קטנה שמא תמצא איילונית והא אמרת דאין כאן קדושין כלל ואם נמצאת איילונית אין כאן איסור אשת אח ואי לאו מתני' דהכא ההיא דפ' הזורק ל"ק מידי דאיכא למימר (דלרבה) [דלרב אשי] נמי ספק מקח טעות הוא שמא לא יקפיד וחולצת ולא מתייבמת ומפני שהלכו צרותיהן ונשאו בלא חליצה תצא מזה ומזה וכל הדרכים האלו בה אבל מתני' הכא קתני נמצאו איילונית צרותיהן מותרות להתייבם ש"מ דודאי מותרות וי"ל (כרבה) [דרב אשי] מוקים לה למתני' דהכא כגון שאמר הבעל בפירוש שיקפיד אם תמצא אילונית ותוספתא שכתב הרב אלפסי וכולן שנמצאו איילונית או שהיו נשואות לאחרים בין בחיי הבעל בין לאחר מיתה כגון שגילה הבעל בחייו שיקפיד אם תמצא איילונית ורבינו יעקב תריץ אליבא דרב אשי כל זמן שלא הכיר בה הראשון הרי היא כאשתו ואע"פ שאם היה מכיר בה והיה מקפיד יוצאה בלא גט ואעפ"כ כל זמן שלא הקפיד לא מחזקינן לה בהכי וההיא דתנן בפ' הזורק מיירי שהכיר בהן הבעל שאינן איילונית והקפיד והצרות לא ידעו בקפידת הבעל ונשאו ולפיכך תצא מזה ומזה וכל הדרכים האלו ומתני' דהכא נמי דקתני נמצאו אילונית מותרות כגון שהקפיד הבעל בחייו שאמר אם תמצא איילונית אגרשנה והתוספתא שכתב הרב אלפסי בין בחיי הבעל בין לאחר מיתת הבעל כגון שאמר הבעל בחייו שיקפיד אם תמצא אילונית אבל כל זמן שלא יקפיד וכן אם מת ולא הכיר בה לא מחזוקים ליה שיקפיד והרי היא כאשתו ולפיכך אמרו קטנה שמא תמצא אילונית ועוד יש לפרש אליבא
דרבא

א) נ"ל ולדידיה ולאו וכו' וכ"ל לרב אשי.

מסורת הש"ס

לעיל יא: וש"נ

לקמן יג. קז:

[לעיל ג: לקמן כ.]

[לקמן כד. ע"ש]

לקמן יח: לח:

[בתוספתא לפנינו לא מצאתי רק בפרק קמא דמכילתין תניא בזה"ל ג' אחין נשואין ג' נשים נכריות ומת אחד מהן ועשה בה שני מאמר ומת הרי אלו חולצות ולא מתייבמות זו היא לרב אשי ולא מתייבמות צרות זו היא ולא לבני ר' יוסי]

הגהות הב"ח

(א) גמ' מתו או מיאנו או נתגרשו צרותיהן מותרות: (ב) רש"י ד"ה אלא לדידיה וכו' ומכח נישואין שלו נפלה לפניו להתייבם: (ג) ד"ה משום וכו' דפקע ליה זכותיה מינה: (ד) ד"ה צרת אילונית וכו' הס"ד ואח"כ מ"ה ומת בלא בנים: (ה) ד"ה שלא מצינו וכו' צרתה לא למעוטי צרת וכו' הס"ד ואח"כ מ"ה דאורייתא תלד:

עין משפט נר מצוה

מט א מיי' פ"ו מהל' יבום הלכה כ כא טוש"ע אה"ע סימן קעב ס"א וסי' קעג סעיף ט:

נ ב מיי' פ"ב מהל' אישות הלכה ט סמג עשין כ טוש"ע אה"ע סימן קנה סעיף יב:

מסורת הש"ס

א הלכתא, צרת אילונית מותרת, ואפי' הכיר בה, ואפילו צרת בתו אילונית. ואלא הא דקתני שנמצאו? תני שהיו. כי אתא רבין אמר ר' יוחנן: אחת צרת ממאנת ואחת צרת אילונית, ואחת צרת מחזיר גרושתו – כולן מותרות. *תני רב ביבי קמיה דרב נחמן: שלש נשים משמשות במוך: קטנה, מעוברת, ומניקה. קטנה – שמא תתעבר ושמא תמות, מעוברת – שמא תעשה עוברה סנדל, מניקה – שמא תגמול בנה וימות. ואיזו היא קטנה – מבת י"א שנה ויום אחד עד י"ב שנה ויום אחד, פחות מכאן ויתר על כן משמשת כדרכה והולכת, דברי ר"מ, וחכ"א: אחת זו ואחת זו משמשת כדרכה והולכת, ומן השמים ירחמו. משום שנאמר °"שומר פתאים ה'" (תהלים קטז). מדקאמר שמא תתעבר ושמא תמות, מכלל דאיכא קטנה דמיעברא ולא מתה, א"כ מצינו חמותו ממאנת, ותנן: אי אתה יכול לומר בחמותו ואם חמותו ואם חמיו שנמצאו אילונית או שמיאנו! אימא: שמא תתעבר ותמות. דאמר רבה בר ליואי: גבול יש לה: קודם הזמן הזה אינה מתעברת כל עיקר, תוך הזמן הזה היא מתה ועוברה מת, לאחר זמן הזה – היא חיה ועוברה חי. איני? והא תני רבה בר שמואל: אי אתה יכול לומר בחמותו ואם חמותו ואם חמיו שנמצאו אילונית או שמיאנו, שכבר ילדו! אלא, לעולם – שמא תתעבר ושמא תמות. ואלא קשיא הך! אמר רב ספרא: ב בנים הרי הם כסימנים. ואית דאמרי: בנים עדיפי מסימנים. למאי נפקא מינה? דאפילו לרבי יהודה, דאמר: *עד שירבה השחור, בבנים מודה. ורב

רש"י הלכתא צרת אילונית מותרת. ואע"ג דהכיר בה אחיו וקיימא והויא אשתו – לא מיתסרא צרתה משום צרת הבת, דכי אסר רחמנא צרת ערוה – במקום מצוה הוא דאסרה. והא, כיון דאילונית היא – דבלאו ערוה נמי לא חזיא לייבום – הוי צרתה צרת ערוה שלא במקום מצוה. וכך מפורש בהלכות גדולות. צרת ממאנת. כיבם. מחזיר גרושתו. משניסאת. משמשות במוך. מותרות לתת מוך במקום תשמיש כשהן משמשות, כדי שלא יתעברו. סנדל. ולד שאין לו צורת פנים. וקיימא לן במסכת נדה (דף כה:): אין סנדל שאין עמו ולד, משל לאדם שסטר את חבירו והחזיר צורתו לאחוריו. דכשהיא מעוברת וחוזרת ומתעברת דוחק האחד את חבירו ופוחת צורתו. שמא תגמול את בנה. אם תתעבר תהא צריכה לגמול את בנה מלהניק כמו "ויגמל" (בראשית כא) – לשון הגדלה. ואיזו היא. (א) הראויה להתעבר ולמות. מבת י"א שנה כו'. פחות מי"א ודאי לא תתעבר, ויותר מי"ב – אם תתעבר לא תמות. משמשות. בלא מוך, כדרכן, והולכות. ומדקאמר שמא תמות. ולא קאמר ותמות, דאז הוי משמע שאם תתעבר תמות ודאי: מצינו חמותו ממאנת. כגון שילדה בקטנותה, בתוך זמן האמור למעלה בשנת י"ב, שנתעברה ולא מתה, וקידש *אדם את בתה, ונמצאת זאת חמותו קטנה, וראויה למאן עד י"ב שנה. קודם הזמן הזה. האמור למעלה, קודם י"א. אחר הזמן הזה. אחר י"ב. שכבר ילדו. ומדתלי טעמא בולד, מכלל דקטנה היא. דאי לאו קטנה היא, ליתני שכבר גדלו. הרי הן כסימנים. הלכך אין לך יולדת ממאנת, אפי' היא קטנה. ואפי' לר"י דאמר. במסכת נדה, אף משהביאה שתי שערות ממאנת עד שירבה השחור, שיהיו שם שערות הרבה. אין

תוספות שלש נשים משמשות במוך. פי' הקונטרס: מותר לשמש במוך, אבל שאר נשים – אסור, משום השחתת זרע, אע"ג דלא מיפקדה אפריה ורביה. וכן משמע בנדה (דף יג. ושם) דתנן בפ' "כל היד": המרבה לבדוק בנשים – משובחת, באנשים – תקצץ. ומפרש בגמרא משום דנשים לאו בנות הרגשה נינהו. משמע דאי הוו בנות הרגשה – הוי אסור. ומיהו, מצינו לפרש דלאו בנות איסור הרגשה נינהו. ור"ת אומר: דלפני תשמיש ודאי אסור ליתן שם מוך, דאין דרך תשמיש בכך, והרי הוא כמטיל זרע על העצים ועל האבנים כשמטיל על המוך. אבל אם נותנת מוך אחר תשמיש – אין נראה לאסור, דהאי גברא כי אורחיה משמש, מידי דהוה אקטנה ואילונית דלא איתסרו בתשמיש משום דלאו בנות בנים נינהו. והאשה שנותנת אח"כ מוך – לא הוזהרה אהשחתת זרע, כיון דלא מיפקדה אפריה ורביה. ומשמשות במוך דקתני הכא, היינו – צריכות לשמש במוך. שמא תעשה עוברה סנדל. פירש בקונטרס: דכשהיא מתעברת וחוזרת ומתעברת דוחק האחד את חבירו, ופוחת צורתו. והא דאמר ב"המפלת" (נדה דף כז.) דאין אשה מתעברת וחוזרת ומתעברת – צ"ל דהיינו דוקא בן קיימא. ור"ת מפרש: דסנדל הוא כשהאשה מתעברת תאומים. אם משמשת בלא מוך – נכנס השכבת זרע בין שני הולדות ודוחק אותם ועושה את האחד סנדל. וכן משמע ב"המפלת" (שם דף כה:) דבעיבור אחד הוי, דקאמרינן: ולמה הוזכר סנדל, והלא אין סנדל שאין עמו ולד? ומשני: אי דאתיליד נקבה בהדיה – ה"נ, הב"ע דאתיליד זכר בהדיה, מהו דתימא: הואיל ואמר רבי יצחק אשה מזרעת תחלה יולדת זכר, ומדהאי זכר – האי נמי זכר הוא, קמ"ל, אימור: שניהם הזריעו בבת אחת. ואם סנדל בשני עיבורים – למה ה"ל למימר מדהאי זכר האי נמי זכר? ולמה לי נמי למימר שניהם הזריעו בבת אחת*? שמא תתעבר ותמות. ולא בעי לשנויי דנקט שמא תמות משום דאינה ודאי מתה אלא כשילדה בקטנות, אבל ילדה בגדלות, אע"פ שנתעברה בקטנות, פעמים חיה, ולא משכחת חמותו ממאנת, דאי ילדה בקטנות ודאי מתה, ואי ילדה בגדלות שוב אינה יכולה למאן – משום דברייתא דרב ביבי לא מיפלגא מידי בעיבור שנת י"ב בין ילדה בגדלות בין ילדה בקטנות. ועוד: לא מסתברא ליה שתגרום הלידה בקטנות מיתה אלא העיבור. ועוד: דמתרץ האמת כרבה בר ליואי, דכל תוך הזמן היא מתה ועוברה מת. אחר הזמן הזה היא חיה ועוברה חי. ואומר ר"י: דאין לפרש: אחר הזמן – אחר שנת י"ב ויום א', אפילו בלא הבאת ב' שערות, דא"כ מצינו חמותו ממאנת, דעל רוב שנותיה יכולה למאן אם לא הביאה ב' שערות – למ"ד אין חוששין שמא נשרו. ואפילו למאי דפסקי' התם בפ' "יוצא דופן" (נדה דף מו.) דחוששין היכא דבעל אחר זמן, דהויא ליה ספיקא דאורייתא – משכחת חמותו ממאנת כגון שפירש כשבעל אחר זמן, שאין בועל לשם קידושין, דהשתא לא הויא ספיקא דאורייתא. אלא כשהביאה ב' שערות איירי, ולא חש לפרש, משום דאורחא דמילתא הוא דאיכא שערות אחר זמן. וכן נמצא בירושלמי דתלי טעמא דרבה בר ליואי בשערות, ולא בשנים. שכבר ילדו. ומדקאמר שכבר ילדו – משמע דבלא הביאה ב' שערות – כי לא ילדה נמי נפקא מתורת קטנות ואילונית ע"י שערות, וא"כ איכא קטנה דמיעברא ולא מתה. וא"ת: מאי ס"ד דמקשה? תקשה ברייתא דרבה בר שמואל גופיה, דכיון דבלא הביאה ב' שערות איירי – כי ילדה מאי הוי? מ"מ תמאן! ואר"י: דסבר המקשה דאע"ג דבקטנה איירי – לית בה מיאון מדרבנן, לפי שנראית גדולה, וסבורים העולם שהביאה ב' שערות. ולא פריך אלא לרבה בר ליואי דוקא, דאמר דליכא קטנה דמיעברא ולא מתה. אבל לברייתא דרב ביבי – לא קשיא מידי, דאע"ג דקתני שמא תמות, דמשמע דאיכא קטנה דמיעברא ולא מתה – מ"מ לא מצינו חמותו ממאנת, שהלידה מונעתה מלמאן אע"פ שהיא קטנה, כדפרישית. אבל אין לפרש דלמקשה ניחא ליה ברייתא גופא דמסיק אדעתיה שפיר דלידה הרי הוא כסימנים, ולכך אינה יכולה למאן, ולא פריך אלא לרבה בר ליואי, ומשני: דבנים הרי הן כסימנים משעת העיבור, כמו שאפרש, דא"כ הל"ל בהדיא: עיבור בנים הרי הם כסימנים, כיון דמעיקרא נמי אסיק אדעתיה דלידה הרי היא כסימנים. הרי הם כסימנים. פי': משעת העיבור. ושפיר תני רב ביבי שמא תמות, דבשנת י"ב פעמים חיה אפי' לרבה בר ליואי, ואז היתה גדולה משעת ההריון. ואע"פ דקי"ל בנדה דתוך הזמן כלפני הזמן, ולא הויא גדולה בהביאה שערות בשנת י"ב – מ"מ עיבור בנים, בני קיימא, תוך הזמן – כסימנים אחר הזמן. והא דקאמר רבה בר ליואי תוך הזמן היא מתה ועוברה מת – לא קאי אשנת י"ב, דאז פעמים חיה כשהיא גדולה בשעת ההריון, כדפרישית. אלא ה"פ דמלתא: קודם הזמן, פי', קודם – שנה שלפני גדלות, תוך הזמן – היינו תוך שנה שלפני גדלות, אחר זמן – היינו אחר שגדלה, כדפי' ר"י בתחלת הסוגיא. דאפי' לר' יהודה דאמר כו'. משום דבעי לאוקמי מתני' כר"י דלא מצינו חמותו ממאנת קאמר הכי. וא"ת: אמאי קאמר דעדיפי מסימנים? אפי' לא הוו משעת עיבור אלא כסימנים – לא מצינו חמותו ממאנת לר' יהודה, דמשעת עיבור עד הלידה יש זמן מרובה יותר ממה שיש מהבאת שערות עד שירבה השחור. ומיהו, למ"ד התם דרבוי שחור היינו עד שיקיפו השערות משפה אל שפה – אפשר שריבוי השחור מאחר יותר מזמן עיבור עד שעת לידה. אבל למ"ד שערות שוכבות, ונראה כמו שריבה השחור – קשיא! ונראה דאם הביאה שערות ונשרו יכולה למאן אפילו שהה כדי ריבוי שחור, דאין הזמן גורם אלא ריבוי שחור ממש בעינן, שתהא נראית גדולה לכל ע"י כך. וא"ת: אכתי בלא "בנים עדיפי מסימנים" מיתוקמא מתני' שפיר כר"י, דהא מודה רבי יהודה כשבעל אחר גדלות דאינה יכולה למאן, כדאמר בפ' "בא סימן" (נדה דף נב.), וזאת החמותו שנבעלה בגדלות כשנתעברה, דבנים הרי הם כסימנים משעת ההריון – תריץ דאי לאו דבנים עדיפי מסימנים משכחת חמותו ממאנת כגון שעיברה באמצעי, או שבעל בפירוש שלא לשם קידושין.

רב

כתובות לט. לקמן ק: נדה מה. נדרים לה: [תוס' נדה פ"ב]

נ"ל אחיו

כתובות לו. ב"ב קנ. נדה נב. חולין כו:

[וע"ע תוס' נדה כה: ד"ה קמ"ל]

תוספות ישנים

צרת אילונית מותרת ואפילו הכיר בה ואפילו צרת בתו דכיון דלאו בת ייבום היא הויא צרתה צרת ערוה שלא במקום מצוה ושריא:

תוספות חד מקמאי

דרבא ההיא שמא תמצא איילונית דלמפטר צרתה קאמר כלומר שמא תמצא אילונית ותלך צרתה לעלמא ביבום זה ושמא תמצא אילונית ואינה פוטרת צרתה (אמר רבא הלכתא צרת אילונית מותרת) וכיוצא בזה אמר רבה בפ' האשה הא דאמרו רבנן זיקת שני יבמין מחלץ [חלצה] יבומי לא מייבמי גזרה משום שתי יבמות הבאות מבית אחד. לא תימא ה"מ היכא דאיכא צרה דאיכא למיגזר משום צרה [דהא] הכא ליכא צרה מחלץ חלצה יבומי לא מייבמה: אמר רבא הלכתא צרת אילונית מותרת ואפי' הכיר בה ואפי' צרת בתו אילונית טעמא דמילתא דכיון דלא רמייה כלל ליבום אחד מן האחים הו"ל כצרת ערוה שלא במקום מצוה משא"כ בצרת עריות דמתני' וצרת אשת אחיו שלא היה בעולמו שאם לזה שאינה ערוה אינה ראויה ראויה היא לאחים אבל אילונית אינה ראויה לא' מן האחים וקי"ל כרבא כל אילונית שלא הכיר בה בעלה בשעת קידושין ונמצאת איילונית לאחר קדושין ומקפיד בה בעלה צריכה גט מספק או מדרבנן ויוצאים שלא בכתובה דאוקי ממונא בחזקת מאריה הרב אלפס כתב מילתא דרב זביד דאמר אין בנים בלא סימנים ולכאורה נראה דרב זביד ס"ל (אין בתוך) [דתוך] זמן כלאחר זמן וכן פרש"י ז"ל ואנן קי"ל תוך זמן כלפני זמן משום הכי אית לן לפרש דרב זביד לעולם ס"ל תוך זמן כלפני זמן משום הכי אית לן לפרש דאמאי דתני רבה בר שמואל קאי ובלאחר זמן וה"ק לעולם שמא תתעבר ותמות שאין קטנה יולדת והא דתני רבה בר שמואל שכבר ילדו ולא קתני שכבר הגדילו דאתא לאשמועינן אפי' למ"ד אין חוששין שמא נשרו משום צער לידה חיישינן ולפיכך תלה הטעם בלידה ולא תלה הטעם בגדלות דמשום לידה הוא דחיישינן שמא נשרו ואי לאו לידה אע"פ שהגיעה לכלל שנותיה איכא מ"ד אין חוששין שמא נשרו אבל בלידה לכ"ע חיישינן משום צער לידה וההיא דפרק אלו נערות דפריך התם ומי מעברא והא תני רב ביבי וכו' משמע התם דלא מעברא והכא אסיק' שמא תתעבר ושמא תמות וקשיין אהדדי ולמאי דפריש' איכא למימר (דהתם איכא למימר) דהתם אליבא דרב זביד קא פריך דס"ל שמא תתעבר ותמות דקטנה לא מעברא ואיכא לפרושי נמי ההיא דפ' [אלו] נערות דאליבא דרבנן קא פריך דאמר אחת זו ואחת זו משמשת כדרכה והולכת וס"ל לרבנן דקטנה לא מעברא. א"נ אליבא דרב ספרא והכי קאמר בנים הרי הן כסימנים בשעת עבורה קאמר להכי פריך ליה התם כיון דבשעת עבורה ה"ל כסימנים אישתכח דבשעת לידה הרי היא בוגרת שהרי אין בין נערות לבגרות אלא ששה חדשים וא"כ מאי קא מבעיא ליה יש בוגרת בקבר והרי קודם שמתה היתה בוגרת. מ"מ לא מפרשה מילתא דרב זביד לדעת הרב אלפסי אלא כדפריש' וכן נראה שפירש הראב"ד ז"ל ואיכא לעיוני דרב זביד גופיה אם בדקוה קודם לידה ולא הביאה ולאחר לידה ולא הביאה אי אמרינן דבההיא פורתא דבשעת לידה הביאה סימנין ונשרו ומיהו אליבא דהללו דחוששין שמא נשרו אפי' בלא בנים כ"ש בבנים. א) ולמ"ד אין חוששין בעלמא הכא משום צער לידה חוששין שמא בההיא פורתא הביאה סימנים ונשרו דאלת"ה למ"ד אין חוששין שמא נשרו מצינו. ושמא אם בדיקנא קודם לידה ולאחר לידה ולא הביאה. ואי אמרינן אין בנים בלא סימן לגבי חליצה דלמא לגבי מיאון אמרינן לחומרא שאינה ממאנת אבל לקולא שלא תחלוץ לא. ומסתברא מדקאמר חיישינן אלמא לחומרא קאמר שלא תמאן ולא לקולא שתחלוץ כדאמרינן בפ' יוצא דופן מכלל דלמ"ד חיישינן חלצ' והא חיישינן בעלמא קא': כי אתא רבין אר"י א' צרת ממאנת וא' צרת אילונית וא' צרת

מחזיר

א) נראה דל"ל אבל למ"ד וכו' ונשרו לאלתר מצינו לומר אם בדיקנא וכו' ולא הביאה אין חוששין שמא נשרו ועוד איכא לעיוני אי אמרינן אין בנים בלא סימן לגבי חליצה וכו'.

הגהות הב"ח

(א) רש"י ד"ה ואיזו היא קטנה הראויה:

תורה אור

וְרַב זְבִיד אָמַר: אֵין בָּנִים בְּלֹא סִימָנִים. וְנִבְדּוֹק! חָיְישִׁינַן שֶׁמָּא נָשְׁרוּ. הָנִיחָא לְמ"ד חוֹשְׁשִׁין, אֶלָּא לְמ"ד אֵין חוֹשְׁשִׁין מַאי אִיכָּא לְמֵימַר? אֲפִי' לְמ"ד אֵין חוֹשְׁשִׁין, מִשּׁוּם צַעַר לֵידָה — חָיְישִׁינַן. § "כֵּיצַד פּוֹטְרוֹת צָרוֹתֵיהֶן וכו'". מְנָהָנֵי מִילֵּי? אָמַר רַב יְהוּדָה: דְּאָמַר קְרָא "לִצְרוֹר" (ויקרא יח), *הַתּוֹרָה רִיבְּתָה צָרוֹת הַרְבֵּה. רַב אַשִׁי אָמַר: סְבָרָא הִיא, צָרָה מ"ט אֲסִירָא — דִּבְמְקוֹם עֶרְוָה קַיְימָא, צָרַת צָרָה נַמִּי — בִּמְקוֹם עֶרְוָה קַיְימָא. § "כֵּיצַד אִם מֵתוּ הֵן כו'". [א] וַאֲפִילּוּ כָּנַס וּלְבַסּוֹף גֵּירֵשׁ? וּרְמִינְהוּ: *ג' אַחִים, שְׁנַיִם מֵהֶן נְשׂוּאִים ב' אֲחָיוֹת וְאֶחָד נָשׂוּי נָכְרִית, גֵּירֵשׁ אֶחָד מִבַּעֲלֵי אֲחָיוֹת *אִשְׁתּוֹ וּמֵת הַנָּשׂוּי נָכְרִית, וּכְנָסָהּ הַמְגָרֵשׁ וּמֵת — זוֹ הִיא שֶׁאָמְרוּ: שֶׁאִם מֵתוּ אוֹ נִתְגָּרְשׁוּ — צָרוֹתֵיהֶן מוּתָּרוֹת. טַעְמָא דְּגֵירֵשׁ וְאח"כ כָּנַס, אֲבָל כָּנַס וְאח"כ גֵּירֵשׁ — לָא! *א"ר יִרְמְיָה: *תַּבְרָא, מִי שֶׁשָּׁנָה זוֹ לֹא שָׁנָה זוֹ. הַאי תַּנָּא סָבַר: מִיתָה מַפֶּלֶת, וְהַאי תַּנָּא סָבַר: נִשּׂוּאִין הָרִאשׁוֹנִים מַפִּילִים. רָבָא אָמַר: לְעוֹלָם חַד תַּנָּא הוּא, *"וְזוֹ וְאֵין צָרִיךְ לוֹמַר זוֹ" קָתָנֵי. § "וְכָל שֶׁיְּכוֹלָה לְמָאֵן". *וּתְמָאֵן הַשְׁתָּא וְתִתְיַיבֵּם! [לקמן קז:] לֵימָא מְסַיְּיעָא לֵיהּ לְרַבִּי אוֹשַׁעְיָא, *דְּא"ר אוֹשַׁעְיָא: מְמָאֶנֶת לְמַאֲמָרוֹ וְאֵינָהּ מְמָאֶנֶת לְזִיקָּתוֹ! לָא, צָרַת עֶרְוָה שָׁאנֵי. *דְּתָנֵי רָמִי בַּר יְחֶזְקֵאל: מֵיאֲנָה בְּבַעַל — מוּתֶּרֶת לְאָבִיו, מֵיאֲנָה בְּיָבָם — אֲסוּרָה לְאָבִיו, אַלְמָא: מִשְׁעַת נְפִילָה נִרְאֵית כְּכַלָּתוֹ, הָכָא נַמִּי מִשְׁעַת נְפִילָה נִרְאֵית כְּצָרַת בִּתּוֹ. § **מתני'** *שֵׁשׁ עֲרָיוֹת חֲמוּרוֹת מֵאֵלּוּ, מִפְּנֵי שֶׁנְּשׂוּאוֹת לַאֲחֵרִים, [ב] צָרוֹתֵיהֶן מוּתָּרוֹת: אִמּוֹ, וְאֵשֶׁת אָבִיו, וַאֲחוֹת אָבִיו, אֲחוֹתוֹ מֵאָבִיו, וְאֵשֶׁת אֲחִי אָבִיו, וְאֵשֶׁת אָחִיו מֵאָבִיו. *בֵּית שַׁמַּאי מַתִּירִין הַצָּרוֹת לָאַחִים, וּבֵית הִלֵּל אוֹסְרִים.

חָלְצוּ

אין בנים בלא סימנים. וְהַיּוֹלֶדֶת בְּקַטְנוּת חֲזָקָה הֵבִיאָה סִימָנִים. וּמִשֶּׁהֵבִיאָה סִימָנִים בְּתוֹךְ י"ב — לֹא תְּמָאֵן, דְּהָנֵי סִימָנִים גְּמוּרִים נִינְהוּ. דְּס"ל לְרַב זְבִיד: תּוֹךְ זְמַן כִּלְאַחַר זְמַן לְעִנְיַן סִימָן, וְלָא אָמְרִינַן שׁוּמָא נִינְהוּ: **הניחא** לְמ"ד כו'. פְּלוּגְתָּא בְּפֶ' "יוֹצֵא דוֹפֶן" (נדה דף מו.). **מנא** הָנֵי מִילֵּי. דְּצָרַת צָרָתָהּ פְּטוּרָה. **נתגרשו** צָרוֹתֵיהֶן מוּתָּרוֹת. וַאֲפִי' כָּנַס אָחִיו אֶת הַנָּכְרִית, וּלְבַסּוֹף גֵּירֵשׁ אֶת בַּת אָחִיו, דְּהָווּ לְהוּ צָרוֹת זוֹ לָזוֹ קוֹדֶם גֵּירוּשִׁין — אפ"ה קָשָׁרִינַן לֵיהּ לְיַיבּוּמֵי, כִּדְקָתָנֵי: וּמֵתָה בִּתּוֹ אוֹ נִתְגָּרְשָׁה, הוֹאִיל וּבִשְׁעַת נְפִילָה לָא הָווּ צָרוֹת זוֹ לָזוֹ. **וכנסה המגרש ומת.** וְנָפְלָה נָכְרִית לִפְנֵי שְׁלִישִׁי שֶׁנָּשׂוּי אֲחוֹת אִשְׁתּוֹ שֶׁל (א) זוֹ הָרִאשׁוֹנָה, דַּהֲוָיָא לְהוּ צָרַת אֲחוֹת אִשָּׁה, מִשֶּׁנִּתְגָּרְשָׁה. **צרותיהן מותרות.** הוֹאִיל וְלֹא הָיְתָה אֲחוֹת אִשְׁתּוֹ שֶׁל זֶה צָרָה לְנָכְרִית זוֹ שֶׁקּוֹדֶם נִשּׂוּאִים שֶׁל זוֹ נִתְגָּרְשָׁה. **תברא.** קַשְׁיָין אַהֲדָדֵי. **האי תנא.** דְּמַתְנִי' סָבַר מִיתַת הַבַּעַל מַפֶּלֶת נָשָׁיו לְיִיבּוּם, הִלְכָּךְ אֲפִי' כָּנַס וּלְבַסּוֹף גֵּירֵשׁ, כֵּיוָן דְּבִשְׁעַת מִיתָה לָאו צָרַת הַבַּת הִיא — שַׁרְיָא. **ותנא.** *דִּבְרַיְיתָא סָבַר: נִישּׂוּאִין הָרִאשׁוֹנִים שֶׁהָאִשָּׁה נִשֵּׂאת לְבַעְלָהּ מַפִּילִים אוֹתָהּ לְיִיבּוּם. הִלְכָּךְ, מִשֶּׁנַּעֲשֵׂית צָרַת עֶרְוָה שָׁעָה אַחַת — אֲסוּרָה עוֹלָמִית. **זו.** דְּמַתְנִי' דְּהָכָא דְּכָנַס וּלְבַסּוֹף גֵּירֵשׁ מוּתֶּרֶת, כִּדְקָתָנֵי: וּמֵתָה בִּתּוֹ אוֹ נִתְגָּרְשָׁה, וְאֵין צ"ל זוֹ דְּג' אַחִים דְּגֵירֵשׁ וּלְבַסּוֹף כָּנַס. **ותמאן.** הָעֶרְוָה הַשְׁתָּא, וְתֹאמַר: אִי אִיפְשִׁי בְּקִידּוּשִׁין שֶׁקִּדְּשׁוּנִי אִמִּי וְאַחַי לְבַעְלִי הַמֵּת, וְתַעֲקוֹר קִידּוּשִׁין הָרִאשׁוֹנִים, וְתִתְיַיבֵּם צָרָתָהּ. **ממאנת למאמרו.** הָא דִּתְנַן לְקַמָּן בְּפֶ' ב"ש: וּב"ה אוֹמְרִים בְּבַעַל וּבְיָבָם. **למאמרו.** הוּא דִּמְמָאֶנֶת, שֶׁאִם עָשָׂה הַיָּבָם מַאֲמָר בִּיבָמָה קְטַנָּה וּמֵיאֲנָה בּוֹ — מַפְקִיעַ מֵיאוּן אֶת הַמַּאֲמָר, וְחָזְרָה לְזִיקָּה לְבַדָּהּ, וְחוֹלֶצֶת. וְאע"ג דִּגְדוֹלָה שֶׁעָשָׂה בָּהּ מַאֲמָר וְלֹא רָצָה לִכְנוֹס, קי"ל בְּפֶ' ר"ג (לקמן דף נ:) (ב) צְרִיכָה גֵּט לְמַאֲמָרוֹ וַחֲלִיצָה לְזִיקָּתוֹ — הָכָא מֵיאוּן עָקַר לְמַאֲמָרוֹ, וְלָא בָּעְיָא גִּיטָּא. **ואין ממאנת לזיקתו.** לַעֲקוֹר נִשּׂוּאִים רִאשׁוֹנִים, וּלְהַפְקִיעַ זִיקַּת יִיבּוּם, וְלָצֵאת בְּלֹא חֲלִיצָה. ה"נ גַּבֵּי עֶרְוָה — לָא עָקַר לֵיהּ מֵיאוּן דְּהַשְׁתָּא לְנִשּׂוּאִין קַמָּאֵי לְמִישְׁרֵי צָרָתָהּ. **צרת ערוה שאני.** רַבָּנַן גָּזְרוּ שֶׁלֹּא תְּמָאֵן לְיַבּוּמֵי צָרָתָהּ, דְּלָא לְזַלְזוּלֵי בְּצָרַת עֶרְוָה, דִּלְמָא אָתֵי לְמִישְׁרֵי. **מיאנה.** כַּלָּתוֹ בְּבַעְלָהּ מוּתֶּרֶת לַחֲמִיהָ. דַּעֲקָרָתָהּ לְנִישּׂוּאֶיהָ, וַהֲוְיָא כִּמְפוּתַּת בְּנוֹ, וּמוּתֶּרֶת לוֹ. אֲבָל מֵת בְּנוֹ, בַּעְלָהּ הָרִאשׁוֹן, וּמֵיאֲנָה בְּזִיקַּת יָבָם, אע"ג דְּנִשּׂוּאִין קַמָּאֵי עָקְרָה — אֲסוּרָה לְאָבִיו. אַלְמָא: מִשְּׁעַת נְפִילָה כַּלָּתוֹ הִיא, מִשָּׁעָה שֶׁנָּפְלָה לְהִתְיַיבֵּם וְנִזְקְקָה לְיָבָם מֵחֲמַת נִישּׂוּאִין הָרִאשׁוֹנִים — נִרְאִים אוֹתָם נִישּׂוּאִין גְּמוּרִים לְמֶיהֱוֵי אֵשֶׁת הַמֵּת וְכַלָּתוֹ שֶׁל זֶה. ה"נ. בְּצָרַת עֶרְוָה, מִשְּׁעַת נְפִילָה שֶׁנִּזְקְקָה הַבַּת לְיָבָם (ג) לְמָאֵן בּוֹ מֵחֲמַת קִידּוּשֵׁי רִאשׁוֹן — נִרְאִים נִישּׂוּאִים גְּמוּרִים, לְמֶיהֱוֵי אֵשֶׁת הַמֵּת וְצָרָתָהּ צָרַת הַבַּת, וְאִי שָׁרֵית לֵיהּ — אָתֵי לְמִישְׁרֵי צָרַת הַבַּת בְּעָלְמָא. **מתני'** שֵׁשׁ עֲרָיוֹת. יֵשׁ שֶׁחֲמוּרוֹת מֵאֵלּוּ, וּמַהוּ חוֹמֶר שֶׁלָּהֶן — שֶׁנְּשׂוּאוֹת לַאֲחֵרִים, וְאֵינָן יְכוֹלִין לְהִנָּשֵׂא לְאָחִיו מֵאָבִיו. וְאִם מֵתוּ בַּעֲלֵיהֶן, שֶׁהֵן (ד) נָכְרִיּוֹת אֵצֶל זֶה — צָרוֹתֵיהֶן מוּתָּרוֹת לְהִנָּשֵׂא לָזֶה. **אמו.** אֵינָהּ יְכוֹלָה לְהִנָּשֵׂא לְאָחִיו שֶׁל זֶה מֵאָבִיו, שֶׁהֲרֵי הִיא לוֹ אֵשֶׁת הָאָב. וְכֵן אֵשֶׁת הָאָב וַאֲחוֹת אָבִיו (ה) וְאֵשֶׁת אָחִיו מֵאָבִיו שֶׁהָיוּ לוֹ בָּנִים וְאֵשֶׁת אֲחִי אָבִיו — כּוּלָּן אֲסוּרוֹת לְאָחִיו מֵאָבִיו כְּשֵׁם שֶׁאֲסוּרוֹת עָלָיו, וְאֵין בָּהֶן צַד יִיבּוּם עַל זֶה לְעוֹלָם. וְאִם נִישְּׂאוּ לַאֲחֵרִים, וְלָהֶם נָשִׁים אֲחֵרוֹת, וּמֵתוּ — מוּתָּרוֹת לִינָּשֵׂא לָזֶה, שֶׁאֵין צָרַת עֶרְוָה אֲסוּרָה אֶלָּא כְּשֶׁנָּפְלָה לְיִיבּוּם *עִם הָעֶרְוָה פַּעַם אַחַת. שֶׁכֵּיוָן שֶׁפְּטָרָהּ לְצָרַת עֶרְוָה — עוֹמֶדֶת עוֹלָמִית בְּאִיסּוּר אֵשֶׁת אָח שֶׁיֵּשׁ לָהּ בָּנִים. **ב"ש** מַתִּירִים. צָרַת עֶרְוָה לְהִתְיַיבֵּם לְאָחִיו, דְּלֵית לְהוּ הָךְ דְּרָשָׁה דְּ"לִצְרוֹר".

חָלְצוּ

(ו) **רב** זביד אמר אין בנים בלא סימנים. אומר ר"י דלריך לפרש דאין עיבור בנים של קיימא מלוי להיות בלא סימנים. ומיהו, זמנין אתו. מדפריך: וניבדוק. וכן אלא למ"ד אין חוששין מאי איכא למימר. ואם אין בנים כלל בלא סימנים — ודאי נשרו. וגם לשון חוששין נמי משמע דליכא אלא חששא בעלמא, ולא שודאי נשרו, ומשום דלא שכיח עיבור בלא סימנים לא מלינו חמותו ממאנת, דחוששים לסימנים, כדמסיק ואזיל ולהכי קאמר נמי רבה בר ליואי: תוך הזמן הזה היא מתה ועוברה מת, אע"פ דפעמים חיה, כיון דלא שכיח. ובברייתא דרב ביבי דנקט שמא תמות — בשביל המיעוט, ואע"ג דרבה בר ליואי לא חש למינקט שמא בשביל מיעוטא. וא"ת: ומנין לו לגמרא דרב זביד לא בעי למימר דאין בנים כלל בלא סימנים כדמשמע במילתיה? וי"ל: דאם אין בנים כלל בלא סימנים בא למימר, א"כ במאי אתא לפלוגי אדרב ספרא? כיון דלדידיה נמי אין בנים כלל בלא סימנים כמו לרב ספרא! אלא ודאי אתא למימר דאין הבנים סימן גדלות אלא השערות, וכי ליכא שערות — לא מחזקינן לה ודאי גדולה. ולהכי פריך: ולבדוק? ומשני: חוששין שמא נשרו ותוששין לה בספק גדולה לענין חליצה וקדושין דאורייתא, ולענין עונשין ומילי טובא. ובקונטרס פי': דסבר רב זביד דתוך הזמן כלאחר הזמן, דלא כהלכתא. נראה לר"י דבעלמא מודה רב זביד דתוך הזמן כלפני הזמן, ושאני הכא דע"י בנים חשבינן לסימנים כאילו הם לאחר זמן, כדפרישית נמי לרב ספרא. **משום** צער לידה חיישינן. וא"ת: כיון דאין בנים בלא סימנים — משעת העיבור נבדוק קמי לידה, ואי ליכא סימנין — ליכא למיחש שמא נשרו, דאכתי לא בא לער לידה! וי"ל: דלאו דוקא נקט לער לידה, דה"ה נמי דמשום לער עיבור חיישינן שמא נשרו. ולא נקט לער לידה אלא משום דאקשי ליה ונבדוק את החמות כדי למאן, דהיינו אחר לידה — להכי נקט לער לידה. וה"ה דאי בדקנה קמי לידה ולא אשכחן, דאיכא למיחש דנשרו משום לער עיבור. ואי הוה מפרש מילתיה דרב זביד דאין לידת בנים בלא סימנים קאמר — הוי אתי שפיר הא דנקט לער לידה, ולא היינו לריכים לומר משום לער עיבור חיישינן. אבל אי אפשר לומר כן, דא"כ לא הוי משני מידי לרבה בר ליואי. **מתה** בתו **או** נתגרשה. הא דלא נקט מיאנה או שנמלאת אילונית, משום דמתני' אתא לאשמועינן אפילו כנס ולבסוף גירש, ומיאנה או שנמלאת אילונית אין שום חדוש, דבטלו להו קידושי קמאי. וכך לי כנס ולבסוף מיאנה כמו מיאנה ולבסוף כנס. א"נ: משום דקאי אאחת מכל העריות האלו ומיאנה או שנמלאת אילונית לא שייך בכל העריות.

שלשה אחים שנים וכו'. לקמן בפרק "ד' אחים" (דף ל. ד"ה גירש) אפרש לה אמאי נקט שלשה אחים. **נשואין** הראשונים מפילים. הכא לא הוה שייך למינקט הראשונים, דליכא הכא תרי נישואין, ומשום ההיא דבפרק "ב"ש" (לקמן קח:) נקט הכי, דתנן: המגרש האשה והחזירה מותרת ליבם ור"א אוסר ומפרש התם טעמא דר"א משום דמספקא ליה אי מיתה מפלת אי נישואים הראשונים מפילים. **תמאן** השתא ותתייבם כו'. ואפי' לר"ג דלית ליה מלמדין את הקטנה שתמאן, לקמן בפ' "ב"ש" (דף קט.) היינו להוציאה מבעלה. א"נ: פריך דהיכא דמיאנה — תתייבם לרתה, ומתני' משמע דאין לה תקנה אלא בחליצה. **לא** צרת ערוה **שאני** כו'. ה"נ בשעת נפילה נראית כלרת בתו. וא"ת: ומנא ליה דטעמא דרמי בר יחזקאל משום דבשעת נפילה נראית ככלתו? דלמא טעמא דרמי בר יחזקאל גופיה משום דרבי אושעיא, דאינה ממאנת לזיקתו! וי"ל דע"כ טעמא דרמי בר יחזקאל משום דבשעת נפילה נראית ככלתו, מדנקט אסורה לאביו — מכלל דלעלמא שריא, ואי טעמא משום דאינה ממאנת לזיקתו — אסורה נמי לעלמא. וא"ת: א"כ תקשה ברייתא דרמי בר יחזקאל לר' אושעיא! ותירץ הר"ר משה כהן: דאיכא למימר דמיירי כשחלצה, ולהכי שריא לעלמא, ולא משום דממאנת לזיקתו. א"נ: כשמיאנה ביבם אחר שנתייבמה, דליכא זיקה. ומ"מ אסורה לאביו — משום דבשעת נפילה נראית ככלתו.

מאי

עין משפט נר מצוה

נא א מיי' פ"ו מהלכות יבום הלכה כא טוש"ע אה"ע סימן קעג סעי' ז:

נב ב מיי' שם הלכה יב טוש"ע אה"ע שם סעיף ב:

[שבת לב: וש"נ ועי' תוס' כתובות עה: ד"ה תברא]

מסורת הש"ס

לעיל ג. · לקמן ל. · [צ"ל את אשתו] · נ"א בתרא · [לקמן ל:] · [שם עירובין עו. ר"ה לב: לג. כתובות נח. הוריות ב:] · לקמן קז. קידושין מה. ע"ש · לעיל יב. לקמן קז: · [לעיל ג.:] · [לעיל ט.] לקמן כז. עדיות פ"ד מ"ח · לעיל ח.

תוספות חד מקמאי

מחזיר גרושתו כולן מותרות: **מתני'** ב"ש מכשירין וב"ה פוסלין לכהונה דנבעלה לפסול לה דכתיב ובת כהן כי תהיה לאיש זר [היא] בתרומת הקדשים לא תאכל כגון שנבעלה לזר אצלה פסלה לתרומה ולכהונה מק"ו דגרושה דמותרת בתרומה אסורה לכהונה זו שאסורה [בתרומה] אינו דין שאסורה בכהונה והכי אי' בפ' אלמנה לכהן גדול והתם אסיק' דזר אצלו מעיקרא בעי' לאפוקי מחזיר גרושתו דלאו זר מעיקרא הוא ולא פסלה לא לתרומה ולא לכהונה דהא פסול כהונה מתרומה קאתי אבל בחייבי כריתות אע"ג דלאו זר מעיקרא הוה פסלה לתרומה ולכהונה מק"ו וה"נ אמרינן בשלהי פרקין נהי נמי דעשו והא"ר יהושע אין ממזר מחייבי כריתות ומאי מפסלא. א) והלכה כב"ה נהי דממזר לא הוי פגום מיהא הוי דאתי בק"ו מאלמנה ולא פריך מה לאלמנה שכן היא עצמה מתחללת כדפריך בהא שמעתתא גבי מחזיר גרושתו וש"מ דבחייבי כריתות היא עצמה מתחללת ואע"ג דלאו זר מעיקרא הוא:

א) נראה דל"ל ומאי מפסלא אפי' אם הלכה כב"ה:

גליון הש"ס

גמ' רב אשי אמר סברא היא. ע' לעיל דף ג ע"א תד"ה עד סוף: **שם** נשואין הראשונים מפילים. לקמן דף פד ע"ב: **שם** ד"ה משעת נפילה. עיין לקמן דף כט ע"א תד"ה אי כרכי אלעזר:

הגהות הב"ח

(א) רש"י ד"ה וכנסה וכו' של זה הראשונה דהויא לה לרת: (ב) ד"ה למאמרו וכו' בפ' ר"ג לריכה: (ג) ד"ה הכא נמי וכו' ליבם והולרכה למאן בו: (ד) ד"ה שם וכו' שהן נכרים אלל זה: (ה) ד"ה אמו וכו' ואחות אביו ואחותו מאביו ואשת אחיו: (ו) תום' ד"ה ורב זביד וכו' ומיהו זימנין איתא מדפריך.

חלצו, ב"ש פוסלין מן הכהונה, ובית הלל מכשירין. נתייבמו, בית שמאי מכשירין ובית הלל פוסלין. אע"פ שאלו *אוסרים ואלו מתירין, אלו פוסלין ואלו מכשירין — לא נמנעו בית שמאי מלישא נשים מבית הלל, ולא בית הלל מבית שמאי. כל הטהרות והטמאות שהיו אלו מטהרים ואלו מטמאין — לא נמנעו עושין טהרות אלו על גבי אלו.§ **גמ'** אמר רבי שמעון בן פזי: מאי טעמא דבית שמאי — דכתיב °"לא תהיה אשת המת החוצה לאיש זר", — "חוצה" מכלל דאיכא פנימית. ואמר רחמנא: "לא תהיה". ובית הלל: מיבעי להו לכדרב יהודה אמר רב. *דאמר רב יהודה אמר רב מנין שאין קידושין תופסין ביבמה, שנאמר "לא תהיה אשת המת החוצה לאיש זר" — לא תהיה בה הויה(א) לזר. ובית שמאי: מי כתיב "לחוץ"? "חוצה" כתיב. ובית הלל: כיון דכתיב "חוצה" כמאן דכתיב "לחוץ" דמי. דתניא, ר' נחמיה אומר: כל תיבה שצריכה למ"ד בתחלתה — הטיל לה הכתוב ה"א בסופה. ותנא דבי ר' ישמעאל: כגון "אלים" °"אלימה" "מחנים" °"מחנימה", "מצרים" °"מצרימה", °"דבלתימה", °"ירושלימה"(ב) °"מדברה". ובית שמאי, דרב יהודה אמר רב מנא להו? מ"לאיש זר" נפקא. ובית הלל נמי, תיפוק להו מ"לאיש זר"! אין הכי נמי "חוצה" למה לי — לרבות הארוסה. ואידך: מ"חוצה" "החוצה" — ואידך: "חוצה" "החוצה" לא משמע להו. רבא אמר: טעמייהו דבית שמאי, *[א]דאין איסור חל על איסור. תינח היכא *דנשא מת ואחר כך נשא חי — לא אתי איסור אחות אשה וחייל אאיסור אשת אח, אלא נשא חי ואחר כך נשא מת, אחות אשה קדים! כיון דלא אתי איסור אשת אח וחייל אאיסור אחות אשה — הויא לה צרת ערוה שלא במקום מצוה, ושריא.§ "חלצו, בית שמאי פוסלים וכו'".§ פשיטא! לאפוקי מדרבי יוחנן בן נורי, דאמר: *בואו ונתקן להם לצרות שיהו חולצות ולא מתייבמות — קמ"ל דבית הלל מכשירים.§ "נתייבמו בית הלל פוסלין כו'".§ הא תו למה לי? איידי דתנא חלצו, תנא נמי נתייבמו. תנן התם: *[ב]מגילה נקראת באחד עשר ובשנים עשר ובשלשה עשר ובארבעה עשר ובחמשה עשר, לא פחות ולא יותר. אמר ליה ר"ל לר' יוחנן: איקרי כאן °"לא תתגודדו" — לא תעשו אגודות אגודות! האי "לא תתגודדו" מיבעי ליה לגופיה, דאמר רחמנא: [ג]לא תעשו חבורה על מת! א"כ לימא קרא "לא תגודדו", מאי(ג) "תתגודדו" — שמע מינה להכי הוא דאתא. ואימא כוליה להכי הוא דאתא? אם כן לימא קרא "לא תגודו" מאי "לא תתגודדו" — שמע מינה תרתי. א"ל: עד כאן לא שנית *[ד]מקום שנהגו לעשות מלאכה בערבי פסחים עד חצות — עושין, מקום שנהגו שלא לעשות — אין עושין? א"ל: *אמינא לך אנא איסורא, *דאמר רב שמן בר אבא אמר ר' יוחנן: °"לקיים את ימי הפורים בזמניהם", זמנים הרבה תיקנו להם חכמים, ואת אמרת לי מנהגא! והתם לאו איסורא הויא? *והתנן: (*בלילה) בית שמאי אוסרין ובית הלל מתירין! אמר ליה: *התם הרואה אומר מלאכה הוא דלית ליה. והא בית שמאי מתירין הצרות לאחים, ובית הלל אוסרים!
מי

תורה אור: דברים כה | שמות טו | בראשית יב | במדבר לג | יחזקאל ח | דה"א ה | דברים יד | אסתר ט

רש"י

חלצו. הצרות מן האחין. **ב"ש פוסלין מן הכהונה.** שחליצתה חליצה. **וב"ה מכשירין.** לפי שחליצתן שלא לצורך, והרי כחולצת מן הנכרי. **נתייבמו.** לאחים. **בית שמאי מכשירין.** אותן לכהנים, אם נתאלמנו מיבמיהן. **ובית הלל פוסלין.** שנבעלו לאסור להן, והנבעלה לפסול לה עשאה זונה, והזונה אסורה לכהונה. **לא נמנעו כו'.** אע"פ שבני הצרה שנתייבמו כב"ש ממזרים [הם לב"ה], שהרי באיסור אשת אח היא עליהם, ואשת אח בכרת, ובני עריות שהן חייבי כריתות ממזרים הם, כדאמרינן בפירקין — אפ"ה לא נמנעו ב"ה מלישא נשים מב"ש, לפי שהיו מודיעים להם אותן הבאות מן הצרות, ופורשים. **אלו על גבי אלו.** אלו משאילים כליהם לאלו. **גמ' לא תהיה אשת המת החוצה.** החיצונה, שהיא נכרית ליבם, לא תהיה לזר. **מכלל דאיכא פנימית.** כהדה, קרובה ליבם. **שאין קידושין תופסין ביבמה.** יבמה שלא חלצה, מנין אם נתקדשה לשוק שאין קידושין תופסין (ד) — אע"ג דחייבי לאוין בעלמא תפסי בהו קידושין. ת"ל כו' **לא תהא בה הויה.** אינן תופסין. **חוצה כתיב.** דמשמע חיצונה. **לרבות ארוסה.** שאם נתארמלה מן האירוסין צריכה ליבם כנשואה. וחוצה משמע חיצונה, שלא נתקרבה עדיין לביאה. **אין איסור.** אשת אח חל על בתו של זה אצל אביה, הלכך לא רמיא קמיה לייבומי, והוה כמאן דליתא. וכן באחות אשה, וכולן. והכי מפרשא מילתיה דרבא במסקנא דמילתא. ומיהו, הא דפריך: תינח היכא דנשא כו' — לא ידע מילתיה דרבא, וסבר דרבא אאחות אשה וכיוצא בה לחודייהו קאי, שקורבתו ע"י קדושין. **דלא אתי איסור אחות אשה וחייל אאיסור אשת אח.** והויא כנכרית. **פשיטא.** כיון דלב"ש זקוקות ליבם, פשיטא אם חלצו פסולות. ולב"ה, כיון דפטרי להו מזיקת יבום — אם חלצו כשרות לכהונה, דלאו חליצה היא. **דר' יוחנן.** לקמן (דף יד:) בברייתא. **בואו ונתקן לצרות.** העריות שיהו חולצות. וכיון דבעו חליצה — חליצתה פוסלת אפי' לב"ה. קמ"ל דב"ה אפי' תקנתא דרבנן לית להו כשרות דליחלצו. **וב"ה פוסלין.** דזונה היא, ופסולה לכהונה. אבל מתרומה דבי נשא לא מיפסלא בבעילת כרת, אלא בבעילת חלל ונתין וממזר וגוי ועבד, בפרק "אלמנה לכ"ג" (לקמן סח:). **לא תעשו אגודות.** דנראה כנוהגין ב' תורות, כשקורין כפרים את המגילה ביום כניסה, ועיירות גדולות בי"ד, ומוקפין חומה בט"ו. **א"כ לכתוב קרא לא תגודדו.** דמשמע לשון גדידה וחבורה. **ואימא כוליה להכי הוא דאתא.** שלא תעשו אגודות. **א"כ לכתוב לא תגודו.** מדלא כתיב תגודו, לשון אגודה. **לא שנית ע"כ מקום שנהגו כו'.** היה לך להשיב תשובה זו. **אמינא לך אנא איסורא.** דאסרי להו רבנן לבני ארביסר — לא מצו, וכן בני ט"ו בי"ד, ודמיא לשתי תורות. **ואת אמרת לי מנהגא.** דהתם לכ"ע שרי, ומיהו באתרא דאסמור — לא ישנה את דרכו, מפני המחלוקת. **ופרכינן והתם איסורא ליכא.** בתמיה. **והא קתני התם בלילה.** בליל בדיקת חמץ, ב"ש אוסרים וב"ה מתירים לעשות מלאכה, ואיכא דעבדי כב"ה ואיכא דעבדי כבית שמאי, והרי כאן אגודות! **א"ל התם.** לא דמי לשתי תורות, דהרואה את זה שאין עושה מלאכה אומר דאין לו מה לעשות.
בת

תוספות

מאי טעמא דב"ש. וא"ת: ומאי קבעי ליה? *דלמא מוקמי "לצרור" לכדר"ש (לעיל דף ח:). "ועליה" לכדרבי? ואומר רבינו יצחק: משום דמסתברא ליה לדרוש ל"צרור" לענין צרות — אי לאו דשמעיה בשום דוכתא דשריא. וא"ת: אכתי, כי דרשי נמי חוצה מכלל דאיכא פנימית — נדרוש מ"לצרור" למיסר צרה שלא במקום מצוה! וי"ל: דליכא למדרש הכי. דהא כתיב "לגלות ערותה" — דחדא. ולמקום מצוה לא איצטריך דמ"חוצה" נפקא, אלא לשלא במקום מצוה. **לכדרב יהודה אמר רב כו'.** ה"נ המ"ל לכדשמואל, דפליג עליה דרב, ב"האשה רבה" (לקמן דף נב: ושם) ומוקי קרא דללאו הוא דאתא. **כיון דכתיב** חוצה כמאן דכתיב לחוץ דמי. ואע"ג דכתיב נמי" ה"א בתחלה, דכתיב "החוצה" — היינו נמי אל החוץ, כמו "המדברה" (שמות ד) דהוי אל המדבר: **לרבות את הארוסה.** אר"י, דאיצטריך *לרבויי ארוסה משום דכתיב "בית אחיו", ובפ"ק דיומא (דף יג.) משמע ד"בית" נשואה משמע. **דלא אתי איסור אחות אשה וחייל אאיסור אשת אח.** וא"ת: כיון דאיסור אחות אשה לא חייל — תתייבם ערוה גופה! וי"ל: דאיסור אחות אשה מיתלא תלי וקאי, אי פקע איסור אשת אח — אתי וחייל, הלכך לא פקע*: א) **בית הלל פוסלים.** פי' בקונטרס: מכהונה, ולא מתרומה. וא"א לומר כן, (ה) דמחייבי כריתות זונה היא, כדאמרינן ב"החולץ" (לקמן מד:) גבי הנושא את חלוצתו, וזונה אסורה בתרומה, כמו שנפרש שם בע"ה (ד"ה "הכא"). ורש"י עצמו חזר בסוף פירקא (דף טו: ד"ה "היא עצמה") גבי מה לאלמנה שכן היא עצמה מתחללת: **דאמר רחמנא לא תעשו חבורה על מת.** והא דאמרינן בסוף פרק "ד' מיתות" (סנהדרין דף סח. ושם) גבי ר"ע שהיה מכה עצמו על ר"א שנפטר עד שהיה דמו שותת לארץ! ואומר רבינו יצחק: דליכא למימר דדרך שריטה אסר רחמנא דוקא. א"נ: אתורה היה מצטער, כדאמרינן התם: הרבה מעות יש לי ואין שולחני כו'.

עין משפט נר מצוה

נג א מיי' פי"ז מהל' איסורי ביאה הל' ח:
נד ב מיי' פ"א מהל' מגילה הלכה ד ו ז סמג עשין ד טוש"ע א"ח סי' תרפח:
נה ג מיי' פי"ב מהל' עבודת כוכבים הל' יא סמג לאוין סב טוש"ע י"ד סימן קפ סעיף ו:
נו ד מיימ' פ"ח מהל' י"ט הל' יח סמג לאוין עה טוש"ע א"ח סי' תסח סעיף ג ד:

[כך מבואר להדיא בגמ' יומא יג: אלא מעתה ארוסה לא תתייבם [וע"ש ברש"י] ומשני הש"ס חוצה לרבות הארוסה וכבר מצוה ליישב על תוס' ור"י דלא קאמרי הכי משמיה דגמרא]

[וכ"א בסוגיא לקמן לב. להדיא ככל מ"ש תוס' הכא ומצוה ליישב]

תוספות ישנים

א) וא"ת מ"ט דב"ה. וא"ל דסברי איסור חל על איסור משום דגלי קרא ל"צרור" דמשמע שצרה אסורה דא"כ אמאי אמרינן בסוגיא תלמודא דאין איסור חל על איסור ניליף מהכא שיחול. ואין סברא לומר דנפלוג כלהו אמוראי דאמרינן אין איסור חל על איסור אבית הלל דסבירא לן הלכתא כוותייהו. וי"ל דולאי סברי ב"ה דאין איסור חל על איסור אבל ילתו ויאמרו דכיון דהך טעמא לא מהניא מידי גבי ערוה כדפרי' איסור אחות אשה מתלא תלי וקאי וכו' מעתה יש לנו לומר צרה כמו כן דהיא תשובה צרת ערוה מקרא ל"צרור". וא"כ היא תיפסל מהאי טעמא דפריקית באחות אשה. ותימה לפי פירושא דפריקית לעיל דכל זמן דליכא לאוקמי ל"צרור" בצרות מוקמינן כיון דליכא קרא לאפוקי וא"כ קשה מאי טעמא דב"ש הלא אין זו רק סברא דאין איסור חל על איסור ומלינו למימר דחייל מקרא ד"צרור" דמשמע צרות דליכא לאוקמי במלתא אחריתי וליכא שום קרא למעט צרות ולהכי כ"א אותה סברא דאין איסור חל על איסור. ואין סברא לומ' שאותה הסברא תדחה הפסוק כיון דליכא לאוקמי במלתא אחריתי ופירך הקדום מהר"ש דאיכא לאוקמי קרא ד"צרור" כשבאו בבת אחת אשת אח ואחות אשה וכלהו עריות דמתני' נמי משכחת לה בבת אחת כגון בנו שקדש בתו לאחיו פרוטה מבת ג' שנים וחלו אשת אח ובתו יחד שאינה תשובה ערוה עד שתהא בת ג"ש וכלהו בכה"ג. ותימה דנשא מת ומת ואח"כ נשא חי ומ"ט דב"ש דהא ליכא למימר דאין איסור חל על איסור שהרי כשמת היתה אשת אח במקום מצוה ואח"כ אתי איסור אחות אשה חייל. וי"ל בכי האי גוונא ב"ה נמי שרי דלא הוו צרות ערוה משולש: תינח היכא דנשא מת וכו' המקשה היה סבור דרבא קאמר למלתיה גבי אחות אשה ולהכי פריך ליה כלפריך ולפום מסקנא לגבי כלהו עריות מצי למימר טעמא שפיר

מסורת הש"ס

בריי"ף ורא"ש לא גרס' אוסרים ומתירים וכן בעדיות פ"ד מ"ח ליתא
לקמן לב: [ונזכר ג"כ לקמן מט: נו.]
[חולין קיג.]
לעיל ח.
[לקמן יד: כז.]
מגילה ב.
פסחים נ.
[נדה סו.] מגילה ב.
פסחים נה. [נ"ל הלילה] שם נג:

הגהות הב"ח

(א) גמ' לא תהיה בה הויה וב"ש כצ"ל ותיבת לזר נמחק: (ב) שם המדברה: (ג) שם מאי לא תתגודדו ש"מ להכי: (ד) רש"י ד"ה שאין וכו' תופסין בה אע"ג דחייבי לאוין בעלמא דליכא כרת תפסי בהו קידושין ת"ל כו' הס"ד ואח"כ מ"ה לא תהא וכו' תופסין בה הס"ד: (ה) תוס' ד"ה בית הלל וכו' דמחייבי כריתות. נ"ב עיין פ' אלמנה דף ס"ח:

גליון הש"ס

תום' ד"ה מאי טעמא וכו' דלמא מוקמי לצרור וכו'. ק"ל על לשונם הזהב דלמא ולא הקשו ביותר דהא גם לפי האמת דיליף ב"ש מן החוצה ע"כ לדרשי' לצרור לכדר"ש ועליה לכדר' וצ"ע:

מי סברת עשו ב"ש כדבריהם? לא עשו ב"ש כדבריהם. ור' יוחנן אמר: עשו ועשו, ובפלוגתא [דרב ושמואל], דרב אומר: לא עשו ב"ש כדבריהם, ושמואל אמר: עשו ועשו. אימת? אילימא קודם בת קול – מ"ט דמ"ד לא עשו? ואלא לאחר בת קול – מ"ט דמ"ד עשו? אי בעית אימא קודם בת קול, ואי בעית אימא לאחר בת קול. אי בעית אימא קודם בת קול: וכגון דב"ה רובא, למ"ד לא עשו דהא ב"ה רובא, ומ"ד עשו – כי אזלינן בתר רובא היכא דכי הדדי נינהו, הכא – בית שמאי מחדדי טפי. ואי בעית אימא לאחר בת קול: מ"ד לא עשו – דהא נפקא בת קול, ומ"ד עשו – רבי יהושע היא, *דאמר: אין משגיחין בבת קול. ומ"ד עשו, קרינן כאן °"לא תתגודדו" – לא תעשו אגודות אגודות! אמר אביי: [א]כי אמרינן "לא תתגודדו" – כגון שתי בתי דינים בעיר אחת, הללו מורים כדברי ב"ש והללו מורים כדברי ב"ה. אבל שתי בתי דינים בשתי עיירות – לית לן בה. אמר ליה רבא: והא ב"ש וב"ה כשתי בתי דינים בעיר אחת דמי! אלא אמר רבא: כי אמרינן "לא תתגודדו" – כגון ב"ד בעיר אחת, פלג מורין כדברי ב"ש ופלג מורין כדברי ב"ה. אבל שתי בתי דינין בעיר אחת – לית לן בה. תא שמע: *במקומו של רבי אליעזר היו כורתים עצים לעשות פחמים בשבת, לעשות ברזל. במקומו של ר' יוסי הגלילי היו אוכלים בשר עוף בחלב. במקומו של רבי אליעזר אין, במקומו של רבי עקיבא – לא. *דתניא, *[ב]כלל אמר רבי עקיבא: כל מלאכה שאפשר לעשותה מע"ש – אין דוחה את השבת. והאי מאי תיובתא? מקומות מקומות שאני! °ודקארי לה מאי קארי לה? ס"ד אמינא: משום חומרא דשבת כמקום אחד דמי – קמ"ל. ת"ש, דרבי אבהו, כי איקלע *לאתריה דרבי יהושע בן לוי הוה מטלטל שרגא, וכי איקלע לאתריה דר' יוחנן – לא הוה מטלטל שרגא. והאי, מאי קושיא? ולא אמרינן (א)מקומות שאני? אנן הכי קאמרינן: ר' אבהו, היכי עביד הכא הכי והיכי עביד הכא הכי? רבי אבהו כר' יהושע בן לוי סבירא ליה, וכי מקלע לאתריה דרבי יוחנן – לא הוה מטלטל, משום כבודו דרבי יוחנן. והאיכא שמעא! דמודע ליה לשמעא. ת"ש: אע"פ שאלו אוסרים ואלו מתירים, לא נמנעו ב"ש מלישא נשים מב"ה, ולא ב"ה מב"ש. אי אמרת בשלמא לא עשו, משום הכי לא נמנעו. אלא אי אמרת עשו – אמאי לא נמנעו? בשלמא ב"ש מב"ה לא נמנעו – דבני חייבי לאוין נינהו. אלא ב"ה מבית שמאי – אמאי לא נמנעו? בני חייבי כריתות ממזרים נינהו! וכי תימא קסברי ב"ה דאין ממזר מחייבי כריתות – *והאמר רבי אלעזר: אף על פי שנחלקו ב"ש וב"ה בצרות – מודים שאין ממזר אלא ממי שאיסורו איסור ערוה, וענוש כרת! אלא לאו שמע מינה – לא עשו! לא, לעולם עשו, דמודעי להו ופרשי. והכי נמי מסתברא, דקתני סיפא: כל הטהרות וכל הטמאות שהיו אלו מטהרין ואלו מטמאין – לא נמנעו עושים טהרות אלו על גבי אלו.

רש"י

בת קול. בעירובין בפ"ק (דף יג.): יצאת בת קול ואמרה הלכה כב"ה. דכי הדדי נינהו. בחכמה. ר' יהושע היא. בפ' "הזהב". היו כורתים עצים בשבת לעשות פחמים. לבו ביום, כדי לעשות ברזל, איזמל של מילה. דקסבר ר"א: מכשירי מילה דוחין שבת כמילה עצמה. בשר עוף בחלב. שהיה דורש: "בחלב אמו" – מי שיש לו חלב אמו, יצא בשר עוף שאין לו חלב אם. והכי אמרי' בפ' "כל הבשר". כלל אמר ר"ע. לגבי מילה באיסור שבת. מאי קארי לה. הא כבר שנו לעיל: כי אמרינן לא תתגודדו כו'. מטלטל שרגא. נר שהדליקו בו בשבת וכבה. דסבר לה רבי יהושע כר"ש דלית ליה מוקצה. ור' יוחנן סבר לה כר' יהודה דאית ליה מוקצה, אפי' שלא מחמת איסור. והא איכא שמעא. דרבי אבהו דלא מסיק אדעתיה ומטלטל באתריה דר' יוחנן, הואיל וחזי לר' אבהו בעלמא דמטלטל. בני חייבי לאוין נינהו. הנך דב"ה, שהצרות נישאות לשוק בלא חליצה, אפי' לב"ש דאמרי חליצה בעי – בלאו בעלמא נינהו "לא תהיה אשת המת", ואין ממזר אלא מחייבי כריתות, כדאמרי' לקמן ב"החולץ" (דף מט.). חייבי כריתות נינהו. כיון דצרת הבת פטורה, המייבמה עומד באיסור אשת אח בכרת. אין ממזר מחייבי כריתות. אלא מחייבי מיתות ב"ד, כגון אמו וחמותו וכלתו וכיוצא בהן. וכל הנך דאיסור אחוה – לית בהו מיתה. דמודעי להו. ב"ש לב"ה: דעו שהמשפחה זו מצרת ערוה שנתייבמה באה, ופרשו. ע"ג אלו. משאילין כלים אלו לאלו, וב"ה מחמירין בטהרות טפי. ומאי

תוספות

מי סברא עשו וכו'. תימה: שלא הקשה רבי יוחנן לר"ל מההיא דמייתי בסמוך: במקומו של ר' אליעזר היו כורתין כו'! וי"ל: דאין חוששין לדקדק כל כך על דבריו, דממילא הוה מוקשה ממגילה, כמו שהקשה בעלמו. לא עשו ב"ש כדבריהם. תימה: הא אשכחן דעשו, דהטה ר' טרפון כדברי ב"ש (ברכות דף י:). והלל שהביא עולתו לעזרה, וחברו עליו תלמידי שמאי (ביצה דף כ.). ותניא בפרק "אלו טרפות" (חולין דף מד.): הרוצה לעשות כדברי ב"ש – עושה, ומוקי לה קודם בת קול. ומיהו, בלאו הכי מוכח בשמעתין דעשו. רבי יהושע היא דאמר אין משגיחין בבת קול. וא"ת: ומ"ש דלא קי"ל כבת קול דר"א*, אלא אמרינן בכל דוכתי דשמותי הוא ואין הלכה כמותו. וכבת קול דב"ה קי"ל, דהלכה כב"ה! וי"ל: משום דבת קול דר"א לא יצאה אלא לכבודו, שאמר מן השמים יוכיחו, כדאמר התם. א"נ: בההיא בת קול שהיתה כנגד רבים, דרבנן הוו רובא(ב) – דודאי אין הלכה. אבל כבת קול דב"ה קי"ל, משום דהוו ב"ה רובא, אלא דב"ש מחדדי טפי. וא"ת: ודלמא רבי יהושע נמי, דוקא התם קאמר דאין משגיחין, כדפירשנו, אבל בעלמא לא? וי"ל: מדנקט ר' יהושע האי לישנא, ואמר לא בשמים היא – ש"מ דבכל דוכתא אית ליה דאין משגיחין. כי אמרי' לא תתגודדו כגון שתי בתי דינין בעיר אחת כו'. וא"ת: מה תירץ ממגילה דבעיר אחת היו קורין לבני העיר בי"ד ולבני כפרים היו מקדימים ליום הכניסה! ואומר הרב רבי חיים(ג): דבני כפרים היו קורין *בעירם. כדמוכח בירושלמי. והשתא הוו שתי בתי דינים בב' עיירות, דבכי האי גוונא לא שייך "לא תתגודדו" אפילו לאביי. והא דקרי ליה יום הכניסה – לפי שבעירם היו מתאספים לבא לבית הכנסת בשני ובחמישי לקרות התורה. וכן נראה, דאמר בירושלמי דבן עיר אין מוציא בן (ד)כרך, דכל שאין מחויב בדבר אין מוציא אחרים ידי חובתם. וכיון שבני הכפרים היו בקיאים לקרות – ודאי היו קורין בעירם. במקומו של רבי אליעזר כו'. במתכוין היו מביאים עצמם שיהיו צריכים לכך, משום חיבוב מצוה. לא הוה מטלטל שרגא. וא"ת: התם משום דהרואה אומר אין צריך לטלטל! וי"ל: דאפילו היה נופל על טליתו לא היה מטלטל. לא הוה מטלטל משום כבודו של רבי יוחנן. ואע"ג דבסוף שבת (דף קנו: ושם) פסיק רבי יוחנן כר"ש במוקצה מחמת איסור, הכא בהדליקו בו אותה שבת איירי, כדפיר' בקונטרס, דחמיר טפי משום דדחייה בידים. אבל אין לפרש דהכא איירי במוקצה אי מחמת מיאוס, דהא מוקצה מחמת איסור חמיר טפי, לפירוש ר"ת שפירש בספ"ק דשבת (דף יט: ושם) גבי כרכי דזוזי. ועוד: דעל מוקצה מחמת מיאוס א"ר יוחנן בפ' "כירה" (ד' מה:*) אנו אין לנו בנר אלא כר"ש. בשלמא ב"ש לא נמנעו כו'. וא"ת: ואמאי לא נמנעו משום צרה עצמה, כדאמרי' לקמן בשמעתין? וי"ל: דצרה עצמה לא שכיחא כולי האי כמו בני הצרות, שהאחת יולדת כמה בנים. בשלמא

נינהו. וא"ת משכחת לה דב"ה לב"ש חייבי כריתות לר' שמעון דפטר אחיות בזיקה מחליצה ומיבום כגון צרת בתו ויבמה אחרת דנפול קמי שמעון והם אחיות שנפלו משני אחין ור' שמעון אמר א) לקמן כיון שהם אחיות בזיקה לא יהא לו לקוחין אפילו באחת מהן לב"ה מייבם שמעון יבמתו לראשונה אחות זקוקתו לצרת ערוה אינה זקוקה לו דהיא אסורה לו ולב"ש לא יוכל לייבמה שהיא אשת אח שלא במקום מצוה שהרי אחות זקוקתו היא דלצרת ערוה שרי' לה אליבא דב"ש וי"ל דפריך הכי אפילו לרבנן תקשי לן אמאי לא נמנעו (ב"ש מב"ה) [ב"ה מב"ש] ואה"נ דלר' שמעון תקשי לן אף מב"ה לב"ש אמאי לא נמנעו הא בני חייבי כריתות נינהו כדפרי':

א) נ"ל ור"ש אמר לקמן דף כח ע"ב שכל שתי אחיות שנפלו לגרות זו לזו בזיקה כו'.

עין משפט נר מצוה

נז א מיי' פי"ב מהל' עבודת כוכבים הל' יד:

נח ב מיי' פ"ב מהל' מילה הלכה ו סמג עשין נח טוש"ע א"ח סימן שלא סעיף ו טוש"ע י"ד סימן רסו סעיף ב:

הגהות הב"ח

(א) גמ' ולא אמרינן מקומות מקומות שאני: (ב) תום' ד"ה ר' יהושע וכו' הוו רובא בודאי אין הלכה כבת קול אבל: (ג) ד"ה כי אמרינן וכו' הרב רבי חיים הכהן דבני: (ד) בא"ד דבן עיר אין מוציא בן כפר דכל:

גליון הש"ס

גמ' ודקארי לה מאי קארי לה. כעין זה כתובות עז ע"א ולו ע"א:

מסורת הש"ס

תורה אור | דברים יד | ברכות נב. עירובין ז. פסחים קיד. ב"מ נט: חולין מד. | שבת קל. חולין קטז. | נ"ל דתנן | שבת מו ע"ש | קידושין עז: [תוספ' פ"א] | [וע"ש היטב תוספות סד"ה אין לנו] | [ב"מ נט: ושם] | עיין בהגה"ש דכתב דהוו כשני ב"ד בעיר אחת | שבת קל. פסחים סו. סט: מנחות עב. לו.

תוספות ישנים

אין משגיחין בבת קול. פי' בעירובין: והא איכא שמעתא. פ"ה דמטלטל ליה באתרי' דר' יוחנן ומשני דמודע ליה הזהר בכבוד ר' יוחנן ואל תהי מטלטל הנר במקומו ותימה מה ענין זאת הקושיא בכאן גבי אגודות אגודות בשבת הו"ל למפרך ועוד פשיטא דמודע לשמעא שיעשה כמוהו. ונראה לפרש והא איכא שמעא שיסבור דשרי לעשות אגודות אגודות לפי שראה רבו מטלטל במקום אחד ובמקום אחר לא היה מטלטל. ומשני דמודע ליה לשמעא ואומר אל תעשה אגודות. דהא שראית שאין אני מטלטלה במקומו של ר' יוחנן אין זה משום איסור טלטול אלא משום כבודו של ר' יוחנן: בני חייבי לאוין כשרים

תוספות חד מקמאי

ובפלוגתא רב אמר לא עשו ב"ש כדבריהם ושמואל אמר עשו מ"ד לא עשו דב"ה רובא מ"ד עשו כי אזלינן בתר רובא היכא דכי הדדי נינהו הכא ב"ש מחדדי טפי ואב"א לאחר כך ואמר עשו ר' יהושע היא דאמר אין משגיחין בב"ק ומסיק עשו ב"ש כדבריהם ולא הוו מצות אגודות אגודות אלא ב"ד אחד בעיר אחת פלגו מורו כב"ש ופלגו מורו כב"ה אבל שתי ב"ד בעיר אחת לית לן בה:

אִי אָמְרַתְּ בִּשְׁלָמָא דְּמוֹדְעֵי לְהוּ – מִשּׁוּם הָכִי לֹא נִמְנְעוּ. אֶלָּא אִי אָמְרַתְּ דְּלָא מוֹדְעֵי לְהוּ, בִּשְׁלָמָא ב"ש מִב"ה לֹא נִמְנְעוּ. דְּטֻמְאוֹת דְּב"ה – לְב"ש טְהָרוֹת נִינְהוּ, אֶלָּא, ב"ה מִב"ש לָמָּה לֹא נִמְנְעוּ? טְהָרוֹת דְּב"ש לְב"ה טְמֵאוֹת נִינְהוּ! אֶלָּא לָאו דְּמוֹדְעֵי לְהוּ – שְׁמַע מִינַּהּ. וּמַאי אוּלְמֵיהּ דְּהָךְ מֵהָךְ? מַהוּ דְּתֵימָא: צָרָה – קָלָא אִית לָהּ, קמ"ל. גּוּפָא, אָמַר רַבִּי אֶלְעָזָר: אע"פ שֶׁנֶּחְלְקוּ ב"ש וּב"ה בְּצָרוֹת – מוֹדִים שֶׁאֵין מַמְזֵר אֶלָּא מִמִּי שֶׁאִיסּוּרוֹ אִיסּוּר עֶרְוָה וְעָנוּשׁ כָּרֵת. מַאן מוֹדִים? אִילֵּימָא ב"ש לְב"ה – פְּשִׁיטָא, בְּנֵי חַיָּיבֵי לָאוִין כְּשֵׁרִים נִינְהוּ! אֶלָּא ב"ה לְב"ש – הִיא גּוּפָא חַיָּיבֵי כָּרֵיתוֹת הִיא! לְעוֹלָם ב"ש לְב"ה, וּלְאַפּוּקֵי מִדְּרַ' עֲקִיבָא, דְּאָמַר: יֵשׁ מַמְזֵר מֵחַיָּיבֵי לָאוִין, קמ"ל דְּאֵין מַמְזֵר מֵחַיָּיבֵי לָאוִין. ת"ש: *אע"פ שֶׁנֶּחְלְקוּ ב"ש וּב"ה בְּצָרוֹת, וּבַאֲחָיוֹת, בְּגֵט יָשָׁן, וּבִסְפֵק אֵשֶׁת אִישׁ, וּבִמְגָרֵשׁ אֶת אִשְׁתּוֹ וְלָנָה עִמּוֹ בְּפוּנְדָּק, בְּכֶסֶף וּבְשָׁוֶה כֶּסֶף, בִּפְרוּטָה וּבְשָׁוֵה פְּרוּטָה – לֹא נִמְנְעוּ ב"ש מִלִּישָּׂא נָשִׁים מִבֵּית הִלֵּל, וְלֹא ב"ה מִבֵּית שַׁמַּאי, לְלַמֶּדְךָ שֶׁחִיבָּה וְרֵיעוּת נוֹהֲגִים זֶה בָּזֶה, לְקַיֵּים מַה שֶּׁנֶּאֱמַר °"הָאֱמֶת וְהַשָּׁלוֹם אֱהָבוּ". ר"ש אוֹמֵר: נִמְנְעוּ הֵן מִן הַוַּדַּאי, וְלֹא נִמְנְעוּ מִן הַסָּפֵק. אִי אָמְרַתְּ בִּשְׁלָמָא עָשׂוּ – מִשּׁוּם הָכִי נִמְנְעוּ, אֶלָּא אִי אָמְרַתְּ לֹא עָשׂוּ – אַמַּאי נִמְנְעוּ? וְתִסְבְּרָא, נְהִי נַמִי דְּעָשׂוּ, בִּשְׁלָמָא בֵּית הִלֵּל נִמְנְעוּ מִבֵּית שַׁמַּאי, דְּחַיָּיבֵי כָּרֵיתוֹת נִינְהוּ, וּמַמְזֵרִים הֵם לְב"ה. אֶלָּא ב"ש אַמַּאי נִמְנְעוּ מִב"ה? בְּנֵי חַיָּיבֵי לָאוִין נִינְהוּ, וּכְשֵׁרִים נִינְהוּ! כְּדַאֲמַר רַב נַחְמָן בַּר יִצְחָק: לָא נִצְרְכָה אֶלָּא לַצָּרָה עַצְמָהּ – ה"נ לֹא נִצְרְכָה אֶלָּא לַצָּרָה עַצְמָהּ. וּמ"ש מִן הַוַּדַּאי – דְּאִיסּוּרָא הוּא, סָפֵק נַמִי אִיסּוּרָא הוּא! לָא תֵּימָא מִן הַסָּפֵק, אֶלָּא אֵימָא: מִן הַסְּתָם, דְּמוֹדְעֵי לְהוּ וּפָרְשֵׁי, וּמַאי קמ"ל – דְּאַהֲבָה וְרֵיעוּת נוֹהֲגִים זֶה בָּזֶה – הַיְינוּ רֵישָׁא! הָא קמ"ל דְּכוּלָּהּ ר"ש הִיא. תָּא שְׁמַע, *דְּאָמַר רַבִּי יוֹחָנָן בֶּן נוּרִי: הֵיאַךְ הֲלָכָה זוֹ רוֹוַחַת בְּיִשְׂרָאֵל? נַעֲשֶׂה כְּדִבְרֵי ב"ש – הַוָּלָד מַמְזֵר לְדִבְרֵי ב"ה, נַעֲשֶׂה כְּדִבְרֵי ב"ה – הַוָּלָד פָּגוּם לְדִבְרֵי ב"ש, *בּוֹאוּ וְנַתְקֵן לָהֶן לַצָּרוֹת שֶׁיְּהוּ

שֶׁיְּהוּ

תורה אור: °זכריה ח

וּמַאי אוּלְמֵיהּ דְּהַאי מֵהַאי. דְּקָאָמַר: ה"נ מִסְתַּבְּרָא דְּמוֹדְעֵי לְהוּ, מֵהַאי, הֵיכִי מִסְתַּבְּרָא טְפֵי? קָלָא אִית לַהּ. וְלָא צְרִיךְ לְאוֹדוּעֵי, וּמֵהָתָם לָא תֵּילַף דְּמוֹדְעֵי: ה"ג: פְּשִׁיטָא בְּנֵי חַיָּיבֵי לָאוִין כְּשֵׁרִים נִינְהוּ. מִדְּר"ע. לְקַמָּן בְּפֶרֶק "הַחוֹלֵץ" (דף מט.). בְּצָרוֹת. בְּמַתְנִי'. וּבַאֲחָיוֹת. בְּפֶרֶק "ד' אַחִין" (לקמן כו.). וּבִסְפֵק אֵשֶׁת אִישׁ. בְּפֶרֶק ב"ש (לקמן קז.), דִּתְנַן: בש"א אֵין מְמָאֲנִים אֶלָּא אֲרוּסוֹת וכו', וְהַקְּטַנָּה בַּת מֵיאוּן קָרֵי סְפֵק אֵשֶׁת אִישׁ, דִּלְמָא מְמָאֶנֶת וְנָפְקָא. לִישָּׁנָא אַחֲרִינָא נִרְאֶה: שְׁכִיב מְרַע שֶׁכָּתַב לְאִשָּׁה "זֶה גִּיטֵּיךְ מֵהַיּוֹם אִם מַתִּי מֵחוֹלִי זֶה", כָּל אוֹתָם הַיָּמִים נִקְרֵאת סְפֵק אֵשֶׁת אִישׁ, (א) כִּדְתְנַן (גיטין דף עד.): מַה הִיא כָּל אוֹתָן הַיָּמִים? ר' יוֹסֵי אוֹמֵר: בְּעִילָתוֹ סָפֵק, ר"מ אוֹמֵר: בְּעִילָתוֹ תְּלוּיָה. וּתְנַן: לֹא תִּתְיַיחֵד עִמּוֹ אֶלָּא ע"פ עֵדִים, אע"פ שֶׁלֹּא שָׁנִינוּ בָּהּ מַחֲלוֹקֶת ב"ש וב"ה – עַל כָּרְחָךְ נֶחְלְקוּ בָּהּ אוֹתוֹ מַחֲלוֹקֶת שֶׁנֶּחְלְקוּ בִּמְגָרֵשׁ אֶת אִשְׁתּוֹ וְלָנָה עִמּוֹ בְּפוּנְדָּק (שם דף פא.). לְב"ש דְּאָמְרֵי לָא אָמְרֵי' הֵן הֵן עֵדֵי יִיחוּד הֵן הֵן עֵדֵי בִיאָה – אֵינָהּ צְרִיכָה הֵימֶנּוּ גֵּט שֵׁנִי, וּלְב"ה דְּאָמְרֵי הֵן הֵן עֵידֵי יִיחוּד הֵן הֵן עֵדֵי בִיאָה – צְרִיכָה הֵימֶנּוּ גֵּט שֵׁנִי (ב). וּבְפֶ' "מִי שֶׁאֲחָזוֹ קוֹרְדְיָיקוֹס" (שם עג:) אִיפְלִיגוּ בָּהּ ר' יוֹסֵי בְּר' יְהוּדָה וְרַבָּנַן, דְּקָתָנֵי: רָאוּהָ שֶׁנִּתְיַיחֲדָה עִמּוֹ בָּאֲפֵלָה כו'. וּמוֹקְמִינַן הָתָם דְּאַלִּיבָּא דב"ה, דִּמְגָרֵשׁ אִשְׁתּוֹ וְלָנָה עִמּוֹ בְּפוּנְדָּקִי הוּא דְּאִיפְלִיגוּ בָּהּ, דְּקָאָמַר: כְּמַאן אָזְלָא הָא דְּא"ר יוֹחָנָן מַחֲלוֹקֶת כְּשֶׁרָאוּהָ כְּשֶׁנִּבְעֲלָה כו'. וְהַהִיא דְּר' יוֹחָנָן – גַּבֵּי פְּלוּגְתָּא דב"ש וב"ה אִיתְּמַר. גֵּט יָשָׁן. (ג) הַמְגָרֵשׁ אֶת אִשְׁתּוֹ וְלָנָה עִמּוֹ בְּפוּנְדָּקִי בְּמַסֶּ' גִּיטִּין בְּ"הַזּוֹרֵק" (ד' פא.). בְּכֶסֶף וְשָׁוֶה כֶּסֶף בִּפְרוּטָה וְשָׁוֶה פְּרוּטָה. לְעִנְיַן קִידּוּשֵׁי אִשָּׁה, ב"ש אוֹמְרִים: בְּדִינָר וּבְשָׁוֶה דִּינָר, וּבה"א: בִּפְרוּטָה וּבְשָׁוֶה פְּרוּטָה. וְדִינָר הוּא כֶּסֶף צוּרִי, וּפְרוּטָה הִיא שֶׁל נְחוֹשֶׁת. וְה"ק הָכָא: בְּכֶסֶף וּבְשָׁוֶה כֶּסֶף לְב"ש, בִּפְרוּטָה וּבְשָׁוֶה פְּרוּטָה לְב"ה. וּבְפ"ק דְּקִידּוּשִׁין (דף יא.) קָרֵי לְדִינָר דְּב"ש כֶּסֶף, דְּאָמַר רַב אַסִי: כָּל כֶּסֶף הָאָמוּר בַּתּוֹרָה סְתָם – כֶּסֶף צוּרִי, וְאוֹתְבִינַן: וַהֲרֵי קִידּוּשֵׁי אִשָּׁה כו', לֵימָא רַב אַסִי דַּאֲמַר כְּב"ש. מִן הַסָּפֵק. קָא ס"ד הַשְׁתָּא בְּאִיסּוּר סָפֵק, כְּגוֹן מְגָרֵשׁ וְלָנָה עִמּוֹ בְּפוּנְדָּקִי, דְּלֵיכָּא אֶלָּא סָפֵק דִּשְׁמָּא בָּא עָלֶיהָ לְשֵׁם קִידּוּשִׁין. לַצָּרָה עַצְמָהּ. הָא דְּקָתָנֵי נִמְנָעִים – מִצָּרָה עַצְמָהּ, וּלְעוֹלָם ב"ש נַמִי נִמְנָעִים מִב"ה מִלִּישָּׂא צָרַת הַבַּת בְּלֹא חֲלִיצָה. מִן הַסְּתָם. כָּל כַּמָּה דְּלָאו מוֹדְעֵי לְהוּ – לָא הָיוּ פָּרְשֵׁי מִסְּתָמָא, דְּוַדַּאי אִי הֲוֵי מֵהָנָךְ דְּלָא סְבִירָא לְהוּ – הֲווּ מוֹדְעֵי לְהוּ. הַוָּלָד פָּגוּם לְדִבְרֵי ב"ש. דְּאִם הָיָה כֹּהֵן – פָּסוּל לִכְהוּנָּה. וְאע"ג דִּבְנֵי חַיָּיבֵי לָאוִין כְּשֵׁרִים לַקָּהָל – חֲלָלִים הֵם לְעִנְיַן כְּהוּנָּה, דְּאָתְיָא בְּק"ו מֵאַלְמָנָה לְכ"ג, לְקַמָּן בִּשְׁמַעְתִּין.

שֶׁיְּהוּ

[תוספתא פ"א] [תוספתא פ"א] [לעיל יג: לקמן כז.]

בשלמא ב"ש לא נמנעו מב"ה כו'. להאי גירסא לא מוכח מהכא אלא דלמ"ד עשו – אודועי מודעי להו. אבל ר"ח גריס איפכא: בשלמא ב"ה לא נמנעו מב"ש – דטומאות דב"ש לב"ה טהורות נינהו. וזאת הגירסא נראית, דבכל מקום ב"ש מחמיר לענין טומאה. דכי חשיב בעדיות (פ"ה) קולי דב"ש וחומרי דב"ה – לא חשיב אלא תרי מילי דטומאה וטהרה, אבל כל שאר מילי דטומאה וטהרה, כגון שדרה וגולגולת ושוקת יהוא – הוו ב"ש לחומרא. והשתא, לפי האי גירסא מוכח שפיר דאודועי מודעי להו [אפי' לא עשו], דליכא למימר דלא נמנעו ב"ש מב"ה משום דלא עשו ב"ש כדבריהם, והיו עושין בכל דבר כב"ה ואפי' לקולא, כדמוכח לקמן. דהא טעמא דלא עשו משום אגודות ובטומאה ובטהרה דב"ש לחומר' – היה להם לב"ש למנוע מלעשו' טהרות אגב כלים דב"ה, דליכא אגודות, דהרואה אומר לא צריכי לכלים דידהו, כדאמר גבי שוקת בית יהוא: הרואה אומר לאפושי מיא הוא דעבדי. אלא ודאי, ע"כ אודועי הוו מודעי להו אפילו למ"ד לא עשו. והא דקאמר בשלמא בית הלל לא נמנעו מב"ש, דטומאות דב"ש – לב"ה טהורות נינהו, ואע"ג דבתרי מילי ב"ש לקולא – הני תרי מילי לא שכיחי. א"נ: נקט בשלמא משום אליבא דמ"ד לא עשו (א).

פשיטא בני חייבי לאוין כשרים נינהו. תימה: דלא מסיק אדעתי' דאתא לאפוקי מדר"ע, ואי הוה האי ר' אלעזר אמורא – הוה א"ש, דפשיטא ליה דאין הלכה כר"ע. אבל הוא רבי אלעזר בן שמוע שהוא תנא, כדמוכח ב"עשרה יוחסין" (קדושין עה:)! ונראה דס"ד דלשום תנא לא הוי ממזר מיבמה לשוק אלא דוקא מחייבי לאוין דשאר, כדתנן ב"החולץ" (לקמן מט. ושם): איזהו ממזר – כל שאר בשר שהוא ב"לא יבא". והא דתנן ב"האשה רבה" (לקמן ד' צב. ושם): האשה שהלך בעלה ובנה למדה"י ואמרו מת בעלה, ואח"כ מת בנה ונשאת, ואח"כ אמרו לה: חילוף היו הדברים – תצא (מזה ומזה) והולד ממזר (מזה ומזה). משמע דהוי ממזר מיבמה לשוק! קס"ד דקנסא בעלמא הוא. אע"ג דתניא בגמ' זו דברי ר"ע, דאמר אין קידושין תופסין בחייבי לאוין – ההיא ברייתא לא שמיע ליה.

ובספק אשת איש. לשון אחר שפי' בקונט', דהיינו: שכיב מרע שכתב גט לאשתו, ואע"ג דאין שם מחלוקת ב"ש וב"ה – הא נחלקו במגרש אשתו ולנה עמו בפונדקי – לא נהירא, דבהדיא חשיב הכא ההיא פלוגתא דהמגרש אשתו ולנה עמו בפונדקי. **בגט** ישן. תימה למ"ד בפ' ["הזורק"] בגיטין (ד' עט: ושם) דאם פטרה בגט ישן – תנשא לכתחלה, למה היה להם למנוע? דמשמע דלא נמנעו משום דלא עשו כדבריהם, או משום דהוו מודעי להו ופרשי. **אלא** ב"ש אמאי נמנעים מב"ה. וא"ת: ודלמא משום ממאנת, ומשום ההיא דשוה כסף ככסף היו נמנעים? דאם נתקדשה לראשון בפרוטה ולשני בדינר, לב"ש – מקודשת לשני, ובניה מן הראשון ממזרים! ואומר ר"י: דעיקר הך ברייתא משום צרות קתני לה, [ולכך קתני לה גבי מתני' דהכא], דלגבי הכי קתני לה מתני'. ומשמע משום צרות גרידא היו נמנעים. **ומאי** שנא ודאי כו'. לא אשנוייא קאי, אלא בתר דאסיק קושייתו בא לפרש הברייתא. **נעשה** כדברי ב"ה הולד פגום לדברי ב"ש. פי' בקונט': דאע"ג דבני חייבי לאוין כשרים לקהל – חללים הם לענין כהונה, דאתי בק"ו מאלמנה כדלקמן. ופליג אדר' יהושע, ולית ליה פירכא דמה לאלמנה שכן היא עצמה מתחללת. ועוד י"ל: דשפיר אית ליה הך פירכא, ומ"מ הולד פגום, מדאיצטריך במחזיר גרושתו "היא תועבה ואין בניה תועבין" (קידושין דף עז.) ול"ל קרא? דהא לא אתי מק"ו דאלמנה, דאיכא למיפרך: שכן היא עצמה מתחללת, אלא דאתי למידק הא כיוצא בזאת, דהיינו יבמה לשוק – בניה תועבין. אבל קשה: דבסוף נדה (ע. ושם) מסיק ר' יהושע דוְלָד מחזיר גרושתו כשר, משום היא תועבה ואין בניה תועבין, ול"ל קרא? דליכא למימר דאתי למידק אבני יבמה לשוק – דהא לקמן קאמר רבי יהושע בני צרות מעיד אני לכם דכשרים לכהונה לב"ש, משום פירכא

דשכן

א) ומאי דפריך [מאי] אולמיה דהך מהך א) דהא מהאיא דלעיל נמי דייקי' שפיר (ע"פ) דמודעי להו אפי' אי אמרינן דלא עשו דאל"ה קשיא לן ב"ש מב"ה אמאי לא נמנעו דאין לנו לומר (דלמא) דהאי דלא נמנעו ב"ש משום דלא עשו כדבריהם דהיכא אמרינן דלא עשו היכא דשייך אגודות אבל הכא לא שייך דהרואה יאמר לאתתא לא צריכי שהרי הרבה נשים אחרות ימצאו וא"כ אפי' לא עשו ב"ש כדבריהם צ"ל דמודעי להו וא"כ פריך שפיר מאי אולמיה דהך מהך ומשני מהו דתימא צרה קלא אית לה ולא צריכי למימר לעיל [גבי] צרה דמודעי (נהי) דליכא למפרך אמאי לא נמנעו היה להם להמנע משום הצרות דהתם ודאי עשו ב"ש כדבריהם דלא שייך אגודות דהרואה יאמר לאתתא לא צריכי דזה לא קשה מידי דהיינו משום דצרה קלא אית לה ולהכי לא נמנעו קמ"ל מהאיא דטהרות דצ"ל ע"כ דמודעי להו אפי' אי אמרי' לא עשו: **בספק** אשת איש. י"מ ספק אשת איש היינו מגרש אשתו ולנה עמו בפונדקי ותלה מלתא הוא דמגרש אשתו וכו' ספק אשת איש היא ופליגי ב"ש וב"ה אי צריכה גט שני:

א) נ"ל ומאי דפריך מאי אולמיה דהך מהך היינו משום דגם בהאיא דלעיל נמי דייקינן שפיר דע"כ דמודעי להו כו'.

הגהות הב"ח

(א) רש"י ד"ה ובספק וכו' אשת איש כדתניא בפ' שאחזו מה היא כל וכו' (ב) שם בא"ד גט שני דהתם איפלגו בה ר' יוסי כצ"ל ותיבות ובפ' שאחזו קורדייקוס נמחק (ג) ד"ה גט ישן והמגרש

שֶׁיְּהוּ חוֹלְצוֹת וְלֹא מִתְיַיבְּמוֹת, לֹא הִסְפִּיקוּ לִגְמוֹר אֶת הַדָּבָר עַד שֶׁנִּטְרְפָה הַשָּׁעָה. א"ל רַשְׁבַּ"ג: מַה נַּעֲשֶׂה לָהֶם לַצָּרוֹת הָרִאשׁוֹנוֹת מֵעַתָּה? אִי אָמְרַתְּ בִּשְׁלָמָא עָשׂוּ — הַיְינוּ דְקָאָמַר "מַה נַּעֲשֶׂה", אֶלָּא אִי אָמְרַתְּ לֹא עָשׂוּ — מַאי "מַה נַּעֲשֶׂה"? אָמַר רַב נַחְמָן בַּר יִצְחָק: לָא נִצְרְכָה אֶלָּא לַצָּרָה עַצְמָהּ, וּמַה נַּעֲשֶׂה — הָכִי קָאָמַר: הָנָךְ צָרוֹת דְּב"ה לְב"ש הֵיכִי נַעֲבֵיד לְהוּ? לִיחָלְצוּ — מִימָאֲסֵי אַגַּבְרַיְיהוּ, וְכִי תֵּימָא לִימָּאֲסָן — (משלי ג) °"דְּרָכֶיהָ דַרְכֵי נוֹעַם וְכָל נְתִיבוֹתֶיהָ שָׁלוֹם"! ת"ש, *דא"ר טַרְפוֹן: *תְּאֵבְנִי, מָתַי תָּבֹא צָרַת הַבַּת לְיָדִי וְאֶשָּׂאֶנָּה! אֵימָא: וְאַשִּׂיאֶנָּה. וְהָא "תְּאֵבְנִי" קָאָמַר! לְאַפּוּקֵי מִדְּרַבִּי יוֹחָנָן בֶּן נוּרִי. ת"ש: מַעֲשֶׂה בְּבִתּוֹ שֶׁל רַבָּן גַּמְלִיאֵל שֶׁהָיְתָה נְשׂוּאָה לְאַבָּא אָחִיו, וּמֵת בְּלֹא בָּנִים, וְיִיבֵּם רַבָּן גַּמְלִיאֵל אֶת צָרָתָהּ. וְתִסְבְּרָא, רַבָּן גַּמְלִיאֵל מִתַּלְמִידֵי ב"ש הוּא?! אֶלָּא: שָׁאנֵי בִּתּוֹ שֶׁל רַבָּן גַּמְלִיאֵל דְּאַיְילוֹנִית הֲוַאי. הָא מִדְּקָתָנֵי סֵיפָא: אֲחֵרִים אוֹמְרִים בִּתּוֹ שֶׁל רַבָּן גַּמְלִיאֵל אַיְילוֹנִית הָיְתָה, מִכְּלָל דְּתַנָּא קַמָּא סָבַר לָאו אַיְילוֹנִית הָיְתָה! הִכִּיר בָּהּ וְלֹא הִכִּיר בָּהּ אִיכָּא בֵּינַיְיהוּ. וְאִיבָּעֵית אֵימָא: כָּנַס וּלְבַסּוֹף גֵּירֵשׁ אִיכָּא בֵּינַיְיהוּ. אִיבָּעֵית אֵימָא: יֵשׁ תְּנַאי בְּבִיאָה אִיכָּא בֵּינַיְיהוּ. מְתִיב רַב מְשַׁרְשְׁיָא: *מַעֲשֶׂה בְּרַ' עֲקִיבָא שֶׁלִּיקֵּט אֶתְרוֹג בְּאֶחָד בִּשְׁבָט, וְנָהַג בּוֹ ב' עִשּׂוּרִין; אֶחָד כְּדִבְרֵי ב"ש וְאֶחָד כְּדִבְרֵי ב"ה, ש"מ: עָשׂוּ! רַ' עֲקִיבָא גְּמָרֵיהּ אִסְתַּפַּק לֵיהּ, וְלֹא יָדַע אִי ב"ה בְּאֶחָד בִּשְׁבָט אָמוּר אוֹ בְּט"ו בִּשְׁבָט אָמוּר. מְתִיב מָר זוּטְרָא: *מַעֲשֶׂה וְיָלְדָה כַּלָּתוֹ שֶׁל שַׁמַּאי הַזָּקֵן וּפִיחֵת אֶת הַמַּעֲזִיבָה, וְסִיכֵּךְ עַל גַּבֵּי מִטָּה בִּשְׁבִיל קָטָן. ש"מ: עָשׂוּ! הָתָם הָרוֹאֶה אוֹמֵר לְאַפּוּשֵׁי אֲוִיר קָעָבֵיד. מְתִיב מָר זוּטְרָא: *מַעֲשֶׂה בְּשׁוֹקֶת יֵהוּא שֶׁהָיְתָה בִּירוּשָׁלַיִם וְהָיְתָה נְקוּבָה לַמִּקְוֶה, וְכָל טְהָרוֹת שֶׁהָיוּ בִּירוּשָׁלַיִם נַעֲשִׂים עַל גַּבָּהּ. וְשָׁלְחוּ בֵּית שַׁמַּאי וְהִרְחִיבוּהָ, שֶׁבֵּית שַׁמַּאי אוֹמְרִים: עַד שֶׁתִּיפָּחֵת בְּרוּבָּהּ. וּתְנַן: *א עֵירוּב מִקְוָאוֹת כִּשְׁפוֹפֶרֶת הַנּוֹד, בְּעוֹבְיָהּ, וּבַחֲלָלָהּ כִּשְׁתֵּי אֶצְבָּעוֹת חוֹזְרוֹת לִמְקוֹמָן. שְׁמַע מִינָּהּ: עָשׂוּ! הָתָם הָרוֹאֶה

תורה אור: משלי ג

רש"י

שיהו חולצות. ויפסלו לשוק כהכשר לדברי הכל. **מה נעשה לצרות הראשונות.** שנתייבמו, ובניהם ממזרים אם נגמור הלכה שלא יתייבמו. **לצרה עצמה.** ואצרות דב"ה שנישאו לשוק קאי. והאי "ומאי נעשה" לאו אבנים קאי, דהא אפי' לב"ש כשרים לקהל, אלא אצרה עצמה. **רבי טרפון.** מתלמידי ב"ש היה. **מתי תבא צרת הבת.** מאחי לידי. **ואשאנה.** אייבם אותה, כדברי ב"ש. **ואשיאנה.** לשוק כדברי ב"ה. **והא תאבני קאמר.** ואם כב"ה, מה חידוש? כ"ע הכי נהגו. **לאפוקי מדר' יוחנן בן נורי.** דאמר תקנתא דחולצות. **מתלמידי ב"ש הוא.** בתמיה: והלא מבני בניו של הלל הוא! **אילונית היתה.** ותנן: או שנמצאו אילונית – צרותיהן מותרות: ה"ג. **הכיר בה ולא הכיר בה איכא בינייהו.** ול"ג אלא לת"ק דוקא דלא הכיר בה הוא דהוי מקח טעות, אבל הכיר בה צרתה אסורה. ולאחרים אפי' הכיר בה מותרת, דקתני היתה ולא קתני נמצאת. **כנס ולבסוף גירש איכא בינייהו.** לת"ק על ידי שגירש אחיו את בתו קודם מיתה, אע"פ שכבר כנס הנכרית והיו צרות זו על זו – מותרת, הואיל וגירש את הערוה לבסוף. ולאחרים, הואיל וכנס את הנכרית קודם גירושין דערוה – אסורה. אלא בתו של ר"ג אילונית היתה. **יש תנאי בביאה.** הכונס אשה על תנאי שאין עליה מומין או נדרים, ונמצא שיש עליה, לת"ק מהני תנאי, והוי מקח טעות. ותנאי היה לו לאחיו של ר"ג בבתו, ולא נתקיים. הילכך – לאו אשתו היא, וצרתה מותרת. ואחרים סברי דאין תנאי מועיל בביאה, דכיון דבעיל אחולי אחיל, כדאמרינן בכתובות ב"המדיר" (ד' עג.): אין אדם עושה בעילתו בעילת זנות, אלא משום דאילונית היתה. **באחד בשבט.** ושנה שניה הנכנסת לשלישית היתה, ונהג בה שני עישורין: מעשר שני, כב"ה דאמרי ט"ו בשבט ר"ה לאילנות, ואכתי שניה היא; ומעשר עני, כב"ש דאמרי בא' בשבט ר"ה לאילנות, ושלישית היא. **מעזיבה.** טיח טיט שעל התקרה. **בשביל קטן.** דסבירא לי' לשמאי: קטן הצריך לאמו – חייב בסוכה. **שוקת.** אבן חלולה שתחת צנור המקלח מים מן ההר, והיתה נקראת שוקת יהוא. **נעשים על גבה.** מטבילים בתוכה, ואין בה מ' סאה. אבל מקוה שלם הוה במים שבצדה, ומתערבין ממעיין השוקת דרך נקב כשפופרת הנוד. **הרחיב לו את הנקב.** הרחיבו ופיתחו רובה לערב המקוה יפה. **עירוב מקואות.** מקוה חסר שבצד מקוה שלם, ומתערבים המים דרך חריץ ונקב. ושיעור הנקב לצרף המקואות ולהכשיר החסר. **כשפופרת הנוד.** קנה שנותנים בפי הנוד, שיהא שיעור חלל החריץ כעוביה וחללה של שפופרת, דהיינו כשתי אצבעות. **החוזרות למקומן.** מתהפכות בחלל הנקב ברווח, והיינו כבית הלל, אבל לבית שמאי – עד שתפחת רובה. **הרואה**

תוספות

דשכן היא עצמה מתהללת! וי"ל: דלר' יהושע איצטריך היא תועבה ואין בניה תועבין דלא תימא בניה תועבין משום דכתיב בה טומאה כעריות. ואפי' לרבנן דרבי יוסי בן כיפר דמוקמי לה (לעיל ד' יא:) אסוטה – הא אמרן דאין מקרא יוצא מידי פשוטו. ואפילו למ"ד כיון דאיתעקר איתעקר – מ"מ איצטריך היא תועבה דלא תימא אמחזיר גרושתו נמי קאי. ועוד: דאיצטריך ליה "היא" למעוטי, דלא תדרוש מלשון תועבה שבניה תועבין. וקצת קשה: דקאמרי' לקמן דבעו מר' יהושע: בני צרות דב"ה, לב"ש מהו? למאי נפקא מינה למיפשט ולד מחזיר גרושתו, והיכי איכא למיפשט מינה? דלמא ולד מחזיר גרושתו יש לפסול מטעם טומאה דכתיב בה, או משום תועבה. ואי נמי בני יבמה לשוק פסולים – יש להכשיר בני מחזיר גרושתו, דהיא תועבה ואין בניה תועבין, איכא למימר דאתא למידק דיבמה לשוק בניה תועבין! וי"ל: דאינהו לא מסקי אדעתייהו הנך דרשות, ולא בעו אלא אי אמרינן ק"ו גבי יבמה לשוק או לא. **ונהג** בו שני עשורין. בירושלמי מפרש דהפריש מעשר שני ופדאו, וחלק המעשר לעניים, והמעות אכל בירושלים.

גמריה איסתפק ליה. הוה מצי למימר: וליטעמיך, היכי עביד כחומרי דמר וכחומרי דמר? והכתיב (קהלת ב) "הכסיל בחשך הולך", דהכי פריך עלה בפ"ק דעירובין (דף ז.) ובפ"ק דר"ה (דף יד:).

וסיכך על גבי מטה ש"מ עשו. מכאן משמע דמ"ד לא עשו, אפי' היכא דב"ש לחומרא – היו עושים כב"ה לקולא.

עירוב מקואות כשפופרת הנוד כו'. וא"ת: והא תנן במס' טהרות (פ"ח מ"ט), ומייתי לה בריש פ"ב דגיטין (דף טז. ושם): הנצוק והקטפרס ומשקה טופח אינן חיבור לא לטומאה ולא לטהרה, אבל טופח להטפיח – חיבור! ואמר ר"ת: דנקב בעינן כשפופרת הנוד, אבל במים הבאים תוך הנקב סגי בטופח להטפיח. ואין נראה לר"י, דתנן במס' מקואות בפ' ששי (מ"ט): כותל שבין ב' מקואות שנסדק, לשתי – מצטרף, לערב – אין מצטרף, עד שיהא במקום אחד כשפופרת הנוד. רבי יהודה אומר: חילוף הדברים, נפרצו זה לתוך זה על רום כקליפת השום, על רוחבו – כשפופרת הנוד. משמע דלמעלה, כשאין דבר מפסיק, צריך שיהא צף על רומו כקליפת השום וברוחב שפופרת, ולא סגי בטופח להטפיח, ובנקובה זו לזו ומפסיק הכותל משמע דצריך מים כשפופרת! ועוד: דאם אין במים הבאים דרך הנקב אלא טופח להטפיח – אין כאן נקב רוחב מים כשפופרת, שאין הנקב מרובע אלא עגול, כדקאמרינן כשתי אצבעות חוזרות למקומן. אלא ודאי נקב מלא בעינן, וכשלפין למעלה סגי בקליפת השום כרוחב שפופרת! ונראה לר"י דההיא דנצוק וקטפרס – לא לענין חיבור מקואות איירי, אלא לענין השקה. דאם יש כאן מים טמאים ומשיקן בנהר, ומחברן ע"י נצוק וקטפרס ומשקה טופח – אין חיבור, אבל בטופח להטפיח – הוי חיבור, והשתא הוי לטהרה דומיא דלטומאה. וההיא מיתנייא לענין השקה במס' טהרות בסוף פרק שמיני, ובריש פרק שני דגיטין (דף טז. ושם) מסיק עלה: דלמא לענין מקואות ורבי יהודה היא, מכלל דעד השתא לא הוי מוקי לה לענין מקואות. והשתא נמי, דמוקי לה לענין מקואות – מוקי לה דוקא כר' יהודה, אבל לרבנן – לא הוי חיבור בטופח להטפיח. ולר' יהודה נמי, טופח להטפיח לא הוי חיבור אלא משום גוד אחית, כההיא ד"אם היו רגליו נוגעות במים" דאיירי בה רבי יהודה. אבל היכא דלא שייך גוד אחית, כמו בקרקע שוה – לא הוי טופח להטפיח חיבור, אלא בעי מים צפים כקליפת השום. וכן משמע דנפרצו זה לתוך זה על רום כקליפת השום אתי כרבי יהודה דהוזכר שם ברישא. ומה שקשה על זה בכל שאר הדבור פרשנו פרק שני דגיטין, ואין להאריך כאן.

אמר

עין משפט נר מצוה

נט א מיי' פ"ח מהל' מקואות הלכה א סמג עשין רמח טוש"ע י"ד סי' רא סעיף מ וסעיף נב:

מסורת הש"ס

[תוספתא פ"א] רש"ל תאב אני [וכ"ה בתוספתא]

עירובין ז. ר"ה יד.

סוכה כח.

מקואות פ"ד מ"ה ע"ש

גה כא: מקואות פ"ו מ"ז

תוספות ישנים

ת"ש ר' טרפון אומר תאבני מתי תבא צרת הבת לידי ואשאנה אלמא עשו ב"ש כדבריהם. ומשני ואשיאנה לאחרים כב"ה. והא תאבני קאמר [ופ"ה] ואין זה חדוש לעשות כב"ה דפשיטא דהלכה כב"ה בכל מקום. ולא נהירא דמאי פריך הלא אשמעינן חדוש להורות דלא כב"ש שהרי ר' טרפון מתלמידי ב"ש הוא. לכך נראה דגרסינן אפכא ת"ש תאבני מתי תבא צרת הבת לידי ואשיאנה אלמא לא עשו וכו' ומשני אימא ואשאנה כב"ש. והא תאבני קאמר ואין זה חדוש לעשות כמו רבו ומשני לאפוקי מדר' יוחנן וכו': **ונהג** בו שני עשורין וא"ת והא אמרינן המרבה במעשרות מעשרותיו מקולקלים משו' שהמעשר הוא טבל והכא נמי איכא טבל בגויהן. וי"ל דמפריש על תנאי ואומר אם זה מעשר עני הרי הוא לעניים ואם זה מעשר שני הרי הן מחוללין על מעות הללו והמעות יביאם לירושלים ויקנה מהן צרכי סעודה וכן יעשה משני העשורין א):

א) איט מובן דבשעה כסדר הזה בחד מעשר סגי וכ"מ בתוס' כאן בשם הירושל' ואולי לט"ס נפל בכאן וצ"ל וכן יעשה בכל שני עישורין ועדיין צ"ע.

[תו]ספות חד מקמאי

[תנ]ן התם במסכת מקואות פ"ד [ש]וקת שבסלע אין [ממ]לאין בה ואין [מק]דשים בה ואין מזין [ממ]נה ואינה צריכה [צמי]ד פתיל ואינה פוסלת [את] המקוה היתה כלי [וחב]רתה בסיד ממלאין [בה] ומקדשין בה ומזין [ממ]נה וצריכה צמיד [פת]יל ופוסלת את המקו' [ניק]בה מלמטה או מן [הצ]ד אם אינה יכולה [לקב]ל המים כל שהוא [טהו]רה כמה יהא בנקב [כש]פופרת [הנוד]. תני [ר]' בן בתירא מעשה [בש]וקת יהוא שהיתה [בירו]שלי' כתבתי משנה [זו] מפני שהיא בקצת [פיר]ושי ר"ש ז"ל על לא נכון:

עין משפט
נר מצוה

ם א מיי' פי"א מהל' טומאת אוכלין הל' ז:

הָרוֹאֶה אוֹמֵר: לְאַפּוּשֵׁי מַיָּא הוּא דְּקָא עָבֵיד. ת"ש, דְּא"ר אֶלְעָזָר בַּר צָדוֹק: כְּשֶׁהָיִיתִי לוֹמֵד תּוֹרָה אֵצֶל רַ' יוֹחָנָן הַחוֹרָנִי רָאִיתִי שֶׁהָיָה אוֹכֵל פַּת חֲרֵיבָה בְּמֶלַח בִּשְׁנֵי בַּצּוֹרֶת. בָּאתִי וְהוֹדַעְתִּי אֶת אַבָּא. אָמַר לִי: הוֹלֵךְ לוֹ זֵיתִים, וְהוֹלַכְתִּי לוֹ. רָאָה אוֹתָן שֶׁהֵן לַחִין, אָמַר לִי: אֵין אֲנִי אוֹכֵל זֵיתִים. בָּאתִי וְהוֹדַעְתִּי אֶת אַבָּא. אָמַר לִי: לֵךְ וֶאֱמוֹר לוֹ: חָבִית נְקוּבָה הָיְתָה, אֶלָּא שֶׁסְּתָמוּהָ שְׁמָרִים. וּתְנַן: *חָבִית שֶׁל זֵיתִים מְגוּלְגָּלִים, בֵּית שַׁמַּאי אוֹמְרִים אֵין צְרִיכָה לְנַקֵּב, וּבֵית הִלֵּל אוֹמְרִים: [א]צְרִיכָה לְנַקֵּב וּמוֹדִים, שֶׁאִם נִיקְּבָהּ וּסְתָמוּהָ שְׁמָרִים — שֶׁהִיא טְהוֹרָה. וְאע"פ שֶׁתַּלְמִיד שַׁמַּאי הָיָה — כָּל מַעֲשָׂיו לֹא עָשָׂה אֶלָּא כְּדִבְרֵי ב"ה. אִי אָמְרַתְּ בִּשְׁלָמָא עָשׂוּ — הַיְינוּ רְבוּתֵיהּ, אֶלָּא אִי אָמְרַתְּ לֹא עָשׂוּ — מַאי רְבוּתֵיהּ? ת"ש: שָׁאֲלוּ אֶת רַ' יְהוֹשֻׁעַ: צָרַת הַבַּת מַהוּ? אָמַר לָהֶם: מַחֲלוֹקֶת ב"ש וב"ה. וַהֲלָכָה כְּדִבְרֵי מִי? אָמַר לָהֶם: מִפְּנֵי מָה אַתֶּם מַכְנִיסִין רֹאשִׁי בֵּין שְׁנֵי הָרִים גְּדוֹלִים, בֵּין שְׁתֵּי מַחֲלוֹקוֹת גְּדוֹלוֹת, בֵּין ב"ש וּבֵין ב"ה, מִתְיָירֵא אֲנִי שֶׁמָּא יָרוֹצּוּ גֻּלְגָּלְתִּי. אֲבָל אֲנִי מֵעִיד לָכֶם עַל שְׁתֵּי מִשְׁפָּחוֹת גְּדוֹלוֹת שֶׁהָיוּ בִּירוּשָׁלַיִם: מִשְׁפַּחַת בֵּית צְבוֹעִים מִבֶּן עַכְמַאי, וּמִשְׁפַּחַת בֵּית קוּפַאי מִבֶּן מְקוֹשֵׁשׁ, שֶׁהֵם בְּנֵי צָרוֹת וּמֵהֶם כֹּהֲנִים גְּדוֹלִים, וְשִׁמְּשׁוּ עַל גַּבֵּי הַמִּזְבֵּחַ. אִי אָמְרַתְּ בִּשְׁלָמָא עָשׂוּ — הַיְינוּ דְּקָאָמַר מִתְיָירֵא אֲנִי, אֶלָּא אִי אָמְרַתְּ לֹא עָשׂוּ — אַמַּאי קָאָמַר מִתְיָירֵא אֲנִי? וְנְהִי נַמִי דְּעָשׂוּ, מַאי מִתְיָירֵא אֲנִי? הָא *אָמַר רַ' יְהוֹשֻׁעַ: אֵין מַמְזֵר אֶלָּא מֵחַיָּיבֵי מִיתוֹת בֵּית דִּין! *נְהִי נַמִי דְּמַמְזֵר לָא הָוֵי, פָּגוּם מִיהוּ הָוֵי, מִק"ו מֵאַלְמָנָה: *מָה אַלְמָנָה, שֶׁאֵין אִיסּוּרָהּ נוֹהֵג בַּכֹּל — בְּנָהּ פָּגוּם, זוֹ שֶׁאִיסּוּרָהּ שָׁוֶה בַּכֹּל — כו'. קָבָעוּ מִינֵּיהּ צָרוֹת וְקָפָשֵׁיט *לֵיהּ בְּנֵי צָרוֹת! תַּרְתֵּי קָא בָּעֵי מִינֵּיהּ: צָרוֹת מַאי, וְאִם תִּמְצֵי לוֹמַר צָרוֹת כְּבֵית הִלֵּל — בְּנֵי צָרוֹת (א) דְּבֵית הִלֵּל לְב"ש מַהוּ? לְמַאי נָפְקָא מִינַּהּ? לְמִיפְשַׁט וְלָד מַחֲזִיר גְּרוּשָׁתוֹ לְבֵית הִלֵּל. מִי קָאָמְרִינַן קַל וָחוֹמֶר: וּמָה אַלְמָנָה לְכֹהֵן גָּדוֹל שֶׁאֵין אִיסּוּרָהּ שָׁוֶה בַּכֹּל — בְּנָהּ פָּגוּם, זוֹ שֶׁאִיסּוּרָהּ שָׁוֶה בַּכֹּל — אֵינוֹ דִּין שֶׁבְּנָהּ פָּגוּם? אוֹ דִּלְמָא אִיכָּא לְמִיפְרַךְ: מָה לְאַלְמָנָה — שֶׁהִיא עַצְמָהּ מִתְחַלֶּלֶת! וְאָמַר לְהוּ: צָרוֹת — מִתְיָירֵא אֲנִי,

בְּנֵי

הָרוֹאֶה אוֹמֵר כו'. וְלָא דָמֵי לִשְׁתֵּי תוֹרוֹת. אֲבָל הֵיכָא דְּדָמֵי לַאֲגוּדּוֹת אֲגוּדּוֹת — לָא עָשׂוּ בֵּית שַׁמַּאי כְּדִבְרֵיהֶם. שֶׁהֵן לַחִין. וְהוּכְשְׁרוּ לְקַבֵּל טוּמְאָה. וּכְלִי חֶרֶס טָמֵא עַל גַּבֵּי עַם הָאָרֶץ, וְשֶׁמָּא נָגַע בְּגַב הֶחָבִית, וּטְמֵאָה מִדְּרַבָּנַן, וְטִימְּאָתָם. חָבִית הָיְתָה נְקוּבָה. מִשּׁוּלֶיהָ הָיְתָה נְקוּבָה, כְּדֵי שֶׁיֵּצֵא מַשְׁקֶה הַזָּב מִן הַזֵּיתִים לַחוּץ. וְכֵיוָן דְּגַלֵּי דַּעְתֵּיהּ דְּלָא נִיחָא לֵיהּ בֵּיהּ — לָא מַכְשַׁר. אֶלָּא שֶׁסְּתָמוּהָ שְׁמָרִים. וְלֹא יָצְאוּ מִן הַמַּשְׁקִין, לְפִיכָךְ הֵן לַחִים. מְגוּלְגָּלִים. כְּמוֹ בֵּיצָה מְגוּלְגֶּלֶת (עוקצין פ"ב מ"ו): דְּחוּקִין וְעוֹמְדִים בֶּחָבִית. אֵין צְרִיכָה לְנַקֵּב. דְּמוֹהַל הַיּוֹצֵא מִן הַזֵּיתִים מֵי פֵירוֹת הֵן, וְאֵין מַכְשִׁירִין. צְרִיכָה לְנַקֵּב. שֶׁמּוֹהַל מַכְשִׁיר כְּשֶׁמֶן, (ב) *[וּצְרִיכָה לִנְקוֹב] שֶׁיֵּצֵא הַמַּשְׁקֶה לַחוּץ לְגַלּוּיֵי דַּעְתֵּיהּ דְּלָא נִיחָא לֵיהּ בֵּיהּ. יָרוֹצּוּ. כְּמוֹ "וַתָּרָץ גֻּלְגָּלְתּוֹ" דַּאֲבִימֶלֶךְ (שופטים ט), ל' רִיצּוּץ. שֶׁהֵן בְּנֵי צָרוֹת. שֶׁנִּשְּׂאוּ לַשּׁוּק כְּב"ה. וּמֵהֶן כֹּהֲנִים גְּדוֹלִים וכו'. לְקַמָּן פָּרֵיךְ: קָא בָּעוּ מִינֵּיהּ צָרוֹת, וְקָפָשֵׁיט לְהוּ בְּנֵי צָרוֹת? דַּאֲפִילּוּ לְב"ש פְּשִׁיטָא דִּכְשֵׁרִים, דִּבְנֵי חַיָּיבֵי לָאוִין בְּעָלְמָא נִינְהוּ. הַיְינוּ דְּקָאָמַר מִתְיָירֵא אֲנִי. דִּמְשַׁוֵּי לְהוּ מַמְזֵרִים (ג) וְלִקְטְלֵיהּ לֵיהּ. הָא א"ר יְהוֹשֻׁעַ. לְקַמָּן בְּפֶ' "הַחוֹלֵץ" (דף מט.): אֵין מַמְזֵר אֶלָּא מֵחַיָּיבֵי מִיתוֹת ב"ד, וַאֲפִי' פְּשִׁיטָא לֵיהּ דַּהֲלָכָה כְּב"ה לָא מְשַׁוֵּי לְהוּ מַמְזֵרִים. מֵאַלְמָנָה מָה אַלְמָנָה לְכה"ג שֶׁאֵין אִיסּוּרָהּ שָׁוֶה בַּכֹּל בְּנָהּ פָּגוּם. לִכְהוּנָּה, דִּכְתִיב "לֹא יְחַלֵּל זַרְעוֹ" (ויקרא כא). זוֹ שֶׁאִיסּוּרָהּ שָׁוֶה. בְּיִשְׂרְאֵלִים כִּבְכֹהֲנִים אֵינוֹ דִּין שֶׁבְּנָהּ פָּגוּם? בְּנֵי צָרוֹת דְּב"ה. דְּחַיָּיבֵי לָאוִין נִינְהוּ, מִי הָווּ פְּגוּמִין אַלִּיבָּא דְּב"ש? לְמַאי נָפְקָא מִינָּהּ. מֵאַחַר שֶׁהֲלָכָה כְּב"ה. לְמִיפְשַׁט וְלַד מַחֲזִיר גְּרוּשָׁתוֹ. מִשֶּׁנִּשֵּׂאת לְאַחֵר וְהֶחֱזִירָהּ, וְיָלְדָה לוֹ בַּת, אוֹתָהּ הַבַּת מַה הִיא לְכֹהֲנִים לְב"ה? וּמִבֵּית שַׁמַּאי בִּבְנֵי צָרוֹת נִשְׁמַע לְב"ה בְּבַת מַחֲזִיר גְּרוּשָׁתוֹ, דְּהָוֵי נַמִי חַיָּיבֵי לָאוִין. הִיא עַצְמָהּ מִתְחַלֶּלֶת. שֶׁאִם מֵת כֹּהֵן גָּדוֹל פְּסוּלָה זוֹ לְהֶדְיוֹט, אוֹ אִם הָיְתָה בַּת כֹּהֵן נִפְסֶלֶת מִן הַתְּרוּמָה, דְּשַׁוְיֵיהּ חֲלָלָה בְּבִיאָתוֹ, דִּכְתִי' (שם) "לֹא יְחַלֵּל זַרְעוֹ בְּעַמָּיו", °וְעַמָּיו הַיְינוּ אִשְׁתּוֹ, וּמַשְׁמַע דִּשְׁנֵיהֶם מִתְחַלְּלִים — הָאִשָּׁה וְהַזֶּרַע. תֹּאמַר בְּמַחֲזִיר גְּרוּשָׁתוֹ שֶׁאֵין מִתְחַלֶּלֶת בְּבִיאָה זוֹ, דְּאִי לִינָּשֵׂא לְכֹהֵן — כְּבָר מִיפַּסְלָא מִשְּׁעַת גֵּרוּשִׁין, וְאִי בִּתְרוּמָה דְּבֵי נָשָׁא — לָא מִיפַּסְלָה, כִּדְאָמְרִי' בְּפֶ' "אַלְמָנָה לְכה"ג" (לקמן סט.) דְּאֵין נִפְסֶלֶת בְּבִיאַת חַיָּיבֵי לָאוִין אֶלָּא בְּזָר אֶלָּא מֵעִיקָּרָא, לְאַפּוּקֵי מַחֲזִיר גְּרוּשָׁתוֹ וִיבָמָה לַשּׁוּק, דְּלָאו זָר מֵעִיקָּרָא הוּא. וּלְעֵיל גַּבֵּי חַיָּיבֵי כְרֵיתוֹת בְּנֵי צָרוֹת דְּבֵית שַׁמַּאי דְּלָא פָּרְכִינַן מַה לְאַלְמָנָה לְכֹהֵן גָּדוֹל שֶׁכֵּן הִיא עַצְמָהּ מִתְחַלֶּלֶת — הָתָם נַמִי, כֵּיוָן דְּנִבְעֲלָה לְחַיָּיבֵי כְרֵיתוֹת עֲשָׂאָהּ זוֹנָה, וּמִתְּרוּמָה דְּבֵי נָשָׂא מִיפַּסְלָא, כִּדְאָמְרִינַן בְּפֶ' "אַלְמָנָה לְכה"ג", וּלְהִנָּשֵׂא לְכֹהֵן נַמִי מִיפַּסְלָא, כִּדְתְנַן בְּמַתְנִיתִין (דף יג:): נִתְיַיבְּמוּ — ב"ה פּוֹסְלִים. צָרוֹת מִתְיָירֵא אֲנִי. לוֹמַר הֲלָכָה כְּדִבְרֵי מִי, דִּמְשַׁוֵּי לְהוּ לְצָרוֹת דְּבֵית שַׁמַּאי בְּנֵי חַיָּיבֵי כְרֵיתוֹת.

בְּנֵי

אמר לי איני אוכל זיתים. מתוך פירוש הקונטרס משמע שהיה רבי יוחנן חושש שלא היה מקפיד ר' לדוק על מגע עם הארץ. ואף על גב דרבי לדוק כהן הוה, ובגדי פרושים מדרס לאוכלי תרומה – מ"מ היה חושש, לפי שר' לדוק מתלמידי ב"ש הוה ולכך היה חושש ר' יוחנן שמא לא הקפיד ר' לדוק לשומרה בטהרה, משום דבית שמאי אומרים אין לריך לנקוב. ולר"י נראה דודאי ידע בי' ר' יוחנן שר' לדוק קנה חבית מעם הארץ.

צריכה לנקוב. פירש בקונטרס: דמוהל של זיתים מכשיר. והכי נמי תנן בהדיא במס' מכשירין (פ"ו מ"ה): מי חלב כחלב, מוהל של זתים כשמן. וקשה: דבסוף פרק קמא דשבת (ד' יז. ד"ה "גוזרני") פירש הרב ר' יוסף: דלכך לא גזרו על המסיקה משום דלא שייכא טעמא דבלירה גבי מסיקה, דטעמא שמא יבלרו בקופות מזופפות לא שייך במסיקה, דמוהל אין מכשיר! וי"ל: דיש ג' עניני מוהל; דמוהל היוצא על ידי המסיקה – לכ"ע אינו מכשיר, והיוצא על ידי איצצא, פירוש ע"י שמתחממים בכומר ויוצא מהם מוהל, פליגי בה (שבת דף קמד:) ר' יעקב ור"ש, דר"ש מטהר ור' יעקב מטמא. והאי דהכא, שהחבית צריכה לינקב – צ"ל דחשיב כההיא דנפיק ע"י עיקול בית הבד, דמודה בה ר"ש, כי היכי דלא תיקשי מב"ה לר"ש.

למאי נפקא מינ' למיפשט מחזיר גרושתו. קצת קשה: דאמאי נקט ולד מחזיר גרושתו? דהוה ליה למיפשט ולד יבמה גמורה לשוק לב"ה, דקאי בה! וי"ל: לפי שפעם אחרת שאלו עליה לר' יהושע בסוף נדה (דף סט:) אנשי אלכסנדריא: בת משולחת מהו לכהונה, מי אמרינן ק"ו כו'. **מה** לאלמנה שכן היא עצמה מתחללת. וא"ת: היא גופה נילף דתתחלל גרושה מק"ו דאלמנה! ובקונטרס פי': דלתרומה דבי נשא לא מיפסלה, כדאמרי' לקמן בפ' "אלמנה" (דף סט.) דאינה נפסלת בביאת חייבי לאוין אלא בזר אצלה מעיקרא הוא, ולאפוקי מחזיר גרושתו ויבמה לשוק דלאו זר אצלה מעיקרא הוא. וקשיא: דנהי דמ"כי תהיה לאיש זר" (ויקרא כב) לא מצינו למילף אלא ההוא דזר אצלה מעיקרא, מ"מ נילף בק"ו שתתחלל! וב"החולץ" (לקמן מד: מה.) נמי יליף חייבי כריתות מאלמנה, וקאמרי': וכי תימא מה לאלמנה וכו' ה"נ כיון דבא עליה עשאה זונה, ולמה לי טעם דעשאה זונה? היא גופה נילף בק"ו שתתחלל! ועוד: דדחקינן לקמן בפרק "אלמנה" (דף סח. ושם) למדרש מקרא דעמוני ומואבי ומצרי ואדומי כולן פוסלין בביאתן – תיפוק ליה מהאי ק"ו! ונראה לפרש דמהאי ק"ו לא מצינן למילף שתתחלל, דאין חילול אלא מאיסורי כהונה, כדאמרי' בפ' "עשרה יוחסין" (קדושין דף עז: ושם) א)מהאי טעמא דישראל הבא על אחותו – זונה משוי לה, חללה – לא משוי לה. ואע"ג דלקמן יליף דמתחללת בביאת גר עמוני ומואבי ומצרי ואדומי כותי חלל נתין ממזר, אף על גב דלא הויא איסור כהונה – התם מקרא דריש לה, אבל מק"ו ליכא למילף, דלהכי אייתר ליה חללה, לומר דלא ילפינן בק"ו. ולענין בנה – ודאי הוה בעי למילף מק"ו, אבל פסול האשה, דהיינו פסול חללות, שהיתה כשרה ונתחללה – לא ילפינן. וא"ת: נילף במה הצד מאלמנה וכותי ועבד, או מאלמנה ומצרי ואדומי, דבפ' "עשרה יוחסין" (שם עח. ושם) מוכח דילפינן במה הצד מאיסור כהונה, דרבי יהודה יליף התם דגר פוסל בביאתו מחלל ומצרי כו'! ומיהו, יש לומר: דדוקא ר"י אית ליה להאי סברא דילפינן במה הצד מאיסור כהונה, אבל רבנן – פליגי עליה, דלית להו בת גר זכר כבת חלל זכר. אבל קשיא: לרבי יהודה למה לן קרא דגר עמוני ומואבי כו' דפוסלים בביאתם? נילף במה הצד, או מחלל כותי ועבד. דכי פרכת מה לחלל שכן איסור כהונה – כותי ועבד יוכיחו, מה לכותי ועבד דלא תפסי בה קידושין – חלל יוכיח! °וי"ל: דר"י סבר לה כר"ע, וסבר נמי דיש ממזר מכותי ועבד. והשתא לא שייך למילף מכותי ועבד, כיון דהתם נמי הוי ממזר.

בני

תוספות ישנים

א) וא"ת כי קאמר לקמן גבי גוי ועבד ומה אלמנה וכו'. לימא גר עמוני שבא על בת ישראל יוכיח. שאיסורן שוה בכל ואין בתו פגומה לר' יוחנן דאמר התם בתו כשרה לכהונה. וי"ל לרשב"ג דאמר התם [דגר עמוני אין] פוסל אשה בביאתו משום דכל שאתה נושא בתו אתה נושא אלמנתו ניחא דליכא למימר הכא גר עמוני יוכיח דאיכא למימר מה לגר עמוני שאין פוסל אשה בביאתו וגם ליכא למימר מצרי ראשון יוכיח דשאני מצרי ראשון דליכא רק עשה. וא"ת מאי האי דקאמר הכא למפשט ולד מחזיר גרושתו הלא אין לדמות ולד יבמה לולד מחזיר גרושתו דבולד מחזיר גרושתו גלי קרא היא תועבה ואין בניה תועבין אבל ולד יבמה דלא כתיב בה מיעוטא אימא מק"ו דהוי פגום. וי"ל דאם איתא דולד מחזיר גרושתו כשר משום דגלי קרא מעטה גם גבי ולד יבמה לשוק יש לנו לומר דכשר דלא מצינו למימר דפגום הוי מק"ו דאלמנה דאיכא למימר מחזיר גרושתו יוכיח דאיסור שוה בכל הוא ואין בנה פגום:

הגהות הב"ח

(א) גמ' דב"ה לב"ש מהו כ"כ ע"ל פ' האשה רבה דף צ"ב בתוס' ד"ה אבל חכמים: (ב) רש"י ד"ה צריכה וכו' כשמן ומשום הכי נקבו שיצא המשקה: (ג) ד"ה היינו וכו' ממזרים וקטלי ליה:

גליון הש"ס

רש"י ד"ה היא עצמה מתחללת. ועמיו היינו אשתו. עי' לקמן דף סט ע"א ברש"י ד"ה מקיש זרעו: **תוס'** ד"ה מה לאלמנה וכו' וי"ל דר"י ס"ל כר"ע. עי' לקמן ד' מז ע"א תד"ה גלמתן:

מסורת הש"ס

ומ"ה נקבו כדי שיצא ר

עדיות פ"ד מ"ו

לקמן מט.

[לקמן מז:]

[לקמן מז: מה. נדה כ

[לדהו]

סא א מיי' פ"א מהל' תרומות הל' ה ופ"ד מהל' שמיטה ויובל הלכ' כו:

סב ב מיי' פ"א מהל' תרומות הלכה ה ופ"ד מהלכות בית הבחירה הלכה טו:

סג ג מיי' פ"א מהל' תרומות הלכה ה:

סד ד מיי' פ"ד מהל' מטמאת משכב ומושב הלכה י:

בְּנֵי צָרוֹת אֲנִי מֵעִיד לָכֶם. ת"ש: בִּימֵי רַבִּי דוֹסָא בֶּן הָרְכִּינָס הוּתְּרָה צָרַת הַבַּת לָאַחִין. שְׁמַע מִינָּהּ: עָשׂוּ, שְׁמַע מִינָּהּ. גּוּפָא, בִּימֵי רַבִּי דוֹסָא בֶּן הָרְכִּינָס הִתִּירוּ צָרַת הַבַּת לָאַחִין וְהָיָה הַדָּבָר קָשֶׁה לַחֲכָמִים, מִפְּנֵי שֶׁחָכָם גָּדוֹל הָיָה וְעֵינָיו קָמוּ מִלָּבֹא לְבֵית הַמִּדְרָשׁ. (*אָמַר: וּמִי יֵלֵךְ) וְיוֹדִיעוֹ? אָמַר לָהֶן רַבִּי יְהוֹשֻׁעַ: אֲנִי אֵלֵךְ. וְאַחֲרָיו מִי? רַבִּי אֶלְעָזָר בֶּן עֲזַרְיָה, וְאַחֲרָיו מִי? ר"ע. הָלְכוּ וְעָמְדוּ עַל פֶּתַח בֵּיתוֹ, נִכְנְסָה שִׁפְחָתוֹ, אָמְרָה לוֹ: רַבִּי, חַכְמֵי יִשְׂרָאֵל בָּאִין אֶצְלְךָ. אָמַר לָהּ: יִכָּנְסוּ, וְנִכְנְסוּ. תְּפָסוֹ לְרַבִּי יְהוֹשֻׁעַ וְהוֹשִׁיבָהוּ עַל מִטָּה שֶׁל זָהָב, א"ל: רַבִּי, אֱמוֹר לְתַלְמִידְךָ אַחֵר וְיֵשֵׁב. אָמַר לוֹ: מִי הוּא? רַבִּי אֶלְעָזָר בֶּן עֲזַרְיָה. אָמַר: וְיֵשׁ לוֹ בֵּן לַעֲזַרְיָה חֲבֵירֵנוּ? קָרָא עָלָיו הַמִּקְרָא הַזֶּה: "נַעַר הָיִיתִי גַּם זָקַנְתִּי וְלֹא רָאִיתִי צַדִּיק נֶעֱזָב וְזַרְעוֹ מְבַקֶּשׁ לָחֶם". תְּפָסוֹ וְהוֹשִׁיבוֹ עַל מִטָּה שֶׁל זָהָב. א"ל: רַבִּי, אֱמוֹר לְתַלְמִידְךָ אַחֵר וְיֵשֵׁב. א"ל: וּמִי הוּא? עֲקִיבָא בֶּן יוֹסֵף. א"ל: אַתָּה הוּא עֲקִיבָא בֶּן יוֹסֵף, שֶׁשִּׁמְךָ הוֹלֵךְ מִסּוֹף הָעוֹלָם וְעַד סוֹפוֹ? שֵׁב בְּנִי, שֵׁב, כְּמוֹתְךָ יִרְבּוּ בְּיִשְׂרָאֵל! הִתְחִילוּ מְסַבְּבִים אוֹתוֹ בַּהֲלָכוֹת, עַד שֶׁהִגִּיעוּ לְצָרַת הַבַּת. אָמְרוּ לֵיהּ: צָרַת הַבַּת מַהוּ? אָמַר לָהֶן: מַחֲלוֹקֶת בֵּית שַׁמַּאי וּבֵית הִלֵּל. הֲלָכָה כְּדִבְרֵי מִי? אָמַר לָהֶן: הֲלָכָה כְּבֵית הִלֵּל. אָמְרוּ לֵיהּ: וַהֲלֹא מִשְּׁמְךָ אָמְרוּ הֲלָכָה כְּבֵית שַׁמַּאי! אָמַר לָהֶם: דּוֹסָא שְׁמַעְתֶּם, אוֹ בֶּן הָרְכִּינָס שְׁמַעְתֶּם? אָמְרוּ לֵיהּ: חַיֵּי רַבִּי, סְתָם שָׁמַעְנוּ. אָמַר לָהֶם: אָח קָטָן יֵשׁ לִי, בְּכוֹר שָׂטָן הוּא, וְיוֹנָתָן שְׁמוֹ, וְהוּא מִתַּלְמִידֵי שַׁמַּאי. וְהִזָּהֲרוּ שֶׁלֹּא יְקַפֵּחַ אֶתְכֶם בַּהֲלָכוֹת. לְפִי שֶׁיֵּשׁ עִמּוֹ שְׁלֹשׁ מֵאוֹת תְּשׁוּבוֹת בְּצָרַת הַבַּת שֶׁהִיא מוּתֶּרֶת. אֲבָל מֵעִיד אֲנִי עָלַי שָׁמַיִם וָאָרֶץ שֶׁעַל מְדוֹכָה זוֹ יָשַׁב חַגַּי הַנָּבִיא וְאָמַר שְׁלֹשָׁה דְּבָרִים: צָרַת הַבַּת אֲסוּרָה, *עַמּוֹן וּמוֹאָב מְעַשְּׂרִין מַעְשַׂר עָנִי בַּשְּׁבִיעִית, וּמְקַבְּלִים גֵּרִים מִן הַקַּרְדּוּיִין וּמִן הַתַּרְמוֹדִים. תָּנָא: כְּשֶׁנִּכְנְסוּ נִכְנְסוּ בְּפֶתַח אֶחָד, כְּשֶׁיָּצְאוּ — יָצְאוּ בִּשְׁלֹשָׁה פְּתָחִים. פָּגַע בּוֹ בְּר"ע, אַקְשֵׁי לֵיהּ וְאוֹקְמֵיהּ. אָמַר לוֹ: אַתָּה הוּא עֲקִיבָא שֶׁשִּׁמְךָ הוֹלֵךְ מִסּוֹף הָעוֹלָם וְעַד סוֹפוֹ? אַשְׁרֶיךָ שֶׁזָּכִיתָ לַשֵּׁם, וַעֲדַיִין לֹא הִגַּעְתָּ לְרוֹעֵי בָקָר. אָמַר לוֹ רַבִּי עֲקִיבָא: וַאֲפִילּוּ לְרוֹעֵי צֹאן. "עַמּוֹן וּמוֹאָב מְעַשְּׂרִין מַעְשַׂר עָנִי בַּשְּׁבִיעִית" *דְּאָמַר מַר: [א]הַרְבֵּה כְּרַכִּים כָּבְשׁוּ עוֹלֵי מִצְרַיִם וְלֹא כָּבְשׁוּ עוֹלֵי בָבֶל, [ב]וּקְדוּשָּׁה רִאשׁוֹנָה קִדְּשָׁהּ לִשְׁעָתָהּ וְלֹא קִדְּשָׁהּ לֶעָתִיד לָבֹא, [ג]וְהִנִּיחוּם כְּדֵי שֶׁיִּסְמְכוּ עֲלֵיהֶן עֲנִיִּים בַּשְּׁבִיעִית. וּמְקַבְּלִים גֵּרִים מִן הַקַּרְדּוּיִים וְהַתַּרְמוֹדִים. אִינִי? וְהָא תָּנֵי רָמִי בַּר יְחֶזְקֵאל: אֵין מְקַבְּלִים גֵּרִים מִן הַקַּרְדּוּיִים! אָמַר רַב אַשִׁי: קַרְתּוּיִים אִתְּמַר. כִּדְאָמְרִי אֱינָשֵׁי: קַרְתּוּיִים פְּסוּלִים. וְאִיכָּא דְּאָמְרִי, תָּנֵי רָמִי בַּר יְחֶזְקֵאל: אֵין מְקַבְּלִים גֵּרִים מִן הַקַּרְתּוּיִים. מַאי לָאו — הַיְינוּ קַרְתּוּיִים הַיְינוּ קַרְדּוּיִים? אָמַר רַב אַשִׁי: לָא, קַרְתּוּיֵי לְחוּד וְקַרְדּוּיֵי לְחוּד. כִּדְאָמְרִי אֱינָשֵׁי: קַרְתּוּיֵי פְּסִילֵי. רַבִּי יוֹחָנָן וְסָבַיָּא דְּאָמְרִי תַּרְוַיְיהוּ: אֵין מְקַבְּלִים גֵּרִים מִן הַתַּרְמוֹדִים. וּמִי אֲמַר ר' יוֹחָנָן הָכִי? וְהָתְנַן: *[ד]כָּל הַכְּתָמִים הַבָּאִים מִן הָרֶקֶם טְהוֹרִים, וְרַבִּי יְהוּדָה מְטַמֵּא, מִפְּנֵי שֶׁהֵם גֵּרִים וְטוֹעִים, מִבֵּין הַגּוֹיִם טְהוֹרִים. וְהָוֵינַן בָּהּ: קַפְּסִיק

רש"י

בְּנֵי צָרוֹת. דְּב"ה דְּקָא בָּעֵיתוּ אִי הֵם פְּגוּמִים. מֵעִיד אֲנִי לָכֶם. שֶׁהֵם כֹּהֲנִים גְּדוֹלִים. בִּימֵי ר' דוֹסָא הוּתְּרָה. אָחִיו שֶׁל ר' דוֹסָא, שֶׁהָיָה מִתַּלְמִידֵי ב"ש הִתִּירָהּ, כִּדְתָנֵי לְקַמָּן, וְעָשׂוּ עַל פִּיו וְנָהֲגוּ כֵּן. שֶׁחָכָם גָּדוֹל הָיָה. וּסְבוּרִים חֲכָמִים שֶׁהוּא הִתִּירָהּ. קָמוּ. עָמְדוּ מִלִּרְאוֹת. אָמַר לוֹ. רַבִּי יְהוֹשֻׁעַ לְר' דוֹסָא: אֱמוֹר לְתַלְמִידְךָ אַחֵר וְיֵשֵׁב. דוֹסָא. הִתִּירוֹ, שְׁמַעְתֶּם (א) אוֹמְרִים? אוֹ בֶּן הָרְכִּינָס. בְּלֹא דוֹסָא. סְתָם שָׁמַעְנוּ. בֶּן הָרְכִּינָס סְתָם, וּשְׁמוֹ לֹא הוּזְכַּר. בְּכוֹר שָׂטָן הוּא. חָרִיף וְעוֹמֵד עַל (ב) שְׁמוּעָה וְעוֹשֶׂה מַעֲשֶׂה, וְאֵינוֹ שָׁב מִשְּׁמוּעָתוֹ לַעֲשׂוֹת כְּרַבִּים. עַמּוֹן וּמוֹאָב. יִשְׂרְאֵלִים הַדָּרִים בְּאֶרֶץ עַמּוֹן וּמוֹאָב, שֶׁכִּיבֵּשׁ מֹשֶׁה מִסִּיחוֹן, וְנִתְקַדְּשׁוּ בִּקְדוּשַּׁת א"י, וְעַכְשָׁיו בְּבַיִת שֵׁנִי בָּטְלָה קְדוּשָּׁתָהּ, וְזוֹרְעִין בַּשְּׁבִיעִית. וְתִקְּנוּ לָהֶן מַעֲשֵׂר רִאשׁוֹן וּמַעֲשֵׂר עָנִי בַּשְּׁבִיעִית, כִּדְמְפָרֵשׁ לְקַמָּן, מִפְּנֵי פַּרְנָסַת עֲנִיִּים שֶׁבְּא"י שֶׁאֵין לָהֶם מַה לֶּאֱכוֹל בַּשְּׁבִיעִית, לְפִי שֶׁבָּטֵל לֶקֶט שִׁכְחָה וּפֵאָה, וְהוֹלְכִים שָׁם וְנוֹטְלִים לֶקֶט שִׁכְחָה וּפֵאָה וּמַעֲשַׂר עָנִי. וּמְקַבְּלִים גֵּרִים מִן הַקַּרְדּוּיִין כו'. וְלָא אָמְרִינַן מַמְזֵרִים הֵן, מִבְּנוֹת יִשְׂרָאֵל שֶׁבָּאוּ עֲלֵיהֶן גּוֹיִם, דְּאִיכָּא רַבָּנָן דְּפָסְלֵי. פָּגַע בּוֹ. יוֹנָתָן בְּר"ע. וּקְדוּשָּׁה רִאשׁוֹנָה. דִּבִימֵי יְהוֹשֻׁעַ קִדְּשָׁהּ לִשְׁעָתָהּ וְלֹא לֶעָתִיד. הִלְכָּךְ זוֹרְעִים בָּהֶן בַּשְּׁבִיעִית, שֶׁיִּסְמְכוּ עֲלֵיהֶן עֲנִיִּים לִשְׂכּוֹר עַצְמָן לַחֲרוֹשׁ וְלִקְצוֹר. וְעוֹד: לִיטּוֹל לֶקֶט שִׁכְחָה וּפֵאָה וּמַעֲשַׂר עָנִי. אֵין מְקַבְּלִין גֵּרִים. מְפָרֵשׁ לְקַמָּן שֶׁמַּמְזֵרִים הֵן מִיִּשְׂרָאֵל שֶׁנִּטְמְעוּ שָׁם. הַכְּתָמִים. שֶׁנִּמְצְאוּ בִּבְגָדִים הַבָּאִים מֵרֶקֶם. טְהוֹרִים. לְפִי שֶׁלֹּא גָּזְרוּ עַל כִּתְמֵי גוֹיִם. שֶׁהֵם גֵּרִים. וְדָמָם מְטַמֵּא. וְטוֹעִים. שֶׁהֵמִירוּ דָּתָם, וְגָזְרוּ עַל כִּתְמֵיהֶם, שֶׁאַף עַל פִּי שֶׁחָטְאוּ, שֶׁהֵמִירוּ — יִשְׂרְאֵלִים הֵם. מִבֵּין הַגּוֹיִם. שֶׁאֵין יִשְׂרָאֵל דָּרִים שָׁם: וַאֲפִי'

תוספות

בני צרות אני מעיד לכם. דכשרים אף לב"ש. וא"ת: לשמואל, דמספקא ליה ב"האשה רבה" (לקמן נב: ושם) אי קידושין תופסין ביבמ' לשוק, א"כ פשיטא דכשירה, דמיד שקדשה פקעה לה זיקה, כדאמרי' בשומרת יבם שקידש אחותה שקידושיה מפקיעין היבום! וי"ל, דלא דמי: דהתם אין שום תקנה לעשות שתתייבם, שאין להמית אחותה. אבל היבמה שנתקדשה לשוק – אפשר לתקן ע"י גירושין שתתייבם. הלכך לא פקע זיקה. ועוד אמר רבי יצחק: ד"לא תהיה אשת המת לאיש זר" – משמע דאפילו ע"י הויה, דהיינו קידושין, לא תהיה לאיש זר, דלהכי אפקיה בלשון הויה.

יצאו בג' פתחים. שלא ימצאם כולם יחד ויקפחם בהלכות, ויצטרכו לקבוע הלכה כמותו. א"נ: יצאו בג' פתחים כדי *שימצאו וישמעו תשובתו.

עמון ומואב מעשרין מעשר עני בשביעית. פי' בקונטרס: ישראלים הדרים בארץ עמון ומואב שכיבש משה מסיחון, ונתקדשו בקדושת הארץ, ועכשיו בבית שני בטלה קדושתה. וקשה לר"ת: דאמר בפ' "מקום שנהגו" (פסחים נב: ושם) ג' ארצות לביעור: יהודה ועבר הירדן וגליל. ועבר הירדן היא ארץ סיחון ועוג, אלמא שקדשוה עולי בבל! ואומר ר"ת: דהתם בארץ סיחון ועוג שלא היתה של עמון ומואב, אבל ארץ סיחון שכיבש מעמון ומואב – לא קדשו עולי בבל, כדמשמע הכא. ועוד אמר ר"ת: דמצינו למימר דהכא בארץ עמון ומואב שלא כיבש סיחון מעולם, שלא קדשוהו אפילו עולי מצרים. וכן משמע במס' ידים (פ"ד משנה ג) דמדמה לה מצרים ובבל (ג). וה"פ הכא, דאמר מר: הרבה כרכים קדשו עולי מצרים ועולי בבל לא קדשום, והניחום כדי שיסמכו עליהם עניים. אלמא חששו לתקנת עניים, אע"ג דמא"י היו – נמנעו מלקדש. כל שכן בעמון ומואב, שלא נתקדש מעולם, שראוי לתקן מעשר עני בשביעית ולא מעשר שני. דבמס' ידים איכא מ"ד מעשר שני בשביעית. וכן יש לפרש במס' חגיגה (ד' ג. ושם) דקאמר נמי ר"א התם עמון ומואב מעשרין מעשר עני בשביעית. ומפרש: מה טעם – הרבה כרכים כו'. ולא בעי למימר דעמון ומואב הוא מכרכים שכבשו עולי מצרים. ותדע, דהא לר"א מספקא ליה בפ"ק דמגילה (דף י.) ובפ"ב דשבועות (טז. ושם) אי סבר קדושה ראשונה קדשה לעתיד לבא או לא, ור' יהושע ס"ל דקדשה לעתיד לבא במגילה ובשבועות, ואפ"ה אית ליה במס' ידים בעמון ומואב כר"א. אלא על כרחך, הא דקאמר התם מה טעם – לא מדברי ר"א הוא, ודברי ר"א הם במס' ידים ולא קתני לה התם, אלא הש"ס הוא שמפר' כן דלמ"ד לא קדשה – הניחו (ד) לקדש אף מא"י בשביל עניים, ולכך אין תימה אם גזרו על עמון ומואב מעשר עני ולא מעשר שני. והא דשבק הכא ובחגיגה טעמא דקאמר ר"ט בהדיא במסכת ידים מצרים – ח"ל, עמון ומואב – ח"ל, מה מצרים שהיא קרובה – עשאוה מעשר עני כדי שיסמכו עליה עניים, אף עמון ומואב כו'. משום דניחא ליה להש"ס דמסכת טעמא דאף בא"י הניחו מלקדש בשביל עניים, וכ"ש עמון ומואב שהן ח"ל.

כל הכתמים הבאים מרקם טהורים. אע"ג דברקם נמי הוו ישראל, כדתנן בריש גיטין (דף ב. ושם) "אף המביא מן הרקם ומן החגר" – מ"מ, כתמים הבאים מרקם – טהורים, דלאו דישראלים נינהו. דישראל מצניעים כתמיהם, וגוים הדרים שם גוים גמורים, ולא ישראל מומרים.

[נ"ל אמרו מי ילדך]

תהלים לז

נ"ל שימצאוהו. יעב"ץ

חגיגה ג: ידים פ"ד מ"ג

חגיגה ג:

ב"ק לח: נדה נו:

תוספות ישנים

בני צרות חעידני לכם לפי שהם אף לב"ש בני יבמה לשוק וכשרים הם. ותימה עדיין הוא מכניס ראשו בין הרים גדולים לרב המנונא שאמר שומרת יבם שזינתה אסורה ליבמה וגם לכהונה נפסלה כדמשמע לקמן פרק הערל וא"כ מצרה נמי הוי הולד פגום מק"ו דאלמנה וליכא למפרך מה לאלמנה שכן היא עצמה מתחללת דהא היא מתחללת נמי לרב המנונא וי"ל דסוגיא דהכא לא אתיא כרב המנונא דלרב המנונא לא אמרי' תרתי בעי מיניה דלא תקשי לן קא בעי מיניה צרות וקא פשיט ליה בני צרות דודאי מתירוצא דבני צרות טובל לפשוט דין לצרות דכיון שהוא אומר שהבניים שמשו ע"ג המזבח א"כ (אמאי) [ממילא] מביא ראיה שאין הלכה כלל כב"ש דלב"ש הולדות פגומים ולא יוכלו לשמש אליבא דרב המנונא דאמר שומרת יבם שזינתה אסורה ליבמה וזאת השיאה עצמה לשוק א"כ לדברי רב המנונא בני זונה הם. וא"כ מדפשט מבני צרות דכשרים הם ושמשו ע"ג המזבח הצרות עצמן יהיו מותרות להנשא [לשוק] ודלא כב"ש דלב"ש הולד פגום: **בכור** שטן פ"ה כך שמו. י"מ שזה שם עירו ור"ל יש לי אח בכור שטן כדאמר התם רב אקלע לבור שטן:

הגהות הב"ח

(א) רש"י ד"ה דוסא התירו שמעתם הס"ד ואח"כ מה"ד או בן הרכינס: (ב) ד"ה בכור וכו' ועומד על שמועתו ועושה: (ג) תוס' ד"ה עמון וכו' דמדמה לה מצרים ובבל כ"ב פי' עמון ומואב מדמה מעשר עני [ור"א בן עזרי'] פליג ומדמה עמון ומואב לבבל ומשמע דכי היכי דמצרים ובבל לא קידשום מעולם אף עמון ומואב דמדמה להו לא קידשום מעולם: (ד) בא"ד הניחו מלקדש אף מא"י בשביל:

גליון הש"ס

גמ' בני צרות אני מעיד לכם. עיין לקמן דף פא ע"א תד"ה לימא ודף נב ע"א תד"ה אבל חכמים: שם ואחריו מי ר"ע. עיין כתובות דף קה ע"א תד"ה דתקיף ליה:

רבי

*קָפָסֵיק וְתָנֵי: מִבֵּין הַגּוֹיִם — וַאֲפִי' מִן תַּרְמוֹד. וַאֲמַר רַבִּי יוֹחָנָן: זֹאת אוֹמֶרֶת: מְקַבְּלִין גֵּרִים מִתַּרְמוֹד. וְכִי תֵּימָא: זֹאת, וְלֹא ס"ל — *וְהָא אֲמַר רַבִּי יוֹחָנָן: הֲלָכָה כִּסְתַם מִשְׁנָה! *אָמוֹרָאֵי נִינְהוּ, וְאַלִּיבָּא דְּרַ' יוֹחָנָן. מִתַּרְמוֹד מַאי טַעֲמָא לָא? פְּלִיגִי בָּהּ רַבִּי יוֹחָנָן וְסָבַיָּא: חַד אֲמַר: מִשּׁוּם עַבְדֵי שְׁלֹמֹה, וְחַד אֲמַר: מִשּׁוּם בְּנוֹת יְרוּשָׁלַיִם. בִּשְׁלָמָא לְמ"ד מִשּׁוּם עַבְדֵי שְׁלֹמֹה — קָסָבַר: *גּוֹי וְעֶבֶד הַבָּא עַל בַּת יִשְׂרָאֵל הַוָּלָד מַמְזֵר. אֶלָּא לְמ"ד מִשּׁוּם בְּנוֹת יְרוּשָׁלַיִם — מַאי הִיא? פְּלִיגִי בָּהּ רַב יוֹסֵף וְרַבָּנַן, וְתַרְוַיְיהוּ מִשְּׁמֵיהּ דְּרַבָּה בַּר בַּר חָנָה. חַד אֲמַר: תְּרֵיסַר אַלְפֵי גַּבְרֵי וְשִׁיתָּא אַלְפֵי קַשְׁתּוּיֵי, וְחַד אֲמַר תְּרֵיסַר אַלְפֵי גַּבְרֵי וּמִנַּיְיהוּ שִׁיתָּא אַלְפֵי קַשְׁתּוּיֵי. בְּשָׁעָה שֶׁנִּכְנְסוּ גּוֹיִם לַהֵיכָל, הַכֹּל נִפְנוּ עַל כֶּסֶף וְזָהָב, וְהֵם נִפְנוּ עַל בְּנוֹת יְרוּשָׁלַיִם, שֶׁנֶּאֱמַר °"נָשִׁים בְּצִיּוֹן עִנּוּ בְּתוּלֹת בְּעָרֵי יְהוּדָה". אֲמַר רַבִּי שְׁמוּאֵל בַּר נַחְמָנִי אֲמַר רַבִּי יוֹנָתָן, פָּסוּק זֶה שַׂר הָעוֹלָם אֲמָרוֹ: °"נַעַר הָיִיתִי גַּם זָקַנְתִּי", מַאן אֲמָרֵיהּ? אִילֵּימָא קוּדְשָׁא בְּרִיךְ הוּא — מִי אִיכָּא זִקְנָה קַמֵּיהּ? וְאֶלָּא דָּוִד אֲמָרֵיהּ — מִי קַשִּׁישׁ כּוּלֵּי הַאי? אֶלָּא ש"מ — שַׂר הָעוֹלָם אֲמָרוֹ. וַאֲמַר רַבִּי שְׁמוּאֵל בַּר נַחְמָנִי אֲמַר רַבִּי יוֹנָתָן: מַאי דִּכְתִיב: °"יָדוֹ פָּרַשׂ צָר עַל כָּל מַחֲמַדֶּיהָ" — זֶה עַמּוֹן וּמוֹאָב. בְּשָׁעָה שֶׁנִּכְנְסוּ גּוֹיִם לַהֵיכָל הַכֹּל נִפְנוּ עַל כֶּסֶף וְזָהָב, וְהֵם נִפְנוּ עַל ס"ת. אָמְרוּ: זֶה שֶׁכָּתוּב בּוֹ °"לֹא יָבֹא עַמּוֹנִי וּמוֹאָבִי בִּקְהַל ה'" — יִשָּׂרֵף בָּאֵשׁ?! °"צִוָּה ה' לְיַעֲקֹב סְבִיבָיו צָרָיו", *אֲמַר רַב: כְּגוֹן הוּמָנְיָא לְפוּם נַהֲרָא. אֲמַר רַב יְהוּדָה א"ר אַסִי: גּוֹי שֶׁקִּידֵּשׁ בִּזְמַן הַזֶּה — חוֹשְׁשִׁין לְקִדּוּשִׁין, שֶׁמָּא מֵעֲשֶׂרֶת הַשְּׁבָטִים הוּא. וְהָא כָּל דְּפָרֵישׁ *מֵרוּבָּא פָּרֵישׁ! בְּדוּכְתָּא דְּקָבִיעַ, דַּאֲמַר רַבִּי אַבָּא בַּר כָּהֲנָא: *°"וַיַּנְחֵם בַּחְלַח וּבְחָבוֹר נְהַר גּוֹזָן וְעָרֵי מָדָי". חְלַח — זֶה חַלְזוֹן, וְחָבוֹר —
זו

רש"י

וַאֲפִי' מִתַּרְמוֹד. אַלְמָא לָאו בִּסְפֵק יִשְׂרָאֵל קָיְימִי. מְקַבְּלִים גֵּרִים. וְלָא אָמְרִי' יִשְׂרְאֵלִים מַמְזֵרִים הֵם. מִתַּרְמוֹד מ"ט לָא. מְקַבְּלִים. עַבְדֵי שְׁלֹמֹה. שֶׁנָּשְׂאוּ בְּנוֹת יִשְׂרָאֵל (א) מֵחֲמַת עָשְׁרָן, וְדָרִין שָׁם בְּחֶזְקַת גּוֹיִם, וְקָסָבַר: גּוֹי וְעֶבֶד הַבָּא עַל בַּת יִשְׂרָאֵל הַוָּלָד מַמְזֵר. מִשּׁוּם בְּנוֹת יְרוּשָׁלַיִם. לְקַמֵּיהּ מְפָרֵשׁ לָהּ בְּנוֹת יְרוּשָׁלַיִם בְּחוּרְבָּנָהּ, כְּשֶׁבָּאוּ גּוֹיִם וּנְשָׂאוּם. ה"ג. אֶלָּא לְמ"ד מִשּׁוּם בְּנוֹת יְרוּשָׁלַיִם מַאי הִיא. קַשְׁתּוּיֵי. מוֹשְׁכֵי קֶשֶׁת. נַעַר הָיִיתִי. אַיְּידֵי דְּאַדְכְּרֵיהּ (ב) הָא דִּלְעֵיל נָקֵט לֵיהּ הָכָא. שַׂר הָעוֹלָם. מַלְאָךְ. הוּמָנְיָא לְפוּם נַהֲרָא. בְּהוּמָנְיָא יְוָנִים הֵם, וּמְצֵירִין לִבְנֵי פּוּם נַהֲרָא שֶׁהֵם יִשְׂרָאֵל עֲנִיִּים. מֵעֲשֶׂרֶת שְׁבָטִים הוּא. שֶׁנָּשְׂאוּ גּוֹיוֹת, וְקָסָבַר דְּגוֹיָה שֶׁיָּלְדָה מִיִּשְׂרָאֵל הַוָּלָד מַמְזֵר, וְחוֹשְׁשִׁין לְקִידּוּשֵׁי מַמְזֵר. בְּדוּכְתָּא דְּקָבִיעַ. בְּנֵי עֲשֶׂרֶת הַשְּׁבָטִים וְכָל קָבוּעַ כְּמֶחֱצָה עַל מֶחֱצָה דָּמֵי, וְהֵיכָא קְבִיעֵי — כִּדְכְתִיב "וַיַּנְחֵם בַּחְלַח וּבְחָבוֹר".
זו

תוספות

*רבי יוחנן וסביא אמרי אין מקבלין גרים מן התרמודיים. תימה: היכי פליג ר' יוחנן אחגי הנביא? ושמא סבר ר' יוחנן שלא אֲמָרָהּ חגי מעולם. קא פסיק ותני אפי' מתרמוד. תימה: דלמא לבד מתרמוד, כדאמרי' בפ"ק דגיטין (דף ו.): לא, לבר מבבל. אמוראי נינהו ואליבא דרבי יוחנן. דההוא דסבר אין מקבלים גרים מן התרמוד לית ליה אליבא דרבי יוחנן שתהא הלכה כסתם משנה. א"נ: סבר מן הגוים טהורים, לבד מתרמוד. ומיהו, ע"כ נ"ל דל"ל הלכה כסתם משנה, דהא קסבר גוי ועבד הבא על ישראלית הולד ממזר, וסתם מתני' ד"האומר" (קדושין דף סו:) סברה ◐דהולד כשר. דלר"ע דוקא, דאמר אין קידושין תופסין בחייבי לאוין, הו דהוי ממזר מגוי ועבד, כדמוכח בפרק "עשרה יוחסין" (שם עה: ושם), ומתני' ד"האומר" סוברת דקידושין תופסין בחייבי לאוין, דקתני: כל מקום שיש קידושין ויש שם עבירה, כגון ממזרת ונתינה לישראל. וא"כ אין ממזר מגוי ועבד. והא דקתני התם כל מי שאין לה עליו קידושין אבל יש עליה קידושין מעל אחרים הולד ממזר — היינו כמו שמפרש התם: ואיזו היא — כגון הבא על אחת מכל עריות שבתורה, ולא מגוי ועבד, אע"ג דגוי ועבד נמי אין לה עליו קידושין, ויש עליה קידושין מעל אחרים. וכה"ג איכא בגמרא. ואע"ג דאיכא סתמא אחרינא לקמן בפרק "אלמנה" (דף סט:) דסברה דיש ממזר מגוי ועבד — מ"מ מאי אולמיה דהך סתמא מהך סתמא? דכה"ג פריך בריש שבועות (דף ד.) וב"מרובה" (ב"ק סט:) ובכמה דוכתי. והכא דפריך: ומי א"ר יוחנן הכי? הוה מצי למיפרך מסתם דמתני' דפרק "האומר", אלא דניחא ליה למיפרך ממתני' דנדה, דאמר רבי יוחנן בהדיא דמקבלים גרים מן התרמוד, ולעיל אמר דאין מקבלים. ועוד: דמתני' דנדה אלימא טפי לאקשויי מינה, משום דהתם מוכח דלא באו עליהן גוי ועבד. דאי באו עליהם — אמאי כתמיהן טהורים? וליכא למימר משום דסברה דהולד כשר דבתר גוי ועבד שדינן ליה — דהא משמע דאתיא נמי כרבי יהודה דאיירי ברישא, ורבי יהודה על כרחך סבר דגוי ועבד הבא על בת ישראל הולד ממזר, כדפי' לעיל, גבי מה לאלמנה שכן היא עצמה מתחללת. בשלמא למ"ד משום עבדי שלמה קסבר כו'. וא"ת: ל"ל למיתלי טעמא משום ממזרות? הוה ליה למימר משום עבדי שלמה, דעבדים אסורין בישראלית! וי"ל: דמסתמא נתייאשו הבעלים מהם, ואיכא למ"ד בפ' "השולח" (גיטין לט:) נתיאשתי מפלוני עבדי — אינו צריך גט שחרור. קסבר גוי ועבד הבא על בת ישראל הולד ממזר. וכן בפ' "החולץ" (לקמן מה. ושם) סוגיא דהש"ס אזלא דר' יוחנן אית ליה גוי ועבד הבא על בת ישראל הולד ממזר. מ"מ, נראה אמת דלרבי יוחנן הולד כשר. דבכל דוכתי קי"ל דרבי יוחנן אית ליה כסתם משנה, וסתם משנה ד"האומר" (קדושין סו:) סברה דהולד כשר. אע"ג דמתני' דפרק "אלמנה" (לקמן סט:) סברה דהולד ממזר מגוי ועבד — מ"מ נראה לסמוך טפי אסתמא דמתני' ד"האומר" [משום דמיתניא גבי הילכתא פסיקתא דקדושין](ג). וכיוצא בה קרי הלכתא פסיקתא ב"הגוזל קמא" (ב"ק קב.). וכל הנהו דסברי הולד ממזר אתו כר"ע, כדאמרינן ב"עשרה יוחסין" (קדושין עה:). וסברי לה כר"ע, דאמר: גוי ועבד הבא על בת ישראל — הולד ממזר. והתם נמי משמע דרבי יוחנן משום ר' ישמעאל סבר הולד כשר. וא"ת: והיכי פשיטא ליה התם דלר"ע הוי ממזר מגוי ועבד? דלמא גמר מאשת אב או מאנוסת אביו דלא תפסי בה לדידיה, [אבל לאחריני תפסי], לאפוקי הני דלא תפסי לא לדידיה ולא לאחריני, דהכי איכא מ"ד בפ' "החולץ" (לקמן מה:)! וי"ל: דתנן בהדיא בפ' "אלמנה" (לקמן סט:) דגוי ועבד הבא על בת ישראל — הולד ממזר, וע"כ ר"ע היא. וא"ת: בשלמא מעבד הוי ממזר — דבעבד איכא לאו, אלא מגוי אמאי הוי ממזר? ב"ד של שם גזרו ומדאורייתא ביאת היתר היא! וי"ל: אע"ג דביאת היתר היא מדאורייתא בלגעא, מ"מ כיון דלא תפסי בה קידושין — הוי ממזר, כמו בעבד. דאפילו ר"ש התימני היה מודה, אי לאו משום דלא תפסי בה קידושין לא לדידיה ולא לאחריני. והואיל דמעבד הוי ממזר לר"ע(ד), דאע"ג דלא תפסי בה קדושין לא לדידיה ולא לאחריני — ה"ה מגוי. א"נ מגוי לא הוי ממזר אלא מדרבנן, ובכל מקום מזכיר גוי אגב עבד, כמו שמזכיר חלוצה אגב גרושה בכל דוכתי וב"אלו הן הלוקין" (מכות יג.). והראשון עיקר. פסוק זה שר העולם אמרו. קשיא לר"ת: דעשה הפייט: *"השר המשרת נער נקרא הוא מטטרון הנכבד והנורא". אלמא, מטטרון הוא שר העולם שנקרא נער. ובפיוט אחר יסד: "תוקף מטטרון שר הנהפך לאש מבשר". משמע דחנוך הוא מטטרון. ואי אפשר שיהיה חנוך שר העולם, דבפרק "אלו טרפות" (חולין ס. ושם) אמר דבששת ימי בראשית פתח שר העולם ואמר "ישמח ה' במעשיו" וחנוך לא היה במעשה בראשית! וי"ל: דמטטרון אין זה שר העולם, והא דנקרא נער — לא משום דכתיב "נער הייתי וגם זקנתי" אלא(ה) נער, שכן היה שמו. ובפסיקתא, *בח' שמות של מטטרון מונה נמי נער. ◐ועוד, דאגדות חולקות זו על זו: דבבראשית רבה י"א דחנוך מת, *כדמתרגמי' "כי לקח אותו" (בראשית ה) — "אמית יתיה", ובריש מסכת דרך ארץ *משמע דנכנס לג"ע בחייו. גוי שקדש בזמן הזה חוששין לקידושין חיישינן כו'. פי' בקונטרס, דקסבר: גויה שילדה מישראל — הולד ממזר, וחוששין לקידושי ממזר. ותימה: דבכמה משניות מוכח דאין מתייחס אלא אחריה, דתנן לקמן בפ"ב (ד' כב.): מי שיש לו בן מכל מקום [פוטר אשת אביו מן הייבום], חוץ ממי שיש לו מן השפחה ומן הגויה! ותנן נמי בפרק "האומר" (קידושין סו: ושם) דולד שפחה וגויה כמותה, ולא הוי ממזר! ונראה דלא קשיא כל כך, דהנהו משניות סברי דגוי ועבד הבא על בת ישראל — הולד כשר, וה"ה איפכא. ורב אסי סבר כר"ע, דאמר: אין קידושין תופסין בחייבי לאוין, והולד ממזר מגוי ועבד, ◐והוא הדין הבא על שפחה וגויה. ונראה דטעמא דרב יהודה אמר רב אסי משום בנות, ולית ליה בנתיה דההוא דרא אינטרויי איטרו. ועל כרחך רבי יוחנן דאמר וכולן לפסול — לא משום שבאו על הגויות, דהא בפ' שני (לקמן כג. ושם) בהדיא סבר כשמואל דאין בנך הבא מן הגויה קרוי בנך אלא בנה, אלא משום בנות הוא דקאמר לפסול, ולית ליה דאינטרויי איטרו. ואע"ג דרב יהודה אית ליה ב"החולץ" (לקמן מה.) דגוי ועבד הבא על בת ישראל הולד כשר — הכא משמיה דרב אסי קאמר. בדוכתא דקביעי. דבדוכתייהו הוו רובא רובא מעשרת שבטים, ולא כמו שפירש בקונטרס משום דכל קבוע כמחצה על מחצה דמי. דאי אזיל איהו לגבה — כל דפריש מרובא פריש, כדאמרינן בסוף פרק קמא דכתובות (דף טו.).
ואין

תורה אור

איכה ה
תהלים לז
איכה א
דברים כג
איכה א
מלכים ב יח

מסורת הש"ס

נדה נו:
שבת מו. וש"נ
[גיטין פא: חולין מג. מנחות נב: נדה נו:]
[לקמן מה. לט. קידושין ע.]
[קדושין עב: וע"ש שהוא רב יהודה]
[יומא פד: וש"נ]
[ביוצר לשמחת תורה]
בלונקלום וכירושל' ליתא
[זוטא ספ"א]

[שייך לעמוד א' קודם ד"ה כל הכתמים]

[קידושין עב.]

תוספות ישנים

והאמר ר' יוחנן הלכה כסתם משנה. וא"ת ולימא דקאמר כאידך סתמא דאמרינן לקמן (ד' סט) גוי ועבד הבא על בת ישראל הולד ממזר ולדידיה אין מקבלין גרים מן התרמוד משום עבדי שלמה שבאו על בת ישראל. וי"ל מ"מ פריך שפיר דמאי אולמיה דהך סתמא מהך סתמא:

הגהות הב"ח

(א) רש"י ד"ה עבדי שלמה שנשאו בנות ישראל בחזקת עושרן: (ב) ד"ה נער וכו' דאזכריה להאי קרא לעיל נקט ליה הכא: (ג) תוספות ד"ה קסבר וכו' דכיוצא בה: (ד) בא"ד לר"ע אע"ג דלא כצ"ל ואות ד' נמחק: (ה) ד"ה פסוק וכו' גם זקנתי אלא שכן היה שמו נער ובפסיקתא:

גליון הש"ס

תוס' ד"ה אמוראי וכו' דהולד כשר דלר"ע וכו'. ע' לקמן מד ע"א ודף ע ע"א ולע"ג: ד"ה פסוק זה וכו' ועוד דאגדות חולקות. כפי' רשב"ם ב"ב ד' קכא ע"ב ד"ה קפלו: ד"ה עובד כוכבים שקידש וכו' וה"ה הבא על שפחה. עיין לקמן סט ע"ב במתני' ולע"ג:

[ועי' היטב תוס' חולין ס. ד"ה פסוק וכו' מ"ש בשם יוסיפון]

זו חדייב נהר גוזן וכו' מושכי חידקי ודומקיא. לפסול. רובן ממזרים, שנטמעו *עשרת השבטים בגוים, ובניהן הרי הן כישראלים, ונוהג בהן איסור ממזרות. והן לא נזהרו ונשאו זה אחותו או בתו, והרי הן ממזרים. כי אמריתה קמיה דשמואל. עד השתא מילתיה דרב יהודה *(משמיה דרב אסי (ג) קאמר, *ואחר פטירתו של רב אסי בא לפני שמואל) וקאמר: כי הדר אמריתה להא דרב אסי קמיה דשמואל, דחוששין לקידושין. אמר בנך הבא מישראלית קרוי בנך ואין בנך הבא מן הגויה קרוי בנך אלא בנה. דנפקא לן מ"כי יסיר את בנך מאחרי" (דברים ז) ולא כתיב כי תסיר את בנך – אלמא: לאו אבתו לא תקח לבנך מהדר, דא"כ הוה לו לומר כי הגויה תסיר, ש"מ דאי נמי יולדת בן לעבודה זרה – לא בנך מיקרי, ולא קרינן ביה "כי תסיר את בנך". הילכך, גוים גמורים הם. והאיכא בנות. שנשבו, ונשאום גוים והולידו מהם. ואמר רבינא. לקמן בפ"ב (דף כג.) בן בתך הבא מן הגוי קרוי בנך, דכתיב "בתך לא תתן לבנו כי יסיר את בנך מאחרי". מדלא כתב כי תסיר, ש"מ דאבתך לא תתן לבנו קאי, וה"ק: שמא תלד לו בן ויסירנו האב מאחרי, וקא קרי ליה בנך, וליחוש לקידושין. דההוא דרא. דעשרת השבטים. איצטרויי איצטרו. (ד) נבקע רחמן מלקלוט זרע, ונעשו עקרות. איצטרו. לשון ביקוע, כמו *טילא חריפי דמלרי זיקי (ע"ז ד' ל.), וכמו לירלא דחיטי (פסחים דף מ:). יומא טבא. משום דממזרים הם, ומטמעים בישראל ופוסלים אותן. היינו תרמוד היינו תמוד. ודקאמר הא חרוב – לא חריב כולה. דאיכפולי איכפול. כשחרבה מכאן נכפלה ונבנית מכאן. וקא הוי. מקשה. אמר. עולא עליה דרב המנונא: מה גברא ומה גברא! כמה הוא גדול. אי לאו דהרפניא מאתיה. שאינם מיוחסים. שהכל פונים שם. כל פסולין שאין מולאין אשה פונין והולכין שם. והיא עמוקה. ורעה לדבר זה יותר מגיהנם. דאילו ליורדי גיהנם איכא תקנתא, דכתיב "מיד שאול אפדם ממות אגאלם", ואילו פסולי דידהו לית להו תקנתא. משום פסולי דמישון. שקרובה לה, ומתערבין בהן. ואמר בפרק "עשרה יוחסין" (קידושין עא:) מישון מתה. והתם מפרש פסולייהו. קבא רבא וקבא זוטא. איפה גדולה ואיפה קטנה, שניהם מעוותים. כלומר: כל הפסולין מתגלגלים ויורדים לשאול, ומשאול לתרמוד. כלומר: ששאול גבוה מתרמוד, ומתגלגל משאול לתרמוד. וטעמא כדלעיל: דאילו ליורדי גיהנם איכא תקנתא, ולפסול דידהו אין טהרה.

זו חדייב, נהר גוזן – זו גינזק, ועדי מדי – זו חמדן וחברותיה, ואמרי לה: זו *ניהר וחברותיה. חברותיה מאן? אמר שמואל: כרך, מושכי, *חידקי ודומקיא. א"ר יוחנן: וכולן לפסול, כי אמריתה קמיה דשמואל: א"ל*: בנך (א) הבא מן ישראלית קרוי בנך, [א]ואין בנך הבא מן הגויה קרוי בנך – אלא בנה. והאיכא בנות, ואמר רבינא: ש"מ בן בתך הבא מן הגוי קרוי בנך! גמירי דבנתא דההוא דרא איצטרויי אצטרו. איכא דאמרי: כי אמריתה קמיה דשמואל א"ל: לא זזו משם עד שעשאום גוים גמורים, שנאמר הושע ה °"בה' בגדו כי בנים זרים ילדו". יתיב רב יוסף אחוריה דרב כהנא, ויתיב רב כהנא קמיה דרב יהודה, ויתיב וקאמר: עתידין ישראל דעבדי יומא טבא כי חרבי תרמוד. והא חריב! ההיא תמוד הואי. רב אשי אמר: היינו תרמוד היינו תמוד, אכפולי הוא דמכפל. חריב מהאי גיסא – אותיב מהאי גיסא, ואי חריב מהאי גיסא – אותיב מהאי גיסא. יתיב רב המנונא קמיה דעולא וקא הוי בשמעתא. אמר: מה גברא ומה (ב) גברא, אי לאו דהרפניא מאתיה! אכסיף. א"ל: כסף גלגלתא להיכא יהבת? א"ל: לפום נהרא. א"ל: א"כ – מפום נהרא את. מאי הרפניא? אמר ר' זירא: הר שהכל פונין בו. במתניתא תנא: כל שאין מכיר משפחתו ושבטו נפנה לשם, אמר רבא: והיא עמוקה משאול, שנאמר תהלים יג °"מיד שאול אפדם ממות אגאלם", ואילו פסול דידהו – לית להו תקנתא. פסולי דהרפניא משום פסולי דמישון ופסולי דמישון משום פסולי דתרמוד. פסולי דתרמוד משום עבדי שלמה, והיינו דאמרי אינשי: קבא רבא וקבא זוטא, מיגנדר ואזיל לשאול, ומשאול לתרמוד, ומתרמוד למישן, וממישן להרפניא.§

הדרן עלך חמש עשרה נשים

ואין בנך הבא מן הגויה קרוי בנך **אלא** בנה. פירש בקונטרס: דמדכתב "כי יסיר" ולא כתב "כי תסיר" משמע דלא קאי א"בתו לא תקח לבנך", דאי (ו) יולדת בן לעבודה זרה – לאו בנך מיקרי ולא קרינן ביה "כי תסיר את בנך". אלא אבתך לא תתן לבנו קאי, וה"ק: שמא תלד בן, ויסירנו האב מאחרי, שאותו קרוי בנך. וקשה לר"ת: לפירושו דפי' בנך* קרוי בנך – היינו בנך הבא מן הישראלית, שאביו גוי, דעליה קאי "כי יסיר", וא"כ אמאי מייתי ואמר רבינא בן בתך כו'? הרי הן ממש דברי שמואל! ורבינא נמי, מאי קאמר (ז) ש"מ מדר' יוחנן? מה שייך לומר ש"מ – דהן ממש דברי רבי יוחנן! ואומר ר"ת: ד"כי יסיר" אבתו לא תקח לבנך קאי, והכי קאמר: כי יסיר החותן את בנך מאחרי, והיינו הסרה – שאין הזרע מתייחס אחר בנך אלא אחר הגויה, דאין קרוי בנך אלא בנה. ושמואל ורבי יוחנן לא פירשו כלום בגוי הבא על בת ישראל, אלא רבינא מדקדק דבן בתך הבא מן הגוי קרוי בנך, מדלא כתב "כי יסיר את בתך" – ש"מ דלית בה הסרה, משום דמתייחס אחריה. ואין נראה לר"י, ד"כי יסיר" משמע כמו הסרה מאת הקב"ה, כדמתרגמי' "ארי יטעי יתה" ודרשי' נמי מכי יסיר לרבות כל המסירים. ועוד פירש ר"ת בע"א: דשמואל ורבי יוחנן דייקי מ"כי יסיר את בנך" – דמשמע דוקא על הסרתו הקפיד הכתוב, שלא יטעהו. ולא על הסרת בן בנו, דכיון דבא מן הגויה אין קרוי בנך אלא בנה מדלא כתיב כי יסירם, או כי יסיר בנך וזרעו מאחרי. ורבינא דייק: ש"מ בן בתך הבא מן הגוי קרוי בנך, דדוקא בבנך (ח) "כי יסיר את בנך" למעוטי זרעו, אבל בבתך – אפי' בזרעו יש לחוש להסרה.

פסולי דמישן משום פסולי דתרמוד. והא דאמר בפרק שני דקדושין (דף מט:): עשרה קבין עזות ירדו לעולם, תשעה נטלה מישן ואחת כל העולם. פי': לפי שהן ממזרים. הא דלא נקט תרמוד שפסולין יותר – שמא אשתרבוב למישן עד שגדלו יותר מתרמוד, ושמא בתרמוד היו רוב גוים, ובמישן רוב ישראל.

משאול לתרמוד. שאול קורא *בבל, לפי שתחילה גלו כולם לבבל כשרים ופסולים, ומבבל הלכו כל הפסולים לתרמוד. כדאמר ב"עשרה יוחסין" (קדושין סט:) דלא עלה עזרא מבבל עד שעשאה כסולת נקיה. ומונה כסדר שהלכו הפסולים מזו לזו, כמו שהקב הולך ומתגלגל מכאן לכאן.

הדרן עלך חמש עשרה נשים

תוספות ישנים

ואמר רבינא ש"מ בן בתך הבא מן הגוי קרוי בנך וכו' פירוש מדלא קאמר כי יסירם מכלל דבן בתך הבא מן הגוי קרוי בנך ומ"ה לא רצה לכללם יחד כי הדבר אינו שוה בשניהם כלומר בנך ובתך משום דבבנך ליכא תפשה כ"א ממנו אבל מבנו ליכא תפשה שהוא בן הגויה ואינו קרוי בנך אבל בתך יש שם תפשה ממנה ומבנה. כי בנה דין הוא שילך אחר מעשיך וא"כ בבתך יש שני הסרות אחד ממנה שמסירה לעבודה זרה וגם בנה הוא מסיר לעבודה זרה והוא קרוי בנך כי הולך אחר האם:

עין משפט נר מצוה

סה א מיי' פי"ב מהל' איסורי ביאה הלכה ז:

בנך כו' קרוי. יעב"ץ

פי' עמוקה כשאול

מסורת הש"ס

נ"ל בנות עשרת השבטים בעובדי עבודה זרה כו'

והרש"ל מקיים גירסא זו

נ"ל לאחר

[ע' קידושין עב:]

[ע"ש]

לקמן כג. קידושין סח:

הוא יין לבן

הגהות הב"ח

(א) גמ' א"ל בנך (הבא מן ישראלית) תא"מ ונ"ב בתוספות מבואר דלא גרס ליה אבל בסוף פ' האומר מפורש דגרסי ליה התוס' ע"ש דף ס"ח ע"ב: (ב) שם מה גברא ומה גובריה אי לאו: (ג) רש"י ד"ה כי אמריתה וכו' דרב יודא משמיה דרב אסי משכא לאחר פטירתו של רב אסי בא לפני שמואל וקאמר כי הדר: (ד) ד"ה איצטרויי אצטרו נבקע נ"ב כמו בע"ז דף למ"ד: (ה) ד"ה הראשונה זו היא אשת אחיו הראשון שנפלה לפניו: (ו) תוס' ד"ה ואין בנך וכו' דאי נמי יולדת בן: (ז) בא"ד מאי קאמר ש"מ נ"ב לקמן דף כ"ג ע"א: (ח) בא"ד דדוקא בבנך כתיב כי יסיר את בנך למעוטי זרעו:

Koren Talmud Bavli
THE NOÉ EDITION

YEVAMOT

Steinsaltz Center

KOREN

תלמוד בבלי

KOREN TALMUD BAVLI

THE NOÉ EDITION

יבמות

YEVAMOT

Daf 2a through Daf 17a

COMMENTARY BY

Rabbi Adin Even-Israel Steinsaltz

EDITOR-IN-CHIEF

Rabbi Dr Tzvi Hersh Weinreb

SENIOR CONTENT EDITOR

Rabbi Dr Shalom Z Berger

EXECUTIVE EDITOR

Rabbi Joshua Schreier

•

STEINSALTZ CENTER

KOREN PUBLISHERS JERUSALEM

MATANEL
FOUNDATION
GRANTED TO GIVE

Supported by the Matanel Foundation

Koren Talmud Bavli, The Noe Edition
Vol. 14a: Tractate Yevamot, Daf 2a through Daf 17a
Paperback, ISBN, 978-965-7765-64-7

First Hebrew/English paperback edition, 2021

Koren Publishers Jerusalem Ltd.
PO Box 4044, Jerusalem 91040, ISRAEL
PO Box 8531, New Milford, CT 06776, USA
www.korenpub.com

Steinsaltz Center

Steinsaltz Center is the parent organization of institutions established by Rabbi Adin Even-Israel Steinsaltz

PO Box 45187, Jerusalem 91450 ISRAEL
Telephone: +972 2 646 0900, Fax +972 2 624 9454
www.steinsaltz-center.org

This book was published in cooperation with the Israel Institute for Talmudic Publications.

הִנֵּה יָמִים בָּאִים, נְאֻם אֲדֹנָי יֱהוִֹה, וְהִשְׁלַחְתִּי רָעָב בָּאָרֶץ,
לֹא־רָעָב לַלֶּחֶם וְלֹא־צָמָא לַמַּיִם, כִּי אִם־לִשְׁמֹעַ אֵת דִּבְרֵי יהוה.

Behold, days are coming – says the Lord God – I will send a hunger to the land, not a hunger for bread nor a thirst for water, but to hear the words of the Lord. (AMOS 8:11)

The Noé edition of the Koren Talmud Bavli
with the commentary of Rabbi Adin Even-Israel Steinsaltz
is dedicated to all those who open its covers
to quench their thirst for Jewish Knowledge,
in our generation of Torah renaissance.

This beautiful edition is for the young, the aged,
the novice and the savant alike,
as it unites the depth of Torah knowledge
with the best of academic scholarship.

Within its exquisite and vibrant pages,
words become worlds.

It will claim its place in the library of classics,
in the bookcases of the Beit Midrash,
the classrooms of our schools,
and in the offices of professionals and business people
who carve out precious time to grapple with its timeless wisdom.

For the Student and the Scholar

DEDICATED BY LEO AND SUE NOÉ

Steinsaltz Center

Executive Director, Steinsaltz Center

Rabbi Meni Even-Israel

Managing Editor

Rabbi Jason Rappoport

Senior Content Editor

Rabbi Dr. Shalom Z. Berger

Editors

Rabbi Joshua Amaru, *Coordinating Editor*
Amy Kaplan Benoff
Menucha Chwat
Rabbi Yoel Domb
Rabbi Yonatan Shai Freedman
Rabbi Alan Haber
Rabbi Tzvi Chaim Kaye
Catriel Lev
Elisha Loewenstern
Adina Luber
Rabbi Avishai Magence, *Content Curator*
Gavriel Reiss
Rabbi David Sedley
Shira Shmidman
Rabbi Michael Siev
Avi Steinhart
Rabbi Binyamin Zimmerman

Copy Editors

Aliza Israel, *Coordinator*
Bracha Hermon
Ita Olesker
Debbie Ismailoff
Shira Finson
Ilana Sobel
Deena Nataf
Eliana Kurlantzick Yorav
Nava Wieder

Language Consultants

Dr. Stephanie E. Binder, *Greek & Latin*
Rabbi Yaakov Hoffman, *Arabic*
Dr. Shai Secunda, *Persian*
Shira Shmidman, *Aramaic*

KOREN

Design & Typesetting

Raphaël Freeman, *Design & Typography*
Dena Landowne Bailey, *Typesetting*
Tani Bayer, *Jacket Design*

Images

Eliahu Misgav, *Illustration & Image Acquisition*

Introduction by the Publisher

The Talmud has sustained and inspired Jews for thousands of years. Throughout Jewish history, an elite cadre of scholars has absorbed its learning and passed it on to succeeding generations. The Talmud has been the fundamental text of our people.

Beginning in the 1960s, Rabbi Adin Even-Israel Steinsaltz שליט"א created a revolution in the history of Talmud study. His translation of the Talmud, first into modern Hebrew and then into other languages, as well the practical learning aids he added to the text, have enabled millions of people around the world to access and master the complexity and context of the world of Talmud.

It is thus a privilege to present the *Koren Talmud Bavli*, an English translation of the talmudic text with the brilliant elucidation of Rabbi Steinsaltz. The depth and breadth of his knowledge are unique in our time. His rootedness in the tradition and his reach into the world beyond it are inspirational.

Working with Rabbi Steinsaltz on this remarkable project has been not only an honor, but a great pleasure. Never shy to express an opinion, with wisdom and humor, Rabbi Steinsaltz sparkles in conversation, demonstrating his knowledge (both sacred and worldly), sharing his wide-ranging interests, and, above all, radiating his passion. I am grateful for the unique opportunity to work closely with him, and I wish him many more years of writing and teaching.

Our intentions in publishing this new edition of the Talmud are threefold. First, we seek to fully clarify the talmudic page to the reader – textually, intellectually, and graphically. Second, we seek to utilize today's most sophisticated technologies, both in print and electronic formats, to provide the reader with a comprehensive set of study tools. And third, we seek to help readers advance in their process of Talmud study.

To achieve these goals, the *Koren Talmud Bavli* is unique in a number of ways:

- The classic *tzurat hadaf* of Vilna, used by scholars since the 1800s, has been reset for great clarity, and opens from the Hebrew "front" of the book. Full *nikkud* has been added to both the talmudic text and Rashi's commentary, allowing for a more fluent reading with the correct pronunciation; the commentaries of *Tosafot* have been punctuated. Upon the advice of many English-speaking teachers of Talmud, we have separated these core pages from the translation, thereby enabling the advanced student to approach the text without the distraction of the translation. This also reduces the number of volumes in the set. At the bottom of each *daf*, there is a reference to the corresponding English pages. In addition, the Vilna edition was read against other manuscripts and older print editions, so that texts which had been removed by non-Jewish censors have been restored to their rightful place.
- The English translation, which starts on the English "front" of the book, reproduces the *menukad* Talmud text alongside the English translation (in bold) and commentary and explanation (in a lighter font). The Hebrew and Aramaic text is presented in logical paragraphs. This allows for a fluent reading of the text for the non-Hebrew or non-Aramaic reader. It also allows for the Hebrew reader to refer easily to the text alongside. Where the original text features dialogue or poetry, the English text is laid out in a manner appropriate to the genre. Each page refers to the relevant *daf*.

- Critical contextual tools surround the text and translation: personality notes, providing short biographies of the Sages; language notes, explaining foreign terms borrowed from Greek, Latin, Persian, or Arabic; and background notes, giving information essential to the understanding of the text, including history, geography, botany, archaeology, zoology, astronomy, and aspects of daily life in the talmudic era.
- Halakhic summaries provide references to the authoritative legal decisions made over the centuries by the rabbis. They explain the reasons behind each halakhic decision as well as the ruling's close connection to the Talmud and its various interpreters.
- Photographs, drawings, and other illustrations have been added throughout the text – in full color in the Standard and Electronic editions, and in black and white in the Daf Yomi edition – to visually elucidate the text.

This is not an exhaustive list of features of this edition, it merely presents an overview for the English-speaking reader who may not be familiar with the "total approach" to Talmud pioneered by Rabbi Steinsaltz.

Several professionals have helped bring this vast collaborative project to fruition. My many colleagues are noted on the Acknowledgments page, and the leadership of this project has been exceptional.

RABBI MENACHEM EVEN-ISRAEL, DIRECTOR OF THE STEINSALTZ CENTER, was the driving force behind this enterprise. With enthusiasm and energy, he formed the happy alliance with Koren and established close relationships among all involved in the work.

RABBI DR. TZVI HERSH WEINREB שליט״א, EDITOR-IN-CHIEF, brought to this project his profound knowledge of Torah, intellectual literacy of Talmud, and erudition of Western literature. It is to him that the text owes its very high standard, both in form and content, and the logical manner in which the beauty of the Talmud is presented.

RABBI JOSHUA SCHREIER, EXECUTIVE EDITOR, assembled an outstanding group of scholars, translators, editors, and proofreaders, whose standards and discipline enabled this project to proceed in a timely and highly professional manner.

RABBI MEIR HANEGBI, EDITOR OF THE HEBREW EDITION OF THE STEINSALTZ TALMUD, lent his invaluable assistance throughout the work process, supervising the reproduction of the Vilna pages.

RAPHAËL FREEMAN, EXECUTIVE EDITOR OF KOREN, created this Talmud's unique typographic design which, true to the Koren approach, is both elegant and user friendly.

It has been an enriching experience for all of us at Koren Publishers Jerusalem to work with the Steinsaltz Center to develop and produce the *Koren Talmud Bavli*. We pray that this publication will be a source of great learning and, ultimately, greater *avodat Hashem* for all Jews.

Matthew Miller, Publisher
Koren Publishers Jerusalem
Jerusalem 5772

Contents

For the vocalized Vilna Shas layout, please open as a Hebrew book.

Introduction to **Yevamot**

Yevamot is the first tractate in the order of *Nashim*. Admittedly, some commentaries place *Yevamot* after *Gittin* (Meiri), but this is not widely accepted. While the tractate focuses mainly on the *halakhot* of levirate marriage, the elucidation of these *halakhot* necessitates an in-depth clarification of the *halakhot* of marriage in general. These include forbidden and disqualified marriages, i.e., those women with whom relations are forbidden with a certain man, whether by Torah law or by rabbinic law, as well as the definition and severity of these prohibitions. Consequently, the comprehensive discussions of tractate *Yevamot* form the basis of the entire order of *Nashim*.

As stated above, in addition to the *halakhot* of levirate marriage, this tractate serves as an important and sometimes the only source for various aspects of forbidden sexual relations, as well as the *halakhot* of converts and conversion, and the definition of separation between man and wife, which concerns mainly the *halakhot* of refusal and the case of a deserted wife. Many of these discussions are complemented in *Kiddushin*, the last tractate in *Nashim*.

The issue of levirate marriage is explicitly stated in the Torah in only one short passage (Deuteronomy 25:5–10). In addition, there are two episodes in the Bible that are connected to the idea of levirate marriage: The incident involving Judah, his sons, and Tamar (Genesis, chapter 38), and the marriage of Ruth and Boaz (Ruth, chapters 3–4). Both early commentaries and later commentaries discuss the relationship between these stories and the *halakhot* of levirate marriage set out in Deuteronomy. In any case, levirate marriage, as well as being a far-from-rare occurrence, is such a fundamental concept that an entire tractate is devoted its many details, on both the theoretical and the practical levels.

Levirate marriage is a novel *halakha*; see the Gemara on 17b. In other words, it deviates from the norms of the legal system of the Torah. Generally, one who engages in relations with the wife of his brother violates a severe prohibition that makes him liable to *karet* (Leviticus 18:16, 20:21). However, if this woman's husband dies childless, not only is she permitted to the brother, it is actually a mitzva for him to marry her. Since forbidden sexual relationships are among the most severe of Torah prohibitions, indeed one of the three cardinal sins for which one must allow himself to be killed rather than transgress, the fact that one is permitted and even commanded to marry his brother's wife renders levirate marriage a highly exceptional case.

Several halakhic discussions in this tractate concern the basic question of whether the mitzva of levirate marriage merely overrides the prohibition with regard to a brother's wife to a limited extent, or whether, in these special circumstances, the prohibition does not apply at all. One of the ways the Sages express this dialectic tension is with the statement that the verses "You shall not uncover the nakedness

of your brother's wife" (Leviticus 18:16) and "Her brother-in-law will have intercourse with her" (Deuteronomy 25:5) were pronounced together (Jerusalem Talmud, *Nedarim* 3:5).

According to this line of reasoning, it is incorrect to say that a forbidden sexual relationship is permitted in the case of levirate marriage. In fact, the opposite is the case: The mitzva of levirate marriage applies only when no prohibition is in effect. If a potential levirate marriage would violate any other forbidden sexual relationship apart from that of a brother's wife, not only is there no mitzva to marry the woman, the obligation of levirate marriage does not apply in this case at all and she is actually forbidden to the brother.

Levirate marriage is unique not only with regard to the performance of the mitzva itself, but also in the fact that the obligation can be released by the act of *ḥalitza*. Typically, the Torah imposes either absolute obligations that every Jew must fulfill at all times, e.g., the love of God; or mitzvot that are incumbent upon certain people part of the time, such as donning phylacteries; or commandments that apply if particular conditions are met, e.g., the *halakhot* of commerce or ritual slaughtering. In all these cases, once the mitzva is in force, one cannot release himself from the obligation.

By contrast, the option of *ḥalitza* effectively provides the brother-in-law with the choice of whether or not he wants to perform levirate marriage. Consequently, the Sages apparently viewed *ḥalitza* not as the negation of levirate marriage but as an alternative mitzva. Accordingly, the Torah allows the brother-in-law in this situation to select between two equivalent mitzvot. Some even maintain that *ḥalitza* is preferable to levirate marriage; see 39b. This issue is also possibly connected to the debate in the Jerusalem Talmud as to whether *ḥalitza* is itself a form of acquisition or simply an act that exempts the brother-in-law and releases the *yevama*.

With these points in mind, these mitzvot can be explained in the following terms. When a man dies childless, he leaves behind a void in a soul that was unable to come to full fruition in the world. Consequently, his surviving brother must replace him by marrying his widow. In this manner the surviving brother is considered to be continuing his late brother's life. For this reason, by Torah law there is no new ritual of betrothal or a wedding ceremony in the case of levirate marriage, as it carries on the previous bond. This consideration also affects the *halakhot* of inheritance and the marriage contract, among other matters. If the brother-in-law bears a child he is viewed as completing his brother's mission.

See the Ramban's Commentary on the Torah with regard to both the episode of Judah and Tamar and the chapter on levirate marriage itself, where he discusses the fundamental idea of levirate marriages in light of these passages. Indeed, the story of Judah and Tamar, among other things, teaches the great responsibility of this task and the punishment of those who refuse to fulfill it in the proper manner.

Conversely, *ḥalitza* is essentially a ritual of atonement and purification, through which the brother-in-law and his *yevama* are released from their mutual bond and from the weighty obligation placed on their shoulders. Moreover, this is the means by which the life cycle of the deceased brother is brought to a close.

Another feature of levirate marriage is that in contrast to a regular marriage, in which the man chooses the woman he wishes to wed, the *yevama* and brother-in-law are tied together by a decree of the Torah. This connection, called by the Sages the levirate bond, is one of the central topics of the tractate. Some Sages view this link as merely

an obligation to marry a particular woman, which in practical terms simply means that she is not permitted to marry anyone else until the obligation has been released by means of *ḥalitza*. This opinion is expressed as: There is no bond. However, the *halakha* is that there is a bond, i.e., the link between a brother-in-law and a *yevama* is virtually akin to a marital bond, as she is considered betrothed to him to a certain extent. One of the ramifications of this ruling is that her close female relatives are forbidden to the brother-in-law.

In light of the above, to preserve the boundaries of modesty and to prevent any miscomprehension of the *halakhot* of marriage, the Sages enacted that a brother-in-law should perform an act of betrothal with his *yevama*. This is called a *ma'amar*, a levirate betrothal. Furthermore, if he gives her a bill of divorce while she is waiting for either levirate marriage or *ḥalitza*, his act is effective to a certain extent. On the one hand, these rabbinic enactments draw levirate marriage closer to a regular marriage, but on the other hand they can cause many problems for the marriage and for *ḥalitza*.

Likewise, other decrees of the Sages involving marriage, such as those concerning the marriage of a minor girl who is an orphan and the annulment of this tie by her refusal of her husband, as well as the marriage of deaf-mutes, also complicate the *halakhot* of levirate marriage, despite the fact that these enactments serve the public welfare. Some of these prohibitions stem from sanctity, i.e., they were enacted in order to preserve the sanctity of the Jewish people or the priesthood, and some of them apply to the entire people, such as having a sexual relationship with a *mamzer* or a man with crushed genitals or other genital wounds, or with converts from different nations. Other forbidden sexual relationships are secondary relationships forbidden by rabbinic law.

All these cases require not only a thorough analysis on their own account, but they must be properly defined before one can establish the relationship between these marriages and levirate marriage, which applies by Torah law. This matter concerns the validity of levirate marriage and *ḥalitza*, the whole range of monetary issues that arise with regard to inheritance and the marriage contract, and the concomitant prohibitions and rights, e.g., the permission to partake of *teruma* and the conditions of the marriage contract.

Furthermore, numerous other problems with levirate marriage can result from various causes, either due to complicated family relationships, e.g., if the *yevama* is permitted to only one of several brothers, or if a few deaths occur in succession, or because of factual or halakhic uncertainties. These might be doubts with regard to the halakhic and family status of a certain person, or unclear and possibly erroneous testimony concerning someone's death.

The debates and analysis of all these problems, both separately and in various combinations, is why tractate *Yevamot* is considered one of the hardest, most complex tractates in the entire Talmud.

Tractate *Yevamot* is comprised of sixteen chapters. Some deal with one clearly defined topic, while others discuss several issues spread over different chapters. The first seven chapters are included in the present volume:

Chapter One focuses on the *halakhot* of women to whom the duty of levirate marriage does not apply, either because they are among those with whom relations are forbidden or for some other reason. Additionally, the chapter discusses the basic halakhic principles of when one mitzva overrides another.

Chapter Two deals with the prohibition with regard to the wife of a brother with whom the *yavam* did not coexist. It also discusses the basic principles of the types of women who are obligated in levirate marriages, and those who have no option but to perform *ḥalitza* due to a prohibition that would be violated by a sexual relationship; whether it is a definite or an uncertain prohibition, and whether it applies by Torah law or by rabbinic law.

Chapter Three discusses those cases in which women who are relatives of each other are liable in levirate marriage, as well as a woman who is bound by an obligation of levirate marriage with two brothers.

Chapter Four contains many topics: The case of erroneous *ḥalitza* and levirate marriage, the *halakhot* of inheritance and the marriage contract of a brother-in-law and his *yevama*, the basic definitions of *mamzer* status, and the *halakhot* of conversion.

Chapter Five discusses a single issue: The validity of a levirate betrothal [*ma'amar*] and the bill of divorce of a brother-in-law to his *yevama*, including all various permutations and combinations of these actions.

Chapter Six deals with the definition and *halakhot* of the act of intercourse, particularly with regard to a *yevama*, but also as it concerns marital relations in general. A portion of the chapter also discusses the prohibitions that apply only to priests, specifically to the High Priest, and the mitzva to be fruitful and multiply.

Chapter Seven focuses on the *halakhot* of partaking of *teruma* as they apply to the daughter or the wife of a priest, and those actions that disqualify them from eating *teruma*.

Explanation of Diagrams in **Yevamot**

Man Woman

Married couple

Siblings are indicated by identical patterning:

Members of the same generation are usually on the same horizontal row:

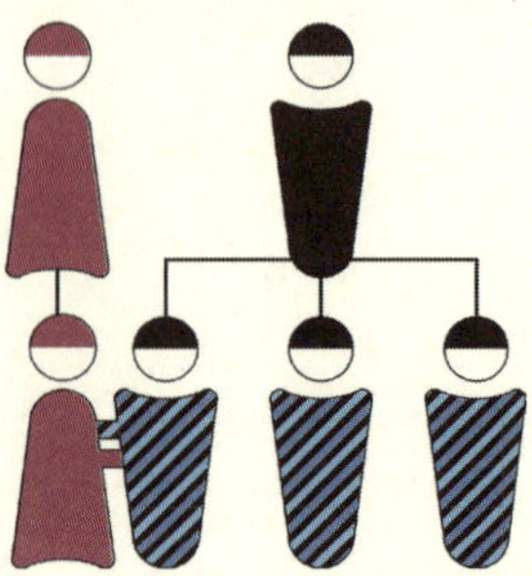

Parents and their offspring are either connected by a vertical line, indicated by identical shading on their heads, or both:

For the offspring of an unmarried couple, the shading on the head reflects that of both the father and the mother:

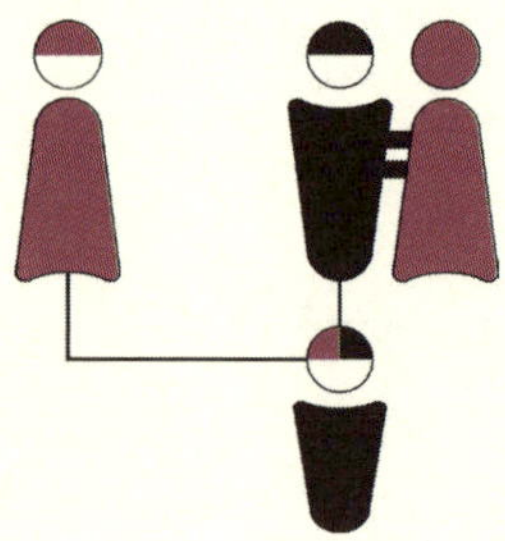

A deceased individual is indicated by an X on his head:

If more than one individual has died, each subsequent death is indicated by an additional X above the deceased's head. When more than one event is described in a single diagram, an arrow points to the later event.

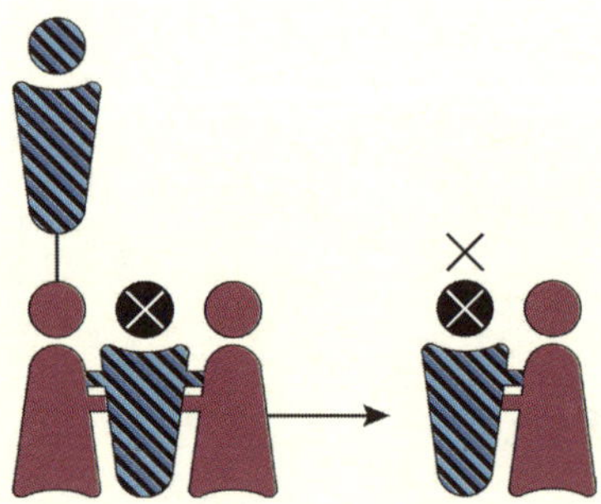

Introduction to **Perek I**

You shall not uncover the nakedness of your brother's wife; it is your brother's nakedness.

(Leviticus 18:16)

If brothers dwell together and one of them dies and he has no child, the wife of the dead man shall not be married outside of the family to one not of his kin; her brother-in-law will have intercourse with her and take her to him to be his wife and consummate the levirate marriage.

(Deuteronomy 25:5)

By definition, the commandment of levirate marriage refers to an unusual situation: Generally, it is prohibited to marry one's brother's wife even after their divorce or after his brother's death. However, if the deceased brother did not leave any children, it is a mitzva for the surviving brother to marry his former wife. In other words, the mitzva of levirate marriage overrides the severe prohibition proscribing a brother's wife.

One of the practical questions of levirate marriage is whether this mitzva overrides other sexual prohibitions between the brother-in-law, who is referred to as the *yavam*, and his potential *yevama*, his brother's widow. In this regard, the tradition of the Sages in unambiguous: The mitzva of levirate marriage overrides the prohibition with regard to a brother's wife alone, not those who are forbidden by another prohibition. However, the precise halakhic definition of this tradition must be clarified. Does this mean that the mitzva of levirate marriage does not apply at all in these cases, and the prohibition against marrying a brother's wife remains in force, as in the case of a deceased brother who did have children? Or is this a case in which the mitzva of levirate marriage applies, but due to other prohibitions it cannot be performed in practice, and the *yavam* must perform *ḥalitza* instead?

A related issue is whether in a case of this kind the mitzva of levirate marriage is entirely canceled with regard to this brother, or whether the prohibition affects only his relationship with that particular woman. If so, he would have the option, either practical or at least theoretical, of entering into levirate marriage with another wife of the deceased brother, a so-called rival wife.

To resolve these problems, it is necessary to arrive at a comprehensive understanding of the Torah's resolution of practical cases of conflict between two mitzvot, i.e., cases when the fulfillment of a certain positive commandment entails the violation of a prohibition.

The clarification of these issues and their practical ramifications form the main topics of this chapter.

The Torah law obligating a man whose brother died without children [*yavam*] to marry his deceased brother's widow [*yevama*] or to free her from her levirate bonds through the act of *ḥalitza* applies only when it is permitted for the widow to marry her surviving brother-in-law. However, in cases where the *yevama* is forbidden to her *yavam* due to her status as a close family relative, the mitzva of levirate marriage is not applicable, and she is exempt from both levirate marriage and *ḥalitza*.

The Sages further taught that the exemption of a *yevama* from levirate marriage also exempts her rival wife. In other words, if the deceased brother had two wives, each a so-called rival of the other, and only one wife is a relative of the surviving brother, then the rival wife is also exempt from both levirate marriage and *ḥalitza*. Moreover, if that same rival wife entered into levirate marriage with a different brother of the deceased, one to whom she is not forbidden, then were this third brother also to die childless, so that the obligation of levirate marriage would again be incurred by the second brother, not only is the forbidden rival wife exempt from levirate marriage and *ḥalitza*, her new rival wives from her second marriage are also exempt.

That is to say, any other wife of the third brother is exempt from the mitzva of levirate marriage, as she is the rival wife of that first rival wife, who was exempted from levirate marriage following her first husband's death due the exemption of her original rival wife. The same principle applies if that second rival wife subsequently enters into levirate marriage with another permitted brother, and so on. In summary, every widow who is exempt from marrying her brother-in-law due to her status as rival wife of a forbidden relative is treated as a forbidden relative herself and is therefore exempt from both *ḥalitza* and levirate marriage and causes exemption for future rival wives as well.

מתני׳ חֲמֵשׁ עֶשְׂרֵה נָשִׁים פּוֹטְרוֹת צָרוֹתֵיהֶן וְצָרוֹת צָרוֹתֵיהֶן מִן הַחֲלִיצָה וּמִן הַיִּיבּוּם, עַד סוֹף הָעוֹלָם.

MISHNA The mishna[N] describes various cases that invoke the principles above. **Fifteen** categories of **women**[H] constitute familial relations that are forbidden as incestuous, and consequently, these women **exempt their rival wives**[B] **and the rival wives of their rival wives**[B] **from *ḥalitza* and from levirate marriage**[N] **forever,**[N] i.e., they also exempt rival wives of rival wives of rival wives, and so on.

HALAKHA

Fifteen women – **חָמֵשׁ עֶשְׂרֵה נָשִׁים**: Each of the fifteen women listed in the mishna is exempt from levirate marriage and does not even require *ḥalitza* if her husband dies childless, as she is forbidden to her *yavam* by a prohibition that entails *karet*. Not only is she exempt, but her rival wives are also exempt from levirate marriage. If a rival wife entered into levirate marriage with another brother, to whom she was not forbidden, and this brother also died, which means that she once again comes for levirate marriage before one to whom she is forbidden, then not only is she exempt but so is her new rival wife, who is the rival wife of a rival wife of a woman forbidden in levirate marriage. These rival wives of rival wives are classified as forbidden relatives and in turn render their own rival wives forbidden in levirate marriage (Rambam *Sefer Nashim, Hilkhot Yibbum VaḤalitza* 6:14; *Shulḥan Arukh, Even HaEzer* 173:1).

BACKGROUND

A daughter's rival wife – **צָרַת הַבַּת**: Shimon married Ḥanna, daughter of his brother, Reuven. In addition he had another wife, Peninna, Ḥanna's rival wife. If Shimon dies childless his wives will come before Reuven for levirate marriage. In this case, not only is Ḥanna, Reuven's daughter, exempt from *ḥalitza* and levirate marriage, but her rival wife Peninna is as well.

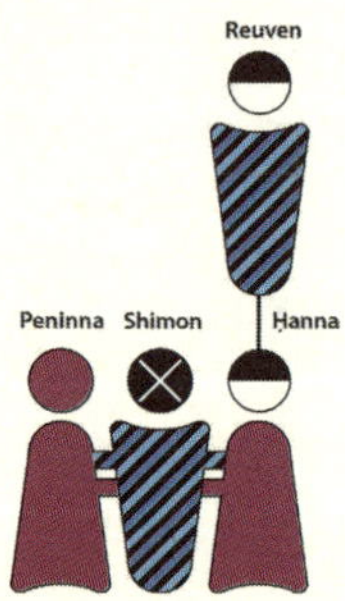

The rival wife of a daughter's rival wife – **צָרַת צָרַת הַבַּת**: In the previous example, after Shimon's death, a third brother, Levi, entered into levirate marriage with his late brother's wife Peninna, as both she and Hanna are permitted to him. If Levi subsequently dies as well, both Peninna and Levi's other wife Miriam come before the surviving brother, Reuven, for levirate marriage. In this case, not only is Peninna, the rival wife of his daughter Ḥanna, exempt from both *ḥalitza* and levirate marriage, but Miriam, the rival wife of his daughter's rival wife, is as well.

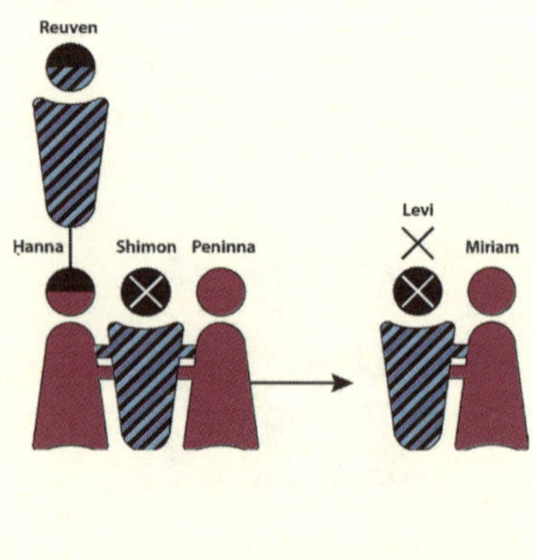

NOTES

The placement of this tractate in the order of *Nashim* – **מְקוֹמָהּ שֶׁל הַמַּסֶּכֶת בְּסֵדֶר נָשִׁים**: The early authorities ask why *Yevamot* is the first tractate in the order of *Nashim* when it would apparently be more logical to begin with the tractate dealing with marriage contracts, *Ketubot*, or the *halakhot* of betrothals, *Kiddushin*. One explanation is that in no other case is marriage fully obligatory for a man, especially not to a particular woman, whereas levirate marriage is a positive mitzva that is obligatory for a *yavam* (Rambam). Others explain that the discussion of the *halakhot* of levirate marriage serves to clarify the principles of forbidden incestuous or adulterous sexual relations, an explanation that necessarily must precede the *halakhot* of betrothals and marriage contracts (Rosh). Indeed, many tractates begin with complex and complicated *halakhot* rather than opting for a more logical order, to engage the attention of students. The Rosh adds another reason: This tractate immediately follows the last tractate of the order of *Moed*, which in some versions is *Moed Katan*. Since the end of that tractate discussed the *halakhot* of mourning following a misfortune, *Yevamot*, which deals with a man who dies childless, was placed immediately afterward. Alternatively, as the practice of levirate marriage incorporates both *halakhot* specific to levirate marriage as well as general *halakhot* of marriage, it precedes *Ketubot*, which for the most part discusses only the *halakhot* of marriage (*Tosefot Yom Tov*). However, according to the order of tractates accepted by some commentaries, *Yevamot* comes after tractate *Gittin*, which also deals with marriages that were terminated (Meiri).

From *ḥalitza* and from levirate marriage – **מִן הַחֲלִיצָה וּמִן הַיִּיבּוּם**: The Gemara explains that the apparent redundancy of mentioning both *ḥalitza* and levirate marriage, as well as the mention of *ḥalitza* before levirate marriage, serve to emphasize the opinion of this *tanna* that the performance of *ḥalitza* is preferable to the mitzva of levirate marriage.

Forever – **עַד סוֹף הָעוֹלָם**: *Tosafot* ask why this expression is necessary and it is not enough simply to state: The rival wives of the rival wives. The commentaries explain that in light of the fact that according to one of the opinions in the Gemara there is an interpretation that refers to a rival wife and a rival wife's rival wife, it might be thought that the *halakha* applies only to these two and no more (*Tosafot*; *Tosefot HaRosh*). Conversely, others claim that this form of expression is typical of the language in the Mishna, and it indicates a particular emphasis only in special circumstances (Ramban; Rashba).

וְאֵלּוּ הֵן: בִּתּוֹ, וּבַת בִּתּוֹ, וּבַת בְּנוֹ. בַּת אִשְׁתּוֹ,

And these women **are: The daughter** of the *yavam*, i.e., the deceased brother had married a daughter of his brother, which means that when he died childless, his brother's own daughter came before her father for levirate marriage, and therefore she is exempt. **And** the same applies if the deceased brother's widow is **the daughter of** the **daughter of** the *yavam*,[B] or if she is **the daughter of his son,**[B] or **the daughter of** his **wife.**[B]

וּבַת בְּנָהּ, וּבַת בִּתָּהּ. חֲמוֹתוֹ, וְאֵם חֲמוֹתוֹ, וְאֵם חָמִיו.

And similarly, if the *yevama* is **the daughter of** the **son** of the wife of her *yavam*[B] **or the daughter of** his wife's **daughter,**[B] **or** if she is the **mother-in-law** of her *yavam*,[B] **or his mother-in-law's mother,**[B] **or his father-in-law's mother,**[B] then she is exempt from *ḥalitza* and levirate marriage.

BACKGROUND

The daughter of the daughter of the *yavam* – בַּת בִּתּוֹ: Shimon married Adda, the daughter of Ḥanna, the daughter of Reuven, Shimon's brother. If Shimon dies childless, not only is Adda, his daughter's daughter, exempt both *ḥalitza* and from levirate marriage, but the same applies to her rival wife, Tzila.

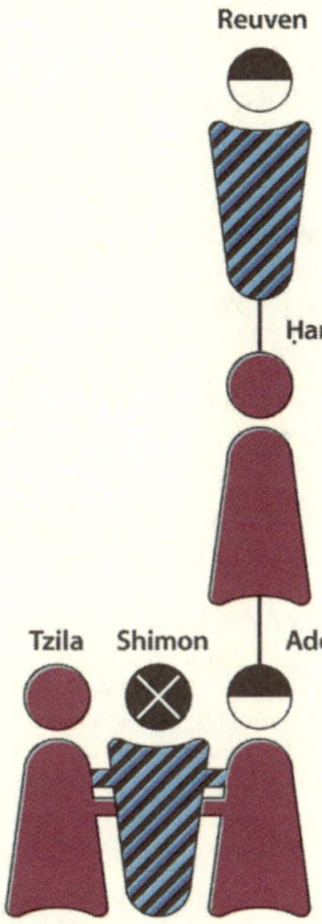

The daughter of his son – בַּת בְּנוֹ: Shimon married Ḥanna, daughter of Ḥanokh, son of Reuven, Shimon's brother. If Shimon dies childless, both Ḥanna, Reuven's son's daughter, and her rival wife, Peninna, are exempt from both *ḥalitza* and levirate marriage.

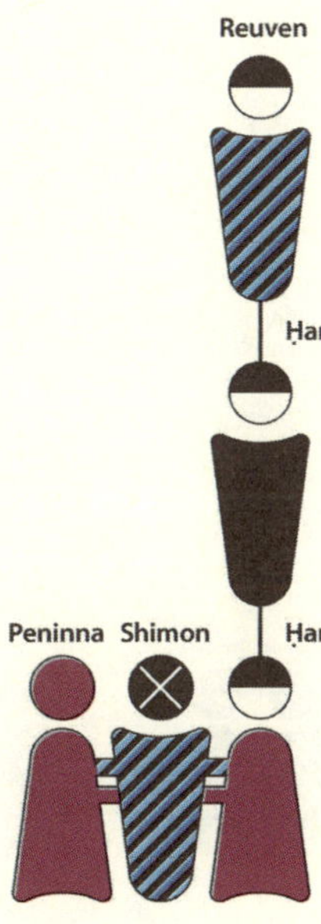

The daughter of his wife – בַּת אִשְׁתּוֹ: Shimon married Ḥanna, the daughter from a previous husband of Miriam, the current wife of Shimon's brother Reuven. If Shimon dies childless, Ḥanna is exempt from both *ḥalitza* and levirate marriage as the daughter of Reuven's wife, while Peninna is also exempt, because she is the rival wife of his wife's daughter.

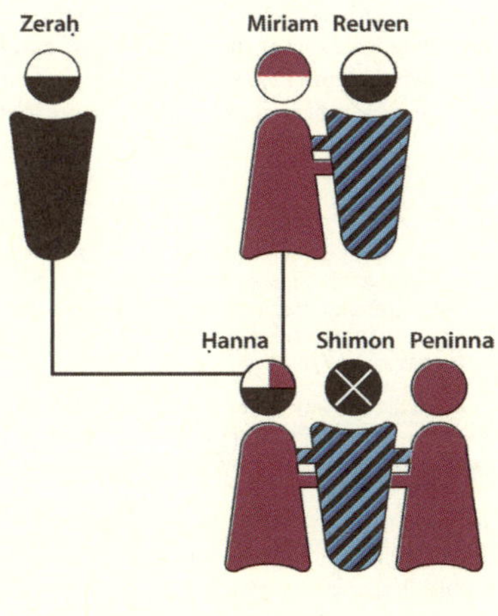

The daughter of the son of the wife of her *yavam* – בַּת בְּנָהּ: Reuven's wife Miriam had a son, Ḥur, from her previous husband, Zeraḥ. Shimon, Reuven's brother, married Ḥanna, daughter of Ḥur. If Shimon dies childless, both Ḥanna, the daughter of Reuven's wife's son, and her rival wife, Peninna, are exempt from both *ḥalitza* and levirate marriage.

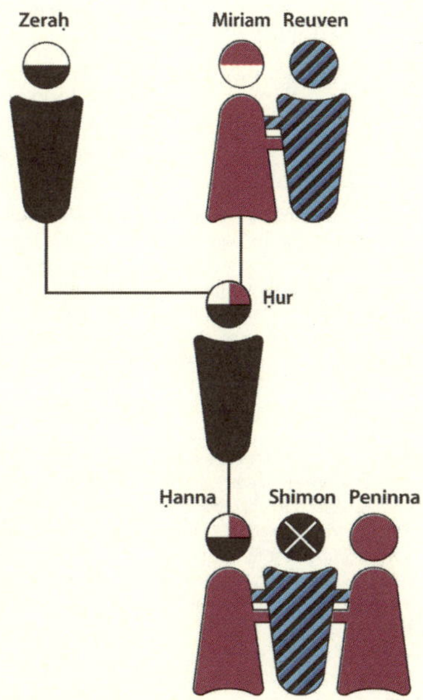

BACKGROUND

The daughter of his wife's daughter – בַּת בִּתָּהּ: Reuven's wife Miriam had a daughter, Adda, from her previous husband, Zeraḥ. Shimon, Reuven's brother, married Ḥanna, daughter of Adda. If Shimon dies childless, both Ḥanna, the daughter of Reuven's wife's daughter, and her rival wife, Peninna, are exempt from both *ḥalitza* and levirate marriage.

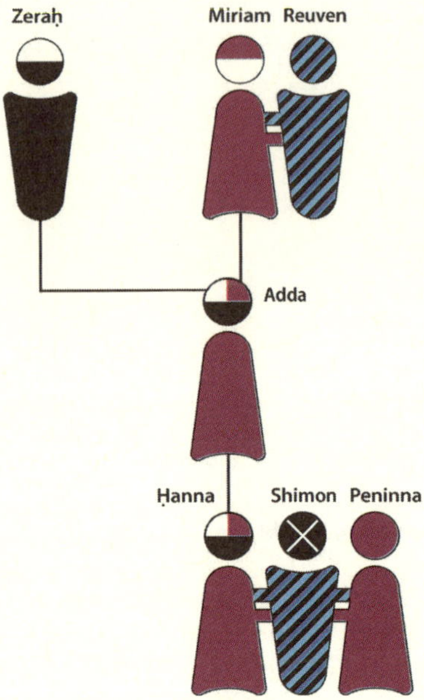

The mother-in-law of her *yavam* – חֲמוֹתוֹ: Reuven married Miriam, the daughter of Ḥanna, his brother Shimon's wife. If Shimon dies childless, both Ḥanna, Reuven's mother-in-law, and her rival wife, Peninna, are exempt from both *ḥalitza* and levirate marriage.

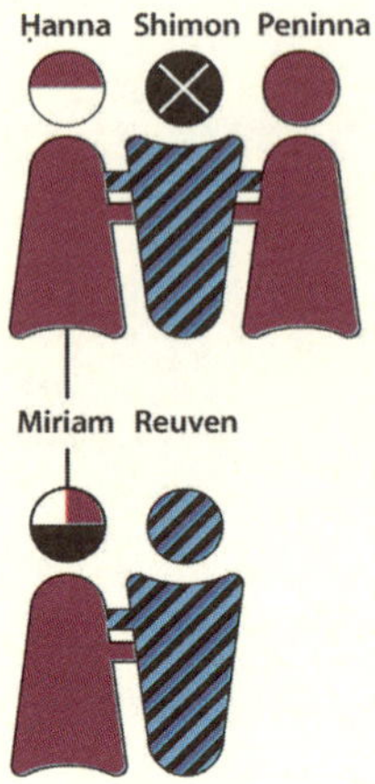

His mother-in-law's mother – אֵם חֲמוֹתוֹ: Reuven married Mikhal, daughter of Adda, daughter of Ḥanna, the wife of his brother Shimon. If Shimon dies childless, Ḥanna is exempt from *ḥalitza* and levirate marriage as Reuven's mother-in-law's mother, i.e., Adda's mother. Peninna is also exempt as Ḥanna's rival wife.

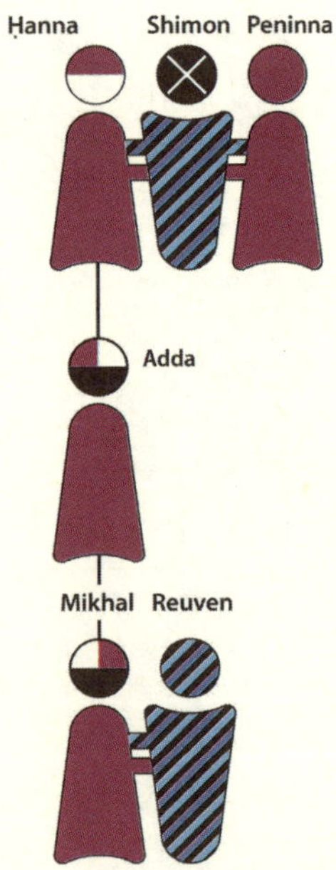

His father-in-law's mother – אֵם חָמִיו: Shimon married Ḥanna, while his brother Reuven married Mikhal, daughter of Zeraḥ, son of Ḥanna. If Shimon dies childless, Ḥanna is exempt from both *ḥalitza* and levirate marriage as she is the mother of Reuven's father-in-law, Zeraḥ. Peninna is also exempt from *ḥalitza* and levirate marriage as Ḥanna's rival wife.

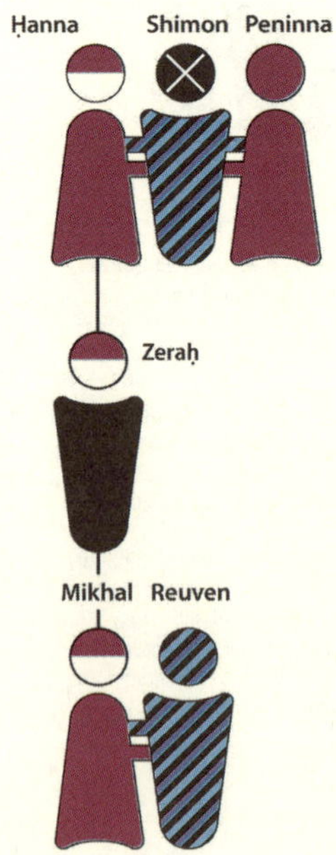

אֲחוֹתוֹ מֵאִמּוֹ, וַאֲחוֹת אִמּוֹ, וַאֲחוֹת אִשְׁתּוֹ, וְאֵשֶׁת אָחִיו מֵאִמּוֹ,

The mishna continues its list of close relatives. If the *yevama* is the **maternal** half **sister**[B] of the *yavam*, **or** if she is the **sister of his mother,**[B] **or his wife's sister,**[NB] then she is exempt from both *ḥalitza* and levirate marriage **Or** if she was **the wife of his maternal** half **brother,**[NB] and after this brother died or divorced his wife, she married another of his father's brothers, who was not her relative, and this brother died, she is exempt. In this case, the obligation to enter into levirate marriage should be incurred by the surviving brother, but since she was previously the wife of his maternal brother, she is exempt.

NOTES

His wife's sister – **אֲחוֹת אִשְׁתּוֹ:** If the mishna includes one's wife's sister, who is in some cases permitted, i.e., if one's wife has died, shouldn't a menstruating woman be listed as well, despite the fact that her prohibition is temporary and therefore differs in kind from the other relationships mentioned in the mishna? Admittedly, there is a difference between a menstruating woman, who will certainly and automatically be permitted later, and his wife's sister, who might remain forbidden to him forever (see *Ḥeshek Shlomo*). Nevertheless, it remains the case that a menstruating woman is also sometimes forbidden. Apparently, most commentaries hold that the principal reason for the exclusion of a menstruating woman is that she is prohibited to all men, even to her own husband, not only to her *yavam*.

The wife of his maternal half brother – **אֵשֶׁת אָחִיו מֵאִמּוֹ:** A maternal half brother is in certain respects considered a full brother, while in other cases he is not treated as a brother. With regard to the prohibition against marrying a brother's wife, as well as matters of testimony and the *halakhot* of mourning, a half brother is considered a brother. However, concerning matters of inheritance, and particularly levirate marriage, only a paternal half brother is classified as a brother, not a maternal half brother (Rambam).

BACKGROUND

His maternal half sister – **אֲחוֹתוֹ מֵאִמּוֹ:** Ya'akov and his wife Leah had a son, Shimon. Ya'akov also married Miriam, who had a daughter, Ḥanna, from her previous husband, Zeraḥ. Ya'akov and Miriam bore a son, Reuven. Shimon, Ya'akov's son, married Ḥanna, who is not forbidden to him, as she is the daughter of his father's wife. If Shimon dies childless and Ḥanna falls before Reuven for levirate marriage, she is exempt as Reuven's sister, because they are the children of the same woman, Miriam. Ḥanna's rival wife, Peninna, is also exempt from *ḥalitza* and levirate marriage.

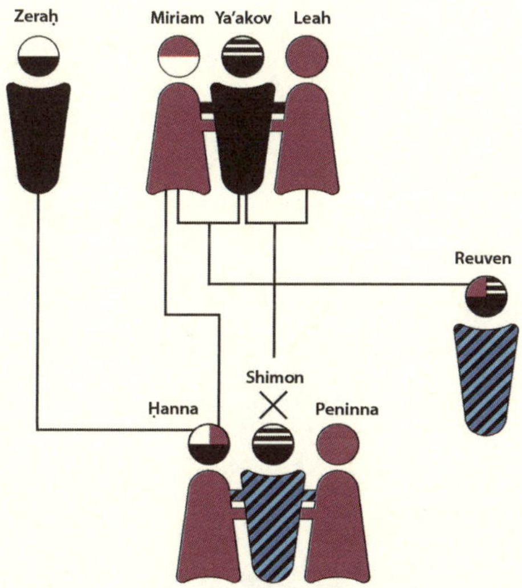

The sister of his mother – **אֲחוֹת אִמּוֹ:** Ya'akov and his wife Miriam had a son, Shimon. Ya'akov also married Ḥogla, with whom he had another son, Reuven. Shimon married Milka, his father's wife's sister, before dying childless. Milka is exempt from *ḥalitza* and levirate marriage, as she is the sister of Reuven's mother Ḥogla. Peninna, Milka's rival wife, is likewise exempt.

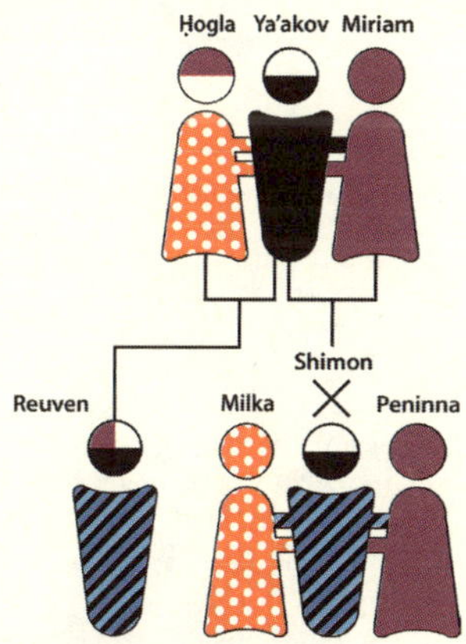

His wife's sister – **אֲחוֹת אִשְׁתּוֹ:** Two brothers, Reuven and Shimon, married two sisters, Ḥogla and Milka. If Shimon dies childless, Milka is exempt from *ḥalitza* and levirate marriage as the sister of Reuven's wife, Ḥogla. Her rival wife, Peninna, is also exempt.

The wife of his maternal half brother – **אֵשֶׁת אָחִיו מֵאִמּוֹ:** Ya'akov married Miriam, who had a son, Levi, from her previous marriage with Zeraḥ. Ya'akov and Miriam had a son named Reuven. Ya'akov had another wife, Leah, with whom he also had a son, Shimon. Levi married Ḥanna and died. After his passing, Shimon married Ḥanna, who is permitted to him, as Levi is the son of his father's wife. If Shimon dies childless, Ḥanna is forbidden to Reuven because she was his maternal brother's wife, as Levi was the son of Miriam, Reuven's mother. Peninna, Ḥanna's rival wife, is likewise exempt from *ḥalitza* and levirate marriage.

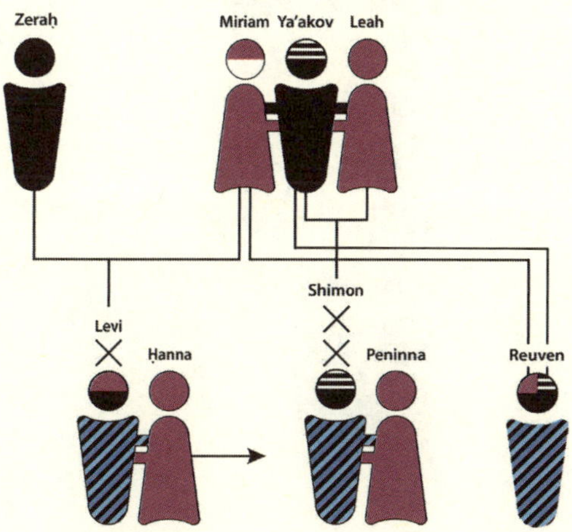

וְאֵשֶׁת אָחִיו שֶׁלֹּא הָיָה בְּעוֹלָמוֹ, וְכַלָּתוֹ. הֲרֵי אֵלּוּ פּוֹטְרוֹת צָרוֹתֵיהֶן וְצָרוֹת צָרוֹתֵיהֶן מִן הַחֲלִיצָה וּמִן הַיִּיבּוּם עַד סוֹף הָעוֹלָם.

And the same applies to the **wife of a brother with whom he did not coexist,**[B] i.e., the wife of a man who died before his brother was born. As will be explained, the obligation of levirate marriage does not apply to the *yavam* in this case. Since levirate marriage does not apply to him, the *yevama* remains forbidden to him as his brother's wife. **And** the last case is if one's *yevama* had previously been **his daughter-in-law,**[B] and after his son had died one's brother married her, before he too passed away. **These** fifteen women **exempt their rival wives and the rival wives of their rival wives from *ḥalitza* and levirate marriage forever.**

וְכוּלָּן, אִם מֵתוּ, אוֹ מֵיאֲנוּ,

§ **And** with regard to **all of these** women listed as prohibited relations, these *halakhot* apply only if they were married to the deceased brother until the time of his death. However, this is not the case **if they died**[HN] during the deceased brother's lifetime, **or** if **they refused**[N] their husbands when they were minors. This refusal is referring to the decree of the Sages that a girl under the age of twelve whose father is no longer alive may be married off by her mother or brothers. However, this marriage is not final, as she can terminate it by performing an act of refusal, i.e., by declaring, while still a minor, that she does not desire this marriage. In this case, the marriage is annulled retroactively and she is considered as though she were never married at all.

BACKGROUND

The wife of a brother with whom he did not coexist – אֵשֶׁת אָחִיו שֶׁלֹּא הָיָה בְּעוֹלָמוֹ: Reuven and Shimon are paternal brothers. Reuven married Peninna and then died. After his death, a third brother, Levi, was born. For Levi, Peninna is the wife of a brother with whom he did not coexist, as he was not alive while she was married to his brother. Consequently, if Shimon entered into levirate marriage with Peninna and subsequently died childless, Peninna remains forbidden to Levi due to the fact that for a period of time, i.e., between Levi's birth and Shimon's levirate marriage, she had been forbidden to Levi as the wife of a brother with whom he did not coexist. Peninna's rival wife Ḥanna is likewise exempt from *ḥalitza* and levirate marriage.

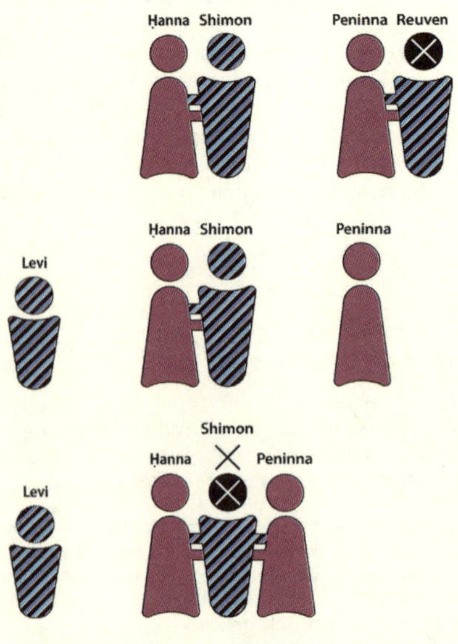

His daughter-in-law – כַּלָּתוֹ: Reuven's son Ḥanokh was married to Ḥanna. After Ḥanokh's death Reuven's brother, Shimon, married Ḥanna. If Shimon dies childless, his wives come before Reuven for levirate marriage. As Ḥanna was previously Reuven's daughter-in-law, she is permanently forbidden to him; she is therefore exempt from *ḥalitza* and levirate marriage and exempts her rival wife as well.

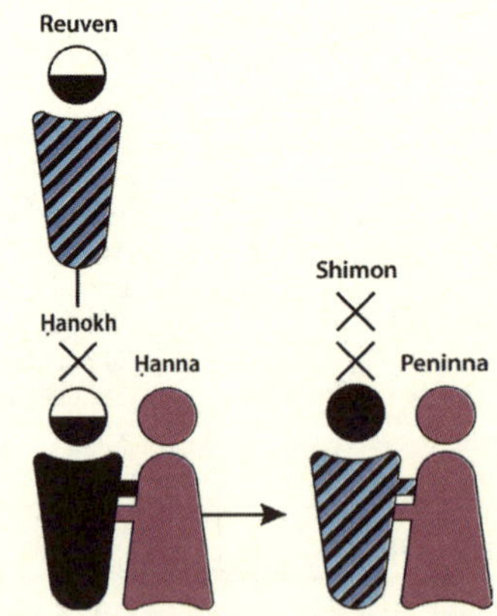

HALAKHA

And all of these, if they died, etc. – וְכוּלָּן אִם מֵתוּ וכו׳: If one's brother was married to two women, one of whom is a forbidden relative to the *yavam*, and the forbidden wife dies, is divorced, or performed refusal during her husband's lifetime, the other rival wife is permitted to enter into levirate marriage (*Shulḥan Arukh, Even HaEzer* 173:7).

NOTES

And all of these, if they died, etc. – וְכוּלָּן אִם מֵתוּ וכו׳: The sequence in the mishna is taught in the style of: Not only this but also that. In other words, it moves from the simpler to the more complex cases, beginning with a woman who is no longer alive, continuing to the case of refusal, which involves the retroactive nullification of a marriage, before proceeding to the *halakha* of a divorce, where the husband ends the marriage from a certain point in time. Finally, the mishna addresses the status of a woman who was discovered to be an *aylonit* (*Tosefot HaRosh*).

Refusal – מֵיאוּן: The *halakhot* of refusal are analyzed extensively in this tractate, mainly in the thirteenth chapter. The basic concept is that a minor girl orphaned of her father may be married off by her mother and brothers with her consent. However, since a minor is not legally competent and responsible for her actions, her marriage is valid only by decree of the Sages. Therefore, the Sages instituted an ordinance that if she declares that she does not desire the match she can nullify it retroactively, and it is as though she was never married at all. The early commentaries note that since her father is evidently alive in the cases mentioned in the mishna, it must be referring to a so-called orphan in her father's lifetime. If a minor who was married off by her father, who has the authority to do so by Torah law, is divorced from her husband while still a minor, she returns to her father's household, but her father loses the right to marry her off again. Consequently, for the purposes of marriage she is considered an orphan.

אוֹ נִתְגָּרְשׁוּ, אוֹ שֶׁנִּמְצְאוּ אַיְלוֹנִית צָרוֹתֵיהֶן מוּתָּרוֹת.

Or if those women **were divorced** by their husband, the deceased brother, **or were found to be a sexually underdeveloped woman** [***aylonit***],[HBN] i.e., a woman who is so underdeveloped that she is not considered a woman in the full sense, these *halakhot* do not apply. Her marriage is considered a mistaken marriage and is null and void. In all these cases **their rival wives are permitted,** as the exemption for rival wives of forbidden relatives applies only when the forbidden relative was the brother's wife at the time of his death, when the *halakhot* of levirate marriage came into effect.

וְאִי אַתָּה יָכוֹל לוֹמַר בַּחֲמוֹתוֹ וּבְאֵם חֲמוֹתוֹ וּבְאֵם חָמִיו שֶׁנִּמְצְאוּ אַיְלוֹנִית אוֹ שֶׁמֵּיאֲנוּ.

§ **And** the mishna comments that the language of this principle is imprecise, as **you cannot say**[N] **with regard to his mother-in-law and with regard to his mother-in-law's mother and with regard to his father-in-law's mother that they were found to be an *aylonit*,** as an *aylonit* is sterile and therefore cannot become a mother or a mother-in-law. **Nor** is the mishna precise when it states: **Or refused,** as refusal applies only to minors, who cannot give birth.

כֵּיצַד פּוֹטְרוֹת צָרוֹתֵיהֶן? הָיְתָה בִּתּוֹ אוֹ אַחַת מִכׇּל הָעֲרָיוֹת הָאֵלּוּ נְשׂוּאוֹת לְאָחִיו, וְלוֹ אִשָּׁה אַחֶרֶת, וּמֵת – כְּשֵׁם שֶׁבִּתּוֹ פְּטוּרָה כָּךְ צָרָתָהּ פְּטוּרָה. הָלְכָה צָרַת בִּתּוֹ וְנִשֵּׂאת לְאָחִיו הַשֵּׁנִי וְלוֹ אִשָּׁה אַחֶרֶת, וּמֵת – כְּשֵׁם שֶׁצָּרַת בִּתּוֹ פְּטוּרָה כָּךְ צָרַת צָרָתָהּ פְּטוּרָה.

§ The mishna explains: **How do** these women **exempt their rival wives?** If, for example, **his daughter or any one of those** women **with whom relations are forbidden was married to his brother and** this brother **had another wife, and** the brother **died,** then **just as his daughter is exempt** from levirate marriage, **so too her rival wife is exempt.** If **his daughter's rival wife** subsequently **went and married his second brother,** to whom she is permitted, **and he had another wife, and he died** childless as well, which means that his wife comes before the first *yavam*, the daughter's father, for levirate marriage, then **just as his daughter's rival wife is exempt, so too the rival wife of her rival wife is exempt.**

אֲפִילּוּ הֵן מֵאָה.

The mishna adds: **Even if they are one hundred** brothers, the same logic applies. If a woman is exempt from levirate marriage because she is the rival wife of a forbidden relative or the rival wife of a rival wife of this kind, and she herself has an additional rival wife, this rival wife is also exempt and in turn exempts her own rival wives from levirate marriage.

כֵּיצַד אִם מֵתוּ צָרוֹתֵיהֶן מוּתָּרוֹת? הָיְתָה בִּתּוֹ אוֹ אַחַת מִכׇּל הָעֲרָיוֹת הָאֵלּוּ נְשׂוּאוֹת לְאָחִיו, וְלוֹ אִשָּׁה אַחֶרֶת, מֵתָה בִּתּוֹ אוֹ נִתְגָּרְשָׁה, וְאַחַר כָּךְ מֵת אָחִיו – צָרָתָהּ מוּתֶּרֶת.

How so? What are the cases in which **if they died their rival wives are permitted?** If, for example, **one's daughter or any one of those** women **with whom relations are forbidden was married to his brother, and** this brother **had another wife,** and then **his daughter died or was divorced and afterward his brother died, her rival wife is permitted** to him.

וְכׇל הַיְכוֹלָה לְמָאֵן וְלֹא מֵיאֲנָה – צָרָתָהּ חוֹלֶצֶת וְלֹא מִתְיַיבֶּמֶת.

§ The mishna states another principle: **And if any** of these forbidden relatives was a minor **who could refuse**[HN] her husband, then even if **she did not refuse, her rival wife performs *ḥalitza* and does not enter into levirate marriage.** The rival wife may not enter into levirate marriage, as she is the rival wife of a forbidden relative. However, she is not entirely exempt from levirate marriage and must be released by *ḥalitza* because the marriage of the forbidden relative was not a fully valid marriage, and therefore, by Torah law, the other woman is not considered a rival wife of a forbidden relative.

HALAKHA

The rival wife of a forbidden relative who is an *aylonit* – צָרַת עֶרְוָה שֶׁהִיא אַיְלוֹנִית: If one's *yevama* is a forbidden relative, and is therefore thought to be prohibited to him for levirate marriage, but she is later is discovered to be an *aylonit*, then even if her husband was aware of her condition and married her willingly, she does not exempt her rival wife from levirate marriage (*Shulḥan Arukh, Even HaEzer* 173:9).

And any who could refuse – וְכׇל הַיְכוֹלָה לְמָאֵן: If one's *yevama* was a minor who could perform refusal, and she is a forbidden relative to her *yavam*, then because her marriage is valid by rabbinic law the Sages decreed that her rival wife must be released by *ḥalitza* and that she may not enter into levirate marriage (Rambam *Sefer Nashim, Hilkhot Yibbum VaḤalitza* 6:22).

BACKGROUND

***Aylonit* – אַיְלוֹנִית:** An *aylonit* is a woman who is so severely sexually underdeveloped that she is incapable of bearing children. This is a general term for women who have a basic flaw in their reproductive system. Sometimes the secondary reproductive signs of these women is not present at all or in other cases is barely developed. A comprehensive inquiry into the definition of an *aylonit*, from both a biological and halakhic perspective, can be found on 80a–b.

NOTES

Who were found to be an *aylonit* – שֶׁנִּמְצְאוּ אַיְלוֹנִית: Rashi, and many other commentaries in his wake, including *Tosafot* and the Rosh, explain that marriage to an *aylonit* is considered a mistaken transaction, as it is certain that one would not marry a woman who could never give birth. Consequently, this marriage is annulled the moment her condition becomes known to the husband. Some commentaries deliberate about whether this refers only to a woman who was discovered to be an *aylonit* during her husband's lifetime, or whether the *halakha* is the same even if her status came to light after his death, as stated explicitly in a *baraita* (*Tosafot*; Meiri). Others maintain that an *aylonit* is not eligible for levirate marriage at all, as she cannot fulfill the purpose of the mitzva of levirate marriage, which is to continue her deceased husband's family line. Therefore, she has no connection whatsoever with the mitzva of levirate marriage, no matter when her status was discovered, and her rival wife is not forbidden to her *yavam* (Rashba; *Nimmukei Yosef*; Meiri). This is in accordance with the opinion of Rava (12a), a ruling that is accepted as *halakha*. It is also explicitly stated in the Jerusalem Talmud that with regard to all matters involving levirate marriage an *aylonit* is viewed as though she had never been married to the deceased brother at all. Some claim that Rashi's explanation is based on a precise reading of the language of the mishna, which states: Found to be an *aylonit*. This indicates that the matter was revealed only at a later stage, as a result of which the marriage was annulled (Rabbi Akiva Eiger).

You cannot say – אִי אַתָּה יָכוֹל לוֹמַר: This paragraph serves to emphasize that it is never possible for a woman who has given birth to perform a refusal later (*Otzar HaShitot*).

And any who could refuse – וְכׇל הַיְכוֹלָה לְמָאֵן: This *halakha* applies to any minor whose marriage is valid only by decree of the Sages, not necessarily one who performs refusal. The mishna does not simply state: A minor, because certain marriages of minors are valid by Torah law.

גמ׳ מִכְּדֵי, כּוּלְּהוּ מֵאֲחוֹת אִשָּׁה יָלְפִינַן, לִיתְנֵי אֲחוֹת אִשָּׁה בְּרֵישָׁא!

GEMARA The Gemara asks a question with regard to the order of the mishna's list: **Now, since** the *halakha* that **all these** women with whom relations are forbidden are exempt from levirate marriage and exempt their rival wives **is derived from** the case of **a wife's sister,** as demonstrated later, **let** the mishna **teach** the case of **a wife's sister first**[N] and only afterward mention the other instances, which are derived from that *halakha.*

וְכִי תֵּימָא תַּנָּא חוּמְרֵי חוּמְרֵי נָקֵט, וְרַבִּי שִׁמְעוֹן הִיא, דְּאָמַר שְׂרֵיפָה חֲמוּרָה –

And if you would say that **the** ***tanna*** **cited** the cases in order of **severity,** then you must say that **it is in accordance with** the opinion of **Rabbi Shimon, who says** that execution by **burning is more severe** than stoning. For this reason, the *tanna* began with the cases of one's daughter and his daughter's daughter and his son's daughter and so forth, since one who has relations with these women is punished by burning, after which the *tanna* listed those cases that entail a lesser penalty.

אִי הָכִי, לִיתְנֵי חֲמוֹתוֹ בְּרֵישָׁא, דְּעִיקַּר שְׂרֵיפָה בַּחֲמוֹתוֹ כְּתִיבָא! וְעוֹד: בָּתַר חֲמוֹתוֹ לִיתְנֵי כַּלָּתוֹ, דְּבָתַר שְׂרֵיפָה סְקִילָה חֲמוּרָה!

However, the Gemara argues that even so, the order of the mishna remains problematic. **If so, let him teach** the case of **one's mother-in-law first, as the main** transgression that entails **burning is written with regard to his mother-in-law,** as it is stated: "And if a man take with his wife also her mother, it is wickedness; they shall be burnt with fire, both he and they" (Leviticus 20:14). **And furthermore, after his mother-in-law let him teach his daughter-in-law,**[N] **as after** execution by **burning, stoning is the most severe**[HBN] of the other capital punishments imposed by the courts.

אֶלָּא: בִּתּוֹ, כֵּיוָן דְּאָתְיָא מִדְּרָשָׁא – חֲבִיבָא לֵיהּ.

Rather, the Gemara retracts the previous explanation in favor of the following: With regard to **his daughter, since** this prohibition is actually **derived from a homiletical interpretation**[N] and is not explicitly stated in the Torah, **it is** therefore **dear** to the *tanna.* Consequently, he listed this novel case of a daughter first.

HALAKHA

Stoning and burning – סְקִילָה וּשְׂרֵיפָה: Rabbi Shimon and the Rabbis dispute whether stoning or burning is the more severe capital punishment. Rabbi Shimon maintains that burning is more severe, while the Rabbis maintain that stoning is more severe. The *halakha* is in accordance with the opinion of the Rabbis (Rambam *Sefer Shofetim, Hilkhot Sanhedrin* 14:4).

BACKGROUND

Stoning and burning – סְקִילָה וּשְׂרֵיפָה: The four capital punishments prescribed by the Torah and administered by a court of twenty-three members are stoning, burning, decapitation, and strangulation. Generally speaking, stoning is considered the most severe punishment, although, as noted in the Gemara, Rabbi Shimon holds that burning is more severe. The Sages maintain that an accused could be convicted only if he was properly warned beforehand and was fully cognizant of the consequences when performing the forbidden act. This is one reason why capital punishment was rarely carried out in practice.

NOTES

Let it teach a wife's sister first – לִיתְנֵי אֲחוֹת אִשָּׁה בְּרֵישָׁא: Although the Gemara elsewhere (*Sanhedrin* 49b) states that the Mishna does not typically arrange its subjects in logical order, it is nevertheless proper to seek a rationale for its order even if it has no halakhic implications (Meiri).

After his mother-in-law let him teach his daughter-in-law – בָּתַר חֲמוֹתוֹ לִיתְנֵי כַּלָּתוֹ: The commentaries ask why the Gemara states: And furthermore, as this is apparently a new question (*Otzar HaShitot*). Perhaps this phrase indicates that even if some reason is found for why the mishna begins with a daughter, e.g., due to the fact that they are blood relatives, as stated below, nevertheless, with regard to the severity of the prohibition involved, the case of a daughter-in-law should follow that of a mother-in-law.

After burning, stoning is the most severe – דְּבָתַר שְׂרֵיפָה סְקִילָה חֲמוּרָה: Some commentaries add that since the other forbidden incestuous relations, apart from a mother-in-law and daughter-in-law, are punishable by *karet* and not court-imposed capital punishment, the mishna should certainly have taught the case of the daughter-in-law before them (*Tosafot*). Others claim that according to the opinion of *Tosafot*, as well as that of many other authorities, relations with a mother-in-law after the death of one's wife are punishable by *karet*, and therefore the above distinction does not apply (*Ḥeshek Shlomo*).

His daughter…is derived from a homiletical interpretation – בִּתּוֹ...דְּאָתְיָא מִדְּרָשָׁא: This homiletical interpretation relates to the status of a man's daughter from a woman he raped. Since her mother was not his wife, the verse: "You shall not uncover the nakedness of a woman and her daughter" (Leviticus 18:17), which refers to a married woman, does not apply to this case. Some commentaries indicate that it is considered as though the prohibition against relations with one's own daughter is explicitly written in the Torah, as it is stated that one's daughter's daughter is forbidden, and this is due to his daughter's status as a forbidden relative. This is not considered an *a fortiori* inference, which would be problematic, as a prohibition cannot be derived by *a fortiori* inference. Rather, it is as though the case of a daughter is explicitly written. Other commentaries ask: How is the prohibition against relations with one's daughter from the woman to whom he is married derived from the *halakha* of a wife's daughter? After all, although the prohibitions of a paternal half sister and a maternal half sister are both explicitly stated, the Gemara elsewhere explains that it was nevertheless necessary to deduce that there is also a prohibition with regard to one's full sister (Rabbi Avraham *Av Beit Din*; *Tosafot*). Some explain that the general instruction: "The nakedness of a woman and her daughter," includes all cases. Others say that since the Torah did not explicitly differentiate between the cases here, as it did with regard to a sister, there is no reason to assume that there is a difference between them.

PERSONALITIES

Rav Yitzḥak bar Avdimi – רַב יִצְחָק בַּר אַבְדִּימִי: The Talmud mentions two Sages of this name (see *Tosafot*). The other Sage lived in the transitional generation between the *tanna'im* and the *amora'im*, whereas the Rav Yitzḥak bar Avdimi mentioned here was a Babylonian *amora* from the third and fourth generations. He was probably a disciple-colleague of Rav Ḥisda, and was famous for his breadth of knowledge of the Bible, as well as for his unique method of study, by which he would seek out and find evidence and allusion to all statements of the Sages in the Bible itself. Rava said of him that any verse that Rav Yitzḥak bar Avdimi did not explain cannot be elucidated (*Zevaḥim* 43b). Rav Yitzhak bar Avdimi's interpretations of verses appear in many places in the Talmud. Occasionally he disagrees with Rav Ḥisda with regard to the interpretation of a verse. Numerous *halakhot* are also stated in his name. Apparently, both Abaye and Rava were his disciples concerning matters of biblical explication, as they attribute various traditions to him.

כּוּלְּהוּ נַמִּי מִדְּרָשָׁא אָתוּ! נְהִי דִּלְעִנְיַן יִיבּוּם אָתְיָין מִדְּרָשָׁא, עִיקַּר אִיסּוּרַיְיהוּ בְּהֶדְיָא כְּתִיב בְּהוּ, בִּתּוֹ – עִיקַּר אִיסּוּרָא מִדְּרָשָׁא.

The Gemara challenges this conclusion: **All of** the exemptions from levirate marriage for forbidden relatives listed in the mishna **are also derived from a homiletical interpretation.** The Gemara responds: **Although the matter of levirate marriage is derived from a homiletical interpretation, the main** aspect **of their prohibition is explicitly written.** By contrast, with regard to **his daughter** from a woman he raped but did not marry, **the main** aspect **of this prohibition is** derived **by homiletical interpretation,** as the prohibition itself is not written explicitly in the Torah.

דַּאֲמַר רָבָא: אֲמַר לִי רַב יִצְחָק בַּר אַבְדִּימִי: אָתְיָא "הֵנָּה" "הֵנָּה",

As Rava said: Rav Yitzḥak bar Avdimi[P] **said to me:** This prohibition is **derived** by means of a verbal analogy between the word ***hena***, in the verse: "The nakedness of your son's daughter, or of your daughter's daughter, even their nakedness you shall not uncover; for theirs [*hena*] is your own nakedness" (Leviticus 18:10) and the word ***hena*** in a different verse: "You shall not uncover the nakedness of a woman and her daughter; you shall not take her son's daughter, or her daughter's daughter, to uncover her nakedness: they [*hena*] are near kinswomen; it is wickedness" (Leviticus 18:17), indicating that every daughter is prohibited, even one from rape, just like one's daughter through his wife.

אָתְיָא "זִמָּה" "זִמָּה".

Furthermore, it is **derived** from a verbal analogy between the word **"wickedness"** (Leviticus 18:17) and the word **"wickedness"** in the verse: "And if a man take with his wife also her mother, it is wickedness; they shall be burnt with fire, both he and they, that there be no wickedness among you" (Leviticus 20:14), that one who has sexual intercourse with a daughter from a rape is liable to burning.

הָשְׁתָּא דְּאָמְרַתְּ כׇּל מִלְּתָא דְּאָתְיָא מִדְּרָשָׁא חֲבִיבָא לֵיהּ, לִיתְנֵי לַאֲחוֹת אִשָּׁה לְבַסּוֹף! אַיְּידֵי דְּאַיְירֵי בְּאִיסּוּר אַחְוָותָא תָּנָא אֲחוֹת אִשְׁתּוֹ.

§ The Gemara asks: **Now that you said** that **all matters that are derived from a homiletical interpretation are dear to** the *tanna*, and he therefore he gives them precedence, **let him teach** the case of **a wife's sister last,** as this is the source of the *halakha* and is therefore the most straightforward case. The Gemara responds: **Since** the *tanna* **was dealing with the prohibition** with regard **to** different types of **sisters, he** also **taught** together with them the prohibition with regard to **his wife's sister.**

וְלִיתְנְיָיא לְהַאי בָּבָא לְבַסּוֹף! אֶלָּא: תַּנָּא קוּרְבֵי קוּרְבֵי נָקֵט; תָּנָא בִּתּוֹ וּבַת בִּתּוֹ וּבַת בְּנוֹ דִּקְרוֹבֵי עַצְמוֹ,

The Gemara asks: **But** if so, **let him teach this** entire **section** involving sisters **at the end,** when he mentions a wife's sister. **Rather,** the Gemara rejects the above answer in favor of an alternative explanation: **The *tanna* cited** the cases in order of **closeness,**[N] i.e., the mishna is ordered in accordance with the relative closeness of the various incestuous relations. How so? The *tanna* **taught** the cases of **one's daughter, and the daughter of his daughter, and the daughter of his son, who are his own** blood **relatives.**

וְאַיְּידֵי דְּתָנָא שְׁלֹשָׁה דּוֹרוֹת לְמַטָּה דִּידֵיהּ, תָּנָא נַמִּי שְׁלֹשָׁה דּוֹרוֹת לְמַטָּה דִּידָהּ. וְאַיְּידֵי דְּתָנָא שְׁלֹשָׁה דּוֹרוֹת לְמַטָּה דִּידָהּ – תָּנָא שְׁלֹשָׁה דּוֹרוֹת לְמַעְלָה דִּידָהּ.

And since he taught three generations of one's offspring **below,** i.e., his daughter, his daughter's daughter, and his son's daughter, he **also taught three generations of** his wife's offspring **below,** i.e., his wife herself, her daughter, and her daughter's daughter. **And since he taught three generations of** his wife's offspring **below, he** also **taught three generations of her** family **above,** i.e., from previous generations, namely herself, her mother, i.e., his mother-in-law, and his mother-in-law's mother.

NOTES

Rather, the *tanna* cited the cases in order of closeness – אֶלָּא תַּנָּא קוּרְבֵי קוּרְבֵי נָקֵט: This answer could have been combined with the previous suggestion by saying that the *tanna* began with one's daughter because it was a novel case, after which he dealt with one's other blood relatives. However, the Gemara wanted to emphasize that the primary rationale for the sequence of this mishna is the closeness of the relationship, and therefore it rejected the first explanation entirely (*Tosefot HaRosh*).

וְתָנָא אֲחוֹתוֹ וַאֲחוֹת אִמּוֹ דִּקְרוֹבֵי עַצְמוֹ, וְאַיְּידֵי דְּאַיְּירֵי בְּאִיסּוּר אַחֲוָה – תָּנָא אֲחוֹת אִשְׁתּוֹ. וּבְדִין הוּא דְּלִיקַדְּמָהּ לְכַלָּתוֹ מִקַּמֵּי אֵשֶׁת אָחִיו שֶׁלֹּא הָיָה בְּעוֹלָמוֹ, דְּלָא מִשּׁוּם קוּרְבָא הוּא דַּאֲסִירָא, אֶלָּא אַיְּידֵי דְּאַיְּירֵי בְּאִיסּוּר אַחֲוָה – תָּנָא אֵשֶׁת אָחִיו שֶׁלֹּא הָיָה בְּעוֹלָמוֹ, וַהֲדַר תָּנָא כַּלָּתוֹ.

And afterward **he taught** the case of **his sister and his mother's sister, who are his own** blood **relatives** but less closely related to him than his daughter. **And since he was dealing with the prohibition** with regard **to sisters, he** also **taught** the case of **his wife's sister. And by right** the *tanna* should have **preceded** the case of **his daughter-in-law before** that of **a wife of a brother**[N] **with whom he did not coexist, as it is not due to their relationship that she is prohibited** but rather because she is excluded from the mitzva of levirate marriage. **However, since he was dealing with the prohibition** with regard **to siblings, he taught** the case of **a wife of a brother with whom he did not coexist,** as this also involves a sibling. **And then** the *tanna* **taught** the case of **his daughter-in-law.**

וּמַאי אִירְיָא דְּתָנָא ״פּוֹטְרוֹת״, לִיתְנֵי ״אוֹסְרוֹת״! אִי תָּנָא אוֹסְרוֹת הֲוָה אָמִינָא: אָסוּר לְיַיבֵּם, אֲבָל מִיחְלַץ חָלְצָה, קָא מַשְׁמַע לָן.

§ The Gemara continues to analyze the language of the mishna: **And why does** the *tanna* **specifically teach: They exempt** their rival wives? **Let him teach: They prohibit**[N] them, as ultimately the rival wives are not only exempt from levirate marriage but each is actually forbidden to her *yavam*. The Gemara explains that **if** he had **taught: They prohibit** them, **I would say** that this means **it is prohibited to enter into levirate marriage, but she must perform *ḥalitza*.** Therefore, **it teaches us** using the language of exemption to indicate that she is entirely exempt and does not even perform *ḥalitza*.

וְלִיתְנֵי אֲסוּרָה לַחֲלוֹץ! מַאי קָעָבֵיד? אַלְמָה לָא? אִם אַתָּה אוֹמֵר חוֹלֶצֶת – מִתְיַיבֶּמֶת!

The Gemara raises a difficulty: If so, **let him teach: She is prohibited from performing *ḥalitza*.** The Gemara rejects this suggestion: It is impossible to formulate the *halakha* in this manner, as even if they perform *ḥalitza*, **what has he** really **done?** What is wrong with a man allowing a woman to take off his shoe, which is the act of *ḥalitza*? Consequently, it is not possible to state: Prohibited from performing *ḥalitza*. The Gemara asks: **Why not?** There is in fact a prohibited element here: **If you say she performs *ḥalitza*,** it might be said that **she may** also **enter into levirate marriage** and that in this specific instance he performed *ḥalitza* merely because he did not wish to marry her. In that case, it might erroneously be claimed that if another wished to marry the rival wife of his *yevama* he is permitted to enter into levirate marriage.

כֵּיוָן דִּבְמְקוֹם מִצְוָה הוּא דַּאֲסִירָה צָרָה, וְשֶׁלֹּא בִּמְקוֹם מִצְוָה שַׁרְיָא, מִשּׁוּם הָכִי תָּנֵי ״פּוֹטְרוֹת״.

In light of the previous argument, the Gemara suggests another reason that the mishna does not use the expression: Prohibited. **Since** it is only **in cases where the mitzva** of levirate marriage **applies that the rival wife is forbidden** to him, **and where no mitzva applies she is permitted,** as it is permitted for the man to marry the widowed rival wife of a non-relative, **due to that** reason **he taught: They exempt** their rival wives, and not: **They prohibit** them. In other words, the *tanna* is teaching that they are not prohibited to him in their own right.

וּמַאי אִירְיָא דְּתָנֵי ״מִן הַחֲלִיצָה וּמִן הַיִּיבּוּם״, לִיתְנֵי ״מִן הַיִּיבּוּם״ לְחוּדֵיהּ! אִי תָּנָא מִן הַיִּיבּוּם הֲוָה אָמִינָא: מִיחְלַץ חָלְצָה, יַבּוּמֵי לָא מִיַּיבְּמָה, קָא מַשְׁמַע לָן: כׇּל הָעוֹלָה לְיִיבּוּם עוֹלָה לַחֲלִיצָה וְכׇל שֶׁאֵינוֹ עוֹלָה לְיִיבּוּם – אֵינוֹ עוֹלָה לַחֲלִיצָה.

§ The Gemara continues its analysis of the wording of the mishna. **And why does** the *tanna* **specifically teach:** Exempt **from *ḥalitza* and from levirate marriage? Let him teach:** Exempt **from levirate marriage,**[N] **alone.** The Gemara answers: **If** he were to **teach: From levirate marriage, I would say** that **she must perform *ḥalitza*** and **she must not enter into levirate marriage.** The *tanna* therefore **teaches us** that **every** woman **who is eligible for levirate marriage is eligible for *ḥalitza*, and anyone who is ineligible for levirate marriage is** likewise **ineligible for *ḥalitza*,**[H] as no obligation of *ḥalitza* applies unless there is an obligation of a levirate marriage.

NOTES

Should have preceded the case of his daughter-in-law before that of a wife of a brother, etc. – לִיקַדְּמָהּ לְכַלָּתוֹ מִקַּמֵּי אֵשֶׁת אָחִיו וכו׳: Since none of these are blood relatives, a daughter-in-law should have been listed first, as this prohibition is more severe in that it is never permitted, unlike a brother's wife (Rashi). Alternatively, a daughter-in-law is considered a closer relation that a brother's wife due to the greater closeness of a son than a brother (*Tosafot*). They apparently had before them a version of the Gemara that supports this explanation. However, others explain simply that the prohibition proscribing the wife of a brother with whom one did not coexist is not due to a prohibited incestuous relation at all; rather, it is derived from the *halakhot* of levirate marriage themselves (Ramban; Meiri).

Let him teach: They prohibit – לִיתְנֵי אוֹסְרוֹת: Some commentaries note that the term: Exempt, is precise only when there is a single brother, as in that case the *yevama* is entirely exempt from *ḥalitza* and levirate marriage. However, in a case involving several brothers she may be forbidden only to a specific *yavam* but remain obligated to enter into levirate marriage with one of the other brothers to whom she is not considered a forbidden relative (*Meromei Sadeh*).

Let him teach: Exempt from levirate marriage – לִיתְנֵי מִן הַיִּיבּוּם: It can be claimed that the term: Levirate marriage, refers both to the specific act of levirate marriage itself as well as to the general obligations and bonds to the *yavam*, including *ḥalitza*. Therefore, the use of the phrase: Exempt from levirate marriage, can be explained as referring to the more general meaning, indicating that none of the *halakhot* of levirate marriage pertain to them at all (Rashash).

HALAKHA

Every woman who is eligible for levirate marriage is eligible for *ḥalitza*, and anyone who is ineligible for levirate marriage is ineligible for *ḥalitza* – כׇּל הָעוֹלָה לְיִיבּוּם עוֹלָה לַחֲלִיצָה וְכׇל שֶׁאֵינוֹ עוֹלָה לְיִיבּוּם אֵינוֹ עוֹלָה לַחֲלִיצָה: There are apparently many cases that do not follow this principle, e.g., those marriages that were a transgression of a prohibition, which are ineligible for levirate marriage but are eligible for *ḥalitza*; however, one is rendered ineligible from levirate marriage in these cases by rabbinic law, not Torah law. With regard to all matters that apply by Torah law, this principle is accurate (see Meiri; Rambam *Sefer Nashim*, *Hilkhot Yibbum VaḤalitza* 1:19).

וְלִיתְנֵי מִן הַיִּיבּוּם וּמִן הַחֲלִיצָה, אִי נַמִּי מִן הַחֲלִיצָה לְחוּדַהּ! אַבָּא שָׁאוּל הִיא, דְּאָמַר: מִצְוַת חֲלִיצָה קוֹדֶמֶת לְמִצְוַת יִיבּוּם.

§ The Gemara further inquires: **And let him teach: From levirate marriage and from *ḥalitza*,** as the Torah states the option of levirate marriage first. **Alternatively,** let him teach: **From *ḥalitza*, alone,** as this would indicate that she may not enter into levirate marriage either. The Gemara answers: **This** mishna **is** in accordance with the opinion of **Abba Shaul, who said: The mitzva of *ḥalitza* takes precedence over the mitzva of levirate marriage,** as he maintains that one who does not enter into levirate marriage for the sake of Heaven transgresses the prohibition against marrying one's brother's wife, and therefore it would be better in every case to perform *ḥalitza*. Consequently, the *tanna* mentions *ḥalitza* before levirate marriage.

מִנְיָנָא דְּרֵישָׁא לְמַעוּטֵי מַאי, וּמִנְיָנָא דְּסֵיפָא לְמַעוּטֵי מַאי?

§ The Gemara asks another question with regard to the language of the mishna: **The enumeration of the first clause** of the mishna: Fifteen women, which indicates that those women alone are included in this list, serves **to exclude what?** Which other cases might have been included? **And the enumeration of the latter clause,** which states: These exempt their rival wives, again meaning these and no others, serves **to exclude what?** Since the mishna specifies only these women and no others, the Gemara asks which other women might have been included in these lists.

Perek **I**
Daf **3** Amud **b**

לְמַעוּטֵי דְּרַב וּדְרַב אַסִי. לְרַב וּלְרַב אַסִי לְמַעוּטֵי מַאי?

The Gemara answers that these enumerations come **to exclude** those additions **of Rav and of Rav Asi.**[N] Rav added the rival wife of a woman suspected by her husband of adultery [*sota*], while Rav Asi added the rival wife of an *aylonit*. The Gemara asks: **And according to** the opinion of **Rav and according to** the opinion of **Rav Asi,** the enumeration of the mishna comes **to exclude what?**

אִי סְבִירָא לְהוּ דַּהֲדָדֵי – חֲדָא לְמַעוּטֵי צָרַת מְמָאֶנֶת, וַחֲדָא: לְמַעוּטֵי צָרַת מַחֲזִיר גְּרוּשָׁתוֹ.

The Gemara responds: **If each maintains** in accordance with the opinion **of the other,** then **one** enumeration of the mishna comes **to exclude the rival wife of a wife who performed refusal.**[N] If the deceased brother had two wives, one of whom was a minor, and she refused the *yavam*, her rival wife is prohibited from levirate marriage with him. However, the latter is not entirely exempt and must perform *ḥalitza*. **And** the other **one comes to exclude the rival wife** of the wife **of one who remarries his divorcée,**[B] i.e., a woman who was illicitly remarried by her former husband after she had been married to another man.

וְאִי לָא סְבִירָא לְהוּ דַּהֲדָדֵי – חֲדָא לְמַעוּטֵי דְּחַבְרֵיהּ, וַחֲדָא לְמַעוּטֵי אוֹ צָרַת מְמָאֶנֶת אוֹ צָרַת מַחֲזִיר גְּרוּשָׁתוֹ.

And if Rav and Rav Asi **do not** each **maintain** in accordance with the opinion **of the other,** then **one** enumeration comes **to exclude** the opinion **of the other,** as they do not agree that the *halakha* stated by the other should be included in the mishna, **and** the other **one** comes **to exclude** one of the above suggestions, **either the rival wife of** a wife **who performed refusal or the rival wife** of the wife **of one who remarries his divorcée.**

לְרַב וּלְרַב אַסִי לִיתְנִינְהוּ!

The Gemara asks: If so, **according to** the opinion of **Rav and according to** the opinion of **Rav Asi, let** the *tanna* **teach these** cases. Since in their opinions there are more than fifteen women to whom the principle of the mishna applies, why weren't they all stated by the *tanna* of the mishna? The Gemara answers: They were not taught because they do not completely fit all of the halakhic rulings here.

NOTES

To exclude those of Rav and of Rav Asi – לְמַעוּטֵי דְּרַב וּדְרַב אַסִי: Some commentaries ask: Since, as stated later in the Gemara, Rav and Rav Asi concede that the mishna could not have listed their extra cases because the case of a rival wife of a rival wife does not apply, why do they not simply state that the list is indeed coming to exclude their cases for that reason, despite the fact that the mishna agrees in principle with their halakhic ruling (Ramban)? The Ramban claims that the Gemara could indeed have answered in this manner, but it provided a better resolution. Others commentaries discuss whether Rav and Rav Asi in fact exempt these women from both *ḥalitza* and levirate marriage, or whether they obligate them to perform *ḥalitza*, in which case there is no reason to think that they disagree with the *tanna* of the mishna at all.

To exclude the rival wife of a wife who performed refusal – לְמַעוּטֵי צָרַת מְמָאֶנֶת: The Gemara does not state: To exclude the opinion of Shmuel, who is the author of this *halakha* (12a), as the mishna does not in fact dispute Shmuel's *halakha*. The reason is that although Shmuel maintains that the rival wife of a wife who performed refusal is forbidden to the *yavam*, he does not exempt her from *ḥalitza*, whereas the mishna enumerates those cases in which the *yavam* and *yevama* are exempt from both levirate marriage and *ḥalitza* (*Tosefot HaRosh*; see *Tosafot Yeshanim*).

BACKGROUND

One who remarries his divorcée – מַחֲזִיר גְּרוּשָׁתוֹ: The Torah states (Deuteronomy 24:1–4) that if a divorced woman marries another man, she may not remarry her first husband even after her second husband dies or divorces her. This prohibition is not in the category of adulterous or incestuous relationships for which one is liable to receive capital punishment. Rather, it is a regular prohibition.

לְפִי שֶׁאֵינָהּ בְּצָרַת צָרָה.

The Gemara elaborates: This is **because they do not** involve the case **of a rival wife of a rival wife.** With regard to the fifteen women listed, the discussion of the mishna concerning rival wives and rival wives of rival wives is appropriate. However, the two cases cited by Rav and Rav Asi do not leave room for such deliberations, as both a *sota* and an *aylonit* are exempt and forbidden equally to all of the brothers, because their prohibition does not result from a familial relation to one of the living brothers but from a personal issue relating to the women themselves. Since none of the brothers may marry her rival wife, there is no possibility of a rival wife of a rival wife, and consequently these cases were omitted from the mishna's list of fifteen women.

מְנָא הָנֵי מִילֵּי? דְּתָנוּ רַבָּנַן: ״אִשָּׁה אֶל אֲחוֹתָהּ לֹא תִקָּח לִצְרוֹר לְגַלּוֹת עֶרְוָתָהּ עָלֶיהָ בְּחַיֶּיהָ״. ״עָלֶיהָ״ מַה תַּלְמוּד לוֹמַר?

§ After analyzing the order and language of the mishna, the Gemara discusses the *halakhot* themselves. **From where are these matters,**[N] that if one's forbidden relative comes before him for levirate marriage he is prohibited from marrying her or her rival wife, derived? It is as **the Sages taught** with regard to the verse: **"And you shall not take a woman to her sister, to be a rival to her, to uncover her nakedness, with her in her lifetime"** (Leviticus 18:18). **What is the meaning** when **the verse states** the apparently superfluous phrase: **"With her"?**

לְפִי שֶׁנֶּאֱמַר ״יְבָמָהּ יָבֹא עָלֶיהָ״ שׁוֹמֵעַ אֲנִי אֲפִילּוּ בְּאַחַת מִכׇּל עֲרָיוֹת הָאֲמוּרוֹת בַּתּוֹרָה הַכָּתוּב מְדַבֵּר, נֶאֱמַר כָּאן ״עָלֶיהָ״ וְנֶאֱמַר לְהַלָּן ״עָלֶיהָ״,

The *baraita* explains: **Since it is stated** with regard to the wife of a deceased brother: **"Her brother-in-law will have intercourse with her"** (Deuteronomy 25:5), I would **derive** that when **the verse speaks of** the mitzva of levirate marriage, it includes **even any one of those with whom relations are forbidden,** as **mentioned in the Torah.** Therefore, one derives a verbal analogy: **It is stated here,** with regard to a wife's sister: **"With her," and it is stated there,** with regard to a levirate marriage: **"With her."**

מַה לְהַלָּן בִּמְקוֹם מִצְוָה – אַף כָּאן בִּמְקוֹם מִצְוָה, וְאָמַר רַחֲמָנָא ״לֹא תִקָּח״.

The *baraita* explains the verbal analogy. **Just as there,** a levirate marriage involves **the performance of a mitzva, so too, here,** the statement "uncover her nakedness with her" includes **the performance of a mitzva, and the Merciful One states** in the Torah: **"You shall not take."** The phrase "with her" teaches that even in a case where there is an obligation of levirate marriage, the Torah prohibition proscribing forbidden relatives remains in force.

וְאֵין לִי אֶלָּא הִיא, צָרָתָהּ מִנַּיִן? תַּלְמוּד לוֹמַר ״לִצְרוֹר״. וְאֵין לִי אֶלָּא צָרָתָהּ, צָרַת צָרָתָהּ מִנַּיִן? תַּלְמוּד לוֹמַר ״לִצְרוֹר״ וְלֹא ״לָצוֹר״.

The *baraita* continues: **And I have** derived **only** that **she,** his wife's sister, is exempt from levirate marriage; **from where** do I derive that **her rival wife** is also exempt? **The verse states: "To be a rival** to her" (Leviticus 18:18), which indicates that not only is she prohibited, but so too is her rival wife. **And I have** derived **only her rival wife; from where** is it derived that **the rival wife of her rival wife** is also exempt? **The verse states: "To be a rival** [*litzror*]," using the full spelling with a double *reish*, **and not** *latzor*;[N] this indicates that there are several rival wives, one after another.

NOTES

The source of the prohibition in levirate marriage of women with whom relations are forbidden – מְקוֹר אִיסּוּר עֶרְוָה בְּיִבּוּם: Some commentaries cite an alternative source from the Torah for this *halakha* (Rambam). The verse states: "Take her to him to be his wife and consummate the levirate marriage" (Deuteronomy 25:5), which indicates that the *halakhot* of levirate marriage apply only when there is a possibility of taking, i.e., marriage. Marriage is inapplicable in the case of any relationship that is punishable by *karet*, and therefore there is no mitzva of levirate marriage in that case. The Rambam further derives the prohibition with regard to rival wives from the verse: "Build his brother's house" (Deuteronomy 25:9), from which it may be inferred that he must have the ability to build, i.e., he must be able to marry each of his brother's wives. If one of the wives is forbidden to him, he can build only a part of his brother's house.

It has been noted that when the Rambam suggests interpretations that are not found in the Gemara, his intention is not to dispute the statements of the Sages but to suggest an alternative reason that he feels is more straightforward (see *Or HaḤayyim*). However, in this case it is possible that the Rambam bases his opinion on the discussion later in the Gemara (6a–8b), in which it is stated that the interpretation mentioned here is groundless because there is no need for a source in the Torah to teach that it is prohibited to marry forbidden relatives. This indicates that there is room to suggest alternative sources for this basic *halakha* (see *Yam shel Shlomo*).

The verse states: To be a rival [*litzror*] and not *latzor* – לִצְרוֹר וְלֹא לָצוֹר: An alternative version of the text reads: The verse states *tzeror*, i.e., it is a general expression that includes all types of rival wives (Meiri, citing Rif).

NOTES

The *halakha* with regard to a rival wife applies only due to the brother – אֵין צָרָה אֶלָּא מֵאָח: This expression explains the aforementioned *halakha*. It means that the Torah renders a rival wife forbidden not due to her status as the rival wife of a forbidden relative, but because she was exempted from levirate marriage along with her rival wife. In other words, she is forbidden to the *yavam* in her own right, as a brother's wife concerning whom there is no mitzva to marry. Consequently, if she were married to someone who does not render her forbidden to the *yavam*, she would not be forbidden at all (*Tosefot HaRosh*).

וְאֵין לִי אֶלָּא אֲחוֹת אִשָּׁה, שְׁאָר עֲרָיוֹת מִנַּיִן? אָמַרְתָּ: מָה אֲחוֹת אִשָּׁה מְיוּחֶדֶת – שֶׁהִיא עֶרְוָה, וְחַיָּיבִין עַל זְדוֹנָהּ כָּרֵת וְעַל שִׁגְגָתָהּ חַטָּאת, וַאֲסוּרָה לַיָּבָם, אַף כָּל שֶׁהִיא עֶרְוָה, וְחַיָּיבִין עַל זְדוֹנָהּ כָּרֵת וְעַל שִׁגְגָתָהּ חַטָּאת – אֲסוּרָה לַיָּבָם.

And I have derived from this verbal analogy **only** that the mitzva of levirate marriage does not apply to **a wife's sister. From where** is it derived that the same applies to **the other** women **with whom relations are forbidden? You** can **say** as follows: **Just as** the case of **a wife's sister is specific** in **that she is a forbidden relative,** and this is a prohibition **for whose intentional** violation, i.e., for intentional sexual relations with her, **one is liable to** receive ***karet*****, and for whose unwitting** violation one is liable to bring **a sin-offering, and she is prohibited to the *yavam*** in levirate marriage; **so too,** with regard to **all** women **with whom relations are forbidden** by a prohibition **for whose intentional** violation **one is liable to** receive ***karet*** **and for whose unwitting** violation one is liable to bring **a sin-offering,** they are **prohibited to the *yavam*** in levirate marriage.

וְאֵין לִי אֶלָּא הֵן, צָרוֹתֵיהֶן מִנַּיִן? אָמַרְתָּ: מָה אֲחוֹת אִשָּׁה מְיוּחֶדֶת – שֶׁהִיא עֶרְוָה וְחַיָּיבִין עַל זְדוֹנָהּ כָּרֵת וְעַל שִׁגְגָתָהּ חַטָּאת, וַאֲסוּרָה לַיָּבָם, וְצָרָתָהּ אֲסוּרָה – אַף כָּל שֶׁהִיא עֶרְוָה וְחַיָּיבִין עַל זְדוֹנָהּ כָּרֵת וְעַל שִׁגְגָתָהּ חַטָּאת וַאֲסוּרָה לַיָּבָם צָרָתָהּ אֲסוּרָה. מִכָּאן אָמְרוּ חֲכָמִים: חֲמֵשׁ עֶשְׂרֵה נָשִׁים פּוֹטְרוֹת צָרוֹתֵיהֶן וְצָרוֹת צָרוֹתֵיהֶן מִן הַחֲלִיצָה וּמִן הַיִּיבּוּם עַד סוֹף הָעוֹלָם.

The *baraita* continues: **And I have** derived **only** the cases of **those** women themselves with whom relations are forbidden; **from where** is it derived that **their rival wives** are also exempt from levirate marriage? **You** can **say** as follows: **Just as a wife's sister is specific** in **that she is a forbidden relative and** this is a prohibition **for whose intentional** violation **one is liable to** receive ***karet*****, and for whose unwitting** violation one is liable to bring **a sin-offering,** and she is **prohibited to the *yavam*** in levirate marriage, **and her rival wife** is likewise **prohibited; so too,** any woman **with whom relations are forbidden and** this is a prohibition **for whose intentional** violation **one is liable to** receive ***karet*****, and for whose unwitting** violation one is liable to bring **a sin-offering, and** this woman is one **who is forbidden to the *yavam*, her rival wife** is likewise **forbidden.** The *baraita* concludes: **From here the Sages stated** that **fifteen women exempt their rival wives and the rival wives of their rival wives from *ḥalitza* and from levirate marriage forever.**

יָכוֹל שֶׁאֲנִי מְרַבֶּה אַף שֵׁשׁ עֲרָיוֹת חֲמוּרוֹת מֵאֵלּוּ שֶׁיְּהוּ צָרוֹתֵיהֶם אֲסוּרוֹת!

§ One **might** have thought **that I** should **include** in this principle **even the six** women **with whom relations are forbidden that are more severe than these,** i.e., one's mother, his father's sister, and so on, as stated in a later mishna (13b), since they too are forbidden by a prohibition entailing *karet*. This would mean **that their rival wives should** likewise **be prohibited** to enter into levirate marriage with this *yavam* as forbidden rival wives.

אָמַרְתָּ: מָה אֲחוֹת אִשְׁתּוֹ מְיוּחֶדֶת, שֶׁהִיא עֶרְוָה, וְחַיָּיבִין עַל זְדוֹנָהּ כָּרֵת וְעַל שִׁגְגָתָהּ חַטָּאת, וְאֶפְשָׁר לִינָּשֵׂא לָאַחִים וַאֲסוּרָה לַיָּבָם – וְצָרָתָהּ אֲסוּרָה, אַף כָּל שֶׁהִיא עֶרְוָה, וְחַיָּיבִין עַל זְדוֹנָהּ כָּרֵת וְעַל שִׁגְגָתָהּ חַטָּאת וְאֶפְשָׁר לִינָּשֵׂא לָאַחִים וַאֲסוּרָה לַיָּבָם – צָרָתָהּ אֲסוּרָה.

In response, **you can say: Just as a wife's sister is specific** in **that she is a forbidden relative and** this is a prohibition **for whose intentional** violation **one is liable to** receive ***karet*** **and for whose unwitting** violation one is liable to bring **a sin-offering, and** yet she is **permitted to marry** one of the **brothers but** she is **prohibited to the *yavam*** in levirate marriage, **and her rival wife is** likewise **prohibited** in levirate marriage; **so too,** with regard to **any** woman **with whom relations are forbidden and** this is a prohibition **for whose intentional** violation **one is liable to** receive ***karet*** **and for whose unwitting** violation one is liable to bring **a sin-offering, and** who is **permitted to marry** one of the **brothers but** she is **prohibited to the *yavam*** in levirate marriage, **her rival wife is** also **prohibited** in levirate marriage.

יָצְאוּ שֵׁשׁ עֲרָיוֹת חֲמוּרוֹת מֵאֵלּוּ, הוֹאִיל דְּאִי אֶפְשָׁר לִינָּשֵׂא לָאַחִים – צָרוֹתֵיהֶן מוּתָּרוֹת, שֶׁאֵין צָרָה אֶלָּא מֵאָח.

This excludes the **six** women **with whom relations are forbidden** by a **more severe** prohibition **than those, since they may not marry the brothers,** i.e., they are forbidden to all of the brothers. One's mother may never marry his brother, either because she is also that brother's mother, or because she is his father's wife. Consequently, **their rival wives are permitted,** as the *halakha* with regard to **a rival wife applies only** due **to the brother.**[N] In other words, the prohibition against marriage to the rival wife of a forbidden relative is applicable only in instances of levirate bonds. When the levirate bond does not take effect at all, the rival wife is not forbidden.

אַזְהָרָה שָׁמַעְנוּ, עוֹנֶשׁ מִנַּיִין? אָמַר קְרָא "כִּי כָּל (אִישׁ) אֲשֶׁר יַעֲשֶׂה מִכֹּל הַתּוֹעֵבוֹת" וגו׳.

The *baraita* adds: **We have learned the warning** concerning this prohibition that the *yavam* may not marry his forbidden relative from the verse: "And you shall not take a woman to her sister, to be a rival to her, to uncover her nakedness, with her in her lifetime" (Leviticus 18:18). **From where**[N] is **the punishment**[N] that he incurs if he transgresses and marries her derived? **The verse states: "For whoever shall do any** of these **abominations,** the souls that do them shall be cut off from among their people" (Leviticus 18:29).

טַעֲמָא דִּכְתַב רַחֲמָנָא "עָלֶיהָ", הָא לָאו הָכִי הֲוָה אָמִינָא אֲחוֹת אִשָּׁה מִיַּיבֶּמֶת, מַאי טַעְמָא? דְּאָמְרִינַן: אָתֵי עֲשֵׂה וְדָחֵי לֹא תַעֲשֶׂה,

§ Up until this point, the Gemara has cited the *baraita* that interprets the biblical basis for the *halakha* of the mishna. The Gemara further analyzes the foundational principles of this topic. **The reason** that these women are exempt from levirate marriage is **that the Merciful One writes "with her,"** from which it may be inferred that **if that was not so, I would say** that **a wife's sister enters into levirate marriage** with her sister's husband. **What is the reason** that one would have assumed that this is the case? It is **as we say,** in accordance with a principle, that **a positive** mitzva **comes and overrides a prohibition.**[HB] In this case, the positive mitzva to enter into levirate marriage overrides the prohibition against marrying one's wife's sister.

אֵימַר דְּאָמְרִינַן אָתֵי עֲשֵׂה וְדָחֵי לֹא תַעֲשֶׂה – לֹא תַעֲשֶׂה גְּרֵידָא, לֹא תַעֲשֶׂה שֶׁיֵּשׁ בּוֹ כָּרֵת מִי דָּחֵי? וְתוּ: לֹא תַעֲשֶׂה גְּרֵידָא מְנָלַן דְּדָחֵי?

The Gemara asks if that principle is applicable in this case. One can **say that we said** that **a positive** mitzva **comes and overrides a prohibition** only when there is **a prohibition** for which one is punished by lashes **alone.** However, with regard to **a prohibition that includes** the punishment of ***karet*****, does** a positive mitzva **override** it?[N] This prohibition is more severe than a regular one, and therefore perhaps a positive mitzva does not override it. **And furthermore,** with regard to **a prohibition** for which one is punished by lashes **alone, from where do we** derive **that** a positive mitzva **overrides** it?

HALAKHA

A positive mitzva comes and overrides a prohibition – אָתֵי עֲשֵׂה וְדָחֵי לֹא תַעֲשֶׂה: Whenever both a positive mitzva and a prohibition are applicable, the positive mitzva overrides the prohibition (Rambam *Sefer Nashim, Hilkhot Yibbum VaḤalitza* 6:10 and *Sefer Tahara, Hilkhot Tumat Tzara'at* 10:5).

This principle refers to a conflict between a positive mitzva and a regular prohibition. However, some authorities maintain that in cases of a prohibition that entails the punishment of *karet*, the positive mitzva does not override the prohibition. In addition, a positive mitzva does not override both another positive mitzva and a prohibition together.

BACKGROUND

A positive mitzva comes and overrides a prohibition – אָתֵי עֲשֵׂה וְדָחֵי לֹא תַעֲשֶׂה: According to this halakhic principle, the obligation to perform a positive mitzva overrides the prohibition against performing a prohibited act when the two come into conflict. As noted by the Gemara, the source for this principle is the mitzva to wear ritual fringes even when it involves a prohibited mixture of wool and linen. However, the principle does not extend to the performance of a mitzva that conflicts with a severe prohibition, e.g., one that entails the punishment of *karet*.

NOTES

From where, etc. – מִנַּיִין וכו׳: Rashi explains that the Gemara is asking about the punishment both for one who has intercourse with women with whom relations are forbidden as well as one who has intercourse with the rival wives of those women. This is somewhat puzzling, as the punishment for engaging in intercourse with women with whom relations are forbidden is explicitly stated in the Torah. Others maintain that the question refers only to a rival wife (Meiri).

From where is the punishment – עוֹנֶשׁ מִנַּיִן: The early commentaries note that the *tanna* merely inquires as to the source of the punishment, and they ask: Why is he sure that this transgression entails a punishment at all? They explain that certain rulings of *halakha* are accepted by tradition, and therefore the question refers only to the source. Matters that are less clear are investigated in a more fundamental manner, by means of phrases such as: Does this commandment override that one, and the like (*Nimmukei Yosef*; Meiri).

A prohibition that includes *karet*, does it override it – לֹא תַעֲשֶׂה שֶׁיֵּשׁ בּוֹ כָּרֵת מִי דָּחֵי: Some commentaries ask: Doesn't the very concept of levirate marriage itself prove that the positive mitzva to marry one's brother's widow overrides the prohibition against marrying one's brother's wife, which is punishable by *karet* (*Tosafot*)? Their answer is that the mitzva of levirate marriage is applicable solely in the case of a brother's wife, and therefore it necessarily cancels out that prohibition (see Ramah in *Sanhedrin*). This idea is discussed further in the Jerusalem Talmud, where the principle is cited that certain mitzvot were stated simultaneously, i.e., two apparently conflicting mitzvot are actually interdependent. In other words, this is not a case of a positive mitzva overriding a prohibition at all. Rather, from the outset this prohibition was applicable only to a brother's wife who bore children. Consequently, in the case of levirate marriage there is no prohibition whatsoever (see *Kovetz He'arot*).

דִּכְתִיב "לֹא תִלְבַּשׁ שַׁעַטְנֵז", "גְּדִלִים תַּעֲשֶׂה לָּךְ",

As it is written: "You shall not wear diverse kinds of wool and linen together. **You shall make for yourself twisted fringes** on the four corners of your covering with which you cover yourself" (Deuteronomy 22:11–12). These verses teach that despite the prohibition against wearing diverse kinds of wool and linen, it is permitted to prepare ritual fringes of diverse kinds, e.g., sky-blue dyed threads of wool on linen garments. This shows that the positive mitzva of ritual fringes overrides the prohibition of diverse kinds.

וְאָמַר רַבִּי אֶלְעָזָר: סְמוּכִים מִן הַתּוֹרָה מִנַּיִן – שֶׁנֶּאֱמַר "סְמוּכִים לָעַד לְעוֹלָם עֲשׂוּיִם בֶּאֱמֶת וְיָשָׁר".

And Rabbi Elazar said: From where in the Torah is it derived that one may draw homiletical interpretations from the **juxtaposition**[N] of verses? In other words, from where is it derived that the fact that certain verses are adjacent one to the other is a reason to apply the *halakhot* from one verse to the other? **As it is stated:** "The works of His hands in truth and justice, all His commandments are sure. **Juxtaposed forever and ever, made in truth and uprightness**" (Psalms 111:7–8). This verse indicates that it is appropriate to draw inferences from the juxtaposition of God's commandments.

וְאָמַר רַב שֵׁשֶׁת אָמַר רַבִּי אֶלְעָזָר מִשּׁוּם רַבִּי אֶלְעָזָר בֶּן עֲזַרְיָה: מִנַּיִן לִיבָמָה שֶׁנָּפְלָה לִפְנֵי מוּכֵּה שְׁחִין שֶׁאֵין חוֹסְמִין אוֹתָהּ – שֶׁנֶּאֱמַר "לֹא תַחְסוֹם שׁוֹר בְּדִישׁוֹ" וּסְמִיךְ לֵיהּ "כִּי יֵשְׁבוּ אַחִים יַחְדָּיו".

And similarly, **Rav Sheshet said** that **Rabbi Elazar said in the name of Rabbi Elazar ben Azarya: From where** is it derived with regard **to a *yevama* who came before a** *yavam* **afflicted with boils**[H] **that one may not muzzle her,**[N] i.e., she cannot be forced to enter into levirate marriage, and he is compelled to release her by *ḥalitza*? **As it is stated: "You shall not muzzle an ox while it treads out the corn"** (Deuteronomy 25:4), **and, juxtaposed to it,** is the verse: **"If brothers dwell together"** (Deuteronomy 25:5), which begins the passage that deals with the *halakhot* of levirate marriage. This teaches that just as it is prohibited to muzzle the ox, so too, one may not muzzle and ignore the complaints of a *yevama* who does not wish to marry a *yavam* afflicted with boils.

וְאָמַר רַב יוֹסֵף: אֲפִילּוּ לְמַאן דְּלָא דָּרֵישׁ סְמוּכִים בְּעָלְמָא – בְּמִשְׁנֵה תוֹרָה דָּרֵישׁ, דְּהָא רַבִּי יְהוּדָה בְּעָלְמָא לָא דָּרֵישׁ, וּבְמִשְׁנֵה תוֹרָה דָּרֵישׁ.

And Rav Yosef said: Even according to the one who does not generally derive homiletic interpretations from juxtaposed verses, nevertheless, he does **derive** them **from Deuteronomy, as Rabbi Yehuda does not generally derive homiletic interpretations** from juxtaposed verses,[N] **and** yet **he does derive** them **from Deuteronomy.**[N]

וּבְעָלְמָא מְנָלַן דְּלָא דָּרֵישׁ? דְּתַנְיָא, בֶּן עַזַּאי אוֹמֵר: נֶאֱמַר "מְכַשֵּׁפָה לֹא תְחַיֶּה" וְנֶאֱמַר "כָּל שׁוֹכֵב עִם בְּהֵמָה מוֹת יוּמָת", סְמָכוּ עִנְיָן לוֹ, מַה שּׁוֹכֵב עִם בְּהֵמָה בִּסְקִילָה – אַף מְכַשֵּׁפָה בִּסְקִילָה.

§ The Gemara asks: **And from where do we** derive that Rabbi Yehuda **generally does not derive homiletic interpretations** from juxtaposed verses? **As it is taught** in a *baraita* with regard to the punishment of a sorceress that **ben Azzai says that it is stated: "You shall not allow a sorceress to live"** (Exodus 22:17), although the manner of her execution is not specified, **and it is stated: "Whoever lies with a beast shall surely be put to death"** (Exodus 22:18). The Torah **juxtaposed this matter to that** so as to say: **Just as one who lies with a beast** is executed **by stoning** (see Leviticus 20:16), **so too, a sorceress** is executed **by stoning.**[H]

אָמַר לוֹ רַבִּי יְהוּדָה: וְכִי מִפְּנֵי שֶׁסְּמָכוֹ עִנְיָן לוֹ נוֹצִיא זֶה לִסְקִילָה?

With regard to this proof, **Rabbi Yehuda said to** ben Azzai: **And** simply **due to** the fact **that** the Torah **juxtaposed this matter to that** one, **shall we take this person out to be stoned?** Should he be sentenced to the most severe of the death penalties on the basis of a juxtaposition of passages?

אֶלָּא אוֹב וְיִדְּעוֹנִי בִּכְלַל מְכַשְּׁפִים הָיוּ, וְלָמָּה יָצְאוּ – לְהַקִּישׁ לָהֶם, וְלוֹמַר לָךְ: מָה אוֹב וְיִדְּעוֹנִי בִּסְקִילָה – אַף מְכַשֵּׁפָה בִּסְקִילָה.

Rather, Rabbi Yehuda claims that the source is the following statement: **Mediums and wizards**[B] **were included among all sorcerers. And why were they singled out** from the rest in the verse: "And a man or a woman who is a medium or a wizard shall surely be put to death; they shall stone them with stones, their blood is upon them" (Leviticus 20:27)? It is to **draw an analogy to them and say to you: Just as a medium and a wizard** are executed **by stoning, so too, a sorceress** is executed **by stoning.** This shows that Rabbi Yehuda does not derive homiletic interpretations from juxtaposed verses.

NOTES

Deriving from juxtaposed verses – דְּרִישַׁת סְמוּכִים: The dispute over deriving homiletic interpretations from juxtaposed verses arises when two verses are stated next to each other. The question is whether or not to draw conclusions based on the proximity of the verses. However, when two *halakhot* appear in the same verse, even if there is no essential connection between them, it is clear that they were brought together so that one would learn from the juxtaposition. This is called the exegetical principle of juxtaposition and is considered nearly as authoritative as an explicit statement in the Torah (Ra'avad).

That one may not muzzle her – שֶׁאֵין חוֹסְמִין אוֹתָהּ: In other words, one may not muzzle and ignore her claims. If the *yavam* has a defect that would have been grounds for divorce had she been his wife, he does not first enter into levirate marriage and then divorce her. Rather, her claim is accepted and he must perform *ḥalitza* (Rashba).

The dispute over inferring from juxtaposed verses – הַמַּחְלוֹקֶת בִּדְרִישַׁת סְמוּכִים: Some commentaries claim that this dispute with regard to deriving homiletic interpretations from juxtaposed verses is connected to the dispute as to whether the Torah was given at once or scroll by scroll, each at a different time (*Gittin* 60a). If the Torah was given on a single occasion, it stands to reason that conclusions may be drawn from the connections between passages. However, if the Torah was given scroll by scroll, each passage stands on its own, as it is unknown how the scrolls were originally divided (Rabbi Tzvi Hirsch Chajes).

He does derive in Deuteronomy – בְּמִשְׁנֵה תוֹרָה דָּרֵישׁ: Apparently, Rabbi Yehuda maintains that for a *halakha* to be derived by homiletic interpretation from juxtaposed verses, the matter must be evident, as discussed later in the Gemara. Some commentaries claim that the entire Torah, except for Deuteronomy, is considered one long passage. Consequently, nothing can be proven from juxtapositions, as it all constitutes one single subject (Ramban). Others write that since the rest of the Torah was composed directly by God, one cannot fully understand the reasoning behind its order, whereas Deuteronomy, which was arranged by Moses, was most certainly ordered by subject matter. Therefore, one can derive interpretations from juxtaposed verses in Deuteronomy.

HALAKHA

A *yevama* who came before a *yavam* afflicted with boils – יְבָמָה שֶׁנָּפְלָה לִפְנֵי מוּכֵּה שְׁחִין: With regard to a *yevama* who came for levirate marriage before a *yavam* who is afflicted with boils, or has any other defect on account of which a wife may demand a divorce, she cannot be forced to enter into levirate marriage. Instead he performs *ḥalitza* and she receives the payment of her original marriage contract from her first husband's estate (*Shulḥan Arukh, Even HaEzer* 165:4).

The punishment of a sorcerer – עוֹנֶשׁ מְכַשֵּׁף: A sorcerer or sorceress who performed sorcery is punished by stoning (Rambam *Sefer Shofetim, Hilkhot Sanhedrin* 15:10).

BACKGROUND

Mediums and wizards – אוֹב וְיִדְּעוֹנִי: The Torah prohibits all forms of witchcraft, and condemns to death those who practice these arts. Mediums and wizards were people who claimed to have the power to call upon the dead to learn about secrets unknown to ordinary men, including glimpses into the future. Although some of the early commentaries believed that the future could indeed be foretold by these people, the Rambam rejects these opinions and argues that turning to mediums is prohibited specifically because these powers do not exist at all.

וּבְמִשְׁנֵה תוֹרָה מְנָלַן דְּדָרֵישׁ – דִּתְנַן: נוֹשֵׂא אָדָם אֲנוּסַת אָבִיו וּמְפוּתַּת אָבִיו, אֲנוּסַת בְּנוֹ וּמְפוּתַּת בְּנוֹ. רַבִּי יְהוּדָה אוֹסֵר בַּאֲנוּסַת אָבִיו וּמְפוּתַּת אָבִיו

§ **And from where do we** derive **that** Rabbi Yehuda **does derive** homiletic interpretations **in Deuteronomy? As we learned** in a mishna: **A person may wed** a woman **raped by his father**[H] **and** one **seduced by his father,** despite the fact that his father's wife is forbidden to him. Similarly, he may marry a woman **raped by his** son **and** one **seduced by his son.** Although one is prohibited by Torah law from marrying the wife of his father or the wife of his son, these prohibitions do not apply to a woman raped or seduced by them. **And Rabbi Yehuda prohibits** him from marrying **a woman raped by his father and a woman seduced by his father.**

וְאָמַר רַב גִּידֵּל אָמַר רַב: מַאי טַעֲמָא דְּרַבִּי יְהוּדָה – דִּכְתִיב ״לֹא יִקַּח אִישׁ אֶת אֵשֶׁת אָבִיו וְלֹא יְגַלֶּה כְּנַף אָבִיו״ כָּנָף שֶׁרָאָה אָבִיו לֹא יְגַלֶּה.

And Rav Giddel said that **Rav said: What is the reason for Rabbi Yehuda's** opinion? **As it is written: "A man shall not take his father's wife, and shall not uncover his father's skirt"** (Deuteronomy 23:1). The latter expression: "And shall not uncover his father's skirt," is referring to **a skirt that has been seen by his father,** i.e., any woman who has had relations with his father **may not be uncovered** by his son, meaning that his son may not marry her.

וּמִמַּאי דְּבַאֲנוּסָה כְּתִיב – מֵעִילָּוֵיהּ דִּקְרָא, דִּכְתִיב ״וְנָתַן הָאִישׁ הַשֹּׁכֵב עִמָּהּ לַאֲבִי הַנַּעֲרָה חֲמִשִּׁים כָּסֶף״ וּסְמִיךְ לֵיהּ ״לֹא יִקַּח אִישׁ״ וגו׳.

And from where is it known **that** the verse **is written with regard to a woman raped by his father?** It is **from the previous** verse, which deals with the *halakhot* of rape, **as it is written: "And the man who lay with her must give the maiden's father fifty shekels of silver"** (Deuteronomy 22:29), **and juxtaposed to it** is the verse: **"A man shall not take his father's wife** and shall not uncover his father's skirt." This shows that Rabbi Yehuda does derive homiletic interpretations from juxtaposed verses in Deuteronomy.

וְרַבָּנַן: אִי הֲוָה סְמִיךְ לֵיהּ – כִּדְקָאָמְרַתְּ, הָשְׁתָּא דְּלָא סְמִיךְ לֵיהּ (דִּכְתִיב ״לֹא יִקַּח אִישׁ אֶת אֵשֶׁת אָבִיו״ בֵּינְתַיִם) –

§ The Gemara asks: **And** how do **the Rabbis,**[N] who disagree with the opinion of Rabbi Yehuda, respond to this argument? They say: **If** the two verses were fully **juxtaposed,** it would be interpreted **as you said.** However, **now that it is not** properly **juxtaposed, as it is written: "A man shall not take his father's wife," in between** the *halakhot* of rape and the pronouncement with regard to uncovering one's father's garment, this serves to break the juxtaposition.

בְּשׁוֹמֶרֶת יָבָם הַכָּתוּב מְדַבֵּר, וְלַעֲבוֹר עָלָיו בִּשְׁנֵי לָאוִין.

Consequently, this particular **verse** concerning the uncovering of one's father's garment **is speaking of a woman waiting for her** ***yavam,*** in this case one's father.[N] In other words, the *yevama* of a father who is waiting for levirate marriage to the father is already considered "his father's skirt," and she is therefore forbidden to the son. Although this woman who is awaiting levirate marriage is in fact his uncle's wife and explicitly prohibited to him in any case, this passage comes to teach that **he violates two prohibitions.** In other words, were he to engage in relations with her he would be penalized both for relations with his uncle's wife and relations with "his father's skirt."

וּבְמִשְׁנֵה תוֹרָה מַאי טַעֲמָא דְּדָרֵישׁ? אִיבָּעֵית אֵימָא מִשּׁוּם דְּמוּכָח, וְאִיבָּעֵית אֵימָא מִשּׁוּם דְּמוּפְנֵי.

§ The Gemara asks: **But** as Rabbi Yehuda does not generally derive homiletic interpretations from juxtaposed verses, **what is the reason that he derives** these interpretations **in Deuteronomy?**[N] The Gemara responds: **If you wish, say** that it is **because** it **is evident** from the context; **and if you wish, say** instead that it is **because** this verse is extraneous and is therefore **free** for this inference.

אִיבָּעֵית אֵימָא מִשּׁוּם דְּמוּכָח – דְּאִם כֵּן, לִכְתְּבֵיהּ רַחֲמָנָא גַּבֵּי עֲרָיוֹת. וְאִיבָּעֵית אֵימָא מִשּׁוּם דְּמוּפְנֵי, דְּאִם כֵּן, לִכְתּוֹב רַחֲמָנָא ״לֹא יִקַּח אִישׁ אֶת אֵשֶׁת אָבִיו״, ״לֹא יְגַלֶּה כְּנַף אָבִיו״ לָמָּה לִי?

The Gemara elaborates: **If you wish, say** it is **because** it **is evident;** as, **if** it is **so** that the verse did not intend to teach by juxtaposition, **let the Merciful One write** this *halakha* prohibiting marriage to a father's wife **alongside** the other women **with whom relations are forbidden,** in Leviticus. Since this verse is out of place, it is certainly coming to teach by way of juxtaposition. **And if you wish, say** instead that it is **because** this verse is **free, as, if** it is **so** that the verse is not coming to teach an additional *halakha,* **let the Merciful One write** only: **"A man shall not take his father's wife." Why do I** need the phrase: **"And shall not uncover his father's skirt"?** This phrase is superfluous, and therefore it teaches by juxtaposition.

HALAKHA

A woman raped by one's father – אֲנוּסַת אָבִיו: It is permitted for one to marry a woman raped or seduced by his father (Rambam *Sefer Kedusha, Hilkhot Issurei Bia* 2:13; *Shulḥan Arukh, Even HaEzer* 15:5; see *Beit Yosef* on *Tur, Even HaEzer* 15).

NOTES

The interpretation of the Rabbis with regard to: Shall not uncover – דְּרָשַׁת חֲכָמִים בְּעִנְיַן לֹא יְגַלֶּה: It is puzzling that the Rabbis, who derive homiletic interpretations from juxtaposed verses throughout the Torah, would not do so here, when even Rabbi Yehuda explains the verses in this manner. The answer is that in fact the Rabbis do interpret the juxtaposition here as well; however, they maintain that it teaches a different matter, namely the definition of a *mamzer,* which is a son born from an incestuous or adulterous relationship. They reject Rabbi Yehuda's explanation because the two matters to which he refers are not truly juxtaposed (Rashba; Ritva).

A woman waiting for her *yavam,* who is his father – שׁוֹמֶרֶת יָבָם שֶׁל אָבִיו: The Rabbis claim that it is evident from the context of the passage that the verse is speaking about a woman awaiting levirate marriage. The reason is that the first part of the verse refers to marriage, and therefore it stands to reason that the second part is referring to some form of marriage as well (Meiri). Others add that there is an allusion to this claim in the book of Ruth (3:9), where it is stated, with regard to a situation similar to a levirate marriage: "Spread your skirt over your handmaid" (Rashash).

When does Rabbi Yehuda derive interpretations from juxtaposed verses – מָתַי דּוֹרֵשׁ רַבִּי יְהוּדָה סְמוּכִים: The commentaries explain that Rabbi Yehuda derives homiletic interpretations from juxtaposed verses only when two conditions are met: It must be evident that the verse is coming for this purpose, as it is out of place, and the verse must be superfluous in the context (*Tosafot* on *Sukka* 31a).

שְׁמַע מִינָּהּ לְאַפְנוּיֵי. וְגַבֵּי צִיצִית נַמִּי, אִיבָּעֵית אֵימָא מִשּׁוּם דְּמוּכָח, וְאִיבָּעֵית אֵימָא מִשּׁוּם דְּמוּפְנֶה.

Learn from this that this phrase is **free** to teach an additional *halakha*. **And with regard to ritual fringes as well,** there is a particular reason to derive a homiletic interpretation from the juxtaposition of verses. **If you wish, say** that it is **because** it is **evident** from the context, **and if you wish, say** instead that it is **because** this verse is **free**[N] for this inference.

אִיבָּעֵית אֵימָא מִשּׁוּם דְּמוּכָח – דְּאִם כֵּן לִכְתְּבֵיהּ רַחֲמָנָא גַּבֵּי פָּרָשַׁת צִיצִית, לְמַאי הִלְכְתָא כְּתָבֵיהּ הָכָא. וְאִיבָּעֵית אֵימָא מִשּׁוּם דְּמוּפְנֶה, מִכְּדִי כָּתַב ״וּבֶגֶד כִּלְאַיִם שַׁעַטְנֵז לֹא יַעֲלֶה עָלֶיךָ״, ״לֹא תִלְבַּשׁ שַׁעַטְנֵז״ לָמָּה לִי? שְׁמַע מִינָּהּ לְאַפְנוּיֵי.

The Gemara elaborates: **If you wish, say** it is **because** it is **evident; as, if** it is **so** that no inference should be drawn from the adjacent verses, **let the Merciful One write** this verse **by the portion of ritual fringes** (Numbers, chapter 15). With regard **to what** ***halakha*** did the Torah **write it here?** Clearly, the Torah is teaching a *halakha* from the adjacent verses. **And if you wish, say** it is **because** this verse is **free, since** the Torah has already **written: "Neither shall there come upon you a garment of diverse kinds mingled together"** (Leviticus 19:19). **Why,** then, **do I** need the verse: **"You shall not wear diverse kinds,** wool and linen together" (Deuteronomy 22:11)? **Learn from this that** the verse is **free** for the derivation of a homiletic interpretation from juxtaposed verses.

הָנֵי מִצְרַךְ צְרִיכִי; דְּאִי כָּתַב רַחֲמָנָא ״לֹא יַעֲלֶה עָלֶיךָ״ הֲוָה אָמִינָא: כָּל דֶּרֶךְ הַעֲלָאָה אָסַר רַחֲמָנָא, וַאֲפִילּוּ מוֹכְרֵי כְּסוּת – כָּתַב רַחֲמָנָא ״לֹא תִלְבַּשׁ שַׁעַטְנֵז״ דּוּמְיָא דִּלְבִישָׁה דְּאִית בֵּיהּ הֲנָאָה,

The Gemara rejects this explanation: Both of **these** verses **are necessary, as, had the Merciful One written** only: **"Neither shall there come upon you," I would say** that **the Merciful One prohibits every manner by** which a garment of diverse kinds **comes upon** you,[H] **and** this applies **even** to **sellers of coverings,**[NH] who do not wear the garments but merely rest them on their shoulders. Therefore, **the Merciful One writes: "You shall not wear diverse kinds,"** to teach that the prohibition applies only in cases **similar to wearing, which provides benefit**[H] and does not simply involve placing the covering upon oneself.

וְאִי כָּתַב רַחֲמָנָא ״לֹא תִלְבַּשׁ״ הֲוָה אָמִינָא: דַּוְקָא לְבִישָׁה דְּנָפֵישׁ הֲנָיָיתָהּ, אֲבָל הַעֲלָאָה לָא – כָּתַב רַחֲמָנָא ״לֹא יַעֲלֶה עָלֶיךָ״ –

And had the Merciful One written only: **"You shall not wear," I would say** that this means **specifically wearing, which** provides **significant benefit,** both warmth and adornment, **but** merely **placing** a garment of diverse kinds upon oneself is **not** prohibited, even if one is warmed by the clothing. Therefore, **the Merciful One writes: "Neither shall there come upon you."**

אִם כֵּן לִכְתּוֹב רַחֲמָנָא ״לֹא תִלְבַּשׁ שַׁעַטְנֵז״, ״צֶמֶר וּפִשְׁתִּים״ לָמָּה לִי?

The Gemara challenges: In any case part of the verse is superfluous, as, **if so, let the Merciful One write** only: **"You shall not wear diverse kinds." Why do I** need the addition of **"wool and linen"?** The definition of diverse kinds in clothing is already known from another source.

NOTES

Ritual fringes as well, it is free and it is evident – **צִיצִית נַמִּי מוּפְנֶה וּמוּכָח**: Some commentaries say that this statement is in accordance with the opinion of Rabbi Yehuda, who derives homiletical interpretations from a juxtaposed verse only if it is free in its context and the juxtaposition is evident. Others maintain that this opinion is unanimous, as it was necessary that this particular case of ritual fringes fulfill both parameters for it to serve as the source of the principle that one derives interpretations from juxtaposed verses in the entire Torah (Ramban).

And even sellers of coverings – **וַאֲפִילּוּ מוֹכְרֵי כְּסוּת**: Rashi explains that as the sellers of coverings do not intend to derive benefit from their merchandise, they may wear a mixture of linen and wool. Several early commentaries remark that this is correct only according to those authorities who accept the opinion that an unintentional act is not prohibited. However, this opinion is a matter of dispute among the *tanna'im*. Consequently, the Gemara must be referring to sellers of garments during the summer months, when no benefit is derived from the coverings at all.

HALAKHA

The Merciful One prohibits every manner by which a garment of diverse kinds comes upon you – **כָּל דֶּרֶךְ הַעֲלָאָה אָסַר רַחֲמָנָא**: By Torah law it is prohibited only to wear or place upon oneself coverings of diverse kinds of wool and linen, whereas it is permitted to sit or lie upon them. However, the Sages prohibited this practice as well (*Shulḥan Arukh, Yoreh De'a* 301:1).

Sellers of coverings – **מוֹכְרֵי כְּסוּת**: Sellers of garments may place upon themselves mixtures of wool and linen as they do other garments. The reason for this leniency is that they do not intend to benefit from their protection from sun or the rain, and therefore they are not using the garments in the manner of a covering. Those who are careful in the performance of mitzvot hang them on a stick. It is prohibited to wear these garments even if one does not intend to derive benefit from the act of wearing itself, e.g., to check measurements (Rambam). However, some authorities permit this (Rema, citing Rosh and Rabbi Shimshon of Saens; *Shulḥan Arukh, Yoreh De'a* 301:6).

Wearing, which provides benefit – **לְבִישָׁה דְּאִית בֵּיהּ הֲנָאָה**: The prohibition of diverse kinds applies only to garments that provide warmth, e.g., a tunic, trousers, or a hat. However, objects that are not made for this purpose, such as a wallet for holding money, are not included in the prohibition against diverse kinds (*Shulḥan Arukh, Yoreh De'a* 301:14).

מִכְּדִי כָּתַב ״וּבֶגֶד כִּלְאַיִם שַׁעַטְנֵז לֹא יַעֲלֶה עָלֶיךָ״ וְתָנָא דְּבֵי רַבִּי יִשְׁמָעֵאל: הוֹאִיל וְנֶאֶמְרוּ בַּתּוֹרָה סְתָם ״בְּגָדִים״ וּפָרַט לְךָ הַכָּתוּב בְּאֶחָד מֵהֶן ״צֶמֶר וּפִשְׁתִּים״ אַף כָּל צֶמֶר וּפִשְׁתִּים. צֶמֶר וּפִשְׁתִּים דִּכְתַב רַחֲמָנָא לָמָּה לִי? שְׁמַע מִינָּהּ לְאַפְנוֹיֵי.

How so? Since it is written: **"Neither shall there come upon you a garment of diverse kinds mingled together"** (Leviticus 19:19), **and the school of Rabbi Yishmael taught: Since** the word **garments is stated in the Torah unmodified,** without stating from what materials those garments were made, **and the verse specified in one of** its references to garments, in the context of the *halakhot* of ritual impurity of leprosy: **"A woolen garment or a linen garment"** (Leviticus 13:47), the following conclusion can be drawn: Just as when the Torah mentions a garment in the case of leprosy it is referring to one made of wool or linen,[H] **so too, all** garments mentioned in the Torah are those made from **wool or linen.**[H] Other fabrics are not classified as those used for garments. If so, **why do I need** the phrase: **"Wool and linen" that the Merciful One wrote** with regard to diverse kinds? **Learn from this that** the superfluous passage is **free.**

וְאַכַּתִּי אִיצְטְרִיךְ, סָלְקָא דַּעְתָּךְ אָמִינָא: הַעֲלָאָה הִיא, דְּלָא נָפֵישׁ הֲנָאָתָהּ, אֲבָל לְבִישָׁה דְּנָפֵישׁ הֲנָיָיתָהּ – כָּל תְּרֵי מִינֵי אָסַר רַחֲמָנָא, כָּתַב רַחֲמָנָא ״צֶמֶר וּפִשְׁתִּים״.

The Gemara raises a difficulty: **But** the verse **is still necessary,** as it could **enter your mind to say** that it **is** referring only to **placing** a garment on oneself, **which does not** provide **great benefit; however,** with regard to the actual **wearing** of a garment, which entails **great benefit, the Merciful One prohibits** wearing **any two types** together. Therefore, **the Merciful One writes "wool and linen"** with regard to wearing garments of diverse kinds as well.

אִם כֵּן לִשְׁתּוֹק קְרָא מִינֵּיהּ, וְתֵיתֵי ״שַׁעַטְנֵז״ ״שַׁעַטְנֵז״ מֵהַעֲלָאָה.

The Gemara responds: **If so, let the verse be silent** and refrain **from** mentioning wool and linen at all, **and** the *halakha* that only wearing wool and linen together is prohibited can **be derived** by means of a verbal analogy between the terms **"diverse kinds"** (Deuteronomy 22:11), and **"diverse kinds"** from **placing**[N] a covering of diverse kinds upon oneself (Leviticus 19:19). The repetition of wool and linen must be coming to teach that one should derive a homiletic interpretation from these juxtaposed verses.

וְתָנָא דְּבֵי רַבִּי יִשְׁמָעֵאל, טַעְמָא דִּכְתַב רַחֲמָנָא צֶמֶר וּפִשְׁתִּים, הָא לָאו הָכִי – כִּלְאַיִם בְּצִיצִית הֲוָה אָמִינָא דְּאָסַר רַחֲמָנָא? וְהָכְתִיב ״וְעָשׂוּ לָהֶם צִיצִית עַל כַּנְפֵי בִגְדֵיהֶם״,

The Gemara asks: **And** according to that which **the school of Rabbi Yishmael taught,** that the mention of wool and linen is superfluous and teaches that they are not prohibited in the case of ritual fringes, **the reason** is **that the Merciful One** specifically **writes wool and linen.** From here it may be inferred **that if that were not so, I would say that the Merciful One prohibits** a mixture of **diverse kinds in ritual fringes.** Can it be considered that this is the case? **But isn't it written: "That they make themselves fringes on the corners of their garments"** (Numbers 15:38)?[N]

HALAKHA

When does the prohibition of diverse kinds apply – בְּמָה יֵשׁ אִיסּוּר שַׁעַטְנֵז: The prohibition of diverse kinds applies only to wool mixed together with linen by Torah law. The Sages, however, prohibited several other kinds, due to the appearance of prohibition (Rambam *Sefer Zera'im*, *Hilkhot Kilayim* 10:1).

The types of clothing that require ritual fringes – סוּגֵי בְּגָדִים הַחַיָּבִים בְּצִיצִית: By Torah law, one is obligated to attach ritual fringes only to garments made of linen or lamb's wool (Rif; Rambam). This ruling is in accordance with the opinion of Rav Naḥman (*Menaḥot* 39b). However, some authorities claim that the biblical mitzva to place ritual fringes applies to every type of fabric (Rema, citing *Tosafot*; Rosh; *Sefer Mitzvot Gadol*). These commentaries accept the opinion of Rava in tractate *Menaḥot*.

It is preferable for a God-fearing person to wear a four-cornered garment made of wool, so as to fulfill his obligation according to all opinions *ab initio* (*Mishna Berura*, citing *Eliyahu Rabba*; *Shulḥan Arukh*, *Oraḥ Ḥayyim* 9:1).

NOTES

And it can be derived by means of…diverse kinds from placing – וְתֵיתֵי...שַׁעַטְנֵז מֵהַעֲלָאָה: It could be argued that the phrase "diverse kinds" is not free in one place. As a result, this is a verbal analogy that is not free on both sides, and verbal analogies of this kind can be refuted if there is a logical argument against them. This is certainly the case here, since there is a difference between the benefit of covering and that of wearing, as stated in the Gemara. Some commentaries answer that this passage is in accordance with the opinion of Rabbi Yishmael, who maintains that one can derive verbal analogies even if they are free on only one side (*Tosefot HaRosh*, citing Maharam of Rothenberg). Some explain that this is not a proper verbal analogy at all but rather an attempt to learn about an unclear case from a more explicit one.

On the corners of their garments, etc. – עַל כַּנְפֵי בִגְדֵיהֶם וכו׳: Some say that the plural form: "Their garments," alludes to two kinds of garments, both wool and linen (Meiri).

וְתָנָא דְּבֵי רַבִּי יִשְׁמָעֵאל: כׇּל בְּגָדִים צֶמֶר וּפִשְׁתִּים הֵם, וְאָמַר רַחֲמָנָא: עֲבֵיד לֵיהּ תְּכֵלֶת, וּתְכֵלֶת עַמְרָא הוּא. וּמִמַּאי דִּתְכֵלֶת עַמְרָא הוּא? מִדְּשֵׁשׁ כִּיתָּנָא – תְּכֵלֶת עַמְרָא הוּא.

And the school of Rabbi Yishmael taught: All garments mentioned in the Torah **are of wool or linen, and the Merciful One says,** with regard to ritual fringes: **Prepare it**[H] with **a sky-blue**[B] dye,[H] **and a sky-blue** dyed **thread is** prepared from **wool.** The Torah explicitly commands that at least one woolen thread of sky-blue dye must be tied even to a linen cloth, which proves that diverse kinds are permitted in the context of ritual fringes. The Gemara establishes the previous claim: **And from where** is it derived **that the sky-blue** thread is made of **wool? From** the fact that the Torah specifies that one of the strands of the priestly garments was made **of *shesh*,** which means **linen,** this indicates that the other threads, including the **sky-blue** thread, **are** from **wool.**[N]

אִיצְטְרִיךְ, סָלְקָא דַּעְתָּךְ אָמֵינָא כִּדְרָבָא. דְּרָבָא רָמֵי: כְּתִיב ״הַכָּנָף״ – מִין כָּנָף, וּכְתִיב ״צֶמֶר וּפִשְׁתִּים״!

§ Returning to the question, the Gemara explains that the mention of wool and linen **is necessary,** as it could **enter your mind to state** an argument **in accordance with** the opinion of **Rava. As Rava raised a contradiction** from the following verse: **It is written:** "That they make themselves fringes on the corners of their garments" (Numbers 15:38). The phrase **"the corners"** indicates that it must be from the same **type** of thread as the **corner,** i.e., the threads of the fringes must consist of the same kind of material as the corner of the garment. **And** yet **it is written: "Wool and linen"** (Deuteronomy 22:11), which indicates that ritual fringes may be prepared from only those materials and no others.

הָא כֵּיצַד? צֶמֶר וּפִשְׁתִּים פּוֹטְרִין בֵּין בְּמִינָן בֵּין שֶׁלֹּא בְּמִינָן, שְׁאָר מִינִין, בְּמִינָן פּוֹטְרִין, שֶׁלֹּא בְּמִינָן – אֵין פּוֹטְרִין.

How so? How can this contradiction be resolved? Fringes made of **wool and linen fulfill** the obligation of ritual fringes **whether** the clothing is of **the same type** of material, i.e., wool or linen, **or** whether it is **not of the same type**[H] of fabric. Conversely, with regard to all **other kinds** of material, if the ritual fringes are **of the same kind,** e.g., silk fringes on silk clothing, **they fulfill** the obligation, but if the cloth is **not of the same type, they do not fulfill** the obligation of ritual fringes. Consequently, were it not for the phrase "wool and linen," it would have been necessary to prepare ritual fringes from the same material as the garment itself, even when using wool or linen.

BACKGROUND

Sky-blue – תְּכֵלֶת: The color sky-blue is mentioned several times in the Torah. However, this is not the name of a hue, like red or black, but a certain type of dyed material, similar to wool dyed scarlet or purple.

Sky-blue dye was extracted from a type of snail called a *ḥilazon*. Already in the talmudic period, the use of sky-blue dye was very rare, and in later generations the identity of the *ḥilazon* became uncertain. Many contemporary researchers believe that this dye was extracted in a special process from the species *Murex trunculus* found in the Mediterranean Sea. Others have suggested the common cuttlefish, *Sepia officinalis*, and the raft snail, *Janthina*.

Although this is not explicitly stated in the Torah, apparently all of the dyed fabrics to which it refers, i.e., sky-blue, purple, and scarlet, were prepared from wool. It is possible that these dyes could not be absorbed in linen threads at all.

Murex trunculus

Common cuttlefish

Raft snail

NOTES

From the fact that *shesh* means linen, other threads including sky-blue are wool – מִדְּשֵׁשׁ כִּיתָּנָא תְּכֵלֶת עַמְרָא הוּא: Some commentaries cite an additional allusion from the verse: "And no wool shall come upon them" (Ezekiel 44:17), from which it may be inferred that the other priestly clothes are prepared from wool alone.

HALAKHA

Diverse kinds in ritual fringes – כִּלְאַיִם בְּצִיצִית: In principle, it is permitted to prepare ritual fringes from diverse kinds of wool and linen. However, as nowadays the sky-blue dye has not been identified with certainty, wool fringes may not be used for linen garments, and all the more so, linen fringes, which cannot be used for the sky-blue dye, may not be placed on woolen garments (*Shulḥan Arukh, Oraḥ Ḥayyim* 9:2).

Prepare it with a sky-blue dye – עֲבֵיד לֵיהּ תְּכֵלֶת: The Torah commands that one must place a wool thread dyed sky-blue on one's fringes. Nowadays there is uncertainty as to the identity of this sky-blue dye, and therefore this obligation is fulfilled with white threads alone, as stated in tractate *Menaḥot*. Some later commentaries maintain that it is possible to prepare the sky-blue dye nowadays as well, and that one is obligated to do so (*Sefunei Temunei Ḥol*). Some communities, such as the Hasidim of Radzin and others, do act in accordance with this practice; however, most of the Jewish people have not accepted this opinion (see Rambam *Sefer Ahava, Hilkhot Tzitzit* 1:5).

They fulfill the obligation whether of the same type or not of the same type – פּוֹטְרִין בֵּין בְּמִינָן בֵּין שֶׁלֹּא בְּמִינָן: One may fulfill his obligation of ritual fringes with wool or linen fringes on any garment, with the exception nowadays of wool fringes for linen garments. However, fringes of any other material fulfill the obligation only for a garment of that same material (*Shulḥan Arukh, Oraḥ Ḥayyim* 9:3).

וְהָא תַּנָּא דְּבֵי רַבִּי יִשְׁמָעֵאל לֵית לֵיהּ דְּרָבָא!

The Gemara asks: **But the *tanna* from the school of Rabbi Yishmael does not** maintain in accordance with this opinion **of Rava,** since that *tanna* holds that there is no obligation to place ritual fringes on clothing that is not made of wool or linen. The reason is that when the Torah speaks of garments it is referring exclusively to clothes made of wool or linen. Consequently, Rava's interpretation with regard to different types of material does not apply to the opinion of the *tanna* from the school of Rabbi Yishmael.

אִיצְטְרִיךְ, סָלְקָא דַּעְתָּךְ אָמִינָא כִּי דִּיוּקָא דְּרָבָא ״הַכָּנָף״ – מִין כָּנָף, וְהָכִי קָאָמַר רַחֲמָנָא: עֲבֵיד לֵיהּ צֶמֶר לְצֶמֶר וּפִשְׁתִּים לְפִשְׁתִּים, וְכִי עָבֵידַת צֶמֶר לְצֶמֶר – צְבַעְיֵהּ, אֲבָל צֶמֶר לְפִשְׁתִּים וּפִשְׁתִּים לְצֶמֶר – לָא, כְּתַב רַחֲמָנָא ״צֶמֶר וּפִשְׁתִּים״ דַּאֲפִילּוּ צֶמֶר לְפִשְׁתִּים, וּפִשְׁתִּים לְצֶמֶר.

The Gemara responds: It **is** nevertheless **necessary** to state: "Wool and linen," as it could **enter your mind to say, in accordance with the inference of Rava,** that the phrase **"the corners"** indicates that it must be from the same **type** of thread as the **corner, but** in a different manner: **This is what the Merciful One is saying: Prepare for it wool** fringes **for a wool** garment **and linen** fringes **for a linen** garment, **and when you prepare wool** fringes **for wool** clothing, **dye it**[N] sky-blue. **However,** if you prepare **wool** fringes **for linen** garments **or linen for wool** clothing, you need **not** include a sky-blue thread. Therefore, **the Merciful One states: "Wool and linen,"** which teaches **that** one fulfills the obligation of fringes **even** with **wool** fringes **for a linen** garment[N] **or linen** fringes **for a woolen** one.

NOTES

And when you prepare wool for wool, dye it – וְכִי עָבֵידַת צֶמֶר לְצֶמֶר צְבַעְיֵהּ: According to this interpretation, the phrase "the corners" means the same type as the corner, i.e., the fringes must be the same color as the corner, regardless of the type of woven material from which the threads are prepared. The Rambam accepts this opinion as *halakha* (Meiri; see *Einayim LaMishpat*).

Even with wool for a linen garment, etc. – אֲפִילּוּ צֶמֶר לְפִשְׁתִּים וכו׳: The early commentaries deliberate about whether or not the Gemara here disputes the accepted opinion of Reish Lakish that whenever it is possible to fulfill a positive mitzva without violating a prohibition, the positive mitzva does not override that prohibition. Some write that this is indeed a matter of dispute and that the statement of the Gemara here with regard to linen fringes on woolen clothing proves that even in a case of this kind, where it is not necessary to override the prohibition since the Torah has allowed mixtures of wool and linen in fringes, the prohibition is no longer in effect at all. Others maintain that the Gemara is referring to a specific case in which it is impossible in practice to fulfill the mitzva with woolen threads, as none are available. Consequently, the positive mitzva overrides the prohibition (Ramban; Rashba; see *Kovetz He'arot*).

Perek **I**
Daf **5** Amud **a**

תֵּינַח לְתַנָּא דְּבֵי רַבִּי יִשְׁמָעֵאל, לְרַבָּנַן מְנָא לְהוּ?

§ The Gemara comments: **This works out well** with regard to that **which the school of Rabbi Yishmael taught,** that all garments mentioned in the Torah are composed of linen or wool. However, **according to** the opinion of **the Rabbis,** who do not accept this opinion, **from where do they** derive[N] the principle that a positive mitzva overrides a prohibition? As stated previously, the conclusion that the positive mitzva to place fringes on a garment overrides the prohibition against mixing linen and wool is derived from a free expression in a biblical verse; however, the expression is free for interpretation only in the opinion of the *tanna* from the school of Rabbi Yishmael.

נָפְקָא לְהוּ מֵ״רֹאשׁוֹ״. דְּתַנְיָא: ״רֹאשׁוֹ״ מָה תַּלְמוּד לוֹמַר? לְפִי שֶׁנֶּאֱמַר ״לֹא תַקִּיפוּ (אֶת) פְּאַת רֹאשְׁכֶם״ שׁוֹמֵעַ אֲנִי אַף מְצוֹרָע כֵּן,

The Gemara responds: **They derive it from** the verse mentioned with regard to the *halakhot* of the purification of a leper from his leprosy [*tzara'at*]: "And it shall be on the seventh day, that he shall shave all his hair off **his head** and his beard and his eyebrows, even all his hair he shall shave off" (Leviticus 14:9).[N] **As it is taught** in a *baraita*: Since it states "all his hair," **what** is the meaning when **the verse states "his head"?** The *baraita* explains that **as it is stated: "You shall not round the corners of your heads"** (Leviticus 19:27), i.e., it is prohibited to shave the corners of the head, **I** would **derive** that **even a leper**[BH] **is** included in this prohibition.

NOTES

According to the Rabbis, from where do they derive – לְרַבָּנַן מְנָא לְהוּ: Some commentaries maintain that this question refers only to the opinion of Rabbi Yehuda, who does not derive *halakhot* from juxtaposed verses. Consequently, if he agrees with the opinion of the Rabbis, who disagree with Rabbi Yishmael, it is necessary to find an alternative source for the principle that a positive mitzva overrides a prohibition (see *Tosafot*). Others claim that the question applies even according to the opinion of the other Rabbis who disagree with Rabbi Yehuda. The reason is that the passage can be interpreted in accordance with the opinion of Rava that the adjacent verses come to teach a *halakha* concerning ritual fringes, and therefore the general halakhic principle cannot be learned from here (*Tosefot HaRosh*, citing Maharam of Rothenberg; see *Tosafot Yeshanim*). Yet others claim that this deliberation does in fact accord with the view of those Rabbis who dispute Rabbi Yehuda, as for a verse to teach a general principle that applies to the entire Torah, the juxtaposition must be both evident and free, and those who dispute Rabbi Yishmael do not consider this verse free in its context (Rashba; Meiri; see Ritva).

They derive it from: His head – נָפְקָא לְהוּ מֵרֹאשׁוֹ: According to the opinion of Rabbi Yishmael, this phrase teaches by the exegetical method of generalization and detail that the mitzva of shaving applies only to those places on the body where there is a concentration of hair. The Rabbis derive this *halakha* from the phrase "his eyebrows," which appears in the same verse (*Tosefot HaRosh*).

BACKGROUND

Leper – מְצוֹרָע: The *halakhot* of *tzara'at*, traditionally rendered as leprosy but not necessarily identified medically with that illness, are recorded in the Torah in the book of Leviticus in the portions of *Tazria* and *Metzora*. They are detailed in tractate *Nega'im*, which deals exclusively with the different types of leprosy. The *halakha* distinguishes between the impurity of a quarantined leper, i.e., a suspected leper who is isolated for a period of up to two weeks until his status is clarified, and that of a confirmed leper. A confirmed leper must grow his hair long, rend his garments, and cover his head in a particular way. Part of the purification process involves removing all of his body hair.

HALAKHA

The shaving of a leper – תִּגְלַחַת מְצוֹרָע: When purifying himself, a leper shaves by passing a razor over all his visible flesh, including the hair on his head and his entire beard (Rambam *Sefer Tahara, Hilkhot Tumat Tzara'at* 11:1).

HALAKHA

Shaving of the entire head – **הַקָּפַת כָּל הָרֹאשׁ**: Whether one shaves only the corners of his head or his entire head including the corners, he has violated the prohibition against rounding his head, in accordance with the conclusion of the Gemara in tractate *Nazir*. Some authorities claim that according to the Rambam one is liable only if he shaves with a razor, whereas the Rosh rules that the violation includes shaving the corners with scissors (*Tur*; *Shulḥan Arukh*, *Yoreh De'a* 181:2).

Rounding…this prohibition is not equally applicable for all – **הַקָּפָה...לָאו שֶׁאֵין שָׁוֶה בַּכֹּל**: Since women are not included in the prohibition: "Neither shall you mar the corners of your beard" (Leviticus 19:27), they are not included in the prohibition against rounding the corners of the head either. Some authorities (Ra'avad) say that although a woman is not liable for rounding her own head, by rabbinic decree she may not round the corners of a man's head. Others (Rif; Rosh) hold that she is not prohibited from doing so, although the man may not permit her to proceed (*Shulḥan Arukh*, *Yoreh De'a* 181:6).

תַּלְמוּד לוֹמַר ״רֹאשׁוֹ״, וְקָא סָבַר הַאי תַּנָּא: הַקָּפַת כָּל הָרֹאשׁ שְׁמָהּ הַקָּפָה.

Therefore, **the verse states** explicitly: **"His head,"** to teach that the mitzva that a leper must shave overrides the prohibition against rounding the corners of one's head by shaving. The Gemara adds: **And this *tanna* holds that the shaving of the entire head**[H] **is considered rounding.** Some Sages maintain that one violates the prohibition against rounding the corners of his head only when he leaves some hair intact and removes the corners alone. Conversely, this *tanna* holds that even when one removes all of the hair on the head, as a leper does when he performs his ritual shaving, as this act includes the corners, he thereby transgresses the prohibition against rounding the corners. This demonstrates that a positive mitzva overrides a prohibition.

אִיכָּא לְמִיפְרַךְ: מָה לְלָאו דְּהַקָּפָה – שֶׁכֵּן לָאו שֶׁאֵין שָׁוֶה בַּכֹּל!

The Gemara raises an objection against that claim. This proof **can be refuted: What** about the fact **that the prohibition against rounding**[N] is specific **in that this prohibition is not equally applicable for all,**[H] as it does not apply to women, and therefore other cases cannot be derived from it? One cannot learn from this *halakha* that a positive mitzva that applies only to some people overrides even a prohibition that applies equally to all people.

אֶלָּא, אָתְיָא מִ״זְּקָנוֹ״, דְּתַנְיָא: ״זְקָנוֹ״ מַה תַּלְמוּד לוֹמַר? לְפִי שֶׁנֶּאֱמַר ״וּפְאַת זְקָנָם לֹא יְגַלֵּחוּ״ שׁוֹמֵעַ אֲנִי אַף כֹּהֵן מְצוֹרָע כֵּן – תַּלְמוּד לוֹמַר ״זְקָנוֹ״.

Rather, the Gemara provides an alternative suggestion: The principle that a positive mitzva overrides a prohibition **is derived from** the superfluous phrase: **"His beard"** (Leviticus 14:9). **As it is taught** in a different *baraita*: **What** is the meaning when **the verse states: "His beard"?** After all, a beard is already included in the phrase: "All his hair." The *baraita* answers: **As it is stated** with regard to priests: **"Neither shall they shave off the corners of their beard"** (Leviticus 21:5),[N] **I** would **derive** that **even a leper who is a priest is included** in this prohibition against shaving his beard. Therefore, **the verse states "his beard"** in the case of a leper.

וְאִם אֵינוֹ עִנְיָן לְלָאו שֶׁאֵין שָׁוֶה בַּכֹּל – תְּנֵהוּ עִנְיָן לְלָאו הַשָּׁוֶה בַּכֹּל.

However, the shaving of one's beard is also a prohibition that is not equally applicable for all, as it does not apply to women. Therefore, it is necessary to develop this argument further. **And if** this derivation from the term "his beard" **is not** referring to **the matter of a prohibition that is not equally applicable for all,** as the principle that a positive mitzva overrides a prohibition that does not apply equally for all has already been derived from the phrase "his head," then the repetition of this specific scenario must serve to expand upon the teaching. Consequently, **refer it to the matter of a prohibition that is equally applicable for all,** i.e., that a positive mitzva that is not equally applicable for all overrides even prohibitions that apply equally to all people.

NOTES

The prohibition against rounding – **לָאו דְּהַקָּפָה**: This prohibition is stated in the Torah in the following terms: "You shall not round the corners of your heads, neither shall you mar the corners of your beard" (Leviticus 19:27). The primary point is that it is prohibited to cut one's hair in a manner that completely removes all hair from the corners of the head. In other words, the hair of the temples may not be cut so that it is even with the hair behind the ears. The reason for this prohibition may be so as not mimic the customs of the gentiles who shave in such a manner that the hair on their heads is entirely rounded, without any growing at the temples, in service of idolatry (Rambam). Alternatively, it is simply a statute of the Torah (see *Tur*). The Sages dispute whether this prohibition applies only if one shaves off just the corners while leaving hair elsewhere on the head, or whether rounding the entire head and cutting off the corners also constitutes a violation of the prohibition. The fact that this prohibition appears in the same verse as the prohibition against shaving the beard is an indication that it, too, applies only to men.

As it is stated: Neither shall they shave off the corners of their beard, etc. – **לְפִי שֶׁנֶּאֱמַר וּפְאַת זְקָנָם לֹא יְגַלֵּחוּ**: The early commentaries ask why the *baraita* states that the phrase "his beard" comes to exempt leprous priests from this prohibition. Why doesn't it release all Jews from the general prohibition against marring the beard (Leviticus 19:27), as ordinary Israelites and priests are equal in this regard? Some explain that the novelty is that even in the case of a priest, upon whom the Torah conferred additional prohibitions, the mitzva to shave overrides the prohibition (Meiri). Others say that as this precise wording was used only with regard to priests, one might have thought that this exemption includes only them, and not other Jews, for whom the prohibition is not called shaving. This is the case despite the fact that the *halakha* with regard to other Jews is itself derived from the passage dealing with priests (*Tosafot Yeshanim*).

וְאַכַּתִּי אִיצְטְרִיךְ, סָלְקָא דַּעְתָּךְ אָמִינָא: שָׁאנֵי כֹּהֲנִים, הוֹאִיל וְרִיבָּה בָּהֶן הַכָּתוּב מִצְוֹת יְתֵירוֹת, אֲפִילּוּ לָאו שֶׁאֵין שָׁוֶה בַּכֹּל לָא דָּחֵי – קָא מַשְׁמַע לַן דְּדָחֵי.

The Gemara rejects this proof: **Still,** it **is necessary** for the verse to state: "His beard." This phrase is not in fact superfluous at all, as it has a novelty: It could **enter your mind to say that priests are different; since the verse includes for them additional mitzvot**[N] it is appropriate to be more stringent with them, and therefore one might think that a positive mitzva should **not even override a prohibition that is not equally applicable for all.** Consequently, the verse states: "His beard," and it thereby **teaches us that** even with regard to priests a positive mitzva **overrides** a prohibition that is not equally applicable for all. This means that the principle that a positive mitzva overrides even a prohibition that is equally applicable for all cannot be derived from here.

אֶלָּא: אָתְיָא מֵ״רֹאשׁוֹ״ דְּהַךְ תַּנָּא, דְּתַנְיָא: ״רֹאשׁוֹ״ מַה תַּלְמוּד לוֹמַר? לְפִי שֶׁנֶּאֱמַר ״תַּעַר לֹא יַעֲבוֹר עַל רֹאשׁוֹ״ שׁוֹמֵעַ אֲנִי אַף מְצוֹרָע וְנָזִיר כֵּן, תַּלְמוּד לוֹמַר ״רֹאשׁוֹ״–

§ **Rather,** the Gemara rejects this line of reasoning in favor of an alternative answer. The principle that a positive mitzva overrides a prohibition **is derived** from a different interpretation of the phrase **"his head,"** cited **by this *tanna*. As it is taught** in a *baraita* with regard to the verse: "He shall shave all his hair off his head" (Leviticus 14:9); **what** is the meaning when **the verse states: "His head"?** The *baraita* explains: **As it is stated** with regard to a nazirite: **"No razor shall come upon his head"** (Numbers 6:5), **I** would **derive** that **even a leper who is a nazirite**[N] is prohibited from shaving his head upon purification. Therefore, **the verse states: "His head."** This teaches that the positive mitzva for a leper to shave overrides the prohibition of a nazirite.

אִיכָּא לְמִיפְרַךְ: מַה לְּנָזִיר מְצוֹרָע – שֶׁכֵּן יֶשְׁנוֹ בִּשְׁאֵלָה. דְּאִי לָא תֵּימָא הָכִי, הָא דְּקַיְימָא לַן דְּאֵין עֲשֵׂה דּוֹחֶה לֹא תַעֲשֶׂה וַעֲשֵׂה.

The Gemara responds that this proof **can be refuted** as well: **What** about the fact that the prohibition of a nazirite is not especially severe, **as a leprous nazirite can request** to have his nazirite vow dissolved by a Sage? Since he can nullify the prohibition against shaving, this prohibition is evidently not very severe, and therefore one cannot prove anything with regard to all of the prohibitions of the Torah from this case. The Gemara adds: **As, if you do not say this,** that the prohibitions of a nazirite are not as severe as other prohibitions, **that** halakhic ruling **that we maintain** that **a positive mitzva does not override** both **a prohibition and a positive mitzva**[H] would be negated.

לִיגְמַר מִנָּזִיר! אֶלָּא, מִנָּזִיר מַאי טַעְמָא לָא גָּמְרִינַן, דְּאִיכָּא לְמִיפְרַךְ שֶׁכֵּן יֶשְׁנוֹ בִּשְׁאֵלָה – הָכִי נַמִי אִיכָּא לְמִיפְרַךְ שֶׁכֵּן יֶשְׁנוֹ בִּשְׁאֵלָה.

The Gemara explains the previous claim: **Let us derive** the opposite of this principle **from** the case of **a nazirite,**[N] as in this case the positive mitzva for a leper to shave apparently overrides both the positive mitzva for a nazirite to grow hair and the prohibition against shaving. **Rather, what is the reason** that **we do not derive** this principle **from** the case of **a nazirite?** The reason is **that there is room to refute** this proof in the aforementioned manner: One cannot learn from a nazirite, **as** a leprous nazirite **can request**[H] to have his nazirite vow dissolved. **So too, there is room to refute** the proof from the *halakha* of a nazirite that a positive mitzva overrides a prohibition, **as** he **can request** to have his vow dissolved.

אֶלָּא לְעוֹלָם

§ If so, no proof can be brought from the case of a nazirite. **Rather,** the Gemara offers a different explanation: **Actually,**

HALAKHA

A positive mitzva does not override both a prohibition and a positive mitzva – אֵין עֲשֵׂה דּוֹחֶה לֹא תַעֲשֶׂה וַעֲשֵׂה: Although a positive mitzva overrides a prohibition, it does not override both a prohibition and a positive mitzva together (Rambam *Sefer Zemanim, Hilkhot Yom Tov* 3:8, *Sefer Nashim, Hilkhot Yibbum VaḤalitza* 6:11, and *Sefer Hafla'a, Hilkhot Nezirut* 7:15).

A nazirite…can request – נָזִיר...יֶשְׁנוֹ בִּשְׁאֵלָה: One who takes a nazirite vow and regrets doing so may request from a Sage to dissolve it, like any other vow (Rambam *Sefer Hafla'a, Hilkhot Nezirut* 2:1).

NOTES

Since the verse includes for them additional mitzvot – הוֹאִיל וְרִיבָּה בָּהֶן הַכָּתוּב מִצְוֹת יְתֵירוֹת: If the *halakha* is stringent with priests due to the additional mitzvot imposed upon them, shouldn't this reasoning also apply to positive mitzvot, not only prohibitions? In other words, their positive mitzvot should be proportionally stronger as well, and therefore these mitzvot should override prohibitions in the same manner as regular mitzvot. One answer is that in the case of priests one can argue that the stringency of a prohibition that is not equally applicable for all is like that of a prohibition that is equally applicable for all, whereas this halakhic differentiation simply does not apply in the case of a positive mitzva (*Melo HaRo'im*).

The shaving of a leprous nazirite – תִּגְלַחַת נָזִיר מְצוֹרָע: The early commentaries dispute the reason why the positive mitzva for a leper to shave overrides both the positive mitzva and the prohibition of a nazirite. Some claim that as the nazirite has been rendered ritually impure by leprosy, the positive mitzva of his naziriteship is nullified, and therefore only the prohibition remains intact (Rambam). Conversely, others apply the reasoning of the Gemara here: Since a nazirite can request from a Sage to dissolve his vow, his prohibitions are relatively less severe (Ra'avad; Meiri; see *Kovetz He'arot* and Rambam *Sefer Hafla'a, Hilkhot Nezirut* 7:15, and *Kesef Mishne* there).

Let us derive from a nazirite – לִיגְמַר מִנָּזִיר: The early commentaries ask: Why can't one derive the principle that a positive mitzva overrides a prohibition from both the cases of a nazirite and a priest together, by the exegetical principle of the common factor? In other words, if a *halakha* appears in two cases but with regard to each case there is a particular reason why its *halakha* cannot be extended to other cases, one can derive a general halakhic principle from both cases together, as the unique circumstances of each individual case is not found in the other. That specific *halakha* is the common factor of the two. Some answer that this proof can be refuted, as in the case of a leper his shaving is possibly permitted due to the important mitzva to be fruitful and multiply, as while he is a leper he is separated from all people, including his wife. Likewise, his purification brings peace to his home. Consequently, it can be argued that only a positive mitzva of great importance, like this one, overrides a prohibition (Rashba; Ritva).

NOTES

Why do I need: Twisted fringes – גְּדִילִים לָמָּה לִי: Some commentaries explain that the superfluity is based on the fact that the Hebrew term for twisted fringes, *gedilim*, has one more letter than the synonym *tzitzit*, ritual fringes (Meiri).

Prepare a twisted fringe and double it over – עֲשֵׂה גְּדִיל וּפוֹתְלֵהוּ: Some commentaries explain that one should prepare the fringes in such a manner that there is both a portion that is tied and a twisted portion with strings of its own (Rashi; Meiri). Apparently, others derive this from the term *tzitzit*, ritual fringes, which does not have the connotation of being twisted. Some cite support for Rashi's interpretation from the fact that the Gemara first states: Prepare a twisted fringe, before adding: Double it over. Had the Gemara merely been referring to doubling the fringes, it would simply have stated: Prepare a doubled-over fringe (*Otzar HaShitot*).

Diverse kinds [*sha'atnez*] – שַׁעַטְנֵז: This term is used in the Torah in reference to a mixture of wool and linen, and the Sages could not find a source for it in other languages. Even the interpretation by way of acronym stated here: *Shoa*, *tavui*, *noz*, is linguistically obscure. Most commentaries maintain that *shoa* is connected to the root *sh-a-a*, meaning smoothing or to be smooth, referring to the mixture being smoothed by the combing of its fibers. Various interpretations have been suggested for *noz*, from both halakhic and linguistic perspectives. Some suggest that this is a shortened version of *naloz*, which refers to the production of felt. Most commentaries are of the opinion that it is a term coined by the Sages to describe a certain stage in the preparation of fibers for weaving.

A single stitch is not attachment – תְּכִיפָה אַחַת אֵינוֹ חִיבּוּר: Why is this derivation necessary? It is obvious that an unstable connection is not considered proper attachment. One explanation is that since the Torah prohibited any mixture of wool and linen, it might be thought that any kind of attachment of the two materials is prohibited, even an unstable one (Ritva).

מִקְּרָא קַמָּא: אִם כֵּן לֵימָא קְרָא ״צִיצִית תַּעֲשֶׂה לָךְ״, ״גְּדִילִים״ לָמָּה לִי? שְׁמַע מִינָּהּ לְאַפְנוּיֵי.

they learn this **from the first verse,** which permits a mixture of diverse kinds of wool and linen in ritual fringes. As for the previous claim that in the opinion of the Rabbis the phrase "wool and linen" is not superfluous and therefore there is no cause to derive from the juxtaposed verses, the answer is as follows: **If so,** that no homiletical interpretation can be derived from this source, **let the verse say** only: **You shall make fringes for yourself. Why do I** need the expression **"twisted fringes"** (Deuteronomy 22:12)?[N] **Conclude from** this **that** this phrase **is free,** i.e., a homiletical interpretation can be derived by the juxtaposition of verses due to this superfluous phrase.

הַאי לְשִׁיעוּרָא הוּא דַּאֲתָא: ״גְּדִיל״ – שְׁנַיִם, ״גְּדִילִים״ – אַרְבָּעָה, עֲשֵׂה גְּדִיל וּפוֹתְלֵהוּ מִתּוֹכוֹ!

The Gemara raises a difficulty: **This** term, "twisted fringes," **comes** to teach **the measure** of ritual fringes, i.e., the requisite number of strings for the fringes, as it is taught: **Twisted fringe,** in the singular, indicates that it is entwined, which requires at least **two** strings. Consequently, when the verse says **"twisted fringes"** in the plural, it is referring to **four**[H] strings. This means that one must **prepare a twisted fringe and double it over**[NH] **from the middle,** so that there are eight strings. Consequently, the term "twisted fringes" is not superfluous at all.

אִם כֵּן לֵימָא קְרָא ״לֹא תִלְבַּשׁ שַׁעַטְנֵז״, ״צֶמֶר וּפִשְׁתִּים יַחְדָּו״ לָמָּה לִי? שְׁמַע מִינָּהּ לְאַפְנוּיֵי.

The Gemara responds: **If so,** that this phrase is not extraneous at all, and therefore it cannot be used as a homiletical interpretation by the juxtaposition of verses, **let the verse say** merely: **You shall not wear diverse kinds** [*sha'atnez*].[N] **Why do I** need the verse to add the phrase **"wool and linen together"? Conclude from** this **that** this phrase **is free,** and a homiletical interpretation can be derived from the juxtaposition of verses.

וְאַכַּתִּי מִיבְּעֵי לֵיהּ: לְתוֹכֵף שְׁתֵּי תְכִיפוֹת – חִיבּוּר, וּתְכִיפָה אַחַת – אֵינוֹ חִיבּוּר! אִם כֵּן לִכְתּוֹב רַחֲמָנָא ״לֹא תִלְבַּשׁ צֶמֶר וּפִשְׁתִּים יַחְדָּו״, ״שַׁעַטְנֵז״ לָמָּה לִי? שְׁמַע מִינָּהּ לְאַפְנוּיֵי.

The Gemara raises a further difficulty: **And still,** it is **necessary** for the verse to state "wool and linen together" **to** teach another *halakha* concerning diverse kinds: When **one** combines a woolen garment with a linen garment, if he **stitches two stitches** with a needle, this is considered **attachment,**[H] **but a single stitch is not attachment.**[N] This *halakha* is derived from the term "together," which indicates that they are attached as one. The Gemara answers: **If so, let the Merciful One write: You shall not wear wool and linen together. Why do I** need the verse to add the phrase **"diverse kinds"? Conclude from** this **that** this phrase **is free.**

HALAKHA

Twisted fringes is referring to four – גְּדִילִים אַרְבָּעָה: Ritual fringes must be composed of four doubled strings, a total of eight. Any additional strings disqualify the mitzva. This is the opinion of most of the authorities, in accordance with the ruling of the Rambam. Some (Vilna Gaon, citing *Ba'al HaIttur*) maintain that any number of additional strings may be added, while others (*Tosafot*) limit the number to sixteen (Rambam *Sefer Ahava*, *Hilkhot Tzitzit* 1:6; *Shulḥan Arukh*, *Oraḥ Ḥayyim* 11:12).

Prepare a twisted fringe and double it over – עֲשֵׂה גְּדִיל וּפוֹתְלֵהוּ: Ritual fringes must be partly made of knots, with an addition of separated strings extending from the knots. According to Rashi, the Gemara here is the source for this *halakha* (*Shulḥan Arukh*, *Oraḥ Ḥayyim* 11:14).

Two stitches is attachment – שְׁתֵּי תְכִיפוֹת חִיבּוּר: If one stitches a single stitch of wool and linen with a needle and ties the ends of the thread together, or stitches two threads without tying, this is permanent attachment and has thereby violated the prohibition of diverse kinds. Some authorities (Rema, citing Rosh) maintain that a single stitch, even tied together, is not considered attachment; rather, one must stitch together the ends of two threads to be liable (Rambam *Sefer Zera'im*, *Hilkhot Kilayim* 10:3; *Shulḥan Arukh*, *Yoreh De'a* 300:2).

וְאַכַּתִּי מִיבָּעֵי לֵיהּ: עַד שֶׁיְּהֵא שׁוּעַ טָווּי וְנוּז! אֶלָּא כּוּלָּהּ מִ״שַּׁעַטְנֵז״ נָפְקָא.

The Gemara comments: **And still,** it is **necessary** for the verse to state "diverse kinds [*sha'atnez*]," as this is interpreted as an acronym that teaches that the *halakha* of diverse kinds applies only **when it is smooth combed [*shoa*], spun [*tavui*]** as a thread, **and attached [*noz*],**[HN] but without these characteristics the connection is not considered diverse kinds. **Rather,** the Gemara explains that **the entire** interpretation **is derived from** the term **"diverse kinds."**[N] Since the Torah uses the highly distinctive word "*sha'atnez*," in addition to functioning as the above acronym it serves as the source of the verbal analogy with the term in the verse: "Neither shall there come upon you a garment of diverse kinds [*sha'atnez*] mingled together" (Leviticus 19:19), from which it may be inferred that a positive mitzva overrides a prohibition.

אַשְׁכַּחַן דְּאָתֵי עֲשֵׂה וְדָחֵי לֹא תַעֲשֶׂה גְּרֵידָא, לֹא תַעֲשֶׂה שֶׁיֵּשׁ בּוֹ כָּרֵת הֵיכָא אַשְׁכַּחַן דְּדָחֵי דְּאִיצְטְרִיךְ ״עָלֶיהָ״ לְמֵיסְרָהּ?

§ The Gemara returns to the issue of a mitzva overriding a prohibition: **We have found that a positive mitzva overrides a regular prohibition.** However, **where do we find that** a positive mitzva **overrides**[N] **a prohibition that includes *karet*,** as the phrase **"with her" is necessary to prohibit her?** It was mentioned previously that the superfluous phrase "with her" teaches that the mitzva of levirate marriage does not override the prohibition against taking a wife's sister. However, why is this necessary? Why would it have been assumed that a positive mitzva is so powerful that it overrides even a prohibition that is punishable by *karet*?

וְכִי תֵּימָא נֵילַף מִמִּילָה – מַה לְּמִילָה שֶׁכֵּן נִכְרְתוּ עָלֶיהָ שְׁלֹשׁ עֶשְׂרֵה בְּרִיתוֹת,

And if you suggest an answer and **say: Let us derive** this claim **from** the mitzva of **circumcision,** as there is a positive mitzva to perform circumcision on the eighth day of the boy's life even on Shabbat,[H] and this mitzva overrides the prohibition against performing labor on Shabbat, which is punishable by *karet*, one could respond: **What** about the fact **that circumcision**[N] is an extremely important and severe positive mitzva, **as thirteen covenants were established over it?** The term "covenant" is mentioned thirteen times in the chapter of circumcision (Genesis, chapter 17).

מִפֶּסַח – מַה לְּפֶסַח שֶׁכֵּן כָּרֵת,

The Gemara adds: And if you say it is derived **from the** slaughter of **the Paschal lamb,** which overrides Shabbat[H] and is therefore a positive mitzva that overrides a prohibition punishable by *karet*, this too can be rejected: **What** about the fact **that the Paschal lamb** is different, as it is a positive mitzva that is so severe that its neglect entails ***karet***[H] for those who do not bring it, unlike all other positive mitzvot?

HALAKHA

Smooth combed [*shoa*], spun [*tavui*], and attached [*noz*] – שׁוּעַ טָווּי וְנוּז: The commentaries and authorities dispute both the meaning of these terms and the manner in which these parameters constitute a violation of the prohibition of diverse kinds. The consensus is that if one mixes wool and linen and smooth-combs them together, or spins them together to weave a garment, or sews together two garments, one containing thread of one kind and one containing thread of the other kind, he violates the prohibition of diverse kinds by Torah law. By rabbinic law it is prohibited to combine wool and linen even if they are not smooth-combed or spun together (*Shulḥan Arukh, Yoreh De'a* 300:2).

Circumcision on Shabbat – מִילָה בְּשַׁבָּת: Circumcision at the proper time, on the eighth day of life, overrides Shabbat, and the circumcision is performed just as on any other day of the week (*Shulḥan Arukh, Yoreh De'a* 266:2).

The Paschal offering on Shabbat – פֶּסַח בְּשַׁבָּת: If the fourteenth of Nisan occurs on Shabbat, the Paschal offering is sacrificed as on any other day of the week (Rambam *Sefer Korbanot, Hilkhot Korban Pesaḥ* 1:16).

***Karet* for neglecting the Paschal lamb – כָּרֵת עַל בִּיטּוּל פֶּסַח:** One who deliberately neglects the mitzva to bring the Paschal lamb, without being ritually impure or on a distant journey, is liable to receive *karet* (Rambam *Sefer Korbanot, Hilkhot Korban Pesaḥ* 1:2).

NOTES

Smooth combed [*shoa*], spun [*tavui*], and attached [*noz*] – שׁוּעַ טָווּי וְנוּז: The commentaries and authorities debate the meanings of these terms extensively. Some explain that *shoa* means sticking together by a type of felt. *Tavui* refers to the spinning of one thread composed of both wool and linen, or the weaving together of two threads. *Noz* means weaving or attaching by stitches (Rav Hai Gaon). Some claim that attaching by stitches is prohibited by rabbinic decree (Meiri, citing *ge'onim*). Others discuss the various opinions at length, whether all three parameters are necessary or each one alone suffices (*Tosafot*). Yet others maintain that *noz* means entwined (Rabbeinu Tam).

The entire interpretation is derived from diverse kinds [*sha'atnez*] – כּוּלָּהּ מִשַּׁעַטְנֵז נָפְקָא: The Torah's use of this unique term teaches that positive mitzvot override prohibitions throughout the entire Torah, in addition to the fact that diverse kinds must be smooth-combed, spun, and attached (Rashi). Other early commentaries reject this interpretation in favor of the claim that the general principle of the juxtaposition of verses in the entire Torah is derived from the superfluous term "together," while the *halakha* that a single stitch is not considered attachment is learned from the word "*sha'atnez*," which indicates that the material is attached together as one, as it does not state *sha'atnezim*, in the plural (Ramban; Rashba).

Where do we find that it overrides – הֵיכָא אַשְׁכַּחַן דְּדָחֵי: The early commentaries ask: Why doesn't the Gemara derive from the very fact that the phrase "with her" is necessary, that in the rest of the Torah a positive mitzva overrides a prohibition that entails *karet* (*Tosafot*)? One answer is that this indirect proof is not enough to establish a principle that applies throughout the entire Torah. Rather, it must be derived from a superfluity (Ramban).

What about the fact that circumcision, etc. – מַה לְּמִילָה וכו׳: The reason that the Gemara does not answer here, as it does later, that failure to circumcise entails *karet*, is because lack of circumcision specifically on the eighth day does not incur *karet*, as this punishment applies only to one who has reached adulthood (*Tosafot Yeshanim*; Ramban). Later, when the Gemara rejects the possibility of drawing an inference by way of the common factor, it does mention the fact that failure to circumcise incurs *karet*. This is because there is a principle that a proof by way of the common factor between two cases can be rejected by any similar factor. Since the mitzva of circumcision itself does include an element of *karet*, this is considered a common factor with the Paschal lamb (Ritva).

BACKGROUND

Daily offering – תָּמִיד: The daily offering consisted of two lambs, one sacrificed in the morning and one in the afternoon of each day. These served to open and close the daily sacrificial service in the Temple. No offerings were brought either before the morning offering or following the afternoon offering. The single exception was the Paschal lamb, which was sacrificed after the daily afternoon offering on Passover eve.

HALAKHA

The daily offering on Shabbat – תָּמִיד בְּשַׁבָּת: The daily offering is brought even on Shabbat, and its limbs are burnt on the altar on the same day (Rambam *Sefer Avoda, Hilkhot Temidin UMusafin* 1:7).

Honoring one's parent and Shabbat – כִּבּוּד אָב וְשַׁבָּת: If one was instructed by his father or mother to transgress a mitzva of the Torah, whether it was a positive mitzva or a prohibition, or even a decree of the Sages, he must pay no heed (*Shulḥan Arukh, Yoreh De'a* 240:15).

מִתָּמִיד – מַה לְּתָמִיד שֶׁכֵּן תָּדִיר.

The Gemara offers yet another suggestion: Perhaps it is derived **from the daily offering,**[B] which was slaughtered every day, even on Shabbat.[H] This is a positive mitzva that overrides the prohibition against performing labor on Shabbat, which is punishable by *karet*. The Gemara rejects this claim as well: **What** about the fact **that the daily offering** is special in **that it is frequent?** Since the mitzva of the daily offering is performed every day, it is perhaps especially important, whereas a positive mitzva that applies only at certain times might not be powerful enough to override a severe prohibition.

מֵחֲדָא לָא אָתְיָא תֵּיתֵי מִתַּרְתֵּי. מֵהֵי תֵּיתֵי? מִמִּילָה וּפֶסַח – שֶׁכֵּן כָּרֵת, מִפֶּסַח וְתָמִיד – שֶׁכֵּן צוֹרֶךְ גָּבוֹהַּ,

The Gemara says: Clearly, the principle **cannot be derived from** any single **one** of these cases. However, **let it be derived from two** of these cases combined together, by analyzing their common features. The Gemara asks: **From which** two cases can **it be derived?** If one would say that it can be derived **from circumcision and the Paschal lamb,** the factor common to both is their particular severity, **as** their neglect entails ***karet*****.** If one would seek to derive this **from the Paschal lamb and the daily offering,** these have a different common factor, **as** both are **a requirement of** the altar in **the Temple,** not for personal benefit.

מִמִּילָה וְתָמִיד – שֶׁכֵּן יֶשְׁנוֹ לִפְנֵי הַדִּבּוּר. וְאַלִּיבָּא דְּמַאן דְּאָמַר עוֹלָה שֶׁהִקְרִיבוּ יִשְׂרָאֵל בַּמִּדְבָּר עוֹלַת תָּמִיד הֲוָה. וּמִכּוּלְּהוּ נַמִי – שֶׁכֵּן יֶשְׁנָן לִפְנֵי הַדִּבּוּר.

Likewise, if one would suggest deriving the principle **from circumcision and the daily offering,** this too must be rejected, as both of these mitzvot **were** known by the Jewish people **before the word**[N] of God was revealed at Mount Sinai. **And** this is **according to** the opinion of **the one who said** that **the burnt-offering brought by the Jewish people in the desert was the daily offering. And** moreover, **from all of these** together, i.e., circumcision, the Paschal lamb, and the daily offering, it is **also** not possible to derive a conclusion, **as** all three of **these were** known **before the word** of God was revealed. If so, no principle can be derived from these three mitzvot.

אֶלָּא אִיצְטְרִיךְ, סָלְקָא דַּעְתָּךְ אָמִינָא תֵּיתֵי מִכִּבּוּד אָב וָאֵם,

§ **Rather,** the Gemara suggests an alternative explanation: The inference from "with her" **is necessary,** as were it not for this inference it might be assumed that the mitzva of levirate marriage overrides the prohibition against marrying one's wife's sister despite the fact that this prohibition incurs *karet*, since it could **enter your mind to say** that this *halakha* **is derived from** the mitzva of **honoring one's father and mother.**[N]

דְּתַנְיָא: יָכוֹל יְהֵא כִּבּוּד אָב וָאֵם דּוֹחֶה שַׁבָּת, תַּלְמוּד לוֹמַר "אִישׁ אִמּוֹ וְאָבִיו תִּירָאוּ וְאֶת שַׁבְּתוֹתַי תִּשְׁמוֹרוּ" – כּוּלְּכֶם חַיָּיבִין בִּכְבוֹדִי,

As it **is taught** in a *baraita*: One **might** have thought **that honoring one's father and mother overrides Shabbat;** therefore, **the verse states: "You shall fear every man his mother and his father and you shall keep My *Shabbatot*,** I am the Lord your God" (Leviticus 19:3). The *baraita* explains the derivation from the verse: **All of you,** both parent and child, **are obligated in My honor,**[HN] and therefore honoring one's parents does not override the honor of God, Who commanded the Jewish people to observe Shabbat.

מַאי לָאו דְּאָמַר לֵיהּ: "שְׁחוֹט לִי" "בַּשֵּׁל לִי", וְטַעְמָא – דִּכְתַב רַחֲמָנָא "אֶת שַׁבְּתוֹתַי תִּשְׁמוֹרוּ" הָא לָאו הָכִי – דָּחֵי! לָא

The Gemara analyzes this *baraita*: **What, is it not** referring to a situation **where** his father **said to him: Slaughter for me, cook for me,** or any other labor prohibited on Shabbat on pain of *karet*? **And the reason** that **the Merciful One** specifically **writes: "Keep My *Shabbatot*,"** is to warn against violating the prohibition against performing labor on Shabbat, a transgression which incurs *karet*, for the purpose of honoring one's parents. It may therefore be inferred that **if that was not so,** the positive mitzva would **override** Shabbat. It is therefore possible to deduce from here that in general, positive mitzvot override even prohibitions that entail *karet*. The Gemara rejects this proof: **No,**

NOTES

As they were before the word – שֶׁכֵּן יֶשְׁנוֹ לִפְנֵי הַדִּבּוּר: One problem with this claim is that it is indicated in the Jerusalem Talmud that a mitzva that existed prior to the revelation at Mount Sinai is less important than one given at Mount Sinai. Some explain that the Gemara here is stating that regardless of the importance of a mitzva, a later mitzva can nullify it only if this is explicitly stated, and provided that it existed previously. Some early commentaries ask: Isn't levirate marriage also a mitzva that pre-dated the revelation at Sinai, as Judah performed this mitzva (see Genesis, chapter 38)? Some explain that the Patriarchs entered into levirate marriage not as the fulfillment of a mitzva, but as a practical custom. Levirate marriage became an obligatory mitzva only after the giving of the Torah (Ritva; Meiri). Apparently, different *midrashim* dispute this matter (see *Bereshit Rabba* 85, *Vayikra Rabba* 2, and *Yalkut Mishlei*).

Rather…it is derived from honoring one's father and mother – אֶלָּא...תֵּיתֵי מִכִּבּוּד אָב וָאֵם: Although the mitzva to honor one's parents was also given at Mara, before the revelation at Sinai, the mitzva to observe Shabbat was likewise given at Mara (see Exodus, chapter 16; *Otzar HaShitot*). The commentaries note that the Gemara does not provide an exhaustive discussion of all relevant possibilities, as further questions and answers can be raised (*Tosafot*).

All of you are obligated in My honor – כּוּלְּכֶם חַיָּיבִין בִּכְבוֹדִי: Most of the commentaries maintain that this conclusion is derived from the end of the verse: "I am God" (see *Tosafot*). Some claim that this is learned from the term "keep," which indicates an additional level of stringency with regard to the observance of Shabbat.

לָאו דִּמְחַמֵּר, וַאֲפִילּוּ הָכִי לָא דָּחֵי.

the reference is not to a situation where a father demanded that his child perform prohibited labor on Shabbat that entails *karet*. Rather, he instructed him to transgress the **prohibition against driving** a laden **animal.**[N] Although it is prohibited to cause animals to work on Shabbat, this does not entail the penalty of *karet*, as it has the status of a regular prohibition. **And** this shows that if one's father told him to desecrate Shabbat by driving a donkey, **even so,** the positive mitzva to honor one's parents does **not override** the prohibition against driving a laden animal.

אֶלָּא דְּקַיְימָא לַן דְּאָתֵי עֲשֵׂה וְדָחֵי לֹא תַעֲשֶׂה, לִיגְמַר מֵהָכָא דְּלָא לִידְחֵי!

§ The Gemara asks: If so, **rather** than that principle in **which we maintain that a positive mitzva comes and overrides a prohibition, let us derive from here that it does not override**[N] even a regular prohibition. Just as it was inferred above from the case of ritual fringes, in which the positive mitzva overrides the prohibition against diverse kinds, that all other positive mitzvot similarly override any prohibition, perhaps one should infer from the case of honoring one's parents that positive mitzvot do not override prohibitions at all.

וְכִי תֵּימָא: שָׁאנֵי לָאוֵי דְּשַׁבָּת דַּחֲמִירִי – וְהָא תַּנָּא בְּעָלְמָא קָאֵי וְלָא קָפְרִיךְ!

And if you say that one should not infer this from here, as the **prohibitions of Shabbat are different** in **that they are** more **serious,**[N] and for this reason the mitzva to honor one's parents does not override these prohibitions, this cannot be the case, **as the *tanna* speaks generally** of a father who instructs a son to perform a regular prohibition, not to desecrate Shabbat, **and he does not raise any difficulty** of this kind.

דְּתַנְיָא: יָכוֹל אָמַר לוֹ אָבִיו: הִיטַּמֵּא! אוֹ שֶׁאָמַר לוֹ: אַל תַּחֲזִיר! יָכוֹל יִשְׁמַע לוֹ, תַּלְמוּד לוֹמַר ״אִישׁ אִמּוֹ וְאָבִיו תִּירָאוּ וְאֶת שַׁבְּתוֹתַי תִּשְׁמוֹרוּ״ – כּוּלְּכֶם חַיָּיבִין בִּכְבוֹדִי.

As it is taught in a different *baraita*: One **might** have thought **that if one's father said to** his son, who is a priest or nazirite: **Be rendered ritually impure**[N] with impurity imparted by a corpse, so as to bring me an item from a ritually impure place, **or if he said to him: Do not return** this lost item, it **might** have been supposed that his son **should obey him.** Therefore, **the verse states: "You shall fear every man his mother and his father and you shall keep My *Shabbatot*,** I am the Lord your God" (Leviticus 19:3). This verse teaches: **All of you are obligated in My honor.**[N] This proves that the *tanna* does not differentiate between desecrating Shabbat, which is a severe prohibition, and a priest becoming ritually impure with impurity imparted by a corpse, which is a lighter prohibition.

NOTES

The prohibition against driving a laden animal – **לָאו דִּמְחַמֵּר**: Although one who drives a laden animal on Shabbat has not performed a prohibited labor himself, his animal has performed work, and therefore he has transgressed the prohibition: "You shall not do any manner of work, neither you…nor your cattle" (Exodus 20:9). However, this transgression does not merit as serious a penalty as one who desecrates Shabbat directly. Some commentaries note that the Gemara could have cited other examples of actions that are prohibited on Shabbat by Torah law according to all opinions, e.g., leaving the Shabbat limit (*Arukh LaNer*).

Some commentaries ask why the Gemara initially thought that the *baraita* is referring to the overriding of a prohibition so severe that it entails *karet*, rather than one of the more minor Shabbat prohibitions. The answer given is that the term "keep" indicates the observance of the fundamental prohibitions of Shabbat, which are punishable by *karet* (*Tosafot Yeshanim*).

Let us derive…that it does not override – **לִיגְמַר...דְּלָא לִידְחֵי**: The early commentaries ask: Perhaps this case is different, as the use of animals for work on Shabbat violates both a prohibition and a positive mitzva, as derived from the verse: "On the seventh day you shall rest, that your ox and your donkey may have rest" (Exodus 23:12). One answer given is that as the honoring of one's parents is so important that it is juxtaposed to the honor of God, if it does not override Shabbat, regardless of the positive mitzva of Shabbat, one can indeed conclude from here that a regular positive mitzva does not override a regular prohibition (*Tosafot*). Others state that the positive mitzva to rest on Shabbat applies exclusively to people, whereas the driving of an animal involves only a prohibition, not a positive mitzva (Rashba, citing Rabbeinu Yona).

The prohibitions of Shabbat are…serious – **לָאוֵי דְּשַׁבָּת דַּחֲמִירִי**: Some commentaries explain that the severity of Shabbat prohibitions is due to the positive mitzva associated with them (Rambam; Meiri). Rashi, however, explains that the unique severity of Shabbat is due to the *halakha* that one who publicly desecrates Shabbat is likened to an idolater and is treated as though he was a gentile. In comparison with other prohibitions, those associated with Shabbat are also more serious in that their desecration entails the capital punishment of stoning, which is the most severe of the four types of court-imposed executions.

One's father said to him: Be rendered ritually impure – **אָמַר לוֹ אָבִיו הִיטַּמֵּא**: Rashi explains that his father instructed him to become ritually impure so as to return a lost item to its owner, as indicated by the context of this statement in tractate *Bava Metzia*. Others, however, maintain that the father asked him to become ritually impure for his own requirements, e.g., to bring him an object from a cemetery (Rashba; Ritva). It can be inferred from Rashi's opinion that the *baraita* is teaching that not even two positive mitzvot override a prohibition (see *Arukh LaNer*).

All of you are obligated in My honor – **כּוּלְּכֶם חַיָּיבִין בִּכְבוֹדִי**: This explains why in this particular case the positive mitzva does not override even a minor prohibition, as the father himself has no right to demand an action of this kind. Some commentaries add that this *halakha* is necessary only in a case when the father requires the object in question, or if he needs it for the fulfillment of a mitzva (Rashi), since if he demands that his son transgress a prohibition for no reason he is considered a wicked person, to whom the mitzva to honor one's father does not apply (Meiri). Others argue the opposite: The very fact that there was room to deliberate about whether or not one should obey his father is an indication that the father is not considered wicked simply because he issued an instruction to violate a prohibition (*Haggahot Maimoniyyot*).

NOTES

Preparation for the mitzva – **הֶכְשֵׁר מִצְוָה**: Rashi explains that preparation for the mitzva means that the performance of the mitzva, in this instance honoring one's father, cannot be accomplished without violating a prohibition at the very same moment. This is not the case in levirate marriage, as one can perform *ḥalitza*. The phrase: What about the fact that these, provides a measure of support for his interpretation, as this phrase typically refers back to the previous case, which is that of a father who instructs his son to commit a prohibition, not a son who drives an animal in his father's honor, as claimed by other commentaries

However, most early commentaries raise difficulties against Rashi's explanation from both linguistic and substantive perspectives. They prefer the interpretation of Rabbeinu Ḥananel that the Gemara is referring to the prohibition against driving an animal on Shabbat, and the phrase: Preparation for the mitzva, means preparatory work that does not in itself fulfill the mitzva (*Tosafot*; Ramban; Rashba). Some add that as most of the actions one performs for his father do not constitute an actual fulfillment of the mitzva to honor him, as that is achieved only by providing him with food and clothing, it can be argued that even when one is providing his father with food and clothing this positive mitzva does not override a prohibition (*Tosafot*).

The building of the Temple should override, etc. – **יְהֵא בִּנְיַן בֵּית הַמִּקְדָּשׁ דּוֹחֶה וכו׳**: Although the observance of Shabbat involves both a positive mitzva and a prohibition, it might have been claimed that the positive mitzva to build the Temple, which involves the entire community, is important enough to override even Shabbat (*Arukh LaNer*). One problem that arises here is that the Gemara describes Shabbat as God's honor, and although the Temple is also built in the honor of Heaven, nevertheless, as it is constructed primarily so that the Divine Presence should dwell among the Jewish people and to atone for their sins, it is more to man's benefit than the mitzva of Shabbat.

HALAKHA

Building the Temple on Shabbat – **בִּנְיַן הַמִּקְדָּשׁ בְּשַׁבָּת**: The building of the Temple does not override the Festivals, which are termed Shabbat (Rashi), and all the more so does it not override Shabbat itself (Rambam *Sefer Avoda*, *Hilkhot Beit HaBeḥira* 1:12).

אֶלָּא מִשּׁוּם דְּאִיכָּא לְמִיפְרַךְ:

§ **Rather,** the Gemara rejects this line of reasoning and accepts the claim that the *baraita* does not speak of one whose father asked him to desecrate Shabbat by performing a prohibited labor that entails *karet*, but of a father who instructed his son to drive a laden animal. As for the difficulty that this apparently indicates that a positive mitzva does not override any type of prohibition, the reason that this is not the case is **because there is room to refute** this argument.

מַה לְּהָנָךְ – שֶׁכֵּן הֶכְשֵׁר מִצְוָה,

The Gemara explains how the previous claim can be countered: **What** about the fact **that these** instructions of a father are different, **as** when one drives an animal on Shabbat in honor of his parents this is merely **preparation for the mitzva**[N] of honoring one's parents, since the son is not actually feeding or clothing his father at the time. Consequently, this is not a proper fulfillment of a positive mitzva, and therefore the case of a father who instructs his son to drive an animal cannot be used as a source with regard to other instances.

אֶלָּא סָלְקָא דַּעְתָּךְ אָמִינָא: תֵּיתֵי מִבִּנְיַן בֵּית הַמִּקְדָּשׁ. דְּתַנְיָא יָכוֹל יְהֵא בִּנְיַן בֵּית הַמִּקְדָּשׁ דּוֹחֶה שַׁבָּת, תַּלְמוּד לוֹמַר ״אֶת שַׁבְּתוֹתַי תִּשְׁמוֹרוּ וּמִקְדָּשִׁי תִּירָאוּ״ – כּוּלְּכֶם חַיָּיבִין בִּכְבוֹדִי.

Rather, it could **enter your mind to say:** The principle that a positive mitzva overrides even a prohibition that entails *karet* is **derived from the building of the Temple. As it is taught** in a *baraita*: One **might** have thought that **the building of the Temple should override**[N] Shabbat; therefore, **the verse states: "You shall keep My *Shabbatot* and revere My Sanctuary,** I am the Lord" (Leviticus 19:30), which means that **all of you are obligated in My honor.**[H] God is honored when Shabbat is observed, and He demands the observance of Shabbat even when the Temple is being built.

מַאי לָאו בְּבוֹנֶה וְסוֹתֵר, וְטַעֲמָא דִּכְתַב רַחֲמָנָא ״אֶת שַׁבְּתוֹתַי תִּשְׁמוֹרוּ״, הָא לָאו הָכִי – דָּחֵי!

The Gemara analyzes this *baraita*: **What, is it not** referring **to** building the Temple by performing prohibited labors on Shabbat whose violation entails *karet*, such as **building and demolishing? And the reason** the building of Temple does not override Shabbat is that **the Merciful One** specifically **writes: "Keep My *Shabbatot*,"** from which it may be inferred that **if that were not so,** the positive mitzva **would override** Shabbat. It is therefore possible to deduce from here that in general, positive mitzvot override even prohibitions that entail *karet*.

לָא, לָאו דִּמְחַמֵּר, וַאֲפִילּוּ הָכִי לָא דָּחֵי. וְאֶלָּא דְּקַיְימָא לָן דְּאָתֵי עֲשֵׂה וְדָחֵי לֹא תַעֲשֶׂה, לִיגְמַר מֵהָכָא דְּלָא דָּחֵי!

The Gemara responds: **No,** here too the reference is to the **prohibition against driving** a laden **animal, and even so** the positive mitzva to build the Temple does **not override** the prohibition against driving a laden animal on Shabbat. The Gemara asks again, as before: If so, **rather** than that principle in **which we maintain that a positive mitzva comes and overrides a prohibition, let us derive from here that it does not override** even a regular prohibition.

וְכִי תֵּימָא: שָׁאנֵי לָאוֵי דְּשַׁבָּת דַּחֲמִירִי – וְהָא תַּנָּא בְּעָלְמָא קָאֵי וְלָא קָא פָּרֵיךְ! דְּתַנְיָא: יָכוֹל אָמַר לוֹ אָבִיו: הִיטַּמֵּא! אוֹ שֶׁאָמַר לוֹ: אַל תַּחֲזִיר! יָכוֹל יִשְׁמַע לוֹ, תַּלְמוּד לוֹמַר ״אִישׁ אִמּוֹ וְאָבִיו תִּירָאוּ״ וגו׳ – כּוּלְּכֶם חַיָּיבִים בִּכְבוֹדִי.

And if you say that prohibitions of Shabbat are different in **that they are more severe,** this cannot be the case, **as the *tanna* speaks generally and he does not raise any difficulty** of this kind **as it is taught** in the aforementioned *baraita*: One **might** have thought **that if one's father said to** his son who is a priest or nazirite: **Be rendered ritually impure, or if he said to him: Do not return** this lost item, it **might** have been supposed that his son **should obey him.** Therefore, **the verse states: "You shall fear every man his mother and his father** and you shall keep My *Shabbatot*, I am the Lord your God" (Leviticus 19:3), which means: **All of you are obligated in My honor.**

אֶלָּא, מִשּׁוּם דְּאִיכָּא לְמִיפְרַךְ: מַה לְּהָנָךְ – שֶׁכֵּן הֶכְשֵׁר מִצְוָה. הֶכְשֵׁר מִצְוָה תֵּיפוֹק לִי מֵהָתָם?

Rather, there is no proof from here with regard to all Torah prohibitions, **because there is room to refute** that argument as follows: **What** about the fact **that these** instances of driving an animal on Shabbat are merely **a preparation for** the **mitzva** of building the Temple, and is not a mitzva in itself? The Gemara raises a difficulty: **Let** the *halakha* that **preparation for a mitzva** does not override a prohibition **be derived from there,** the case of honoring one's parents, as stated previously. Why repeat this matter with regard to the building of the Temple?

אִין הָכִי נַמִּי. ״וְאֶת שַׁבְּתוֹתַי תִּשְׁמוֹרוּ וּמִקְדָּשִׁי תִּירָאוּ״ לָמָּה לִי? מִיבָּעֵי לֵיהּ לְכִדְתַנְיָא: יָכוֹל יִתְיָירֵא אָדָם מִמִּקְדָּשׁ – תַּלְמוּד לוֹמַר ״אֶת שַׁבְּתוֹתַי תִּשְׁמוֹרוּ וְאֶת מִקְדָּשִׁי תִּירָאוּ״ – נֶאֶמְרָה שְׁמִירָה בְּשַׁבָּת וְנֶאֶמְרָה מוֹרָא בַּמִּקְדָּשׁ, מַה שְׁמִירָה הָאֲמוּרָה בַּשַּׁבָּת,

The Gemara responds: **Yes, it is indeed so.** And **why do I** need the verse: **"You shall keep My *Shabbatot*, and revere My Sanctuary"** (Leviticus 19:30)? After all, the *halakha* that the building of the Temple does not override the prohibition against driving an animal on Shabbat is derived from the case of honoring one's parents. The Gemara answers: **It is necessary**[N] to derive **that which is taught** in a *baraita*: One **might** have thought that a **person should be in reverence of the Temple** and turn the Temple itself into an object of worship. Therefore, **the verse states: "You shall keep My *Shabbatot*, and revere My Sanctuary."** The term **keeping is stated** with regard **to Shabbat, and** the term **reverence is stated** with regard **to the Temple. Just as** in the case of **keeping stated** with regard **to Shabbat,**

NOTES

Revere My Sanctuary… it is necessary, etc. – מִקְדָּשִׁי תִּירָאוּ...מִיבָּעֵי לֵיהּ וכו׳: How can this verse serve as the source for this *halakha*? After all, the *tanna* already derived from this verse that the building of the Temple does not override Shabbat. The commentaries explain that the derivation brought by the *tanna* with regard to the reverence of the building of the Temple is cited merely in support, while the primary purpose of the verse is to teach a different matter (Ritva).

Perek **I**
Daf **6** Amud **b**

לֹא מִשַּׁבָּת אַתָּה מִתְיָירֵא, אֶלָּא מִמִּי שֶׁהִזְהִיר עַל הַשַּׁבָּת. אַף מוֹרָא הָאֲמוּרָה בַּמִּקְדָּשׁ, לֹא מִמִּקְדָּשׁ אַתָּה מִתְיָירֵא אֶלָּא מִמִּי שֶׁהִזְהִיר עַל הַמִּקְדָּשׁ.

you do not revere Shabbat[N] itself, as reverence is not mentioned in this context, but **rather,** one reveres **He Who warned about** the observance of **Shabbat, so too,** the same applies to **the reverence stated** with regard **to the Temple: You do not revere the Temple**[NH] itself **but He Who warned about the Temple.**

וְאֵי זוֹ הִיא מוֹרָא מִקְדָּשׁ? לֹא יִכָּנֵס אָדָם בְּהַר הַבַּיִת בְּמַקְלוֹ, בְּמִנְעָלוֹ, בְּפוּנְדָּתוֹ, וּבְאָבָק שֶׁעַל גַּבֵּי רַגְלָיו, וְלֹא יַעֲשֶׂנּוּ קַפֶּנְדַּרְיָא, וּרְקִיקָה מִקַּל וָחוֹמֶר.

The *baraita* explains: **And what is the reverence of the Temple?**[NH] In deference to the Temple, **a person may not enter the Temple Mount with his staff, his shoes, his money belt** [*punda*],[L] or even **the dust on his feet. One may not make** the Temple **a shortcut** [*kappendarya*][L] to pass through it, **and through an *a fortiori* inference,**[B] all the more so one may not **spit** on the Temple Mount, as no disrespect is meant by the other actions, whereas spitting is repulsive even in one's own private home, and certainly on the Temple Mount.

וְאֵין לִי אֶלָּא בִּזְמַן שֶׁבֵּית הַמִּקְדָּשׁ קַיָּים, בִּזְמַן שֶׁאֵין בֵּית הַמִּקְדָּשׁ קַיָּים? מִנַּיִן תַּלְמוּד לוֹמַר ״אֶת שַׁבְּתוֹתַי תִּשְׁמוֹרוּ וּמִקְדָּשִׁי תִּירָאוּ״, מַה שְׁמִירָה הָאֲמוּרָה בַּשַּׁבָּת – לְעוֹלָם, אַף מוֹרָא הָאֲמוּרָה בַּמִּקְדָּשׁ – לְעוֹלָם.

And I have derived **only** that one is obligated to act in this manner **when the Temple is standing. From where** do I derive that the mitzva to revere the Temple is in force **when the Temple is not standing,**[NH] i.e., that it is prohibited to be disrespectful toward the place where the Temple stood? **The verse states: "You shall keep My *Shabbatot*, and revere My Sanctuary"** (Leviticus 19:30). **Just as the keeping stated** with regard **to Shabbat** applies **forever, so too, the reverence stated** with regard **to the Temple is forever.**

NOTES

You do not revere Shabbat – לֹא מִשַּׁבָּת אַתָּה מִתְיָירֵא: This statement is cited in support of the claim of *Sefer Yere'im* that there is a special mitzva to revere Shabbat. In other words, one must be respectful and fearful lest he fail to fulfill all of its mitzvot in the proper manner. A similar idea is found in the *Tikkunei HaZohar* (*Gilyonei HaShas*).

You do not revere the Temple – לֹא מִמִּקְדָּשׁ אַתָּה מִתְיָירֵא: Why is it necessary to stress this point particularly with regard to the Temple rather than, say, in relation to honoring one's parents? One novel answer is that one need not be worried for the safety of the Temple and appoint guards to watch over it. Admittedly, there is a mitzva for priests and Levites to stand as guards over the Temple, but that is performed in honor of God, not to provide protection for the Temple itself. Accordingly, the comparison here is between guarding Shabbat and guarding the physical building of the Temple (*Iyyun Ya'akov*).

What is the reverence of the Temple – אֵי זוֹ הִיא מוֹרָא מִקְדָּשׁ: The commentaries note that although the term: Temple, in its most precise sense, refers only to the area from the courtyard inward, the mitzva to revere the Temple applies to its entrance as well (*Gilyonei HaShas*). Others claim that the mitzva to revere the Sanctuary applies by Torah law only up to the courtyards, and the Sages extended the mitzva to include the entire Temple Mount.

Reverence for the Temple in its destruction – מוֹרָא מִקְדָּשׁ בְּחֻרְבָּנוֹ: Some commentaries note that there is a dispute as to whether the sanctity of the Temple applies only when it is standing or whether it lasts forever. If its sanctity is permanent, why is it necessary to derive from a specific verse that there is an obligation to revere it even in its state of destruction? They answer that it is possible to claim that although the sanctity of the Temple Mount remains intact even in its desolation, nevertheless, with its destruction the mitzva of reverence is nullified. Therefore, this special derivation was necessary (*Arukh LaNer*).

HALAKHA

You do not revere the Temple – לֹא מִמִּקְדָּשׁ אַתָּה מִתְיָירֵא: There is a positive mitzva to revere the Temple, in accordance with the verse: "Revere My Sanctuary" (Leviticus 19:30). However, it is not the Temple itself that is the object of reverence but the One Who commanded that it must be revered (Rambam *Sefer Avoda, Hilkhot Beit HaBeḥira* 7:1).

What is the reverence of the Temple – אֵי זוֹ הִיא מוֹרָא מִקְדָּשׁ: Revering the Temple entails not entering even the Temple Mount with one's walking stick, pouch, shoes on one's feet, or dust on one's feet, coins bundled in one's clothing, and needless to say, it is prohibited to spit anywhere in the Temple Mount. Furthermore, one may not use the Temple Mount as a shortcut for his own needs, and one may enter only for the purpose of a mitzva (Rambam *Sefer Avoda, Hilkhot Beit HaBeḥira* 7:2).

Reverence of the Temple in its destruction – מוֹרָא מִקְדָּשׁ בְּחֻרְבָּנוֹ: Even after the Temple was destroyed, one must continue to revere it just as when it was standing. One may enter only those places where it was previously permitted, one may not sit in the courtyard, and one may not act with negligence or in a disrespectful manner in the vicinity of the eastern gate (Rambam *Sefer Avoda, Hilkhot Beit HaBeḥira* 7:7).

LANGUAGE

Money belt [*punda*] – פֻּנְדָּה: From the Greek φοῦνδα, *funda*, or the Latin funda, meaning belt or sling. A *punda*, which is occasionally rendered in the text as *apunda*, is a hollow belt that serves as both a belt and a wallet, with a pocket for money.

Shortcut [*kappendarya*] – קַפֶּנְדַּרְיָה: Apparently from the Latin compendiaria, which means a short way, i.e., a shortcut through a house or courtyard.

BACKGROUND

An *a fortiori* inference – קַל וָחוֹמֶר: One of the fundamental principles of rabbinic exegesis, the *a fortiori* inference appears in all of the standard lists of exegetical principles. In essence, it is a principle of logical argumentation in which a comparison is drawn between two cases, one more lenient and the other more stringent. The *a fortiori* assertion is that if the *halakha* is stringent in a case where the ruling is usually lenient, all the more so it will be stringent in a more serious case. Likewise, if the *halakha* is lenient in a case where the ruling is not usually lenient, it will certainly be lenient in a less stringent case. *A fortiori* reasoning appears in the Bible, and the Sages compiled lists of verses that employ the logic of *a fortiori*, e.g., "If you have run with the foot soldiers, and they have wearied you, how can you contend with horses?" (Jeremiah 12:5).

אֶלָּא סָלְקָא דַּעְתָּךְ אָמִינָא: תֵּיתֵי מֵהַבְעָרָה, דְּתָנָא דְּבֵי רַבִּי יִשְׁמָעֵאל: ״לֹא תְבַעֲרוּ אֵשׁ בְּכֹל מוֹשְׁבוֹתֵיכֶם״, מַה תַּלְמוּד לוֹמַר?

§ With regard to the issue at hand, the Gemara has not yet found an explanation as to why a specific inference was required to teach that a positive mitzva overrides a prohibition that incurs *karet*. **Rather,** it might **enter your mind to say** that this claim might **be derived from** the *halakha* of **kindling, as the school of Rabbi Yishmael taught** with regard to the verse: **"You shall kindle no fire throughout your habitations** on Shabbat day" (Exodus 35:3). **What** is the meaning when **the verse states** this, as the general prohibition against performing labor on Shabbat appears elsewhere?

מַה תַּלְמוּד לוֹמַר?! אִי לְרַבִּי יוֹסֵי – לְלָאו, אִי לְרַבִּי נָתָן – לְחַלֵּק!

The Gemara expresses puzzlement at this question: **What** is the meaning when **the verse states** this?[N] What kind of question is this? **If** the *halakha* is in accordance with the opinion **of Rabbi Yosei,** the verse comes to teach **that** one who kindles fire on Shabbat merely violates a regular **prohibition,** which does not entail the penalty of stoning, unlike other prohibited labors. **If** the *halakha* is in accordance with the opinion **of Rabbi Natan,** kindling was singled out **to divide** the various prohibited labors of Shabbat and to establish liability for the separate performance of each of them.

דְּתַנְיָא: הַבְעָרָה לְלָאו יָצְתָה, דִּבְרֵי רַבִּי יוֹסֵי. רַבִּי נָתָן אוֹמֵר: לְחַלֵּק.

As it is taught in a *baraita*: The prohibition against **kindling was** singled **out** from the general category of prohibited labors and written explicitly to teach that it is unlike other prohibited labors, **as** it is a regular **prohibition,** which does not entail the punishment of stoning. This is **the statement of Rabbi Yosei. Rabbi Natan says:** Kindling is like any other labor prohibited on Shabbat, and **it was** singled out **to divide.** In other words, by stating one prohibited labor separately, the Torah teaches that each labor on Shabbat constitutes its own separate prohibition. Consequently, one who unwittingly violates several categories of labor is obligated to bring as many sin-offerings as the prohibited labors he violated.

וַאֲמַר רָבָא: תַּנָּא – מוֹשָׁבוֹת קָא קַשְׁיָא לֵיהּ: ״מוֹשָׁבוֹת״ מַה תַּלְמוּד לוֹמַר?

And Rava said in explanation of the question asked by the school of Rabbi Yishmael: For this *tanna*, the term **"habitations"** poses **a difficulty with regard to** his opinion. The *baraita* should be understood as follows: **What** is the meaning when **the verse states "habitations"?** What additional inference is indicated by this term, which might lead to the erroneous conclusion that this Shabbat prohibition applies only in certain places of habitation?

מִכְּדִי שַׁבָּת חוֹבַת הַגּוּף הִיא, וְחוֹבַת הַגּוּף נוֹהֶגֶת בֵּין בָּאָרֶץ בֵּין בְּחוּץ לָאָרֶץ, מוֹשָׁבוֹת דִּכְתַב רַחֲמָנָא בְּשַׁבָּת לָמָּה לִי?

The Gemara explains why "habitations" cannot mean that Shabbat observance applies only in certain places. **Since Shabbat is an obligation** that applies **to the body,** i.e., to the individual himself and not to an external object, **and** there is a principle that **obligations of the body apply both in Eretz** Yisrael **and outside** of **Eretz** Yisrael, then **why do I** need the term **"habitations" that the Merciful One writes** with regard **to Shabbat?**

מִשּׁוּם רַבִּי יִשְׁמָעֵאל אָמַר תַּלְמִיד אֶחָד: לְפִי שֶׁנֶּאֱמַר ״וְכִי יִהְיֶה בְאִישׁ חֵטְא מִשְׁפַּט מָוֶת וְהוּמָת״ שׁוֹמֵעַ אֲנִי בֵּין בַּחוֹל בֵּין בַּשַּׁבָּת, וּמָה אֲנִי מְקַיֵּים ״מְחַלְלֶיהָ מוֹת יוּמָת״ – בִּשְׁאָר מְלָאכוֹת, חוּץ מִמִּיתַת בֵּית דִּין. אוֹ אֵינוֹ אֶלָּא אֲפִילּוּ מִיתַת בֵּית דִּין, וּמָה אֲנִי מְקַיֵּים ״וְהוּמָת״ – בַּחוֹל, וְלֹא בַּשַּׁבָּת,

A student said in the name of Rabbi Yishmael that **since it is stated: "And if a man has committed a sin worthy of death, and he is put to death"** (Deuteronomy 21:22), **I** would **derive** that the death penalty is administered **whether on a weekday** or **on a Shabbat. And how do I establish** the verse: "And you shall keep Shabbat, for it is sacred to you; **every one who profanes it shall surely be put to death"** (Exodus 31:14)? This verse applies **to other** prohibited **labors, except for court-imposed capital punishment,** which must be administered even on Shabbat. **Or** perhaps **it is only** the case that **even court-imposed capital punishment** is included in the list of prohibited labors on Shabbat. **How,** then, **do I establish** the verse: **"And he is put to death"?** This is referring **to a weekday and not to Shabbat.**[H]

אוֹ אֵינוֹ אֶלָּא אֲפִילּוּ בַּשַּׁבָּת? תַּלְמוּד לוֹמַר: ״לֹא תְבַעֲרוּ אֵשׁ בְּכֹל מוֹשְׁבוֹתֵיכֶם״ וּלְהַלָּן הוּא אוֹמֵר ״וְהָיוּ אֵלֶּה לָכֶם לְחֻקַּת מִשְׁפָּט לְדוֹרוֹתֵיכֶם בְּכֹל מוֹשְׁבוֹתֵיכֶם״.

Surprisingly, the *tanna* reverts back to his earlier claim: **Or** perhaps **it is only** the case that capital punishments may be administered **even on Shabbat?** Therefore, **the verse states** by way of a verbal analogy: **"You shall kindle no fire throughout your habitations** on Shabbat day" (Exodus 35:3) **and below it says,** at the end of the chapter dealing with murderers: **"And these things shall be for you a statute of judgment to you throughout your generations in all your habitations"** (Numbers 35:29).

NOTES

What is the meaning when the verse states this, etc. – **מַה תַּלְמוּד לוֹמַר וכו׳**: This section, from the reiteration of: What is the meaning when the verse states this, until: Why do I need the term "habitations" that the Merciful One writes with regard to Shabbat, does not belong to the *baraita* but rather is part of the Gemara's own analysis of the matter at hand. The *baraita* continues with the answer of Rabbi Yishmael's student (Rashba).

HALAKHA

Court-imposed capital punishment on Shabbat – **מִיתַת בֵּית דִּין בְּשַׁבָּת**: A court may not administer any bodily punishment on Shabbat or a Festival, neither capital punishment nor lashes. Accordingly, capital cases are not tried on the eve of a Shabbat or a Festival, lest the death penalty be pronounced. Since it is not permitted to carry out the sentence on Shabbat or Festivals, this would delay the execution of justice, which is prohibited (Rambam *Sefer Zemanim, Hilkhot Shabbat* 24:7 and *Sefer Shofetim, Hilkhot Sanhedrin* 11:2).

מַה מוֹשָׁבוֹת הָאֲמוּרִים לְהַלָּן בְּבֵית דִּין – אַף מוֹשָׁבוֹת הָאֲמוּרִים כָּאן בְּבֵית דִּין, וְאָמַר רַחֲמָנָא ״לֹא תְבַעֲרוּ״.

Just as the term **"habitations" stated below,** in Numbers, means **in the court,** where judgment is performed, **so too,** the term **"habitations" stated here** means **in the court,** i.e., in the place where judges preside. **And the Merciful One states** in the Torah: **"You shall kindle no** fire." Since one of the court-imposed death penalties is burning, which is performed by kindling fire, then evidently, court-imposed death penalties do not override Shabbat.

מַאי לָאו רַבִּי נָתָן הִיא, דְּאָמַר לְחַלֵּק יָצְתָה, וְטַעְמָא דִּכְתַב רַחֲמָנָא ״לֹא תְבַעֲרוּ״, הָא לָאו הָכִי דָּחֵי!

With the above conclusion in mind, the Gemara comments: **What, is it not** the case that the opinion of the school of Rabbi Yishmael is in accordance with that of **Rabbi Natan, who said** that the prohibition against kindling fire **was** singled **out to divide,** and therefore lighting a fire is punishable by *karet* and stoning? **And** if so, **the reason** why capital punishments are not administered on Shabbat is **that the Merciful One writes: "You shall kindle no** fire," from which it may be inferred that **if it were not so,** then court-imposed capital punishment **would override** Shabbat. In other words, the positive mitzva of legal execution would override the prohibition against lighting a fire on Shabbat, which incurs *karet*.

לָא, רַבִּי יוֹסֵי. וְתֶיהֱוֵי נַמִּי רַבִּי יוֹסֵי, אֵימַר דְּאָמַר רַבִּי יוֹסֵי הַבְעָרָה לְלָאו יָצְתָה – הַבְעָרָה גְּרֵידְתָא,

The Gemara rejects this: **No,** there is no proof from here, as it can be claimed that the opinion of the *tanna* from the school of Rabbi Yishmael is in accordance with the opinion of **Rabbi Yosei** that kindling fire is an ordinary prohibition. The Gemara retorts: **And let it even be** according to the opinion of **Rabbi Yosei. You** can **say that** when **Rabbi Yosei said** that **kindling was** singled **out as a prohibition,** he was referring to **kindling alone,** i.e., that lighting a regular fire is only a regular prohibition.

הַבְעָרָה דְּבֵית דִּין בִּישּׁוּל פְּתִילָה הוּא,

Conversely, the **kindling by the court** for the execution of burning **is** actually the **cooking**[N] **of a** leaden **wick.**[B] Since execution by burning involves melting, or cooking, a piece of lead, called a wick, and pouring it into the mouth of the convict, it therefore constitutes the prohibited labor of cooking, which is a different prohibition than kindling fire.

וְאָמַר רַב שֵׁשֶׁת: מַה לִּי בִּישּׁוּל פְּתִילָה מַה לִּי בִּישּׁוּל סַמָּנִין!

And Rav Sheshet said in this regard: **What** difference **is** there **to me** between **cooking a wick,** which is performed for court-imposed capital punishments, and **what** difference **is** there **to me** between the **cooking of herbs**[N] used to dye curtains for the Tabernacle, from whose work the list of prohibited labors on Shabbat is derived? Since the court-imposed death penalty involves the prohibited labor of cooking, which according to all opinions incurs *karet*, this apparently indicates that without the special verse that renders this prohibited, one would have said that a positive mitzva overrides a prohibition for which one is liable to receive *karet*.

אֲמַר רַב שִׁימִי בַּר אַשִׁי: הַאי תַּנָּא לָא מִשּׁוּם דְּאָתֵי עֲשֵׂה וְדָחֵי לֹא תַעֲשֶׂה, אֶלָּא מִשּׁוּם דְּמַיְיתֵי מִקַּל וָחוֹמֶר, וְהָכִי קָאָמַר: מָה אֲנִי מְקַיֵּים ״מְחַלְלֶיהָ מוֹת יוּמָת״ בִּשְׁאָר מְלָאכוֹת, חוּץ מִמִּיתַת בֵּית דִּין, אֲבָל מִיתַת בֵּית דִּין – דָּחְיָא שַׁבָּת מִקַּל וָחוֹמֶר.

The Gemara rejects this argument as well. **Rav Shimi bar Ashi said: This** *tanna* does **not** raise the possibility that a court-administered death penalty might override Shabbat **because a positive mitzva comes and overrides a prohibition. Rather,** he entertains this option **because he learns this by** means of an ***a fortiori*** inference, **and this is what** he **is saying: How do I establish** the verse **"Every one who profanes it shall surely be put to death"** (Exodus 31:14)? This applies **to other** prohibited **labors, except for court-imposed capital punishment. However,** it could be said that **court-imposed capital punishment overrides Shabbat, by an** ***a fortiori*** inference:

NOTES

The kindling by the court is cooking – הַבְעָרַת דְּבֵית דִּין בִּישׁוּל...הוּא: Some commentaries ask why the Gemara does not respond by pointing out that the cooking of a wick is merely the preparation for a mitzva. One answer is that the cooking of the wick and the execution occur simultaneously (Ramban; Ritva). Others reject this claim, as the cooking of the wick necessarily occurs prior to the execution (Rashba). The Rashba himself prefers the resolution suggested by *Tosafot* in several places, that although there are several possible ways to refute this proof, the Gemara chose what it felt was the best of the different answers.

What difference is there to me between the cooking of herbs – מַה לִּי בִּישּׁוּל סַמָּנִין: This comparison was necessary to refute the claim that the prohibited labor of cooking applies only to foods. The Gemara therefore cites a statement to the effect that cooking herbs is also a prohibited labor, and the same applies to the cooking of a wick (Ritva; see *Tosafot* on *Shabbat* 106a).

BACKGROUND

Cooking of a wick [*petila*] **– בִּישּׁוּל פְּתִילָה:** The Sages learned by tradition that court-imposed capital punishment of burning was not performed by the actual burning of the skin, but by pouring burning lead down the throat of the sentenced convict. Although the term wick [*petila*] generally refers to strings tied together, it is also used in reference to objects that look like wicks, i.e., any small and elongated item. Here it is referring to a piece of lead that was melted, or cooked, for this purpose.

וּמָה עֲבוֹדָה שֶׁהִיא חֲמוּרָה וְדוֹחָה שַׁבָּת – רְצִיחָה דּוֹחָה אוֹתָהּ, שֶׁנֶּאֱמַר ״מֵעִם מִזְבְּחִי תִּקָּחֶנּוּ לָמוּת״, שַׁבָּת, שֶׁנִּדְחֵית מִפְּנֵי עֲבוֹדָה, אֵינוֹ דִּין שֶׁתְּהֵא רְצִיחָה דּוֹחָה אוֹתָהּ?

If the Temple **service,** which includes the sacrifice of offerings, **is so severe that it overrides Shabbat,** as offerings were brought on Shabbat, and yet the *halakha* of **murder**[N] **overrides it,**[N] i.e., the obligation to execute a sentenced convict overrides the Temple service, **as it is stated** with regard to one sentenced to death: **"You shall take him from My altar, that he may die"** (Exodus 21:14), then in the case of **Shabbat, which is overridden by** the Temple **service, is it not right that** the *halakhot* of **murder should** likewise override it?

וּמַאי ״אוֹ אֵינוֹ״ דְּקָאָמַר? הָכִי קָאָמַר: קְבוּרַת מֵת מִצְוָה תּוֹכִיחַ, שֶׁדּוֹחָה אֶת הָעֲבוֹדָה וְאֵין דּוֹחָה אֶת הַשַּׁבָּת. הֲדַר אֲמַר: קְבוּרַת מֵת מִצְוָה תִּדְחֶה שַׁבָּת מִקַּל וָחוֹמֶר; וּמָה עֲבוֹדָה שֶׁהִיא דּוֹחָה שַׁבָּת, קְבוּרַת מֵת מִצְוָה דּוֹחָה אוֹתָהּ,

§ The Gemara analyzes a puzzling statement in the above *baraita*. **And what** is the meaning of the claim: **Or** perhaps **it is only** the case that capital punishments may be administered even on Shabbat, **which** the *tanna* **stated** in an unexplained reversion to his previous suggestion? The Gemara explains that **this is what** he **is saying:** The *a fortiori* reasoning can be refuted, as the obligation **to bury a corpse with no one** available **to bury it** [*met mitzva*][B] **can prove** otherwise, **as** the obligation to bury a *met mitzva* **overrides** the Temple **service, and** yet **it does not override Shabbat.** The *tanna* **then** retracted his statement and **said** that one can claim that **the burial of a** ***met mitzva*** **overrides Shabbat by** means of the same ***a fortiori*** inference: **If** the Temple **service overrides Shabbat,** and **the burial of a** ***met mitzva*** **overrides** it.

מִ״וּלְאַחוֹתוֹ״, שַׁבָּת, שֶׁנִּדְחָה מִפְּנֵי עֲבוֹדָה, אֵינוֹ דִּין שֶׁתְּהֵא קְבוּרַת מֵת מִצְוָה דּוֹחָה אוֹתָהּ? תַּלְמוּד לוֹמַר ״לֹא תְבַעֲרוּ״.

The Gemara pauses in the middle of the *a fortiori* inference to explain this last point. This is derived **from** the superfluous phrase **"or for his sister"** in the verse "He shall not make himself ritually impure for his father, or for his mother, for his brother, or for his sister, when they die" (Numbers 6:7), which is referring to a nazirite. This verse teaches that even a nazirite on his way to sacrifice the Paschal lamb must render himself ritually impure to bury a *met mitzva*. The Gemara resumes the *a fortiori* inference: If so, as **Shabbat is overridden by** the Temple **service, is it not right that the burial of a** ***met mitzva*** **should override it? Therefore, the verse states: "You shall kindle no** fire throughout your habitations on Shabbat day" (Exodus 35:3).

וּלְמַאי דְּסָלֵיק אַדַּעְתֵּיהּ מֵעִיקָּרָא דְּאָתֵי עֲשֵׂה וְדָחֵי לֹא תַעֲשֶׂה – מַאי ״אוֹ אֵינוֹ״ דְּקָאָמַר?

This concludes Rav Shimi bar Ashi's interpretation of the *baraita*, that the *tanna* suggested that a court-administered death penalty might override Shabbat not because of the principle that a positive mitzva overrides a prohibition, but due to a potential *a fortiori* inference. The Gemara asks: **And according to that which entered his mind at the outset, that** the assumption of the *tanna* was indeed based on the principle that **a positive mitzva comes and overrides a prohibition, what** is the meaning of the clause: **Or** perhaps **it is only** the case that capital punishments may be administered even on Shabbat, **that** the *tanna* **said?** How should the *baraita* be explained according to the initial interpretation?

NOTES

Murder – רְצִיחָה: It is clear from the context that the Gemara is referring to the punishment that is meted out to a murderer by the court. The term murder in the Torah does not exclusively mean criminal killings, as it is used with regard to an avenger of blood as well: "Whosoever kills any person, the murderer shall be murdered according to witnesses" (Numbers 35:30).

Murder overrides it – רְצִיחָה דּוֹחָה אוֹתָהּ: Some commentaries add that even if no other priest is available, and the Temple service would be entirely neglected, the obligation to execute a priest who is guilty of murder nevertheless overrides the Temple service. Rashi maintains that if the guilty priest is in the middle of the Temple service, he is allowed to complete it, whereas the Rambam rules that even if the priest merely began his service he is not given the chance to finish it. The commentaries point out that this opinion of the Rambam's brings the *halakha* of murder closer in line with the cases of levirate marriage and Shabbat in this regard (*Arukh LaNer* on *Mishne LaMelekh*).

BACKGROUND

A corpse with no one to bury it [*met mitzva*] **– מֵת מִצְוָה:** It is an important religious duty to attend to the burial of the dead. If the deceased has no acquaintances or relatives to bury him, all are obligated to assist in his burial. The *halakha* is that a corpse with no one available to bury it acquires its place, i.e., the body must be interred where it was found. This is the case provided that it is in a dignified location; otherwise, the body must be buried in the nearest cemetery. This obligation is so important that even priests and nazirites, who are ordinarily prohibited from coming into contact with a corpse, must bury an abandoned corpse if there is no one else available to do so. Likewise, the obligation to bury this corpse takes precedence over nearly all other religious duties.

הָכִי קָאָמַר: מָה אֲנִי מְקַיֵּים ״מְחַלְלֶיהָ מוֹת יוּמָת״ בִּשְׁאָר מְלָאכוֹת, חוּץ מִמִּיתַת בֵּית דִּין, אֲבָל מִיתַת בֵּית דִּין דָּחֵי שַׁבָּת, דְּאָתֵי עֲשֵׂה וְדָחֵי לֹא תַעֲשֶׂה.

The Gemara explains that **this is what** the *tanna* **is saying:** It would have been possible to say the following: **How do I establish** the verse **"Every one who profanes it shall surely be put to death"** (Exodus 31:14)? This applies **to other** prohibited **labors, except for court-imposed capital punishment. However, court-imposed capital punishment overrides Shabbat,[N] as a positive mitzva comes and overrides a prohibition.**

הֲדַר אֲמַר: אֵימַר דְּאָמְרִינַן דְּאָתֵי עֲשֵׂה וְדָחֵי לֹא תַעֲשֶׂה – לֹא תַעֲשֶׂה גְּרֵידָא, לֹא תַעֲשֶׂה שֶׁיֵּשׁ בּוֹ כָּרֵת – מִי שָׁמְעַתְּ לֵיהּ דְּדָחֵי? הֲדַר אֲמַר: אַטּוּ עֲשֵׂה דּוֹחֶה אֶת לֹא תַעֲשֶׂה, לָאו לֹא תַעֲשֶׂה חָמוּר מִינֵּיהּ, וְקָאָתֵי עֲשֵׂה וְדָחֵי לֵיהּ,

The *tanna* **then** retracted his statement and **said:** You can **say that** we stated the principle **that a positive mitzva comes and overrides a prohibition,** yet this is true for a regular **prohibition alone.** However, **did you hear that it overrides a prohibition that includes** *karet*? The *tanna* **then said,** hinting at a counterclaim: **Is that not to say,** with regard to the principle that **a positive mitzva overrides a prohibition,** that **the prohibition is more stringent than** the positive mitzva?[N] After all, the court punishes one who violates a prohibition with lashes, which is not the case for a failure to uphold a positive mitzva. **And** yet by Torah law **the positive mitzva comes and overrides it.**

מַה לִּי חוּמְרָא זוּטָא, וּמַה לִּי חוּמְרָא רַבָּה? תַּלְמוּד לוֹמַר ״לֹא תְבַעֲרוּ״.

If so, **what difference** is it **to me** if it is a case of **a minor stringency**[N] **and what difference is it to me** if it is **a major stringency?** Once the Torah has stated that a positive mitzva supersedes a prohibition, there should be no difference between a relatively stringent prohibition and a lenient one. Therefore, **the verse states: "You shall not kindle."**[N] In sum, the Gemara has not found a clear proof for the opinion that a positive mitzva supersedes a prohibition that incurs *karet*.

אֶלָּא [אִיצְטְרִיךְ]: סָלְקָא דַּעְתָּךְ אָמִינָא, תֶּיהֱוֵי הַאי אֵשֶׁת אָח דָּבָר שֶׁהָיָה בַּכְּלָל וְיָצָא מִן הַכְּלָל לְלַמֵּד, לֹא לְלַמֵּד עַל עַצְמוֹ יָצָא אֶלָּא לְלַמֵּד עַל הַכְּלָל כּוּלּוֹ יָצָא.

Consequently, the Gemara suggests a different interpretation. The superfluous phrase "with her" indeed teaches that the obligation of levirate marriage does not override the prohibition with regard to women with whom relations are forbidden. However, this derivation is required not because one might have thought that a positive mitzva supersedes a prohibition that incurs *karet*. **Rather,** this phrase **is necessary** because it could **enter your mind to say: Let this** case **of a brother's wife,** to whom the mitzva of levirate marriage applies, **be** treated in accordance with a well-established hermeneutical principle: **A matter that was included in a generalization,**[N] **but emerged to teach, emerged to teach not just about itself**[N] **but to teach about the entire generalization.**

NOTES

Court-imposed capital punishment overrides Shabbat – מִיתַת בֵּית דִּין דָּחֵי שַׁבָּת: Why is this even a consideration? After all, the court can simply postpone the capital punishment until after Shabbat. There is no reason to arrive at a situation where it is necessary for the positive mitzva to override the prohibition. One answer, as stated in tractate *Sanhedrin*, is that if the matter were postponed, the judges might forget the full depth of the reasoning that led to their decision, and consequently, if fresh exculpating evidence were found, they would be unable to study the issue properly. Therefore, this mitzva must be performed without delay (*Tosefot HaRosh*).

The prohibition is more stringent than the positive mitzva – לֹא תַעֲשֶׂה חָמוּר מִינֵּיהּ: According to Rashi, what makes a prohibition more stringent is that one receives lashes for its violation, which is not the case for a positive mitzva. Some commentaries challenge this explanation, as it is sometimes stated that a prohibition is so severe that one is not given lashes for it, because one cannot make amends for it in this manner. Some write that the various levels of atonement indicate that one who transgresses a positive mitzva can more readily achieve penitence. Others disagree and say that an analysis of this issue from the perspective of the ease of repentance does not constitute conclusive proof (*Iggeret HaTeshuva*). Yet others suggest that one who transgresses a positive mitzva does so merely by refraining from action, whereas one who violates a prohibition actively sins (*Arukh LaNer*). See Ramban's commentary on Exodus 20:8 and the question of the *Yad Malakhi* there (see *Meshekh Ḥokhma*).

What difference is it to me if it is a case of a minor stringency, etc. – מַה לִּי חוּמְרָא זוּטָא וכו׳: Since the entire discussion of the Gemara has been based on the assumption that there is a difference between ordinary prohibitions and those that incur *karet*, how is it possible for the Gemara suddenly to reverse this assumption without any proof (*Tosafot Yeshanim*)? The answer given is that if the phrase "with her" is not teaching that certain relatives remain forbidden, but rather it is indicating that the previously forbidden relation of a sister-in-law is permitted, this shows that there is no difference between an ordinary prohibition and one that incurs *karet*.

The verse states, You shall not kindle – תַּלְמוּד לוֹמַר לֹא תְבַעֲרוּ: One could argue that the reason kindling does not override Shabbat is that it is merely a preparation for the fulfillment of the mitzva to perform an execution by burning, whereas an execution by stoning or decapitation, in which the prohibition is violated at the very moment the mitzva is fulfilled, would indeed override Shabbat. The commentaries explain that once the Gemara has stated the argument: What difference is it to me if it is a case of a minor stringency, etc., this differentiation is no longer applicable (Rashba).

A matter that was included in a generalization, etc. – דָּבָר שֶׁהָיָה בַּכְּלָל וכו׳: In essence, the principle: A matter that was included in a generalization, etc., is similar to inferences by analogy or the method of: What do we find with regard to, etc. In other words, it makes use of inductive reasoning, from the detail to the generalization, i.e., that which is correct for the specific case is true for the entire general category. Incidentally, an analogy differs in this regard, as it is not limited to a particular category, whereas here the novel *halakha* of the detail applies only to other cases within the same generalization. The difference between this principle and: A matter specified to discuss a new matter, is that when the detailed case is singled out here from the generalization, the novel *halakha* does not run counter to the generalization but instead adds to it. Conversely, in the case of: A matter specified to discuss a new matter, the additional detail contradicts the generalization to a greater or lesser extent. In these cases the special ruling is not considered part of the general category but a unique case of its own.

To teach not about itself, etc. – לֹא לְלַמֵּד עַל עַצְמוֹ וכו׳: Some commentaries note that this case is unlike the other instances of: A matter intended to teach not only about itself, as here the verse does not teach anything new with regard to peace-offerings at all, and therefore it cannot be classified as a matter that teaches about itself. Some explain that the generalization stated with regard to this subject refers exclusively to priests (Leviticus 7:20), and therefore the mention of peace-offerings does teach a novelty about itself, i.e., that this prohibition applies equally to all Jews (Ritva).

NOTES

Until the Torah restores it, etc. – **עַד שֶׁיַּחֲזִירֶנּוּ הַכָּתוּב וכו׳**: Since the Torah restored a leper's guilt-offering to its general category, why not learn from it that all guilt-offerings require the placement of blood on the thumb and toe (*Tosafot*)? One answer is that the limiting phrase "This is the law of the guilt-offering" (Leviticus 7:1) serves to exclude this possibility. Furthermore, there is a difference between offerings that provide atonement, e.g., other guilt-offerings, and those that enable their owner to return to his former state of ritual purity, such as the guilt-offering of a leper.

דְּתַנְיָא: דָּבָר שֶׁהָיָה בַּכְּלָל וְיָצָא מִן הַכְּלָל וכו׳ כֵּיצַד?

The Gemara explains the application of this principle to the current case. Since the prohibition proscribing a brother's wife is included in the general prohibition with regard to women with whom relations are forbidden, it can be claimed that the *halakha* of levirate marriage renders not only a brother's childless wife permitted, but in this case it renders permitted all women with whom relations are usually forbidden. **As it is taught** in a *baraita* that clarifies this hermeneutical principle: **A matter that was included in a generalization, but emerged** to teach, emerged to teach not just about itself but to teach about the entire generalization. **How so?**

״וְהַנֶּפֶשׁ אֲשֶׁר תֹּאכַל בָּשָׂר מִזֶּבַח הַשְּׁלָמִים וְטוּמְאָתוֹ עָלָיו״, וַהֲלֹא שְׁלָמִים בִּכְלַל קָדָשִׁים הָיוּ, וְלָמָּה יָצְאוּ – לְהַקִּישׁ אֲלֵיהֶן, וְלוֹמַר לָךְ: מַה שְּׁלָמִים מְיוּחָדִים קָדְשֵׁי מִזְבֵּחַ – אַף כָּל קָדְשֵׁי מִזְבֵּחַ, יָצְאוּ קָדְשֵׁי בֶדֶק הַבַּיִת.

The *baraita* provides an example of this principle by citing a verse: **"But the soul that eats of the flesh of the sacrifice of peace-offerings** that belong to the Lord, **with his ritual impurity upon him,** that soul shall be cut off from his people" (Leviticus 7:20). **But aren't peace-offerings included in** the general category **of all consecrated offerings? And why were they** explicitly **singled out** from of the rest in the above verse? **To draw an analogy between them and to say to you: Just as peace-offerings are unique** in that they are **consecrated for the altar, so too,** this *halakha* that one who eats of them is liable to receive *karet* applies to **all** food that is **consecrated for the altar,** which **excludes** objects that are **consecrated for the Temple maintenance.**

הָכָא נַמִי: הָא אֵשֶׁת אָח בִּכְלָל כָּל הָעֲרָיוֹת הָיְתָה, וְלָמָּה יָצְתָה – לְהַקִּישׁ אֵלֶיהָ וְלוֹמַר לָךְ: מָה אֵשֶׁת אָח שַׁרְיָא – אַף כָּל עֲרָיוֹת נַמִי שַׁרְיָין.

The above *baraita* provided an example of the principle that an item singled out from a general category teaches a *halakha* with regard to the entire category. **Here too,** one can argue: **This** case of **a brother's wife was included in** the general category of **all** women **with whom relations are forbidden, and why was she singled out? To compare to her and say to you: Just as** a childless **brother's wife is permitted, so too, all** women **with whom relations are forbidden are likewise permitted.**

מִי דָּמֵי? הָתָם כְּלָל בְּאִיסּוּר וּפְרָט בְּאִיסּוּר. הָכָא – כְּלָל בְּאִיסּוּר וּפְרָט בְּהֶיתֵּר!

The Gemara raises an objection: **Is it comparable? There,** in the case cited as an example of this hermeneutical principle, **the generalization,** i.e., all offerings, are included **in the prohibition** against eating offerings while ritually impure, **and the detailed** case of peace-offerings is also included **in the prohibition.** Consequently, it can be said that the specific case was singled out to teach about the entire category. By contrast, **here,** in the case of levirate marriage with forbidden relatives, **the generalization** is included **in the prohibition** against engaging in forbidden relations, **and** yet **the detailed case is permitted.** Therefore, it cannot be said that the detail has been singled out so as to clarify some aspect of the general category; rather, its *halakha* differs from the rest.

הָא לָא דָּמֵי אֶלָּא לְדָבָר שֶׁהָיָה בַּכְּלָל וְיָצָא לִידּוֹן בְּדָבָר הֶחָדָשׁ, שֶׁאִי אַתָּה יָכוֹל לְהַחֲזִירוֹ לִכְלָלוֹ עַד שֶׁיַּחֲזִירֶנּוּ לָךְ הַכָּתוּב בְּפֵירוּשׁ. דְּתַנְיָא: דָּבָר שֶׁהָיָה בַּכְּלָל וְיָצָא לִידּוֹן בְּדָבָר הֶחָדָשׁ אִי אַתָּה רַשַּׁאי לְהַחֲזִירוֹ לִכְלָלוֹ עַד שֶׁיַּחֲזִירֶנּוּ לָךְ הַכָּתוּב בְּפֵירוּשׁ.

Instead, this case **is comparable only to** those that fit a different hermeneutical principle, concerning **a matter that was included in a generalization but emerged to discuss a new matter.** If a novel aspect or special ruling is taught with regard to a specific case within a broader general category, **then you cannot return it to its generalization** even for other matters, to the extent that this case has been entirely removed from the general category **until the Torah explicitly returns it** to its generalization. **As it is taught** in a *baraita*: With regard to a **matter that was included in a generalization but emerged to discuss a new matter, you may not return it to its generalization until the Torah explicitly returns it**[N] to its generalization.

כֵּיצַד? ״וְשָׁחַט אֶת הַכֶּבֶשׂ בִּמְקוֹם אֲשֶׁר יִשְׁחַט אֶת הַחַטָּאת וְאֶת הָעוֹלָה בִּמְקוֹם הַקֹּדֶשׁ כִּי כַּחַטָּאת הָאָשָׁם הוּא לַכֹּהֵן״ שֶׁאֵין תַּלְמוּד לוֹמַר ״כַּחַטָּאת הָאָשָׁם״, וּמַה תַּלְמוּד לוֹמַר ״כַּחַטָּאת הָאָשָׁם״ –

How so? The *baraita* provides an example of this principle. With regard to the guilt-offering of a leper, the verse states: **"And he shall slaughter the sheep in the place where they slaughter the sin-offering and the burnt-offering, in the place of the Sanctuary; for as the sin-offering is the priest's, so is the guilt-offering"** (Leviticus 14:13). As there is **no** need for **the verse to state: "As the sin-offering... so is the guilt-offering,"** since apparently this comparison does not teach anything new because the *halakhot* of guilt-offerings are already stated elsewhere (Leviticus 7:1–10), then **what** is the meaning when **the verse states: "As the sin-offering... so is the guilt-offering"?**

לְפִי שֶׁיָּצָא אֲשַׁם מְצוֹרָע לִידּוֹן בְּדָבָר הֶחָדָשׁ, בְּבֹהֶן יָד וּבֹהֶן רֶגֶל הַיְמָנִית, יָכוֹל לֹא יְהֵא טָעוּן מַתַּן דָּמִים וְאֵימוּרִים לְגַבֵּי מִזְבֵּחַ,

Since the guilt-offering of a leper was specified from the general category of all guilt-offerings **to discuss a new matter,** i.e., that the blood is placed on **the thumb** of the right hand **and the big toe of the right foot** of the leper, one **might** have thought that this guilt-offering **does not require placement of the blood**[H] **and sacrificial parts on the altar,** as for this guilt-offering the placement of blood on the leper is sufficient.

HALAKHA

Placement of the blood for the guilt-offering of a leper – מַתַּן דָּמִים שֶׁל אֲשַׁם מְצוֹרָע: Two priests receive the blood of a leper's guilt-offering. One accepts the blood in a vessel and throws it onto the altar, while the other takes the blood in his right hand and pours it into his left hand, and then sprinkles it with his right index finger. He places the blood in his palm on the leper's right earlobe, the thumb of his right hand, and the big toe of his right foot (Rambam *Sefer Korbanot, Hilkhot Meḥusrei Kappara* 4:2).

Perek **I**
Daf **7** Amud **b**

תַּלְמוּד לוֹמַר ״כִּי כַּחַטָּאת הָאָשָׁם הוּא״, מָה חַטָּאת טְעוּנָה מַתַּן דָּמִים וְאֵימוּרִים לְגַבֵּי מִזְבֵּחַ – אַף אָשָׁם טָעוּן מַתַּן דָּמִים וְאֵימוּרִים לְגַבֵּי מִזְבֵּחַ.

Therefore, **the verse states: "As the sin-offering… so is the guilt-offering"** (Leviticus 7:13), to teach that **just as the sin-offering requires placement of the blood and sacrificial parts on the altar, so too, the** leper's **guilt-offering requires placement of the blood and sacrificial parts on the altar.**

וְאִי לָא אַהַדְרֵיהּ קְרָא הֲוָה אָמֵינָא: לְמַאי דְּנָפַק נָפַק, וּלְמַאי דְּלָא נָפַק – לָא נָפַק. הָכָא נַמִי הֲוָה אָמֵינָא: אֵשֶׁת אָח דְּאִישְׁתְּרָא אִישְׁתְּרַאי, שְׁאָר עֲרָיוֹת – לָא.

The Gemara comments: **And had the verse not** explicitly **restored this** case of guilt-offering to its generalization, **I would say: With regard to that which was excluded** from the generalization as a novel ruling in this case, it was **excluded, and with regard to that** case **which was not excluded,** it was **not excluded, and** therefore the *halakha* would have been different in the various cases. **Here, too, I would say: A brother's wife who was permitted** is **permitted,** whereas the **other** women **with whom relations are forbidden** were **not** permitted at all. Consequently, there is no proof from here that one might have thought that women with whom relations are forbidden are in fact permitted in levirate marriage.

אֶלָּא סָלְקָא דַּעְתָּךְ אָמֵינָא: תֵּיתֵי בְּמָה מָצִינוּ מֵאֵשֶׁת אָח; מָה אֵשֶׁת אָח מִייַבְּמָה אַף אֲחוֹת אִשָּׁה תִּתְיַיבֵּם.

§ **Rather,** the suggestion that other women with whom relations are usually forbidden might be permitted for levirate marriage was based on a different argument: It might **enter your mind to say:** Let this claim **be derived by** the hermeneutical principle of: **What do we find**[N] with regard to, which is a principle of inductive reasoning involving a comparison between cases that include similar details. In other words, the *halakha* of all other women with whom relations are forbidden can be derived **from** that of **a brother's wife: Just as a brother's wife enters levirate marriage, so too, a wife's sister should enter into levirate marriage.**

מִי דָּמֵי? הָתָם חַד אִיסּוּרָא, הָכָא – תְּרֵי אִיסּוּרֵי! מַהוּ דְּתֵימָא: הוֹאִיל וְאִישְׁתְּרֵי – אִישְׁתְּרֵי.

The Gemara wonders about this: **Is it comparable?** How can one case be derived from the other? **There,** in the case of a brother's wife, only **one prohibition**[N] has been permitted, the prohibition with regard to a brother's wife, whereas **here,** we are dealing with **two prohibitions,** both a brother's wife and a wife's sister. The Gemara answers: It is nevertheless necessary to refute this suggestion, **lest you say: Since it is permitted, it is permitted.** In other words, as the Torah permitted a brother's wife in levirate marriage despite the fact that she is ordinarily forbidden, she remains permitted even if the additional prohibition with regard to a wife's sister applies to her.

NOTES

Let this be derived by: What do we find – תֵּיתֵי בְּמָה מָצִינוּ: Since the Gemara has already concluded that this case includes a novel aspect, how can it suggest that the case can serve as a source for the entire generalization (Rabbi Avraham *Av Beit Din*)? The answer given is that in fact the *halakha* of levirate marriage is not considered a case of: A matter that was included in a generalization but was specified to discuss a new matter, as this possibility was raised in the Gemara only by way of rejection. In other words, the Gemara was saying that this case certainly cannot be treated as: A matter that was included in a generalization. If anything, it is more similar to the other principle of: A matter that was included in a generalization but was specified to discuss a new matter. The early commentaries discuss why this is not in fact a case of: A new matter. See the Ramban's explanation and the Rashba's objection to his opinion. One opinion is that there is indeed nothing new here, as the entire *halakha* of levirate marriage concerns a brother's wife (Rashba, citing Rabbeinu Yona). Others explain that the principle: A matter that was included in a generalization, is stated only with regard to those subjects that appear in the Torah by way of generalization, after which a certain detail is singled out. With regard to women with whom relations are forbidden, however, although several generalizations can be drawn from them, each specific case is mentioned individually. Consequently, there is no proper generalization here at all (Ritva; Meiri).

There, one prohibition – הָתָם חַד אִיסּוּרָא: The commentaries question this point in light of the previously stated principle that in this regard there is no difference between a prohibition of major severity and one of minor severity. They answer that this idea was stated only concerning a single prohibition, but it does not apply to two independent prohibitions (Rashba).

וּמְנָא תֵּימְרָא דְּאָמְרִינַן הוֹאִיל וְאִישְׁתְּרֵי אִישְׁתְּרֵי? דְּתַנְיָא: מְצוֹרָע שֶׁחָל שְׁמִינִי שֶׁלּוֹ בְּעֶרֶב הַפֶּסַח וְרָאָה קֶרִי בּוֹ בַּיּוֹם וְטָבַל, אָמְרוּ חֲכָמִים: אַף עַל פִּי שֶׁאֵין טְבוּל יוֹם אַחֵר נִכְנָס, זֶה – נִכְנָס,

And from where do you say that we state this reasoning of: **Since it is permitted, it is permitted? As it is taught** in a *baraita*: With regard to **a leper whose eighth** day, on which he becomes ritually pure from his leprosy and brings his last offerings to the Temple,[N] **occurs on the eve of Passover,**[H] **and he experienced a seminal emission**[B] **on that** eighth **day and** then **immersed** in a ritual bath, **the Sages said: Although any other** individual **who immersed himself that day** for purification from his ritual impurity **may not enter** the Temple before sunset, **this** leper, who saw an emission of semen and immersed, **may enter** the Temple.

מוּטָב שֶׁיָּבֹא עֲשֵׂה שֶׁיֵּשׁ בּוֹ כָּרֵת וְיִדְחֶה עֲשֵׂה שֶׁאֵין בּוֹ כָּרֵת. וְאָמַר רַבִּי יוֹחָנָן: דְּבַר תּוֹרָה אֲפִילּוּ עֲשֵׂה לֵית בֵּיהּ,

The *baraita* explains the reason for this exception. It is **better that a positive mitzva that includes** *karet*, i.e., bringing the Paschal lamb at the right time, **comes and overrides a positive mitzva that does not include** *karet*, i.e., not entering the Temple in a state of ritual impurity. If the leper does not become purified of his leprosy he may not sacrifice the Paschal lamb. **And Rabbi Yoḥanan said:**[N] **By Torah law there is not even** the overriding of **a positive mitzva in this** case of one who immersed himself during the day entering the Temple.

שֶׁנֶּאֱמַר ״וַיַּעֲמוֹד יְהוֹשָׁפָט בִּקְהַל יְהוּדָה לִפְנֵי הֶחָצֵר הַחֲדָשָׁה״. מַאי חָצֵר הַחֲדָשָׁה? אָמַר (רַבִּי יוֹחָנָן): שֶׁחִידְּשׁוּ בָּהּ דְּבָרִים, וְאָמְרוּ: טְבוּל יוֹם לֹא יִכָּנֵס לְמַחֲנֵה לְוִיָּה.

Rabbi Yoḥanan explains his claim: **As it is stated: "And Jehoshaphat stood in the congregation of Judah** and Jerusalem, in the House of the Lord, **before the new courtyard"** (II Chronicles 20:5). **What is** the meaning of **"the new courtyard"? Rabbi Yoḥanan said:** This is referring to the place **where they issued new matters**[N] **and said** that **one who immersed himself that day**[B] **may not enter the camp of the Levites,** which in Jerusalem is the Temple Mount, despite the fact that by Torah law no such prohibition applies.

וְאָמַר עוּלָּא: מַה טַּעַם – הוֹאִיל וְהוּתַּר לְצָרַעְתּוֹ הוּתַּר לְקִרְוּיוֹ – מִי דָּמֵי לְדְעוּלָּא?

And with regard to this *halakha* itself, that a leper who experienced a seminal emission may nevertheless sacrifice offerings in the Temple, **Ulla said: What is the reason**[N] that this is permitted to him? **Since it is permitted for his leprosy,** i.e., the Torah allowed him to enter the Temple Mount while still a leper to achieve full ritual purification, which requires that he sacrifice offerings, **it is permitted with regard to his seminal emission** as well. This shows that the *tanna* accepts the principle that as one prohibition is permitted, two prohibitions are likewise permitted. The Gemara rejects this argument: Is this assumption **comparable to** the case of **Ulla?**

HALAKHA

A leper whose eighth day occurs on the eve of Passover – מְצוֹרָע שֶׁחָל שְׁמִינִי שֶׁלּוֹ בְּעֶרֶב הַפֶּסַח: With regard to a leper whose eighth day of his process of ritual purification occurs on the eve of Passover, if he experienced a seminal emission on that day, he immerses himself in a ritual bath, after which he may enter the Women's Courtyard to bring his offerings. Anyone else who immersed that day is prohibited from entering the courtyard. However, as this prohibition applies only by decree of the Sages, and since if the leper does not bring his offerings of purification he will be unable to sacrifice the Paschal lamb, the performance of this positive mitzva, whose neglect incurs *karet*, overrides a prohibition that applies by rabbinic law (Rambam, *Sefer Korbanot, Hilkhot Korban Pesaḥ* 6:5).

BACKGROUND

And he experienced a seminal emission – וְרָאָה קֶרִי: Whether an emission of semen occurred involuntarily, intentionally, or during sexual relations, the individual who experienced it becomes ritually impure and cannot enter the Temple precincts. To purify himself, he must immerse in a ritual bath, and after nightfall on the day of his immersion he becomes ritually pure (Leviticus 15:16–18).

One who immersed himself that day – טְבוּל יוֹם: There are many instances of ritual impurity whose elimination involves the two-step process of immersion in a ritual bath, and waiting until nightfall of the day of his immersion. During the period between immersion and nightfall, a certain measure of impurity remains. Consequently, in most cases, it remains prohibited for one who immersed himself during that day to eat offerings or *teruma* if he is a priest; however, it is permitted for him to eat the second tithe.

NOTES

The ritual purification of a leper – טָהֳרַת מְצוֹרָע: This final ritual of the purification of a leper is performed in the following manner: The leper enters the Women's Courtyard and inserts his thumb and big toe through the Gate of Nicanor into the Israelite courtyard, as one who lacks atonement may not enter the Temple. While he stands there, the priest places upon him the blood of the guilt-offering. The purified leper may enter the sacred area of the courtyard and inward only upon the completion of this entire process. See Meiri, who cites various opinions with regard to both the location of the Gate of Nicanor and whether the prohibition against his entry into the Israelite courtyard applies by Torah law or by rabbinic law.

And Rabbi Yoḥanan said, etc. – וְאָמַר רַבִּי יוֹחָנָן וכו׳: Rashi on *Zevaḥim* 32b explains that Rabbi Yoḥanan disputes the opinion of the *tanna* of the *baraita*. According to the *tanna*, the reason for this ruling is that a major positive mitzva overrides a minor positive mitzva, whereas Rabbi Yoḥanan holds that there is no positive mitzva here at all. Others disagree and maintain that Rabbi Yoḥanan is actually clarifying the statement of the *baraita* (*Tosafot*). One of their reasons is that since Rabbi Yoḥanan is an *amora*, it is not possible for him to dispute an explicit ruling of a *baraita*. This is also the opinion of the Ramban, the Rashba, and probably the Rambam. However, others agree with Rashi and explain that Rabbi Yoḥanan's opinion is supported by the mishna that, he claims, disputes this *baraita* (*Tosefot Rabbi Shimshon of Saens*). Yet others, who also contend that Rabbi Yoḥanan is explaining the *baraita*, state that although the Sages occasionally strengthened their decrees to the level of Torah law itself, which is why the *baraita* calls it a positive mitzva, in this case they did not do so in opposition to a positive mitzva that incurs *karet* (Ritva).

Where they issued new matters – שֶׁחִידְּשׁוּ בָּהּ דְּבָרִים: This is supported by the fact that the verse states: "In the congregation of Judah," as the Sages would gather the community together when they wanted to issue a new halakhic ruling, in an effort to publicize it (*Gilyonei HaShas*).

And Ulla said: What is the reason, etc. – וְאָמַר עוּלָּא מַה טַּעַם וכו׳: Some commentaries maintain that Ulla disagrees with the opinion of Rabbi Yoḥanan and suggests an alternative reason for the leniency (Ritva). However, most commentaries hold that Ulla is simply elaborating further on the matter. Consequently, some ask why Ulla requires another explanation, as Rabbi Yoḥanan has already provided one (*Tosafot Yeshanim*). They answer that there are two aspects to the leniency granted here. First, the leper is allowed to enter the Women's Courtyard. Second, he may extend his thumb and big toe into the sanctified area. With regard to this issue, it cannot be suggested that the positive mitzva does not apply, as Ulla maintains that even partial entrance is classified as entering and is prohibited by Torah law on pain of *karet*. Accordingly, Ulla required the additional reason that once it is permitted with regard to one prohibition, the other prohibition is permitted as well. Some commentaries inquire as to why Rabbi Yoḥanan's statement is cited here at all, since the discussion focuses solely on the opinion of Ulla (*Otzar HaShitot*; see *Arukh LaNer*).

תֵּינַח הֵיכָא דְּנָשָׂא מֵת וְאַחַר כָּךְ נָשָׂא חַי, דְּמִגּוֹ דְּאִישְׁתְּרֵי אִיסּוּר אֵשֶׁת אָח – אִישְׁתְּרֵי נַמִּי אִיסּוּר אֲחוֹת אִשָּׁה.

This works out **well when the deceased** brother had first **married** one of the sisters, who was thereby rendered prohibited to the *yavam* as his brother's wife, **and** only **afterward** had **the living** brother **married** her sister, which renders his brother's wife forbidden to him on another count, this time as his wife's sister. **As in** that case one can say that **since** the first **prohibition** with regard to **a brother's wife was** subsequently nullified and thereby **permitted** by the mitzva of levirate marriage, **the prohibition** with regard to **a wife's sister was also** nullified and thereby **permitted.**

אֶלָּא, נָשָׂא חַי וְאַחַר כָּךְ נָשָׂא מֵת, אִיסּוּר אֲחוֹת אִשָּׁה קָדֵים!

However, if the reverse occurred, and first the **living** brother had **married** his wife **and** only **afterward the deceased** brother had **married** her sister, in this case **the prohibition** with regard to **a wife's sister precedes** the prohibition proscribing a brother's wife, i.e., she was initially forbidden to him as his wife's sister. Consequently, even when the second prohibition lapses upon the death of his childless brother, the first prohibition should remain intact.

וַאֲפִילּוּ נָשָׂא מֵת נַמִּי, תֵּינַח הֵיכָא דְּנָשָׂא מֵת וּמֵת, וְאַחַר כָּךְ נָשָׂא חַי, דְּחַזְיָא לֵיהּ דְּבֵינֵי בֵּינֵי. אֶלָּא, נָשָׂא מֵת וְלֹא מֵת, וְאַחַר כָּךְ נָשָׂא חַי – לָא אִיחַזְיָא לֵיהּ כְּלָל!

And furthermore, **even** in a case where **the deceased** brother had **married** first, it works out **well** only **when the deceased** brother had **married** the woman **and** then **died, and** only **afterward the surviving** brother **married** that brother's wife's sister. The reason is **that** in this case, the sister of the wife of the deceased brother **was fit for him in between,** i.e., during the period from when the deceased brother died until he married that brother's wife's sister. Therefore, it can be claimed that the second prohibition should not apply. **However,** if **the deceased** brother **married** first, **and did not die** yet, **and afterward,** during the deceased brother's lifetime, **the living** brother **married** the deceased brother's sister, **she was not fit for him at all,** as there was no period of time during which she was permitted to him.

מִי לָא מוֹדֵי עוּלָּא שֶׁאִם רָאָה קֶרִי בְּלֵיל שְׁמִינִי – שֶׁאֵין מַכְנִיס יָדָיו לְבְהוֹנוֹת?! שֶׁלֹּא יָצָא בְּשָׁעָה שֶׁהִיא רְאוּיָה לְהָבִיא בָּהּ קָרְבָּן!

The Gemara provides proof for this claim: **Doesn't Ulla agree**[N] **that** if a leper **experienced a seminal emission on the night of the eighth,** not on the eighth day but on the previous night, **that he may not insert his hands** and feet **to the thumb and big toe**[B] to receive the blood and oil for his purification? The reason is **that** in this case he is ritually impure due to the emission and **he** had **not** yet **emerged** from the impurity of leprosy **at a time that is fitting to bring an offering,** as he cannot sacrifice his offerings until the daylight hours of the eighth day. Since there was not a single moment when he was permitted to enter the Temple in his state of ritual impurity, in this case one cannot apply the principle: Since it is permitted, it is permitted.

אֶלָּא: כִּי אִיצְטְרִיךְ ״עָלֶיהָ״ הֵיכָא דְּנָשָׂא מֵת, וּמֵת, וְאַחַר כָּךְ נָשָׂא חַי.

§ **Rather,** the Gemara suggests that the phrase **"with her,"** which teaches the prohibition with regard to a wife's sister in levirate marriage, **is necessary** for a case **where the deceased** brother had first **married**[N] and then **died, and** only **afterward the living** brother **married** the sister of the deceased brother's wife, in which case his brother's wife was permitted to him for a period of time. Accordingly, one might have applied the principle: Since it is permitted, it is permitted. For this reason it was necessary to write "with her," to teach that this second woman is nevertheless forbidden as his wife's sister.

NOTES

Doesn't Ulla agree, etc. – מִי לָא מוֹדֵי עוּלָּא וכו׳: The commentaries ask how the Gemara knows that Ulla would agree on this matter (see *Tosafot* on Gemara here and on *Zevaḥim*). Others say that the Gemara's claim is not based on a derivation of Ulla's opinion in the case of one who experienced a seminal emission, as claimed by *Tosafot*; rather, it is a simple matter of logical reasoning. It was Ulla who stated the principle: Since it is permitted, it is permitted, and therefore where this rationale does not apply, Ulla would not disagree (Rashba).

With her is necessary where the deceased married, etc. – כִּי אִיצְטְרִיךְ עָלֶיהָ הֵיכָא דְּנָשָׂא מֵת וכו׳: Some commentaries note that in this case, where the *yavam* married the sister of his *yevama* only after the death of his brother, the *halakha* of a rival wife of a forbidden relation does not apply, as the rival wife in this case was never prohibited to him (*Tosafot Yeshanim*). In other words, although the sister of the surviving brother's wife is indeed forbidden to him, any other wives of the deceased brother remain permitted. *Tosafot Yeshanim* explain that the derivation from "with her" refers solely to the forbidden relation herself, whereas the prohibition proscribing a rival wife applies only when the deceased brother married first, after which the surviving brother married during his brother's lifetime (see *Sefer Aḥiezer*).

BACKGROUND

Insert his hands and feet to the thumb and big toe – מַכְנִיס יָדָיו לְבְהוֹנוֹת: The purification process for lepers is detailed in the Torah (Leviticus, chapter 14). This ritual includes the requirement that a priest apply oil that has been sanctified for this purpose, as well as blood from the guilt-offering, upon the leper's right earlobe, right big toe, and right thumb. For this reason, the leper had to extend his thumb, big toe, and head into the Temple courtyard.

NOTES

From the juxtaposition of Rabbi Yona – בְּהֶיקֵּישָׁא מִדְּרַבִּי יוֹנָה: Rabbi Yona did not establish this juxtaposition with the aim of rendering all women with whom relations are forbidden permitted in levirate marriage. Rather, he said it in relation to a different issue, the first stage of sexual intercourse with a forbidden relation. The juxtaposition teaches that all women with whom relations are forbidden are equivalent to each other in that regard. However, as there is no such thing as a partial juxtaposition, it can be claimed that this juxtaposition teaches additional comparisons between the cases of those with whom relations are forbidden (Rashi; see Ritva).

To a lenient ruling and a stringent ruling, etc. – לְקוּלָּא וְחוּמְרָא וכו׳: Some commentaries suggest that there is a fundamental distinction between levirate marriage in the case of a brother's wife and all other women with whom relations are forbidden, as the *halakha* itself refers specifically to a brother's wife. If so, one cannot learn from this case with regard to the other women with whom relations are forbidden (Rashba). The Rashba explains that it would indeed have been possible to refute the suggestion in this manner, but the other difficulties raised by the Gemara are preferable.

A positive mitzva does not override a prohibition that includes *karet* – אֵין עֲשֵׂה דּוֹחֶה לֹא תַעֲשֶׂה שֶׁיֵּשׁ בּוֹ כָּרֵת: This issue of whether or not a positive mitzva overrides a prohibition that incurs *karet* is not thoroughly clarified by the Gemara, nor is the matter clearly decided by the ruling of the Rambam (Rambam *Sefer Zemanim*, *Hilkhot Shabbat* 19:20). Some commentaries apparently accept Rava's opinion that a positive mitzva does not generally override a prohibition that incurs *karet* (*Tosafot*; Meiri). However, others hold that Rava's statement is not accepted, and a positive mitzva overrides even a prohibition that incurs *karet*, provided that the opposite conclusion is not explicitly stated in that particular case (*Sefer HaKeritut*; see *Yad Malakhi*).

The verse is necessary to prohibit a rival wife – כִּי אִיצְטְרִיךְ קְרָא לְמֵיסַר צָרָה: In fact, both here and in the continuation of the discussion, the Gemara indicates that no explicit verse was necessary to render a rival wife prohibited, and this verse renders a rival wife permitted in those cases when she is not a forbidden relation. However, as this is derived from a verse that uses an expression of a prohibition, the Gemara states that it serves to prohibit a rival wife in certain cases (Rashba; see Ritva).

וְאִי בָּעֵית אֵימָא: אָתְיָא בְּהֶיקֵּישָׁא מִדְּרַבִּי יוֹנָה. דְּאָמַר רַבִּי יוֹנָה, וְאִיתֵּימָא רַב הוּנָא בְּרֵיהּ דְּרַב יְהוֹשֻׁעַ: אָמַר קְרָא ״כִּי כָּל אֲשֶׁר יַעֲשֶׂה מִכֹּל הַתּוֹעֵבוֹת הָאֵלֶּה וְנִכְרְתוּ״ הוּקְשׁוּ כָּל הָעֲרָיוֹת כּוּלָּן לְאֵשֶׁת אָח; מָה אֵשֶׁת אָח שַׁרְיָא אַף כָּל עֲרָיוֹת נַמִּי שַׁרְיָין – כָּתַב רַחֲמָנָא ״עָלֶיהָ״.

And if you wish, say instead that the suggestion that other women with whom relations are forbidden are permitted in levirate marriage **is derived from the juxtaposition of Rabbi Yona.**[N] **As Rabbi Yona said, and some say** this was stated by **Rav Huna, son of Rav Yehoshua: The verse states: "For whoever shall do any of these abominations,** the souls that do them **shall be cut off** from among their people" (Leviticus 18:29). In this verse **all** of the women **with whom relations are forbidden are juxtaposed with** the case of a **brother's wife.** Consequently, one might say that **just as a brother's wife is permitted** in levirate marriage, **so too, all** women **with whom relations are forbidden are likewise permitted.** Therefore, **the Merciful One writes: "With her,"** which excludes the prohibition with regard to a wife's sister.

אֲמַר לֵיהּ רַב אַחָא מִדִּפְתִּי לְרָבִינָא: מִכְּדִי, כָּל עֲרָיוֹת אִיכָּא לְאַקּוֹשִׁינְהוּ לְאֵשֶׁת אָח וְאִיכָּא לְאַקּוֹשִׁינְהוּ לַאֲחוֹת אִשָּׁה, מַאי חֲזֵית דְּאַקַּשְׁתְּ לַאֲחוֹת אִשָּׁה – אַקְּשִׁינְהוּ לְאֵשֶׁת אָח!

Against this proof, **Rav Aḥa of Difti said to Ravina: Since** the *halakha* of **all** women **with whom relations are forbidden can be juxtaposed with** the case of **a brother's wife** and thereby rendered permitted in levirate marriage, **and** these cases **can** equally **be juxtaposed with** the *halakha* of **a wife's sister,** which would mean that they are forbidden, **what did you see that you juxtaposed them with a wife's sister? Juxtapose them** instead **with a brother's wife.** If so, the opposite could be derived from the phrase "with her," i.e., not that all women with whom relations are forbidden are prohibited like a wife's sister, but that all these women are permitted in levirate marriage, even a wife's sister.

אִיבָּעֵית אֵימָא: לְקוּלָּא וְחוּמְרָא – לְחוּמְרָא מַקְּשִׁינַן, אִיבָּעֵית אֵימָא: הָכָא תְּרֵי אִיסּוּרֵי וְהָכָא תְּרֵי אִיסּוּרֵי, וּתְרֵי מִתְּרֵי יָלְפִינַן; אֲבָל הָכָא חֲדָא אִיסּוּרָא – וּתְרֵי מֵחֲדָא לָא יָלְפִינַן.

The Gemara answers: **If you wish, say** that if one must decide between two possible ways of understanding juxtaposed cases, one of which leads **to a lenient** ruling **and** the other to **a stringent** ruling,[N] **we juxtapose to** reach **the stringent ruling,** not the leniency. **If you wish, say** instead: **Here,** there are **two prohibitions,** a brother's wife and a wife's sister, **and there,** in the case of all other women with whom relations are forbidden, there are also **two prohibitions. And one** may **derive** a case involving **two** prohibitions **from** another case that involves **two** prohibitions. **However, here,** in the case of a regular levirate marriage that does not involve any other forbidden relation, there is only **one prohibition** proscribing a brother's wife, **and one may not derive** a case involving **two** prohibitions **from** a case that involves only **one.**

רָבָא אָמַר: עֶרְוָה לָא צְרִיכָא קְרָא, דְּאֵין עֲשֵׂה דּוֹחֶה לֹא תַעֲשֶׂה שֶׁיֵּשׁ בּוֹ כָּרֵת. כִּי אִיצְטְרִיךְ קְרָא – לְמֵיסַר צָרָה.

§ **Rava said** that this entire *halakha* must be understood differently. With regard to **a forbidden relation** herself, it is **not necessary** for **a verse** to teach that she cannot enter into levirate marriage, **as a positive mitzva does not override a prohibition that includes** ***karet***.[N] Rather, **the verse** "with her" **is necessary to prohibit a rival wife,**[N] as a rival wife is not prohibited to the *yavam* as a forbidden relation.

וְעֶרְוָה לָא צְרִיכָא קְרָא?! וְהָא תַּנְיָא: אֵין לִי אֶלָּא הִיא!

The Gemara asks: **And** does the *tanna* in fact maintain with regard to **a forbidden relation** that it is **not necessary** for **a verse** to teach that she is prohibited in levirate marriage? **But isn't it taught** in that same *baraita*: **I have** derived **nothing other** than that **this** woman is exempt from levirate marriage. From where is it inferred that the same applies to her rival wife? This shows that the case of a forbidden relation does require a special inference from a verse.

מִשּׁוּם צָרָתָהּ.

The Gemara answers: It is **due to her rival wife,** i.e., the *baraita* does not mean that the *halakha* of women with whom relations are forbidden is derived from this verse; rather, this case is mentioned only to introduce the case of a rival wife.

וְהָא קָתָנֵי: אֵין לִי אֶלָּא הֵן! מִשּׁוּם צָרוֹתֵיהֶן.

The Gemara raises another difficulty: **But it is taught** in the *baraita*: **I have** derived **nothing other** than that **these** sisters are exempt from levirate marriage, which again suggests that the derivation from the verse applies to all of them. This is similarly rejected: This is also stated **due to their rival wives.**

תָּא שְׁמַע: רַבִּי אוֹמֵר, ״וְלָקַח״ ״וּלְקָחָהּ״ ״וְיִבֵּם״ ״וְיִבְּמָהּ״, לֶאֱסוֹר צָרוֹת וַעֲרָיוֹת!

The Gemara suggests: **Come and hear** a different *baraita* that contradicts Rava's statement: **Rabbi** Yehuda HaNasi **says** that there is a different proof that a forbidden relation and her rival wife are prohibited in levirate marriage. The Torah says: "He will have intercourse with her and take her to him to be his wife and consummate the levirate marriage with her" (Deuteronomy 25:5). Since the verse does not say simply: **Have intercourse,** but: **"Have intercourse with her,"** this indicates that he takes this woman specifically, not a different woman who is forbidden. Furthermore, the verse does not simply state: **And consummate the levirate marriage,** but: **"And consummate the levirate marriage with her."** These additions serve **to prohibit rival wives and** women **with whom relations are forbidden.**

אֵימָא: לֶאֱסוֹר צָרוֹת שֶׁל עֲרָיוֹת. וְהָא תְּרֵי קְרָאֵי קָנְסֵיב לֵיהּ, מַאי לָאו: חַד לְעֶרְוָה וְחַד לְצָרָה!

This shows that even the prohibition with regard to women with whom relations are forbidden requires a special inference. The Gemara answers: Amend the language of the *baraita* and **say: To prohibit rival wives of** those **with whom relations are forbidden,**[N] not the women themselves with whom relations are forbidden. The Gemara raises a difficulty: **But he brought two** proofs from the **verse,** both "have intercourse with her" and "and consummate the levirate marriage with her." **What, is it not** because **one** phrase is required for the *halakha* **of** a woman **with whom relations are forbidden and** the other **one for a rival wife?**

לָא, אִידֵי וְאִידֵי לְצָרָה, חַד לְמֵיסַר צָרָה בִּמְקוֹם מִצְוָה, וְחַד לְמִישְׁרֵי צָרָה שֶׁלֹּא בִּמְקוֹם מִצְוָה.

The Gemara rejects this suggestion: **No, this** source **and that** source **are** necessary **for a rival wife,** and both phrases are required, for the following reason. **One** of them comes **to prohibit a rival wife in a place where the mitzva** of levirate marriage is applicable, **and one** serves **to permit a rival wife in a place where the mitzva** is **not** applicable. If a woman is the rival wife of one of those relatives forbidden to a given man, he is permitted to marry her following the death of her husband, as the prohibition proscribing rival wives of women with whom relations are forbidden pertains only to cases where the *halakhot* of levirate marriage are applicable, i.e., in the case of a brother's wife.

מַאי טַעֲמָא – ״וְיִבֵּם״ ״וְיִבְּמָהּ״, בִּמְקוֹם יִיבּוּם הוּא דַּאֲסִירָא צָרָה, שֶׁלֹּא בִּמְקוֹם יִיבּוּם – שַׁרְיָא צָרָה.

The Gemara elaborates: **What is the reason** for this *halakha*? It is derived from the fact that the verse does not merely state: **And consummate the levirate marriage,** but instead emphasizes: **"And consummate the levirate marriage with her."** This comes to teach: **It is in a place where levirate marriage** applies **that a rival wife is prohibited;** however, **in a place where the levirate marriage** is **not** applicable, **a rival wife is permitted.**

אֲמַר רַב אַשִׁי: מַתְנִיתִין נַמִי דַּיְקָא: דְּקָתָנֵי, חֲמֵשׁ עֶשְׂרֵה נָשִׁים פּוֹטְרוֹת צָרוֹתֵיהֶן, וְאִילּוּ ״פְּטוּרוֹת וּפוֹטְרוֹת״ – לָא קָתָנֵי, שְׁמַע מִינָּהּ.

Rav Ashi said: The mishna is also precisely formulated[N] in accordance with the opinion of Rava, **as it teaches: Fifteen women exempt their rival wives, whereas** the phrase: **Are exempt and exempt** others, **is not taught.** This indicates that the exemption of these women who are themselves forbidden relations does not necessitate any special inference, as this is not a novel *halakha*, and therefore the mishna does not even state this point explicitly. The novelty is that they exempt their rival wives. The Gemara summarizes: **Conclude from this** that Rava's opinion is correct.

וּמַאי שְׁנָא עֶרְוָה דְּלָא צְרִיכָא קְרָא – דְּאֵין עֲשֵׂה דּוֹחֶה לֹא תַעֲשֶׂה שֶׁיֵּשׁ בּוֹ כָּרֵת – צָרָה נַמִי לָא תִּיבָּעֵי קְרָא מִשּׁוּם דְּאֵין עֲשֵׂה דּוֹחֶה לֹא תַעֲשֶׂה שֶׁיֵּשׁ בּוֹ כָּרֵת!

The Gemara asks: **And** if so, **what is different** about **a forbidden relation that** a special **verse is not necessary** to exclude it? The reason must be **that a positive mitzva does not override a prohibition that entails** ***karet.*** If so, **a rival wife** should **also not require an** additional **verse, due to** the fact that **a positive mitzva does not override a prohibition that entails** ***karet.*** The phrase "to be a rival to her" (Leviticus 18:18) teaches that the rival wife of a wife's sister is prohibited like the wife's sister herself.

אֲמַר לֵיהּ רַב אַחָא בַּר בֵּיבָי מָר לְרָבִינָא: הָכִי קָאָמְרִינַן מִשְּׁמֵיהּ דְּרָבָא, צָרָה נַמִי לָא אִיצְטְרִיךְ קְרָא, כִּי אִיצְטְרִיךְ קְרָא

Rav Aḥa, son of Beivai Mar, said to Ravina that **this is what we say in the name of Rava:** With regard to **a rival wife too, a verse is not necessary,**[N] as is the case with a forbidden relation herself, since the prohibition in her case as well incurs *karet*, and therefore one would not think that the positive mitzva of levirate marriage overrides that prohibition. **The verse is necessary**

NOTES

Say to prohibit rival wives of those with whom relations are forbidden – אֵימָא לֶאֱסוֹר צָרוֹת שֶׁל עֲרָיוֹת: This is not an arbitrary adjustment of the text, as the unusual order of the *baraita*, which mentions rival wives before those with whom relations are forbidden, alludes to this interpretation (*Arukh LaNer*).

The mishna is also precisely formulated – מַתְנִיתִין נַמִי דַּיְקָא: In other words, the phrasing of the mishna indicates that the *tanna* maintains that there is no need for a special inference to render prohibited those with whom relations are forbidden. Since he did not emphasize the exemption of women with whom relations are forbidden, but assumed that it was understood, it stands to reason that he holds in accordance with the opinion of Rava that no verse is required in this case (Ramban).

With regard to a rival wife too, a verse is not necessary – צָרָה נַמִי לָא אִיצְטְרִיךְ קְרָא: But if no verse is required even for a rival wife, Rav Ashi's earlier comment that the mishna is in accordance with Rava's opinion is no longer valid (*Tosafot*). *Tosafot* note that in any case it is necessary for the mishna to state explicitly that rival wives are prohibited, whereas the prohibition with regard to women with whom relations are forbidden is mentioned in other tractates. Others explain that this *halakha* is indeed unnecessary for the matter at hand, but it serves as an introduction to the next mishna, which deals with the six stringent cases of those with whom relations are forbidden. In those cases a rival wife is permitted, as no levirate marriage at all is involved.

NOTES

Say that a forbidden relative herself, etc. – **אֵימָא עֶרְוָה גּוּפַהּ וכו׳**: Some commentaries maintain that this does not mean to suggest that all those with whom relations are forbidden should be permitted when no mitzva of levirate marriage applies, but merely that a wife's sister alone, to whom the phrase "with her" applies, should be permitted. In her case it is possible to suggest that the prohibition applies only when the mitzva of levirate marriage is in effect (*Arukh LaNer*).

I can reverse this, etc. – **אֵיפוּךְ אֲנָא וכו׳**: The commentaries explain that this reversal is based on the reasoning that a prohibition is more likely to be permitted in a situation where there is a mitzva involved, as opposed to when there is no mitzva of levirate marriage (*Tosafot Yeshanim*).

HALAKHA

A wife's sister – **אֲחוֹת אִשָּׁה**: One's wife's sister is forbidden by Torah law during one's wife's lifetime, even after they have divorced. However, after the death of one's wife, her sister is permitted to him (*Shulḥan Arukh, Even HaEzer* 15:26).

לְמִישְׁרֵי צָרָה שֶׁלֹּא בִּמְקוֹם מִצְוָה. מַאי טַעְמָא? אָמַר קְרָא "עָלֶיהָ", בִּמְקוֹם "עָלֶיהָ" הוּא דַּאֲסִירָא, שֶׁלֹּא בִּמְקוֹם "עָלֶיהָ" – שַׁרְיָא.

to permit a rival wife in a place where the mitzva of levirate marriage is **not** applicable. **What is the reason,** i.e., how is this inferred? **The verse states: "With her."** In other words, **it is in a place** where the obligation "her brother-in-law will have intercourse **with her" is** applicable **that** a rival wife is **prohibited,** whereas **in a place** where the obligation "Her brother-in-law will have intercourse **with her" is not** applicable, a rival wife is **permitted.**

אֲמַר לֵיהּ רָמִי בַּר חָמָא לְרָבָא: אֵימָא עֶרְוָה גּוּפַהּ שֶׁלֹּא בִּמְקוֹם מִצְוָה תִּישְׁתְּרֵי! וְלָאו קַל וָחוֹמֶר הוּא? בִּמְקוֹם מִצְוָה – אֲסִירָא, שֶׁלֹּא בִּמְקוֹם מִצְוָה – שַׁרְיָא?!

Rami bar Ḥama said to Rava: If the phrase "with her" is referring only to a case where levirate marriage is applicable, one can **say** that **a forbidden relative herself**[N] **should be permitted in a place** where the **mitzva** of levirate marriage is **not** applicable. According to this interpretation, the prohibitions with regard to all those with whom relations are forbidden are in effect only when levirate marriage applies. Rava answered: **And is it not an *a fortiori* inference?** If these relatives are **prohibited in a place** where there is **a mitzva,** could they be **permitted in a place** where there is **no mitzva?**

אֲמַר לֵיהּ: צָרָה תּוֹכִיחַ, דְּבִמְקוֹם מִצְוָה – אֲסִירָא, וְשֶׁלֹּא בִּמְקוֹם מִצְוָה – שַׁרְיָא! אֲמַר לֵיהּ: עָלֶיךָ אָמַר קְרָא "בְּחַיֶּיהָ" – כָּל שֶׁבְּחַיֶּיהָ.

Rami bar Ḥama **said to** Rava: That is no proof, as the case of **a rival wife** herself **can prove** that this *a fortiori* inference is incorrect, **as in a place** where there is **a mitzva she is prohibited and in a place** where there is **no mitzva she is permitted.** Rava **said to** Rami bar Ḥami: **With regard to your** claim, **the verse states:** "And you shall not take a woman to her sister… **in her lifetime**" (Leviticus 18:18). This indicates that **all** cases in which it **is in the lifetime** of her sister she is forbidden, even when no mitzva applies.

הַאי "בְּחַיֶּיהָ" מִיבָּעֵי לֵיהּ לְמַעוּטֵי לְאַחַר מִיתָה! הַהִיא מִ"וְאִשָּׁה אֶל אֲחוֹתָהּ" נָפְקָא.

The Gemara asks: **This** phrase **"in her lifetime" is necessary,** as indicated by the plain meaning of the phrase, **to exclude the time after death,** i.e., to teach that a wife's sister is forbidden only while the wife is still alive, whereas after her death the sister is permitted. The Gemara answers: **That** *halakha* that a woman is permitted after her sister's death **is derived from** "and you shall not take **a woman to her sister**" (Leviticus 18:18), as when one of them is dead it is no longer considered "a woman to her sister."

אִי מִ"וְאִשָּׁה אֶל אֲחוֹתָהּ" הֲוָה אָמִינָא: נִתְגָּרְשָׁה שַׁרְיָא, תַּלְמוּד לוֹמַר "בְּחַיֶּיהָ" – כָּל שֶׁבְּחַיֶּיהָ, דְּאַף עַל גַּב דְּנִתְגָּרְשָׁה – לָא.

The Gemara further asks: **If** this *halakha* is derived **from "a woman to her sister," I would say** that even **if she were divorced,** her sister **is permitted.** Therefore, **the verse states: "In her lifetime,"** which indicates that the prohibition is in effect in **all** cases **that** are **in her lifetime. This** teaches **that although she is divorced,** her sister is **not**[H] permitted.

אֶלָּא אֲמַר רַב הוּנָא בַּר תַּחֲלִיפָא מִשְּׁמֵיהּ דְּרָבָא: תְּרֵי קְרָאֵי כְּתִיבִי: כְּתִיב "אִשָּׁה אֶל אֲחוֹתָהּ לֹא תִקָּח לִצְרוֹר" וּכְתִיב "לְגַלּוֹת עֶרְוָתָהּ", דְּחַדָא מַשְׁמַע, הָא כֵּיצַד? בִּמְקוֹם מִצְוָה – שְׁתֵּיהֶן אֲסוּרוֹת, שֶׁלֹּא בִּמְקוֹם מִצְוָה – הִיא אֲסוּרָה וְצָרָתָהּ מוּתֶּרֶת.

§ **Rather,** the Gemara suggests a different interpretation. **Rav Huna bar Taḥlifa said in the name of Rava: Two verses are written,** i.e., two separate issues are mentioned in the same verse. **It is written: "And you shall not take a woman to her sister, to be a rival [*litzror*],"** which indicates that two rival wives are prohibited. **And it is written: "To uncover her nakedness"** (Leviticus 18:18), in the singular, **which means one** and not both of them. **How is it** possible to reconcile this apparent contradiction? **In a place** where there is **a mitzva** of levirate marriage, **both** the forbidden relation and her rival wife **are prohibited. In a place** where there is **no mitzva** of levirate marriage, the forbidden relation **is prohibited but her rival wife is permitted.**

אֵיפוּךְ אֲנָא: בִּמְקוֹם מִצְוָה – הִיא אֲסוּרָה וְצָרָתָהּ מוּתֶּרֶת, וְשֶׁלֹּא בִּמְקוֹם מִצְוָה – שְׁתֵּיהֶן אֲסוּרוֹת! אִם כֵּן, לֹא יֹאמַר "עָלֶיהָ".

The Gemara raises a difficulty: **I can reverse this**[N] and suggest the opposite. **In a place** where there is **a mitzva,** the forbidden relation **is prohibited and her rival wife is permitted, and in a place** where there is **no mitzva, both of them are prohibited.** The Gemara answers: **If so, let** the verse **not say "with her,"** at all, as this superfluous phrase teaches that the prohibition with regard to a rival wife applies only when there is a mitzva of "her brother-in-law will have intercourse with her."

אָמַר לֵיהּ רַב אַשִׁי לְרַב כָּהֲנָא: מִמַּאי דְּהַאי "עָלֶיהָ" לְאִיסּוּרָא? דִּלְמָא לְהֶתֵּירָא, וְהָכִי קָאָמַר רַחֲמָנָא: "אִשָּׁה אֶל אֲחוֹתָהּ לֹא תִקָּח לִצְרוֹר" – לֹא הִיא וְלֹא צָרָתָהּ, שֶׁלֹּא בִּמְקוֹם "עָלֶיהָ", אֲבָל בִּמְקוֹם "עָלֶיהָ" שְׁתֵּיהֶן מוּתָּרוֹת!

Rav Ashi said to Rav Kahana: From where is it derived that this superfluous phrase "with her," comes to prohibit, i.e., although there is an obligation that "her brother-in-law will have intercourse with her," a wife's sister remains prohibited? **Perhaps** it serves **to permit, and this is what the Merciful One is saying: "You shall not take a woman to her sister, to be a rival"** (Leviticus 18:18), i.e., **neither her nor her rival wife.** When is this the case? It is **in a place where** the obligation of "her brother-in-law will have intercourse **with her**" does **not** apply. **However, in a place where "with her" does apply** and there is an obligation of levirate marriage, **both of them are permitted.**

אִם כֵּן "לְגַלּוֹת עֶרְוָה" דְּחָדָא הֵיכִי מַשְׁכַּחַתְּ לַהּ? אִי בִּמְקוֹם מִצְוָה – שְׁתֵּיהֶן מוּתָּרוֹת, אִי שֶׁלֹּא בִּמְקוֹם מִצְוָה – שְׁתֵּיהֶן אֲסוּרוֹת.

Rav Kahana replied to Rav Ashi: **If** the above statement is **so,** and **"to uncover her nakedness"** is referring **to one**[N] woman, under **what circumstances** can **you find** this case? When is only one of them prohibited? **If** it is **in a place** where there is **a mitzva, they are both permitted; if** it is **in a place** where there is **no mitzva, they are both forbidden.** Therefore, the earlier line of reasoning must be accepted: A rival wife is forbidden only in a case where the mitzva of levirate marriage is in effect.

גּוּפָא, רַבִּי אוֹמֵר: "וְלָקַח" "וּלְקָחָהּ" "וְיִבֵּם" "וְיִבְּמָהּ" – לֶאֱסוֹר צָרוֹת וַעֲרָיוֹת. מִידֵּי צָרוֹת כְּתִיבָא הָכָא? וְעוֹד: צָרוֹת – מִ"לִּצְרוֹר" נָפְקָא!

§ While clarifying the exposition of the phrase "with her," an alternative interpretation attributed to Rabbi Yehuda HaNasi was mentioned. The Gemara discusses **the** matter **itself. Rabbi** Yehuda HaNasi **says:** The verse does not say **have intercourse,** but "**have intercourse with her.**" And it does not say **and consummate the levirate marriage,** but "**and consummate the levirate marriage with her.**" These phrases serve **to prohibit rival wives and** women **with whom relations are forbidden.** The Gemara asks: **Are rival wives written here?** In other words, what is the connection between the verse and the topic of rival wives, an issue that is not even mentioned in the verse? **And furthermore:** The prohibition with regard to **rival wives is derived** from the phrase **"To be a rival wife** [***litzror***]," not from this source.

"לִצְרוֹר" מַפֵּיק לֵיהּ רַבִּי לְכִדְרַבִּי שִׁמְעוֹן.

The Gemara answers: **Rabbi** Yehuda HaNasi **derives** a different *halakha* **from** the phrase **"to be a rival wife," in accordance with that** statement **of Rabbi Shimon.** In Rabbi Shimon's opinion, the exemption of two sisters from levirate marriage applies not only when the *yavam* is married to one of the sisters, but also if two sisters who come before him for levirate marriage were previously married to two of his brothers. In that case, the levirate bond itself is sufficient for them to be considered rival wives of one another.

צָרָה הָכָא כְּתִיב? הָכִי קָאָמַר: אִם כֵּן לֵימָא קְרָא "וְלָקַח", מַאי "וּלְקָחָהּ" – כָּל הֵיכָא דְּאִיכָּא תְּרֵי לְקוּחִין, דְּאִי בָּעֵי נָסֵיב הַאי וְאִי בָּעֵי נָסֵיב הַאי – שַׁרְיָא, וְאִי לָא – תַּרְוַיְיהוּ אֲסִירִין.

And with regard to the previous question: **Are rival wives written here?** The answer is that **this is what he is saying: If so,** that the verse does not come to exempt rival wives, **let the verse state** only: **Have intercourse. What is** the meaning of **"have intercourse with her"?** It serves to limit the case to one woman and not two, in the following manner: **Anywhere that there are two** possibilities of **having intercourse,** i.e., there is a choice between marrying one of two women in levirate marriage, in such a way **that if he wants he may marry this one, and if he wants he may marry that one,** then each one is **permitted. And if** he does **not** have a choice and is obligated to marry one of them, e.g., if the other is a forbidden relation to him, **they are both prohibited,** including the rival wife.

"וְיִבְּמָהּ", בִּמְקוֹם יִיבּוּם – הוּא דַּאֲסִירָא צָרָה, שֶׁלֹּא בִּמְקוֹם יִיבּוּם – שַׁרְיָא צָרָה. וְרַבָּנַן, הַאי "וּלְקָחָהּ" מַאי עָבְדִי לֵיהּ?

When the verse states: **"And consummate the levirate marriage with her,"** it comes to teach the following. **It is in a place** where **levirate marriage** is applicable **that a rival wife is prohibited,** whereas **in a place** where **levirate marriage** is **not** applicable, **a rival wife is permitted.** The Gemara asks: **And** with regard to **the Rabbis,** who do not interpret the verse in this manner, **what do they do with this** emphasis on **"have intercourse with her"?** How do they interpret it?

NOTES

If so, and: To uncover her nakedness, is referring to one, etc. – **אִם כֵּן לְגַלּוֹת עֶרְוָה דְּחָדָא וכו׳**: The difficulty raised by Rami bar Ḥama is evidently based on the assumption that a positive mitzva overrides even a prohibition that incurs *karet*. However, according to the opinion of Rava, the verse is necessary to render permitted a rival wife, and therefore this problem does not arise. Consequently, Rava's response to the difficulty is not in accordance with his own opinion, but in line with the reasoning of the question (*Tosefot HaRosh*).

מִיבָּעֵי לְהוּ לְכִדְרַבִּי יוֹסֵי בַּר חֲנִינָא. דְּאָמַר רַבִּי יוֹסֵי בַּר חֲנִינָא: "וּלְקָחָהּ", מְלַמֵּד שֶׁמְּגָרְשָׁהּ בְּגֵט וּמַחֲזִירָהּ. "וְיִבְּמָהּ" – עַל כׇּרְחָהּ.

The Gemara responds: **They need this for that which Rabbi Yosei bar Ḥanina** said, **as Rabbi Yosei bar Ḥanina said: "And have intercourse with her"** means marriage, i.e., she is fully his wife from that moment onward. This **teaches that he divorces her with a bill of divorce** after levirate marriage, and she can no longer be released by *ḥalitza*, **and he** may subsequently **remarry her**[HN] if he so wishes. And the verse **"and consummate the levirate marriage with her,"** this means **against her will.**[H] Although betrothal in general does not take effect without the woman's consent, levirate marriage can be effected against her will.

וְרַבִּי? דְּרַבִּי יוֹסֵי בַּר חֲנִינָא מִ"לְאִשָּׁה" נָפְקָא. עַל כׇּרְחָהּ מִ"יְבָמָהּ יָבֹא עָלֶיהָ" נָפְקָא.

The Gemara asks: **And** from where does **Rabbi** Yehuda HaNasi derive these widely accepted *halakhot*? The Gemara responds: **That** *halakha* cited by **Rabbi Yosei bar Ḥanina,** that a woman taken in levirate marriage has the status of a regular wife who may be divorced and remarried, **is derived from** the verse "and take her to him **to be his wife**" (Deuteronomy 25:5),[N] which means that she will be his wife for all purposes, like any other wife. And the *halakha* that levirate marriage can be effected **against her will is derived from "her brother-in-law will have intercourse with her,"** which indicates that it can be achieved without her consent.

וְרַבִּי, הַאי "עָלֶיהָ" מַאי עָבֵיד לֵיהּ? מִיבָּעֵי לֵיהּ לְכִדְתַנְיָא: אֵין חַיָּיבִין בֵּית דִּין אֶלָּא עַל דָּבָר שֶׁזְּדוֹנוֹ כָּרֵת וְשִׁגְגָתוֹ חַטָּאת, וְכֵן הַמָּשִׁיחַ.

The Gemara asks: **And what does Rabbi** Yehuda HaNasi **do with this** superfluous phrase, **"with her"**? The Gemara responds: **He needs it for that which is taught** in a *baraita* with regard to a different matter. The Sages said: **The court is obligated** to bring a bull as a sin-offering for an unwittingly committed communal sin on account of an erroneous *halakha* they taught **only for a matter whose intentional** transgression incurs *karet* **and whose unwitting** violation necessitates the sacrifice of **a sin-offering.**[HN] **And similarly, the anointed**[H] High Priest, who also brings a bull for an unwittingly committed sin, is obligated to do so only if his mistake involved a matter whose intentional transgression incurs *karet* and whose unwitting transgression necessitates the sacrifice of a sin-offering.

HALAKHA

That he divorces her with a bill of divorce and he may remarry her – שֶׁמְּגָרְשָׁהּ בְּגֵט וּמַחֲזִירָהּ: After a *yavam* takes his *yevama* in levirate marriage she is considered to be his wife for all purposes. Consequently, if he wishes to divorce her he must do so by means of a bill of divorce, and he may subsequently remarry her (*Shulḥan Arukh*, *Even HaEzer* 168:1).

And consummate the levirate marriage with her, against her will – וְיִבְּמָהּ עַל כׇּרְחָהּ: If a *yavam* engages in sexual relations with his *yevama* in a case where the *halakha* of levirate marriage applies, he has taken her as a wife for all purposes, even if he rapes her (*Shulḥan Arukh*, *Even HaEzer* 166:7).

The obligation of a court that issued an erroneous ruling – חִיּוּב בֵּית דִּין בְּהוֹרָאַת טָעוּת: In a case where the Great Sanhedrin issued an erroneous ruling that rendered permitted a matter whose intentional transgression incurs *karet* and whose unwitting transgression entails bringing a fixed sin-offering, if most of the community acted in accordance with the ruling of the court, the court must sacrifice a bull for an unwitting communal sin (Rambam *Sefer Korbanot*, *Hilkhot Shegagot* 12:1).

And similarly, the anointed – וְכֵן הַמָּשִׁיחַ: If the High Priest issued an erroneous ruling that permitted a matter whose intentional transgression incurs *karet* and whose unwitting transgression entails bringing a sin-offering, if he himself acted according to his own instructions he must bring a bull sin-offering for his atonement. This offering is called the bull of the anointed priest (Rambam *Sefer Korbanot*, *Hilkhot Shegagot* 15:1).

NOTES

That he divorces her with a bill of divorce and he may remarry her – שֶׁמְּגָרְשָׁהּ בְּגֵט וּמַחֲזִירָהּ: The commentaries raise a difficulty here: It is apparently necessary to provide a source proving that the *yavam* is permitted to engage in additional sexual relations with his *yevama* after the levirate marriage, as although the first sexual relations are commanded by the Torah, any further relations are merely optional. As stated below, it is for this very reason that one may not take a forbidden relation in levirate marriage (*Tosafot*). *Tosafot* explain that it stands to reason that this is permitted, as the Torah would not say that one should engage in sexual relations with a woman and immediately divorce her. Others suggest that whenever a mitzva overrides a prohibition, provided that the individual continues to perform the mitzva, he is even permitted to add elements that are not essential to the obligation itself (*Meromei Sadeh*).

Derived from: To be his wife – מִלְּאִשָּׁה נָפְקָא: The commentaries ask what those Rabbis who dispute the opinion of Rabbi Yehuda HaNasi derive from the phrase: "To be his wife." The answer given is that they require two verses, one for the *halakha* that he divorces her with a bill of divorce and not by *ḥalitza*, and another to teach that he is permitted to remarry her after their divorce (*Arukh LaNer*).

A matter whose intentional transgression incurs *karet* and whose unwitting violation necessitates a sin-offering – דָּבָר שֶׁזְּדוֹנוֹ כָּרֵת וְשִׁגְגָתוֹ חַטָּאת: When there is an obligation to bring a sin-offering for a particular unwittingly committed transgression, intentional performance of that transgression is almost always penalized by *karet*. Still, it is necessary to specify both of these characteristics because there are some exceptions to this principle. These include cases that are penalized by a court-imposed death penalty instead of *karet*, e.g., striking or cursing one's parents, and prohibitions that render one liable to bring a sin-offering but do not incur *karet*, such as taking an oath in vain. For this reason it is necessary to specify that the intentional violation of the prohibitions incurs *karet*. Furthermore, sacrifice of the Paschal lamb and circumcision are both positive mitzvot that incur *karet* for an intentional transgression, but do not obligate the unwitting violator to bring a sin-offering (see *Arukh LaNer*).

וְלֹא בַּעֲבוֹדָה זָרָה, אֶלָּא עַל דָּבָר שֶׁחַיָּיבִין עַל זְדוֹנוֹ כָּרֵת וְשִׁגְגָתוֹ חַטָּאת. וּתְנַן נַמִּי: כׇּל מִצְוָה שֶׁבַּתּוֹרָה שֶׁחַיָּיבִין עַל זְדוֹנוֹ כָּרֵת וְעַל שִׁגְגָתוֹ חַטָּאת – יָחִיד מֵבִיא כִּשְׂבָּה אוֹ שְׂעִירָה, נָשִׂיא מֵבִיא שָׂעִיר, מָשִׁיחַ וּבֵית דִּין מְבִיאִין פַּר.

And a community brings a bull for an unwitting communal sin **for idolatrous worship only** if the act of idolatry involved **a matter that for its intentional** violation **one is liable to** receive *karet* **and for its unwitting** violation one is liable to bring **a sin-offering. And we also learned** in a mishna: With regard to **any mitzva in the Torah for whose intentional** violation **one is liable to** receive *karet* **and for its unwitting** violation one is liable to bring **a sin-offering,** if a private **individual** sinned unwittingly, he **brings a ewe or a she-goat.** If it was **a *Nasi*, he brings a goat** for a sin of this kind, and if the sinner was **an anointed** High Priest **or the court, they bring a bull.**

וּבַעֲבוֹדָה זָרָה – יָחִיד, נָשִׂיא וּמָשִׁיחַ מְבִיאִין שְׂעִירָה. צִבּוּר מְבִיאִים פַּר וְשָׂעִיר, פַּר לְעוֹלָה וְשָׂעִיר לְחַטָּאת. מְנָא הָנֵי מִילֵּי?

And if they unwittingly sinned in a matter **involving idolatrous worship,** a private **individual, a *Nasi*, and an anointed** High Priest **bring a she-goat,** whereas **a community brings a bull and a goat,**[H] the **bull as a burnt-offering and the goat as a sin-offering.**[H] The Gemara asks: **From where are these matters,** that one must bring a sin-offering for this transgression, derived?

דְּתָנוּ רַבָּנַן: ״וְנוֹדְעָה הַחַטָּאת אֲשֶׁר חָטְאוּ עָלֶיהָ״, רַבִּי אוֹמֵר: נֶאֱמַר כָּאן ״עָלֶיהָ״ וְנֶאֱמַר לְהַלָּן ״עָלֶיהָ״, מַה לְּהַלָּן – דָּבָר שֶׁחַיָּיבִים עַל זְדוֹנוֹ כָּרֵת וְעַל שִׁגְגָתוֹ חַטָּאת, אַף כָּאן – דָּבָר שֶׁחַיָּיבִין עַל זְדוֹנוֹ כָּרֵת וְעַל שִׁגְגָתוֹ חַטָּאת.

The Gemara answers: **As the Sages taught** with regard to an unwitting communal sin offering: **"And the sin by which they have sinned is known"** (Leviticus 4:14). **Rabbi** Yehuda HaNasi **says: It is stated here,** with regard to a sin-offering: **"By which [*aleha*],"** and **it is stated there,** with regard to the prohibition with regard to a wife's sister: **"Unto [*aleha*]."** This teaches by verbal analogy: **Just as there,** in the case of a wife's sister, it is a **matter that for its intentional** violation **one is liable to** receive *karet* **and for its unwitting** violation one is liable to bring **a sin-offering,**[N] **so too here,** the offering is brought for **a matter that for its intentional** violation **one is liable to** receive *karet* **and for its unwitting** violation one is liable to bring **a sin-offering.**

אַשְׁכַּחַן צִבּוּר, מָשִׁיחַ מְנָלַן? דִּכְתִיב בְּמָשִׁיחַ ״לְאַשְׁמַת הָעָם״ – הֲרֵי מָשִׁיחַ כְּצִבּוּר.

The Gemara continues: **We found** a source for the *halakha* that the offering brought by the community is a sin-offering; **from where do we** derive that **an anointed** High Priest also brings a sin-offering for this transgression? **As it is written** with regard **to an anointed** High Priest: "If the anointed priest shall sin **so as to bring guilt on the people"** (Leviticus 4:3), which indicates that **an anointed** High Priest brings an offering **like the community.**

יָחִיד וְנָשִׂיא – אָתְיָא ״מִצְוֹת״ ״מִצְוֹת״.

From where is it derived that a private **individual and a *Nasi*** bring sin-offerings only for a severe transgression of this kind? **This is derived** by verbal analogy between the words **"mitzvot"** and **"mitzvot"** that are stated three times, with regard to the community's sin-offering, a private individual's sin-offering, and the sin-offering of a *Nasi*: "Any of the mitzvot of the Lord that He has commanded not to be done" (Leviticus 4:2, 13, 22).

וְלֹא בַּעֲבוֹדָה זָרָה אֶלָּא עַל דָּבָר שֶׁחַיָּיבִין עַל זְדוֹנוֹ כָּרֵת וְעַל שִׁגְגָתוֹ חַטָּאת. צִבּוּר בַּעֲבוֹדָה זָרָה יָלֵיף ״מֵעֵינֵי״ ״מֵעֵינֵי״.

And it was stated above that this *halakha* applies to **idolatrous worship only** if it involved **a matter that for its intentional** violation **one is liable to** receive *karet* **and for its unwitting** violation one is liable to bring **a sin-offering.**[H] The *halakha* **of a community** that was guilty **of idolatrous worship is derived** by a verbal analogy between the phrases **"from the eyes"** and **"from the eyes."** With regard to the bull for an unwitting communal sin, the verse states: "From the eyes of the assembly" (Leviticus 4:13), while concerning an unwitting sin of idol worship, it says: "From the eyes of the congregation" (Numbers 15:24). This verbal analogy teaches that a congregation brings a sin-offering for idolatrous worship only if it involved a transgression that incurs *karet* when performed intentionally.

HALAKHA

The offering of a community for an unwittingly committed sin of idolatrous worship – קׇרְבַּן צִיבּוּר בְּשִׁגְגַת עֲבוֹדָה זָרָה: A court that erroneously permitted an idolatrous practice is obligated to bring an offering. This *halakha* applies only if that which they permitted is a prohibition that incurs *karet* when performed intentionally (Rambam *Sefer Korbanot, Hilkhot Shegagot* 12:1).

Types of offerings for unwitting violation – סוּגֵי קׇרְבְּנוֹת שְׁגָגָה: With regard to all prohibitions that incur *karet* for their intentional violation and that involve the performance of some action, except for idolatry, an unwitting sinner must bring a sin-offering. However, the offerings differ in accordance with the status of the sinner. If the offender was an ordinary person, he must bring a she-goat or a ewe. If a *Nasi* unwittingly transgressed, he brings a goat. If an anointed High Priest issued an erroneous ruling and acted accordingly, he must bring a bull. Finally, a court that unwittingly transgressed brings a bull (Rambam *Sefer Korbanot, Hilkhot Shegagot* 15:1).

An unwitting sin of idol worship – שִׁגְגַת עֲבוֹדָה זָרָה: If an individual, whether he is an ordinary person, a *Nasi*, or an anointed High Priest, unwittingly engaged in idolatrous worship, he must bring a one-year-old she-goat as a sin-offering. The court brings a bull as a burnt-offering and a goat as a sin-offering for each tribe that transgressed (Rambam *Sefer Korbanot, Hilkhot Shegagot* 12:1, 15:3).

NOTES

Just as there…for its unwitting violation one is liable to bring a sin-offering – מַה לְּהַלָּן...עַל שִׁגְגָתוֹ חַטָּאת: The commentaries point out that the fact that one is liable to bring a sin-offering for the unwitting violation of the prohibition with regard to a wife's sister is not actually established, and was mentioned only incidentally (*Tosafot*). Indeed, certain commentaries omit this clause (Rivan). Others explain that as it is explicitly stated that the intentional violation of the prohibition with regard to a wife's sister incurs *karet*, this indicates that its unwitting transgression causes one to be liable to bring a sin-offering (Ritva).

BACKGROUND

Juxtaposed – הוּקְּשָׁה: Derivations based on the juxtaposition of biblical texts is an important exegetical principle. When two cases are mentioned together in the same verse, or in adjacent verses, the Talmud usually assumes that they are analogous. Consequently, legal inferences may be drawn by comparing the two cases.

HALAKHA

Individuals and groups with regard to idol worship – יְחִידִים וְרַבִּים בַּעֲבוֹדָה זָרָה: Individuals who intentionally transgressed and practiced idolatry, even if they are only a minority of the city, are sentenced to stoning, but their possessions are spared. However, if an entire city, or most of its residents, engaged in idolatry and was classified as an idolatrous city, each transgressor is executed by the sword, and the entire city, including all of its possessions, is burned (Rambam *Sefer HaMadda, Hilkhot Avoda Zara* 4:6).

NOTES

Therefore their money is spared – לְפִיכָךְ מָמוֹנָן פָּלֵט: One explanation is that because the physical punishment of individuals is harsher than that of the many, the ruling is more lenient toward their possessions, whereas in the case of many offenders, the physical punishment is relatively light and therefore a more stringent ruling is stated with regard to their possessions (Rivan). Others claim that the term: Therefore, does not appear in the source of this *halakha* in tractate *Horayot*, and there is no connection between these matters, as these rulings are merely by decree of the Torah. Overall, there are lenient and stringent elements in both the cases of an individual and a community, and consequently it cannot be claimed that one is more lenient than the other (*Yosef Lekaḥ*).

יָחִיד, נָשִׂיא וּמָשִׁיחַ – מִ״וְאִם נֶפֶשׁ אַחַת״, אֶחָד יָחִיד וְאֶחָד נָשִׂיא וְאֶחָד מָשִׁיחַ בְּמַשְׁמָע, וָי״ו מוֹסִיף עַל עִנְיָן רִאשׁוֹן,

The cases of a private **individual, a *Nasi*, and an anointed** High Priest are derived **from** a verse that deals with an unwitting sin of idolatry: **"And if one person** sin" (Numbers 15:27). **All** of these, a private **individual, a *Nasi*, and an anointed** High Priest, **are included** in this verse. In this case the principle: The letter ***vav*** **adds to the previous matter,** applies. When a phrase begins with the conjunction *vav*, meaning: And, it is a continuation of the previous matter rather than a new topic. Based on this principle, these two *halakhot* are connected with one another.

וְיִלְמַד תַּחְתּוֹן מִן הָעֶלְיוֹן.

And therefore **let the lower,** i.e., the second, subject, a private individual, **be derived from the upper** issue, the community. Just as a community brings this offering only for a transgression whose intentional violation incurs *karet*, the same is true of a private individual. The verbal analogy stated in this *baraita* is Rabbi Yehuda HaNasi's inference from the phrase "with her."

וְרַבָּנַן, הַאי סְבָרָא מְנָא לְהוּ? נָפְקָא לְהוּ מִדְּמַקְרֵי לֵיהּ רַבִּי יְהוֹשֻׁעַ לִבְרֵיהּ: ״תּוֹרָה אַחַת יִהְיֶה לָכֶם לָעוֹשֶׂה בִּשְׁגָגָה...וְהַנֶּפֶשׁ אֲשֶׁר תַּעֲשֶׂה בְּיָד רָמָה״.

§ The Gemara asks: **And** with regard to **the Rabbis,** who interpret "with her" with regard to rival wives, **from where do they derive this conclusion** that one is liable to bring the offering for idolatrous worship only for a transgression whose intentional violation incurs *karet*? The Gemara answers: **They derive it from that which Rabbi Yehoshua** ben Levi **read out to his son** to teach him the verses that summarize the case of unwitting idol worship: **"You shall have one law** [*Torah*] **for him that does unwittingly. But the soul that does with a high hand,** whether he be home born or a stranger, he blasphemes the Lord; and that soul shall be cut off from among his people" (Numbers 15:29–30).

הוּקְּשָׁה כָּל הַתּוֹרָה כּוּלָּהּ לַעֲבוֹדָה זָרָה, מָה עֲבוֹדָה זָרָה – דָּבָר שֶׁחַיָּיבִין עַל זְדוֹנוֹ כָּרֵת וְעַל שִׁגְגָתוֹ חַטָּאת, אַף כָּל דָּבָר שֶׁחַיָּיבִין עַל זְדוֹנוֹ כָּרֵת וְעַל שִׁגְגָתוֹ חַטָּאת.

In this manner, **the entire Torah is juxtaposed**[B] **with idolatrous worship. Just** as in the case of **idolatrous worship** there is no obligation to bring an offering unless it is **a matter that for its intentional** violation **one is liable to** receive ***karet*** **and for its unwitting** violation one is liable to bring **a sin-offering,** as indicated by the verse: "That soul shall be cut off from among his people," **so too,** the same applies to **any matter that for its intentional** violation **one is liable to** receive ***karet*** **and for its unwitting** violation one is liable to bring **a sin-offering.**

אַשְׁכְּחַן יָחִיד וְנָשִׂיא וּמָשִׁיחַ, בֵּין בַּעֲבוֹדָה זָרָה וּבֵין בִּשְׁאָר מִצְוֹת, צִבּוּר בַּעֲבוֹדָה זָרָה מִנַּיִן? אָמַר קְרָא ״וְאִם נֶפֶשׁ״, וְיִלְמַד עֶלְיוֹן מִתַּחְתּוֹן.

The Gemara comments: **We found** a source for a private **individual, a *Nasi*, and an anointed** High Priest, **whether** with regard **to idolatrous worship or** with regard **to the other mitzvot. From where** is it derived that **a community** is liable only for an unwitting transgression **of idolatrous worship** of this kind? **The verse states: "And if one person** sin" (Numbers 15:27). Once again, the letter *vav* teaches that these two cases are connected, **and let the upper,** the first, issue of a community, **be derived from the lower** case, that of a private individual.

אֶלָּא צִבּוּר בִּשְׁאָר מִצְוֹת מְנָלַן? יָלֵיף ״מֵעֵינֵי״ ״מֵעֵינֵי״. וְרַבִּי, הַאי ״תּוֹרָה אַחַת״ מַאי עָבֵיד לֵיהּ? מִיבָּעֵי לֵיהּ לְכִדְתַנְיָא: לְפִי שֶׁמָּצִינוּ שֶׁחִלֵּק הַכָּתוּב בֵּין יְחִידִים לִמְרוּבִּים,

However, from where do we derive that **a community** brings an offering **for other mitzvot** only if the intentional violation of the prohibition incurs *karet*? The Gemara responds: **He derives** it from the aforementioned verbal analogy between **"from the eyes"** and **"from the eyes."** The Gemara asks: **And what does Rabbi** Yehuda HaNasi **do with this** verse: **"One law"?** The Gemara answers: **He requires it for that which is taught** in a *baraita*: **Since we find that the Torah differentiates between** private **individuals** who sinned **and the many**[H] who sinned in idol worship.

יְחִידִים – בִּסְקִילָה, לְפִיכָךְ מָמוֹנָן פָּלֵט, מְרוּבִּין – בְּסַיִיף, לְפִיכָךְ מָמוֹנָן אָבֵד.

The *baraita* elaborates: Private **individuals** who worshipped idols are sentenced **to stoning,** and **therefore their money is spared**[N] from destruction. Although the sinner is put to death, his possessions are not destroyed. By contrast, the **many** are condemned to the lighter death penalty of decapitation **by sword,** the punishment for those who worshipped idols in an idolatrous city, and **therefore their money is forfeited,** as by Torah law all possessions belonging to the residents of an idolatrous city must be burned.

יָכוֹל נַחֲלוֹק בְּקָרְבְּנוֹתֵיהֶן? תַּלְמוּד לוֹמַר "תּוֹרָה אַחַת יִהְיֶה לָכֶם".

Due to this difference, one **might** have thought that **we** should likewise **differentiate between their offerings,** i.e., if an individual and a community unwittingly practiced idolatrous worship, different offerings are brought in the two cases. Therefore, **the verse states: "One law for you."** The word: "you" is in the plural, which indicates that an individual and a community that worshipped idols are subject to the same *halakha*.

מַתְקִיף לָהּ רַב חִלְקִיָּה מֵהַגְרוֹנְיָא: טַעְמָא דִּכְתַב רַחֲמָנָא "תּוֹרָה אַחַת יִהְיֶה לָכֶם", הָא לָאו הָכִי – הֲוָה אָמֵינָא נַחֲלוֹק, מַאי לַיְיתוּ? לַיְיתוּ פַּר – צִבּוּר בִּשְׁאָר מִצְוֹת הוּא דְּמַיְיתוּ,

Rav Ḥilkiya from the city of **Hagronya strongly objects to this: The reason** for this ruling is **that the Merciful One** specifically **writes: "One law for you,"** from which it may be inferred that **if that were not so, I would say** that we should **differentiate** between the offerings of an individual and a community. If so, it is appropriate to ask: **What** offering **would they bring**[N] if we were to differentiate? You cannot say **they would bring a bull,** as **it is a community** that sinned unwittingly **in** transgressing **other mitzvot who bring** a bull, and as this case is written separately, clearly its *halakha* is different.

כִּשְׂבָּה – יָחִיד בִּשְׁאָר מִצְוֹת הוּא דְּמַיְיתֵי, שָׂעִיר – נָשִׂיא בִּשְׁאָר מִצְוֹת הוּא דְּמַיְיתֵי, פַּר לְעוֹלָה וְשָׂעִיר לְחַטָּאת – צִבּוּר בַּעֲבוֹדָה זָרָה הוּא דְּמַיְיתוּ. וְאֶלָּא מַאי, שְׂעִירָה – יָחִיד נַמִי הַיְינוּ קָרְבָּנוֹ!

Likewise, you cannot say that they should bring **a ewe,** as **it is an individual** who sinned **in** transgressing **the other mitzvot who brings** a ewe. Nor can you say that they bring a **goat,** as **it is a** *Nasi* who sinned **in** transgressing **the other mitzvot who brings** a goat. And you cannot say that they would bring **a bull as a burnt-offering and a goat as a sin-offering,** as **it is the community,** i.e., the majority of Jews, who sinned **in** performing **idolatrous worship who bring** these. **Rather, what** might they bring? If one were to suggest **a she-goat,** that would not be appropriate, because **this is the offering** of a private **individual as well,** since an individual brings a ewe or a she-goat as a sin-offering. Apparently there is no need for a special inference in this case, as there are no other possibilities.

אִיצְטְרִיךְ, סָלְקָא דַּעְתָּךְ אָמֵינָא: הוֹאִיל וְצִבּוּר בְּהוֹרָאָה מַיְיתוּ פַּר לְעוֹלָה וְשָׂעִיר לְחַטָּאת – אִינְהוּ נַמִי נַיְיתוּ אִיפְּכָא.

The Gemara answers: It **is necessary** for a verse to teach that there is no difference between the offerings of an individual and a community, as it might **enter your mind to say: Since a community** that sinned **by** the erroneous **instruction** of the court that it is permitted to practice idolatry **brings a bull as a burnt-offering and a goat as a sin-offering,** then, when a community sins of its own accord **they too** should **bring** these animals, but **the opposite,** i.e., a bull as a sin-offering and a goat as a burnt-offering.

אִי נַמִי: צָרִיךְ וְאֵין לוֹ תַּקָּנָה, קָא מַשְׁמַע לָן.

Alternatively, it could be argued: Theoretically a community **must** bring a different form of atonement from that of an individual, yet **they have no remedy,**[N] as the Torah did not specify which offering is brought for a sin of the many. Therefore, the verse **teaches us** by means of the phrase "one law for you" that there is indeed an offering for the many who practiced idol worship.

אֲמַר לֵיהּ לֵוִי לְרַבִּי: מַאי אִירְיָא דְּתָנֵי חֲמֵשׁ עֶשְׂרֵה? לִיתְנֵי שֵׁשׁ עֶשְׂרֵה! אֲמַר לֵיהּ: כִּמְדוּמֶּה לִי שֶׁאֵין לוֹ מוֹחַ בְּקָדְקֳדוֹ.

§ After discussing different interpretations of the relevant verses, the Gemara addresses the details of the *halakhot* of the mishna. It first considers the numbers that comprise the structure of the mishna as a whole. The Sage **Levi**[P] **said to Rabbi** Yehuda HaNasi: **Why does the** *tanna* **specifically teach**[N] the cases of **fifteen women? Let him teach** the cases of **sixteen** women, including the case of a rival wife of a forbidden relation. Rabbi Yehuda HaNasi **said to him:** Judging by his question, **it seems to me that** this Sage **has no brain in his head.**

מַאי דַּעְתָּךְ – אִמּוֹ אֲנוּסַת אָבִיו?

Rabbi Yehuda HaNasi proceeded to explain the question and the answer himself: **What is your thinking?** Is it that the *tanna* should have included the case of **his mother** who had been **raped by his father?** In the opinion of the Rabbis, a woman raped by one's father is permitted in marriage to another of his sons. Consequently, it is possible that she might give birth to a son and later marry one of the other sons of the rapist. If her husband subsequently died childless, this woman would come before the brother of the deceased for levirate marriage, who is in this case her son. If so, there are in fact sixteen women with whom relations are forbidden.

NOTES

What would they bring – מַאי לַיְיתוּ: The commentaries explain that as a special *halakha* applies to the many who worship idols, in that their possessions are destroyed, this case is an exception to the general category of court-imposed death penalties. Therefore it is appropriate to suggest that the sin-offering in this case might also be unique (Ramban). Some commentaries ask why the Gemara does not propose that they bring a sheep or ram as a sin-offering (*Tosefot HaRosh*). The Rosh answers that one may not invent a new type of offering that is not mentioned in the Torah. Accordingly, the real question is: If their offering is like other offerings, then there is nothing different about their case; conversely, the alternative, that one should invent an entirely new offering, is wholly unacceptable. Certain commentaries accept this interpretation, but they ask why the Gemara did not formulate the question accordingly (*Tosafot Yeshanim*).

Alternatively a community must, yet they have no remedy – אִי נַמִי צָרִיךְ וְאֵין לוֹ תַּקָּנָה: Some commentaries explain that this does not mean that there is no remedy at all, but simply that the remedy is not stated in the Torah, and therefore one would not know what to do in this situation (*Yosef Lekaḥ*).

Why does the *tanna* specifically teach – מַאי אִירְיָא דְּתָנֵי: The fact that Levi posed this question to Rabbi Yehuda HaNasi indicates that this mishna was not formulated by Rabbi Yehuda HaNasi, the redactor of the Mishna; rather, it existed before his time (*Sefer Keritut*). In the Jerusalem Talmud it is likewise stated that *mishnayot* that contain structured enumerations of *halakhot* date back to a very early source, from the period of the First Temple (Maharatz Ḥayyut).

PERSONALITIES

Levi – לֵוִי: This is the Sage Levi, son of Sisi, who lived in the transitional generation between the *tanna'im* and the *amora'im*. Levi was the preeminent disciple of Rabbi Yehuda HaNasi and was close to both him and his son Rabbi Shimon. The phrase: It was taught before the Sages, is said to refer to Levi, who would debate halakhic issues with Rabbi Yehuda HaNasi. Although Rabbi Yehuda HaNasi occasionally issued harsh statements toward Levi, this was merely Rabbi Yehuda HaNasi's style of teaching, through which he would assert his authority over his disciples. In fact, Rabbi Yehuda HaNasi held Levi in very high esteem and even called him: A man like myself.

In his time, Levi was considered a Sage who achieved perfection in all areas. He was a master of *halakha* and *aggada*, knowledgeable in the Bible, and an important teacher. It is said of his public prayers that he would hurl his words up toward Heaven, and although his prayers were answered, he paid a price in terms of his health.

After Rabbi Yehuda HaNasi's death, Levi was left without a teacher, and he therefore traveled to Babylonia. He apparently spent most of his time there in the city of Neharde'a, where he befriended Shmuel's father and renewed his ties with Rav. Many sources in the Gemara depict these three, together with Shmuel, engaged in halakhic discussions concerning various issues. It is probable that Levi passed away in Babylonia.

Like Rabbi Yehuda HaNasi's other important disciples, Levi edited an important collection of *baraitot* called by the Gemara: The Mishna of Levi. Some commentaries say that the renowned *amora* Rabbi Yehoshua ben Levi was his son, but this seems unlikely in light of the order of the generations.

אִמּוֹ אֲנוּסַת אָבִיו פְּלוּגְתָּא דְּרַבִּי יְהוּדָה וְרַבָּנַן הִיא, וּבִפְלוּגְתָּא לָא קָא מַיְירִי.

However, continued Rabbi Yehuda HaNasi, this is incorrect, as the case of **his mother raped by his father is** a matter of **dispute between Rabbi Yehuda and the Rabbis.** According to Rabbi Yehuda, a woman raped by one's father could never come before him for levirate marriage, as it is prohibited for her to marry his brothers. **And** the *tanna* of this mishna **does not deal with disputed** cases.[N] The mishna enumerates only those cases that are accepted by all opinions, not those that are a matter of dispute.

וְלָא? וַהֲרֵי אִיסּוּר מִצְוָה וְאִיסּוּר קְדוּשָּׁה,

The Gemara asks: **And** does the *tanna* really **not** mention disputed cases? **But** there are the cases of **a prohibition** resulting from **a mitzva** of the Sages, **and a prohibition** stemming from **sanctity.** In other words, the *tanna* does refer to the cases of a woman who one is prohibited to marry by decree of the Sages, e.g., a distant secondary forbidden relation, and one who is prohibited due to a regular prohibition that preserves the sanctity of the Jewish people or the priesthood.

דִּפְלִיגִי רַבִּי עֲקִיבָא וְרַבָּנַן, וְקָתָנֵי!

These are cases concerning **which Rabbi Akiva and the Rabbis disagree**[N] whether these women are entirely exempt from both levirate marriage and *ḥalitza* like a forbidden relation, or whether the mitzva of levirate marriage does in fact apply but since the *yavam* may not marry her in practice, she must be released by *ḥalitza*. **And** yet these disputed cases **are taught** in the mishna.

בְּפִרְקִין קָא אָמְרִינַן, וְהָא בֵּית שַׁמַּאי מַתִּירִין אֶת הַצָּרוֹת לָאַחִין וּבֵית הִלֵּל אוֹסְרִין!

The Gemara responds: When **we say** that only accepted *halakhot* are included in the mishna, we are referring only to **our** present **chapter,** whereas the dispute between Rabbi Akiva and the Rabbis is stated in the second chapter. The Gemara raises a difficulty: **But** in this chapter it is stated that **Beit Shammai permit rival wives to the brothers,** as they hold that there is no prohibition against rival wives of those with whom relations are forbidden, **and Beit Hillel prohibit** this. Evidently, the first chapter does deal with disputed cases.

בֵּית שַׁמַּאי בִּמְקוֹם בֵּית הִלֵּל – אֵינָהּ מִשְׁנָה. וַהֲרֵי אֵשֶׁת אָחִיו שֶׁלֹּא הָיָה בְּעוֹלָמוֹ,

The Gemara answers: When **Beit Shammai** express an opinion **where Beit Hillel** disagree, their opinion is considered as if it were **not** in the **mishna,** i.e., it is completely disregarded, as it is commonly accepted that the opinion of Beit Shammai is rejected and not ruled as *halakha*. Therefore, this cannot be considered a true dispute. The Gemara raises a further difficulty: **But** there is the case of **a wife of a brother with whom he did not coexist,** i.e., the *yavam* was not alive at the time of his brother's death.

NOTES

Does not deal with disputed cases – בִּפְלוּגְתָּא לָא קָא מַיְירִי: Some commentaries point out that there is a dispute below with regard to refusal, as Rabbi Yishmael disputes the ruling of the first *tanna* of the mishna (Ritva). The Ritva explains that although there are disagreements with regard to details of these cases, the basic *halakhot* are not in dispute (see *Tosafot*).

Concerning which Rabbi Akiva and the Rabbis disagree – דִּפְלִיגִי רַבִּי עֲקִיבָא וְרַבָּנַן: How does the Gemara know that Rabbi Akiva invariably exempts women forbidden by a regular prohibition even from *ḥalitza*? Various solutions are suggested by the early commentaries (Ramban; Ritva) and the later commentaries (*Arukh LaNer; Gilyonei HaShas*). Some explain simply that the *amora'im* had a tradition to this effect, and there is no need to cite further proof (Rashba).

Perek **I**
Daf **9** Amud **b**

דִּפְלִיגִי רַבִּי שִׁמְעוֹן וְרַבָּנַן, וְקָתָנֵי! בְּנוֹלָד,

This is a case concerning **which Rabbi Shimon and the Rabbis disagree, and** yet it **is taught.** If this *halakha* is taught, evidently this mishna does deal with matters subject to dispute. The Gemara answers **that** Rabbi Shimon does not disagree with the Rabbis concerning all cases of a wife of a brother with whom he did not coexist. If this *yavam* was **born** after his brother's death, he concedes that the obligation of levirate marriage does not apply to the newborn *yavam*. Rather, the *yevama* is prohibited to him as his brother's wife.

וּלְבַסּוֹף יִיבֵּם לָא פָּלֵיג רַבִּי שִׁמְעוֹן.

Furthermore, in a case where he was born **and at the end,** i.e., afterward, a second older brother **entered into levirate marriage** with the *yevama* and subsequently died as well, and the same woman again came before that same younger brother, **Rabbi Shimon did not disagree** with the opinion of the Rabbis here either, as he admits that this woman is permanently forbidden to him because when he was born she was classified as the wife of a brother with whom he did not coexist.

In fact, Rabbi Shimon disagreed only with regard to a different case, when there were two brothers, one of whom died, and the second took the *yevama* in levirate marriage. If a third brother was subsequently born and afterward the second brother died, Rabbi Shimon maintains that the youngest brother may enter into levirate marriage with this woman because she was never forbidden to him, as what occurred prior to his birth is of no relevance. Since even in Rabbi Shimon's opinion it is possible to find a case in which the wife of a brother with whom he did not coexist is forbidden to him, it can be claimed that the mishna is taught in accordance with all opinions.

וְהָאָמַר רַבִּי אוֹשַׁעְיָא: חָלוּק הָיָה רַבִּי שִׁמְעוֹן אַף בָּרִאשׁוֹנָה!

The Gemara raises a difficulty: **But didn't Rabbi Oshaya say** that **Rabbi Shimon disagreed**[N] **even with regard to the first** case? In other words, Rabbi Shimon disagreed not only in the case of a woman who entered into levirate marriage before the young brother was born, but even if the young brother was born before the initial levirate marriage took place.

הָא אִיתּוֹתַב רַבִּי אוֹשַׁעְיָא.

The Gemara rejects this suggestion: This statement of **Rabbi Oshaya was conclusively refuted.** Consequently, it remains possible to say that the mishna does not deal with disputes.

The Gemara raises a difficulty from another angle. The third chapter discusses a case involving four brothers, two of whom passed away after they were married to two sisters. As a result, the two sisters simultaneously came before the surviving brothers for levirate marriage or *ḥalitza*. The Sages ruled that in this case the brothers may not enter into levirate marriage with the sisters, as it is as though the two sisters came before each brother individually, and due to the levirate bond each sister was, in a sense, considered married to each brother to a certain extent.

Consequently, for each brother the other sister is viewed as his wife's sister, as it were, and is forbidden to him. Since this occurs to both sisters simultaneously, it is prohibited for both of them to enter into levirate marriage. However, the Sages further said that if one of these sisters was a forbidden relation to one of the surviving brothers, e.g., if he had married her daughter or some other relative, the second sister, to whom he is not a close relative, is permitted to him. If the same applies to the other brother and the second sister, the two brothers could perform *ḥalitza* with the two sisters or even enter into levirate marriage with them.

וְהָאָמַר רַב יְהוּדָה אָמַר רַב, וְכֵן תָּנֵי רַבִּי חִיָּיא: בְּכוּלָּן אֲנִי קוֹרֵא בָּהֶן הָאֲסוּרָה לָזֶה מוּתֶּרֶת לָזֶה, וְהָאֲסוּרָה לָזֶה מוּתֶּרֶת לָזֶה, וַאֲחוֹתָהּ שֶׁהִיא יְבִמְתָּהּ חוֹלֶצֶת אוֹ מִתְיַיבֶּמֶת.

With this in mind, the Gemara states its objection: **And didn't Rav Yehuda say** that **Rav said, and likewise Rabbi Ḥiyya taught** in a *baraita*: With regard **to all of those** fifteen women enumerated in the mishna, it is possible to find a scenario in which **I** would **call them: The** woman **who is forbidden to this** brother **is permitted to that** brother, **and the one who is forbidden to this** brother **is permitted to that** brother. **And** consequently, **her sister who is her sister-in-law**[B] **performs *ḥalitza* or enters into levirate marriage.** This complex situation can be demonstrated with regard to each of the women enumerated in the mishna, e.g., if one sister is the mother-in-law of one brother, and the second sister is the mother-in-law of the second brother, and so on.

BACKGROUND

Her sister who is her sister-in-law – אֲחוֹתָהּ שֶׁהִיא יְבִמְתָּהּ: The brothers Yehuda and Levi married two sisters, Milka and Ḥogla, which means that these two sisters became sisters-in-law as well. Two other brothers married their daughters: Shimon married Ḥanna, daughter of Milka, while Reuven wed Miriam, daughter of Ḥogla.

Subsequently, both Yehuda and Levi died childless and their wives came before Shimon and Reuven for levirate marriage. Although Shimon may not enter into levirate marriage with Milka, his mother-in-law, he is permitted to enter into levirate marriage with her sister Ḥogla. Likewise, Reuven is forbidden to his mother-in-law, Ḥogla, but may enter into levirate marriage with her sister Milka. Consequently, this is a case of a sister who is a sister-in-law who either performs *ḥalitza* or levirate marriage.

NOTES

Rabbi Shimon disagreed, etc. – חָלוּק הָיָה רַבִּי שִׁמְעוֹן וכו׳: The early commentaries ask: Even according to the opinion of Rabbi Oshaya, there is a case of a wife of a brother with whom he did not coexist that Rabbi Shimon would concede is prohibited, i.e., if at first there was only one brother who died childless and then later another brother was born, in which case the *yevama* would be forbidden to the newborn *yavam*. Some answer that as Rabbi Shimon did not mention a scenario of this kind in the mishna it is not taken into account (*Tosafot Yeshanim*). Others point out that this case does not allow for the possibility of a rival wife of the rival wife of a forbidden relation (*Tosefot HaRosh*).

וְרַב יְהוּדָה מְתַרְגֵּם מֵחֲמוֹתוֹ וְאֵילָךְ, אֲבָל שִׁיתָּא בָּבֵי דְּרֵישָׁא – לָא, מַאי טַעֲמָא?

And Rav Yehuda explains[N] that this is not true of all of the women listed in the mishna. Only **from** the case of **his mother-in-law and onward,** until the end of the list, is it possible for one sister to be a forbidden relation to one brother and the other sister not to be forbidden at all. **However, in the first six cases, no,** this option does not apply. **What is the reason** for this?

כֵּיוָן דְּבִתּוֹ,

Since, for example, in the case of **one's daughter,** although it is possible that one of the sisters is the daughter of one of the brothers, her mother is prohibited to all of the brothers as their brother's wife, and therefore she could not possibly have a daughter from another brother. This case is possible only if one brother raped a woman who subsequently gave birth to his daughter. Since the prohibition with regard to a brother's wife applies only in the case of marriage, this same woman is not forbidden to a different brother. If another brother came and raped her as well and she gave birth to his daughter too, and these two daughters later married two other brothers, each of these sisters who are sisters-in-law is forbidden to one of the brothers but permitted to the other.

בְּאוֹנָסִין מַשְׁכַּחַתְּ בְּנִשּׂוּאִין לָא מַשְׁכַּחַתְּ לָהּ, בְּנִשּׂוּאִין קָמַיְירֵי בְּאוֹנָסִין – לָא קָא מַיְירֵי.

Accordingly, **in** the case of **rape you** can **find** this scenario, but **in** the case of **marriage you cannot find** it. However, the mishna cannot be interpreted as referring to a case of this kind, as **it deals with marriage** and **it does not deal with rape.**[N]

וְאַבַּיֵי מְתַרְגֵּם אַף בִּתּוֹ מֵאֲנוּסָתוֹ, כֵּיוָן דְּאַשְׁכּוּחֵי מַשְׁכַּחַתְּ לָהּ, אִי בָּעֲיָא מִן הָאוֹנָסִין – תֶּהֱוֵי. [אִי בָּעֲיָא מִן הַנִּשּׂוּאִין – תֶּהֱוֵי], אֲבָל אֵשֶׁת אָחִיו שֶׁלֹּא הָיָה בְּעוֹלָמוֹ – לָא, מַאי טַעֲמָא?

And Abaye explains differently, as he would include in this scenario **even his daughter from the woman he raped.** Why would he include this case? **Since you can find** this possibility, **if you wish it can be by rape, and if you wish it can be by marriage,**[N] i.e., regardless of the details, this situation can occur. **However,** the last case, that of **a wife of a brother with whom he did not coexist,** he would **not** include. **What is the reason** for this?

כֵּיוָן דִּלְרַבִּי שִׁמְעוֹן הוּא דְּמַשְׁכַּחַתְּ לָהּ לְרַבָּנַן לָא מַשְׁכַּחַתְּ לָהּ – בִּפְלוּגְתָּא לָא קָא מַיְירֵי.

Since it is only **according to** the opinion of **Rabbi Shimon that you find this** potential scenario, as he permits a *yevama* to her *yavam* in a case where he was born after she first entered levirate marriage, it is therefore possible that one sister might be forbidden to one brother if he was born before his brother took her in levirate marriage. Likewise, another sister might be forbidden to another brother for the same reason, although the first woman would be permitted to him, as in his lifetime she was never the wife of a brother with whom he did not coexist. **According to** the opinion of **the Rabbis,** however, **you cannot find this** scenario, and the mishna **does not deal with disputes** but only with those cases that are accepted by all opinions.

וְרַב סָפְרָא מְתַרְגֵּם אַף אֵשֶׁת אָחִיו שֶׁלֹּא הָיָה בְּעוֹלָמוֹ, וּמַשְׁכַּחַתְּ לָהּ בְּשִׁיתָּא אַחִים, וְאַלִּיבָּא דְּרַבִּי שִׁמְעוֹן

But Rav Safra explains that the possibility of one brother permitted only to one woman and another brother likewise permitted to only one woman exists **even** in the case of **a wife of a brother with whom he did not coexist, and you can find this** scenario **in** a case involving **six brothers, and** this is **in accordance with** the opinion **of Rabbi Shimon.**

NOTES

And Rav Yehuda explains, etc. – וְרַב יְהוּדָה מְתַרְגֵּם וכו׳: That is to say, although he transmitted this *halakha* in the name of Rav or Rabbi Ḥiyya, he himself did not hold that one should interpret the entire mishna in this manner. Rabbi Ḥiyya, however, did maintain that it is possible to explain the entire mishna in this way.

It does not deal with rape – בְּאוֹנָסִין לָא קָא מַיְירֵי: Some commentaries explain that this is referring to the mishna that deals with her sister who is her sister-in-law, whereas the mishna here is discussing rape as well. They attempt to prove this by means of a close reading of Rashi's commentary (*Arukh LaNer*).

If you wish it can be by marriage, etc. – אִי בָּעֲיָא מִן הַנִּשּׂוּאִין תֶּהֱוֵי וכו׳: The wording here is imprecise, as this scenario can occur only by means of rape, as explained above. Abaye means to say that as she is his daughter, there is no difference between a daughter through marriage or through other means (Rivan; see Meiri).

וְסִימָנֵיךְ: מֵת נוֹלַד וְיִבֵּם, מֵת נוֹלַד וְיִבֵּם.

And your mnemonic to remember how this might occur is as follows: **Died, was born, entered into levirate marriage, died, was born, entered into levirate marriage.** In other words, there were several brothers, and one, Reuven, **died,** before another, Yissakhar, **was born, and** another brother, Shimon, **entered into levirate marriage** with the deceased's wife, and there was another brother, Levi, who **died** as well, and yet another brother, Zevulun, **was born, and** a sixth brother, Yehuda, **entered into levirate marriage** with the deceased's wife. In this case, if Shimon and Yehuda were to die childless, their wives would come before the surviving brothers, Yissakhar and Zevulun, for levirate marriage. To one of them, Yissakhar, the wife of the first brother, Reuven, is prohibited, and for the other brother, Zevulun, the wife of the second brother, Levi, is likewise prohibited.

This is an example of the type of case analyzed in the third chapter, in which the ruling is that the woman who is forbidden to this brother is permitted to that one, and she who is forbidden to this one is permitted to that one. In any case, Rabbi Ḥiyya incorporates the opinion of Rabbi Shimon into this principle, as he maintains that this scenario can apply to each case stated in the mishna. If so, the mishna evidently does deal with disputed legal rulings. How, then, can Rabbi Yehuda HaNasi claim that the cases of the mishna are unanimous?

אֶלָּא, לְרַבִּי – הָנֵי כְּלָלֵי לֵית לֵיהּ. רַב אַדָּא קַרְחִינָא קַמֵּיהּ דְּרַב כָּהֲנָא אֲמַר מִשְּׁמֵיהּ דְּרָבָא: לְעוֹלָם אִית לֵיהּ לְרַבִּי הָנֵי כְּלָלֵי, וְהָכִי קָאָמַר לֵיהּ: אִמּוֹ אֲנוּסַת אָבִיו – בַּחֲדָא מַשְׁכַּחַתְּ לָהּ, בִּתְרְתֵּי – לָא קָמַשְׁכַּחַתְּ לָהּ.

§ **Rather, Rabbi** Yehuda HaNasi **does not hold** in accordance with **these general statements** applied by Rabbi Ḥiyya, and therefore he maintains that no issue subject to dispute was taught in the mishna. **Rav Adda Karḥina,** who was sitting **before Rav Kahana, said in the name of Rava: Actually,** one can explain that **Rabbi does hold** in accordance with **these general statements** laid out by Rabbi Ḥiyya. **And this is what** he **said** to Levi: In the case of **his mother** who had been **raped by his father, you find this** case **with** only **one** of the women; however, **you cannot find it with two.** In other words, the terms mentioned by Rabbi Ḥiyya above: She who is forbidden to this one is permitted to that one, and: A sister who is a sister-in-law performs either *ḥalitza* or levirate marriage, apply only partly to this complex case.

אִי יַעֲקֹב שְׁתֵּי אֲחָיוֹת אָנַס, אֲחוֹתָהּ שֶׁהִיא יְבִמְתָּהּ – מַשְׁכַּחַתְּ לָהּ, הָאֲסוּרָה לָזֶה מוּתֶּרֶת לָזֶה – לָא מַשְׁכַּחַתְּ,

The Gemara elaborates: **If Ya'akov,** the father, **raped two sisters** who gave birth to two sons, and he had two other sons who married these raped sisters and died, in this scenario **you find** a case of **her sister who is her sister-in-law,** as there is a *yevama* who comes before one of the brothers who is a forbidden relative and also a sister and a sister-in-law of another *yevama*. However, **you cannot find** the principle of: **She who is forbidden to this one is permitted to that one.** Although it is possible that one's brother's wife who is one's mother might come before one for levirate marriage, just as he is forbidden to his mother, he is likewise forbidden to his mother's sister.

וְאִי שְׁתֵּי נָכְרִיּוֹת אָנַס – הָאֲסוּרָה לָזֶה מוּתֶּרֶת לָזֶה מַשְׁכַּחַתְּ לָהּ, אֲחוֹתָהּ שֶׁהִיא יְבִמְתָּהּ – לָא מַשְׁכַּחַתְּ לָהּ.

And if the father **raped two unrelated women,** who gave birth to two sons and then married two other sons of the same father who subsequently died, **you find** the case of: **She who is forbidden to this one is permitted to that one,** as each of the two raped women comes before one of the brothers for levirate marriage while she is forbidden to the other as his mother. However, **you do not find** a situation of: **Her sister who is her sister-in-law.** Therefore, the case of one's mother who was raped by one's father cannot be included in the list of the mishna, as the characteristics stated by Rabbi Ḥiyya do not apply to this case.

רַב אַשִׁי אָמַר: לְעוֹלָם לֵית לֵיהּ לְרַבִּי הָנֵי כְּלָלֵי, וּבִפְלוּגְתָּא קָמַיְירֵי. וּמַאי "כִּמְדוּמֶּה אֲנִי שֶׁאֵין לוֹ מוֹחַ בְּקָדְקֳדוֹ" דְּקָאָמַר לֵיהּ –

§ **Rav Ashi stated**[N] a different explanation: **Actually, Rabbi** Yehuda HaNasi **does not hold** in accordance with **these general statements** of Rabbi Ḥiyya, **and** the mishna **does deal with** *halakhot* that are in **dispute.**[N] According to his opinion, **what is** the meaning of the phrase: **It seems to me that he has no brain in his head, that** Rabbi Yehuda HaNasi **said to** Levi?

הָכִי קָאָמַר לֵיהּ: מַאי טַעֲמָא לָא דָּיְיקַתְּ מַתְנִיתִין? דְּמַתְנִיתִין רַבִּי יְהוּדָה הִיא, [דְּאָסַר בַּאֲנוּסַת אָבִיו].

According to Rav Ashi, **this is what** Rabbi Yehuda HaNasi **said** to Levi: **What is the reason** that **you were not precise** in your interpretation of **the mishna? As the mishna is** in accordance with the opinion of **Rabbi Yehuda, who prohibited** the case **of a woman** who was **raped by one's father.** Accordingly, the rulings of the mishna cannot be attributed to any opinion that is not in line with that of Rabbi Yehuda. What is the proof that this mishna is indeed in accordance with the opinion of Rabbi Yehuda?

דְּקָתָנֵי: שֵׁשׁ עֲרָיוֹת חֲמוּרוֹת מֵאֵלּוּ מִפְּנֵי שֶׁהֵן נְשׂוּאוֹת לַאֲחֵרִים צָרוֹתֵיהֶן מוּתָּרוֹת: אִמּוֹ, וְאֵשֶׁת אָבִיו, וַאֲחוֹת אָבִיו. מַאי אִמּוֹ? אִילֵימָא נְשׂוּאַת אָבִיו – הַיְינוּ אֵשֶׁת אָבִיו!

As it teaches in the next mishna: **Six** women **with whom relations are forbidden**[N] **are more severe than these** enumerated in the previous mishna, **because they** may **marry** only **others** and can never be married to any of the brothers, and therefore **their rival wives are permitted.** These women include: **His mother, his father's wife, and his father's sister.** Rav Ashi infers: **What is** the meaning of: **His mother? If we say** that this mother is **married to his father,** then **this is the same** case as: **His father's wife,** which would mean that the mishna lists only five cases, not six.

אֶלָּא לָאו – אֲנוּסַת אָבִיו, וְקָתָנֵי: מִפְּנֵי שֶׁהֵן נְשׂוּאוֹת לַאֲחֵרִים, לַאֲחֵרִים – אִין, לְאַחִין – לָא. מַאן שָׁמְעַתְּ לֵיהּ דְּאִית לֵיהּ הַאי סְבָרָא – רַבִּי יְהוּדָה, דְּאָסַר בַּאֲנוּסַת אָבִיו, מִשּׁוּם הָכִי לָא תָּנֵי לֵיהּ.

Rather, is it not referring to **a woman raped by his father? And it is taught** in the mishna that the *halakhot* of levirate marriage do not apply to them **because they may marry** only **others,** which indicates: **Others, yes; the brothers, no.** Since each of the brothers are sons of the same father, each one is prohibited from marrying the mother of one of the other brothers, as although she is not his mother, she is nevertheless a woman raped by his father, whom one may not marry. **Who did you hear who holds** in accordance with **this conclusion** that a woman raped by one's father is prohibited to all his sons? It is **Rabbi Yehuda who prohibits a woman raped by his father. Due to that** reason the case of a woman raped by one's father **was not taught** in the first mishna.

אָמַר לֵיהּ רָבִינָא לְרַב אַשִׁי: לְרַבִּי יְהוּדָה נָמֵי מַשְׁכַּחַתְּ לָהּ. דְּאִי עָבַר וְנָסֵיב! "דְּאִי" לָא קָתָנֵי.

Ravina said to Rav Ashi: Even according to the opinion of **Rabbi Yehuda you** can **find this** possibility that a woman raped by a father comes before the son for levirate marriage. **What if one** of the brothers **transgressed and married**[N] a woman raped by his father? Even Rabbi Yehuda concedes that this is a violation of a regular prohibition that does not incur *karet*, and therefore the marriage is valid. Consequently, if this brother died childless, this woman would come before her son for levirate marriage. The Gemara rejects this proof: The *tanna* **does not teach** cases of **what if,** i.e., the mishna does not cite an example that could result only from a transgression.

NOTES

Rav Ashi stated, etc. – **רַב אַשִׁי אָמַר וכו׳:** This discussion is found in the Jerusalem Talmud as well, although it follows a different logical order and is attributed to other Sages. There, the first explanation is that of Rav Ashi, which is challenged on several accounts and subsequently combined with the answer stated here by Rava.

The mishna does deal with *halakhot* in dispute – **בִּפְלוּגְתָּא קָמַיְירֵי:** The early commentaries ask: According to this opinion, Levi should have enumerated even more than sixteen cases (*Tosafot*). Several answers are suggested. The consensus opinion is that even Levi did not list all of the possibilities according to all of the various opinions, but only those rulings that the *tanna* of the mishna would accept (Rashba).

As it teaches, six women with whom relations are forbidden, etc. – **דְּקָתָנֵי שֵׁשׁ עֲרָיוֹת וכו׳:** Rav Ashi's inference is obvious; clearly none of the especially stringent six cases could be included in the first mishna. How, then, could Levi have thought that he should add the case of one's mother to the first mishna (*Tosafot*)? Some early commentaries suggest that Levi maintains that the case of a mother mentioned in that mishna could be referring to a mother who is married to his father, whereas a father's wife means the wife of his father who is not his mother (Rashba; Ritva).

What if one transgressed and married – **דְּאִי עָבַר וְנָסֵיב:** In the Jerusalem Talmud, *Tosafot*, and other early commentaries the point is raised that this can be explained according to the opinion of Rabbi Yehuda even without the hypothetical case cited in the Gemara, e.g., if the brother betrothed the woman raped by his father but did not actually marry her. In this case, no prohibition has been violated. Most early commentaries explain that as the purpose of the betrothal is marriage and ultimately sexual relations, the betrothal itself is prohibited, and therefore it is still considered a case involving a prohibition, which is not discussed by the mishna.

אָמַר לֵיהּ רַב אַשִׁי לְרַב כָּהֲנָא: בְּלֹא ״דְּאִי״ נַמִּי מַשְׁכַּחַתְּ לָהּ: יַעֲקֹב אָנַס כַּלָּתוֹ וְהוֹלִיד מִמֶּנָּה בֵּן, וּמֵת [רְאוּבֵן] בְּלֹא בָּנִים, וְנָפְלָה לָהּ קַמֵּי בְּרָהּ, וּמִיגּוֹ דְּאִיהִי אֲסִירָה – צָרָתָהּ נַמִּי אֲסִירָה.

Rav Ashi said to Rav Kahana: Even without a hypothetical: **What if, you can find**[N] an example of a woman raped by a father who is not forbidden to the son in marriage. How so? **Ya'akov,** the father, **raped his daughter-in-law,**[NB] **from whom he fathered a son. And** the son, **Reuven,** the husband of the daughter-in-law, **died childless. And** as Ya'akov had two sons, the deceased Reuven and a son by Reuven's wife whom Ya'akov had raped, Reuven's wife **would** then **come before her son** for levirate marriage. **And since she is forbidden, her rival wife is also forbidden.** Consequently, a case of this kind is possible without the levirate marriage resulting from an illicit marriage.

אָמַר לֵיהּ: בְּאַחְוָתָא דְּהֶתֵּירָא – קָמַיְירִי, בְּאַחְוָתָא דְּאִיסּוּרָא – לָא קָמַיְירִי. וְאַף עַל פִּי כֵן בְּדַקָהּ לֵוִי בְּמַתְנִיתִין,

Rav Kahana **said to** Rav Ashi: The mishna **deals with** cases of **legitimate brothers,** whereas **it does not deal with cases of illegitimate brothers.** The offspring of a man who rapes his daughter-in-law is a *mamzer*, and cases of this kind are not discussed in the mishna. The Gemara comments: **Nevertheless,** despite Rabbi Yehuda HaNasi's criticism, **Levi established this** additional possibility of a woman raped by one's father **in his** ***mishnayot.***

דְּתָנֵי לֵוִי: אִמּוֹ, פְּעָמִים פּוֹטֶרֶת צָרָתָהּ וּפְעָמִים אֵינָהּ פּוֹטֶרֶת צָרָתָהּ. כֵּיצַד? הָיְתָה אִמּוֹ נְשׂוּאַת אָבִיו, וְנִשֵּׂאת לְאָחִיו מֵאָבִיו וּמֵת – זוֹ הִיא אִמּוֹ שֶׁאֵין פּוֹטֶרֶת צָרָתָהּ,

As Levi taught in his *baraita*: With regard to the case of **his mother, at times she exempts her rival wife, and at other times she does not exempt her rival wife. How so? If his mother was married to his father and** after his father's death she illicitly **married** her son's **paternal brother, who then died, this is** a case of: **His mother who does not exempt her rival wife.** The reason is that her marriage to his brother does not take effect at all, as it was forbidden on pain of *karet*. Since this marriage never occurred, only the other wife, the so-called rival wife, is considered a wife of the brother, and she may enter into levirate marriage.

BACKGROUND

Ya'akov raped his daughter-in-law – יַעֲקֹב אָנַס כַּלָּתוֹ: Ya'akov had a son Reuven who had two wives, Peninna and Ḥanna. If Ya'akov raped his daughter-in-law Ḥanna, who bore him a son, Zeraḥ, this son would be Reuven's paternal brother. If Reuven dies childless, both his wives would come before his brother Zeraḥ for levirate marriage, and yet Ḥanna, one of these women, is Zeraḥ's mother. This is a case in which a mother comes before her son for levirate marriage.

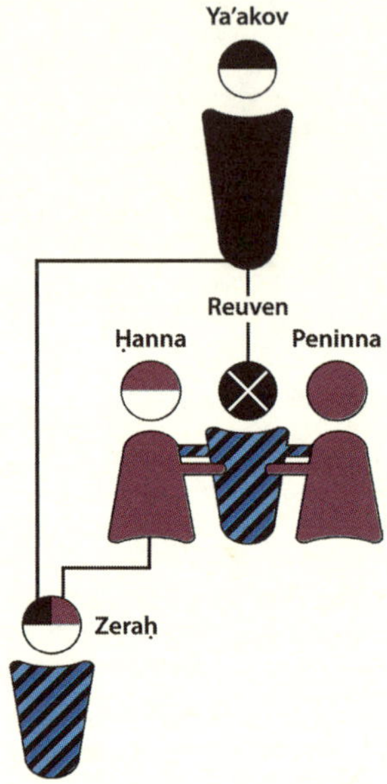

NOTES

Even without what if, you can find, etc. – בְּלֹא דְּאִי נַמִּי מַשְׁכַּחַתְּ וכו׳: An obvious question arises here: If the mishna does not discuss cases that result from a transgression, the situation of a father who raped his daughter-in-law involves an even more serious transgression. How, then, can this scenario be suggested as part of the answer? Rashi's brief comment: That this deceased individual did not transgress when he married her, alludes to an answer: It is only if the marriage that caused the obligation of levirate marriage involved a transgression that the mishna will omit this case. Others explain that the issue is not merely the existence of a prohibition, as a marriage that involves a transgression in which both the husband and the wife are sinners is a rare occurrence. In contrast, in cases of rape, only one individual transgresses, and therefore the mishna does discuss examples of this kind (*Arukh LaNer*).

Raped his daughter-in-law – אָנַס כַּלָּתוֹ: The Gemara specifies that he raped her, because if the act was performed willingly, the woman would be a *sota*, which would mean that the mitzva of levirate marriage does not apply at all. Alternatively, as marriage with one's daughter-in-law is entirely invalid, even a marriage in this situation can be called a rape (Ritva).

הָיְתָה אִמּוֹ אֲנוּסַת אָבִיו, וְנִשֵּׂאת לְאָחִיו מֵאָבִיו וּמֵת – זוֹ הִיא אִמּוֹ שֶׁפּוֹטֶרֶת צָרָתָהּ.

If, however, **his mother was a woman** who was **raped by his father and** subsequently **married his paternal brother,** and the brother **died, this is** a case of **his mother who exempts her rival wife.** According to the opinion of the Rabbis this marriage is permitted, and even according to the opinion of Rabbi Yehuda the marriage is valid despite the transgression. Consequently, both the mother and her rival wife come before the son for levirate marriage. Since the mother is a forbidden relation to him, her rival wife is exempt as well.

וְאַף עַל פִּי שֶׁשָּׁנוּ חֲכָמִים בְּמִשְׁנָתֵנוּ "חֲמֵשׁ עֶשְׂרֵה", יֵשׁ לָנוּ לְהוֹסִיף שֵׁשׁ עֶשְׂרֵה, כְּגוֹן זוֹ. אָמַר לֵיהּ רֵישׁ לָקִישׁ לְרַבִּי יוֹחָנָן: לְלֵוִי דְּאָמַר "דְּאִי" נַמִי קָתָנֵי, לִתְנֵי: הַחוֹלֵץ לִיבִמְתּוֹ וְחָזַר וְקִדְּשָׁהּ וּמֵת בְּלֹא בָּנִים, דְּמִגּוֹ דְּאִיהִי אֲסוּרָה – צָרָתָהּ נַמִי אֲסִירָא!

And although[N] **the Sages taught in the mishna: Fifteen** women, **we must add a sixteenth** case, **for example,** the situation described above. **Reish Lakish said to Rabbi Yoḥanan: According to** the opinion **of Levi, who said** that the mishna **teaches even** cases of: **What if,** which involve a transgression, **let** the mishna also **teach** the case of **one who performs *ḥalitza* with his *yevama* and went back and betrothed her,** and then **died childless.** His betrothal is a transgression, as after *ḥalitza* the *yevama* is permanently forbidden to him. **As,** in this case, **since she is forbidden** to all the brothers, due to the *ḥalitza* performed by the deceased *yavam*, **her rival wife is also forbidden.** This is an additional case of a woman who exempts her rival wife.

אָמַר לֵיהּ: לְפִי שֶׁאֵינָהּ בְּצָרַת צָרָה.

Rabbi Yoḥanan **said to** Reish Lakish: This example is not cited **because** the case **does not** include the possibility **of a rival wife of a rival wife.**[N] All of the other cases listed in the mishna involve both rival wives and rival wives of rival wives. Here, however, this is impossible, as the same prohibition applies equally to all of the brothers, and therefore none of them may marry her.

וְלֵימָא לֵיהּ: חַיָּיבֵי לָאוִין הִיא, וְחַיָּיבֵי לָאוִין בְּנֵי חֲלִיצָה וְיִבּוּם נִינְהוּ?

The Gemara asks: **And let** Rabbi Yoḥanan **say** a different answer **to** Reish Lakish, as he could simply have pointed out that marriage to a woman who had performed *ḥalitza* is not a violation that incurs *karet*, neither for the one who performed the *ḥalitza* nor for his brothers if they marry her after he dies. Rather, **it is** an act for which they are **liable for** violating a regular **prohibition, and those liable for** violating **a prohibition** are obligated **in *ḥalitza* and levirate marriage.** In these cases the mitzva of levirate marriage still applies, and although the woman should be released by *ḥalitza*, she is not entirely exempt from levirate marriage, and therefore her rival wife is not exempt either.

לְדִבְרָיו קָאָמַר לֵיהּ: לְדִידִי חַיָּיבֵי לָאוִין הֵם, וְחַיָּיבֵי לָאוִין בְּנֵי חֲלִיצָה וְיִבּוּם נִינְהוּ, אֶלָּא לְדִידָךְ חַיָּיבֵי כְּרֵיתוֹת נִינְהוּ, לְפִי שֶׁאֵינָן בְּצָרַת צָרָה.

The Gemara responds that Rabbi Yoḥanan **is speaking in accordance with the statement of** Reish Lakish, as follows: According **to my** opinion your question is groundless, as **they are liable for** violating **a prohibition, and those liable for** violating **a prohibition are** obligated **in *ḥalitza* and levirate marriage. However,** according **to your** opinion, **those** brothers who marry a *yevama* who had performed *ḥalitza* **are liable to** receive ***karet***, and therefore you must resolve the difficulty by saying that the mishna did not teach this case **because** it **does not** include the possibility **of a rival wife of a rival wife.**

אִיתְּמַר, הַחוֹלֵץ לִיבִמְתּוֹ וְחָזַר וְקִדְּשָׁהּ. אָמַר רֵישׁ לָקִישׁ: הוּא אֵין חַיָּיב עַל הַחֲלוּצָה כָּרֵת,

The Gemara discusses the dispute alluded to in the previous paragraph. **It was stated:** With regard to **one who performs *ḥalitza* with his *yevama* and went back and betrothed her,**[N] **Reish Lakish said:** The brother who earlier performed *ḥalitza* **is not liable to** receive ***karet*** for returning to **the *yevama* who performed *ḥalitza*** [***ḥalutza***]. She is no longer forbidden as a brother's wife, although she is forbidden by a regular prohibition.

וְהָאַחִין חַיָּיבִין עַל הַחֲלוּצָה כָּרֵת. עַל הַצָּרָה – בֵּין הוּא וּבֵין הָאַחִים חַיָּיבִין עַל הַצָּרָה כָּרֵת.

And the brothers who did not actually perform the *ḥalitza* **are liable to** receive ***karet*** for having relations with a ***ḥalutza***.[N] In their case, the woman retains her status as a forbidden brother's wife even after the *ḥalitza*. **With regard to the rival wife** of the *ḥalutza*, although she too is released from the levirate bond, since the act of *ḥalitza* itself was not performed with her, **both** the brother who performed the *ḥalitza* **and the** other **brothers are liable to** receive ***karet*** **for** having relations with **the rival wife,** as she retains her forbidden status as a brother's wife.

וְרַבִּי יוֹחָנָן אָמַר: בֵּין הוּא וּבֵין הָאַחִין אֵינָן חַיָּיבִין לֹא עַל הַחֲלוּצָה כָּרֵת וְלֹא עַל הַצָּרָה כָּרֵת. מַאי טַעְמָא דְּרֵישׁ לָקִישׁ? אָמַר קְרָא "אֲשֶׁר לֹא יִבְנֶה" כֵּיוָן שֶׁלֹּא בָּנָה – שׁוּב לֹא יִבְנֶה.

And Rabbi Yoḥanan said: Neither he nor the other **brothers are liable to** receive ***karet***, **neither for the *ḥalutza* nor for** having relations with **the rival wife.** The Gemara explains: **What is the rationale of Reish Lakish? The verse states** with regard to one who performs *ḥalitza* with his *yevama*: **"Who does not build up** his brother's house" (Deuteronomy 25:9), which teaches that **since he did not build** his brother's house by entering into levirate marriage, opting instead for *ḥalitza*, **he shall never build** it **again.** This statement is understood not only as a negative description of events, but also as a prohibition against marrying this woman at any point in the future.

NOTES

And although, etc. – וְאַף עַל פִּי וכו׳: Levi included this sentence in his *mishnayot* as well, in explanation of why he changed his version from the one accepted by Rabbi Yehuda HaNasi (Rivan).

Because the case does not include the possibility of a rival wife of a rival wife – לְפִי שֶׁאֵינָהּ בְּצָרַת צָרָה: Apparently, the reason this case does not include the possibility of a rival wife of a rival wife is that she is equally forbidden to all of the brothers. But if so, she should have been listed alongside the six severe transgressions involving women with whom relations are forbidden, who are exempt from levirate marriage and with regard to whom a situation of a rival wife of a rival wife cannot occur, as they are likewise forbidden to all of the brothers. One answer is that this woman is indeed included in that list, under the heading of: The wife of his paternal brother (Rashba).

And went back and betrothed her – וְחָזַר וְקִדְּשָׁהּ: The *baraita* specifies that he betrothed her, not that he engaged in sexual intercourse with her, because this is the more common occurrence, especially as one might assume that after *ḥalitza* he may change his mind and betroth her (*Tosefot HaRosh*).

The liability of a *ḥalutza* and the brothers to receive *karet* – חִיּוּב חֲלוּצָה וְהָאַחִין בְּכָרֵת: This dispute between Rabbi Yoḥanan and Reish Lakish appears in the Jerusalem Talmud as well. However, the Gemara there cites several versions that include intermediate opinions and different halakhic rulings for the *ḥalutza* as opposed to her rival wife, as well as different rulings for the brother who performed *ḥalitza* as opposed to the other brothers.

Some commentaries explain that the fundamental argument according to the opinion of Reish Lakish is apparently that the prohibition proscribing a brother's wife remains intact, although the Torah allowed the *yavam* obligated by the duty of levirate marriage to defer this prohibition (Rashba). After the *ḥalitza*, a new prohibition of: Does not build up, goes into effect. In other words, once a brother has refused to build his deceased brother's house by means of *ḥalitza* he is now prohibited from doing so. According to this interpretation, the prohibition with regard to a brother's wife remains in force for all the brothers except for the one who performed *ḥalitza*. By contrast, Rabbi Yoḥanan holds that upon the death of the childless brother, the prohibition proscribing a brother's wife is entirely removed from the *yevama*. Although she must still undergo *ḥalitza* to be released from the levirate bond, the penalty of *karet* no longer applies to this situation at all.

It is possible to connect this idea to the opinion cited in the Jerusalem Talmud that the dispute stems from differing concepts of *ḥalitza*. While Rabbi Yoḥanan maintains that *ḥalitza* merely releases those involved from their obligation, Reish Lakish holds it to be a form of acquisition, in that the performance of *ḥalitza* enables a new prohibition to take effect (see *Mei Neftoaḥ*, *Kovetz He'arot*, and *Einayim LaMishpat*). According to this explanation, Rabbi Yoḥanan's statement here that the brother who performs *ḥalitza* acts as an agent of the others brothers does not represent his main reasoning. Rather, this statement serves only to clarify why *ḥalitza* by one brother exempts all of the others (see *Kovetz He'arot*).

איהו הוא דְּקָאֵי בְּ״לֹא יִבְנֶה״, אֲבָל אֶחָיו – כִּדְקָיְימִי קָיְימִי,

However, **it is** the man who performed the act of *ḥalitza* **who stands** liable **to** receive punishment for violating this prohibition of: **Does not build up,** i.e., the prohibition against marrying his *ḥalutza*. For him the prohibition involving *karet* has been replaced by the regular prohibition of: Who does not build up his brother's house. **However,** with regard to his **brothers, where they stood** before, **they stand** now. In other words, just as before the mitzva of levirate marriage applied to them this woman was forbidden to them as a brother's wife, once the obligation of levirate marriage has been removed they remain bound by the same prohibition. Consequently, she is forbidden to the brothers on pain of *karet*.

וַעֲלַהּ דִּידַהּ הוּא דְּקָאֵי בְּ״לֹא יִבְנֶה״, הָא צָרָה – כִּדְקָיְימִי קָיְימִי.

And furthermore, only **with regard to her,** the *ḥalutza*, **does he stand** liable **for: Does not build up,** but as for **the rival wife,** who did not perform *ḥalitza*, **where** all the brothers **stood** before, **they stand** now. Just as before her rival wife performed *ḥalitza* she was forbidden on pain of *karet*, the same applies after the *ḥalitza*, both for the man who performed *ḥalitza* and his brothers.

וְרַבִּי יוֹחָנָן: מִי אִיכָּא מִידֵי דְּמֵעִיקָּרָא, אִי בָּעֵי הַאי חָלֵיץ וְאִי בָּעֵי הַאי חָלֵיץ, וְאִי בָּעֵי לְהַאי חָלֵיץ וְאִי בָּעֵי לְהַאי חָלֵיץ, וְהָשְׁתָּא קָאֵי עֲלַהּ בְּכָרֵת?

And Rabbi Yoḥanan claims: **Is there anything** of this kind in *halakha*? After all, **at the outset,** before the *ḥalitza*, **if this** brother **wanted** he could **perform *ḥalitza*, and if that** brother **wanted** he could **perform *ḥalitza*, and if he wanted** he could **perform *ḥalitza* with this** woman **and if he wanted** he could **perform *ḥalitza* with that** woman. All the deceased brother's wives were included in the levirate obligation of marriage or *ḥalitza*, and therefore the prohibition proscribing a brother's wife was negated for all of them at that time. **And now,** after the *ḥalitza*, **they stand to** incur ***karet*** **for** having relations with **her?** How can the prohibition proscribing a brother's wife return after it was nullified by the death of the childless brother?

אֶלָּא: אִיהוּ שְׁלִיחוּתָא דְּאַחִים קָעָבֵיד, אִיהִי שְׁלִיחוּתָא דְּצָרָה קָעָבְדָה.

Rather, he who performs *ḥalitza* **performs the agency of the** other **brothers,** and therefore he also releases her from the levirate bond of his brothers. Similarly, **she** who performs *ḥalitza* **performs the agency of the rival wife,** as the *ḥalitza* of one wife serves to release the other one as well. Consequently, it is as though all of the brothers released all of the wives, and there is no longer any prohibition that incurs *karet*.[H]

אֵיתִיבֵיהּ רַבִּי יוֹחָנָן לְרֵישׁ לָקִישׁ: הַחוֹלֵץ לִיבִמְתּוֹ וְחָזַר וְקִידְּשָׁהּ, וּמֵת – צְרִיכָה חֲלִיצָה מִן הָאַחִין. בִּשְׁלָמָא לְדִידִי דְּאָמֵינָא חַיָּיבֵי לָאוִין נִינְהוּ, הַיְינוּ דִּצְרִיכָה חֲלִיצָה מִן הָאַחִין.

§ The Gemara cites the ensuing discussion between the two disputing Sages. **Rabbi Yoḥanan raised an objection to** the opinion of **Reish Lakish** from a *baraita*: In the case of **one who performs *ḥalitza* with his *yevama* and went back and betrothed her, and** then **died, she requires *ḥalitza* from** one of **the brothers. Granted,** this makes sense according **to my** opinion, **as I say** that brothers who marry a *ḥalutza* **are liable** only **for** violating **a prohibition,** and **that is** why **she requires *ḥalitza* from the** other **brothers.** The principle is that a woman with whom relations are forbidden by a regular prohibition that does not incur *karet* may not enter into levirate marriage, but she must undergo *ḥalitza*.

אֶלָּא לְדִידָךְ, אַמַּאי צְרִיכָה חֲלִיצָה?

However, according **to your** opinion that the penalty of *karet* does apply here, **why does she require *ḥalitza*** at all? The penalty of *karet* indicates that the betrothal did not take effect at all, and therefore she is not bound to the brothers with regard to the requirement of *ḥalitza*.

וּלְטַעְמִיךְ, אֵימָא סֵיפָא: עָמַד אֶחָד מִן הָאַחִין וְקִידְּשָׁהּ – אֵין לָהּ עָלָיו כְּלוּם. וְאִי חַיָּיבֵי לָאוִין נִינְהוּ – אַמַּאי אֵין לָהּ עָלָיו כְּלוּם?

Reish Lakish answered: **And according to your reasoning,** how would you **state** and explain **the latter clause** of the *baraita*: **If one of the brothers arose and betrothed her, she has no claims on him,** i.e., the marriage does not take effect at all and she does not require a bill of divorce from him? **But if** the brothers **are liable** only **for** violating **a prohibition, why does she have no claim on him?** After all, in cases of regular prohibitions a betrothal is valid. According to my opinion that these brothers are liable to receive *karet* the matter is clear, as the betrothal is invalid. This indicates that there is a contradiction between the first and latter clauses of the *baraita*. How, then, can Rabbi Yoḥanan cite a proof from an apparently flawed *baraita*?

HALAKHA

The prohibition proscribing a *ḥalutza* to the man who performed *ḥalitza* and to his brothers – אִיסּוּר חֲלוּצָה לְחוֹלֵץ וְאֶחָיו: If a *yavam* performs *ḥalitza* with his *yevama*, she and her rival wives are forbidden to him and the other brothers. However, this prohibition does not incur *karet* but is a regular prohibition. This ruling is in accordance with the opinion of Rabbi Yoḥanan, as the *halakha* follows his opinion against that of Reish Lakish (*Tur*). According to the Rambam, the prohibition is a decree of the Sages, and that is how he interprets the opinion of Rabbi Yoḥanan (see *Maggid Mishne*). However, others (*Tosafot*; Ramban) maintain that according to Rabbi Yoḥanan a marriage between one of the brothers and one of these women constitutes the violation of a prohibition (Rambam *Sefer Nashim, Hilkhot Yibbum VaḤalitza* 1:12; *Shulḥan Arukh, Even HaEzer* 162:2).

NOTES

In the latter clause we have come to Rabbi Akiva – סֵיפָא אֲתָאן לְרַבִּי עֲקִיבָא: If this is indeed Rabbi Akiva's opinion, then even if the brother who performed *ḥalitza* subsequently betrothed the *ḥalutza*, she still would not require a bill of divorce. Consequently, Rabbi Akiva must interpret the phrase: One of the brothers, to refer to all the brothers of the deceased, including the one who performed *ḥalitza* (*Tosafot Yeshanim*; *Tosefot HaRosh*).

But let the mishna teach: According to the statement of Rabbi Akiva – וְלִיתְנֵי לְדִבְרֵי רַבִּי עֲקִיבָא: The early commentaries ask: There are many statements of this kind in the Gemara, where the mishna is explained as reflecting the opinions of two different *tanna'im*, and yet elsewhere the Gemara does not insist that the mishna should have mentioned the name of the specific *tanna* who authored the second opinion (*Tosafot*). The answer given is that the difficulty is not the mere omission of the phrase: According to the statement of Rabbi Akiva, but that if indeed this ruling is Rabbi Akiva's, he should have explicitly disagreed in the first case as well by stating that she does not require *ḥalitza* from the brothers (Ramban; Ritva).

אָמַר רַב שֵׁשֶׁת: סֵיפָא אֲתָאן לְרַבִּי עֲקִיבָא, דְּאָמַר: אֵין קִידּוּשִׁין תּוֹפְסִין בְּחַיָּיבֵי לָאוִין. וְלִיתְנֵי: לְדִבְרֵי רַבִּי עֲקִיבָא אֵין לוֹ עָלֶיו כְּלוּם!

Rav Sheshet said in resolution of this contradiction: In the **latter clause** of the *baraita* **we have come to** a different opinion, that of **Rabbi Akiva,**[N] **who said: Betrothal with those** who are forbidden as they are **liable for** violating **a prohibition is not valid.** In Rabbi Akiva's opinion there is no difference between regular prohibitions and prohibitions that incur *karet* in this regard, as in both cases the betrothals are invalid. The Gemara raises a difficulty: **But** if the first clause of the *baraita* is in accordance with the opinion of the Rabbis, while the latter clause is in accordance with a different opinion, **let** the mishna **teach** explicitly: **According to the statement of Rabbi Akiva**[N] **she has no claims on him,** as this represents a different opinion.

Perek **I**
Daf **11** Amud **a**

NOTES

The dispute concerning a *yevama* who performed *ḥalitza* – הַמַּחֲלוֹקֶת בִּיבָמָה שֶׁנֶּחְלְצָה: In the Jerusalem Talmud several other versions of the same basic dispute between Rabbi Yoḥanan and Reish Lakish are cited. These versions differ in both the opinions held by the two Sages and the details of their argument.

In accordance with Rabbi Shimon…she requires *ḥalitza* from the brothers – כְּרַבִּי שִׁמְעוֹן...צְרִיכָה חֲלִיצָה מִן הָאַחִין: The commentaries ask: If the brothers were born only after the betrothal of the widow of their already-deceased brother to their other brother, this woman should be permitted to them in levirate marriage; why, then, must they perform *ḥalitza* (*Tosafot*)? One suggestion is that since the second brother had performed *ḥalitza* with her, she retains a measure of the levirate bond from the first brother. Consequently, even Rabbi Shimon concedes that the newborn brothers are not permitted to marry her (*Keren Or*).

קַשְׁיָא. רַב אָשֵׁי סָבַר לַהּ כְּרֵישׁ לָקִישׁ, וּמְתָרֵץ לַהּ כְּרַבִּי שִׁמְעוֹן. רָבִינָא סָבַר לַהּ כְּרַבִּי יוֹחָנָן, וּמְתָרֵץ כְּרַבָּנַן.

§ The Gemara comments: Rav Sheshet's explanation of the contradiction between the first clause and latter clause of the *baraita* **is difficult.** Consequently, the Gemara cites different resolutions of this contradiction. **Rav Ashi holds in accordance with** the opinion **of Reish Lakish and resolves** the *baraita* **in accordance with** the opinion of **Rabbi Shimon. Ravina,** in contrast, **holds in accordance with** the opinion of **Rabbi Yoḥanan and resolves** the *baraita* **in accordance with** the opinion of **the Rabbis.**[N]

רַב אָשֵׁי סָבַר לַהּ כְּרֵישׁ לָקִישׁ וּמְתָרֵץ לַהּ כְּרַבִּי שִׁמְעוֹן: הַחוֹלֵץ לִיבִמְתּוֹ וְחָזַר וְקִדְּשָׁהּ צְרִיכָה חֲלִיצָה מִן הָאַחִין. מַאן אַחִין –

The Gemara elaborates: **Rav Ashi holds in accordance with** the opinion **of Reish Lakish and resolves** the *baraita* **in accordance with** the opinion of **Rabbi Shimon.** This is his interpretation: In the case of **one who performs *ḥalitza* with his *yevama* and went back and betrothed her,** and then died, **she requires *ḥalitza* from** one of **the brothers.**[N] **Who are the brothers** referred to here?

אַחִין הַיְּלוּדִים, כְּמַאן – כְּרַבִּי שִׁמְעוֹן.

Rav Ashi explains that they are the **newborn brothers,** i.e., those who were born only after the brother betrothed her. Consequently, although this woman was the wife of the first deceased brother before they were born, after their birth she was already the wife of a living brother. Therefore, the prohibition of a wife of a brother with whom he did not coexist never applied, and she requires *ḥalitza*. **In accordance with whose** opinion is this ruling? It is **in accordance with** the opinion of **Rabbi Shimon,** who maintains that in a case of this kind the brothers are not considered to be coexisting.

עָמַד אֶחָד מִן הַנּוֹלָדִים וְקִדְּשָׁהּ – אֵין לָהּ עָלָיו כְּלוּם, כְּמַאן – כְּרֵישׁ לָקִישׁ.

Meanwhile, the latter clause speaks of a case where **one of the** brothers who was **born** in the lifetime of the first brother **arose and betrothed her,** after another brother had performed *ḥalitza*. In this case, **she has no claims** of a bill of divorce **on him. In accordance with whose** opinion is this ruling? It is **in accordance with** the opinion of **Reish Lakish,** who maintains that the penalty of *karet* applies in this case, and therefore the betrothal is entirely invalid.

רָבִינָא סָבַר לָהּ כְּרַבִּי יוֹחָנָן וּמְתָרֵץ לָהּ אַלִּיבָּא דְּרַבָּנַן: הַחוֹלֵץ לִיבִמְתּוֹ וְחָזַר וְקִדְּשָׁהּ צְרִיכָה חֲלִיצָה מִן הָאַחִין, מַאן אַחִין – אַחִין הַנּוֹלָדִים, כְּמַאן – כְּרַבִּי יוֹחָנָן.

The Gemara continues its explanation of the opinions. **Ravina holds in accordance with** the opinion of **Rabbi Yoḥanan and resolves** the *baraita* **in accordance with** the opinion of **the Rabbis.**[N] How so? In the case of **one who performs *ḥalitza* with his *yevama* and went back and betrothed her** and then died, **she requires *ḥalitza*** from one of **the brothers. Who are** these **brothers?** This is referring to the **brothers** already **born** in the lifetime of the first brother. **In accordance with whose** opinion is this interpretation? It is **in accordance with** the opinion of **Rabbi Yoḥanan,** who held that this case constitutes a regular prohibition. Consequently, the *yevama* is not exempt from the obligation of *ḥalitza*.

עָמַד אֶחָד מִן הַיְּלוּדִים וְקִדְּשָׁהּ – אֵין לָהּ עָלָיו כְּלוּם, כְּמַאן – כְּרַבָּנַן.

If **one of the newborn**[N] brothers, who were born after the death of the first brother, **arose and betrothed her, she has no claim on him.** Since he is considered a brother who did not coexist with his deceased brother, the *yevama* is prohibited to him as a brother's wife, and as this prohibition entails *karet*, the betrothal is invalid. This is the *halakha* even if he was born after the second deceased brother betrothed her. **In accordance with whose** opinion is this ruling? It is **in accordance with** the opinion of **the Rabbis,** who maintain that the prohibition of a wife of a brother with whom one did not coexist applies even to a brother's widow who entered into levirate marriage before the younger brother was born.

אִיתְּמַר, הַבָּא עַל יְבָמְתּוֹ, וּבָא אֶחָד מִן הָאַחִין עַל צָרָתָהּ. פְּלִיגִי בָּהּ רַב אַחָא וְרָבִינָא, חַד אָמַר: בְּכָרֵת; וְחַד אָמַר: בַּעֲשֵׂה.

It was stated that there is a similar dispute between *amora'im* with regard to **one who had relations with** his *yevama* and thereby performed the mitzva of levirate marriage as required, **and one of the** other **brothers had relations with her rival wife.**[NH] **Rav Aḥa and Ravina disagree** with regard to this matter. **One said:** The second brother is liable **to** receive ***karet.*** **And** the other **one said** that he is in violation **of** only **a positive mitzva.** The verse: "Who does not build up his brother's house" (Deuteronomy 25:9), is a positive mitzva, as it teaches that one house may be built up, but not two houses, i.e., no more than one wife of a deceased brother may be married by one of his brothers. Any mitzva formulated as a positive injunction has the status of a positive mitzva, even if it is violated by the performance of an action, in the manner of a prohibition.

מַאן דְּאָמַר בְּכָרֵת – כְּרֵישׁ לָקִישׁ, וּמַאן דְּאָמַר בַּעֲשֵׂה – כְּרַבִּי יוֹחָנָן.

The Gemara explains: **The one who said that he** is liable **to** receive ***karet*** holds **in accordance with** the opinion of **Reish Lakish,** who maintains that after the mitzva is performed with one *yevama* who required levirate marriage, the prohibition of a brother's wife is once again fully applicable to her rival wife. **And the one who said** that he is in violation **of** only **a positive mitzva** holds **in accordance with** the opinion of **Rabbi Yoḥanan.**

NOTES

Resolves it in accordance with the Rabbis – מְתָרֵץ לָהּ אַלִּיבָּא דְּרַבָּנַן: According to Rashi, this means only in accordance with the opinion of the Rabbis, and not in accordance with the opinion of Rabbi Shimon at all. Other commentaries explain that it means: Even according to the opinion of the Rabbis. The reason is that even if the brothers were born after the living brother with whom they coexisted had performed *ḥalitza* with the *yevama*, she would still be prohibited to them, as *ḥalitza* releases one from the obligation of levirate marriage but it is not considered an act of acquisition on the part of the brother with whom they coexisted, as explained in the Jerusalem Talmud (Ramban; Rashba).

Newborn [*yeludim*] and born [*noladim*] – יְלוּדִים וְנוֹלָדִים: According to the version of the text accepted by Rashi, the *yeludim* are those who were born at some time after the brother had performed *ḥalitza* or betrothal, whereas the *noladim* were born while the first deceased brother was still alive. The version of the Gemara and the explanation found in *Tosafot*, however, indicate the opposite. Support can be found for both versions from a linguistic perspective; however, as pointed out by *Tosafot*, the regular use of language indicates that their version is correct, as *yelud* generally refers to one already born, as in the verse: "Born [*yelud*] of woman" (Job 14:1). The word *nolad* typically denotes something born at a later point in time, as in the expression: He who anticipates the future [*et hanolad*], translated literally as: What will be born, and in several other places, e.g., with regard to objects that came into being [*nolad*], a concept in the *halakhot* of *muktze* in tractate *Beitza*. In all these cases the term refers to items or people that will be born in the future or were only recently born.

The prohibition of the rival wife of a *yevama* to the brothers – אִיסּוּר צָרַת יְבָמָה לָאַחִין: Some commentaries hold that instead of: A positive mitzva, the correct version of the text is: Transgresses a prohibition, i.e., that of the verse: "Does not build up." Since he released his *yevama* by *ḥalitza* and did not build his brother's house, he may never do so in the future (Rabbeinu Ḥananel; *Tosafot*). Conversely, others read: Violation of a positive mitzva, as they maintain that the verse: "Build up his brother's house" (Deuteronomy 25:9) is a positive mitzva to build only one house (*Ba'al Halakhot Gedolot*; Rashi; Rif). Although one could object that this prohibition apparently applies only to the brother who fulfills the duty of levirate marriage and not to the others, Rashi points out that this brother is considered the agent of the other brothers, meaning that it is as though they all performed the act (Ritva).

Some raise a difficulty against Rashi's opinion from the verse itself. Since the Torah states: "Does not build up" in the negative, how could this be viewed as a positive mitzva (Rabbeinu Tam)? One answer is that the verse must be read in its entirety: "So shall be done to the man who does not build up his brother's house." This shows that the negative formulation of the mitzva does not refer to the action in question, but to the failure to do so. Consequently, the mitzva is actually a positive one (Ritva). Others avoid any potential difficulty with this verse by finding an alternative source for the positive mitzva in the phrase (Deuteronomy 25:5): "Her brother-in-law will have intercourse with her" (Rambam). The Rambam adds that the phrase: "Will have intercourse with her" indicates: Not with another, i.e., the positive mitzva applies to one woman alone (see *Yam shel Shlomo*).

HALAKHA

The rival wife of a *yevama* to the brothers after levirate marriage – צָרַת יְבָמָה לָאַחִין לְאַחַר יִיבּוּם: After one of the brothers enters into levirate marriage with the *yevama*, neither he nor the other brothers may have relations with the rival wives. If he or one of the other brothers has relations with a rival wife, they have violated a positive mitzva. The *halakha* is in accordance with the opinion of Ravina, following the principle that in his disputes with Rav Aḥa the *halakha* is in accordance with the more lenient position. This is certainly the case here, as Ravina accepts the opinion of Rabbi Yoḥanan (*Beit Yosef*; *Shulḥan Arukh*, *Even HaEzer* 162:1).

HALAKHA

A *sota* and the rival wife of a *sota* – סוֹטָה וְצָרַת סוֹטָה: In the case of a woman who willingly commits adultery and there are witnesses who testify to that effect, if her husband dies before he can divorce her, she is exempt from *ḥalitza* and levirate marriage. Her rival wife is likewise entirely exempt. This is the ruling of the *Shulḥan Arukh*, in accordance with the opinion of the Rambam (*Sefer Nashim, Hilkhot Yibbum VaḤalitza* 6:19), and the discussion in the Gemara here indicates that there is no dispute in this regard. Some commentaries claim that even if it is clear that the woman was adulterous, she still requires *ḥalitza* (Ra'avad on *Sota* 5b). It is proper to act in accordance with this more stringent opinion (*Shulḥan Arukh, Even HaEzer* 173:11, and in the comment of Rema).

The prohibition of an uncertain *sota* to her husband – אִיסּוּר סְפֵק סוֹטָה לְבַעְלָהּ: In the case of a husband who in the presence of witnesses warns his wife against secluding herself with a specific man, if she disobeys her husband and is observed to be alone with that man long enough to engage in relations, she is forbidden to her husband. Some commentaries maintain that the husband must explicitly declare himself jealous (Rema, citing Rabbeinu Ya'akov Weil; *Shulḥan Arukh, Even HaEzer* 115:8).

אָמַר רַב יְהוּדָה אָמַר רַב: צָרַת סוֹטָה – אֲסוּרָה,

The Gemara further analyzes the list of women exempt from levirate marriage. **Rav Yehuda said** that **Rav said: The rival wife of a *sota* is forbidden.**[HN] In this context, *sota* refers to an unfaithful wife.[H] If the husband died, the unfaithful wife and her rival wife are exempt from both *ḥalitza* and levirate marriage.

טוּמְאָה כְּתִיב בָּהּ, כַּעֲרָיוֹת.

What is the reason for this? The term **defilement is written in that** passage dealing with an unfaithful wife: "She being defiled secretly" (Numbers 5:13), just **as** defilement is written with regard to **those with whom relations are forbidden**[N] in the verse: "Defile not yourselves in any of these things, for in all these the nations are defiled, which I cast out from before you" (Leviticus 18:24). This teaches that the *halakha* of an unfaithful wife is like that of a woman with whom relations are forbidden; both she and her rival wife are exempt from levirate marriage and *ḥalitza*.

מְתִיב רַב חִסְדָּא: רַבִּי שִׁמְעוֹן אוֹמֵר: בִּיאָתָהּ אוֹ חֲלִיצָתָהּ מֵאָחִיו שֶׁל רִאשׁוֹן פּוֹטֶרֶת צָרָתָהּ!

Rav Ḥisda raised an objection to this from the case of a woman who heard that her husband had died and remarried, only afterward to discover that he had still been alive at that time before dying later. What is the *halakha* in this case? **Rabbi Shimon says: Her relations with or *ḥalitza* from the brother of the first** husband **exempts her rival wife.** This shows that the obligation of levirate marriage applies to this woman. Although she lived as a married woman with someone else during her husband's lifetime, Rabbi Shimon nevertheless maintains that her sexual intercourse or *ḥalitza* fulfills the mitzva of levirate marriage and exempts her rival wife. This suggests that the rival wife of an unfaithful wife requires levirate marriage.

[אָמַר לָךְ רַב]: אֲמִינָא לָךְ אֲנָא סוֹטָה דְּאוֹרָיְיתָא, וְאַתְּ אָמְרַתְּ לִי סוֹטָה דְּרַבָּנַן?!

The Gemara answers that **Rav** could have **said to you** in response: **I spoke to you** about the *halakha* of **a *sota* by Torah** law, i.e., a wife who was intentionally unfaithful, **and you speak to me of a *sota* by rabbinic** law? The case you mentioned is an unavoidable accident, as the wife married another man only because she received testimony that her husband was deceased. When the Sages instituted that she was forbidden to both her first and second husbands, this was a penalty designed to ensure that women would examine testimony of this kind very thoroughly. However, this is not a case of a *sota* by Torah law, as she was not intentionally unfaithful, and therefore the mitzva of levirate marriage certainly applies to her.

וּדְקָאָרֵי לַהּ מַאי קָאָרֵי לַהּ? קָסָבַר: כׇּל דְּתַקּוּן רַבָּנַן – כְּעֵין דְּאוֹרָיְיתָא תַּקּוּן.

Since this response is overwhelmingly obvious, the Gemara asks: **And he who asked it, why did he ask it?** There are apparently no grounds for this comparison at all. The Gemara explains: **He held that all** ordinances **that the Sages instituted, they instituted parallel to Torah** law. Consequently, if a *sota* by Torah law is exempt from levirate marriage and exempts her rival wife as though she were a forbidden relative, the same should apply to a *sota* by rabbinic law.

NOTES

The rival wife of a *sota* is forbidden – צָרַת סוֹטָה אֲסוּרָה: This is also the *halakha* with regard to a *sota* herself, which is assumed to be understood (Ramban). This statement is in accordance with the opinion that the rival wife of a *sota* is not only prohibited in levirate marriage but is also exempt from *ḥalitza*, which is the opinion of most commentaries and authorities. However, some authorities apparently maintain that even according to the opinion of Rav, the rival wife of a *sota* does perform *ḥalitza* despite the fact that she may not enter into levirate marriage (Ra'avad). According to this opinion, the Gemara is precise in its wording. Some commentaries demonstrate at length how several difficulties can be resolved by this opinion (*Arukh LaNer*; see Vilna Gaon on *Shulḥan Arukh, Even HaEzer* 173:11).

Defilement is written in that passage, just as it is with regard to those with whom relations are forbidden – טוּמְאָה כְּתִיב בָּהּ, כַּעֲרָיוֹת: The commentaries ask: Since the defilement in that context refers only to the woman's husband and the man with whom she was unfaithful, not to the *yavam*, why should she be forbidden to him (*Arukh LaNer*)? Some commentaries explain that this can be derived by an *a fortiori* inference: If she is forbidden to someone to whom she is generally permitted, i.e., her husband, she is certainly forbidden to one to whom she is usually forbidden, her brother-in-law (*Tevuot HaShor*; *Kovetz He'arot*). Others write, in accordance with the version cited in the Jerusalem Talmud, that the term defilement is actually written three times in connection to a *sota*: Once for the husband, once for the adulterer, and once for the *yavam* (*Kehillot Ya'akov*). Yet others maintain that the term defilement in the chapter of a *sota* refers specifically to the *yavam*, as it is only with regard to him that it is necessary for the verse to teach that she is a forbidden relative. She is not considered a forbidden relative for her husband, as their marriage is not annulled by her unfaithfulness (Ramban).

מְתִיב רַב אַשִׁי: נִכְנְסָה עִמּוֹ לְסֵתֶר וְשָׁהֲתָה עִמּוֹ כְּדֵי טוּמְאָה – אֲסוּרָה לְבֵיתָהּ, וַאֲסוּרָה לֶאֱכוֹל בִּתְרוּמָה. וְאִם מֵת – חוֹלֶצֶת

Rav Ashi raised an objection to Rav's opinion from a different source: The *halakha* is that a wife who was warned by her husband not to be secluded with a specific man and yet **entered** alone **with him in private, and remained with him** long enough **to be defiled,** i.e., sufficient time to have sexual relations, she **is forbidden to her house,** i.e., her husband, from that moment until she undergoes the *sota* ritual. **And** likewise, if she was the wife of a priest **she is prohibited from partaking of** ***teruma*****,**[H] as she was possibly disqualified by unfaithfulness. **And if he dies,**[H] **she performs** ***ḥalitza***

HALAKHA

Prohibited from partaking of ***teruma*** **– אֲסוּרָה לֶאֱכוֹל בִּתְרוּמָה:** In the case of the wife of a priest concerning whom witnesses testified both that her husband warned her against secluding herself with a certain man, and that she was alone with the man in question, she is prohibited from partaking of *teruma* until she undergoes the *sota* procedure (Rambam *Sefer Zera'im, Hilkhot Teruma* 8:15).

An uncertain ***sota*** **and levirate marriage – סָפֵק סוֹטָה בְּיִיבּוּם:** In the case of a wife who secluded herself with a man despite having been warned by her husband not to do so, if her husband dies before she performs the *sota* procedure, she neither undergoes *ḥalitza* nor is fit for levirate marriage (Rambam *Sefer Nashim, Hilkhot Yibbum VaḤalitza* 6:19).

Perek **I**
Daf **11** Amud **b**

וְלֹא מִתְיַיבֶּמֶת! [אָמַר לָךְ רַב]: אָמִינָא לָךְ אֲנָא סוֹטָה וַדַּאי. וְאָמְרַתְּ לִי אַתְּ סוֹטָה סָפֵק! וּמַאי שְׁנָא סוֹטָה וַדַּאי (מַאי טַעֲמָא), מִשּׁוּם דִּכְתִיב בָּהּ טוּמְאָה –

and may not enter into levirate marriage. This indicates that the levirate bond does apply to a *sota*, which contradicts Rav's statement. The Gemara retorts that **Rav** could have **said to you: I spoke to you** about a *sota* whose infidelity was **definite, and you speak to me** of **an uncertain** ***sota*****.** There is no proof that this wife who secluded herself with another man was actually unfaithful, and due to the uncertainty she must still undergo *ḥalitza*. The Gemara raises a difficulty: **And what is different** about **a definite** ***sota*****?** Is it different **because** the term **defilement is written** with regard **to her?**

סוֹטָה סָפֵק נַמִי טוּמְאָה כְּתִיבָא בָּהּ! דְּתַנְיָא: רַבִּי יוֹסֵי בֶּן כֵּיפַר אוֹמֵר מִשּׁוּם רַבִּי אֶלְעָזָר: הַמַּחֲזִיר גְּרוּשָׁתוֹ מִן הַנִּישּׂוּאִין – אֲסוּרָה, מִן הָאֵירוּסִין – מוּתֶּרֶת, מִשּׁוּם שֶׁנֶּאֱמַר ״אַחֲרֵי אֲשֶׁר הֻטַּמָּאָה״,

But with regard to **an uncertain** ***sota*****,** who was alone with a specific man enough time to engage in relations, **defilement is written** as **well.**[N] **As it is taught** in a *baraita*: **Rabbi Yosei ben Keifar**[P] **said in the name of Rabbi Elazar:** With regard to **one who remarries his divorcée** after she had been married to another man, an act prohibited by Torah law, if he remarried her **following** actual **marriage** to another, **she is forbidden**[H] to her first husband. However, if he remarried her **following** mere **betrothal** to another man, **she is permitted, because it is stated:** "Her former husband, who sent her away, may not take her again to be his wife, **after she was defiled"** (Deuteronomy 24:4), and a woman who was merely betrothed was never defiled, as no sexual relations had taken place.

וַחֲכָמִים אוֹמְרִים: אַחַת זוֹ וְאַחַת זוֹ – אֲסוּרָה. אֶלָּא מָה אֲנִי מְקַיֵּים ״אַחֲרֵי הֻטַּמָּאָה״ – לְרַבּוֹת סוֹטָה שֶׁנִּסְתְּרָה.

And the Rabbis say: Both **this one and that one,** i.e., whether she had been fully married or merely betrothed to another, **she is forbidden** to her first husband. **Rather, how do I establish** the phrase: **"After she was defiled"?** This verse does not refer at all to the case of a woman who married another man lawfully, as she is not called "defiled." Rather, it comes **to include a** ***sota*** **who secluded herself**[NH] with another man, as she is forbidden to her husband due to the concern that she might have committed adultery. This *baraita* shows that a *sota* is termed "defiled," despite the fact that hers is an uncertain case.

HALAKHA

The prohibition of one's divorcée who married another – אִיסּוּר גְּרוּשָׁה שֶׁנִּישֵּׂאת לְאַחֵר: If one divorced his wife and she was subsequently betrothed to another, even if no sexual relations were involved, she is forbidden to her first husband. This ruling is in accordance with the opinion of the Rabbis, who disagree with Rabbi Yosei ben Keifar (Rambam *Sefer Nashim, Hilkhot Geirushin* 11:12 and *Maggid Mishne* there; *Shulḥan Arukh, Even HaEzer* 10:1).

The prohibition of a ***sota*** **– אִיסּוּר סוֹטָה:** A married woman who willingly had relations with another man is forbidden to her husband, and he receives lashes if he engages in sexual intercourse with her. In circumstances where she was secluded with the man against whom she was warned, but her adultery was not proven, some authorities apparently maintain that he does not receive lashes (Rambam). Others (*Maggid Mishne; Kesef Mishne*) rule that he has indeed violated the prohibition (Rambam *Sefer Nashim, Hilkhot Geirushin* 11:14).

PERSONALITIES

Rabbi Yosei ben Keifar – רַבִּי יוֹסֵי בֶּן כֵּיפַר: This Sage from the last generation of *tanna'im* is mentioned in the *Tosefta* and in *baraitot* but not in the Mishna.

He was apparently a primary disciple of Rabbi Elazar ben Shamua, and most of the statements he cites are in this teacher's name. It is related that he was one of the emissaries sent to Babylonia to raise funds for the scholars of Eretz Yisrael. He is grouped together with Rabbi Dostai, son of Rabbi Yehuda, and Rabbi Dostai, son of Rabbi Yannai, who were also among the last of the *tanna'im*.

A Rabbi Yosei ben Keifar is also mentioned in relation to an important mission of the Sages of Eretz Yisrael to quash the attempts of Ḥananya to determine the calendar outside Eretz Yisrael. However, based on the timeline of these events, this was apparently a different Sage with the same name.

NOTES

With regard to an uncertain ***sota*****, defilement is written as well – סוֹטָה סָפֵק נַמִי טוּמְאָה כְּתִיבָא בָּהּ:** Several early commentaries deal with this issue, both from the perspective of the wording of the passage as well as its halakhic implications. Many authorities maintain that one who engages in sexual relations with his *sota* wife before she was tested by the *sota* procedure has violated a Torah prohibition. In addition, by secluding herself with the specified man, she is rendered forbidden both to her husband and to that other man, and may not partake of *teruma*. This indicates that her defilement is treated as definite even in an uncertain case, which apparently contradicts the analysis here.

The commentaries explain that although the Torah indeed considers her secret rendezvous as evidence of her certain defilement, this is only for the purposes of stringencies, not leniencies. Consequently, she still requires *ḥalitza* (Rosh; Rashba). Others maintain that the classification of defilement refers solely to definite adultery, whereas in uncertain circumstances she has transgressed a rabbinic decree (Meiri).

To include a ***sota*** **who secluded herself – לְרַבּוֹת סוֹטָה שֶׁנִּסְתְּרָה:** The commentaries ask how the Rabbis could uproot this phrase from its plain meaning in this manner (*Tosafot*). They explain that as the term "defiled" cannot possibly refer to a woman who was lawfully married to another man, it must certainly refer to a *sota*. Some suggest that even in the opinion of the Rabbis, the simple meaning of the verse is not entirely disregarded. Rather, they maintain that there is a prohibition involved both in remarrying one's former wife after she had been married to another man, and in taking a woman who had been defiled (Ritva). Yet others state that it stands to reason that a man would not divorce his wife in the first place unless he found in her some sort of infidelity, and therefore there is a double prohibition against him remarrying her after she had already been defiled by her actions while still married to him (*Arukh LaNer*).

וּמַאי נִסְתְּרָה – נִבְעֲלָה, וְאַמַּאי קָרֵי לֵיהּ נִסְתְּרָה – לִישָּׁנָא מַעַלְיָא נָקַט. נִבְעֲלָה, טוּמְאָה בְּהֶדְיָא כְּתִיב בָּהּ "וְנִסְתְּרָה וְהִיא נִטְמָאָה"!

The Gemara rejects this argument: **And what does: Secluded herself,** mean in this context? It means that she had actually **engaged in relations. And why** does the *baraita* **call this: Secluded herself,** instead of the more straightforward: Engaged in sexual relations? The *baraita* **employed a euphemistic expression,** but it actually means that she engaged in intercourse. The Gemara asks: If this is referring to a woman who had **engaged in relations,** the term **defilement** is already **explicitly written** with regard **to her,** in the chapter that deals with a *sota*. Why is it necessary to derive that she is defiled from a different source, as in the context of a *sota* herself the verse states: **"She being defiled secretly"** (Numbers 5:13)?

לְמֵיקַם עֲלָהּ בְּלָאו. וְרַבִּי יוֹסֵי בֶּן כֵּיפַר לָאו בְּסוֹטָה לֵית לֵיהּ, וַאֲפִילּוּ זְנַאי נַמִי.

The Gemara explains that "may not take her again to be his wife after she was defiled" does not teach that she is called "defiled," but rather that the *halakha* **establishes upon her a prohibition.** In other words, if the husband engages in relations with his wife after she had had intercourse with another, he transgresses a prohibition. **And** the Gemara comments that **Rabbi Yosei ben Keifar does not hold** the opinion that there is **a prohibition** in the case **of a *sota*,** as he maintains that a husband who has relations with his *sota* wife does not transgress any prohibition at all, **and the same** is true **even if she** definitely **fornicated**[N] with another man.

מַאי טַעֲמָא – הֲוָיָה וְאִישׁוּת כְּתִיב בָּהּ.

What is the rationale of Rabbi Yosei ben Keifar? In his opinion, "after she was defiled" does not refer to a *sota* but to a woman who had been legally divorced from her first husband and subsequently married another man. This is indicated by the fact that both **becoming,** i.e., betrothal, **and matrimony are written in this** context:[N] "Becomes another man's wife" (Deuteronomy 24:2) and: "Or if the latter husband die, who took her to be his wife" (Deuteronomy 24:3). Here it is clear that the reference is to halakhically valid marriage, whereas a *sota* had never been another man's wife, as she cannot marry another man while she is still married.

בְּעָא מִינֵּיהּ רַב יְהוּדָה מֵרַב שֵׁשֶׁת: הַמַּחֲזִיר גְּרוּשָׁתוֹ מִשֶּׁנִּיסֵּת, וּמֵת, צָרָתָהּ מַהוּ? אַלִּיבָּא דְּרַבִּי יוֹסֵי בֶּן כֵּיפַר לָא תִּיבָּעֵי לָךְ, כֵּיוָן דְּאָמַר רַבִּי יוֹסֵי בֶּן כֵּיפַר טוּמְאָה בְּמַחֲזִיר גְּרוּשָׁתוֹ הוּא דִּכְתִיבָא – צָרָתָהּ כְּמוֹתָהּ.

§ The Gemara discusses a similar case. **Rav Yehuda raised a dilemma before Rav Sheshet:** In the case of **one who remarries his divorcée after she had married** another, **and** then he **dies** childless, **what is** the *halakha* with regard to the levirate marriage of **her rival wife? According to** the opinion of **Rabbi Yosei ben Keifar, do not raise the dilemma, since Rabbi Yosei ben Keifar said** that **it is** with regard **to one who remarries his divorcée** that **defilement is written,** and therefore the status of **her rival wife is the same as hers.**

וְאִי מִשּׁוּם דִּכְתִיב בָּהּ "תּוֹעֵבָה הִיא", הִיא תּוֹעֵבָה וְאֵין בָּנֶיהָ תּוֹעֵבִין – הָא צָרָתָהּ תּוֹעֵבָה.

And if one would claim that the dilemma does in fact arise **because it is written: "That is an abomination"** (Deuteronomy 24:4), and the emphasis on "that" serves to limit the range of the prohibition and teaches that this *halakha* applies only to her and not her rival wife, still, the accepted interpretation of this verse is as follows: **She is an abomination, but her children are not abominations.**[NH] In other words, if he transgressed the prohibition and remarried this woman, their children are not disqualified from marrying priests. If so, the term "that" does not come to exclude her rival wife from this *halakha*, and therefore **her rival wife is an abomination** for the purposes of levirate marriage, just like the wife herself, and she too is exempt.

כִּי תִּיבָּעֵי לָךְ – אַלִּיבָּא דְּרַבָּנַן, אַף עַל גַּב דַּאֲמוּר רַבָּנַן טוּמְאָה בְּסוֹטָה הוּא דִּכְתִיב – אֵין מִקְרָא יוֹצֵא מִידֵי פְּשׁוּטוֹ,

Rather, **let the dilemma be raised according to** the opinion of **the Rabbis. Although the Rabbis said** that it is with regard **to a *sota* that defilement is written,** perhaps here they apply the principle that **a verse does not depart from its literal meaning.** In other words, notwithstanding the fact that the Rabbis derive from here a halakhic ruling concerning a *sota*, the straightforward meaning of the verse should not be entirely disregarded. Accordingly, as the context here is remarriage to one's divorced wife, this verse would teach that hers is a case of defilement.

NOTES

And the same is true even if she fornicated – וַאֲפִילּוּ זְנַאי נַמִי: A version of the Gemara mentioned by the *ge'onim* and early and later commentaries is cited by the Vilna Gaon in the following form: But if someone engaged in relations with a divorcée, even though she fornicated with that man she is permitted to her husband. This version resolves several difficulties of the standard text (see Rabbi Yehuda bar Natan and Maharshal).

Becoming and matrimony are written in this context – הֲוָיָה וְאִישׁוּת כְּתִיב בָּהּ: Some commentaries explain that this refers to the phrase: "May not take her again to be his wife" (Deuteronomy 24:4), which teaches that one may not remarry his divorcée without a new act of betrothal (Ritva). In addition, the phrase: "Her husband…may not" (Deuteronomy 24:4), indicates that even the second husband may marry her only by means of an act of betrothal.

She is an abomination but her children are not abominations – הִיא תּוֹעֵבָה וְאֵין בָּנֶיהָ תּוֹעֵבִין: But why would one even consider that her children might be forbidden (Meiri)? After all, her husband violated only a regular prohibition, and the children of a prohibited union of this kind are not disqualified. Some explain that as the term "abomination," which usually appears only in reference to prohibitions entailing *karet*, is stated in this context, one might have thought that this child is also considered a *mamzer*. Alternatively, there is a principle that in every case of a marriage that involves a transgression the status of the child is generally determined by the parent with the more inferior lineage. Consequently, it is not unreasonable to think that the children themselves might be forbidden (Meiri; see *Tosafot* on 14b).

HALAKHA

The children of a remarried divorcée – בְּנֵי גְּרוּשָׁה שֶׁהֶחֱזִירָהּ: If one remarries his divorced wife after she had been married to another, then although she is forbidden to him the children born of this union are not classified as *mamzerim* (Rambam *Sefer Kedusha, Hilkhot Issurei Bia* 15:2).

אוֹ: דִּלְמָא, כֵּיוָן דְּאִיעֲקַר – אִיעֲקַר? אִיכָּא דְּאָמְרִי: אַלִּיבָּא דְּרַבָּנַן לָא תִּיבָּעֵי לָךְ, כֵּיוָן דְּאִיתְעֲקַר – אִיעֲקַר.

Or perhaps once a verse **is uprooted** from its context, **it is** entirely **uprooted** and no longer teaches anything about the subject matter of the chapter in which it is written. This would mean that the sole significance of this particular verse is in reference to a *sota*. **There are** those **who say** the opposite: **According to** the opinion **of the Rabbis, do not raise the dilemma,** as **once** a verse **is uprooted** from its context, **it is** entirely **uprooted.** Consequently, there is no defilement when a man remarries his divorcée, neither with regard to her nor concerning her rival wife.

כִּי תִּיבָּעֵי לָךְ – אַלִּיבָּא דְּרַבִּי יוֹסֵי בֶּן כֵּיפַר, מַאי? אַף עַל גַּב דְּאָמַר רַבִּי יוֹסֵי בֶּן כֵּיפַר טוּמְאָה בִּמַחֲזִיר גְּרוּשָׁתוֹ הוּא דִּכְתִיבָא – מִיעֵט רַחֲמָנָא ״הִיא תוֹעֵבָה״ וְאֵין צָרָתָהּ תוֹעֵבָה, אוֹ: דִּלְמָא, הִיא תוֹעֵבָה וְאֵין בָּנֶיהָ תוֹעֲבִין, הָא צָרָתָהּ – תוֹעֵבָה!

Rather, **let the dilemma be raised according to** the opinion of **Rabbi Yosei ben Keifar. What is** the dilemma? **Although Rabbi Yosei ben Keifar said** that it is with regard **to one who remarries his divorcée** that **defilement is written,** one can ask: Does **the Merciful One limit** this *halakha* by the phrase **"that is an abomination,"** which indicates: **And her rival wife is not an abomination? Or perhaps** this verse teaches that **she is an abomination but her children are not abominations,** which indicates that **her rival wife is an abomination.**

אָמַר לֵיהּ, תְּנֵיתוּהָ: הָיְתָה אַחַת כְּשֵׁרָה וְאַחַת פְּסוּלָה, אִם הָיָה חוֹלֵץ – חוֹלֵץ לַפְּסוּלָה, וְאִם הָיָה מְיַיבֵּם – מְיַיבֵּם לַכְּשֵׁרָה.

Rav Sheshet **said to him: You learned it** in a *baraita* that deals with a case of two *yevamot* who came before a *yavam* for levirate marriage. In a situation where **one of the women was**[N] **fit and the other disqualified, if he would** like to **perform *ḥalitza* he performs *ḥalitza* with the disqualified** woman, **and if he would** like to **enter into levirate marriage he enters into levirate marriage with the fit** woman.[H]

מַאי כְּשֵׁרָה וּמַאי פְּסוּלָה? אִילֵימָא כְּשֵׁרָה – כְּשֵׁרָה לְעָלְמָא, פְּסוּלָה – פְּסוּלָה לְעָלְמָא, כֵּיוָן דִּלְדִידֵיהּ חַזְיָא מַאי נָפְקָא לֵיהּ מִינָּהּ?

Rav Sheshet analyzes this *baraita*: **What is** the meaning of **fit, and what is** the meaning of **disqualified? If we say** that **fit** means **fit for all** men, and **disqualified** means **disqualified in general,** e.g., a woman who had already been divorced is disqualified from marrying any priest, despite the fact that she is fit to marry this particular man himself, then **since for him she is suitable, what difference does it make for him** whether she is disqualified from or fit for marriage to others?

אֶלָּא לָאו: כְּשֵׁרָה – כְּשֵׁרָה לֵיהּ, פְּסוּלָה – פְּסוּלָה לֵיהּ. וּמַאי נִיהוּ – מַחֲזִיר גְּרוּשָׁתוֹ. וְקָתָנֵי: וְאִם הָיָה מְיַיבֵּם – מְיַיבֵּם לַכְּשֵׁרָה!

Rather, is it not the case that **fit** means **fit for him,** and **disqualified** means **disqualified for him? And what is that** case in which a woman is fit or disqualified only with regard to him but not any other man? This is evidently referring to the case of **one who remarries his divorcée.**[N] The deceased brother had remarried his divorced wife after she had married another man, and therefore she is disqualified from entering into levirate marriage with that particular man but she is permitted to other men. **And it is taught** there that **if he would** like to **enter into levirate marriage, he** may **enter into levirate marriage** even **with the fit** woman. This indicates that the rival wife of a remarried divorcée is fit for levirate marriage.

לָא, לְעוֹלָם כְּשֵׁרָה – כְּשֵׁרָה לְעָלְמָא, פְּסוּלָה – פְּסוּלָה לְעָלְמָא. וּדְקָאָמְרַתְּ כֵּיוָן דִּלְדִידֵיהּ חַזְיָא מַאי נָפְקָא לֵיהּ מִינָּהּ – מִשּׁוּם דְּרַב יוֹסֵף.

The Gemara rejects this argument: **No; actually, fit** means **fit to all** men, and **disqualified** means **disqualified in general,** e.g., a woman who had already been divorced is disqualified from marrying any priest. **And that which you said: Since for him she is suitable what difference does it make for him,** this is significant **because of** the statement **of Rav Yosef.**

דְּאָמַר רַב יוֹסֵף, כָּאן שָׁנָה רַבִּי: לֹא יִשְׁפּוֹךְ אָדָם מֵי בּוֹרוֹ וַאֲחֵרִים צְרִיכִים לָהֶם.

As Rav Yosef said: Here Rabbi Yehuda HaNasi **taught** a valuable moral lesson, that **a person should not pour the water from his well when others are in need of it.** That is, one should not cause loss in any situation, even when this relates to his own personal life, if he might thereby cause a future loss to others. The same reasoning applies here: If he intends to perform *ḥalitza* it does not matter to him which of the women he chooses, but if he does so with the one who is fit to others, he thereby disqualifies her from marrying a priest, as the legal status of a woman who underwent *ḥalitza* is like that of a divorcée. It is therefore preferable to perform *ḥalitza* with the one who in any case was disqualified from marrying a priest.

NOTES

You learned it, one was, etc. – **תְּנֵיתוּהָ, הָיְתָה אַחַת וכו׳**: Some commentaries maintain that this answers only the dilemma according to the first version of the discussion, not the second, as according to the second version the *baraita* can be attributed to the opinion of the Rabbis (*Tosafot*). However, the Rashba cites an explanation of the Gemara according to which Rav Sheshet sought to resolve both difficulties. Some maintain that Rashi interprets the Gemara in a similar manner (Maharsha).

And what is that, one who remarries his divorcée – **וּמַאי נִיהוּ מַחֲזִיר גְּרוּשָׁתוֹ**: Rashi and others explain that Rav Sheshet maintains that this must refer to one who remarries his divorcée and not to other transgressions, as otherwise there would be nothing novel in this ruling. This claim is somewhat problematic. Others suggest that the reasons this must be referring only to a remarried divorcée is because it states that one performs *ḥalitza* in the proper manner with the disqualified woman, which is not the case with regard to other transgressions (*Meromei Sadeh*; see *Tosafot*).

HALAKHA

He performs *ḥalitza* with the disqualified woman… he enters into levirate marriage with the fit woman – **חוֹלֵץ לַפְּסוּלָה...מְיַיבֵּם לַכְּשֵׁרָה**: If two *yevamot* came before a *yavam* for levirate marriage, one of whom was fit to marry a priest while the other was disqualified, if he opts for levirate marriage he may marry whichever he chooses, provided that he is not himself a priest. If he decides to perform *ḥalitza*, he must do so with the one who is already disqualified, so as not to disqualify the other woman from marriage to a priest (Rambam *Sefer Nashim, Hilkhot Yibbum VaḤalitza* 1:10; *Shulḥan Arukh, Even HaEzer* 161:2).

תָּא שְׁמַע: הַמַּחֲזִיר גְּרוּשָׁתוֹ מִשֶּׁנִּשֵּׂאת – הִיא וְצָרָתָהּ חוֹלֶצֶת. הִיא וְצָרָתָהּ סָלְקָא דַּעֲתָךְ?! [אֶלָּא] אֵימָא: אוֹ הִיא אוֹ צָרָתָהּ.

The Gemara suggests: **Come and hear** a different *baraita*: With regard to **one who remarries his divorcée after she had married another, she and her rival wife perform *ḥalitza*.**[H] The Gemara first analyzes the wording of the *baraita*: Can it **enter your mind** that both **she and her rival wife** must perform *ḥalitza*? After all, only one wife of a deceased brother undergoes *ḥalitza*, not two. **Rather, say: Either she or her rival wife.** This indicates that both women are unfit for levirate marriage.

וְלָאו תֵּרוּצֵי קָמְתָרְצַתְּ לָהּ? תְּרֵיץ הָכִי: הִיא חוֹלֶצֶת, צָרָתָהּ – אוֹ חוֹלֶצֶת אוֹ מִתְיַיבֶּמֶת.

The Gemara rejects this claim: **And did you not** already **resolve**[N] a difficulty **in the** *baraita* by adjusting its language and not interpreting it as it is? If so, you cannot cite a proof from here, as you can adjust it differently and **answer as follows: She performs *ḥalitza*,** while **her rival wife either performs *ḥalitza* or enters into levirate marriage.** If so, this *baraita* provides no conclusive proof that might resolve Rav Yehuda's dilemma.

אָמַר רַבִּי חִיָּיא בַּר אַבָּא, רַבִּי יוֹחָנָן בָּעֵי: הַמַּחֲזִיר גְּרוּשָׁתוֹ מִשֶּׁנִּיסֵּת, צָרָתָהּ מַהוּ? אֲמַר לֵיהּ רַבִּי אַמִי: וְתִיבָּעֵי לָךְ הִיא גּוּפָהּ! הִיא גּוּפָהּ לָא קָמִיבַּעְיָא לִי,

§ On the same issue, **Rabbi Ḥiyya bar Abba said** that **Rabbi Yoḥanan raised a dilemma:** With regard to **one who remarries his divorcée after she had been married to another, what is** the *halakha* concerning the levirate marriage of **her rival wife? Rabbi Ami said to him: And** you can **raise the dilemma** with regard to this woman **herself.** Why not ask if she requires levirate marriage when her husband dies? Rabbi Ḥiyya bar Abba replied: The *halakha* of the divorcée **herself is not a dilemma for me,** as she is certainly forbidden.

דְּאָמְרִינַן: קַל וָחוֹמֶר: בַּמּוּתָּר לָהּ אֲסוּרָה, בְּאָסוּר לָהּ – לֹא כָּל שֶׁכֵּן?! כִּי קָא מִיבַּעְיָא לִי – צָרָתָהּ מַאי? מִי אַלִּים קַל וָחוֹמֶר לְמִידְחֵי צָרָה, אוֹ לָא?

Rabbi Ḥiyya bar Abba elaborates: **As** in this case **we state an *a fortiori*** inference: If **she is** now **forbidden to one who** was previously **permitted to her,**[N] i.e., her first husband, with regard **to one who was forbidden to her,** the *yavam*, is it **not all the more so** the case that she remains forbidden to him? **Where I raise the dilemma** it is with regard to **her rival wife. What is** the *halakha* in this case? **Is** the aforementioned ***a fortiori*** inference **strong** enough **to invalidate her rival wife or not?** The divorcée herself is certainly exempt from levirate marriage, but the question is whether the *a fortiori* inference applies to the rival wife as well.

רַב נַחְמָן בַּר יִצְחָק מַתְנֵי הָכִי: אֲמַר רַבִּי חִיָּיא בַּר אַבָּא, בָּעֵי רַבִּי יוֹחָנָן: הַמַּחֲזִיר גְּרוּשָׁתוֹ מִשֶּׁנִּיסֵּת מַהוּ? אָמַר לֵיהּ רַבִּי אַמִי: וְתִיבָּעֵי לָךְ צָרָתָהּ? צָרָתָהּ לָא קָמִיבַּעְיָא לִי, דְּלָא אַלִּים קַל וָחוֹמֶר לְמִידְחֵי צָרָה. אֶלָּא, כִּי קָמִיבַּעְיָא לִי – הִיא גּוּפָהּ מַאי, מִי אַלִּים קַל וָחוֹמֶר בִּמְקוֹם מִצְוָה, אוֹ לֹא?

Rav Naḥman bar Yitzḥak would **teach** a different version of this discussion, **as follows: Rabbi Ḥiyya bar Abba said** that **Rabbi Yoḥanan raised a dilemma:** With regard to **one who remarries his divorcée after she had been married to another, what is** the *halakha* concerning her levirate marriage? **Rabbi Ami said to him: And** you can **raise the dilemma** with regard to **her rival wife** as well. Rabbi Ḥiyya bar Abba replied: The *halakha* of **her rival wife is not a dilemma for me, as the *a fortiori*** inference **is not strong** enough **to invalidate a rival wife. Rather, where I raise the dilemma** it is with regard to the divorcée **herself. What** is the *halakha*? **Is the *a fortiori*** inference **strong**[N] enough that it can be accepted even **in place of a mitzva** to enter into levirate marriage, **or not?**

Perek **I**
Daf **12** Amud **a**

אָמַר לֵיהּ: תְּנֵיתוּהָ, הָיְתָה אַחַת כְּשֵׁרָה וְאַחַת פְּסוּלָה, אִם הָיָה חוֹלֵץ – חוֹלֵץ לַפְּסוּלָה, וְאִם הָיָה מְיַיבֵּם – מְיַיבֵּם לַכְּשֵׁרָה. מַאי כְּשֵׁרָה וּמַאי פְּסוּלָה? אִילֵימָא כְּשֵׁרָה – כְּשֵׁרָה לְעָלְמָא, פְּסוּלָה – פְּסוּלָה לְעָלְמָא, כֵּיוָן דִּלְדִידֵיהּ חַזְיָא מַאי נָפְקָא לֵיהּ מִינָּהּ?

Rabbi Ami **said to** Rabbi Ḥiyya bar Abba: **We learned it** in the same *baraita*: In a case where **one** of the women **was fit and the other disqualified, if he would** like to **perform *ḥalitza*** he **performs *ḥalitza*** with **the disqualified** woman, **and if he would** like to **enter into levirate marriage, he enters into levirate marriage with the fit** woman. **What is fit and what is disqualified? If we say that fit** means **fit to all** men, **and disqualified** means **disqualified to all** men, **since for him she is suitable, what difference does it make for him** whether she is disqualified from or fit for marriage to others?

HALAKHA

Levirate marriage for a remarried divorcée – יִיבּוּם מַחֲזִיר גְּרוּשָׁתוֹ: If one remarries his divorced wife after she had been married to another man, and then dies childless, she must perform *ḥalitza*, not levirate marriage. Her rival wife performs either *ḥalitza* or engages levirate marriage. This ruling is in accordance with the discussion here and the opinion (12b) of Rabbi Yoḥanan cited later (Rambam *Sefer Nashim, Hilkhot Yibbum VaḤalitza* 6:13; *Shulḥan Arukh, Even HaEzer* 174:2).

NOTES

And did you not resolve, etc. – וְלָאו תֵּירוּצֵי וכו׳: The commentaries note that no actual change was made to the text of the *baraita*, as the letter *vav*, which generally means: And, can often mean: Or (*Tosafot*). *Tosefot HaRosh* explains that this interpretation of the letter *vav* is appropriate only when it is evidently necessary from the context. Here, however, as the matter is not clear, this is indeed considered an adjustment to the text.

She is forbidden to one who was permitted to her, etc. – בַּמּוּתָּר לָהּ אֲסוּרָה וכו׳: It could be argued that based on this *a fortiori* inference, in every situation where the woman is forbidden by a regular prohibition, her rival wife should be exempt. The commentaries answer that as this prohibition applies to the deceased brother, she has the status of a brother's wife to whom the mitzva of levirate marriage does not apply, and this is considered a prohibition that entails *karet* (*Yosef Lekaḥ*; see *Kovetz He'arot*).

Is the *a fortiori* inference strong, etc. – מִי אַלִּים קַל וָחוֹמֶר וכו׳: The commentaries ask: In *Sota* 5b the Gemara states that a wife caught secluding herself with the man about whom she was warned must undergo *ḥalitza* and may not enter into levirate marriage, and the Gemara there proves that ruling by this very *a fortiori* inference. Why, then, is the Gemara here uncertain as to whether the *a fortiori* inference can be applied to the woman herself? The answer must be that in Rabbi Yoḥanan's opinion that *halakha* is actually derived from the alternative reason mentioned by the Gemara there, that it is by Torah law that a *sota* cannot enter into levirate marriage. If so, no proof can be brought from there with regard to this issue (*Tosefot HaRosh*).

אֶלָּא לָאו: כְּשֵׁרָה – כְּשֵׁרָה לֵיהּ, פְּסוּלָה – פְּסוּלָה לֵיהּ, וּמַאי נִיהוּ – מַחֲזִיר גְּרוּשָׁתוֹ, וְקָתָנֵי: אִם הָיָה מְיַיבֵּם – מְיַיבֵּם לַכְּשֵׁרָה!

Rather, is it not the case that fit means **fit for him,** and **disqualified** means **disqualified for him? And what is that** case in which a woman is fit or disqualified only with regard to him but not to any other man? This is referring to the case of **one who remarries his divorcée. And it is taught** that **if he would** like to **enter into levirate marriage, he enters into levirate marriage with the fit** woman. This answers Rabbi Yoḥanan's question.

לָא, כְּשֵׁרָה לְעָלְמָא, פְּסוּלָה לְעָלְמָא. וּדְקָאָמְרַתְּ: כֵּיוָן דִּלְדִידֵיהּ חַזְיָא מַאי נָפְקָא לֵיהּ מִינַּהּ – מִשּׁוּם דְּרַב יוֹסֵף. דְּאָמַר רַב יוֹסֵף: כָּאן שָׁנָה רַבִּי לֹא יִשְׁפּוֹךְ אָדָם מֵי בּוֹרוֹ וַאֲחֵרִים צְרִיכִים לָהֶם.

The Gemara rejects this argument: **No; actually, fit** means **fit to all** men, and **disqualified** means **disqualified in general,** e.g., a woman who had already been divorced is disqualified from marrying any priest. **And that which you said: Since for him she is suitable, what difference does it make for him,** this is significant **because of** that statement **of Rav Yosef. As Rav Yosef said: Here Rabbi** Yehuda HaNasi **taught** a valuable moral lesson, that **a person should not pour the water from his well when others are in need of it.**

תָּא שְׁמַע: הַמַּחֲזִיר גְּרוּשָׁתוֹ מִשֶּׁנִּיסֵּת – הִיא וְצָרָתָהּ חוֹלֶצֶת. הִיא וְצָרָתָהּ סָלְקָא דַּעְתָּךְ? אֶלָּא אֵימָא: אוֹ הִיא אוֹ צָרָתָהּ. וְלָאו תֵּרוּצֵי קָא מְתָרְצַתְּ לַהּ? תָּרֵיץ הָכִי: הִיא חוֹלֶצֶת, צָרָתָהּ – אוֹ חוֹלֶצֶת אוֹ מִתְיַיבֶּמֶת.

Come and **hear** a different *baraita*: With regard to **one who remarries his divorcée**[N] **after she had married another, she and her rival wife must perform *ḥalitza*.** Can it **enter your mind** that both **she and her rival wife** must perform *ḥalitza*? **Rather, say: Either she or her rival wife.** This indicates that both women are unfit for levirate marriage. The Gemara rejects this claim: **And did you not** already **resolve** a difficulty **in the** *baraita*? If so, **answer as follows: She performs *ḥalitza*,** while **her rival wife either performs *ḥalitza* or enters into levirate marriage.** If so, this *baraita* provides no conclusive proof that might resolve Rabbi Yoḥanan's dilemma.

אָמַר רַב לִילִי בַּר מֶמֶל אָמַר מָר עוּקְבָא אָמַר שְׁמוּאֵל: צָרַת מְמָאֶנֶת אֲסוּרָה. לְמַאן? אִילֵּימָא לָאַחִים – הַשְׁתָּא הִיא גּוּפַהּ שְׁרֵיָא, דְּאָמַר שְׁמוּאֵל: מֵיאֲנָה בָּזֶה מוּתֶּרֶת בָּזֶה, צָרָתָהּ מִיבַּעְיָא?

§ The Gemara cites another discussion concerning women who are forbidden in levirate marriage. **Rav Lili**[N] **bar Memel said** that **Mar Ukva said** that **Shmuel said:** The **rival wife of** a girl **who performed refusal**[H] **is forbidden.**[N] If the deceased brother had two wives, one of whom was a minor who refused the brother who sought to be her *yavam*, not only is she forbidden in levirate marriage, but so too is her rival wife. The Gemara asks: **To whom** is she forbidden? **If we say** that she is forbidden **to the** other **brothers,** this cannot be the case, as **now** that **she herself,** the girl who actually performed refusal, **is permitted** to them, **as Shmuel said:** A minor *yevama* who **refused this** brother **is permitted to that**[H] other brother of the deceased husband, **is it necessary** to state that **her rival wife** is likewise permitted?

אֶלָּא לְדִידֵיהּ, וּמַאי שְׁנָא מְמָאֶנֶת דִּשְׁרֵיָא לְאַחִין – דְּלָא עָבְדָא בְּהוּ מַעֲשֶׂה, צָרָה נַמִי לָא עָבְדָא בְּהוּ מַעֲשֶׂה!

Rather, it means that she is forbidden **to him,** i.e., as she refused a specific brother, both she and her rival wife are forbidden to him. The Gemara clarifies: **And** in **what** way **is** this *halakha* of the rival wife **different from** that of **one who performed refusal, who is permitted to the** other **brothers?** If the reason is **that she did not perform any act** of refusal **with them** that might nullify the obligation of levirate marriage, **her rival wife did not perform any act with them either,** and therefore she should be permitted to all of the brothers.

HALAKHA

The rival wife of a girl who performed refusal – צָרַת מְמָאֶנֶת: If a man's minor wife was a forbidden relative of her *yavam*, and she performed refusal with regard to this *yavam* despite not having refused her husband, her rival wife performs *ḥalitza* but does not enter into levirate marriage. In other words, her refusal of the *yavam* is not considered a refusal of the deceased. However, the rival wife of a girl who is not a forbidden relative of her *yavam* and who performs refusal is permitted in levirate marriage, in accordance with the opinion of Rabbi Yoḥanan on *daf* 12b (Rambam *Sefer Nashim, Hilkhot Yibbum VaḤalitza* 6:22; *Shulḥan Arukh, Even HaEzer* 173:7).

She who refused this is permitted to that – מֵיאֲנָה בָּזֶה מוּתֶּרֶת בָּזֶה: The wife of a deceased man who refused one of his brothers is permitted to the other brothers, in accordance with the opinion of Shmuel. Although Rav and Rav Asi dispute this matter (107b), the *halakha* is ruled in accordance with the opinion of Shmuel, as Rabbi Yoḥanan holds accordingly (Rambam *Sefer Nashim, Hilkhot Geirushin* 11:17; *Shulḥan Arukh, Even HaEzer* 155:11; 173:14).

NOTES

Come and hear, one who remarries his divorcée, etc. – תָּא שְׁמַע הַמַּחֲזִיר גְּרוּשָׁתוֹ וכו׳: At first the Gemara attempted to resolve the dilemma posed by Rabbi Yoḥanan in accordance with both versions of his dilemma (see Rashi). This suggestion refers only to the first of the two versions, as the second does not deal with the case of a rival wife at all (*Tosefot HaRosh*; Maharsha).

Lili – לִילִי: Apparently, this is not a proper name but an epithet or a nickname. The full name is Hillel, a common name among the Sages. Lili might be a shortened form of the foreign equivalent of this name, Julianus or Lulianus.

The rival wife of a girl who performed refusal is forbidden – צָרַת מְמָאֶנֶת אֲסוּרָה: The commentaries ask why the girl who performed refusal is herself forbidden. Since her refusal retroactively annuls the marriage entirely, she should be considered like any other woman who was never married at all. Some answer in accordance with the reason stated later, that since she first came before the *yavam* for levirate marriage and only later performed refusal she has the appearance of a brother's wife, and therefore the Sages rendered her forbidden (Rabbi Yehuda bar Natan; *Tosafot Yeshanim*; Ritva). Some say that due to her refusal she is similar to a *yevama* who received a bill of divorce from her first husband and who is consequently forbidden to the *yavam* (*Tosefot Rid*).

NOTES

Due to the rival wife of one's daughter, etc. – מִשּׁוּם צָרַת בִּתּוֹ וכו׳: At first glance this seems to be a decree enacted in addition to another decree, as the rival wife of one's daughter who performed refusal is herself forbidden only by rabbinic decree, as she has the appearance of a fully married daughter's rival wife. Apparently, Shmuel holds that this is all one decree, and he maintains that if the Sages permitted the rival wife of any other girl who refused her husband they allow the rival wife of a daughter who refuses as well. In contrast, Rabbi Yoḥanan states (12b) that this rabbinic decree was never enacted (Rashba).

One's daughter who performed refusal – בִּתּוֹ מְמָאֶנֶת: Rashi addresses the question of how a girl could perform refusal during her father's lifetime, as only a fatherless girl married off by her mother and brothers can perform refusal. He explains that the Gemara is referring to a so-called orphan during her father's lifetime, i.e., a minor girl who was married off by her father only to be divorced or widowed. In these circumstances her father can no longer betroth her by Torah law, and she is therefore considered like an orphan. With regard to the refusal itself, Rashi indicates that the girl performs refusal with her own father. Several early commentaries are puzzled by this, as she could never come before him for levirate marriage, which means that there is no opportunity for refusal at all. In their opinion, she refuses one of the other brothers to whom she is permitted. Since there was an act of refusal after the mitzva of levirate marriage came into effect, she has the appearance of a married woman (Ritva).

She uproots the first marriage – נִשּׂוּאִין קַמָּאֵי קָא עָקְרָא: This discussion appears in full later in the Gemara (107b). See also the Jerusalem Talmud, in which the matter is explained similarly. The basic question concerns the possibility of refusal with regard to a *yavam*, in light of the fact that the act of refusal annuls the previous marriage retroactively. It is possible that her refusal of her *yavam* is not considered a proper refusal, as it might actually be her first marriage that she seeks to annul. The commentaries also discuss whether the rival wife of a forbidden relative who performed refusal is forbidden to the *yavam*, due to the fact that she was not fit when the mitzva of levirate marriage initially came into effect. They explain that the rival wife remains forbidden, as anyone examining the case at the time when the mitzva of levirate marriage came into effect would have concluded that she is forbidden (*Melo HaRo'im*). Several other later commentaries explain this in a similar manner.

גְּזֵירָה מִשּׁוּם צָרַת בִּתּוֹ מְמָאֶנֶת. וְצָרַת בִּתּוֹ מְמָאֶנֶת מִי אֲסִירָא? וְהָתְנַן: וְכוּלָּן, אִם מֵתוּ אוֹ מֵיאֲנוּ צָרוֹתֵיהֶן מוּתָּרוֹת!

The Gemara answers: This is a rabbinic **decree** imposed **due to** the case of **a rival wife of one's daughter**[N] **who performed refusal.** If the girl who refused was his daughter or any other forbidden relative, her rival wife would be forbidden as the rival wife of one's daughter. Therefore, the Sages rendered forbidden the rival wives of other women who performed refusal, not only his daughter. The Gemara asks: **And is the rival wife of a daughter who performed refusal**[N] actually **forbidden? But didn't we learn** in the mishna: **And** with regard to **all of these women, if they died or performed refusal** with their husbands, **their rival wives are permitted.**

דְּמֵיאֲנָה בְּמַאן? אִילֵימָא דְּמֵיאֲנָה בְּבַעַל – הַיְינוּ גְּרוּשָׁה, אֶלָּא לָאו בְּיָבָם!

The Gemara analyzes this statement: **Whom did** this girl **refuse? If we say that she refused the husband,** i.e., the deceased brother before he passed away, **this is** exactly the same as the case of **a divorcée,** and the mishna explicitly states that if one's relative who had been married to his deceased brother died, or refused her husband, or was divorced, no prohibition applies to her rival wife. What is the difference between refusal and divorce? **Rather, is it not** referring to a case where she refused **the *yavam*?** If she refuses the *yavam*, her levirate bond is broken and her rival wife is no longer considered the rival wife of a forbidden relative. Consequently, the rival wife is fit for levirate marriage. This shows that no prohibition applies to the rival wife of a daughter who performed refusal.

לָא, לְעוֹלָם בְּבַעַל, וּתְרֵי גַּוְונֵי גֵּירוּשִׁין, וּמַאי שְׁנָא כִּי מֵיאֲנָה בְּבַעַל, דְּעָקְרִינְהוּ לְנִשּׂוּאִין,

The Gemara answers: **No;** **actually,** it means **that** she refused **the husband, and two types of divorce** are listed in the mishna: Divorce by Torah law and refusal, which is a form of divorce that applies by rabbinic law. The Gemara asks: **And what is different** between the two cases? Since refusal is not actually divorce but is a form of annulment that nullifies the matrimonial bond retroactively, **when she refuses her husband** it must be said **that she uproots the marriage,** and therefore the rival wife is rendered permitted.

כִּי מֵיאֲנָה בְּיָבָם נַמִי נִשּׂוּאִין קַמָּאֵי קָא עָקְרָא!

If so, **when she refuses the *yavam*,** one should **also** say that **she uproots the first marriage.**[N] The reasoning is that she cannot actually refuse the *yavam*, as she was never married to him. Rather, it must be that she annuls her first marriage, and the bond with the *yavam* is canceled automatically. Consequently, it is as though she were not married at all, and there was never a rival wife.

מִשּׁוּם דְּתָנֵי רָמִי בַּר יְחֶזְקֵאל. דְּתָנֵי רָמִי בַּר יְחֶזְקֵאל: מֵיאֲנָה בְּבַעַל – מוּתֶּרֶת לְאָבִיו, בְּיָבָם – אֲסוּרָה לְאָבִיו.

The Gemara explains that Shmuel's reasoning is **due to** the statement **that Rami bar Yeḥezkel taught** in a *baraita* **as Rami bar Yeḥezkel taught:** If a minor **refused her husband, she is permitted** in marriage even **to his father,** as refusal completely nullifies the marriage, and it is as though there had never been any earlier marriage with the son. However, if she refused **the *yavam*,** not her husband, **she is forbidden to his father.**[H]

אַלְמָא: מִשְּׁעַת נְפִילָה נִרְאֵית כְּכַלָּתוֹ,

Apparently, from the moment **when she came before** the *yavam* for levirate marriage **she appears to be** his father's **daughter-in-law.** Since at the time of the husband's death she had not yet performed refusal, to all appearances she was the father's daughter-in-law. Consequently, although the marriage of this minor was not valid by Torah law, any observer would have assumed it was a proper marriage. Therefore, the Sages rendered a girl who refused her *yavam* forbidden to his father, so that people not take lightly the prohibition of those with whom relations are forbidden.

HALAKHA

If she refused the *yavam* she is forbidden to his father – מֵיאֲנָה...בְּיָבָם אֲסוּרָה לְאָבִיו: Although refusal nullifies a marriage, and the relatives of the husband are therefore permitted to marry the girl who performed refusal, nevertheless, one who refused her *yavam* is forbidden to his father, as she came for levirate marriage when his son died, and therefore she appeared to be his daughter-in-law, as stated by Rami bar Yeḥezkel. With regard to the other relatives of the deceased brother, some commentaries say that she is permitted to them (Rambam), while others rule that she is forbidden (Ramban; Rashba). She is permitted to the relatives of the *yavam* (Rema, citing *Beit Yosef*; Rambam *Sefer Nashim, Hilkhot Geirushin* 11:17; *Shulḥan Arukh, Even HaEzer* 155:11).

הָכָא נַמִי – מִשְּׁעַת נְפִילָה נִרְאֵית כְּצָרַת בִּתּוֹ.

Here, too, the same reasoning applies: **From the moment when** the other wife **came before** the *yavam* for levirate marriage **she appears to be the rival wife of** his father's **daughter.** For this reason she is forbidden, despite the fact that she is permitted by Torah law. Shmuel's ruling that the rival wife of a girl who performed refusal is forbidden is therefore a decree due to the case of the rival wife of a daughter who performed refusal.

אָמַר רַב אַסִי: צָרַת אַיְלוֹנִית אֲסוּרָה, שֶׁנֶּאֱמַר ״וְהָיָה הַבְּכוֹר אֲשֶׁר תֵּלֵד״ – פְּרָט לְאַיְלוֹנִית שֶׁאֵינָהּ יוֹלֶדֶת.

§ The Gemara continues to discuss various cases of forbidden women. **Rav Asi said: The rival wife of a sexually underdeveloped woman [*aylonit*] is forbidden.**[N] In other words, if one of the wives of the deceased brother was an *aylonit*, who is incapable of giving birth, the mitzva of levirate marriage does not apply. **As it is stated** with regard to a woman who requires levirate marriage: **"The firstborn that she bears"** (Deuteronomy 25:6), which comes **to exclude an *aylonit*,**[H] **who cannot give birth.** Since the *halakhot* of levirate marriage do not apply to an *aylonit*, she retains her status as a brother's wife who is forbidden, and therefore her rival wife is also exempt from levirate marriage.

מְתִיב רַב שֵׁשֶׁת: שְׁלֹשָׁה אַחִין נְשׂוּאִין שָׁלֹשׁ נָשִׁים נָכְרִיּוֹת, וּמֵת אֶחָד מֵהֶם, וְעָשָׂה בָּהּ שֵׁנִי מַאֲמָר,

Rav Sheshet raised an objection to this from a mishna: **Three brothers are married to three unrelated women, and one of** the brothers **died, and a second** brother **performed levirate betrothal with** the *yevama*. A levirate betrothal does not have the legal status of a regular betrothal, as the levirate bond between *yavam* and *yevama* is not dependent upon betrothal; rather, it represents a kind of continuation of the previous marriage with her deceased husband. Full marriage with a *yevama* is effected by sexual intercourse alone. However, for reasons of modesty, the Sages instituted that the act of betrothal should apply to a *yevama* as well.

וּמֵת – הֲרֵי אֵלּוּ חוֹלְצוֹת וְלֹא מִתְיַיבְּמוֹת, שֶׁנֶּאֱמַר ״וּמֵת אֶחָד מֵהֶם יְבָמָהּ יָבֹא עָלֶיהָ״ – מִי שֶׁעָלֶיהָ זִיקַת יָבָם אֶחָד, וְלֹא זִיקַת שְׁנֵי יְבָמִין.

And this brother who performed the levirate betrothal **died** before consummation of the marriage. In this case, both of **these,** the wife of the first brother, who had already come before the second brother for levirate marriage, and the wife of the second brother, **perform *ḥalitza* and may not enter into levirate marriage. As it is stated: "And one of them dies** and he has no child, the wife of the dead man shall not be married outside of the family to one not of his kin; **her brother-in-law will have intercourse with her"** (Deuteronomy 25:5). This implies that the option of levirate marriage applies only to **one who is subject to** the levirate **bond of one *yavam*,** for only one deceased brother, **and not the bond of two *yevamin*.**[N] Since it is considered as though the first widow has two levirate duties to fulfill, neither she nor her rival wife may enter into levirate marriage.

וְקָתָנֵי עֲלָהּ, אָמַר רַב יוֹסֵף: זוֹ הִיא צָרַת אֵשֶׁת אָח מֵאָב, שֶׁאִיסּוּר נְפִילָה גָּרַם לָהּ, שֶׁלֹּא מָצִינוּ בְּכׇל הַתּוֹרָה כּוּלָּהּ כְּגוֹן זֹאת.

And it is taught with regard to this issue that **Rav Yosef said: This is** an example of **a rival wife of a paternal** half **brother's wife,** i.e., a fully fit *yevama*, **for whom coming before** the *yavam* for levirate marriage **caused her to be forbidden.** In other words, she was fully fit for levirate marriage by Torah law, as all conditions of the mitzva are present in her case. The reason for her prohibition has nothing to do with her particular status but is the result of her having come before a *yavam* for levirate marriage once already. **We have not found in the entire Torah an example** like **this,** where the fact that she was obligated in a mitzva she was unable to fulfill means that not only she, but her rival wife as well, are both rendered forbidden.

״זוֹ הִיא״ לְמַעוּטֵי מַאי? לָאו לְמַעוּטֵי צָרַת אַיְלוֹנִית דִּשְׁרָיָא?

The Gemara analyzes Rav Yosef's statement: The emphasis of: **This is,** which indicates that it applies to this case and no other, comes **to exclude what? Doesn't it** come **to exclude the rival wife of an *aylonit*,** which would mean **that** she **is permitted?** Although an *aylonit* herself may marry any man, she is not suitable for levirate marriage. If so, Rav Yosef's comment indicates that only a woman subject to a double levirate bond, not any other case, renders her rival wife forbidden merely by coming before the *yavam* for levirate marriage.

NOTES

The rival wife of an *aylonit* is forbidden – צָרַת אַיְלוֹנִית אֲסוּרָה: Rav Asi maintains that an *aylonit* whose status was known at the time of her marriage is considered a forbidden relative, as she is unfit for levirate marriage. Accordingly, her rival wife is forbidden as well, as Rav Asi does not distinguish between the reasons for this prohibition. In the Jerusalem Talmud, it is stated that Rav Asi holds in accordance with the opinion of Rabbi Meir that a woman forbidden in levirate marriage exempts her rival wife in all circumstances.

And not the bond of two *yevamin* – וְלֹא זִיקַת שְׁנֵי יְבָמִין: The Gemara states later (31b) that despite the apparent proof from the Torah, this prohibition applies by rabbinic law. The reason for the decree is so that people not think that two *yevamot* from a single household could both enter levirate marriage.

HALAKHA

To exclude an *aylonit* – פְּרָט לְאַיְלוֹנִית: An *aylonit* is entirely exempt from levirate marriage and is forbidden to her *yavam* (Rambam *Sefer Nashim, Hilkhot Yibbum VaḤalitza* 6:8).

לָא, לְמַעוּטֵי צָרַת אַיְלוֹנִית דַּאֲסִירָא, וּמַאי "זוֹ הִיא" – זוֹ הִיא דְּאִיסּוּר נְפִילָה גָּרַם לָהּ – צָרָתָהּ בָּעֲיָא חֲלִיצָה, אַיְלוֹנִית – אֲפִילּוּ חֲלִיצָה לָא בָּעֲיָא. מַאי טַעְמָא? הָא – דְּאוֹרָיְיתָא, הָא – דְּרַבָּנַן.

The Gemara rejects this suggestion: No, Rav Yosef's statement was meant **to exclude the rival wife of an *aylonit*,**[N] **that she is forbidden. And what is the meaning of: This is?** It means that **this is the one for whom coming before** the *yavam* for levirate marriage **caused her to be forbidden,** and therefore **her rival wife requires *ḥalitza*** and is not entirely exempt. In contrast, in the case of the rival wife of an ***aylonit,*** she does **not even require *ḥalitza*. What is the reason** for this difference between the two cases? **This** one, an *aylonit*, is exempt from levirate marriage **by Torah** law, while **this one,** who was betrothed by levirate betrothal to the other brother, is forbidden **by rabbinic** law, and she therefore must perform *ḥalitza*.

תְּנַן: וְכוּלָּן, אִם מֵתוּ אוֹ מֵיאֲנוּ אוֹ נִתְגָּרְשׁוּ אוֹ שֶׁנִּמְצְאוּ אַיְלוֹנִית – צָרוֹתֵיהֶן מוּתָּרוֹת! לָא קַשְׁיָא: כָּאן שֶׁהִכִּיר בָּהּ,

§ The Gemara cites another relevant source. **We learned** in the mishna: **And** with regard to **all of these** women with whom relations are forbidden, **if they died, or they refused** their husbands, **or were divorced, or were found to be *aylonit*, their rival wives are permitted** in levirate marriage. This ruling apparently contradicts the statement of Rav Asi that the rival wife of an *aylonit* is forbidden. The Gemara responds: This is **not difficult. Here,** Rav Asi is referring to a situation in **which** her husband **knew** that **she** was an *aylonit* prior to marriage, and as he married her regardless of her condition their marriage is fully valid. Since the mitzva of levirate marriage does not apply to her because she cannot give birth, her rival wife is also exempt.

כָּאן – שֶׁלֹּא הִכִּיר בָּהּ.

There, in the mishna, it is referring to a case **where he did not know** that **she** was an *aylonit* at the time of marriage, but only at a later stage. Since in this case it can be said that he would not choose to marry an *aylonit*, hers was a mistaken betrothal, and it is therefore nullified. Consequently, her rival wife is permitted.

דַּיְקָא נַמִי, דְּקָתָנֵי: שֶׁנִּמְצְאוּ, וְלֹא קָתָנֵי שֶׁהָיוּ. שְׁמַע מִינָּהּ. אָמַר רָבָא:

The Gemara comments: The language of the mishna **is also precise,** as **it teaches: Were found to be** an *aylonit*, **and it does not teach: Were** an *aylonit*. This indicates that her condition was not known to the husband at the time of marriage but was discovered by him only later. The Gemara summarizes: **Conclude from this** that this is the correct interpretation of the mishna. Consequently, the mishna does not contradict the opinion of Rav Asi. **Rava said:**

NOTES

No, it was meant to exclude the rival wife of an *aylonit* – לָא, לְמַיעוּטֵי צָרַת אַיְלוֹנִית: Why should this exclude the rival wife of an *aylonit* at all, rather than a *sota* or a remarried divorcée (*Tosafot*)? One answer is that these two cases each entail an additional prohibition, whereas in the case of a double levirate bond there is no additional prohibition beyond that of a brother's wife. The only analogous case is that of an *aylonit*, who is also forbidden only as a brother's wife (*Tosafot Yeshanim*; *Tosefot HaRosh*).

Perek **I**
Daf **12** Amud **b**

הִלְכְתָא, צָרַת אַיְלוֹנִית מוּתֶּרֶת, וַאֲפִילּוּ הִכִּיר בָּהּ, וַאֲפִילּוּ צָרַת בִּתּוֹ אַיְלוֹנִית.

And the *halakha* is that the rival wife of an *aylonit*[H] **is permitted,**[N] **and** this is the case **even if** her first husband **knew of her** status and her marriage was fully valid. The mitzva of levirate marriage does not apply to an *aylonit*, but her rival wife is not forbidden. **And even** in the case of **the rival wife of his *aylonit* daughter**[H] who was recognized as such, the other wife is not considered the rival wife of a forbidden relative.

HALAKHA

The rival wife of an *aylonit* – צָרַת אַיְלוֹנִית: If the deceased brother had two wives, one of whom was an *aylonit*, her rival wife is permitted and must either perform *ḥalitza* or enter into levirate marriage, in accordance with the opinion of Rava and Rabbi Yoḥanan (Rambam *Sefer Nashim, Hilkhot Yibbum VaḤalitza* 6:20; *Shulḥan Arukh, Even HaEzer* 172:1).

The rival wife of an *aylonit* who is a forbidden relative – צָרַת עֶרְוָה אַיְלוֹנִית: If the *yevama* is a forbidden relative of the *yavam* and she is also an *aylonit*, even if her husband knew of her condition and accepted her, only her rival wife performs *ḥalitza* or levirate marriage (Rambam *Sefer Nashim, Hilkhot Yibbum VaḤalitza* 6:21; *Shulḥan Arukh, Even HaEzer* 173:9).

NOTES

The rival wife of an *aylonit* is permitted – צָרַת אַיְלוֹנִית מוּתֶּרֶת: The differences between the opinions of Rav Asi and Rava are explained in greater detail in the Jerusalem Talmud. Rav Asi maintains that an *aylonit* remains included in the prohibition of a brother's wife, as she may not enter into levirate marriage. Accordingly, her rival wife, like all rival wives of those with whom relations are forbidden, is also forbidden. This is similar to the case of the rival wife of the wife of a brother with whom he did not coexist, as she too is forbidden.

Conversely, according to Rava and Rabbi Yoḥanan these cases are dissimilar, as there is no prohibition against an *aylonit* entering into levirate marriage. Rather, the mitzva of levirate marriage simply does not apply to her. This is expressed in the Jerusalem Talmud as: It is as though she is not there. That is, she is considered non-existent with regard to all matters of levirate marriage, and therefore her rival wife is not the rival wife of a forbidden relative. There are numerous other explanations, but the essential idea remains the same: The rival wife of a forbidden relative is forbidden herself only if the mitzva takes effect, whereas for an *aylonit* the mitzva of levirate marriage does not apply at all (Rashi and many others).

וְאֶלָּא הָא דְּקָתָנֵי שֶׁנִּמְצְאוּ? תְּנֵי שֶׁהָיוּ. כִּי אֲתָא רָבִין אָמַר רַבִּי יוֹחָנָן: אַחַת צָרַת מְמָאֶנֶת וְאַחַת צָרַת אַיְלוֹנִית, וְאַחַת צָרַת מַחֲזִיר גְּרוּשָׁתוֹ – כּוּלָּן מוּתָּרוֹת.

The Gemara asks: **However,** with regard to **that which** the mishna **teaches: Were found to be,** from which it was inferred that there is a difference between an *aylonit* whose condition was known by the husband beforehand and one who was recognized by him only later, how is this to be explained? The Gemara answers that one should emend this and **teach** simply: **That were,**[N] and not: Were found to be. **When Ravin came** from Eretz Yisrael **he said** that **Rabbi Yoḥanan said:** There is **one** *halakha* with regard to the **rival wife of a girl who refused** her husband, and **the rival wife of an** ***aylonit*****, and also the rival wife of one who remarries his divorcée: They are all permitted.**

תָּנֵי רַב בֵּיבַי קַמֵּיהּ דְּרַב נַחְמָן: שָׁלֹשׁ נָשִׁים מְשַׁמְּשׁוֹת בְּמוֹךְ: קְטַנָּה, מְעוּבֶּרֶת, וּמְנִיקָה. קְטַנָּה – שֶׁמָּא תִּתְעַבֵּר וְשֶׁמָּא תָּמוּת, מְעוּבֶּרֶת – שֶׁמָּא תַּעֲשֶׂה עוּבָּרָהּ סַנְדָּל, מְנִיקָה – שֶׁמָּא תִּגְמוֹל בְּנָהּ וְיָמוּת.

§ Incidental to the case of refusal, the Gemara cites a related *halakha*. **Rav Beivai taught** a *baraita* **before Rav Naḥman: Three women** may **engage in relations with** a contraceptive **resorbent,**[NHB] a soft fabric placed at the entrance to their wombs to prevent conception, despite the fact that this practice is generally prohibited. They are as follows: **A minor,** a woman who is already **pregnant, and a nursing woman.** The *baraita* specifies the reason for each exception: **A minor** may do so **lest she become pregnant and perhaps die; a pregnant woman, lest** she be impregnated a second time and **her** previous **fetus becomes** deformed[B] into the shape of **a sandal** fish[B] by being squashed by the pressure of the second fetus. As for **a nursing woman,** she does so **lest** she become pregnant and her milk dry up, in which case **she will wean her son** too early, thereby endangering him, **and he will die.**

וְאֵיזוֹ הִיא קְטַנָּה – מִבַּת אַחַת עֶשְׂרֵה שָׁנָה וְיוֹם אֶחָד עַד שְׁתֵּים עֶשְׂרֵה שָׁנָה וְיוֹם אֶחָד, פָּחוֹת מִכָּאן וְיָתֵר עַל כֵּן מְשַׁמֶּשֶׁת כְּדַרְכָּהּ וְהוֹלֶכֶת, דִּבְרֵי רַבִּי מֵאִיר, וַחֲכָמִים אוֹמְרִים: אַחַת זוֹ וְאַחַת זוֹ מְשַׁמֶּשֶׁת כְּדַרְכָּהּ וְהוֹלֶכֶת, וּמִן הַשָּׁמַיִם יְרַחֲמוּ. מִשּׁוּם שֶׁנֶּאֱמַר ״שׁוֹמֵר פְּתָאִים ה׳״.

And the *baraita* continues: **Who is** considered **a minor?** It is a girl **from the age of eleven years and one day until** the age of **twelve years and one day.** If she was **younger than this or older than this,**[N] **she may go ahead and engage in relations in her usual manner.** This is **the statement of Rabbi Meir.** Since it is assumed that a minor who is less than eleven years old cannot become pregnant, she is considered to be in no danger. **And the Rabbis say: Both this** one **and that** one, i.e., in all these cases, she **may go ahead and engage in relations in her usual manner, and Heaven will have mercy**[N] upon her and prevent any mishap, **since it is stated: "The Lord preserves the simple"** (Psalms 116:2).

מִדְּקָאָמַר שֶׁמָּא תִּתְעַבֵּר וְשֶׁמָּא תָּמוּת, מִכְּלָל דְּאִיכָּא קְטַנָּה דְּמִיעַבְּרָא וְלָא מֵתָה, אִם כֵּן מָצִינוּ חֲמוֹתוֹ מְמָאֶנֶת,

The Gemara analyzes the *baraita*: **From** the fact that the *baraita* **states: Lest she become pregnant and perhaps die,** this indicates **by inference that there is a minor who can become pregnant and will not die,** although the conditions for this scenario of a minor giving birth and surviving are unclear. **If so,** that a minor might be impregnated and give birth, **we find** the case of **one's mother-in-law who refused** her husband. Since it is possible for a woman to give birth to a daughter while still a minor, if a man betroths this daughter while still an infant, the mother might be a mother-in-law who performed refusal.

HALAKHA

Engage in relations with a contraceptive resorbent – מְשַׁמְּשׁוֹת בְּמוֹךְ: The *halakha* is in accordance with the opinion of the Rabbis that these women may not use a contraceptive resorbent. In clearly dangerous situations some permit this in practice in various ways. Later commentaries deliberate with regard to other methods of birth control that do not entail the placement of an actual interposition before the sperm, and there are various halakhic rulings in this regard (*Shulḥan Arukh, Even HaEzer* 23; *Pitḥei Teshuva* 2).

BACKGROUND

Three women may engage in relations with a contraceptive resorbent – שָׁלֹשׁ נָשִׁים מְשַׁמְּשׁוֹת בְּמוֹךְ: The issue of women using a contraceptive resorbent, or any other contraceptive device, is discussed at length in the halakhic literature; see also 65b. Here the discussion concerns the use of mechanical means for preventing the penetration of sperm into the uterus. The method of placing a contraceptive resorbent after sexual relations, as described by Rabbeinu Tam in *Tosafot*, is of minimal to no effectiveness. The use of these contraceptive methods is permitted only in cases of danger to life, and the dispute between Rabbi Meir and the Rabbis apparently involves the question of how cautious one should be. Nowadays these cases are extremely rare.

Her fetus becomes deformed – תַּעֲשֶׂה עוּבָּרָהּ: In every case of twins or simultaneous pregnancies, which are possible albeit infrequent, one of the embryos occasionally develops more quickly and thereby severely reduces the blood supply to the other embryo. In these situations the undernourished fetus does not develop at all but remains a fleshy mass adjoined to the placenta, similar in shape to the sandal fish.

Sandal fish – סַנְדָּל: This fish is referred to today as the species sole, a group of flatfish, a name derived from the Latin solea, referring to both the fish and the sole of a shoe. The common sole, *Solea solea*, possesses an interesting feature: Both of its eyes are on the right side of its body.

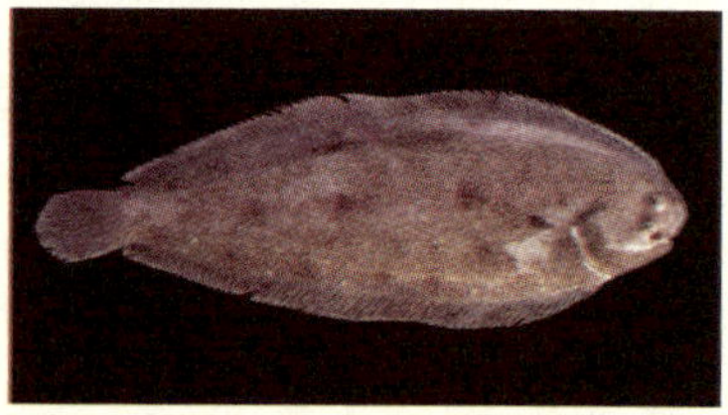

Common sole, referred to in talmudic times as the sandal fish

NOTES

Teach, that were – תְּנֵי שֶׁהָיוּ: Although the Gemara initially inferred from the wording of the mishna that it is referring to a situation where it was not known at first that the woman was an *aylonit*, Rava nevertheless held that this was not necessarily the case. The reason is that the phrase: They were found, might be referring to the court who determined that she was an *aylonit*, and if so there is no essential difference between this phrase and the simple: They were (Ritva).

Three women may engage in relations with a contraceptive resorbent – שָׁלֹשׁ נָשִׁים מְשַׁמְּשׁוֹת בְּמוֹךְ: There is a dispute among the early commentaries both with regard to the meaning of this statement as well as its halakhic implications. Rashi and others maintain that the woman inserts a contraceptive resorbent into the entrance to her uterus to prevent the entrance of sperm. Others hold that she inserts a contraceptive resorbent after sexual relations to prevent the semen from reaching the uterus (Rabbi Yehuda bar Natan; *Tosafot*). They base their opinion on the fact that sexual relations with a contraceptive resorbent in place would entail the unavoidable destruction of sperm, which is a transgression for the man. However, Rashi contends that provided that the sexual relations take place in the usual manner and there is no intention of destroying the sperm, this is not prohibited (see *Tosefot Rid*).

This dispute extends to the *halakha* as well. Rashi contends that these women are only permitted to use a contraceptive resorbent. Others rule that these women are obligated to do so, while others are merely permitted to engage in this practice (Rabbeinu Tam; Rabbi Yehuda bar Natan; Rashba). This is apparently the explanation of the *ge'onim* as well, who may have been even more lenient on this issue. For an attempt to reconcile all of these opinions, see *Yam shel Shlomo*.

Younger than this or older than this – פָּחוֹת מִכָּאן וְיָתֵר עַל כֵּן: Many early commentaries connect this discussion, including the opinions of Rav Safra and Rav Zevid cited later, to the related matter of signs of puberty that appear in a young woman during this period, between age eleven and twelve. If she develops the sign of pubic hairs before this time, everyone agrees that the hairs are only a mole and she has certainly not reached maturity, while after this period hair is definitely a sign of maturity. The dispute concerns whether this intermediate period is considered like the time before or after (see *Tosafot*, Rashba, Ritva, and Meiri).

And Heaven will have mercy – וּמִן הַשָּׁמַיִם יְרַחֲמוּ: Some commentaries explain that the Rabbis felt that the danger is highly unlikely, and therefore the women are not obligated, or permitted according to certain opinions, to use a contraceptive resorbent (Meiri). Several later commentaries explain similarly, as the phrase: Heaven will have mercy, indicates that one is acting in the usual fashion, without concern for some uncertain danger. If the danger is definitely present, however, this principle does not apply (see *Aḥiezer*).

וּתְנַן: אִי אַתָּה יָכוֹל לוֹמַר בַּחֲמוֹתוֹ וְאֵם חֲמוֹתוֹ וְאֵם חָמִיו שֶׁנִּמְצְאוּ אַיְלוֹנִית אוֹ שֶׁמֵּיאֲנוּ! אֵימָא: שֶׁמָּא תִּתְעַבֵּר וְתָמוּת.

And yet we learned in the mishna: **You cannot say,** i.e., the possibility does not exist, in the case **of his mother-in-law, his mother-in-law's mother, and his father-in-law's mother, that they were found to be an *aylonit* or performed refusal,** as refusal may be performed only by a minor, who cannot give birth. If so, there is apparently a contradiction between the mishna and the *baraita*. The Gemara answers: Do not say: Lest she become pregnant and perhaps die, which indicates that it is possible for her not to die from the impregnation. Rather, **say: Lest she become pregnant and die.** In other words, although it is uncertain whether she will be impregnated, if she does become pregnant she will certainly die, which means that there is no case in which a minor could give birth and live.

דְּאָמַר רַבָּה בַּר לִיוָאי: גְּבוּל יֵשׁ לָהּ: קוֹדֶם הַזְּמַן הַזֶּה אֵינָהּ מִתְעַבֶּרֶת כָּל עִיקָּר, תּוֹךְ הַזְּמַן הַזֶּה הִיא מֵתָה וְעוּבָּרָהּ מֵת, לְאַחַר זְמַן הַזֶּה – הִיא חַיָּה וְעוּבָּרָהּ חַי.

As Rabba bar Livai said: There is a limit with regard to her pregnancy, i.e., that of a young girl. **Before this time,** the age of eleven, **she cannot be impregnated at all.**[B] **During this time,** from age eleven to twelve, **she dies and her fetus dies.**[N] **After this time,** from twelve onward, **she lives and her fetus lives.**

אִינִי? וְהָא תָּנֵי רַבָּה בַּר שְׁמוּאֵל: אִי אַתָּה יָכוֹל לוֹמַר בַּחֲמוֹתוֹ וְאֵם חֲמוֹתוֹ וְאֵם חָמִיו שֶׁנִּמְצְאוּ אַיְלוֹנִית אוֹ שֶׁמֵּיאֲנוּ, שֶׁכְּבָר יָלְדוּ! אֶלָּא, לְעוֹלָם – שֶׁמָּא תִּתְעַבֵּר וְשֶׁמָּא תָּמוּת. וְאֶלָּא קַשְׁיָא הָךְ!

The Gemara raises a difficulty: **Is that so? But didn't Rabba bar Shmuel teach: You cannot say** in the case **of his mother-in-law, and his mother-in-law's mother, and his father-in-law's mother that they were found to be an *aylonit* or performed refusal, as they already gave birth.** This indicates that a minor can give birth, as otherwise he should have stated: As they are already mature. **Rather, actually,** the original version of the *baraita* is correct: **Lest she become pregnant and perhaps die. But this is difficult**[N] with regard to the mishna, which indicates that this scenario is impossible.

אָמַר רַב סַפְרָא: בָּנִים הֲרֵי הֵם כְּסִימָנִים. וְאִית דְּאָמְרִי: בָּנִים עֲדִיפֵי מִסִּימָנִים. לְמַאי נָפְקָא מִינָּהּ? דַּאֲפִילּוּ לְרַבִּי יְהוּדָה, דְּאָמַר: עַד שֶׁיִּרְבֶּה הַשָּׁחוֹר, בְּבָנִים מוֹדֶה.

Rav Safra said: Children are equivalent to signs[NH] of puberty. In other words, a girl who gives birth does not retain the legal status of a minor, as the very fact that she bore children is equivalent to a physical sign of maturity, usually in the form of pubic hairs. **And some say: Children are preferable to signs** of puberty. The Gemara asks: **What is the practical difference** that arises from the question of whether bearing children is equivalent or preferable to signs of maturity? The Gemara answers: The difference is **that even according to** the opinion of **Rabbi Yehuda, who said** that a minor may perform refusal even after she develops two pubic hairs, **until the black** hairs of her genitals **are more plentiful**[N] than the hairless skin, in the case **of children he concedes** that she is considered mature and may not perform refusal.

NOTES

During this time she dies and her fetus dies – תּוֹךְ הַזְּמַן הַזֶּה הִיא מֵתָה וְעוּבָּרָהּ מֵת: In the Jerusalem Talmud a different version of this statement is cited, which includes a further distinction: If she was impregnated prior to showing signs of puberty and gave birth after showing these signs, she lives and her fetus dies.

But this is difficult – וְאֶלָּא קַשְׁיָא הָךְ: Some commentaries explain that this is difficult according to Rabba bar Livai, who said that a minor cannot give birth at all, whereas Rabba bar Shmuel indicates that a minor can give birth (*Tosafot*). However, most of the early commentaries accept Rashi's explanation that it is difficult according to the mishna, which clearly indicates that one's mother-in-law cannot perform refusal (Rashba; *Nimmukei Yosef*).

Children are equivalent to signs – בָּנִים הֲרֵי הֵם כְּסִימָנִים: The early commentaries dispute the precise meaning of this expression. Apparently, the Rif maintains that the term: Signs, does not necessarily mean hairs. Rather, children themselves are proof of maturity, even if they were born before the mother reached the age of twelve (see Ramban and Rashba). Others contend that the pregnancy itself, not the birth of children, is a sign of maturity, and therefore from the onset of pregnancy she is considered mature (*Tosafot*). According to this interpretation, children were mentioned to teach that a pregnancy is retroactively considered a sign of maturity from the onset of the pregnancy only if it results in a living child, not a stillborn.

Until the black are more plentiful – עַד שֶׁיִּרְבֶּה הַשָּׁחוֹר: The Gemara in *Nidda* 52a explains that there is no need for the black, hairy, area actually to be more plentiful than the hairless area. Rather, there must be two hairs lying down in such a manner that it appears as though the black area is greater.

HALAKHA

Children and signs – בָּנִים וְסִימָנִים: A girl who gives birth after the age of twelve is considered mature even if she has no signs of puberty, as children are equivalent to signs (Rambam). This *halakha* is in accordance with the opinion of Rav Safra, who apparently maintains that even if she gave birth as a minor she is not considered mature until the age of twelve years. This has implications for *ḥalitza* and other matters. Some commentaries (*Maggid Mishne*) claim that even the Rambam agrees that after a minor has given birth she can no longer perform refusal (*Beit Shmuel*). The *Shulḥan Arukh* writes that a minor may refuse her husband until she either develops signs or gives birth. Some rule that she is already considered mature at the time of pregnancy (Rema, citing *Or Zarua*). The Vilna Gaon contends that according to this opinion she might be considered mature even before the age of twelve, in accordance with the ruling of *Tosafot*.

Some commentaries write that she may not perform refusal even as a minor if she is pregnant, but this does not hold true if she miscarries (*Beit Shmuel*). Others dispute this ruling (see *Pitḥei Teshuva*). With regard to *ḥalitza*, however, she is not considered mature before the age of twelve (Rambam *Sefer Nashim, Hilkhot Ishut* 2:9; *Shulḥan Arukh, Even HaEzer* 155:12, 169:11, and in the comment of Rema).

BACKGROUND

A minor who gives birth – קְטַנָּה שֶׁיּוֹלֶדֶת: The question of whether a minor can give birth depends upon the definition of the relevant terms. The appearance of two pubic hairs is one stage in the process of sexual maturation. Apparently, the definition of adulthood as the stage when two hairs appear is based on the fact that this sign of maturity can be checked objectively by witnesses. Generally, the appearance of hairs occurs prior to the advent of ovulation and the menstrual cycle, which allow for the possibility of impregnation and childbirth. Consequently the claim stated later in the Gemara that children are preferable to signs of puberty is accurate, as childbearing occurs at a much later stage in the process of maturation, even if the hairs are not visible.

The Sages determined that the appearance of signs of puberty alone before the appropriate age, twelve for females and thirteen for males, is not sufficient for establishing adulthood. Nevertheless, despite the average age of puberty, physical maturity may be reached earlier depending on nutrition and hereditary factors. There have even been cases of extremely early maturation. It is clear, however, that complications in pregnancy and childbirth are more prevalent among girls than among mature women. Especially in the days of the Talmud, it was consequently assumed that childbirth before full physiological development would likely lead to an inability to give birth or severe tearing of the womb that could cause the death of the mother and baby at birth.

וְרַב זְבִיד אָמַר: אֵין בָּנִים בְּלֹא סִימָנִים. וְנִבְדּוֹק! חָיְישִׁינַן שֶׁמָּא נָשְׁרוּ. הָנִיחָא לְמַאן דַּאֲמַר חוֹשְׁשִׁין,

§ **And Rav Zevid said: There are no children without signs**[N] of puberty. In other words, if a girl gives birth, she definitely possesses the signs of puberty. The Gemara asks: **But** if so, **let us examine** to see whether these physical signs are present, so that there is no need to depend on a presumption. The Gemara answers: **We are concerned lest** the hairs that constitute the sign **have fallen off.** The Gemara comments: **This** works out **well according to the one who said** that in general **we are concerned** lest signs fall off, i.e., that there are cases in which she is in fact mature but the hairs have come off.

אֶלָּא לְמַאן דַּאֲמַר אֵין חוֹשְׁשִׁין מַאי אִיכָּא לְמֵימַר? אֲפִילּוּ לְמַאן דַּאֲמַר אֵין חוֹשְׁשִׁין, מִשּׁוּם צַעַר לֵידָה – חָיְישִׁינַן.

However, according to the one who said that if there are in fact hairs they will certainly be found, and **we are not concerned** that they may have fallen out, **what is there to say?** The Gemara answers: **Even according to the one who said** that in ordinary circumstances **we are not concerned** that the hairs may have fallen out, in this case, **due to the pain of childbirth we are concerned** that they might have fallen out, and therefore it is impossible to examine the matter conclusively.

״כֵּיצַד פּוֹטְרוֹת צָרוֹתֵיהֶן״ וכו׳. מְנָהָנֵי מִילֵּי? אֲמַר רַב יְהוּדָה: דְּאָמַר קְרָא ״לִצְרוֹר״, הַתּוֹרָה רִיבְּתָה צָרוֹת הַרְבֵּה.

§ The Gemara returns to the mishna: **How do they exempt their rival wives** and the rival wives of their rival wives? The Gemara asks: **From where are these matters,** that not only is a rival wife exempt but the rival wife of a rival wife is exempt as well, **derived? Rav Yehuda said** that this is **as the verse states:** "And you shall not take a woman to her sister, **to be a rival** [***litzror***][N] to her" (Leviticus 18:18). The term *litzror* is written, with the letter *reish* appearing twice, rather than *latzor*, with a single *reish*, which means that **the Torah amplified** and included **many rival wives.** In other words, this verse includes not only the rival wife of a forbidden relative, but also the rival wife of a rival wife.

רַב אַשִׁי אֲמַר: סְבָרָא הִיא, צָרָה מַאי טַעֲמָא אֲסִירָא – דְּבִמְקוֹם עֶרְוָה קַיְימָא, צָרַת צָרָה נַמִי – בִּמְקוֹם עֶרְוָה קַיְימָא.

Rav Ashi said: It is a logical inference, which does not require a source from the Torah. **What is the reason** that **a rival wife** of a forbidden relative **is prohibited?** The reason is **that she stands in place of a forbidden relative.** Since the forbidden relative caused her exemption from levirate marriage, she too is considered a forbidden relative who remains categorized as a brother's wife. Therefore, **the rival wife of a rival wife also stands in place of a forbidden relative,** as she is like the rival wife of a forbidden relative and is therefore forbidden herself.

״כֵּיצַד אִם מֵתוּ הֵן״ כו׳. וַאֲפִילּוּ כָּנַס וּלְבַסּוֹף גֵּירֵשׁ?

§ The mishna taught: **How so? If** the forbidden relative **died,** performed refusal, or was divorced, from that moment onward their rival wives are no longer considered the rival wives of a forbidden relative and are permitted. The Gemara remarks: This legal ruling with regard to a divorce is presented as a general principle **and** is therefore correct **even** if at the time that the deceased brother **married** the rival wife he was married to the forbidden relative, **and ultimately divorced**[H] the relative, which means that for a period of time the women were rival wives. Even under these circumstances the prohibition of a rival wife of a forbidden relative does not apply, and she is permitted to enter into levirate marriage.

NOTES

There are no children without signs – אֵין בָּנִים בְּלֹא סִימָנִים: The early commentaries dispute the precise meaning of this statement. Rashi explains that in Rav Zevid's opinion, a minor who gives birth is assumed to have developed signs of puberty, and signs of puberty from eleven to twelve years of age are equivalent to signs after age twelve. Others agree, but for a different reason: Although Rav Zevid maintains that under ordinary circumstances the appearance of signs between the ages of eleven and twelve is equivalent to the earlier appearance of signs, childbirth is considered not a regular sign but an absolute sign of maturity (Rabbeinu Yitzḥak in *Tosafot*). Ramban and Rashba explain similarly, albeit with a slight variation.

Yet others contend that childbirth is not possible at any age without prior definite signs of puberty. When the Gemara suggests an examination, it does so not because a physical examination is necessary; rather, it is asking about the presumption itself. In other words, it is saying that if this presumption is correct, the matter could be confirmed by examination (Ramban; Rashba; Ritva). The answer, according to this opinion, is that there are in fact signs, but even if they are not found this would not constitute contradictory evidence, as it is possible that due to the pain of childbirth and the difficulty of performing an examination at the right time, the signs have fallen off (see Rashba).

A completely different opinion is that although there is no childbearing without signs, these signs are efficacious only after the age of twelve (Rabbi Yehuda bar Natan). This is apparently the opinion of Rabbi Avraham *Av Beit Din* as well (see Ramban).

As the verse states: To be a rival [*litzror*] – דְּאָמַר קְרָא לִצְרוֹר: Several commentaries omit this statement from the *baraita* cited earlier (3b), since if this opinion is explicitly stated in a *baraita* it does not stand to reason that Rav Ashi would take issue with it (*Tosafot*). Others maintain that this interpretation refers only to the rival wife of a rival wife (*Tosefot HaRosh*). Yet others contend that in the opinion of Rav Ashi the *baraita* does not cite this homiletic interpretation as the true source of the *halakha*, but merely as support, as the ruling that the rival wife of a rival wife is exempt is actually based on logical reasoning (Ritva).

HALAKHA

Even if he married and ultimately divorced – אֲפִילּוּ כָּנַס וּלְבַסּוֹף גֵּירֵשׁ: With regard to a man who was married both to a woman who was a forbidden relative of her potential *yavam* and to another woman, if during the lifetime of the husband the forbidden relative died or if he divorced her, or if she performed refusal, and he subsequently died childless, her rival wife is permitted in levirate marriage, as a forbidden relative renders her rival wife forbidden only at the moment when the mitzva of levirate marriage takes effect, in accordance with the opinion of Rava (Rambam *Sefer Nashim, Hilkhot Yibbum VaḤalitza* 6:21; *Shulḥan Arukh, Even HaEzer* 173:7).

וּרְמִינְהוּ: שְׁלֹשָׁה אַחִים, שְׁנַיִם מֵהֶן נְשׂוּאִים שְׁתֵּי אֲחָיוֹת וְאֶחָד נָשׂוּי נָכְרִית, גֵּירֵשׁ אֶחָד מִבַּעֲלֵי אֲחָיוֹת אִשְׁתּוֹ וּמֵת הַנָּשׂוּי נָכְרִית, וּכְנָסָהּ הַמְגָרֵשׁ וּמֵת – זוֹ הִיא שֶׁאָמְרוּ: שֶׁאִם מֵתוּ אוֹ נִתְגָּרְשׁוּ – צָרוֹתֵיהֶן מוּתָּרוֹת.

And the Gemara **raises a contradiction** from a different mishna (30a), which discusses **three brothers, two of whom are married to two sisters and one is married to an unrelated woman. One of the husbands of the sisters** subsequently **divorced his wife, and the one who was married to the unrelated woman died, and the one who divorced** his wife **married** the *yevama* by levirate marriage **and** afterward **died** as well, which means that this *yevama* once again came for levirate marriage before the remaining brother, who was married to one of the sisters. **It is with** regard to **this** case **that they said that if they died or were divorced their rival wives are permitted.** This concludes the mishna.

טַעְמָא דְּגֵירֵשׁ וְאַחַר כָּךְ כָּנַס, אֲבָל כָּנַס וְאַחַר כָּךְ גֵּירֵשׁ – לָא!

The Gemara infers from this mishna: **The reason** she is permitted is **that** the *yavam* first **divorced** the sister **and** only **afterward married** the unrelated woman. In this case, the unrelated woman was never actually the rival wife of a sister, despite the fact that they were, at different times, married to the same man. **However,** if the *yavam* first **married** the unrelated woman **and afterward divorced** the sister, she would **not** be permitted to enter into levirate marriage because for a period of time she had been the rival wife of a forbidden relative.

אָמַר רַבִּי יִרְמְיָה: תַּבְרָא, מִי שֶׁשָּׁנָה זוֹ לֹא שָׁנָה זוֹ. הַאי תַּנָּא סָבַר: מִיתָה מַפֶּלֶת,

These two *mishnayot* apparently contradict each other. **Rabbi Yirmeya said:** This mishna is **disjointed,**[N] i.e., the *mishnayot* are truly incompatible, and the *tanna* **who taught this** *halakha* **did not teach that** *halakha*. The reason for the difference in opinions is that **this** ***tanna***, of the mishna here, **maintains** that **death causes** her to **come before** him for levirate marriage. In other words, the decisive moment that determines the obligation in or exemption from levirate marriage is the moment of the childless brother's death. Since in the case of the mishna here she was not the rival wife of a forbidden relative at the time of his death, the prohibition does not apply to her.

וְהַאי תַּנָּא סָבַר: נִשּׂוּאִין הָרִאשׁוֹנִים מַפִּילִים.

And that ***tanna*** of the mishna dealing with three brothers **maintains** that **the first marriage causes** her to **come before** him for levirate marriage. In other words, the levirate bond is established at the time of the marriage, and since the second wife was the rival wife of a forbidden relative for at least a brief period, her exemption from levirate marriage was determined then.

רָבָא אָמַר: לְעוֹלָם חַד תַּנָּא הוּא, "וְזוֹ וְאֵין צָרִיךְ לוֹמַר זוֹ" קָתָנֵי.

Rava said: Actually, both *mishnayot* represent the opinion of **a single** ***tanna***,[N] **but he teaches** the mishna employing the style: **This and it is unnecessary to say that.** In other words, the mishna here is referring to a case where he first married and later divorced, while the mishna that deals with three brothers is speaking of a simpler, more obvious case, in which he first divorced and later married the second wife. In that case she is certainly permitted. Accordingly, there is no real contradiction here between the *mishnayot*, as they utilize different styles of teaching.

"וְכָל שֶׁיְּכוֹלָה לְמָאֵן". וּתְמָאֵן הָשְׁתָּא וְתִתְיַיבֵּם! לֵימָא מְסַיְּיעָא לֵיהּ לְרַבִּי אוֹשַׁעְיָא,

§ The mishna taught: **And if any** of these forbidden relatives was a minor **who could refuse** her husband, then even if she did not refuse him, her rival wife performs *ḥalitza* and does not enter into levirate marriage. The Gemara asks: **And let** the minor **perform refusal now,**[N] thereby annulling the marriage retroactively after the death of her husband, **and let her** rival wife **enter into levirate marriage.** Since this option is not accepted, **let us say that it supports** the opinion **of Rabbi Oshaya.**

דְּאָמַר רַבִּי אוֹשַׁעְיָא: מְמָאֶנֶת לְמַאֲמָרוֹ וְאֵינָהּ מְמָאֶנֶת לְזִיקָתוֹ!

As Rabbi Oshaya said: A *yevama* who is a minor can **refuse the levirate betrothal of** the *yavam*. In other words, if he betrothed her she is free to say that she does not desire to marry him, a declaration that severs any connection between them. **But she cannot refuse his bond.**[N] Provided that he has not performed a levirate betrothal, this minor *yevama* cannot annul the ties between them by a refusal, as theirs is not a bond of marriage, and the institution of refusal was established only with regard to marriage. According to this opinion, it is evident that a minor *yevama* who is a forbidden relative cannot perform refusal so as to enable her rival wife to enter levirate marriage.

NOTES

Disjointed [*tavra*] – תַּבְרָא: This expression generally means that various sections of a single mishna or *baraita* reflect disputing opinions. Some commentaries claim that this phrase is used only when the dispute is not explicit (see *Yad Malakhi*). Rashi and others explain that the term *tavra* means broken. In other words, the mishna does not constitute a single unit but is composed of two or more separate sections. Others maintain that this term denotes the taking of an oath, or that it is an expression of special emphasis. In other words: It is clear and evident that such and such is the case. Accordingly, the Gemara should be read as follows: Certainly, he who taught this did not teach that (*Arukh*, citing Rabbeinu Ḥananel).

Actually, a single *tanna* – לְעוֹלָם חַד תַּנָּא: According to this interpretation, the phrase: It is with regard to this case that they said, does not come to exclude other examples but simply to include the present case (Rabbi Yehuda bar Natan).

And let her perform refusal now – וּתְמָאֵן הָשְׁתָּא: Some commentaries ask: In light of the statement that the mishna is in accordance with the opinion of Abba Shaul that the mitzva of *ḥalitza* is preferable to that of levirate marriage, this question is surprising. Why should she perform an act of refusal to enable levirate marriage rather than *ḥalitza*? They answer that the wording of the mishna: Performs *ḥalitza* and does not enter into levirate marriage, indicates that she must undergo *ḥalitza* and does not have the option of levirate marriage at all. *Tosafot* cite a similar interpretation; however, see Meiri.

This question was also raised in the Jerusalem Talmud, in a slightly different form. The Gemara there explains that the phrase: Who could refuse even if she did not, refers to a minor who died, which means that she can no longer perform refusal at all. The early commentaries write that the Gemara here could have explained likewise, but it preferred to interpret the mishna in a manner that suits all cases rather than limit it to a specific example (see Ramban and Rashba).

Can refuse the levirate betrothal…but she cannot refuse his bond – מְמָאֶנֶת לְמַאֲמָרוֹ וְאֵינָהּ מְמָאֶנֶת לְזִיקָתוֹ: The main discussion on this matter of the refusal of a *yevama* appears later in the Gemara (107a). According to one opinion, refusal nullifies only an extant connection. Rabbi Oshaya rules in accordance with this opinion when he states that refusal applies solely to marriage, as this is a relationship based on mutual consent. In contrast, refusal does not apply to a levirate bond, which is a duty mandated by Torah law. The dissenting opinion is that the refusal of a *yevama* is in fact the retroactive annulment of the first marriage, which dissolves the levirate bond automatically. In the Jerusalem Talmud other opinions are cited that differentiate between the ways in which a *yevama* can perform the act of refusal.

לָא, צָרַת עֶרְוָה שָׁאנֵי. דְּתָנֵי רָמִי בַּר יְחֶזְקֵאל: מֵיאֲנָה בְּבַעַל – מוּתֶּרֶת לְאָבִיו, מֵיאֲנָה בְּיָבָם – אֲסוּרָה לְאָבִיו,

The Gemara rejects this suggestion: **No;** it is possible that a minor *yevama* can indeed refuse a levirate bond, but **the rival wife of a forbidden relative is different,** as she is not permitted in levirate marriage even if the forbidden relative herself can perform refusal. Why? **As Rami bar Yeḥezkel taught** in a *baraita*: **If she refused the husband,** thereby annulling the marriage, **she is permitted to his father,** as the marriage bond was entirely nullified retroactively and she is not considered his daughter-in-law at all. If, however, **she refused** only **the** *yavam*, **she is forbidden to his father.**

אַלְמָא: מִשְּׁעַת נְפִילָה נִרְאֵית כְּכַלָּתוֹ, הָכָא נַמִי מִשְּׁעַת נְפִילָה נִרְאֵית כְּצָרַת בִּתּוֹ.

Apparently, the reason is that **at the moment** of her **coming before** him for levirate marriage **she had the appearance of his daughter-in-law.** Since people will think she is his daughter-in-law, she is forbidden to the father. **Here, too, at the moment** of her **coming before** him for levirate marriage **she had the appearance of his daughter's rival wife.**[N] Consequently, the Sages did not permit her to enter into levirate marriage even if the other wife refuses the husband.

מתני׳ שֵׁשׁ עֲרָיוֹת חֲמוּרוֹת מֵאֵלּוּ, מִפְּנֵי שֶׁנְּשׂוּאוֹת לַאֲחֵרִים, צָרוֹתֵיהֶן מוּתָּרוֹת:

MISHNA Six women **with whom relations are forbidden** who were not enumerated in the first mishna **are** forbidden by prohibitions that are **more severe**[H] **than those**[N] listed in that mishna **because they may be married** only **to others** and may never be married to any of the brothers, due to the closeness of their relationship. However, this stringency entails a corresponding leniency: Since the *halakha* of levirate marriage is entirely inapplicable in these cases, **their rival wives are permitted.** The rival wife of a forbidden relative is forbidden herself only if the mitzva of levirate marriage is applicable, but where it is not in effect she is permitted.

אִמּוֹ, וְאֵשֶׁת אָבִיו, וַאֲחוֹת אָבִיו, אֲחוֹתוֹ מֵאָבִיו, וְאֵשֶׁת אֲחִי אָבִיו, וְאֵשֶׁת אָחִיו מֵאָבִיו.

The six women with whom relations are forbidden are as follows: **His mother, and his father's wife, and his father's sister, and his paternal** half **sister, and the wife of his father's brother, and the wife of his paternal** half **brother.** Each of these women with whom relations are forbidden is forbidden equally to all of the brothers, and the mitzva of levirate marriage is inapplicable. Therefore, her rival wife is permitted.

בֵּית שַׁמַּאי מַתִּירִין הַצָּרוֹת לָאַחִים, וּבֵית הִלֵּל אוֹסְרִים.

§ Up to this point, the discussions were based on the assumption that not only may a forbidden relative not enter into levirate marriage, but her rival wife is also exempt. However, this issue is subject to a long-standing dispute. **Beit Shammai permit the rival wives to the brothers,** as they did not accept the interpretation of the verses that indicates that rival wives are prohibited. **And Beit Hillel forbid** them. The previous *mishnayot* are in accordance with the opinion of Beit Hillel.

HALAKHA

Six women with whom relations are forbidden are… severe – שֵׁשׁ עֲרָיוֹת חֲמוּרוֹת: In a case where a woman was apparently married to a relative with whom marriage is actually invalid, and this man died, the *yavam* is permitted to take her rival wife in marriage. If this woman who was forbidden to the deceased brother was permitted to the *yavam*, he may marry her and also enter into levirate marriage with the other woman, the proper wife of the deceased (Rambam *Sefer Nashim, Hilkhot Yibbum VaḤalitza* 6:12; *Shulḥan Arukh, Even HaEzer* 173:2).

NOTES

She had the appearance of his daughter's rival wife – נִרְאֵית כְּצָרַת בִּתּוֹ: Some commentaries maintain that according to the opinion of Rami bar Yeḥezkel, a refusal indeed annuls the marriage retroactively and cancels the levirate bond entirely. Consequently, if there is no rival wife of a forbidden relative, the levirate bond is nullified by the refusal. In this case, however, as the woman appears to be his daughter's rival wife, there is concern lest a rival wife of a forbidden relative might be mistakenly permitted in other cases, which is a transgression punishable by *karet*. In standard cases of refusal there is no such concern, as even if they mistakenly render the *yevama* permitted to all, this would entail only a regular prohibition (Rid).

Six women with whom relations are forbidden are more severe than those – שֵׁשׁ עֲרָיוֹת חֲמוּרוֹת מֵאֵלּוּ: Since these forbidden women may not marry the *yevamin* but only other men, their rival wives should be defined as rival wives of those with whom relations are forbidden where the mitzva does not apply. Yet they are not forbidden at all, but the reason is not because they are forbidden by prohibitions that are more severe than those of the first list. Some commentaries explain that the mishna is teaching that even if a *yavam* did marry one of these women, whether intentionally or unwittingly, the marriage is entirely invalid, and therefore her rival wives are permitted (Rambam's Commentary on the Mishna).

HALAKHA

Ḥalitza for rival wives – **חֲלִיצָה לְצָרוֹת**: If one performs the act of *ḥalitza* with a woman exempt from levirate marriage and *ḥalitza*, e.g., the rival wife of a forbidden relative, it is not considered *ḥalitza* and she is fit to marry a priest, in accordance with the opinion of Beit Hillel (Rambam *Sefer Nashim*, *Hilkhot Yibbum VaḤalitza* 4:16).

NOTES

If they entered into levirate marriage Beit Shammai deem them fit, etc. – **נִתְיַיבְּמוּ, בֵּית שַׁמַּאי מַכְשִׁירִים וכו׳**: Rashi and most commentaries explain that question is whether a rival wife who entered into levirate marriage and was subsequently widowed by the *yavam* is fit to marry a priest. Others claim that the dispute is with regard to the status of the children born to these rival wives. According to Beit Shammai they are legitimate, whereas Beit Hillel maintain that they are disqualified as *mamzerim*.

Beit Shammai did not refrain, etc. – **לֹא נִמְנְעוּ בֵּית שַׁמַּאי וכו׳**: This observation was stated specifically with regard to this dispute rather than one of the many other disagreements between Beit Shammai and Beit Hillel, because in other cases it is possible simply to act stringently in accordance with the conflicting opinion. Here, however, the adoption of the stringency of the other opinion would constitute a violation of a prohibition of their own ruling, and therefore the conflict could not be resolved in this manner (*Lekaḥ Yosef*; see Ritva).

What is the reason of Beit Shammai – **מַאי טַעְמָא דְּבֵית שַׁמַּאי**: Why doesn't the Gemara simply state that Beit Shammai do not accept Beit Hillel's interpretation of the term *litzror* (*Tosafot*)? Some commentaries explain that the Gemara did not want to say that Beit Shammai merely negate the opinion of Beit Hillel, as it preferred to seek a positive reason for their ruling.

Outside, indicates by inference that there is, etc. – **חוּצָה מִכְּלָל דְּאִיכָּא וכו׳**: Some commentaries say that this statement serves to explain why the verse is superfluous. Since the simple meaning of the term: Outside, is not necessary to understand the verse, it is therefore available for interpretation (*Tosefot Rid*). In the Jerusalem Talmud (1:6) a problematic comparison is drawn between the opinion of Beit Shammai and that of the Samaritans, who similarly derived from here that only a woman betrothed, who is outside a proper marriage is fit for levirate marriage.

For that which Rav Yehuda said that Rav said – **לְכִדְרַב יְהוּדָה אָמַר רַב**: The commentaries point out that Rav's opinion is not accepted by everyone, as Shmuel disagrees with him (*Tosafot*). They explain that Shmuel requires this verse for a different *halakha*. Some explain that as the Gemara will conclude that a different ruling is derived from this verse, it did not deem it necessary to clarify all of the various opinions (Rashba).

חָלְצוּ, בֵּית שַׁמַּאי פּוֹסְלִין מִן הַכְּהוּנָּה, וּבֵית הִלֵּל מַכְשִׁירִין. נִתְיַיבְּמוּ, בֵּית שַׁמַּאי מַכְשִׁירִין וּבֵית הִלֵּל פּוֹסְלִין.

If any of the rival wives of the brother **performed *ḥalitza*,**[H] **Beit Shammai disqualify** her **from** marrying into **the priesthood,** as in their opinion these rival wives were fit for levirate marriage, which means that the *ḥalitza* was fully valid. Consequently, they are disqualified from marrying a priest, like all other women who perform *ḥalitza*. **And Beit Hillel**[P] **deem them fit,** as they maintain that no legal act of *ḥalitza* was performed here at all. If **they entered into levirate marriage, Beit Shammai deem** them **fit**[N] for the priesthood, as in their opinion, this is a fully legal levirate marriage. **And Beit Hillel disqualify them,** because they engaged in licentious sexual relations as the rival wives of a forbidden relative.

אַף עַל פִּי שֶׁאֵלּוּ אוֹסְרִים וְאֵלּוּ מַתִּירִין, אֵלּוּ פּוֹסְלִין וְאֵלּוּ מַכְשִׁירִין – לֹא נִמְנְעוּ בֵּית שַׁמַּאי מִלִּישָּׂא נָשִׁים מִבֵּית הִלֵּל, וְלֹא בֵּית הִלֵּל מִבֵּית שַׁמַּאי. כׇּל הַטְּהָרוֹת וְהַטֻּמְאוֹת שֶׁהָיוּ אֵלּוּ מְטַהֲרִים וְאֵלּוּ מְטַמְּאִין – לֹא נִמְנְעוּ עוֹשִׂין טְהָרוֹת אֵלּוּ עַל גַּבֵּי אֵלּוּ.

§ The mishna comments: **Although** Beit Hillel **prohibit** the rival wives to the brothers **and** Beit Shammai **permit** them, and although **these disqualify** these women **and those deem them fit, Beit Shammai did not refrain**[N] **from marrying women from Beit Hillel, nor did Beit Hillel** refrain from marrying women **from Beit Shammai.** Furthermore, with regard to **all of the** disputes concerning the *halakhot* of **ritual purity and impurity, where these** rule that an article is **ritually pure and those** rule it **ritually impure, they did not refrain from handling ritually pure** objects **each with the other,** as Beit Shammai and Beit Hillel frequently used each other's vessels.

גמ׳ אָמַר רַבִּי שִׁמְעוֹן בֶּן פָּזִי: מַאי טַעְמָא דְּבֵית שַׁמַּאי – דִּכְתִיב "לֹא תִהְיֶה אֵשֶׁת הַמֵּת הַחוּצָה לְאִישׁ זָר", "חוּצָה" מִכְּלָל דְּאִיכָּא פְּנִימִית. וְאָמַר רַחֲמָנָא: "לֹא תִהְיֶה".

GEMARA **Rabbi Shimon ben Pazi said: What is the reason** for the opinion **of Beit Shammai?**[N] **As it is written: "The wife of the dead man shall not be married outside of the family to one not of his kin"** (Deuteronomy 25:5). The term **"outside"** indicates **by inference that there is**[N] a woman who is considered **inside,** i.e., a close relative of the *yavam*, who is inside his family. **And the Merciful One states: "Shall not be** married" and also "to one not of his kin." In other words, even when one of the wives is a forbidden relative, the rival wife who is outside the family of the *yavam* is obligated in levirate marriage.

וּבֵית הִלֵּל: מִיבָּעֵי לְהוּ לְכִדְרַב יְהוּדָה אָמַר רַב. דְּאָמַר רַב יְהוּדָה אָמַר רַב מִנַּיִן שֶׁאֵין קִידּוּשִׁין תּוֹפְסִין בִּיבָמָה, שֶׁנֶּאֱמַר "לֹא תִהְיֶה אֵשֶׁת הַמֵּת הַחוּצָה לְאִישׁ זָר" – לֹא תִּהְיֶה בָּהּ הֲוָיָה לְזָר.

And how do **Beit Hillel** respond to this argument of Beit Shammai? **They require these** passages **for that which Rav Yehuda said** that **Rav said,**[N] **as Rav Yehuda said** that **Rav said: From where** is it derived **that betrothal is not effective** in the case of **a *yevama*** who did not perform *ḥalitza*, if the betrothal is performed by an unrelated man and not a *yavam*? This betrothal is not valid at all, **as it is stated: The wife of the dead man shall not be married outside of the family to one not of his kin"** (Deuteronomy 25:5). This verse indicates that **there shall not be in her** case **the becoming** married **to one not of his kin.**

וּבֵית שַׁמַּאי: מִי כְּתִיב "לַחוּץ"? "חוּצָה" כְּתִיב. וּבֵית הִלֵּל: כֵּיוָן דִּכְתִיב "חוּצָה" כְּמַאן דִּכְתִיב "לַחוּץ" דָּמֵי.

And how do **Beit Shammai** respond to this claim? They ask: **Is it written: To the outside [*laḥutz*],** which might indicate betrothal to an unrelated man? **It is** actually **written "outside [*ḥutza*],"** which is an adjective describing this woman as one who is from the outside. **And Beit Hillel,** what is their response? They maintain **that since it is written "outside," it is considered as though it is written: To the outside.**

PERSONALITIES

Beit Shammai and Beit Hillel – **בֵּית שַׁמַּאי וּבֵית הִלֵּל**: These refer to the groups of disciples of the Sages Hillel and Shammai. Although there are only three recorded matters of dispute between Hillel and Shammai themselves, their students were constant disputants who served together in the Sanhedrin at the end of the Second Temple period and after its destruction, and disagreed about many points of *halakha*. With regard to the disagreements of these two houses, a mishna (*Avot* 5:20) states: Any controversy waged for the sake of Heaven shall in the end be of lasting worth, but any that is not waged for the sake of Heaven shall in the end lead to no permanent result. Which controversy was an example of one waged in the service of Heaven? It is the controversy of Hillel and Shammai. And which was not for the sake Heaven? It is the controversy of Korah and his company.

Generally speaking, the disciples of Hillel and Shammai mirrored the positions of their teachers, the open, tolerant Hillel and the harsh, severe Shammai, although there are exceptions to this rule. All of the cases in which the disciples of Shammai were more lenient than the disciples of Hillel are listed in tractate *Eduyyot*. In most disputes between Beit Shammai and Beit Hillel, the *halakha* is in accordance with the opinion of Beit Hillel.

דְּתַנְיָא, רַבִּי נְחֶמְיָה אוֹמֵר: כׇּל תֵּיבָה שֶׁצְּרִיכָה לָמֶ״ד בִּתְחִלָּתָהּ – הִטִּיל לָהּ הַכָּתוּב הֵ״א בְּסוֹפָהּ. וְתַנָּא דְּבֵי רַבִּי יִשְׁמָעֵאל: כְּגוֹן ״אֵלִים״ ״אֵילִמָה״, ״מַחֲנַיִם״ ״מַחֲנַיְמָה״, ״מִצְרַיִם״ ״מִצְרַיְמָה״, ״דִּבְלָתָיְמָה״, ״יְרוּשָׁלַיְמָה״, ״מִדְבָּרָה״.

As it is taught in a *baraita*: **Rabbi Neḥemya says** that with regard to any **word that requires** the letter *lamed* **at its beginning,** meaning: To, **the verse** at times **placed** a letter ***heh* at its end,**[N] but the meaning is the same. **And the school of Rabbi Yishmael taught: For example,** the term: To **"Elim"** (Exodus 16:1) can be rendered as ***"Elima"*** (Exodus 15:27) instead of *le'Elim*; **"Maḥanaim"** (I Kings 2:8) becomes ***"Maḥanaima"*** (II Samuel 17:24); ***"Mitzraim"*** (e.g., Genesis 13:1) into ***"Mitzraima"*** (Genesis 12:10); Divlatayim is ***"Divlataima"*** (Numbers 33:46); to *Yerushalaim* is ***"Yerushalaima"*** (Ezekiel 8:3); and ***"midbara"*** (Joshua 18:12) means: To the wilderness [*midbar*]. All these words that contain the letter *heh* at the end mean the same as if there were a *lamed* at the beginning.

וּבֵית שַׁמַּאי, דְּרַב יְהוּדָה אֲמַר רַב מְנָא לְהוּ? מִ״לְּאִישׁ זָר״ נָפְקָא.

The Gemara asks: **And Beit Shammai, from where do they** derive that *halakha* **that Rav Yehuda said that Rav said?** The Gemara answers: They **derive it from** the phrase: **"To one not of his kin"** (Deuteronomy 25:5). This phrase indicates that marriage is invalid with an unrelated man. However, they learn another matter from the term "outside."

וּבֵית הִלֵּל נַמִי, תֵּיפוֹק לְהוּ מִ״לְּאִישׁ זָר״! אִין הָכִי נַמִי ״חוּצָה״ לָמָּה לִי – לְרַבּוֹת הָאֲרוּסָה.

The Gemara asks: **But if so, let Beit Hillel, too, derive this** *halakha* **from: "To one not of his kin."** The Gemara answers: **Yes, it is indeed so.** They, too, infer it from this source. Then **why do I** need the term **"outside"?** This word was necessary **to include a betrothed woman.**[NH] With regard to a woman who was betrothed but not yet married to the deceased brother, although she is still technically outside his house, she is nevertheless obligated in levirate marriage.

וְאִידָךְ: מִ״חוּצָה״ ״הַחוּצָה״ – וְאִידָךְ: ״חוּצָה״ ״הַחוּצָה״ לָא מַשְׁמַע לְהוּ.

And the other one, Beit Shammai, infers this halakhic ruling **from** a single superfluous letter, as instead of "outside" being written as ***ḥutza*** it is written as ***haḥutza.* And** as for **the other** one, Beit Hillel, they **do not derive** a *halakha* from the linguistic difference between ***ḥutza* and *haḥutza,*** as they maintain that this is not a significant enough difference.

רָבָא אֲמַר: טַעֲמַיְיהוּ דְּבֵית שַׁמַּאי, דְּאֵין אִיסּוּר חָל עַל אִיסּוּר.

§ **Rava said: The rationale of Beit Shammai** for their opinion that rival wives are permitted in levirate marriage is not due to a specific verse. Rather, Beit Shammai apply the well-known halakhic principle **that a prohibition does not take effect** where **another prohibition** already exists.[NH] Since the first wife was already a prohibited relation to her brother-in-law during his brother's lifetime, the second prohibition of a wife's sister does not apply to her. Accordingly, her presence is entirely disregarded, as though there is no forbidden relative here to exempt the rival wife.

תֵּינַח הֵיכָא דְּנָשָׂא מֵת וְאַחַר כָּךְ נָשָׂא חַי – לָא אָתֵי אִיסּוּר אֲחוֹת אִשָּׁה וְחָיֵיל אַאִיסּוּר אֵשֶׁת אָח, אֶלָּא נָשָׂא חַי וְאַחַר כָּךְ נָשָׂא מֵת, אֲחוֹת אִשָּׁה קָדֵים!

The Gemara raises a difficulty: This works out **well where the deceased** brother had first **married** one sister **and afterward the surviving** brother had **married** another sister, as in this case it is possible to say that the **prohibition of a wife's sister does not come and apply** in addition **to the prohibition of a brother's wife. However,** if **the surviving** brother had **married** one sister **and afterward** the **deceased** brother had **married** another sister, in this case the prohibition of **a wife's sister precedes** that of a brother's wife. How can it be said in this situation that this prohibition of a forbidden relative does not take effect where another prohibition already exists, if actually it came first?

HALAKHA

Levirate marriage with a betrothed woman – יִיבּוּם לַאֲרוּסָה: The mitzva of levirate marriage applies whether the *yevama* was married to the deceased brother or betrothed to him (Rambam *Sefer Nashim, Hilkhot Yibbum VaḤalitza* 1:1; *Shulḥan Arukh, Even HaEzer* 44:7).

A prohibition does not take effect where another prohibition already exists – אֵין אִיסּוּר חָל עַל אִיסּוּר: It is an important principle with regard to all prohibitions in the Torah that a prohibition does not take effect where another prohibition already exists, unless both prohibitions came into effect at once, or if one prohibition adds to the other prohibition, or if the second is a more inclusive prohibition (Rambam *Sefer Kedusha, Hilkhot Issurei Bia* 17:8).

NOTES

Placed a *heh* at its end – הִטִּיל לָהּ...הֵ״א בְּסוֹפָהּ: In the Jerusalem Talmud the point is raised that the variation on the term netherworld [*she'ol*] in the verse: "The wicked shall return to the netherworld [*lishe'ola*]" (Psalms 9:18), apparently contradicts this principle, as it includes both a *lamed* at the beginning and a *heh* at the end. The Gemara there explains that this refers to an extra level of depth inside the netherworld, i.e., the lowest chamber in the netherworld (Ritva).

To include a betrothed woman – לְרַבּוֹת הָאֲרוּסָה: The commentaries ask why this is not simply derived from the phrase "wife of the dead man" (Deuteronomy 25:5), which includes both married and betrothed women. They answer that since the Torah later states: "His brother's house" (Deuteronomy 25:9), an expression that apparently refers only to a married woman, a special verse was necessary to include a betrothed woman. Others add that the assumption that a betrothed woman is unfit for levirate marriage is based on the reference to the deceased as having no child, which indicates that he was fully married and could have fathered a child (Rashba).

Beit Shammai apply that a prohibition does not take effect where another prohibition already exists – בֵּית שַׁמַּאי דְּאֵין אִיסּוּר חָל עַל אִיסּוּר: Despite the apparently straightforward logic of this explanation, it raises many difficulties, which are scrutinized by the early and later commentaries. One difficulty is that this principle, here applied by Beit Shammai, is in fact accepted as *halakha*; many *tanna'im* and *amora'im* hold that a prohibition does not take effect where another prohibition already exists, and it cannot be that they all follow the ruling of Beit Shammai. Evidently, Beit Hillel also accept that principle in most cases, but this instance is an exception, as the term *litzror* indicates a different ruling (*Tosafot Yeshanim*; Ritva).

Some claim that there is a difference between the opinions, as Beit Shammai maintain that a prohibition does not take effect at all where another prohibition already exists, and it is as though there were no prohibition, whereas Beit Hillel maintain that although the second prohibition does not entail any penalty, it is not entirely negated (*Aḥiezer*). An additional difficulty is that it does not stand to reason that Beit Shammai would reject the interpretation of *litzror* merely because of their application of the principle that a prohibition does not take effect where another prohibition already exists. Consequently, some commentaries explain that Beit Shammai do not entirely reject the interpretation of the verse, as they hold that this interpretation is valid in cases where the two prohibitions come into effect simultaneously. In these cases, Beit Shammai concede that the prohibition of a rival wife of a forbidden relative applies (*Tosafot Yeshanim*; see Meiri). According to this interpretation the ensuing deliberations of the Gemara with regard to which prohibition came first may be more readily understood (see Rashba).

Tosafot and most early commentaries explain that one further difficulty is that if in fact the principle that a prohibition does not take effect where another prohibition already exists applies to these cases, then even the forbidden relative herself should be permitted. Some commentaries explain that the prohibition of a forbidden relative is suspended until the death of the husband. When he dies, the prohibition of a brother's wife is nullified, and the other prohibition comes into effect. However, for the exemption of a rival wife the prohibition would have had to have been in effect during his lifetime.

כֵּיוָן דְּלָא אָתֵי אִיסּוּר אֵשֶׁת אָח וְחָיֵיל אַאִיסּוּר אֲחוֹת אִשָּׁה – הָוְיָא לַהּ צָרַת עֶרְוָה שֶׁלֹּא בִּמְקוֹם מִצְוָה, וְשַׁרְיָא.

The Gemara answers: **Since the prohibition of a brother's wife does not come and apply** in addition **to the prohibition of a wife's sister,** the status of a brother's wife does not pertain to her and she is not obligated in levirate marriage with him at all. This means that the other wife **is a rival wife of a forbidden relative where no mitzva applies, and she is** therefore **permitted.**

״חָלְצוּ, בֵּית שַׁמַּאי פּוֹסְלִים״ וכו׳. פְּשִׁיטָא!

§ The mishna taught: If any of the rival wives of the brother **performed *ḥalitza*, Beit Shammai disqualify** her from marrying into the priesthood, as they hold that the *ḥalitza* was fully valid. The Gemara asks: If the rival wives are obligated in the mitzva of levirate marriage and they performed *ḥalitza*, it **is obvious** that the status of a woman who had undergone *ḥalitza* applies to them.

לְאַפּוֹקֵי דְּרַבִּי יוֹחָנָן בֶּן נוּרִי, דְּאָמַר: בּוֹאוּ וְנַתְקֵין לָהֶם לַצָּרוֹת שֶׁיְּהוּ חוֹלְצוֹת וְלֹא מִתְיַיבְּמוֹת – קָא מַשְׁמַע לָן דְּבֵית הִלֵּל מַכְשִׁירִים.

The Gemara answers: This statement comes **to exclude** the opinion **of Rabbi Yoḥanan ben Nuri, who said: Come and let us institute for rival wives** of women with whom relations are forbidden **that they should perform *ḥalitza* and not enter into levirate marriage.** If this ordinance were accepted, these rival wives would be disqualified by rabbinic law, even according to the opinion of Beit Hillel. The mishna therefore **teaches us that Beit Hillel deem** the rival wives fully **fit** to marry into the priesthood, as no *ḥalitza* was instituted for rival wives and any *ḥalitza* performed with them is entirely meaningless.

״נִתְיַיבְּמוּ בֵּית הִלֵּל פּוֹסְלִין״ כו׳. הָא תּוּ לָמָּה לִי? אַיְּידֵי דְּתָנָא חָלְצוּ, תָּנָא נַמִי נִתְיַיבְּמוּ.

§ The mishna further taught: If **they entered into levirate marriage,** Beit Shammai deem them fit for the priesthood and **Beit Hillel disqualify them.** The Gemara asks: **Why do I need this as well,** as this *halakha* follows logically from the previous statement concerning *ḥalitza*? The Gemara answers that **since** the mishna **taught: Performed *ḥalitza*, it also taught** the case of: **Entered into levirate marriage,** despite the fact that this was not necessary, as even without this ruling the matter would have been understood.

תְּנַן הָתָם: מְגִילָּה נִקְרֵאת בְּאַחַד עָשָׂר וּבִשְׁנֵים עָשָׂר וּבִשְׁלֹשָׁה עָשָׂר וּבְאַרְבָּעָה עָשָׂר וּבַחֲמִשָּׁה עָשָׂר, לֹא פָּחוֹת וְלֹא יוֹתֵר.

§ Apropos the mishna's comments concerning the details of the relationship between Beit Shammai and Beit Hillel, the Gemara discusses the issue of disputes in general. **We learned** in a mishna **there,** in tractate *Megilla* (2a): **The Megilla,** the Scroll of Esther, **is read**[H] **on the eleventh** of Adar, **on the twelfth, on the thirteenth, on the fourteenth, or on the fifteenth,** in cities surrounded by a wall, **no earlier and no later** than this. The obligation to read the Megilla on the fourteenth or fifteenth of Adar is stated in the Megilla itself, while the additional days were instituted by the Sages to allow residents of villages, who would come to the cities on Mondays and Thursdays and supply water and rations to the residents of the cities, to hear the reading of the Megilla at that opportunity.

אֲמַר לֵיהּ רֵישׁ לָקִישׁ לְרַבִּי יוֹחָנָן: אִיקְרֵי כָּאן ״לֹא תִתְגּוֹדְדוּ״ – לֹא תַּעֲשׂוּ אֲגוּדּוֹת אֲגוּדּוֹת! הַאי ״לֹא תִתְגּוֹדְדוּ״ מִיבָּעֵי לֵיהּ לְגוּפֵיהּ, דְּאָמַר רַחֲמָנָא: לֹא תַּעֲשׂוּ חַבּוּרָה עַל מֵת!

Reish Lakish said to Rabbi Yoḥanan: I should **read here** the verse: **"You shall not cut yourselves [*titgodedu*]"** (Deuteronomy 14:1),[N] which is interpreted as meaning: **Do not become numerous factions [*agudot*].** In other words, the Jewish people should be united, rather than divided into disparate groups that act in different ways. Before analyzing this issue, the Gemara asks: **This** verse: **"You shall not cut yourselves," is required for the matter itself, as the Merciful One is saying: Do not cut yourselves over the dead.**[H] How is the *halakha* concerning factions derived from this apparently straightforward verse?

אִם כֵּן לֵימָא קְרָא ״לֹא תְגוֹדְדוּ״, מַאי ״תִּתְגוֹדְדוּ״ – שְׁמַע מִינָּהּ לְהָכִי הוּא דַּאֲתָא. וְאֵימָא כּוּלֵּיהּ לְהָכִי הוּא דַּאֲתָא? אִם כֵּן לֵימָא קְרָא ״לֹא תָּגוֹדוּ״ מַאי ״לֹא תִתְגוֹדְדוּ״ – שְׁמַע מִינָּהּ תַּרְתֵּי.

The Gemara answers: **If so,** that the verse comes to teach only about the practices of mourning, **let the verse state** only: **You shall not cut.**[N] **What** is the meaning of: **"You shall not cut yourselves"? Learn from this** that **it comes for this** purpose as well, to teach the prohibition against splitting into factions. The Gemara asks: **But** in that case, one can **say** that **the entire** verse **comes for this**[N] purpose and does not refer to cutting for the dead at all. The Gemara answers: **If so, let the verse state: *Lo tagodu*,** rather than *lo titgodedu*, both of which mean: **You shall not cut. What** is the meaning of: ***"Lo titgodedu"*? Conclude two** conclusions **from it:** Both the simple prohibition against making cuts for the dead and the matter of dividing into factions.

HALAKHA

The time of reading of the Scroll of Esther – זְמַן קְרִיאַת מְגִילָּה: The Scroll of Esther is read on the fifteenth of Adar in cities that has been surrounded by a wall from the days of Joshua, and on the fourteenth in all other places. In earlier generations, it was read in the small villages only on Monday or Thursday, which meant that they would read even on the eleventh, twelfth, or thirteenth of Adar (Rambam *Sefer Zemanim, Hilkhot Megilla* 1:4, 7).

Cutting over the dead – חַבּוּרָה עַל מֵת: One who makes a single incision in his flesh in mourning for the dead is liable to receive lashes for violating the prohibition: "You shall not cut yourselves…for the dead" (Deuteronomy 14:1; Rambam *Sefer HaMadda, Hilkhot Avoda Zara* 12:12, 13).

NOTES

You shall not cut yourselves [*titgodedu*] – לֹא תִתְגּוֹדְדוּ: The root *g-d-d* bears several meanings, two of which can be found in the Torah: the creation of a wound or bruise, or a group or gathering. As a result of this double meaning, the statement in Deuteronomy is interpreted by the Sages as referring to two separate prohibitions.

Let the verse state: You shall not cut – לֵימָא קְרָא לֹא תְגוֹדְדוּ: If the verse were stated in this form, it would be evident that there is a prohibition against cutting one's flesh. The meaning of the reflexive form of the verb: "You shall not cut yourselves," further indicates the division of the people into separate and individual factions (Ritva).

But say that the entire verse comes for this – וְאֵימָא כּוּלֵּיהּ לְהָכִי הוּא דַּאֲתָא: According to Rashi, the Gemara is suggesting that the entire verse might come only to prohibit the formation of factions and is not related to the practices of mourning at all. The problem is that it is unlikely that a verse would not refer to its context at all. However, it is possible to explain that as the Torah had just stated: "You are children of the Lord" (Deuteronomy 14:1), it might have been thought that the verse follows this statement with two prohibitions that involve behavior unbecoming for children of God: Gathering into contentious factions and making a bald spot for the dead (Ritva; *Ramat Shmuel*). Other early commentaries cite the interpretation of the *ge'onim* that the question is actually whether the verse might be prohibiting only cutting for the dead.

אָמַר לֵיהּ: עַד כָּאן לֹא שָׁנִיתָ מָקוֹם שֶׁנָּהֲגוּ לַעֲשׂוֹת מְלָאכָה בְּעַרְבֵי פְסָחִים עַד חֲצוֹת – עוֹשִׂין, מָקוֹם שֶׁנָּהֲגוּ שֶׁלֹּא לַעֲשׂוֹת – אֵין עוֹשִׂין?

After this incidental discussion, the Gemara returns to the basic question raised by Reish Lakish: Why doesn't the reading of the Scroll of Esther in different places at different times violate the prohibition against breaking into factions? Rabbi Yoḥanan **said to him:** Have **you not taught until now:**[N] **In a place where** the people were **accustomed to perform labor on Passover eve**[H] **until midday, one may do** so on that day; in **a place where** the people were **accustomed not to perform** labor, **one may not do** so? This shows that different places can have different customs without violating the prohibition against dividing into factions.

אָמַר לֵיהּ: אָמִינָא לָךְ אֲנָא אִיסּוּרָא, דְּאָמַר רַב שֶׁמֶן בַּר אַבָּא אָמַר רַבִּי יוֹחָנָן: "לְקַיֵּים אֶת יְמֵי הַפּוּרִים בִּזְמַנֵּיהֶם", זְמַנִּים הַרְבֵּה תִּיקְּנוּ לָהֶם חֲכָמִים, וְאַתְּ אָמְרַתְּ לִי מִנְהָגָא!

Reish Lakish **said to** Rabbi Yoḥanan: **I speak to you** of **a prohibition,** as residents of villages are prohibited from reading the Megilla with a blessing on the fifteenth of Adar, **as Rav Shemen bar Abba said** that **Rabbi Yoḥanan said:** The verse **"to confirm** these **days of Purim in their appointed times"** (Esther 9:31) teaches that **the Sages instituted many times for their** reading, and it is prohibited to deviate from these dates. **And you speak to me** about **a custom** that does not involve a prohibition. How can a prohibition be established in a manner that involves the formation of factions among the people?

וְהָתָם לָאו אִיסּוּרָא הָוְיָא? וְהָתְנַן: (בַּלַּיְלָה) בֵּית שַׁמַּאי אוֹסְרִין וּבֵית הִלֵּל מַתִּירִין!

Rabbi Yoḥanan replied: **And in that case there,** on Passover eve, is **there no prohibition** involved? **But didn't we learn** in a mishna: **On the night** before the fourteenth of Nisan, **Beit Shammai prohibit** the performance of work **and Beit Hillel permit it.** Evidently, there is indeed a prohibition involved, and yet some perform work while others do not, which splits the people into factions.

אֲמַר לֵיהּ: הָתָם הָרוֹאֶה אוֹמֵר מְלָאכָה הוּא דְּלֵית לֵיהּ. וְהָא בֵּית שַׁמַּאי מַתִּירִין הַצָּרוֹת לָאַחִים, וּבֵית הִלֵּל אוֹסְרִים!

Reish Lakish **said to him:** In that case **there,** the different factions are not noticeable, as **one who sees** another idle **says: It is** because **he has no labor** to perform. Therefore, refraining from work does not have the appearance of breaking off into factions. Rabbi Yoḥanan raises a difficulty: **But Beit Shammai permit rival wives to the brothers, and Beit Hillel prohibit** this practice. This is an example of a clear prohibition, and yet two different traditions were followed.

NOTES

Have you not taught until now – **עַד כָּאן לֹא שָׁנִיתָ:** This raises the question: Doesn't Reish Lakish's question apply to this *halakha* as well? If so, this is not an answer but an additional difficulty. Evidently, even Reish Lakish would agree that divergent behavior in different places does not constitute the formation of factions. Rabbi Yoḥanan is attempting to say that different legal rulings for villages, towns, and cities stem from the disparate customs in these places (Rosh).

HALAKHA

Performing labor on Passover eve – **עֲשִׂיַּית מְלָאכָה בְּעֶרֶב פֶּסַח:** In a place where it is customary to perform labor on Passover eve, the residents may do so, and in a place where this is not the custom, they may not perform labor (Rambam *Sefer Zemanim, Hilkhot Yom Tov* 8:18; *Shulḥan Arukh, Oraḥ Ḥayyim* 468:3).

Perek **I**
Daf **14** Amud **a**

מִי סָבְרַתְּ עָשׂוּ בֵּית שַׁמַּאי כְּדִבְרֵיהֶם? לֹא עָשׂוּ בֵּית שַׁמַּאי כְּדִבְרֵיהֶם. וְרַבִּי יוֹחָנָן אָמַר: עָשׂוּ וְעָשׂוּ, וּבִפְלוּגְתָּא [דְּרַב וּשְׁמוּאֵל], דְּרַב אוֹמֵר: לֹא עָשׂוּ בֵּית שַׁמַּאי כְּדִבְרֵיהֶם, וּשְׁמוּאֵל אָמַר: עָשׂוּ וְעָשׂוּ.

Reish Lakish said to him: **Do you hold** that **Beit Shammai** actually **acted in accordance with their own statement? Beit Shammai did not** in fact **act in accordance with their** own **statement,**[N] as the dispute was merely theoretical. **And Rabbi Yoḥanan said:** Beit Shammai **certainly did act**[N] in accordance with their opinion. The Gemara comments: **And** this is also reflected **in the dispute between Rav and Shmuel, as Rav says: Beit Shammai did not act in accordance with their own statement, and Shmuel said: They certainly did act** in that manner.

אֵימַת? אִילֵימָא קוֹדֶם בַּת קוֹל – מַאי טַעֲמָא דְּמַאן דְּאָמַר לֹא עָשׂוּ? וְאֶלָּא לְאַחַר בַּת קוֹל – מַאי טַעֲמָא דְּמַאן דְּאָמַר עָשׂוּ?

The Gemara inquires: **When** does this question apply? **If we say** that it is referring to the period **prior to the Divine Voice** that declared that the *halakha* is in accordance with the opinion of Beit Hillel, then **what is the rationale of the one who said that** Beit Shammai **did not act** in accordance with their opinion? **But rather,** if one would say it is referring to **after the Divine Voice, what is the reason for the one who said** that **they did act** in accordance with their opinion? After all, the Divine Voice established that the *halakha* is in accordance with the opinion of Beit Hillel.

NOTES

Beit Shammai did not act in accordance with their statement – **לֹא עָשׂוּ בֵּית שַׁמַּאי כְּדִבְרֵיהֶם:** The suggestion is that Beit Shammai demanded that the rival wives perform *ḥalitza*, which prevented them from coming into conflict with the opinion of Beit Hillel (Ritva). Many early and later commentaries discuss the possibility that Beit Shammai followed their own opinion only with regard to stringent rulings, not leniencies. The same question applies in general to other disputes between Beit Shammai and Beit Hillel.

They certainly did act [*asu ve'asu*] – **עָשׂוּ וְעָשׂוּ:** Although this kind of emphatic language by doubling the word is common, in this case some commentaries explain that the repetition of the word *asu* means: They themselves did so and also instructed others to do the same (Rashba).

אִי בָּעֵית אֵימָא קוֹדֶם בַּת קוֹל, וְאִי בָּעֵית אֵימָא לְאַחַר בַּת קוֹל. אִי בָּעֵית אֵימָא קוֹדֶם בַּת קוֹל: וּכְגוֹן דְּבֵית הִלֵּל רוּבָּא, לְמַאן דַּאֲמַר לֹא עָשׂוּ דְּהָא בֵּית הִלֵּל רוּבָּא,

The Gemara answers: Neither of these options poses a difficulty. **If you wish, say** that it is referring to the period **prior to the Divine Voice, and if you wish, say** instead that it is **after the Divine Voice.** The Gemara elaborates: **If you wish, say it is prior to the Divine Voice, and** it is referring to the period **when Beit Hillel** formed **the majority** of the Sages. Therefore, **according to the one who said** that Beit Shammai **did not act** in accordance with their opinion, the reason is **that Beit Hillel** was **the majority,** and the *halakha* is in accordance with the majority.

וּמַאן דַּאֲמַר עָשׂוּ – כִּי אָזְלִינַן בָּתַר רוּבָּא הֵיכָא דְּכִי הֲדָדֵי נִינְהוּ, הָכָא – בֵּית שַׁמַּאי מְחַדְּדֵי טְפֵי.

And the one who said that **they did act** in accordance with their opinion maintains that **when do we follow the majority?** It is in a case **where** the disputing parties **are equal** in wisdom **to one another. Here,** however, **Beit Shammai are sharper** than Beit Hillel, and therefore they acted in accordance with their own opinion despite the fact that they were in the minority.

וְאִי בָּעֵית אֵימָא לְאַחַר בַּת קוֹל: מַאן דַּאֲמַר לֹא עָשׂוּ – דְּהָא נָפְקָא בַּת קוֹל, וּמַאן דַּאֲמַר עָשׂוּ – רַבִּי יְהוֹשֻׁעַ הִיא, דַּאֲמַר: אֵין מַשְׁגִּיחִין בְּבַת קוֹל.

And if you **wish, say** instead that it was **after the Divine Voice. The one who said** that Beit Shammai **did not act** in accordance with their opinion would say **that** this was due to the **pronouncement** of the **Divine Voice. And the one who said** that **they did do so, this is** in accordance with the opinion of **Rabbi Yehoshua, who said,** with regard to the Divine Voice that emerged and proclaimed that the *halakha* is in accordance with the opinion of Rabbi Eliezer in the case of the oven of *akhnai* (*Bava Metzia* 59b), that **one disregards a Heavenly Voice.** Just as he disregarded the Divine Voice in his dispute with Rabbi Eliezer, so too, one disregards the Divine Voice that proclaimed that the *halakha* is in accordance with the opinion of Beit Hillel.

וּמַאן דַּאֲמַר עָשׂוּ, קָרֵינַן כָּאן ״לֹא תִתְגּוֹדְדוּ״ – לֹא תַּעֲשׂוּ אֲגוּדּוֹת אֲגוּדּוֹת! אֲמַר אַבַּיֵי: כִּי אָמְרִינַן ״לֹא תִתְגּוֹדְדוּ״ – כְּגוֹן שְׁתֵּי בָּתֵּי דִינִים בְּעִיר אַחַת, הַלָּלוּ מוֹרִים כְּדִבְרֵי בֵית שַׁמַּאי וְהַלָּלוּ מוֹרִים כְּדִבְרֵי בֵית הִלֵּל. אֲבָל שְׁתֵּי בָּתֵּי דִינִים בִּשְׁתֵּי עֲיָירוֹת – לֵית לָן בָּהּ.

And yet the question remains: According to **the one who said** that Beit Shammai **acted** in accordance with their opinion, **we should read here: "You shall not cut yourselves"** (Deuteronomy 14:1),[H] which is interpreted to mean: **Do not become numerous factions. Abaye said: When we say** that the prohibition: **"You shall not cut yourselves"** applies, we are referring to a case **where two courts** are located **in one city,** and **these rule in accordance with the statement of Beit Shammai and those rule in accordance with the statement of Beit Hillel. However,** with regard to **two courts**[N] located **in two** different **cities, we have no** problem **with it.**

אֲמַר לֵיהּ רָבָא: וְהָא בֵית שַׁמַּאי וּבֵית הִלֵּל כִּשְׁתֵּי בָּתֵּי דִינִים בְּעִיר אַחַת דָּמֵי! אֶלָּא אֲמַר רָבָא: כִּי אָמְרִינַן ״לֹא תִתְגּוֹדְדוּ״ – כְּגוֹן בֵּית דִּין בְּעִיר אַחַת, פְּלַג מוֹרִין כְּדִבְרֵי בֵית שַׁמַּאי וּפְלַג מוֹרִין כְּדִבְרֵי בֵית הִלֵּל. אֲבָל שְׁתֵּי בָּתֵּי דִינִין בְּעִיר אַחַת – לֵית לָן בָּהּ.

Rava said to him: But the dispute between **Beit Shammai and Beit Hillel is considered like** a case of **two courts**[N] **in one city,** as these two schools of thought were found everywhere, not in any specific place. **Rather, Rava said: When we say** that the prohibition: **"You shall not cut yourselves"**[N] applies, we are referring to a case **where** there is **a court in one city, a section** of which **rules in accordance with the statement of Beit Shammai and** another **section rules in accordance with the statement of Beit Hillel. However,** with regard to **two courts** located **in one city, we have no** problem **with it.**

HALAKHA

You shall not cut yourselves – לֹא תִתְגּוֹדְדוּ: It is prohibited to maintain two courts in one city if one follows one custom and the other a different custom (Rambam). This ruling is apparently in accordance with the opinion of Abaye. The commentaries on the Rambam question why he accepts the opinion of Abaye against that of Rava, which contradicts both the principle that the halakha is generally ruled in accordance with the opinion of Rava in his disputes with Abaye and the flow of the talmudic discussion here. Some suggest that the *halakha* is in accordance with the opinion of Rava against Abaye only when their dispute concerns their own statements, not when they are explaining other opinions, as is the case here (*Kesef Mishne*). Others resolve the difficulty by changing the wording of the Rambam's ruling so that he actually rules in accordance with the opinion of Rava. In other words, only if some members of the same court issued a different ruling than their colleagues would this be a violation of the prohibition: Do not become numerous factions. However, these commentaries are uncertain about this claim (see *Leḥem Mishne*).

Both the Rif and the Rosh rule in accordance with the opinion of Rava that the prohibition applies only when a single court is divided in its rulings. The Rema states that there should not be two different customs in the same city, which is apparently in accordance with the ruling of the Rambam (Rambam *Sefer HaMadda, Hilkhot Avoda Zara* 12:14; *Shulḥan Arukh, Oraḥ Ḥayyim* 493:3, and in the comment of Rema).

NOTES

However, two courts, etc. – אֲבָל שְׁתֵּי בָּתֵּי דִינִים וכו׳: The early commentaries discuss the apparent conflict between Abaye's statement and the custom of villagers to read the Scroll of Esther on various dates in Adar. The problem is that even when these villagers would go to the city they would read in accordance with the custom of their own place. Some answer that the villagers did not, in fact, read in the cities at all, but only in their own locales (*Tosafot*; Rav Avraham Av Bet Din).

Others suggest that the question refers to those who would read on the fourteenth or fifteenth of Adar, as in these cases the people who do not read in accordance with the tradition of a specific place are in violation of a prohibition, as stated in the Megilla itself. With regard to the villagers, however, all agree that they are simply following a custom, and therefore this does not present a difficulty to the opinion of Abaye (Rashba).

But the dispute between Beit Shammai…is…like two courts – וְהָא בֵית שַׁמַּאי...כִּשְׁתֵּי בָּתֵּי דִינִים: Some commentaries are puzzled by this language, as Beit Shammai and Beit Hillel are in fact two courts in one city, not merely comparable to this model (Ritva). The answer given is that the question does not refer to the students of later generations but to the original Sages Shammai and Hillel themselves: How could they have allowed their schools to split up into two courts?

Rather, Rava said…you shall not cut yourselves – אֶלָּא אֲמַר רָבָא...לֹא תִתְגּוֹדְדוּ: Some commentaries explain that Rava does not disagree with Abaye's opinion concerning the prohibition: "You shall not cut yourselves." Rather, he differentiates between a case where one court holds that acting against their opinion entails the transgression of a prohibition, and a case where the dispute involves a custom alone. In his opinion, disputes over customs violate the prohibition against factions only if they occur within a single court, not between two different courts (*Meromei Sadeh*). This resolves the difficulty in the ruling of the Rambam.

תָּא שְׁמַע: בִּמְקוֹמוֹ שֶׁל רַבִּי אֱלִיעֶזֶר הָיוּ כּוֹרְתִים עֵצִים לַעֲשׂוֹת פֶּחָמִים בְּשַׁבָּת, לַעֲשׂוֹת בַּרְזֶל. בִּמְקוֹמוֹ שֶׁל רַבִּי יוֹסֵי הַגְּלִילִי הָיוּ אוֹכְלִים בְּשַׂר עוֹף בְּחָלָב.

§ The Gemara cites other relevant sources. **Come and hear: In the locale of Rabbi Eliezer,** where his ruling was followed, **they would cut down trees** on Shabbat **to prepare charcoal** from them **to fashion iron** tools with which to circumcise a child **on Shabbat.** In Rabbi Eliezer's opinion, not only does the mitzva of circumcision override Shabbat, but also any action required for the preparation of the tools necessary for the circumcision likewise overrides Shabbat. The *baraita* adds: **In the locale of Rabbi Yosei HaGelili they would eat poultry meat in milk,** as Rabbi Yosei HaGelili held that the prohibition of meat in milk does not include poultry.

בִּמְקוֹמוֹ שֶׁל רַבִּי אֱלִיעֶזֶר אִין, בִּמְקוֹמוֹ שֶׁל רַבִּי עֲקִיבָא – לָא. דְּתַנְיָא, כְּלָל אָמַר רַבִּי עֲקִיבָא: כָּל מְלָאכָה שֶׁאֶפְשָׁר לַעֲשׂוֹתָהּ מֵעֶרֶב שַׁבָּת – אֵין דּוֹחָה אֶת הַשַּׁבָּת.

The Gemara infers: **In the locale of Rabbi Eliezer, yes,** they would act in this manner, whereas **in the locale of Rabbi Akiva,** for instance, **no,** they would not do so, **as it is taught** in a *baraita* that **a principle was stated by Rabbi Akiva: Any prohibited labor that can be performed on Shabbat eve**[H] **does not override Shabbat** even if it involves a mitzva. A mitzva whose proper time is on Shabbat overrides Shabbat only if its performance was impossible earlier, e.g., the act of circumcision itself, which cannot be performed earlier.

וְהַאי מַאי תְּיוּבְתָּא? מְקוֹמוֹת מְקוֹמוֹת שָׁאנֵי! וּדְקָאָרֵי לַהּ מַאי קָאָרֵי לַהּ?

The Gemara asks: **And what is this refutation?** As stated above, **it is different** when dealing **with numerous places,** and the *baraita* explicitly states that this practice was followed in Rabbi Eliezer's locale. Consequently, there is no violation of the prohibition against splitting into factions. The Gemara asks: **He who asked it, why did he ask it,** i.e., what is the basis for the question in the first place? It is obvious that the *baraita* is referring to a specific place.

סָלְקָא דַּעְתָּךְ אָמִינָא: מִשּׁוּם חוּמְרָא דְּשַׁבָּת כְּמָקוֹם אֶחָד דָּמֵי – קָא מַשְׁמַע לַן.

The Gemara answers: It might **enter your mind to say** that **due to the severity of Shabbat,**[N] **it,** i.e., the world, **is considered like a single locale.** In other words, one might have thought that the permission to tolerate diverse customs in different places applies only to other prohibitions, whereas the prohibition of Shabbat is so severe that it is unacceptable to allow different customs, as this might lead people to disrespect Shabbat. Therefore, the *baraita* **teaches us** that even in the case of Shabbat there can be different customs in various locales.

תָּא שְׁמַע, דְּרַבִּי אַבָּהוּ, כִּי אִיקְּלַע לְאַתְרֵיהּ דְּרַבִּי יְהוֹשֻׁעַ בֶּן לֵוִי הֲוָה מְטַלְטֵל שְׁרַגָא, וְכִי אִיקְּלַע לְאַתְרֵיהּ דְּרַבִּי יוֹחָנָן – לָא הֲוָה מְטַלְטֵל שְׁרַגָא.

§ The Gemara cites another relevant case involving Shabbat: **Come and hear that Rabbi Abbahu, when he happened** to come **to the place of Rabbi Yehoshua ben Levi, would move** an oil **lamp** [*sheraga*][NL] after the flame that had been lit for that Shabbat had burned out, as Rabbi Yehoshua accepted the ruling that it is permitted to carry items of this sort that had been set aside. **But when he happened** to come **to the place of Rabbi Yoḥanan,** who prohibited carrying items of this kind that had been set aside on Shabbat, **he would not move** an oil **lamp.** This indicates that divergent customs are followed in different places.

וְהַאי, מַאי קוּשְׁיָא? וְלָא אָמְרִינַן מְקוֹמוֹת שָׁאנֵי? אֲנַן הָכִי קָאָמְרִינַן: רַבִּי אַבָּהוּ, הֵיכִי עָבֵיד הָכָא הָכִי וְהֵיכִי עָבֵיד הָכָא הָכִי?

Again, the Gemara asks: **And what is this difficulty? Didn't we say** that **it is different** when dealing **with numerous places?** The Gemara explains that **this is what we are saying:** With regard to **Rabbi Abbahu** himself, **how could he act**[N] **in this manner here and how could he act in that manner there?**

רַבִּי אַבָּהוּ כְּרַבִּי יְהוֹשֻׁעַ בֶּן לֵוִי סְבִירָא לֵיהּ, וְכִי מִקְּלַע לְאַתְרֵיהּ דְּרַבִּי יוֹחָנָן – לָא הֲוָה מְטַלְטֵל, מִשּׁוּם כְּבוֹדוֹ דְּרַבִּי יוֹחָנָן. וְהָאִיכָּא שַׁמָּעָא! דְּמוֹדַע לֵיהּ לְשַׁמָּעָא.

The Gemara answers: **Rabbi Abbahu holds in accordance with** the opinion of **Rabbi Yehoshua ben Levi** that it is permitted to carry this item. **And when he happened** to come **to the place of Rabbi Yoḥanan he would not carry it, in deference to Rabbi Yoḥanan,** so as not to act contrary to his ruling in the place where he was the authority. The Gemara asks: **But there was a servant**[N] accompanying Rabbi Abbahu who would see him carrying these types of articles that had been set aside. Wasn't Rabbi Abbahu concerned that the servant might carry them in Rabbi Yoḥanan's locale? The Gemara explains **that he would inform the servant** and explain to him the reason for his change in behavior.

HALAKHA

Prohibited labor that can be performed on Shabbat eve – מְלָאכָה שֶׁאֶפְשָׁר לַעֲשׂוֹתָהּ מֵעֶרֶב שַׁבָּת: Any prohibited labor in preparation for a mitzva that could have been performed on the eve of Shabbat may not be performed on Shabbat. This is true even if refraining from performing such labor on Shabbat leads to the neglect of a mitzva, in accordance with the opinion of Rabbi Akiva (Rambam *Sefer Ahava, Hilkhot Mila* 2:7; *Shulḥan Arukh, Oraḥ Ḥayyim* 331:6 and *Yoreh De'a* 266:2).

NOTES

Due to the severity of Shabbat – מִשּׁוּם חוּמְרָא דְּשַׁבָּת: Some commentaries explain that the reason for the prohibition against breaking into factions is due to the concern that people might come to disrespect prohibitions if they observe divergent customs in different places. Consequently, as Shabbat is so severe, it stands to reason that the *halakha* should be more stringent in this case, to prevent people from taking it lightly (see *Sukkat David*). The early commentaries discuss whether this difficulty was raised specifically with regard to the opinion of Abaye or whether it is a general question that applies to all opinions.

He would move an oil lamp – הֲוָה מְטַלְטֵל שְׁרַגָא: Some commentaries explain that this was an old oil lamp that had not been lit and was therefore *muktze* due to repugnance (Rabbi Yehuda bar Natan; *Tosafot*).

Rabbi Abbahu, how could he act – רַבִּי אַבָּהוּ הֵיכִי עָבֵיד: Some commentaries explain that if one person is permitted to adjust his custom from place to place, it should be likewise be permitted for many people to act in accordance with different customs in the same place (*Tosefot HaRosh*).

But there was a servant – וְהָאִיכָּא שַׁמָּעָא: Some commentaries note that if the servant were to carry the object in Rabbi Yoḥanan's locale, it would also be a mark of disrespect to him (*Otzar HaShitot*). Many early commentaries do not accept this explanation. Instead, they claim that the servant would infer from Rabbi Abbahu's behavior that it is permitted to act in accordance with different customs in different places, which would be an erroneous understanding of the prohibition against breaking into factions (Rabbi Yehuda bar Natan; *Tosafot Yeshanim*). Others maintain, based on Rashi's explanation, that the servant might think that Rabbi Abbahu was of the same opinion as Rabbi Yoḥanan and simply acted more leniently in the presence of Rabbi Yehoshua ben Levi (Rashba).

LANGUAGE

Lamp [*sheraga*] – שְׁרַגָא: This word was borrowed from Iranian into several Aramaic dialects. In Modern Persian, the form of the word is chirāgh, meaning lamp or candelabrum.

HALAKHA

Who is a *mamzer* – אֵיזֶהוּ מַמְזֵר: A child born of a forbidden union that entails either a court-imposed death penalty or *karet*, excluding a union with a menstruating woman, is a *mamzer*. This ruling is in accordance with the mishna in tractate *Kiddushin* and the conclusion of several discussions in the Gemara (*Shulḥan Arukh, Even HaEzer* 4:13).

BACKGROUND

***Mamzer* – מַמְזֵר:** A *mamzer* is a child born from an adulterous relationship, i.e., relations between a married woman and a man other than her husband, or an incestuous relationship, i.e., relations between relatives who are prohibited from marrying by Torah law where the participants in this relationship are subject to *karet*, apart from the offspring of a menstruating woman. The offspring of an unmarried couple who are permitted to marry is not a *mamzer*. A *mamzer* is halakhically considered his father's son in all respects. A male *mamzer* may marry only a *mamzeret*, i.e., a female *mamzer*, or a convert. The offspring of that union is a *mamzer* as well.

תָּא שְׁמַע: אַף עַל פִּי שֶׁאֵלּוּ אוֹסְרִים וְאֵלּוּ מַתִּירִים, לֹא נִמְנְעוּ בֵּית שַׁמַּאי מִלִּישָּׂא נָשִׁים מִבֵּית הִלֵּל, וְלֹא בֵּית הִלֵּל מִבֵּית שַׁמַּאי. אִי אָמְרַתְּ בִּשְׁלָמָא לֹא עָשׂוּ, מִשּׁוּם הָכִי לֹא נִמְנְעוּ. אֶלָּא אִי אָמְרַתְּ עָשׂוּ – אַמַּאי לֹא נִמְנְעוּ?

§ The Gemara continues to discuss the question of whether Beit Shammai followed their own rulings. **Come and hear** that which is taught in the mishna: **Although** Beit Hillel **prohibit and** Beit Shammai **permit,** and these disqualify the women and those deem them fit, **Beit Shammai did not refrain from marrying women from Beit Hillel, nor did Beit Hillel** refrain from marrying women **from Beit Shammai. Granted, if you say** that Beit Shammai **did not act** in accordance with their opinion, it is **due to that** reason that **they did not** have to **refrain** from marrying women from Beit Hillel. **However, if you say** that **they did act** in accordance with their opinion, **why didn't they refrain** from marrying one another?

בִּשְׁלָמָא בֵּית שַׁמַּאי מִבֵּית הִלֵּל לֹא נִמְנְעוּ – דִּבְנֵי חַיָּיבֵי לָאוִין נִינְהוּ.

The Gemara elaborates: **Granted, Beit Shammai did not refrain** from marrying into **Beit Hillel,** as even if Beit Shammai maintain in a certain case that a rival wife required levirate marriage or *ḥalitza*, if she went ahead and married another man their **children are** born to a union whose partners are **liable by** a regular **prohibition:** "The wife of the dead man shall not be married outside" (Deuteronomy 25:5). Since this transgression does not entail *karet*, the children of this relationship are not *mamzerim*.

אֶלָּא בֵּית הִלֵּל מִבֵּית שַׁמַּאי – אַמַּאי לֹא נִמְנְעוּ? בְּנֵי חַיָּיבֵי כָּרֵיתוֹת מַמְזֵרִים נִינְהוּ!

However, why did Beit Hillel not refrain from marrying into **Beit Shammai?** In the opinion of Beit Hillel the **children** of these rival wives who entered into levirate marriage are born of a union whose partners are **liable to** receive ***karet***, as the prohibition of a brother's wife was never nullified in this case, which means that the children **are *mamzerim***.[H] If so, how could Beit Hillel allow these marriages?

וְכִי תֵּימָא קָסָבְרִי בֵּית הִלֵּל דְּאֵין מַמְזֵר מֵחַיָּיבֵי כָּרֵיתוֹת – וְהָאָמַר רַבִּי אֶלְעָזָר: אַף עַל פִּי שֶׁנֶּחְלְקוּ בֵּית שַׁמַּאי וּבֵית הִלֵּל בְּצָרוֹת – מוֹדִים שֶׁאֵין מַמְזֵר אֶלָּא מִמִּי שֶׁאִיסּוּרוֹ אִיסּוּר עֶרְוָה, וְעָנוּשׁ כָּרֵת! אֶלָּא לָאו שְׁמַע מִינָּהּ – לֹא עָשׂוּ!

And if you would say that **Beit Hillel maintain that** the child of a union whose partners are **liable to** receive ***karet* is not a *mamzer***,[B] as a *mamzer* is only one whose parents violated a prohibition that entails the death penalty, **didn't Rabbi Elazar say: Although Beit Shammai and Beit Hillel disagreed** with regard **to rival wives, they concede that a *mamzer* is only from** a union **whose prohibition is a prohibition of forbidden relations punishable by *karet*?** Consequently, the children of rival wives are *mamzerim* according to Beit Hillel. **Rather, isn't it** correct to **conclude from** here that Beit Shammai **did not act** in accordance with their own opinion?

לָא, לְעוֹלָם עָשׂוּ, דְּמוֹדְעֵי לְהוּ וּפָרְשִׁי.

The Gemara rejects this conclusion: **No; actually,** Beit Shammai **did act** in accordance with their opinion. As for the problem with these marriages, the answer is **that they would inform** Beit Hillel **and** Beit Hillel would **withdraw**[N] from the match. When those who acted in accordance with the opinion of Beit Hillel would come to marry women from those who followed the rulings of Beit Shammai, they would be notified that certain children were born of rival wives and that those people were considered *mamzerim* in the opinion of Beit Hillel, who therefore declared them forbidden in marriage.

וְהָכִי נַמִּי מִסְתַּבְּרָא, דְּקָתָנֵי סֵיפָא: כׇּל הַטְּהָרוֹת וְכׇל הַטְּמָאוֹת שֶׁהָיוּ אֵלּוּ מְטַהֲרִין וְאֵלּוּ מְטַמְּאִין – לֹא נִמְנְעוּ עוֹשִׂים טְהָרוֹת אֵלּוּ עַל גַּבֵּי אֵלּוּ.

The Gemara comments: **And so too, it is reasonable** that this is the case, as the mishna **teaches** in **the latter clause:** With regard to **all of the** disputes concerning the *halakhot* of **ritual purity and impurity, where those,** Beit Hillel, rule an article **ritually pure and these,** Beit Shammai, rule it **ritually impure, they did not refrain from handling ritually pure** objects **each with the other.**

NOTES

They would inform them and they would withdraw – מוֹדְעֵי לְהוּ וּפָרְשִׁי: But if Beit Shammai actually notified Beit Hillel, what is novel about this statement? The commentaries explain that Beit Hillel trusted that Beit Shammai would notify them even in a case of a slight concern, and if they were not notified they took this to mean that the person was fully qualified according to all opinions (Ritva). The early commentaries prove from here that in instances of this kind there is no concern with regard to the testimony of those who have a personal stake in the matter, as provided that they remain faithful to their tradition they can be trusted to inform others who accept a different tradition (Meiri; *Yam shel Shlomo*).

אִי אָמְרַתְּ בִּשְׁלָמָא דְּמוֹדְעֵי לְהוּ – מִשּׁוּם הָכִי לֹא נִמְנְעוּ. אֶלָּא אִי אָמְרַתְּ דְּלָא מוֹדְעֵי לְהוּ, בִּשְׁלָמָא בֵּית שַׁמַּאי מִבֵּית הִלֵּל לֹא נִמְנְעוּ. דְּטְמֵאוֹת דְּבֵית הִלֵּל – לְבֵית שַׁמַּאי טְהָרוֹת נִינְהוּ,

Granted, if you say that they notified them, it is **due to that** reason that **they did not** need to **refrain** from using their objects. **However, if you say that they did not notify them, granted,** it is logical that **Beit Shammai**[N] **did not refrain from** handling items belonging to **Beit Hillel, as ritually impure** objects **for Beit Hillel are ritually pure for Beit Shammai,** and therefore no special care is necessary.

אֶלָּא, בֵּית הִלֵּל מִבֵּית שַׁמַּאי לָמָּה לֹא נִמְנְעוּ? טְהָרוֹת דְּבֵית שַׁמַּאי לְבֵית הִלֵּל טְמֵאוֹת נִינְהוּ! אֶלָּא לָאו דְּמוֹדְעֵי לְהוּ – שְׁמַע מִינָּהּ.

However, why didn't Beit Hillel refrain from touching articles that belonged to **Beit Shammai?** After all, **ritually pure** objects **for Beit Shammai are ritually impure for Beit Hillel. Rather, is it not** the case that Beit Shammai **notified** Beit Hillel that these items were ritually pure only in their own opinion, and Beit Hillel separated themselves from them? The Gemara summarizes the discussion: **Conclude from** here that this is the correct interpretation.

וּמַאי אוּלְמֵיהּ דְּהָךְ מֵהָךְ? מַהוּ דְּתֵימָא: צָרָה – קָלָא אִית לַהּ, קָא מַשְׁמַע לַן.

The Gemara asks: **In what** way **is this** case **stronger than that** case? In other words, why is the statement with regard to ritual purity and impurity more conclusive than the one that deals with marriage? Since the practice of notification was not explicitly stated in the case of ritual purity but was merely inferred logically, the same reasoning applies equally to the case of marriage. The Gemara answers: **Lest you say** that since it is so unusual, a marriage to **a rival wife** generates **publicity** and is so widely known that no special notification is required, therefore, the Gemara **teaches us** that even in this case notification is required.

גּוּפָא, אָמַר רַבִּי אֶלְעָזָר: אַף עַל פִּי שֶׁנֶּחְלְקוּ בֵּית שַׁמַּאי וּבֵית הִלֵּל בְּצָרוֹת – מוֹדִים שֶׁאֵין מַמְזֵר אֶלָּא מִמִּי שֶׁאִיסּוּרוֹ אִיסּוּר עֶרְוָה וְעָנוּשׁ כָּרֵת. מַאן מוֹדִים? אִילֵּימָא בֵּית שַׁמַּאי לְבֵית הִלֵּל – פְּשִׁיטָא, בְּנֵי חַיָּיבֵי לָאוִין כְּשֵׁרִים נִינְהוּ!

§ Since the statement of Rabbi Elazar was mentioned, the Gemara turns to discuss **the matter itself. Rabbi Elazar said: Although Beit Shammai and Beit Hillel disagreed** with regard **to rival wives, they concede that a** ***mamzer*** **is only from** a union **whose prohibition** is **a prohibition of forbidden relations punishable by** ***karet***. The Gemara asks: **Who concedes** to whom? **If we say** that **Beit Shammai** concede **to Beit Hillel,** this is **obvious,** since if they acted in accordance with their own opinion that rival wives who married others without *ḥalitza* **are liable** only **for** violating a regular **prohibition,** their **children are** therefore **fit** and are not *mamzerim* at all.

אֶלָּא בֵּית הִלֵּל לְבֵית שַׁמַּאי – הִיא גּוּפָא חַיָּיבֵי כָּרֵיתוֹת הִיא!

Rather, one could say that **Beit Hillel** concede **to Beit Shammai.** But in that case **she herself,** the rival wife of a forbidden relative who married one of the *yevamin*, **is liable to** receive ***karet*** in the opinion of Beit Hillel, and the child is a *mamzer*, whereas Rabbi Elazar's statement indicates that they concede with regard to a different case.

לְעוֹלָם בֵּית שַׁמַּאי לְבֵית הִלֵּל, וּלְאַפּוּקֵי מִדְּרַבִּי עֲקִיבָא, דְּאָמַר: יֵשׁ מַמְזֵר מֵחַיָּיבֵי לָאוִין, קָא מַשְׁמַע לַן דְּאֵין מַמְזֵר מֵחַיָּיבֵי לָאוִין.

The Gemara explains: **Actually, Beit Shammai** concede **to Beit Hillel,** and this is not a novelty with regard to their basic dispute. Instead, the statement comes **to exclude** the opinion **of Rabbi Akiva, who said:** The offspring **from** forbidden relations for which one is **liable for** violating **a prohibition is a** ***mamzer***. Rabbi Elazar **teaches us** that Beit Shammai and Beit Hillel agree that the offspring **from** forbidden relations for which one is **liable for** violating **a prohibition is not a** ***mamzer***; rather, one is a *mamzer* only if he is born of a union punishable by *karet*.

תָּא שְׁמַע: אַף עַל פִּי שֶׁנֶּחְלְקוּ בֵּית שַׁמַּאי וּבֵית הִלֵּל בְּצָרוֹת, וּבָאֲחָיוֹת,

§ The Gemara returns to the initial question of whether or not Beit Shammai acted in accordance with their own opinion. The Gemara suggests: **Come** and **hear: Although Beit Shammai and Beit Hillel disagreed** with regard **to** several cases, nevertheless, they did not refrain from marrying women from each other's communities. The cases with regard to which they disagreed include **rival wives, and sisters,** i.e., if two sisters had been married to two brothers and simultaneously became obligated in levirate marriage, Beit Hillel prohibit both in levirate marriage, and if they violated the prohibition and married regardless, they require a divorce. By contrast, Beit Shammai permit them to remain married.

NOTES

Granted, Beit Shammai, etc. – **בִּשְׁלָמָא בֵּית שַׁמַּאי וכו׳**: This version of the text, which is accepted by Rashi, raises one serious difficulty. It indicates that in matters of ritual purity and impurity the opinion of Beit Hillel is invariably more stringent than that of Beit Shammai, yet it is known that this is not always the case. In fact, Beit Shammai are generally more stringent in these cases. Some commentaries explain that this comment refers to the *mishnayot* of tractate *Eduyyot*, where all of the stringencies of Beit Hillel are listed (Rivan). Similarly, others state that although Beit Shammai are usually more stringent, the mishna is referring to those cases where the opinion of Beit Hillel is the more stringent (Rashba). However, it is possible that in practice Beit Shammai were more stringent with regard to ritual purity than Beit Hillel, as stated in the Jerusalem Talmud. Due to this difficulty, many early commentaries (*Tosafot*; Ramban; Rashba) prefer the version of the Gemara cited by Rabbeinu Ḥananel, which states the exact opposite. In other words, the Gemara is saying that Beit Shammai did not act leniently in opposition to their opinion, and it is equally clear that Beit Hillel acted in accordance with their own opinion, as they were the majority, and yet each school did not refrain from handling the vessels belonging to the other, because they would notify one another.

Some point out that according to this version the Gemara's question: In what way is this case stronger than that case, is unclear, as one can reply that in the first case Beit Hillel did not refrain from marrying into Beit Shammai because Beit Shammai did not insist on acting in accordance with their own opinion, which cannot be said in the case of ritual impurity, where Beit Shammai's opinion is more stringent (see *Otzar HaShitot*). Indeed, some commentaries omit this question for this very reason. Some suggest that Beit Shammai acted stringently in accordance with their opinion, and yet they did not violate the prohibition against forming factions, as they did not require the vessels or items that were ritually pure in accordance with the opinion of Beit Hillel. The same reasoning applies to marriage: Since they did not necessarily have to marry these particular women, there is no proof from here with regard to forming a faction (*Tosefot HaRosh*). Accordingly, the question of why this proof is stronger than the other is appropriate according to Rabbeinu Ḥananel's version as well.

בְּגֵט יָשָׁן, וּבִסְפֵק אֵשֶׁת אִישׁ, וּבִמְגָרֵשׁ אֶת אִשְׁתּוֹ וְלָנָה עִמּוֹ בְּפוּנְדָּק,

Furthermore, Beit Shammai and Beit Hillel disagreed with regard **to an outdated bill of divorce**[H] that had been written but not delivered. Beit Shammai maintain that if the husband and wife continued to live together after the writing of the bill of divorce, the same bill of divorce can still be used later, whereas Beit Hillel dispute this. **And** they likewise **disagreed** with regard **to an uncertain married woman,**[HN] i.e., whether a minor who was actually married, and not merely betrothed, may perform refusal. **And** they also **disagreed** with regard **to one who divorces his wife and** later **she lodged** together **with him**[H] **at an inn,** as to whether or not this is sufficient grounds for assuming that they remarried.

בְּכֶסֶף וּבְשָׁוֶה כֶּסֶף, בִּפְרוּטָה וּבְשָׁוֶה פְרוּטָה –

Additionally, they disagreed with regard to the issue of betrothal **by money and with** the equivalent **value of money,** and **by a *peruta* or with** the equivalent **value of a *peruta*.**[H] According to Beit Shammai, the minimal amount of money effective for betrothal is a dinar or the equivalent of a dinar, whereas Beit Hillel maintain that even the less valuable *peruta* or its equivalent is sufficient.

לֹא נִמְנְעוּ בֵּית שַׁמַּאי מִלִּישָּׂא נָשִׁים מִבֵּית הִלֵּל, וְלֹא בֵּית הִלֵּל מִבֵּית שַׁמַּאי, לְלַמֶּדְךָ שֶׁחִיבָּה וְרֵיעוּת נוֹהֲגִים זֶה בָּזֶה, לְקַיֵּים מַה שֶּׁנֶּאֱמַר ״הָאֱמֶת וְהַשָּׁלוֹם אֱהָבוּ״. רַבִּי שִׁמְעוֹן אוֹמֵר: נִמְנְעוּ הֵן מִן הַוַּדַּאי, וְלֹא נִמְנְעוּ מִן הַסָּפֵק.

Despite the fact that these *halakhot* entail important ramifications depending on whether or not these women were married or fit for marriage, or whether their offspring are fit for marriage, **Beit Shammai did not refrain from marrying women from Beit Hillel, nor did Beit Hillel** refrain from marrying women **from Beit Shammai.** This serves **to teach you that** they **practiced affection and camaraderie between them, to fulfill that which is stated: "Love truth and peace"** (Zechariah 8:19). **Rabbi Shimon says: They did refrain in the certain** cases, **but they did not refrain in the uncertain**[N] cases. In other words, Beit Hillel were not worried that any ordinary woman from Beit Shammai might be one of those of uncertain status.

אִי אָמְרַתְּ בִּשְׁלָמָא עָשׂוּ – מִשּׁוּם הָכִי נִמְנְעוּ, אֶלָּא אִי אָמְרַתְּ לֹא עָשׂוּ – אַמַּאי נִמְנְעוּ? וְתִסְבְּרָא, נְהִי נַמִי דְּעָשׂוּ, בִּשְׁלָמָא בֵּית הִלֵּל נִמְנְעוּ מִבֵּית שַׁמַּאי, דְּחַיָּיבֵי כְּרֵיתוֹת נִינְהוּ, וּמַמְזֵרִים הֵם לְבֵית הִלֵּל.

The Gemara infers from the opinion of Rabbi Shimon: **Granted, if you say** that Beit Shammai **did act** in accordance with their opinion, it is **due to that** reason that **they refrained** in the certain cases. **However, if you say** that **they did not act** in accordance with their opinion, **why did they refrain** from marriage? The Gemara replies: **And** how can **you understand** it that way, that Beit Shammai acted in accordance with their opinion? **Even if they acted** in accordance with their opinion, **granted** that **Beit Hillel refrained from** marrying into **Beit Shammai,** as **those** rival wives who entered into levirate marriage **are liable to** receive ***karet*** **and** their children **are *mamzerim* according to** the opinion of **Beit Hillel.**

אֶלָּא בֵּית שַׁמַּאי אַמַּאי נִמְנְעוּ מִבֵּית הִלֵּל? בְּנֵי חַיָּיבֵי לָאוִין נִינְהוּ, וּכְשֵׁרִים נִינְהוּ! כִּדְאָמַר רַב נַחְמָן בַּר יִצְחָק: לֹא נִצְרְכָה אֶלָּא לְצָרָה עַצְמָהּ – הָכָא נַמִי לֹא נִצְרְכָה אֶלָּא לְצָרָה עַצְמָהּ.

However, why did Beit Shammai refrain from marrying the offspring of rival wives of **Beit Hillel?** The parents are **liable for** violating a regular **prohibition, and** therefore their children **are fit.** The Gemara answers **as Rav Naḥman bar Yitzḥak said** with regard to a different matter: **This** *halakha* **was necessary** not for the children of the rival wife, but **only for the rival wife herself.**[N] **Here too, it was necessary only for the rival wife herself.** The *halakha* was not taught with regard to the children of the rival wives; rather, it is referring only to the rival wives.

HALAKHA

An outdated bill of divorce – גֵּט יָשָׁן: If one wrote a bill of divorce for his wife and changed his mind and did not divorce her, and he secluded himself with her after it was written, he may not subsequently divorce her with that same bill of divorce, in accordance with the opinion of Beit Hillel (*Shulḥan Arukh, Even HaEzer* 148:1).

An uncertain married woman – סְפֵק אֵשֶׁת אִישׁ: An orphan girl married off by her mother and brothers can refuse either her betrothal or marriage, whether to a regular husband or a *yavam* in levirate marriage, and whether it is her first husband or her second, in accordance with the opinion of Beit Hillel (*Shulḥan Arukh, Even HaEzer* 155:4–6).

Who divorces his wife and she lodged with him – מְגָרֵשׁ אֶת אִשְׁתּוֹ וְלָנָה עִמּוֹ: In the case of a man who divorced his wife and later was found by witnesses to have secluded himself with her, there is a concern that he may have retracted and engaged in sexual relations with her for the purpose of marriage. Due to this doubt, she requires a second bill of divorce, in accordance with the opinion of Beit Hillel (*Shulḥan Arukh, Even HaEzer* 149:2).

Betrothal money – כֶּסֶף קִידּוּשִׁין: One who wishes to betroth a woman with money must give her either a *peruta* or its equivalent in the presence of witnesses, in accordance with the opinion of Beit Hillel (*Shulḥan Arukh, Even HaEzer* 27:1).

NOTES

An uncertain married woman – סְפֵק אֵשֶׁת אִישׁ: Rashi, in his first interpretation, and the Meiri explain that this is referring to a married minor who wishes to perform refusal. However, this explanation is linguistically problematic, as that case does not involve any uncertainty at all. Consequently, Rashi provides the alternative explanation that this is referring to a sick man who gave a bill of divorce to his wife and subsequently secluded himself with her. See *Tosafot*, who challenge this interpretation, and *Arukh LaNer*, who further explains Rashi's opinion. Several early commentaries explain, following Rabbeinu Ḥananel, that the phrase: An uncertain married woman, does not refer to a separate case at all. Rather, it is a heading for the ensuing cases of an outdated bill of divorce and one who divorced his wife and subsequently lodged with her at the same inn, i.e., it is indicating that both these cases involve uncertainty (see *Tosefot HaRosh* and Ritva).

Uncertain – סָפֵק: See Rashi and Ramban, cited by Rashba and Ritva, who interpret this as referring to a woman from a family whose status is in doubt. That is, it is unclear whether or not a forbidden rival wife was married into this family at some point in time.

Necessary only for the rival wife herself – לֹא נִצְרְכָה אֶלָּא לְצָרָה עַצְמָהּ: One can answer that Beit Shammai did need to avoid marrying women from Beit Hillel, as although the child of a woman requiring levirate marriage who married outside the family is not a *mamzer*, nevertheless, he is disqualified from the priesthood. The Gemara, however, preferred a more straightforward explanation (Rivan; see *Tosafot*).

וּמַאי שְׁנָא מִן הַוַּדַּאי – דְּאִיסּוּרָא הוּא, סָפֵק נַמִּי אִיסּוּרָא הוּא!

The Gemara asks further: **And in what** way are uncertain cases **different from the certain**[N] cases, such as forbidden rival wives? If you say **that** certain cases are undoubtedly **prohibited** in the opinion of Beit Hillel, the cases involving **uncertain** circumstances, e.g., one who divorced his wife and then stayed with her in the same inn, **are also prohibited.** Even if Beit Hillel render these cases prohibited only due to some uncertainty, the ruling is the same.

לָא תֵּימָא מִן הַסָּפֵק, אֶלָּא אֵימָא: מִן הַסְּתָם, דְּמוֹדְעֵי לְהוּ וּפָרְשֵׁי,

The Gemara answers: **Do not say: In the uncertain** cases, i.e., that the *halakha* involved doubtful circumstances. **Rather, say: From the unspecified** case. In other words, barring clear knowledge of an uncertain betrothal within a specific family, they would take women from that family in marriage. The reason is **that** Beit Shammai **would notify** Beit Hillel of the prohibition according to their opinion, **and** they would **refrain** from the marriage. If there was no notification, this was a clear sign that no doubt was involved in this case at all.

וּמַאי קָא מַשְׁמַע לָן – דְּאַהֲבָה וְרֵיעוּת נוֹהֲגִים זֶה בָּזֶה – הַיְינוּ רֵישָׁא! הָא קָא מַשְׁמַע לָן דְּכוּלָּהּ רַבִּי שִׁמְעוֹן הִיא.

The Gemara asks: **But** if so, **what** does **this** come to **teach us?** Is it **that** they had **relations of affection and camaraderie between them,** i.e., that each trusted that the other side would never cause them to err with regard to something they held to be prohibited? **This is** the same as the **first clause** of the *baraita*. What is Rabbi Shimon adding by his statement? The Gemara answers: This comes to **teach us that the entire** *baraita* **is** the opinion of **Rabbi Shimon.** This is not a dispute between two Sages. Rather, Rabbi Shimon's opinion elucidates the earlier statement.

תָּא שְׁמַע, דְּאָמַר רַבִּי יוֹחָנָן בֶּן נוּרִי: הֵיאַךְ הֲלָכָה זוֹ רוֹוַחַת בְּיִשְׂרָאֵל? נַעֲשֶׂה כְּדִבְרֵי בֵּית שַׁמַּאי – הַוָּלָד מַמְזֵר לְדִבְרֵי בֵּית הִלֵּל, נַעֲשֶׂה כְּדִבְרֵי בֵּית הִלֵּל – הַוָּלָד פָּגוּם לְדִבְרֵי בֵּית שַׁמַּאי, בּוֹאוּ וְנַתְקִין לָהֶן לַצָּרוֹת

§ The Gemara offers an alternative resolution: **Come** and **hear, as Rabbi Yoḥanan ben Nuri said: How should** one act with regard to **this** *halakha* of rival wives? In what form should it **become widespread among the Jewish people? If we act in accordance with the statement of Beit Shammai** and permit a rival wife in levirate marriage, **the offspring** will be **a** *mamzer*[N] **according to the statement of Beit Hillel. If we act in accordance with the statement of Beit Hillel** and grant full exemption to the rival wives, **the offspring will** be of **flawed** lineage **according to** the opinion of **Beit Shammai,** as he is the child of a woman prohibited in marriage by a regular prohibition. Although he is not a *mamzer*, his lineage is nevertheless defective. Instead, **let us enact** a general decree **for rival wives**

Perek **I**
Daf **15** Amud **a**

שֶׁיְּהוּ חוֹלְצוֹת וְלֹא מִתְיַיבְּמוֹת, לֹא הִסְפִּיקוּ לִגְמוֹר אֶת הַדָּבָר עַד שֶׁנִּטְרְפָה הַשָּׁעָה.

that they **should perform** *ḥalitza* **and not enter into levirate marriage.** If they act in this manner, they will be permitted to marry others and the problem will be solved according to all opinions. **They were unable to finalize the matter** according to the proposition raised by Rabbi Yoḥanan ben Nuri **before times of trouble** arrived. Due to the outbreak of war they were unable to gather together to vote and establish an accepted halakhic ruling.

אָמַר לֵיהּ רַבָּן שִׁמְעוֹן בֶּן גַּמְלִיאֵל: מַה נַּעֲשֶׂה לָהֶם לַצָּרוֹת הָרִאשׁוֹנוֹת מֵעַתָּה?

Sometime later, when they returned to discuss the issue, **Rabban Shimon ben Gamliel said to** the other Sages: **What shall we do with those earlier rival wives**[N] **from now** onward? Since in the meantime some rival wives had entered into levirate marriage, if we issue a collective ruling that rival wives may not do so, their children will be declared *mamzerim*. Therefore, it is better not to establish this *halakha* at all.

NOTES

And in what way are uncertain cases different from the certain, etc. – וּמַאי שְׁנָא מִן הַוַּדַּאי וכו׳: Some commentaries maintain that this question does not concern the matter at hand, but since the *baraita* was cited, the Gemara clarified it (*Tosafot*). Conversely, others claim that this statement is the conclusion of the first proof. If it were not proven that the entire *baraita* reflects the opinion of Rabbi Shimon and that they did not refrain from marriage in unspecified cases, one might have thought that due to the affection between the two schools Beit Shammai did not act on their opinions at all, so as not to increase the dispute. However, the statement of Rabbi Shimon clearly indicates that they did in fact act in accordance with their opinion, and that they would notify the other school when a conflict arose (*Tosefot HaRosh*; see *Sukkat David*).

The offspring will be a *mamzer*, etc. – הַוָּלָד מַמְזֵר וכו׳: Why does the Gemara refer only to the status of the child and not the actual prohibition involving the rival wife herself? After all, it is the marriage to this woman that entails *karet*, in the opinion of Beit Hillel, or involves the violation of a prohibition if performed by a man outside the family, according to Beit Shammai. It is likely that the Gemara preferred this formulation because although the prohibition with regard to a rival wife is transgressed at the time, the disqualification of a child from marriage bears ramifications for generations (Rashash).

NOTES

What shall we do with those earlier rival wives – מַה נַּעֲשֶׂה לָהֶם לַצָּרוֹת הָרִאשׁוֹנוֹת: There is also a concern for the children of flawed lineage born from these unions (see Maharsha). Some commentaries explain that it is impossible that children born from relations permitted by the ruling of the Sages at the time, as is the case here, would later be deemed of flawed lineage (*Yosef Lekaḥ*). It is likewise stated in *Arza DeVei Rav* that provided that there is no conclusive halakhic ruling, these children cannot be considered definite *mamzerim*, as the status of a *mamzer* cannot be determined solely on the basis of a majority opinion. Rather, an established decision of the court is necessary.

אִי אָמְרַתְּ בִּשְׁלָמָא עָשׂוּ – הַיְינוּ דְּקָאָמַר "מַה נַּעֲשֶׂה", אֶלָּא אִי אָמְרַתְּ לֹא עָשׂוּ – מַאי "מַה נַּעֲשֶׂה"?

The Gemara analyzes this episode in relation to the matter at hand. **Granted, if you say** that Beit Shammai **did act** in accordance with their own opinion, **this is** the meaning of **what** Rabban Shimon ben Gamliel **said: What shall we do?** Since these rival wives had already entered into levirate marriage, it was impossible to change the status of their children retroactively. **However, if you say** that **they did not act** in accordance with their opinion, **what is** the meaning of: **What shall we do?** If Beit Shammai did not act upon their ruling, they never actually permitted a *yavam* to take a rival wife in levirate marriage.

אָמַר רַב נַחְמָן בַּר יִצְחָק: לֹא נִצְרְכָה אֶלָּא לַצָּרָה עַצְמָהּ, וּמַה נַּעֲשֶׂה – הָכִי קָאָמַר: הָנָךְ צָרוֹת דְּבֵית הִלֵּל לְבֵית שַׁמַּאי הֵיכִי נַעֲבֵיד לְהוּ?

Rav Naḥman bar Yitzḥak said: This amendment was **necessary,** not for the benefit of the children of rival wives, as Beit Shammai never in fact acted on their ruling; **rather,** it was necessary **only for the rival wife herself.** If these rival wives married others, in the opinion of Beit Shammai their marriages were flawed, as they did not perform *ḥalitza*. And as for the question: **What shall we do, this is what** Rabban Shimon ben Gamliel **is saying:** With regard to **those rival wives** who were entirely exempt according **to Beit Hillel, what** should **we do with them** according **to Beit Shammai,** as these rival wives had already married others without performing *ḥalitza*?

לִיחָלְצוּ – מִימָּאֲסִי אַגַּבְרַיְיהוּ, וְכִי תֵּימָא לִימָּאֲסָן – "דְּרָכֶיהָ דַרְכֵי נוֹעַם וְכָל נְתִיבוֹתֶיהָ שָׁלוֹם"!

The Gemara elaborates: If you say **let them perform *ḥalitza*,**[N] **they will be repulsive to their husbands,** as it will seem to the husband that the woman he has been living with for some time suddenly requires a permit for marriage. **And if you would say, let them be repulsive** to their husbands, as that is not our concern, this is not the case, as the Torah says: **"Her ways are ways of pleasantness,**[N] **and all her paths are peace"** (Proverbs 3:17).

תָּא שְׁמַע, דְּאָמַר רַבִּי טַרְפוֹן: תְּאֵבַנִי, מָתַי תָּבֹא צָרַת הַבַּת לְיָדִי וְאֶשָּׂאֶנָּה! אֵימָא: וְאַשִּׂיאֶנָּה.

§ The Gemara suggests further: **Come** and **hear** another source, as **Rabbi Tarfon said: I yearn**[N] for the following scenario: **When shall my daughter's rival wife come before me and I will marry her?** In other words, in this hypothetical case I would act in accordance with the opinion of Beit Shammai and take her in levirate marriage. This statement indicates that those who held by the traditions of Beit Shammai did indeed act upon their opinion. The Gemara amends this statement. **Say: And I will marry her off,** i.e., I shall act in accordance with the opinion of Beit Hillel and marry her off to others.

וְהָא "תְּאֵבַנִי" קָאָמַר! לְאַפּוֹקֵי מִדְּרַבִּי יוֹחָנָן בֶּן נוּרִי.

The Gemara asks: **But he said: I yearn,**[N] and if he meant that he would follow the ruling of Beit Hillel, which is the common practice, what is the novelty of Rabbi Tarfon's statement? The Gemara responds: Rabbi Tarfon comes **to exclude** the statement of **Rabbi Yoḥanan ben Nuri,** who maintains that all rival wives perform *ḥalitza*. Rabbi Tarfon yearned for an opportunity to demonstrate that the *halakha* is not in accordance with the opinion of Rabbi Yoḥanan ben Nuri.

תָּא שְׁמַע: מַעֲשֶׂה בְּבִתּוֹ שֶׁל רַבָּן גַּמְלִיאֵל שֶׁהָיְתָה נְשׂוּאָה לְאַבָּא אָחִיו, וּמֵת בְּלֹא בָּנִים, וְיִיבֵּם רַבָּן גַּמְלִיאֵל אֶת צָרָתָהּ. וְתִסְבְּרָא, רַבָּן גַּמְלִיאֵל מִתַּלְמִידֵי בֵּית שַׁמַּאי הוּא?!

The Gemara suggests: **Come** and **hear an incident involving Rabban Gamliel's daughter, who was married to Abba, his brother,** and Abba **died childless, and Rabban Gamliel entered into levirate marriage with her rival wife.** This is apparently conclusive proof that the rival wife of a daughter may enter into levirate marriage. The Gemara asks: **And how can you understand it** that way? Was **Rabban Gamliel among the disciples of Beit Shammai?** In fact, Rabban Gamliel, who was a descendant of Hillel himself, certainly followed the opinion of Beit Hillel.

אֶלָּא: שָׁאנֵי בִּתּוֹ שֶׁל רַבָּן גַּמְלִיאֵל דְּאַיְלוֹנִית הֲוַאי. הָא מִדְּקָתָנֵי סֵיפָא: אֲחֵרִים אוֹמְרִים בִּתּוֹ שֶׁל רַבָּן גַּמְלִיאֵל אַיְלוֹנִית הָיְתָה, מִכְּלָל דְּתַנָּא קַמָּא סָבַר לָאו אַיְלוֹנִית הָיְתָה!

Rather, the case of **Rabban Gamliel's daughter is different, as she was a sexually underdeveloped woman** [*aylonit*], and therefore the prohibition against marrying her rival wife does not apply, as explicitly stated in the mishna. The Gemara asks: But **from** the fact **that it is taught in the latter clause** of the same *baraita*: **Others say that Rabban Gamliel's daughter was an *aylonit*,** it can be derived **by inference that the first *tanna* holds** that she **was not an *aylonit*.**

NOTES

Let them perform *ḥalitza* – לִיחָלְצוּ: Another reason can be suggested as to why they cannot perform *ḥalitza* at this late stage: This would mean that any of those women who were married to priests would be rendered forbidden to their husbands. The commentaries explain that the Gemara did not mention this reason because it preferred to cite an explanation that applies in all circumstances (*Sukkat David*).

Her ways are ways of pleasantness – דְּרָכֶיהָ דַרְכֵי נוֹעַם: This verse is cited with regard to several halakhic rulings. For example, in the case of a doubt over a *halakha*, if one option entails suffering or unpleasantness, the Gemara will say that "her ways are ways of pleasantness" and the Torah does not desire that its mitzvot be fulfilled through pain and suffering.

Rabbi Tarfon said, I yearn, etc. – אָמַר רַבִּי טַרְפוֹן תְּאֵבַנִי וכו׳: In *Tosafot Yeshanim* the following question is raised: If one assumes, as Rashi does, that Rabbi Tarfon was a disciple of Beit Shammai, then according to those who maintain that Beit Shammai acted on their opinion, there is in fact no novelty in his marrying a rival wife, as this is precisely in accordance with their ruling. Furthermore, according to this opinion, the solution that he wished to act in opposition to the statement of Rabbi Yoḥanan ben Nuri is also somewhat problematic, as this is not sufficient reason for him to disobey the ruling of Beit Shammai. Consequently, some commentaries reverse the text so that it first states: I yearn to marry her off, from which the Gemara sought to prove that the disciples of Beit Shammai did not act on their opinions, and the ensuing answer is that he actually said: I yearn to marry her. In other words, he desired to act according to the opinion of Beit Shammai, and although there is nothing novel in his desire to follow the ruling of his masters, his action would serve to exclude the statement of Rabbi Yoḥanan ben Nuri. Some commentaries raise a different question: How could Rabbi Tarfon yearn for his daughter's rival wife to come before him for levirate marriage, as this effectively means that he desires his brother's death (Rosh)? The Rosh therefore states in the name of his teacher that Rabbi Tarfon was not referring to his own daughter's rival wife, but rather the rival wife of someone else's daughter. Accordingly, he meant to say that he yearned to act against the opinion of Beit Shammai and marry a daughter's rival wife without levirate marriage or *ḥalitza* (see *Arukh LaNer*).

But he said, I yearn – וְהָא תְּאֵבַנִי קָאָמַר: Some commentaries explain that this expression is appropriate only with regard to something one performs in person and that provides him with benefit. If Rabbi Tarfon meant that he wished to marry her off to others, this is apparently not something he would do for himself. The Gemara therefore explains that by instructing that she be married off to another he would actually be doing something himself, as he would be actively negating the opinion of Rabbi Yoḥanan ben Nuri.

הִכִּיר בָּהּ וְלֹא הִכִּיר בָּהּ אִיכָּא בֵּינַיְיהוּ.	The Gemara answers: The dispute between the *tanna'im* was not about whether or not she was an *aylonit*, as she certainly was. Rather, the practical difference **between them** is whether **he knew** that **she** was an *aylonit* at the time of marriage and decided to marry her regardless. Some maintain in general that if the husband was aware of her condition prior to marriage, her rival wife is forbidden, **but** if **he did not know about her** status, the rival wife is permitted.
וְאִיבָּעֵית אֵימָא: כָּנַס וּלְבַסּוֹף גֵּירֵשׁ אִיכָּא בֵּינַיְיהוּ.	**And if you wish, say** that the practical difference **between them** concerns a different case, that of one who **married and ultimately divorced.** This is referring to an issue discussed above of whether a woman is considered the rival wife of a forbidden relation simply by virtue of her marriage to the specific man or whether she must be married to him at the time when the mitzva of levirate obligation takes effect, i.e., at the time of the brother's death.
אִיבָּעֵית אֵימָא: יֵשׁ תְּנַאי בְּבִיאָה אִיכָּא בֵּינַיְיהוּ.	**And if you wish, say** that the practical difference **between them** concerns a case where **there is a condition in sexual relations.**[N] In other words, the first *tanna* holds that Rabban Gamliel's daughter was married only conditionally, and since the condition was never fulfilled the marriage was nullified. Consequently, Rabban Gamliel could marry the other wife regardless of his daughter's status as an *aylonit*, as she was never married to his brother at all. However, according to the other *tanna*, even if the marriage was dependent upon a condition that was not fulfilled, because the man engaged in sexual relations with her the act of intercourse itself serves to nullify the condition. Accordingly, he maintains that the only reason Rabban Gamliel could enter into levirate marriage with his daughter's rival wife was not because of the condition, but due to the fact that his daughter was an *aylonit*. Whichever explanation is accepted, this case provides no proof with regard to the issue of whether or not Beit Shammai acted in accordance with their ruling.
מֵתִיב רַב מְשַׁרְשִׁיָּא: מַעֲשֶׂה בְּרַבִּי עֲקִיבָא שֶׁלִּיקֵּט אֶתְרוֹג בְּאֶחָד בִּשְׁבָט, וְנָהַג בּוֹ שְׁנֵי עִשּׂוּרִין;	§ **Rav Mesharshiyya raised an objection** against those who claim that Beit Shammai did not act in accordance with their opinion. It is taught in a mishna: There was **an incident involving Rabbi Akiva, who collected an** ***etrog***[HN] **on the first of** the month **of Shevat and performed with it two tenths.**[N] In other words, he separated two tithes from the fruit, as though it belonged to two different tithing years. He removed both the second tithe and the poor man's tithe at the same time, two tithes that should not be separated in the same year.

HALAKHA

Collected an *etrog* – לִיקֵּט אֶתְרוֹג: The *etrog* differs from other fruits in that the decisive moment for the determination of its tithes is the removal of the fruit from the tree, as is the case with vegetables (*Shulḥan Arukh, Yoreh De'a* 331:126).

NOTES

There is a condition in sexual relations – יֵשׁ תְּנַאי בְּבִיאָה: According to some commentaries, this is referring to the dispute as to whether one who betroths a woman by sexual intercourse and not with money can do so conditionally, a dispute that appears in *Ketubot* 74a (Rashba; Ritva, citing Ra'avad).

Collected an *etrog* – לִיקֵּט אֶתְרוֹג: The commentaries in tractate *Rosh HaShana* and elsewhere explain that the term: Collected, is used with regard to an *etrog* because these fruits do not all ripen at the same time. Consequently, this is comparable to collecting vegetables in a garden. Others state that the tree itself is called an *etrog* and therefore it means that he took the tree's fruits (Rivan).

Performed with it two tenths – נָהַג בּוֹ שְׁנֵי עִשּׂוּרִין: In addition to the first tithe, which is given to the Levites and is separated every year, there is also a second tithe, which is removed and taken by the owner to be eaten in Jerusalem in the first, second, fourth, and fifth years of the Sabbatical cycle. In the third and sixth years of the cycle, the poor man's tithe is separated.

Since this incident occurred between the second and third years, it was unclear to Rabbi Akiva which of these additional tithes should be separated. *Tosafot* cite the explanation in the Jerusalem Talmud as to how Rabbi Akiva solved other difficulties arising from this double tithing.

HALAKHA

The year of tithes for trees – **שְׁנַת מַעֲשֵׂר לָאִילָנוֹת**: The fifteenth of Shevat is the beginning of the New Year for the tithing of trees, in accordance with the opinion of Beit Hillel (Rambam *Sefer Zera'im, Hilkhot Teruma* 5:11; *Shulḥan Arukh, Yoreh De'a* 331:57, 125).

The Yehu water trough – **שׁוֹקֶת יֵהוּא**: Any body of water mixed with a ritual bath has the status of the ritual bath itself and may be used for immersion in the same manner as the ritual bath (*Shulḥan Arukh, Yoreh De'a* 201:57).

BACKGROUND

Removed the mortar [*ma'aziva*] – **פִּיחֵת אֶת הַמַּעֲזִיבָה**: Houses in the mishnaic period were mainly built of stone, but their roofs sat on large wooden logs in between wooden planks fastened and sealed by mortar and pebbles. This covering was called a *ma'aziva*, apparently from the root *a-z-v*, which means to strengthen. When this covering was removed, only the planks remained, and these could easily be converted into the roofing of a *sukka*.

אֶחָד כְּדִבְרֵי בֵית שַׁמַּאי וְאֶחָד כְּדִבְרֵי בֵית הִלֵּל, שְׁמַע מִינַּהּ: עָשׂוּ!

The mishna explains: **One** tithe he removed **in accordance with the statement of Beit Shammai,** who hold that the new year for trees occurs on the first of Shevat, which means that the *etrog* required tithing according to the regulations of the upcoming year. **And one** tithe was **in accordance with the statement of Beit Hillel,** who hold the new year for trees is on the fifteenth of Shevat, and therefore the *etrog* required tithing in accordance with the previous year. The Gemara infers: **Conclude from here** that Beit Shammai **did act** in accordance with their opinion, as Rabbi Akiva took care to act in accordance with the ruling of Beit Shammai.

רַבִּי עֲקִיבָא גְּמָרֵיהּ אִסְתַּפַּק לֵיהּ, וְלֹא יָדַע אִי בֵּית הִלֵּל בְּאֶחָד בִּשְׁבָט אָמוּר אוֹ בַּחֲמִשָּׁה עָשָׂר בִּשְׁבָט אָמוּר.

The Gemara answers: **Rabbi Akiva was uncertain as to his tradition, and he did not know if Beit Hillel said** that the New Year for trees occurs **on the first of Shevat or if they said** it is **on the fifteenth of Shevat.**[H] He did not act in accordance with the opinion of Beit Shammai at all; rather, he sought to act in accordance with the ruling of Beit Hillel but was uncertain about their opinion on this matter.

מְתִיב מָר זוּטְרָא: מַעֲשֶׂה וְיָלְדָה כַּלָּתוֹ שֶׁל שַׁמַּאי הַזָּקֵן וּפִיחֵת אֶת הַמַּעֲזִיבָה, וְסִיכֵּךְ עַל גַּבֵּי מִטָּה בִּשְׁבִיל קָטָן. שְׁמַע מִינַּהּ: עָשׂוּ! הָתָם הָרוֹאֶה אוֹמֵר לְאַפּוּשֵׁי אֲוִיר קָעָבֵיד.

§ **Mar Zutra raised an objection** to this issue from a different source: There was **an incident in which the daughter-in-law of Shammai the Elder**[P] **gave birth** to a son. In Shammai's opinion this newborn baby is immediately obligated in the mitzva to sit in a *sukka*, **and he** therefore **removed the mortar** [***ma'aziva***][B] covering the ceiling **and he placed** ***sukka*** **covering over the bed for the minor. Conclude from here** that Beit Shammai **did act**[N] in accordance with their opinions. The Gemara answers: There is no proof from **there,** as anyone **watching** would **say** that **he did it** merely **to increase** the **air.** Since people would not necessarily think that he removed the mortar as a ruling of *halakha*, this behavior is not considered the formation of a faction.

מְתִיב מָר זוּטְרָא: מַעֲשֶׂה בְּשׁוֹקֶת יֵהוּא שֶׁהָיְתָה בִּירוּשָׁלַיִם וְהָיְתָה נְקוּבָה לַמִּקְוֶה, וְכָל טָהֳרוֹת שֶׁהָיוּ בִּירוּשָׁלַיִם נַעֲשִׂים עַל גַּבָּהּ. וְשָׁלְחוּ בֵּית שַׁמַּאי וְהִרְחִיבוּהָ, שֶׁבֵּית שַׁמַּאי אוֹמְרִים: עַד שֶׁתִּיפָּחֵת בְּרוּבָּהּ.

Mar Zutra raised a further **objection:** There was **an incident involving the Yehu water trough**[HN] **in Jerusalem, which had a hole** that connected it **to a ritual bath, and all the ritual purifications in Jerusalem were performed in it,** i.e., people immersed their utensils in this trough. **And Beit Shammai sent** messengers **and they widened** the opening in the water trough, as in the opinion of Beit Shammai the hole was not large enough for the trough to be considered connected to the adjacent ritual bath **as Beit Shammai say:** The two areas are not connected **unless the majority of it is opened.** In other words, they require the major portion of the barrier between the ritual bath and the nearby trough to be open.

NOTES

Conclude from here that Beit Shammai did act – **שְׁמַע מִינַּהּ עָשׂוּ**: Since Beit Shammai's decision to act in accordance with their own ruling can be viewed as merely the adoption of a stringency, this does not provide conclusive proof with regard to the basic dilemma of a division into factions, as in a different case they might not have acted leniently in accordance with their own opinion against that of Beit Hillel. One explanation is that as these actions were performed publicly, the concern over breaking into factions is relevant, despite the fact that their ruling was a stringency (Ritva).

The Yehu water trough – **שׁוֹקֶת יֵהוּא**: Rashi apparently maintains that this trough was connected to a spring. Others raise several difficulties with this interpretation, and most commentaries explain instead that the water trough was attached to a valid ritual bath (Ritva).

PERSONALITIES

Shammai the Elder – **שַׁמַּאי הַזָּקֵן**: Shammai, occasionally called the Elder, formed a pair with Hillel; he served as deputy *Nasi* while Hillel was the *Nasi* of the Sanhedrin. Hillel and Shammai, the last of the pairs of Sages, lived about one hundred years prior to the destruction of the Temple, at the beginning of the reign of Herod. Despite the fact that the pair founded two schools, Beit Hillel and Beit Shammai, which lasted for many years after their passing, they themselves disagreed about only three or four issues. The difference between Hillel and Shammai themselves was mainly one of personality. Hillel treated himself and others in an easygoing manner, avoiding conflict whenever possible. Shammai, in contrast, took a more severe approach, attempting to scrutinize people's motivations and habits. Nevertheless, it was Shammai who coined the phrase: One should receive every person with a pleasant countenance (*Avot* 1:15). Little is known about Shammai's personal life, but he was apparently an architect or builder by trade, as he is portrayed on several occasions standing with a builder's measuring rod in hand.

וּתְנַן: עֵירוּב מִקְוָאוֹת כִּשְׁפוֹפֶרֶת הַנּוֹד, בְּעוֹבְיָיהּ, וּבַחֲלָלָהּ כִּשְׁתֵּי אֶצְבָּעוֹת חוֹזְרוֹת לִמְקוֹמָן. שְׁמַע מִינַּהּ: עָשׂוּ! הָתָם

And we learned in a mishna: Beit Hillel hold that **a joining of ritual baths**[H] is effective if the hole has the **width of the tube** used to pour water in and out **of a wineskin,**[B] **and in its** open **space** there is enough room for **about two fingers that can return to their place.** In other words, if it is possible to insert into the hole two fingers that can move around on all sides, the cavity is sufficiently large to be considered a connection. According to Beit Shammai, however, the hole must open up the majority of the barrier between the two areas. If so, **conclude from this** that Beit Shammai **did act** in accordance with their opinions. The Gemara rejects this contention: **There,**

HALAKHA

Joining of ritual baths – **עֵירוּב מִקְוָאוֹת**: If one wishes to join an invalid ritual bath and an adjacent valid ritual bath so that both can be used, he must bore a hole between them the size of the tube of a wineskin. This is a size that enables the insertion and freedom of movement for the first two fingers of the hand (*Shulḥan Arukh, Yoreh De'a* 42, 50).

Wineskin made from an intact hide

BACKGROUND

The tube of a wineskin – **שְׁפוֹפֶרֶת הַנּאד**: Wineskin canteens were prepared from whole animal skins. These sacks served various purposes, primarily containing objects of different kinds, but also storing provisions. When these were used as canteens for liquids such as water, wine, or oil, precautions were usually taken to ensure that the skin of the animal remained whole and did not tear. Furthermore, the skin of the legs was left intact. A tube, usually fashioned from cane, would subsequently be inserted into one of the legs, through which the liquid was poured inside.

Perek **I**
Daf **15** Amud **b**

הָרוֹאֶה אוֹמֵר: לְאַפּוּשֵׁי מַיָּא הוּא דְּקָא עָבֵיד.

anyone **watching** would **say** that **he did** it **to increase the water** flow, and he did not intend to change the *halakha*. Rather, they would think that he widened the water trough only because there was not enough water flow.

תָּא שְׁמַע, דְּאָמַר רַבִּי אֶלְעָזָר בַּר צָדוֹק: כְּשֶׁהָיִיתִי לוֹמֵד תּוֹרָה אֵצֶל רַבִּי יוֹחָנָן הַחוֹרָנִי רָאִיתִי שֶׁהָיָה אוֹכֵל פַּת חֲרֵיבָה בְּמֶלַח בִּשְׁנֵי בַּצּוֹרֶת. בָּאתִי וְהוֹדַעְתִּי אֶת אַבָּא. אָמַר לִי: הוֹלֵךְ לוֹ זֵיתִים, וְהוֹלַכְתִּי לוֹ. רָאָה אוֹתָן שֶׁהֵן לַחִין, אָמַר לִי: אֵין אֲנִי אוֹכֵל זֵיתִים.

§ The Gemara cites another relevant source. **Come and hear, as Rabbi Elazar bar Tzadok said: When I studied Torah with Rabbi Yoḥanan the Ḥorani,**[P] who was a disciple of Beit Shammai, **I saw that he would eat dry bread in salt in years of drought. I went and informed** my **father** of his meager meal, and **he said to me: Take olives for him, and I took for him** some olives. Rabbi Yoḥanan **saw that they were moist** with the liquid that oozes from olives, which renders them susceptible to ritual impurity. Concerned that they had already become ritually impure, **he said to me: I do not eat olives.**[N] He spoke politely and stated that he did not eat olives because he did not wish to embarrass his benefactor by disclosing that he feared they had become ritually impure.

PERSONALITIES

Rabbi Yoḥanan the Ḥorani – **רַבִּי יוֹחָנָן הַחוֹרָנִי**: Rabbi Yoḥanan the Ḥorani, or Horonite, is mentioned in several places as one of the important Sages of the generation before the destruction of the Temple. He was highly regarded by both Beit Shammai, of which he was a member, and Beit Hillel. His opinion on the disputes between the schools was similar to that of other Sages from Beit Shammai, e.g., Baba ben Bota from the previous generation. In general, they sought to act in accordance with the opinion of Beit Hillel. This explains why Rabbi Tzadok of Beit Hillel would send his son to study with Rabbi Yoḥanan the Ḥorani. Nothing is known of Rabbi Yoḥanan the Ḥorani's life or activities, although certain sources indicate that he was destitute and lived in conditions of severe poverty.

NOTES

I do not eat olives – **אֵין אֲנִי אוֹכֵל זֵיתִים**: If one receives a gift from an important individual but fears that it may be in some way prohibited, for reasons of courtesy it is not appropriate to say so explicitly. Rather, one should speak indirectly, so as not to insult the giver (Meiri). With regard to this particular matter, some commentaries claim that, according to Rashi, Rabbi Yoḥanan was concerned that Rabbi Tzadok might not be careful about the ritual impurity of an *am ha'aretz*, a common, uneducated individual (*Tosafot*). This is certainly the interpretation of Rivan, a disciple of Rashi. Since Rashi states that the concern was that the olives had contracted ritual impurity through their earthenware container, which had been touched by an *am ha'aretz*, some later commentaries inquire how that earthenware container itself became ritually impure, as an earthenware vessel cannot contract ritual impurity from the outside; it contracts impurity only if a ritually impure object is placed inside it. Some explain that there is a specific decree that an earthenware vessel can contract ritual impurity through contact with impure liquids. See *Arukh LaNer* and *Sukkat David*, who attempt to explain that Rabbi Tzadok acted in accordance with his own opinion in this regard.

Alternatively, the concern might refer to ritual impurity contracted by movement, which would render both the barrel and its contents impure (Rashash). Some state that since people are generally not careful to crush olives in a state of ritual purity, it is simply assumed that a ritually impure individual touched them (Ritva).

HALAKHA

A barrel of preserved olives – חָבִית שֶׁל זֵיתִים מְגוּלְגָּלִים: If a barrel of preserved olives is not perforated to allow the juices to escape, the olives are rendered susceptible to ritual impurity. If the barrel was pierced and then the hole clogged with sediments, the olives are not rendered susceptible to ritual impurity (Rambam *Sefer Tahara, Hilkhot Tumat Okhalin* 11:7).

BACKGROUND

Clogged by sediments – סְתָמוּהָ שְׁמָרִים: The term sediments is imprecise in this context, as oil does not actually contain sediments. However, the oil that comes out of olives does thicken partially, due to contact with oxygen in the air, particularly when it is not refined. As a result, it can form masses that could clog up the hole in a barrel.

בָּאתִי וְהוֹדַעְתִּי אֶת אַבָּא. אָמַר לִי: לֵךְ וֶאֱמוֹר לוֹ: חָבִית נְקוּבָה הָיְתָה, אֶלָּא שֶׁסְּתָמוּהָ שְׁמָרִים. וּתְנַן: חָבִית שֶׁל זֵיתִים מְגוּלְגָּלִים, בֵּית שַׁמַּאי אוֹמְרִים אֵין צְרִיכָה לְנַקֵּב,

Rabbi Elazar bar Tzadok continued his account. **I went and informed** my **father. He said to me: Go and say to him** that the **barrel** containing the olives **was perforated, but it was clogged by sediments** in the oil and therefore some moisture remained inside. However, due to the presence of the hole, the olives were not rendered susceptible to ritual impurity. **And we learned** this in a mishna: With regard to **a barrel of preserved olives,**[NH] **Beit Shammai say it does not need to be perforated,** as the juice issuing from the olives does not render them susceptible to ritual impurity.

וּבֵית הִלֵּל אוֹמְרִים: צְרִיכָה לְנַקֵּב, וּמוֹדִים שֶׁאִם נִיקְּבָהּ וּסְתָמוּהָ שְׁמָרִים – שֶׁהִיא טְהוֹרָה.

And Beit Hillel say that **it does need to be perforated,** as they maintain that the juice of olives is considered oil and it therefore renders the olives susceptible to ritual impurity. **And Beit Hillel concede that if** the barrel **was perforated and** subsequently **clogged by sediments**[B] **it is ritually pure,** despite the moisture on the olives. Since liquids render food susceptible to ritual impurity only if they were placed on them intentionally, the hole in the barrel clearly shows that one did not intend for the juice to be there. By boring a hole in the barrel he has rendered it obvious that he did not desire the presence of the olive juices, and therefore it does not matter that the hole became blocked.

וְאַף עַל פִּי שֶׁתַּלְמִיד שַׁמַּאי הָיָה – כׇּל מַעֲשָׂיו לֹא עָשָׂה אֶלָּא כְּדִבְרֵי בֵּית הִלֵּל. אִי אָמְרַתְּ בִּשְׁלָמָא עָשׂוּ – הַיְינוּ רְבוּתֵיהּ, אֶלָּא אִי אָמְרַתְּ לֹא עָשׂוּ – מַאי רְבוּתֵיהּ?

The *baraita* adds: **And although** Rabbi Yoḥanan the Ḥorani **was a disciple of Shammai, he always acted only in accordance with the statements of Beit Hillel.** The Gemara infers: **Granted, if you say** that Beit Shammai **acted** in accordance with their opinions, **this is** Rabbi Yoḥanan the Ḥorani's **greatness,** i.e., he is praised for acting in accordance with the opinion of Beit Hillel. **However, if you say** that Beit Shammai **did not act** in accordance with their own rulings, **what is the greatness** and uniqueness **of** Rabbi Yoḥanan the Ḥorani? From here it can be inferred that Beit Shammai generally did act in accordance with their opinions.

תָּא שְׁמַע: שָׁאֲלוּ אֶת רַבִּי יְהוֹשֻׁעַ: צָרַת הַבַּת מַהוּ? אָמַר לָהֶם: מַחֲלוֹקֶת בֵּית שַׁמַּאי וּבֵית הִלֵּל. וַהֲלָכָה כְּדִבְרֵי מִי? אָמַר לָהֶם: מִפְּנֵי מָה אַתֶּם מַכְנִיסִין רֹאשִׁי בֵּין שְׁנֵי הָרִים גְּדוֹלִים, בֵּין שְׁתֵּי מַחֲלוֹקוֹת גְּדוֹלוֹת, בֵּין בֵּית שַׁמַּאי וּבֵין בֵּית הִלֵּל, מִתְיָירֵא אֲנִי שֶׁמָּא יָרוֹצּוּ גֻּלְגׇּלְתִּי.

§ The Gemara adds: **Come and hear** a different proof. **They asked**[N] **Rabbi Yehoshua: What is** the *halakha* with regard to the **rival wife of a daughter? He said to them:** It is a matter of **dispute between Beit Shammai and Beit Hillel.** They continued to ask him: **And in accordance with whose statement is the** ***halakha*****? He said to them: Why are you inserting my head between two great mountains, i.e., between two great disputing** opinions, **between Beit Shammai and Beit Hillel? I fear lest** these two mountains **break my skull.**[N]

NOTES

A barrel of preserved olives – חָבִית שֶׁל זֵיתִים מְגוּלְגָּלִים: The commentaries discuss whether or not the juice that issues from olives is considered a form of liquid that renders foods susceptible to contract ritual impurity (*Tosafot*). Some write that olive juices do not render foods susceptible to ritual impurity at the time of harvest, but only from the moment they are prepared for pressing (Meiri). Since this barrel was filled with preserved olives, it is obvious that the owner wants the juice to be there, as it assists in the pressing of the olives. Others explain that although olive juice generally does render foods susceptible to ritual impurity, these olives were designated exclusively for consumption. Consequently, the juice was undesirable, and a liquid that is not desired by the owner does not render foods susceptible to impurity (Rivan).

Come and hear, they asked, etc. – תָּא שְׁמַע שָׁאֲלוּ וכו׳: Some commentaries inquire about the need for this additional source. After all, the Gemara already proved from the previous story involving Rabbi Yoḥanan the Ḥorani that Beit Shammai indeed acted in accordance with their rulings. Some explain that the previous proof can be refuted by saying that Rabbi Yoḥanan the Ḥorani was praised for acting in all cases in accordance with the rulings of Beit Hillel, not only in those cases in which the opinion of Beit Hillel was the more stringent (*Otzar HaShitot*).

I fear lest they break my skull – מִתְיָירֵא אֲנִי שֶׁמָּא יָרוֹצּוּ גֻּלְגׇּלְתִּי: The commentaries ask: By his very admission of fear, Rabbi Yehoshua is indicating that he holds in accordance with the opinion of Beit Hillel, which means the children of rival wives who entered into levirate marriage are *mamzerim*. If so, he did in fact reveal his opinion and harmed those affected by this ruling (Maharsha). The Maharsha suggests that perhaps Rabbi Yehoshua did not answer those who asked him in this manner. Rather, he said this privately to his disciples in explanation of why he did not provide a precise response. Some commentaries explain, in a homiletic vein, that since Rabbi Yehoshua was the Sage who declared that we pay no attention to a Divine Voice (see *Bava Metzia* 59b), if he were to say here that the *halakha* is in accordance with the opinion of Beit Hillel due to a Divine Voice he would be contradicting himself (*Iyyun Ya'akov*).

אֲבָל אֲנִי מֵעִיד לָכֶם עַל שְׁתֵּי מִשְׁפָּחוֹת גְּדוֹלוֹת שֶׁהָיוּ בִּירוּשָׁלַיִם: מִשְׁפַּחַת בֵּית צְבוֹעִים מִבֶּן עַכְמַאי, וּמִשְׁפַּחַת בֵּית קוּפַאי מִבֶּן מְקוֹשֵׁשׁ, שֶׁהֵם בְּנֵי צָרוֹת וּמֵהֶם כֹּהֲנִים גְּדוֹלִים, וְשִׁמְּשׁוּ עַל גַּבֵּי הַמִּזְבֵּחַ.

However, I shall testify to you[N] **about two great families that were in Jerusalem, the Beit Tzevo'im family** who came **from** the town of **Ben Akhmai, and the Beit Kofai family from** the town of **Ben Mekoshesh: They were the descendants of rival wives** who married others, in accordance with the opinion of Beit Hillel, **and from them** came **High Priests who served on the altar.** Accordingly, I can testify that this was the accepted halakhic practice throughout the generations.

אִי אָמְרַתְּ בִּשְׁלָמָא עָשׂוּ – הַיְינוּ דְּקָאָמַר מִתְיָירֵא אֲנִי, אֶלָּא אִי אָמְרַתְּ לֹא עָשׂוּ – אַמַּאי קָאָמַר מִתְיָירֵא אֲנִי? וְנֵהִי נָמֵי דַּעֲשׂוּ, מַאי מִתְיָרֵא אֲנִי?

The Gemara infers from this statement: **Granted, if you say** that Beit Shammai **acted** in accordance with their opinions, **this is why** Rabbi Yehoshua **said: I fear,** since a conclusive halakhic ruling would mean that certain children are *mamzerim*, and the descendants of that family might take vengeance upon him. **However, if you say** that **they did not act** in accordance with their opinions, **why did he say: I fear?** The Gemara retorts: **And even** if Beit Shammai **did act** in accordance with their rulings, **what is the** reason that he said: **I fear?**

הָא אָמַר רַבִּי יְהוֹשֻׁעַ: אֵין מַמְזֵר אֶלָּא מֵחַיָּיבֵי מִיתוֹת בֵּית דִּין! נְהִי נָמֵי דְּמַמְזֵר לָא הָוֵי, פָּגוּם מִיהוּ הָוֵי,

Didn't Rabbi Yehoshua say that in his opinion **a *mamzer* is only** someone born **from** a union **of those liable to** receive **the court-imposed capital punishments,**[H] not from those liable to receive *karet*. If so, in the opinion of Rabbi Yehoshua, the children of rival wives who entered into levirate marriage would not be *mamzerim* at all, and therefore he had no reason to fear reprisals. The Gemara answers: **Even if** this is the case, nevertheless, he had something to fear, as, although the child of a rival wife would **not be a *mamzer*,** he would **nevertheless be** of **flawed** lineage and disqualified from the priesthood.

מִקַּל וָחוֹמֶר מֵאַלְמָנָה: מָה אַלְמָנָה, שֶׁאֵין אִיסּוּרָהּ נוֹהֵג בַּכֹּל – בְּנָהּ פָּגוּם, זוֹ שֶׁאִיסּוּרָהּ שָׁוֶה בַּכֹּל כּוּ׳.

The Gemara adds that this can be derived **by an *a fortiori*** inference **from** the case of **a widow: Just as** in the case of **a widow, whose prohibition does not apply to all,** as she is forbidden in marriage only to a High Priest and not to any other man, **and** yet the lineage of **her son is flawed,** as he is disqualified from the priesthood, the son of **this** rival wife should certainly be disqualified from the priesthood, as **her prohibition applies equally to all,** even regular Israelites.

קָבְעוּ מִינֵּיהּ צָרוֹת וְקָפָשִׁיט לֵיהּ בְּנֵי צָרוֹת! תַּרְתֵּי קָא בָּעֵי מִינֵּיהּ: צָרוֹת מַאי, וְאִם תִּמְצֵי לוֹמַר צָרוֹת כְּבֵית הִלֵּל – בְּנֵי צָרוֹת דְּבֵית הִלֵּל לְבֵית שַׁמַּאי מַהוּ?

§ Incidentally, the Gemara notes a problem with the above discussion: **They asked** Rabbi Yehoshua about **rival wives, and he answered them** about **the children of rival wives.** He did not refer to the rival wives themselves. The Gemara explains: **They asked him** questions on **two** matters: First, **what is** the *halakha* with regard to **rival wives? And if you say** that the *halakha* in the case of **rival wives is in accordance with** the opinion of **Beit Hillel** and they are exempt, **what is the *halakha* according to Beit Shammai** in the case of **the children of rival wives** who, following **Beit Hillel,** married others without *ḥalitza*?

לְמַאי נָפְקָא מִינַּהּ? לְמִיפְשַׁט וְלַד מַחֲזִיר גְּרוּשָׁתוֹ לְבֵית הִלֵּל.

The Gemara asks: **What difference** does this question make? Since Rabbi Yehoshua maintains that the *halakha* is in accordance with the ruling of Beit Hillel, why even discuss Beit Shammai's opinion on this matter? The Gemara explains: His answer enables one **to resolve** a different issue, the case of a **child of one who remarries his divorcée according to** the opinion of **Beit Hillel.** Is the child of a divorcée who remarried her previous husband after she had been married to another man fit or disqualified from the priesthood?

מִי קָאָמְרִינַן קַל וָחוֹמֶר: וּמָה אַלְמָנָה לְכֹהֵן גָּדוֹל שֶׁאֵין אִיסּוּרָהּ שָׁוֶה בַּכֹּל – בְּנָהּ פָּגוּם, זוֹ שֶׁאִיסּוּרָהּ שָׁוֶה בַּכֹּל – אֵינוֹ דִּין שֶׁבְּנָהּ פָּגוּם?

The Gemara elaborates: **Do we say** the following **an *a fortiori*** inference: **And just as** with regard to **a widow** married **to a High Priest,**[H] **whose prohibition does not apply to all,** as she is prohibited in marriage only to a High Priest, **and** yet the lineage of **her son is flawed** as he is disqualified from the priesthood, so too, in the case of **this** rival wife, **whose prohibition applies equally to all** men, **is it not right that her son** should be of **flawed** lineage?

NOTES

However, I shall testify to you, etc. – אֲבָל אֲנִי מֵעִיד לָכֶם וכו׳: This indicates that rival wives who married other men are not disqualified from the priesthood. Clearly, this is not the opinion of Rabbi Yoḥanan ben Nuri (see 14b), who states that Beit Shammai maintain that the child is disqualified. It is possible that Rabbi Yehoshua witnessed that in practice Beit Shammai were not concerned about disqualification in this case, whereas Rabbi Yoḥanan ben Nuri was not aware of this fact. Alternatively, Beit Shammai did object to these High Priests, but the opinion of Beit Hillel prevailed. If so, this case provides no conclusive evidence with regard to the actual opinion of Beit Shammai (Ramban).

HALAKHA

Who is a *mamzer* – אֵיזֶהוּ מַמְזֵר: A child born from a forbidden union is a *mamzer*, whether that relationship entails court-imposed capital punishment or *karet*, with the exception of a union with a menstruating woman, in accordance with the opinion of Shimon the Temanite on 49a (*Shulḥan Arukh, Even HaEzer* 4:13).

A High Priest to a widow – כֹּהֵן גָּדוֹל בְּאַלְמָנָה: If a High Priest engages in sexual intercourse with a widow she is disqualified from marrying into the priesthood, and any child born to her, from him or any other man, is likewise disqualified (*Shulḥan Arukh, Even HaEzer* 7:12).

NOTES

What about the fact that a widow is different as she herself is disqualified – מה לאלמנה שהיא עצמה מתחללת: The Meiri explains that even according to the opinion, which he himself accepts, that every woman who engages in sexual intercourse in violation of a prohibition is disqualified from marrying a priest, including a woman obligated in levirate marriage who marries without *ḥalitza*, she is nevertheless not rendered unfit to eat *teruma* if she is the daughter of a priest. This explains why the Gemara said that she becomes disqualified from marrying a priest, not that she is unfit for eating *teruma* (see *Keren Ora*).

או דלמא איכא למיפרך: מה לאלמנה – שהיא עצמה מתחללת! ואמר להו: צרות – מתיירא אני,

Or perhaps this comparison **can be refuted: What** about the fact **that a widow** is different, **as she herself is disqualified**[N] from marrying a priest, i.e., if a High Priest has intercourse with her she is disqualified from marrying any member of the entire priesthood, including common priests, whereas a remarried divorcée herself is not disqualified from marrying into the priesthood? **And** Rabbi Yehoshua **said to them: I fear** that if I issue a decisive ruling concerning **rival wives** this might lead to a conflict,

Perek **I**
Daf **16** Amud **a**

NOTES

With regard to the children of rival wives, I testify to you – בני צרות אני מעיד לכם: The early commentaries discuss the meaning of this testimony from different perspectives. One interpretation is that as Rabbi Yehoshua testified that the children of rival wives are undoubtedly qualified, he thereby indicated that the *halakha* is entirely in accordance with the opinion of Beit Hillel, including the status of the rival wives themselves (*Tosefot HaRosh*).

LANGUAGE

Harkinas – הרכינס: The form of this name is Greek, perhaps from the name Ἀρχῖνος, Archinos, which means great or head. In the Jerusalem Talmud the name appears as Arginas, perhaps from ἀργεννός, *argennos*, meaning white.

בני צרות אני מעיד לכם.

whereas with regard to the **children of rival wives, I testify to you**[N] that they are not disqualified, since, as stated, their descendants served as High Priests.

תא שמע: בימי רבי דוסא בן הרכינס הותרה צרת הבת לאחין. שמע מינה: עשו, שמע מינה.

§ The Gemara states: **Come** and **hear** another source that indicates Beit Shammai did act upon their opinions: **In the time of Rabbi Dosa ben Harkinas,**[LP] **the rival wife of a daughter was permitted to the brothers. Conclude from this** that Beit Shammai **did act** in accordance with their opinions. The Gemara summarizes these proofs: Indeed, **conclude from** these sources that Beit Shammai did put their rulings into practice.

גופא, בימי רבי דוסא בן הרכינס התירו צרת הבת לאחין והיה הדבר קשה לחכמים, מפני שחכם גדול היה ועיניו קמו מלבא לבית המדרש.

§ Since the last source is only part of a larger incident, the Gemara cites **the matter itself. In the time of Rabbi Dosa ben Harkinas** the Sages **permitted the rival wife of a daughter to the brothers.** In other words, it became known that Rabbi Dosa ben Harkinas rendered permitted a daughter's rival wife. **And this matter was difficult** in the eyes of **the Rabbis because he was a great Sage** and his decision in favor of Beit Shammai carried great weight. They could not approach him immediately, as he was very old **and his eyes had dimmed** so much that he was incapable **of coming to the study hall.**

(אמר: ומי ילך) ויודיעו? אמר להן רבי יהושע: אני אלך. ואחריו מי? רבי אלעזר בן עזריה, ואחריו מי? רבי עקיבא. הלכו ועמדו על פתח ביתו, נכנסה שפחתו, אמרה לו: רבי, חכמי ישראל באין אצלך. אמר לה: יכנסו, ונכנסו.

They **said: And who will go and notify him** that this matter requires clarification? **Rabbi Yehoshua said to them: I will go.** They asked: **And who** shall go **after him?** They selected **Rabbi Elazar ben Azarya,** who was one of the great Sages of the generation, notwithstanding his youth. They further inquired: **And who after him? Rabbi Akiva.**[P] **They went and stood at the entrance** of Rabbi Dosa ben Harkinas's **house. His maidservant entered** and **said to him: Rabbi, the Sages of Israel have come to you. He said to her: Let them enter, and they entered.**

PERSONALITIES

Rabbi Dosa ben Harkinas – רבי דוסא בן הרכינס: Rabbi Dosa ben Harkinas was one of the earliest *tanna'im*. He was already considered a Sage of great stature in the period of the Second Temple. He engaged in disputes with Akavya ben Mahalalel and Ḥananya the deputy High Priest, and he was apparently from the same generation as Rabbi Yoḥanan ben Zakkai, whom he outlived. As a result of his longevity, he is described as participating in various deliberations during the time of Rabban Gamliel in Yavne, although he would not come to the study hall due to his old age. If this is the case, he lived well over a hundred years. See the Rambam's introduction to the order of *Zera'im*, where his wondrously long life span is recounted. Rabbi Dosa ben Harkinas was universally respected due to his old age and wisdom, and Rabbi Yehoshua asked his advice on several issues. He was apparently an expert in the history of the Jewish people, and he could recall even small details of events. He possibly preserved for himself relics from earlier eras, such as the mortar of the prophet Haggai. The story recounted here indicates that he was also extremely wealthy, but there are no records of his profession or family, besides the younger brother he himself mentions. His statements, which are also cited in the Mishna, deal with both *aggada* and *halakha*. When the name Rabbi Dosa is mentioned without any qualifiers in the Mishna, the reference is to Rabbi Dosa ben Harkinas.

Rabbi Akiva – רבי עקיבא: Rabbi Akiva, who lived just after the destruction of the Second Temple, was one of the greatest of the *tanna'im*. Unlettered until the age of forty, Akiva was encouraged by his wife, Rachel, to devote himself to the study of Torah. After years of study under the tutelage of Rabbi Eliezer ben Hyrcanus, Yehoshua ben Ḥananya, and others, he acquired thousands of students and established his own academy in Benei Berak. Rabbi Akiva systematized and arranged many oral traditions, and it was the tradition of Rabbi Akiva as received by his disciple, Rabbi Meir, that ultimately became the basis of the six orders of the Mishna. Rabbi Akiva was the spiritual leader of the bar Kokheva revolt. He even proclaimed bar Kokheva the Messiah early in the struggle, but he later retracted this opinion. Despite Roman decrees against disseminating Torah, the aged Rabbi Akiva continued to teach. Rabbi Akiva was arrested by the Romans, imprisoned, tried, and sentenced to death. He suffered a martyr's death at the hands of the Romans, and is listed as one of the ten martyrs executed by the Romans. As the Romans were torturing him to death, he explained to his students that he now had the opportunity to fulfill the true meaning of loving God with all of one's soul (*Berakhot* 61b).

תְּפָסוֹ לְרַבִּי יְהוֹשֻׁעַ וְהוֹשִׁיבָהוּ עַל מִטָּה שֶׁל זָהָב, אָמַר לוֹ: רַבִּי, אֱמוֹר לְתַלְמִידְךָ אַחֵר וְיֵשֵׁב. אָמַר לוֹ: מִי הוּא? רַבִּי אֶלְעָזָר בֶּן עֲזַרְיָה. אָמַר: וְיֵשׁ לוֹ בֵּן לַעֲזַרְיָה חֲבֵירֵנוּ?

Rabbi Dosa ben Harkinas **grabbed Rabbi Yehoshua,** with whom he was already acquainted, **and sat him on a bed of gold,** as Rabbi Dosa was extremely wealthy. Rabbi Yehoshua **said to him: Rabbi, call your other disciple** so **that he may sit.**[H] He asked him to call the other Sage as well, as it is a mark of respect when speaking to a great scholar to call every other Sage his disciple. **He said to him: Who is it?** Rabbi Yehoshua replied: **Rabbi Elazar ben Azarya.** Rabbi Dosa **said: And does our colleague Azarya have a son?** Due to his old age and prolonged absence from the study hall he had not heard of him.

קָרָא עָלָיו הַמִּקְרָא הַזֶּה: ״נַעַר הָיִיתִי גַּם זָקַנְתִּי וְלֹא רָאִיתִי צַדִּיק נֶעֱזָב וְזַרְעוֹ מְבַקֶּשׁ לָחֶם״. תְּפָסוֹ וְהוֹשִׁיבוֹ עַל מִטָּה שֶׁל זָהָב. אָמַר לוֹ: רַבִּי, אֱמוֹר לְתַלְמִידְךָ אַחֵר וְיֵשֵׁב. אָמַר לוֹ: וּמִי הוּא? עֲקִיבָא בֶּן יוֹסֵף. אָמַר לוֹ: אַתָּה הוּא עֲקִיבָא בֶּן יוֹסֵף, שֶׁשִּׁמְךָ הוֹלֵךְ מִסּוֹף הָעוֹלָם וְעַד סוֹפוֹ? שֵׁב בְּנִי, שֵׁב, כְּמוֹתְךָ יִרְבּוּ בְּיִשְׂרָאֵל!

Rabbi Dosa ben Harkinas **recited this verse about** Rabbi Elazar ben Azarya: **"I have been young, and now am old; yet I have not seen the righteous forsaken,[N] nor his seed begging bread"** (Psalms 37:25). He interpreted this verse to mean that the son of a Torah scholar also becomes a Torah scholar. **He grabbed him and sat him on a bed of gold.** Rabbi Yehoshua **said to him: Rabbi, call your other disciple** so **that he may sit. He said to him: Who is that?** He said to him: **Akiva ben Yosef.** Rabbi Dosa **said to him: You are Akiva[N] ben Yosef, whose name has spread from one end of the world to the other?** Even Rabbi Dosa had heard of Rabbi Akiva's reputation as a great man. **Sit, my son, sit. May the likes of you multiply in Israel.[N]**

הִתְחִילוּ מְסַבְּבִים אוֹתוֹ בַּהֲלָכוֹת, עַד שֶׁהִגִּיעוּ לְצָרַת הַבַּת. אָמְרוּ לֵיהּ: צָרַת הַבַּת מַהוּ? אָמַר לָהֶן: מַחְלוֹקֶת בֵּית שַׁמַּאי וּבֵית הִלֵּל. הֲלָכָה כְּדִבְרֵי מִי? אָמַר לָהֶן: הֲלָכָה כְּבֵית הִלֵּל. אָמְרוּ לֵיהּ: וַהֲלֹא מִשְּׁמְךָ אָמְרוּ הֲלָכָה כְּבֵית שַׁמַּאי!

Out of courtesy, they did not wish to broach the subject immediately. Rather, **they began to encircle him with** deliberations on different ***halakhot*****, until they came to** the case of the **rival wife of a daughter. They said to him: What is** the *halakha* with regard to the **rival wife of a daughter? He said** that it is a matter of **dispute between Beit Shammai and Beit Hillel.** They asked him: **According to whose statement is the *halakha*? He said to them: The *halakha* is in accordance with** the opinion of **Beit Hillel. They said to him: But didn't they say in your name that the *halakha* is in accordance with** the opinion of **Beit Shammai?**

אָמַר לָהֶם: דּוֹסָא שְׁמַעְתֶּם, אוֹ בֶּן הַרְכִּינַס שְׁמַעְתֶּם? אָמְרוּ לֵיהּ: חַיֵּי רַבִּי, סְתָם שְׁמַעְנוּ. אָמַר לָהֶם: אָח קָטָן יֵשׁ לִי, בְּכוֹר שָׂטָן הוּא, וְיוֹנָתָן שְׁמוֹ, וְהוּא מִתַּלְמִידֵי שַׁמַּאי.

He said to them: Did **you hear** that **Dosa** ben Harkinas issued this ruling, **or did you hear** that it was stated by **ben Harkinas? They said to him: On your life, Rabbi, we heard simply** ben Harkinas. **He said to them:** If so, it is no wonder, as **I have a younger brother who is the firstborn of the Satan,[N]** i.e., he is extremely sharp and as brazen as a demon. **And his name is Yonatan, and he is among the disciples of Shammai.** It is he who issued this ruling.

HALAKHA

Call your other disciple that he may sit – אֱמוֹר לְתַלְמִידְךָ אַחֵר וְיֵשֵׁב: A disciple is not permitted to sit before his master until he is instructed to do so (*Shulḥan Arukh, Yoreh De'a* 242:16).

NOTES

I have not seen the righteous forsaken, etc. – לֹא רָאִיתִי צַדִּיק נֶעֱזָב וכו׳: Some commentaries note that this quotation also alludes to Rabbi Elazar ben Azarya's great wealth (Rivan).

You are Akiva, etc. – אַתָּה הוּא עֲקִיבָא וכו׳: In the Jerusalem Talmud the following is added: I am aware that he is a great man in Torah. In some versions an additional verse befitting Rabbi Akiva's personality is added: "A good name is better than precious oil" (Ecclesiastes 7:1). Rabbi Akiva came from a family of converts, and yet the name he made for himself spread far and wide like the fragrance of precious oil (*Ein Ya'akov*).

May the likes of you multiply in Israel – כְּמוֹתְךָ יִרְבּוּ בְּיִשְׂרָאֵל: Some commentaries suggest that this too is an allusion to Rabbi Akiva's background from a family of converts (Maharsha). Rabbi Dosa is saying: I wish that there were those like you from the Jewish people itself, not only from converts. Others explain that although the Sages were generally wary of accepting converts, this concern did not include personalities such as Rabbi Akiva, and that he wished for more converts of his kind (*Iyyun Ya'akov*).

Who is the firstborn [*bekhor*] of the Satan – בְּכוֹר שָׂטָן הוּא: Those commentaries who accept this version of the text interpret this statement as an expression of both affection and reproof. It is as though he said that his brother is intellectually very sharp but does not know how to arrive at the proper conclusions, or, as some put it: He too readily turns around his proofs (Rivan). Other commentaries cite the version of the text found in *Ein Ya'akov*: Witty firstborn, and some read: Witty youth (Maharatz Ḥayyut). The version of the text found in several manuscripts states that the number of proofs Yonatan ben Harkinas could provide was equivalent to the numerical value of the Hebrew word Satan: Three hundred and fifty-nine. An entirely different interpretation of the term *bekhor* in this context is that Khor Satan or Bor Satan is the name of the place where Yonatan ben Harkinas lived (*Tosafot Yeshanim*).

וְהִזָּהֲרוּ שֶׁלֹּא יְקַפֵּחַ אֶתְכֶם בַּהֲלָכוֹת. לְפִי שֶׁיֵּשׁ עִמּוֹ שְׁלֹשׁ מֵאוֹת תְּשׁוּבוֹת בְּצָרַת הַבַּת שֶׁהִיא מוּתֶּרֶת. אֲבָל מֵעִיד אֲנִי עָלַי שָׁמַיִם וָאָרֶץ שֶׁעַל מְדוֹכָה זוֹ יָשַׁב חַגַּי הַנָּבִיא וְאָמַר שְׁלֹשָׁה דְּבָרִים: צָרַת הַבַּת אֲסוּרָה,

Rabbi Dosa ben Harkinas added: **And beware that he not batter you with *halakhot*** in this matter, **as he has with him three hundred proofs with regard to the rival wife of a daughter that she is permitted. However,** you need not worry about the issue itself, as **I call as witnesses before me the heavens and the earth that on this** very **mortar,** which was preserved in my house due to its historical importance, **Haggai the prophet sat,**[N] **and** I have a tradition that **he said three matters**[N] of *halakha*: First, that the **rival wife of a daughter is forbidden.**

עַמּוֹן וּמוֹאָב מְעַשְּׂרִין מַעְשַׂר עָנִי בַּשְּׁבִיעִית, וּמְקַבְּלִים גֵּרִים מִן הַקַּרְדּוּיִין וּמִן הַתַּרְמוֹדִים.

Second, that the halakhic rulings for the territories of **Ammon and Moab** in Transjordan, although similar to those of Eretz Yisrael, are not exactly the same, as their residents **tithe the poor man's tithe**[B] **in the Sabbatical Year.**[HB] The total abandonment of fields in the seventh year does not apply in Ammon and Moab, as they are not part of Eretz Yisrael. Instead, in those areas one must bring the poor man's tithe to the paupers of Eretz Yisrael, as there are no tithes in Eretz Yisrael in the Sabbatical Year. Lastly, Haggai testified: **And one accepts converts from the Karduyin and the Tarmodim,** without concern that there might be Jews mingled among them, which could render them *mamzerim* and prohibited from entering the community.

תָּנָא: כְּשֶׁנִּכְנְסוּ נִכְנְסוּ בְּפֶתַח אֶחָד, כְּשֶׁיָּצְאוּ – יָצְאוּ בִּשְׁלֹשָׁה פְּתָחִים. פָּגַע בּוֹ בְּרַבִּי עֲקִיבָא, אַקְשֵׁי לֵיהּ וְאוֹקְמֵיהּ.

The Sage **taught: When they entered,** they all **entered through one entrance. When they left, they left through three entrances,** in an effort to try to find Rabbi Dosa's brother. **Rabbi Akiva encountered him.** Yonatan ben Harkinas **raised against him** all of his **objections** to the opinion of Beit Hillel, **and he withstood him,**[N] i.e., Rabbi Akiva was able to respond to all of them.

אָמַר לוֹ: אַתָּה הוּא עֲקִיבָא שֶׁשִּׁמְךָ הוֹלֵךְ מִסּוֹף הָעוֹלָם וְעַד סוֹפוֹ? אַשְׁרֶיךָ שֶׁזָּכִיתָ לְשֵׁם, וַעֲדַיִין לֹא הִגַּעְתָּ לְרוֹעֵי בָקָר. אָמַר לוֹ רַבִּי עֲקִיבָא: וַאֲפִילּוּ לְרוֹעֵי צֹאן.

Yonatan ben Harkinas grew angry and **said to him: You are Akiva** ben Yosef, **whose name has spread from one end of the world to the other? Be happy that you have merited a great name, and** yet **you have not yet reached** the level **of cattle herders.**[N] Cattle herders were generally simple individuals who were not familiar even with ordinary matters, and certainly not with *halakha*. **Rabbi Akiva said to him** with characteristic modesty: **And** I have not **even** reached the level **of shepherds,** who are considered even worse than cattle herders, as they are unfit for giving testimony.

NOTES

On this mortar Haggai the prophet sat – עַל מְדוֹכָה זוֹ יָשַׁב חַגַּי הַנָּבִיא: All of the sources indicate that Rabbi Dosa ben Harkinas was exceedingly old, and this is especially clear from the account in the Jerusalem Talmud. Nevertheless, it would be implausible to claim that he was alive at the beginning of the Second Temple period during the prophet Haggai's lifetime. Some explain that precise traditions that referred even to the slightest of details were often passed down in the academies, and therefore specifics of events dating back even hundreds of years were sometimes well-known (Rav Sherira Gaon). This might explain how Rabbi Dosa held such an ancient tradition.

He said three matters – אָמַר שְׁלֹשָׁה דְּבָרִים: The commentaries explain that although it was necessary to mention only the pertinent issue of a daughter's rival wife, and the three matters are not in fact connected to each other, Rabbi Dosa transmitted all three together. The reason is that the Gemara states elsewhere (98a) that if a scholar seeks to strengthen his opinion by citing a tradition, he might be viewed as having a personal stake in the testimony. Consequently, the testimony is better founded if, in addition to the specific *halakha* in question, he relates other rulings that were issued at the same time (*Beit Shlomo*).

He raised against him objections, and he withstood him – אַקְשֵׁי לֵיהּ וְאוֹקְמֵיהּ: This entire story is also related in the Jerusalem Talmud, but in a very different form. There, all three Sages met Rabbi Dosa's brother, who lectured them on matters so complex that they were unable to follow his reasoning, until they all eventually fell asleep.

You have not yet reached the level of cattle herders, etc. – עֲדַיִין לֹא הִגַּעְתָּ לְרוֹעֵי בָקָר וכו׳: See the Maharsha, who interprets this talmudic discussion homiletically. The *Arukh LaNer* writes that Yonatan ben Harkinas was alluding to the fact that Rabbi Akiva was once a mere cattle herder for Kalba Savua.

HALAKHA

Ammon and Moab…in the Sabbatical Year – עַמּוֹן וּמוֹאָב...בַּשְּׁבִיעִית: The Sages decreed that *terumot* and tithes must be separated in the Sabbatical Year in the territories adjacent to Eretz Yisrael. Consequently, in the lands of Egypt, Ammon, and Moab, the first tithe and poor man's tithe are set aside, in accordance with the testimony of Rabbi Dosa ben Harkinas (Rambam *Sefer Zera'im*, *Hilkhot Mattenot Aniyyim* 6:5; *Shulḥan Arukh*, *Yoreh De'a* 331:1).

BACKGROUND

The poor man's tithe – מַעְשַׂר עָנִי: This is a special tithe set aside from agricultural produce and distributed to the poor. During the third and sixth years of the Sabbatical cycle, after the priests' share of the produce and the first tithe have been set aside, one-tenth of the remaining produce is distributed to the poor. This tithe is called the poor man's tithe. During the other years of the Sabbatical cycle, the second tithe is set aside instead of poor man's tithe. The poor man's tithe is not sacred, but until it has been set aside the produce is deemed untithed produce [*tevel*] and may not be eaten. The poor man's tithe is separated from doubtfully tithed produce [*demai*] but it is not given to the poor, due to the principle that the burden of proof rests upon the claimant. In other words, a pauper who laid claim to the poor man's tithe in this case had to prove that the tithe had not already been separated from this produce.

Sabbatical Year – שְׁבִיעִית: The Sabbatical Year is the last year of the seven-year Sabbatical cycle. The first of these cycles began after the conquest of Canaan by Joshua. It is also known as *Shemitta*, which literally means abandonment, release. The *halakhot* of the Sabbatical Year are based on Torah law (Leviticus 25:1–7; Deuteronomy 15:1–6). However, most authorities maintain that the conditions for the mitzva of the Sabbatical Year by Torah law have lapsed, and its present-day observance is based on rabbinic decree. During the Sabbatical Year all agricultural land in Eretz Yisrael must lie fallow. It is prohibited to work the land except for what is necessary to maintain existing crops. All produce that does grow is ownerless and must be left unguarded in the fields so that any creature, including wild animals and birds, can have ready access to it. As long as produce can still be found in the fields, that type of produce may be eaten, although it may not be bought and sold in the normal manner or used for purposes other than food. After the last remnants of a crop have been removed from the field, that crop may no longer be eaten, unless a removal ceremony is promptly performed. It is prohibited by rabbinic decree to consume produce that grew from seeds during the Sabbatical Year, even if it grew by itself; according to some authorities, it is prohibited by Torah law.

"עַמּוֹן וּמוֹאָב מְעַשְּׂרִין מַעְשַׂר עָנִי בַּשְּׁבִיעִית", דְּאָמַר מָר: הַרְבֵּה כְּרַכִּים כְּבָשׁוּ עוֹלֵי מִצְרַיִם וְלֹא כְּבָשׁוּ עוֹלֵי בָבֶל, וְקְדוּשָּׁה רִאשׁוֹנָה קִדְּשָׁה לִשְׁעָתָהּ וְלֹא קִדְּשָׁה לֶעָתִיד לָבֹא.

§ Since the *halakhot* of the prophet Haggai were mentioned, the Gemara discusses them here. Haggai said that **Ammon and Moab tithe the poor man's tithe in the Sabbatical Year, as the Master said: Many cities were conquered by those who returned from Egypt, and were not conquered by those who returned from Babylonia** after the destruction of the First Temple. **And the initial consecration**[H] of Eretz Yisrael, by those who returned from Egypt, **sanctified it for its time and did not sanctify it forever,** as the future sanctification of Eretz Yisrael depended on the renewed conquest of the land by the Jewish people.

וְהִנִּיחוּם כְּדֵי שֶׁיִּסְמְכוּ עֲלֵיהֶן עֲנִיִּים בַּשְּׁבִיעִית.

And those who returned from Babylonia **left those** places aside and did not consider them part of Eretz Yisrael even after Jewish settlement was renewed there. They would plow and harvest in these places in the Sabbatical Year and tithe the poor man's tithe **so that the poor** of Eretz Yisrael who did not have sufficient income from the previous years **could rely upon them.** Consequently, **in the Sabbatical Year** the poor received help from this tithe.

וּמְקַבְּלִים גֵּרִים מִן הַקַּרְדּוּיִים וְהַתַּרְמוֹדִים. אִינִי? וְהָא תָּנֵי רָמִי בַּר יְחֶזְקֵאל: אֵין מְקַבְּלִים גֵּרִים מִן הַקַּרְדּוּיִים! אָמַר רַב אַשִׁי: קַרְתּוּיִים אִתְּמַר. כִּדְאָמְרִי אֱינָשֵׁי: קַרְתּוּיִים פְּסוּלִים.

§ Haggai also declared: **And one accepts converts**[HN] **from the Karduyim**[B] **and the Tarmodim.** The Gemara asks: **Is that so? But didn't Rami bar Yeḥezkel teach** in a *baraita*: **One does not accept converts from the Karduyim? Rav Ashi said: Kartuyim,** not Karduyim, **was stated** by Rami bar Yeḥezkel. **As people say** in common discourse: **The Kartuyim are unfit.**

וְאִיכָּא דְּאָמְרִי, תָּנֵי רָמִי בַּר יְחֶזְקֵאל: אֵין מְקַבְּלִים גֵּרִים מִן הַקַּרְתּוּיִים. מַאי לָאו – הַיְינוּ קַרְתּוּיִים הַיְינוּ קַרְדּוּיִים? אָמַר רַב אַשִׁי: לָא, קַרְתּוּיֵי לְחוּד וְקַרְדּוּיֵי לְחוּד. כִּדְאָמְרִי אֱינָשֵׁי: קַרְתּוּיֵי פְּסִילֵי.

And there are those **who say** a slightly different version of this discussion. **Rami bar Yeḥezkel taught: One does not accept converts from the Kartuyim. What, is it not** the case that **Kartuyim is** the same as **Karduyim?** If so there is a contradiction between the *baraita* of Rami bar Yeḥezkel and the statement of Rabbi Dosa ben Harkinas. **Rav Ashi said: No; the Kartuyim are** one **discrete** category **and the Karduyim are** another **discrete** category, **as people say: Kartuyim are unfit.**[N]

רַבִּי יוֹחָנָן וְסָבֵי דְּאָמְרִי תַּרְוַיְיהוּ: אֵין מְקַבְּלִים גֵּרִים מִן הַתַּרְמוֹדִים. וּמִי אָמַר רַבִּי יוֹחָנָן הָכִי? וְהָתְנַן: כׇּל הַכְּתָמִים הַבָּאִים מִן הָרֶקֶם טְהוֹרִים,

Rabbi Yoḥanan and the Elders both say: One does not accept converts from the Tarmodim.[N] The Gemara asks: **And did Rabbi Yoḥanan** actually **say this,** that one does not accept converts from the Tarmodim due to a concern that Jews may have intermingled with them? **But didn't we learn** in a mishna: **All** clothing with **stains**[H] of blood that might be from a menstruating woman and **that come from the** city on the border of Eretz Yisrael called **Rekem are ritually pure,** as it can be assumed that they belong to gentiles, and the blood of a menstruating gentile woman is not ritually impure.

וְרַבִּי יְהוּדָה מְטַמֵּא, מִפְּנֵי שֶׁהֵם גֵּרִים וְטוֹעִים, מִבֵּין הַגּוֹיִם טְהוֹרִים. וְהָוֵינַן בַּהּ:

And Rabbi Yehuda deems it **ritually impure because those** residents of that place **are converts and are in error.** In other words, some of the inhabitants of Rekem assimilated and no longer observe the *halakhot* of the Torah, and therefore one must be wary lest the stains are in fact from a Jewish menstruating woman. Stains that came **from among the gentiles,** however, **are ritually pure. And we discussed** the following problem:

NOTES

One accepts converts, etc. – מְקַבְּלִים גֵּרִים וכו׳: In the Jerusalem Talmud it is related that two Sages disputed this matter. One Sage rendered children born to a Jewish woman and a slave or a gentile entirely fit, and therefore he would accept converts from Tarmod. Another Sage would also accept converts from Tarmod, not because he rendered them fit as a general halakhic ruling, but because he held that there were in fact no mixed lineages in Tarmod at all.

Kartuyim are unfit – קַרְתּוּיֵי פְּסִילֵי: Some commentaries maintain that this quote was habitually cited as an example of those who are rendered unfit on account of their lineage. Others say that Kartuyim is a kind of unclean fowl, and this name was applied to those who came from places that can be described in terms of this kind (Rivan).

Rabbi Yoḥanan…one does not accept converts from the Tarmodim – רַבִּי יוֹחָנָן...אֵין מְקַבְּלִים גֵּרִים מִן הַתַּרְמוֹדִים: Some commentaries ask how Rabbi Yoḥanan could dispute a testimony cited by Rabbi Dosa in the name of Haggai the prophet (*Tosafot*). Some answer that Rabbi Yoḥanan doubted the validity of this tradition. The same applies to Yonatan ben Harkinas, and there are in fact other examples of this kind of objection (*Yosef Lekaḥ*). Others explain that Rabbi Yoḥanan maintained that the statement of Haggai the prophet has the status of a prophecy and is not a binding halakhic ruling (*Arza DeVei Rav*).

HALAKHA

The initial consecration – קְדוּשָּׁה רִאשׁוֹנָה: The initial consecration of Eretz Yisrael came into effect upon the conquest of Joshua. It lapsed after the destruction of the First Temple. In contrast, the second consecration, by those who returned from Babylonia, was permanent (Rambam *Sefer Zera'im, Hilkhot Terumot* 1:5).

One accepts converts, etc. – מְקַבְּלִים גֵּרִים וכו׳: Nowadays converts are accepted from all places without concern that Jews may have intermingled with them or that they might be unfit by Torah law, as all the nations have mixed with each other (Rambam *Sefer Kedusha, Hilkhot Issurei Bia* 12:25; *Shulḥan Arukh, Even HaEzer* 4:10).

Stains found – כְּתָמִים הַנִּמְצָאִים: Garments stained with blood that come from Jews are presumed to be ritually impure, whereas those of gentiles are considered pure, as the blood of gentiles does not have the status of ritual impurity. Those garments found in a public location are ritually pure, as Jews would hide away their stained garments and not discard them (Rambam *Sefer Tahara, Hilkhot Metamei Mishkav UMoshav* 4:10).

BACKGROUND

Karduyim – קַרְדּוּיִים: This apparently refers to the inhabitants of areas of northern Iraq, near the source of the Tigris River, the region known primarily as Kurdistan today. It is probable that the Kartuyim are from the same region, albeit from a different area.

קָפָסֵיק וְתָנֵי: מִבֵּין הַגּוֹיִם – וַאֲפִילּוּ מִן תַּרְמוֹד. וַאֲמַר רַבִּי יוֹחָנָן: זֹאת אוֹמֶרֶת: מְקַבְּלִין גֵּרִים מִתַּרְמוֹד.

The *tanna* **concluded and taught:** All stains from **among the gentiles** are pure, from which it may be inferred: **And even from Tarmod.**[B] This indicates that in all places inhabited by gentiles there is no need to be concerned about stains. **And Rabbi Yoḥanan said: That is to say, one accept converts from Tarmod** without concern that they might be Jewish, albeit *mamzerim*. This contradicts the previous opinion attributed to Rabbi Yoḥanan that converts from the Tarmodim are not accepted.

וְכִי תֵּימָא: זֹאת, וְלָא סְבִירָא לֵיהּ – וְהָא אֲמַר רַבִּי יוֹחָנָן: הֲלָכָה כִּסְתַם מִשְׁנָה! אָמוֹרָאֵי נִינְהוּ, וְאַלִּיבָּא דְּרַבִּי יוֹחָנָן.

And if you would say that Rabbi Yoḥanan specifically emphasized: **That** is to say, i.e., he meant that this conclusion may be logically inferred from the mishna, **and** yet **he** himself **does not hold** by this opinion, **but didn't Rabbi Yoḥanan state** a principle that the ***halakha* is in accordance with** the ruling of **an unattributed mishna,** as is the case here? The Gemara answers: **They are *amora'im*,**[N] **and** they disagree **in accordance with** the opinion of **Rabbi Yoḥanan.** Some Sages said in Rabbi Yoḥanan's name that the Tarmodim are unfit, while others maintain that they are fit.

מִתַּרְמוֹד מַאי טַעֲמָא לָא? פְּלִיגִי בָּהּ רַבִּי יוֹחָנָן וְסָבַיָּא: חַד אָמַר: מִשּׁוּם עַבְדֵי שְׁלֹמֹה, וְחַד אָמַר: מִשּׁוּם בְּנוֹת יְרוּשָׁלַיִם.

§ The Gemara asks: **And what is the reason** that the Sages do **not** accept converts **from Tarmod? Rabbi Yoḥanan and the Elders disagree** about **this** matter. Although they concur that converts from Tarmod are not accepted, they disagree with regard to the reason. **One** of them **said** that it is **due to the servants of** King **Solomon.**[N] Solomon built a city in Tarmod (see I Kings 9:18), and his gentile servants, taking advantage of their status and power, married Jewish women unlawfully. Therefore, it is possible that the inhabitants of Tarmod and their descendants are *mamzerim*. **And** the other **one said**[N] that it is **due to the daughters of Jerusalem,** who were taken captive and raped and gave birth to children among the gentiles.

NOTES

They are *amora'im* – אָמוֹרָאֵי נִינְהוּ: The Gemara could have answered that Rabbi Yoḥanan's opinion is based on a different unattributed mishna, as on 69b an unattributed mishna that is not accepted as *halakha* states that the child of a gentile or slave and a Jewish woman is a *mamzer*. However, since this would raise the question of why Rabbi Yoḥanan chose to base his opinion on one unattributed mishna rather than the other, this would in any case lead to the conclusion that there is a dispute with regard to his opinion (*Tosafot Yeshanim*; *Tosefot HaRosh*).

The servants of Solomon – עַבְדֵי שְׁלֹמֹה: The servants of Solomon are mentioned in the Bible: "All the people that were left of the Amorites, the Hittites, the Perizzites…even their children who were left after them in the land…from them Solomon raised a levy of bondservants, until this day" (I Kings 9:20–21). There is some evidence that these servants enjoyed a privileged status, as generations later, during the time of Ezra, they are listed as a special group unto themselves, separate from the other descendants of the Gibeonites (see Ezra 2:55–58). Since it is explicitly related that Solomon built the city of Tadmor in the desert, it stands to reason that he used primarily these servants for its construction.

One said…and the other one said – חַד אָמַר...וְחַד אָמַר: What is the difference between the two reasons? After all, both are based on the same idea that the offspring of a gentile or a slave and a Jewish woman is a *mamzer*. One answer is that they disagree about when the general disqualification came into effect. If the reason is because of the slaves of Solomon, this dates back to the beginning of the First Temple period, whereas if the cause is the daughters of Jerusalem, this occurred during the destruction of the Second Temple (*Iyyun Ya'akov*).

BACKGROUND

Tarmod – תַּרְמוֹד: The city of Tarmod, more commonly referred to as Tadmor, is located in an oasis in the Syrian desert. Tadmor is an ancient city and was called by this name beginning thousands of years ago. In the Bible, the city is also called Tamar, meaning palm. In other languages it is known as Palmyra, which is derived from the name for palm trees.

For many generations Tadmor was an important center of commerce and served as a crossroads for different trading routes across Syria, Arabia, and Babylonia. The Bible relates that King Solomon built and fortified this city (see I Kings 9:18–19 and II Chronicles 8:4). This is the source for the claim that Solomon's bondservants lived there, as well as the reason for the Jewish influence on the religion and culture of this city.

The kingdom of Tadmor grew powerful in the middle of the third century CE, as its ruler, Odaenathus, called Papa bar Nasser in the Gemara, established Tadmor as a great power under Roman patronage, along with his wife, Zenobia. Papa bar Nasser destroyed the city of Neharde'a, and his wife even reigned over Eretz Yisrael. Apparently, the Jews opposed these rulers and treated them with hostility and contempt. In the year 273 CE the Roman emperor Aurelian conquered Tadmor, and from that point onward its influence waned considerably. However, although it was conquered and partially destroyed several times, the city remains standing to this day.

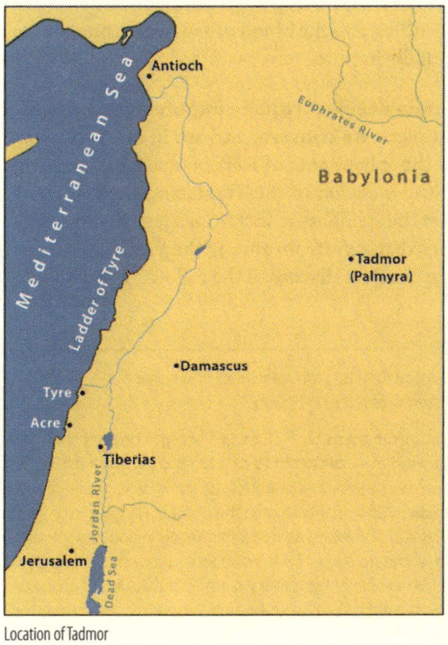

Location of Tadmor

Ruins of Tadmor

בִּשְׁלָמָא לְמַאן דְּאָמַר מִשּׁוּם עַבְדֵי שְׁלֹמֹה – קָסָבַר: גּוֹי וְעֶבֶד הַבָּא עַל בַּת יִשְׂרָאֵל הַוָּלָד מַמְזֵר. אֶלָּא לְמַאן דְּאָמַר מִשּׁוּם בְּנוֹת יְרוּשָׁלַיִם – מַאי הִיא? פְּלִיגִי בָּהּ רַב יוֹסֵף וְרַבָּנַן, וְתַרְוַיְיהוּ מִשְּׁמֵיהּ דְּרַבָּה בַּר בַּר חָנָה.

The Gemara comments: **Granted, according to the one who said** that it is **due to the servants of Solomon,** this is logical, as **he holds** that in the case of **a gentile or a slave who had intercourse with a Jewish woman,**[H] **the offspring is a** ***mamzer***. Accordingly, as the servants of Solomon were slaves and they engaged in intercourse with Jewish women, their children are considered *mamzerim*. **However, according to the one who said** that it is **due to the daughters of Jerusalem, what is** the reason that the concern applied specifically to Tarmod and no other cities? **Rav Yosef and the Rabbis disagree** with regard to **this** question, **and both** stated their opinions **in the name of Rabba bar bar Ḥana.**

חַד אָמַר: תְּרֵיסַר אַלְפֵי גַּבְרֵי וְשִׁיתָּא אַלְפֵי קַשְׁתּוֹיֵי, וְחַד אָמַר תְּרֵיסַר אַלְפֵי גַּבְרֵי וּמִנַּיְיהוּ שִׁיתָּא אַלְפֵי קַשְׁתּוֹיֵי. בְּשָׁעָה שֶׁנִּכְנְסוּ גּוֹיִם לַהֵיכָל, הַכֹּל נִפְנוּ עַל כֶּסֶף וְזָהָב, וְהֵם נִפְנוּ עַל בְּנוֹת יְרוּשָׁלַיִם, שֶׁנֶּאֱמַר ״נָשִׁים בְּצִיּוֹן עִנּוּ בְּתוּלוֹת בְּעָרֵי יְהוּדָה״.

The Gemara elaborates: **One of them said** that **twelve thousand men and six thousand archers** came from Tarmod, **and the other one said** that there were **twelve thousand men, of whom six thousand** were **archers. When the gentiles entered the Sanctuary** during the conquest of Jerusalem, they **all turned to** plunder the **silver and the gold** they saw there, **but** the warriors of Tarmod **turned to the daughters of Jerusalem, as it is stated: "They have ravished the women in Zion, the maidens in the cities of Judah"** (Lamentations 5:11). According to the opinion that children born of relations between gentiles and Jewish women are *mamzerim*, all the children born to these women are *mamzerim*.

אֲמַר רַבִּי שְׁמוּאֵל בַּר נַחְמָנִי אֲמַר רַבִּי יוֹנָתָן, פָּסוּק זֶה שַׂר הָעוֹלָם אֲמָרוֹ: ״נַעַר הָיִיתִי גַּם זָקַנְתִּי״, מַאן אֲמָרֵיהּ? אִילֵימָא קוּדְשָׁא בְּרִיךְ הוּא – מִי אִיכָּא זִקְנָה קַמֵּיהּ? וְאֶלָּא דָּוִד אֲמָרֵיהּ – מִי קַשִּׁישׁ כּוּלֵּי הַאי? אֶלָּא שְׁמַע מִינָּהּ – שַׂר הָעוֹלָם אֲמָרוֹ.

§ In relation to a verse cited earlier, **Rabbi Shmuel bar Naḥmani said** that **Rabbi Yonatan said: This verse was stated by the ministering angel** appointed over **the world:**[N] **"I have been young, and now am old;** yet I have not seen the righteous forsaken, nor his seed begging bread" (Psalms 37:25). **Who said this? If we say** that it was **the Holy One, Blessed be He, is there old age before Him?** Could God possibly say: "I have been young, and now am old"? **And rather,** one could say that **David** himself **said it,** from his own experience; but **was he indeed so old?** After all, David died at the age of seventy. **Rather, conclude from this** that **the ministering angel** appointed over **the world said it,** as he can speak both of youth and old age, and it is he who reported his observations from around the world.

וַאֲמַר רַבִּי שְׁמוּאֵל בַּר נַחְמָנִי אֲמַר רַבִּי יוֹנָתָן: מַאי דִּכְתִיב: ״יָדוֹ פָּרַשׂ צָר עַל כָּל מַחֲמַדֶּיהָ״ – זֶה עַמּוֹן וּמוֹאָב. בְּשָׁעָה שֶׁנִּכְנְסוּ גּוֹיִם לַהֵיכָל הַכֹּל נִפְנוּ עַל כֶּסֶף וְזָהָב, וְהֵם נִפְנוּ עַל סִפְרֵי תוֹרָה. אָמְרוּ: זֶה שֶׁכָּתוּב בּוֹ ״לֹא יָבֹא עַמּוֹנִי וּמוֹאָבִי בִּקְהַל ה׳״?! יִשָּׂרֵף בָּאֵשׁ.

And Rabbi Shmuel bar Naḥmani further **said** that **Rabbi Yonatan said: What is** the meaning of that **which is written: "The adversary has spread out his hand upon all her treasures;** for she has seen that the heathens have entered into her Temple, concerning which You commanded that they should not enter into Your congregation" (Lamentations 1:10)? **This** is referring to **Ammon and Moab.** How so? **When the gentiles entered the Sanctuary, all turned to** plunder **the silver and the gold, and** the soldiers from Ammon and Moab **turned to the scrolls of Torah** to destroy them. **They said:** Is **this** the scroll **in which it is written: "An Ammonite and a Moabite shall not enter into the assembly of the Lord"** (Deuteronomy 23:4)? **Let it be burnt by fire.**

״צִוָּה ה׳ לְיַעֲקֹב סְבִיבָיו צָרָיו״, אֲמַר רַב: כְּגוֹן הוּמָנְיָא לְפוּם נַהֲרָא.

With regard to the Ammonites, the Gemara cites another verse: **"The Lord has commanded against Jacob that they who are round about him should be his adversaries"** (Lamentations 1:17). **Rav said: For an example** of this, there is the city **Homanya**[B] in relation **to** the city **Pum Nahara,** as the descendants of the Ammonites live in Homanya, and they harass the Jews of Pum Nahara.

אֲמַר רַב יְהוּדָה אָמַר רַב אַסִי: גּוֹי שֶׁקִּידֵּשׁ בַּזְּמַן הַזֶּה – חוֹשְׁשִׁין לְקִדּוּשִׁין, שֶׁמָּא מֵעֲשֶׂרֶת הַשְּׁבָטִים הוּא. וְהָא כָּל דְּפָרֵישׁ מֵרוּבָּא פָּרֵישׁ!

§ **Rav Yehuda said** that **Rav Asi said:** With regard to **a gentile who betrothed** a Jewish woman **nowadays,**[H] **we are concerned that the betrothal** might be valid, despite the fact that a betrothal of a gentile is meaningless, **lest he be from the ten tribes** of Israel who intermingled with the gentiles. The Gemara raises an objection: **But** there is an important principle in *halakha* that **any** item **separated,** i.e., not fixed in its place, is presumed to have been **separated from the majority.** In this case, it can be assumed that any individual singled out from the gentiles belongs to the majority of gentiles and has no Jewish roots at all.

HALAKHA

A gentile or slave who had intercourse with a Jewish woman – גּוֹי וְעֶבֶד הַבָּא עַל בַּת יִשְׂרָאֵל: If a gentile or slave had relations with a Jewish woman, whether she is married or single, their offspring is fit. If she gives birth to a girl, it is prohibited for this daughter to marry a priest, in accordance with the conclusion of the Gemara (Rambam *Sefer Kedusha, Hilkhot Issurei Bia* 15:3; *Shulḥan Arukh, Even HaEzer* 4:19).

A gentile who betrothed a Jewish woman nowadays – גּוֹי שֶׁקִּידֵּשׁ בַּזְּמַן הַזֶּה: If a gentile performs betrothal with a Jewish woman nowadays, his action is meaningless. If, however, a Samaritan performs betrothal with a Jewish woman, she requires a bill of divorce from him (Rambam *Sefer Nashim, Hilkhot Ishut* 4:15; *Shulḥan Arukh, Even HaEzer* 44:8, 10).

NOTES

Was stated by the ministering angel appointed over the world – שַׂר הָעוֹלָם אֲמָרוֹ: Although this chapter of Psalms was written by David, as stated in its opening verse, the Sages explained that in the writing of his book David adapted the hymns of ten Elders of previous generations. The Gemara here likewise teaches that this particular verse did not originate with David himself (*Iyyun Ya'akov*; see *Yosef Lekaḥ*).

BACKGROUND

Homanya – הוּמָנְיָא: This Babylonian city with a gentile population was located near Pum Nahara. According to an ancient tradition, the population of the city was of Ammonite origin (see *Kiddushin* 72a). It is mentioned among those cities situated adjacent to Jewish settlements that were known for their hostile relationship with the Jews.

בדוכתא דקביעי, דאמר רבי אבא בר כהנא: "וינחם בחלח ובחבור נהר גוזן וערי מדי". חלח – זה חלזון, וחבור

The Gemara responds: Rav Yehuda means that there is a concern only with regard to those who came from **the permanent** dwelling **places** of the ten tribes. **As Rabbi Abba bar Kahana said** that the verse states about those exiled from Samaria: **"And he put them in Halah, and in Habor, on the river of Gozan, and in the cities of the Medes"** (I Kings 18:11). Rabbi Abba bar Kahana proceeded to identify these places. **Halah; this is** the place called **Ḥalzon. And Habor;**

Perek **I**
Daf **17** Amud **a**

BACKGROUND

The exile of the ten tribes – גלות עשרת השבטים: The Sages identified the places to which the ten tribes were exiled, all of which were close to the sources of the Tigris and Euphrates Rivers, or in the land of Medes, northeast of the Jewish settlement in Babylonia. Some of the places listed have been identified with near certainty, while the exact names and locations of others remain doubtful.

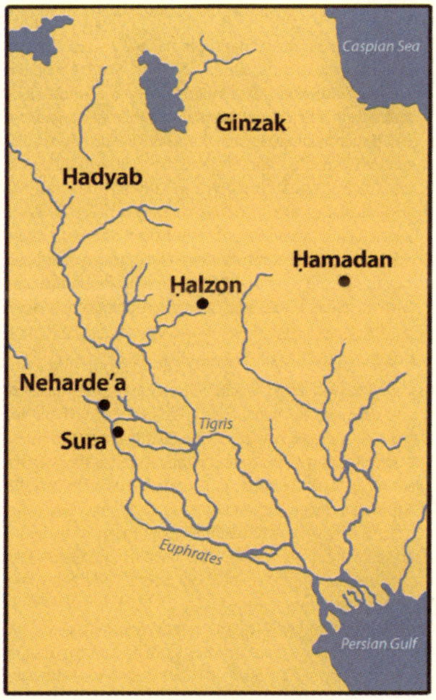

Places of exile of the ten tribes, relative to cities of Jewish settlement

HALAKHA

A son from a gentile woman – בן מן הנכרית: The son of a Jew from a gentile woman or slave woman is not considered his son (Rambam *Sefer Kedusha, Hilkhot Issurei Bia* 12:7).

The son of your daughter from a gentile – בן בתך הבא מן הגוי: The offspring of a gentile man and a Jewish woman is a fit Jew, as he is called: Your son. However, he is disqualified from the priesthood (*Shulḥan Arukh, Even HaEzer* 4:19).

זו חדייב, נהר גוזן – זו גינזק, וערי מדי – זו חמדן וחברותיה, ואמרי לה: זו ניהר וחברותיה. חברותיה מאן? אמר שמואל: כרך, מושכי, חידקי ודומקיא. אמר רבי יוחנן: וכולן לפסול,

this is Ḥadyab. The river of Gozan; this is Ginzak. And the cities of the Medes; this is Ḥamadan and its surroundings.[B] **And some say: This is Nihar and its surroundings.** The Gemara asks: **Which are its surroundings? Shmuel said: Kerakh, Mushkhei, Ḥidkei, and Domakya** are the surroundings of Ḥamadan. **Rabbi Yoḥanan said: And all of them are for disqualification.**[N] In other words, if someone from one of these places wishes to convert, there is concern that he might be a descendant of a Jew and therefore a *mamzer*. Consequently, they all are disqualified.

כי אמריתה קמיה דשמואל: אמר לי: בנך הבא מן ישראלית קרוי בנך, ואין בנך הבא מן הגויה קרוי בנך – אלא בנה.

Rav Yehuda continued his recounting: **When I said this** *halakha*, that there is a concern about the betrothal of gentiles nowadays, **before Shmuel, he said to me:** One need not worry about this, as **your son from a Jewish woman**[N] **is called your son,** i.e., he inherits his lineage from you, **and your son from a gentile woman is not called your son,** but **rather her son.**[H] Consequently, all children born to Jews from gentile women are not considered Jews, as their lineage is determined by their gentile mothers.

והאיכא בנות, ואמר רבינא: שמע מינה בן בתך הבא מן הגוי קרוי בנך! גמירי דבנתא דההוא דרא איצטרויי איצטרו.

The Gemara asks: **Aren't there** Jewish **girls** who were captured by gentiles, whose children are considered to be Jews? **And Ravina said: Learn from this** that **the son of your daughter from a gentile**[H] **is called your son.** If so, the descendants of Jewish women captured by gentiles would indeed be Jews. The Gemara answers: This is no concern, as it **is learned** as a tradition **that the girls** from the ten tribes **of that generation became barren**[N] and did not give birth to any offspring, whereas some of the exiled men of the ten tribes married gentile women. Consequently, all of the children born there were gentiles.

NOTES

And all of them are for disqualification – וכולן לפסול: Rashi explains that those born in these places were not careful about forbidden unions, and their offspring are therefore *mamzerim*. The other commentaries ask why Rashi interpreted the Gemara in this manner. After all, the offspring of a Jewish man and a gentile woman is himself a *mamzer*, as Rashi himself wrote, in accordance with the opinion of Rav Asi (Maharsha). If so, it is enough to state that these tribes intermingled, without having to stipulate that they engaged in sexual intercourse with forbidden relations. Some explain that Rabbi Yoḥanan issued his statement even in accordance with the opinion that the offspring of a Jewish man and a gentile woman is not a *mamzer*. Rabbi Yoḥanan is saying that even so, they would all be disqualified as *mamzerim*, due to marriage with women with whom relations are forbidden (*Yosef Lekaḥ*; see Maharsha and *Arza DeVei Rav*).

Your son from a Jewish woman, etc. – בנך הבא מן הישראלית וכו׳: The statements of Shmuel and Ravina refer to a homiletical interpretation of the following verses: "Neither shall you make marriages with them: Your daughter you shall not give to his son, nor his daughter shall you take for your son. For he will turn away your son from following Me, that they may serve other gods" (Deuteronomy 7:3–4). Rashi explains that as the verse states: "For he will turn away your son," and not: She will turn away, it is evidently referring to the offspring of a gentile man and a Jewish woman. Since the verse does not deal with the fate of the son of a gentile woman, this indicates that he is not considered to be a Jew at all. Others add that it stands to reason that a son raised as a Jew would not turn astray to idol worship, and therefore the verse is certainly referring to the son of one's daughter who was raised among the gentiles (*Tosafot Yeshanim*). Others maintain that the phrase "He will turn away your son" is referring to the father of the gentile wife, who is in fact the subject of the verse. According to this interpretation, the turning away mentioned in the verse actually means that the son of this union will be removed from the continuation of Judaism, as his children will not be considered Jews. The Rambam explains likewise.

Became barren – איצטרויי איצטרו: Some commentaries explain that they purposely drank a tonic to make themselves barren (Rivan), or that they made themselves repulsive to those who wished to have intercourse with them (Meiri), or that their wombs were damaged from consecutive acts of rape (*Tosefot Rid*). Alternatively, some state that the pain from the long journey and slavery caused them to lose the ability to bear children (Meiri; see Rashi and Rif on *Kiddushin*).

אִיכָּא דְּאָמְרִי: כִּי אָמְרִיתָהּ קַמֵּיהּ דִּשְׁמוּאֵל אָמַר לִי: לֹא זָזוּ מִשָּׁם עַד שֶׁעֲשָׂאוּם גּוֹיִם גְּמוּרִים, שֶׁנֶּאֱמַר ״בַּה׳ בָּגָדוּ כִּי בָנִים זָרִים יָלָדוּ״.

There are those who say that Rav Yehuda actually related the following: **When I said this** *halakha* **before Shmuel, he said to me: They did not move from there,** the place where they deliberated on this matter, **until they rendered** all of **them,** including those who intermingled with the ten tribes in different locations, **full-fledged gentiles.**[N] Consequently, there is no concern that their betrothals might be of any effect, **as it is stated: "They have dealt treacherously against the Lord, for they have begotten strange children"** (Hosea 5:7).

יְתֵיב רַב יוֹסֵף אֲחוֹרֵיהּ דְּרַב כָּהֲנָא, וִיתֵיב רַב כָּהֲנָא קַמֵּיהּ דְּרַב יְהוּדָה, וִיתֵיב וְקָאָמַר: עֲתִידִין יִשְׂרָאֵל דְּעָבְדֵי יוֹמָא טָבָא כִּי חָרְבִי תַּרְמוֹד. וְהָא חֲרִיב! הַהִיא תַּמּוּד הֲוַאי. רַב אַשִׁי אֲמַר: הַיְינוּ תַּרְמוֹד הַיְינוּ תַּמּוּד, אִכְפּוּלֵי הוּא דְּמִכְפַּל. חֲרֵיב מֵהַאי גִּיסָא – אוֹתֵיב מֵהַאי גִּיסָא, וְאִי חֲרֵיב מֵהַאי גִּיסָא – אוֹתֵיב מֵהַאי גִּיסָא.

§ The Gemara relates: **Rav Yosef sat behind**[B] **Rav Kahana, and Rav Kahana sat before Rav Yehuda, and he sat and he said** this tradition: **In the future, the Jews will establish a Festival day when Tarmod is destroyed.**[N] The Gemara asks: **But it has** already **been destroyed.** The Gemara answers: **That** place that was destroyed **was Tamud,** not Tarmod. **Rav Ashi said: Tarmod is** the same as **Tamud.** However, the city **is doubled.** In other words, when it **is destroyed from this side it is settled on that side, and when it is destroyed from that side it is settled on this side.** Consequently, it has not yet been entirely destroyed.

יְתֵיב רַב הַמְנוּנָא קַמֵּיהּ דְּעוּלָּא וְקָא הָוֵי בִּשְׁמַעְתָּא. אֲמַר: מַה גַּבְרָא וּמַה גַּבְרָא, אִי לָאו דְּהַרְפַּנְיָא מָאתֵיהּ! אִכְסִיף. אָמַר לֵיהּ: כֶּסֶף גְּלְגַּלְתָּא לְהֵיכָא יָהֲבַתְּ? אָמַר לֵיהּ: לְפוּם נַהֲרָא. אָמַר לֵיהּ: אִם כֵּן – מִפּוּם נַהֲרָא אַתְּ.

The Gemara relates: **Rav Hamnuna**[P] **sat before Ulla and was engaged in** the study of ***halakha.*** Ulla **said** about him: **What a man; what a man.** In other words: What a great man this Rav Hamnuna is. **If only Harpanya were not his city,** as the inhabitants of that place are all of flawed lineage, which indicates that the lineage of Rav Hamnuna is likewise impaired. Rav Hamnuna **was ashamed.** Ulla **said to him: Where do you give the money for** payment of the **poll** tax? **He said to him:** I pay it **to** the city of **Pum Nahara,** as my city is subject to taxation by that city. **He said to him: If so, you are from Pum Nahara,** not Harpanya, and your lineage is evidently not flawed.

מַאי הַרְפַּנְיָא? אֲמַר רַבִּי זֵירָא: הַר שֶׁהַכֹּל פּוֹנִין בּוֹ. בְּמַתְנִיתָא תָּנָא: כָּל שֶׁאֵין מַכִּיר מִשְׁפַּחְתּוֹ וְשִׁבְטוֹ נִפְנֶה לְשָׁם, אֲמַר רָבָא: וְהִיא עֲמוּקָּה מִשְּׁאוֹל, שֶׁנֶּאֱמַר ״מִיַּד שְׁאוֹל אֶפְדֵּם מִמָּוֶת אֶגְאָלֵם״, וְאִילּוּ פְּסוּל דִּידְהוּ – לֵית לְהוּ תַּקַּנְתָּא.

§ The Gemara asks: **What is** the meaning of the name **Harpanya? Rabbi Zeira said:** It means **the mountain to which all turn** [*har shehakol ponin bo*]. In other words, it is the destination for all those who could not find wives anywhere else, as most of its population is of flawed lineage. **It is taught in a** ***baraita:***[N] **All those who do not know their family or tribe turn there. Rava said:** This type of flaw is appalling and **is deeper than the netherworld, as is stated: "Shall I ransom them from the power of the netherworld? Shall I redeem them from death?"** (Hosea 13:14). This verse indicates that it is possible to be ransomed and released from the netherworld, **whereas their disqualification cannot be rectified.**

BACKGROUND

Sat behind – יְתֵיב...אֲחוֹרֵיהּ: In the earlier generations, it was customary for Torah scholars to sit before their masters in a particular order, with the most prominent students in the first rows and the lesser students behind them. A significant portion of the time was dedicated to discussions between the rabbi and the more outstanding students seated in the front row, especially when there was no study hall where the lecture could be transmitted to everyone. Younger students would ask older students for explanations of the rabbi's statements or pose questions to them that they dared not pose directly to the rabbi.

PERSONALITIES

Rav Hamnuna – רַב הַמְנוּנָא: Rav Hamnuna was a second-generation Babylonian, a disciple of Rav. There was another Rav Hamnuna in the following generation who was also associated with Rav, although he was primarily a student of Rav Ḥisda. This Rav Hamnuna perpetuated the tradition of the school of Rav. He was affiliated with Rav Huna, whose halakhic authority he accepted. Rav Hamnuna was also the head of an academy in his own right and taught many of the outstanding Sages of the next generation, including Rabbi Zeira and Rav Yosef.

NOTES

Until they rendered them full-fledged gentiles – עַד שֶׁעֲשָׂאוּם גּוֹיִם גְּמוּרִים: Some commentaries derive from here that the Sages decreed that someone who is fully assimilated among gentiles is considered a gentile for all intents and purposes, and neither he nor his descendants are Jews at all. This is the opinion of several early commentaries with regard to an apostate, that he is no longer considered a Jew with regard to levirate marriage or *ḥalitza*.

Establish a Festival day when Tarmod is destroyed – דְּעָבְדֵי יוֹמָא טָבָא כִּי חָרְבִי תַּרְמוֹד: Rashi says that this is due to the disqualification of *mamzerim*. Others suggest that the reason is that the inhabitants of Tarmod were sworn enemies of the Jews, and according to tradition they participated in the conquests of Jerusalem during the destruction of both the First and Second Temples (*Arukh LaNer*).

It is taught in a ***baraita*** **– בְּמַתְנִיתָא תָּנָא:** Some commentaries ask what this *baraita* adds to the statement of Rabbi Zeira. A different version of the text reads: He should turn there. In other words, this is a recommendation, as they are not strict about lineage in Harpanya, and for this reason their lineage is considered flawed (Rivan). Others differentiate between the opinion of Rabbi Zeira, who maintains that everyone turns to Harpanya, even actual *mamzerim*, which indicates that its residents are definitely disqualified, and the statement of the *baraita*, from which it can be inferred that the inhabitants of Harpanya are merely of uncertain lineage (*Yosef Lekaḥ*).

פְּסוּלֵי דְהַרְפַּנְיָא מִשּׁוּם פְּסוּלֵי דְמֵישׁוֹן וּפְסוּלֵי דְמֵישׁוֹן מִשּׁוּם פְּסוּלֵי דְתַרְמוֹד. פְּסוּלֵי דְתַרְמוֹד מִשּׁוּם עַבְדֵי שְׁלֹמֹה,

The Gemara comments: **Those** who are **disqualified from Harpanya** are unfit **due to the disqualification** of the inhabitants **of** nearby **Meishon,**[N] who were unfit and intermarried with the residents of Harpanya. **Those disqualified from Meishon** are unfit **due to those disqualified from Tarmod, and those disqualified from Tarmod** are disqualified **due to the servants of Solomon.**

וְהַיְינוּ דְּאָמְרִי אֱינָשֵׁי: קַבָּא רַבָּא וְקַבָּא זוּטָא, מִיגַּנְדַּר וְאָזֵיל לִשְׁאוֹל, וּמִשְּׁאוֹל לְתַרְמוֹד, וּמִתַּרְמוֹד לְמֵישָׁן, וּמִמֵּישָׁן לְהַרְפַּנְיָא.

The Gemara comments: **And this** explains the folk saying **that people say** in this regard: **A large ephah and a small ephah,**[N] which are both inaccurate utensils that may not be used for measuring, **roll onward to the netherworld, and from the netherworld to Tarmod, and from Tarmod to Meishon, and from Meishon to Harpanya.**[B] The same idea expressed by the Sages with regard to the disqualification of lineage was also incorporated into a well-known adage among commoners.

הדרן עלך חמש עשרה נשים

NOTES

Due to the disqualification of Meishon – מִשּׁוּם פְּסוּלֵי דְמֵישׁוֹן: In the Jerusalem Talmud it is stated that the disqualified residents of Meishon were not *mamzerim* but were priestly families that assimilated and became disqualified from the priesthood [*ḥalalim*] by marrying unfit women. Consequently, they are uncertain *ḥalalim*.

A large ephah and a small ephah – קַבָּא רַבָּא וְקַבָּא זוּטָא: Some commentaries cite a different interpretation: Both great individuals of prestigious lineage, the so-called large ephah, and lesser ones of disqualified lineage, a small ephah, descended to Babylonia, which is a geographically low place and for this reason is dubbed the netherworld. There, these individuals intermarried. A similar expression appears later in the tractate (70a).

BACKGROUND

Meishon and Harpanya – מֵישָׁן וְהַרְפַּנְיָא: The region of Meishon was east-southeast of the central Jewish settlement in Babylonia and was considered a place bereft of Torah and populated by individuals of unfit lineage. In contrast, Pum Nahara, which was apparently considered within the primary Jewish settlement and was home to important Sages, was viewed as pure with regard to the lineage of its residents.

Tadmor, or Tarmod, is located hundreds of kilometers northwest of Meishon, and there is no geographical link between the two places. However, it is possible that there were ties of other kinds between these two cities.

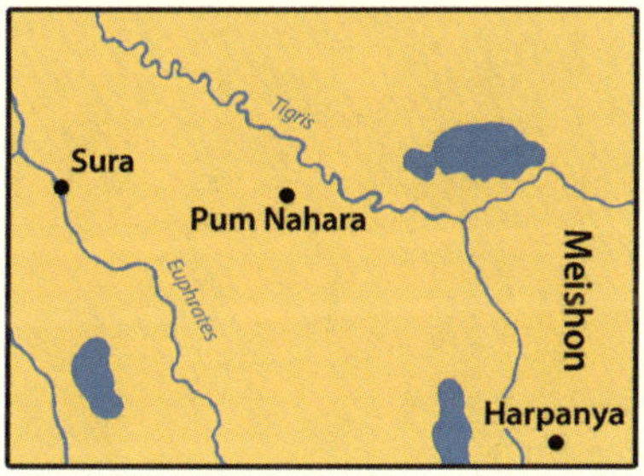

Meishon and Harpanya

Summary of **Perek I**

This chapter discussed three problems in detail, all of which pertain to the issue of *yevamot* and their rival wives but have broader ramifications.

It is a principle in *halakha* that a positive mitzva overrides a prohibition. One might think that the mitzva of levirate marriage is a perfect example of this principle, as this positive commandment overrides a prohibition that entails *karet*, i.e., a brother's wife. However, a closer analysis reveals that in fact a positive mitzva overrides a regular prohibition alone, and it does so only in situations when both commandments cannot be fulfilled. Furthermore, a positive mitzva does not override both a prohibition and a positive mitzva.

The discussion of the source for the exemption of the rival wife of a woman who may not enter into levirate marriage led the Gemara to touch upon the question of whether *ḥalitza* merely releases the couple from the obligation of levirate marriage or whether it is a different form of levirate marriage that changes the relationship between the brother-in-law and the *yevama*.

The exemption of rival wives itself is the subject of a dispute between Beit Shammai and Beit Hillel. This chapter discussed various aspects of this disagreement, e.g., whether Beit Shammai acted upon their own ruling or if the dispute was merely theoretical. The Gemara also debated several related issues, including when and to what extent the prohibition against splitting into factions, i.e., different practical implementations of the *halakha*, is in effect.

Image **Credits**

All images are copyright © Koren Publishers Jerusalem Ltd., except:

p26 1st image © H. Zell; **p26** 2nd image © Hans Hillewaert; **p26** 3rd image © Scott T. Slattery, www.shutterstock.com; **p71** © Hans Hillewaert; **p96** right image © Filip Gierlinski, Filskifoto.

My Notes

My Notes

My Notes

My Notes

My Notes